西方
大经济学家
传记译丛

A Soaring Eagle:
Alfred Marshall, 1842-1924

翱翔的鹰
——阿尔弗雷德·马歇尔传

[澳] 彼得·格罗尼维根 / 著

丁永健 鄢 雯 / 等译

华夏出版社
HUAXIA PUBLISHING HOUSE

图书在版编目(CIP)数据

翱翔的鹰:阿尔弗雷德·马歇尔传/(澳)格罗尼维根著;丁永健等译.
—北京:华夏出版社,2011.1
(西方大经济学家传记译丛)
书名原文:*A Soaring Eagle*:*Alfred Marshall*,*1842—1924*
ISBN 978-7-5080-6232-7

Ⅰ.①翱… Ⅱ.①格…②丁… Ⅲ.①马歇尔,A.(1842~1924)-传记 Ⅳ.①K835.615.3

中国版本图书馆 CIP 数据核字(2010)第 260692 号

A Soaring Eagle:*Alfred Marshall*,*1842—1924* by Peter Groenewegen.
Copyright ⓒ 1995 by Peter Groenewegen.
Simplified Chinese translation copyright ⓒ 2011 by Huaxia Publishing House.
Published by arrangement with Edward Elgar Publishing Limited.
All Rights Reserved.

本书英文版由 Edward Elgar Publishing Limited 于 1995 年出版。

本书中文简体版权由 Edward Elgar Publishing Limited 授予华夏出版社,版权为华夏出版社所有。未经出版者书面允许,不得以任何方式复制或抄袭本书内容。

版权所有　翻印必究
北京市版权局著作权合同登记号:图字 01-2007-3019

翱翔的鹰:阿尔弗雷德·马歇尔传

[澳]格罗尼维根　著
丁永健　鄢　雯　等译

策　　划:	陈小兰
责任编辑:	罗　云　舒任颖
出版发行:	华夏出版社
	(北京市东直门外香河园北里4号　邮编:100028)
经　　销:	新华书店
印　　刷:	北京建筑工业印刷厂
装　　订:	三河市万龙印装有限公司
版　　次:	2011年1月北京第1版　2011年1月北京第1次印刷
开　　本:	787×1092　1/16 开
印　　张:	36
字　　数:	756 千字
插　　页:	1
定　　价:	59.00 元

本版图书凡印刷、装订错误,可及时向我社发行部调换

目　录

前言　1

第1章　阿尔弗雷德·马歇尔的生平：引言及概论　1

第2章　家庭和世系　16

第3章　童年和校园生活（1842~1861年）　35

第4章　在圣约翰学院的本科生涯（1861~1865年）　50

第5章　职业探索之路（1865~1872年）：圣约翰学院的讲师岁月　68

第6章　经济学学徒（1867~1875年）及之后的学术生涯（1876~1879年）　94

第7章　善察好学者之旅：欧洲、英国和美国　125

第8章　丈夫和不同寻常的伙伴　155

第9章　最初的学术生涯（1868~1884年）：剑桥、布里斯托尔和牛津　193

第10章　剑桥大学教授（1885~1908年）　218

第11章　向政府提议（1886~1908年）　247

第12章　《经济学原理》的漫长征途（1881~1922年）　283

第13章　据理力争的辩驳者和拥护者　311

第14章　一位理想的女权主义者　335

第15章　新的优等考试的创立者　363

第 16 章　马歇尔的政治观点：一个有偏见的社会主义者还是一个新自由主义者？　386

第 17 章　德高望重的退休者　420

第 18 章　朋　友　452

第 19 章　晚年的著作（1919～1924 年）　489

第 20 章　晚年和遗产　520

第 21 章　全才或一无是处：马歇尔的性格之谜　546

译后记　567

前　言

　　1961年的一个下午，我坐在澳大利亚国立大学图书馆阅读加德伦德撰写的研究维克塞尔的巨作，我对经济学家传记的兴趣从此被激发起来。此后于1972年，我在伯明翰与威廉·贾菲进行了一场精彩的谈话，因而这种兴趣得到进一步加强。贾菲透露自己一直沉迷于瓦尔拉斯生平传记的研究，却始终无法完成。之前他还和乔治·斯蒂格勒就济学家的传记到底有没有价值发生过争论。我赞同贾菲的立场，我自己讲授经济学思想史数十年，其间积累了很多关于贡献卓著的经济学家的传记素材。20世纪70年代早期，在一个经济学高级研究班上，我在讲授马歇尔的《经济学原理》时，将它与其生活中的一些精彩片段结合起来，发现可以很好地弥补和修正凯恩斯在1924年写的《马歇尔纪念集》，且更突出了马歇尔复杂性格的矛盾方面，这使我考虑自己一人编写马歇尔的传记。1983年，斯基德尔斯基呼吁编写一部全景式的马歇尔（和西奇威克）传记，受此鼓励，我向约翰·惠特克提起了这件事，并去悉尼待了几天，特意拜访了一下惠特克，因为他多年来一直致力于马歇尔的研究，我猜想或许他正准备从事这项工作。在得到否定的答复后，我决定到剑桥大学马歇尔图书馆待上两个学期，以研究这个任务的可行性，看看是否有足够的资料来完成一部详细的人物传记。这本书证实了当时的这种调查，在第1章中我就指出，由于数据资料缺失，不可避免地存在缺陷。其实这些情况在我最初整理研究马歇尔的论文时就已经完全意识到了。

　　我研究和撰写马歇尔的传记长达十余年，其中有三年是全职的，历尽了作为传记作者的喜悦与艰辛。1990年夏天，我在剑桥耶稣学院开始这部书的写作，那是因为受到"马歇尔年"和《经济学原理》出版百年纪念会的鼓舞，以及来自三个国家研究马歇尔的顶级学者的鼓励。这些学者中，贾柯莫·贝卡特尼、罗纳德·科斯、鲍勃·科茨、丽塔·麦克威廉斯-图尔伯格和约翰·惠特克承诺与我合作，并非常愿意阅读我的初稿，不过他们一开始答应我的请求时，可能并没有细想这个任务的艰巨性。后来，他们中的一位女性——这被马歇尔称为"柔弱的性别"——主动帮助我审核第二稿，她的工作既迅速又深富洞察力和幽默感。这几位学者阅读书稿后给我的评论和回信就足以积集出版一部并不薄的书。当然，他们给予我的帮助远非这些评论。科斯慷慨地告诉我很多关于马歇尔家族研究的资料，它们现保存于芝加哥大学的雷根斯坦图书馆，我在芝加哥大学的那几天里，他给我很多研究上的帮助，以更充分地利用这些资料。除此之外，他还为我提供了许多其他的帮助。贝卡特尼给了我很多他多年来研究马歇尔的宝贵资料，让我在他办公室里俯瞰亚诺河，还花了几天时间和我讨论了我的初稿，最后传真给我很多美丽的意大利照片。在夏洛茨维尔，在雄伟的由杰斐逊创建的弗吉尼亚大学近旁，我和约翰·惠特克度过了很开心的三天，惠特克让我使用了他收集的马歇尔的来往通信复印件。而且一旦我需要资料，他随时都从他那丰富的马歇尔知识库中找出信息给我。鲍勃·科茨给了我极大的鼓励，他源源不断地从世界的各个角落给我写信，向我提供很多有用的、有见地的建议，来处理作为马歇尔传记作者所面临的各种棘手问题。丽塔·麦克威廉斯-图尔伯格从斯德哥尔摩——偶尔从纽纳姆学院——给我很多传真和信件，其中还包括多年来她研究马歇尔的很多资料的照片复印件。最近，在纽纳姆学院档案馆发现的玛丽·佩利的笔记，也是她提供给我的额外收获，让我惊喜不已，因为有了这些笔记，我在几个关键问题上又有了新的深入发现。虽然无须再提，但还是要声明，我对本书的瑕疵负全部的责任。另外，我还要感谢迪克·弗里曼，我愉快地和他工作了一天，他让我阅读了马歇尔写给福克斯韦尔的信，其中还包括大量福克斯韦尔的论文，他现在是这些资料的管理人。

其他人分别全部或部分地阅读了我的手稿，并提出了相应的意见。迈克尔·怀特和彼得·克里斯勒给了我很多有见地的评论和建议，尤其是迈克尔分别用红色笔、蓝色笔——偶尔也用黑色笔——写了一些初稿中关于章节的结构性注释。约翰·麦克在阅读关于马歇尔大学生活的章节时，给我了很多有用的建议和他收藏多年的关于数学优等生考试的资料；提让罗·拉菲利在检查我初稿的第5章时，告诉了我很多关于学习马歇尔早期的哲学作品的丰富知识，让我受益匪浅；路易斯·哈达德阅读并评论了第16章马歇尔的"社会主义倾向"；路易吉·帕斯尼蒂阅读并简要评论了第15章、第20章和第21章，而杰弗里·哈考特阅读了关于马歇尔遗产的章节，并提供了很多有用的信息。杰弗里·哈考特和彼得·克里斯勒也同样帮了很大忙，即在1984年之后，在我多次去剑桥大学时，为我提供极好的大学宿舍以供我休息。

还有几个人检查手稿的文字风格和连贯性。桑德拉·弗莱施曼和我的女儿萨拉阅读了我最早撰写的几个章节，以发现我表达和语法中的一些错误。这个任务同时也由我的两个研究助手马克·多诺霍和休·金来完成，他们两个都阅读了整篇手稿。同时，他们还标出了一些不确切的表达、有错误的拼写和标点，尤其是马克·多诺霍，他要从悉尼大学图书馆的收藏中找出各个与马歇尔联系的信息，这些都是很艰巨的任务。

图书馆和档案馆慷慨的帮助，对于传记作者来说，是另一件值得高兴的事，这点我感触颇深。我至今仍感叹，我竟然得到各行各业这么多人提供的巨大帮助，即使有时候我向他们提一大堆要求，打听一个他们从未听说的人物。首先，我要对马歇尔图书馆的所有管理员和工作人员表示衷心的感谢，对他们的慷慨帮助，努力帮忙查找资料、照片复印件以及摄影复印件表示不尽的感激之情。各学院——尤其是圣约翰学院、纽纳姆学院、国王学院以及三一学院——的档案管理员，还有伦敦图书馆的各个机构、布里斯托尔大学和英国其他地方的馆员，都非常慷慨。我经常在悉尼通过信件向他们提要求。

在这里，有必要特别感谢一些机构。悉尼大学及其经济系非常慷慨地提供给我几次担任国外特别职务的机会，以使我能够去访问档案馆或参加一些会议，从而得到马歇尔研究的信息。澳大利亚研究委员会为我提供了差旅费资助，更重要的是，于1990年授予了我高级研究奖学金，这让我从1991年开始可以全职写作本书。如果没有这个帮助，这本书的完成到现在可能依然遥遥无期。杰克·托为我的研究和书的写作提供了很多方面的帮助；克里斯·劳赫利建议我使用计算机，从而使复印的图片能够完整地保留所有细节；瓦莱丽·琼斯经常将脏乱的稿件变成漂亮的文档，而且从不抱怨无休止的修改和校正，即使我强迫她从事了三年半的打字工作。朱莉·莱帕德通过埃尔加向我提供了一些极好的编辑上的建议和评论。最后，我要向我的妻子和孩子表示歉意，感谢他们从1984年初开始就一直忍受着阿尔弗雷德·马歇尔所带来的改变，尤其是在这本传记完成的最后阶段，每天都要校对打字稿和校样，每周七天几乎都这样。

彼得·格罗尼维根
1994年12月于悉尼

第 1 章

阿尔弗雷德·马歇尔的生平：引言及概论

阿尔弗雷德·马歇尔，现代英国经济学之父及剑桥经济学派的创始人，生于 1842 年 7 月 26 日，伦敦 19 世纪中期一个极平常的夏日。这一天，在坐落于西敏的英国国会上议院和下议院，国会议员们忙着三读关于殖民地乘客与评估税（2 号）的法案，审议教区委员的报告，并对内阁大臣进行质询。威灵顿的公爵在上议院介绍了二读贫民法的修正法案。在温莎，维多利亚女王和阿尔伯特王子利用下午时光在公园里骑车；晚上华丽的晚宴宴请了夏洛特·邓达斯女士、查尔斯·韦尔斯伯爵、公主殿下、公爵夫人和库珀爵士。在邻近的伊顿，市长为近百名来宾举办了隆重的宴会，以此结束他之前的一系列"竞选演说"。法庭上，副大法官约翰·威格拉姆先生决定帮助原告解决长期以来的婚姻财产问题；萨里郡的验尸官卡特先生处于兴奋状态，他正对前一天在沃普通西南铁路工作的工人约翰·米歇尔的死亡案件进行着审讯。迪斯科德·梅洛迪赢得了古德伍德赛的克雷文赌注；上议院一年一度的板球比赛，即 11 个绅士和 11 个专业球员的对决正处于第二天的较量之中；在甘草市场的皇家剧院，谢里丹的《对手》正在上演；代维吉士皇家萨里剧院也在上演贝里尼 1831 年的歌剧《梦游女》，下一场上演的是莎士比亚的《麦克白》，之后，整个歌剧团在斯坦斯伯里先生的指挥下演唱了所有洛克的女巫曲目。这些都是普通的事情，但是却标志着马歇尔来到了这个世界。

它们还标志了马歇尔不平凡一生的开始。在走了一些弯路之后，马歇尔最终成为一位著名的经济学家。他撰写的《经济学原理》是经济学领域使用时间最长的教材之一，他还出版了另外几本著作，不过相比之下受到的关注较少。他是剑桥经济学派的创始人，并建立了英国新古典主义经济学这样一个独特的分支，将早期的古典主义思想和新边际主义经济思想结合起来，并在供给和需求的基础上将二者融合成一种新的框架。

马歇尔的成就远非如此。他还是一位著名的教师、数度推动改革的教育改革家。他的研究生涯不但涵盖了剑桥、牛津这样传统的"古老大学",还包括布里斯托尔大学这种成立于19世纪70年代的"红砖"① 机构。他在调查政府财政和其他经济事务中表现突出,1891~1894年之间在皇家委员会劳动力调查这一冗长的任务中表现也非同一般。他参加学术协会,热衷于建立英国经济协会,19世纪90年代以来这些协会在推动经济学职业化中发挥了极大的作用。马歇尔对社会主义、女权主义、城镇规划、社会福利组织、民族主义、和平主义和帝国主义,以及跟他作为一个经济学家有着直接或间接关系的所有问题,都有着鲜明的观点。他熟知自己每天生活中的重要事情,包括政治、教育、教堂、工人运动以及社会改革。他那长达八十多岁的一生贯穿了相对平静的维多利亚时代和爱德华时代、动乱的战后重建时代以及其间"重大"但令人痛苦难忘的一战时期。总之,马歇尔的一生充实、有趣,而且在很多方面都很独特。

马歇尔的完整传记其实早就该完成的,不仅是因为马歇尔在现代经济学发展中无可争议的地位——他的《经济学原理》在问世一个世纪之后,依旧在这个学科持续发挥影响——对于这个他奉献了自己大半生的学科,他还致力于经济学的多个不同领域,撰写了大量学术论文和各类文章。然而,研究马歇尔生平的意义远远超过经济学史本身。通过马歇尔的生平可以了解维多利亚时代的思想史、社会史,因为他毫无疑问反映了很多晚期维多利亚时代思想家的特征。例如,与同时代的很多人一样,马歇尔怀有对人类进步的坚定信念,认为普及教育是一种理智的方法,可以提高生活水平,特别是显著提高工人阶级、社会底层——马歇尔喜欢将他们称为被社会抛弃的人——的生活模式,只有这样才能最终达到人类进步的目的。对马歇尔和很多同时代的人来说,这种关于人类进步的信念,以及为实现这些信念所付出的积极努力,大部分是为了在抛弃基督教信仰之后,来弥补一种信仰缺失,这是理性的不可知论②的结果。在动乱的19世纪五六十年代,在数十年的教会危机背景下,如果一个人的思想刚好在这个阶段趋于成熟,这种发展是很典型的。

尽管与他在剑桥的同事西奇威克相比,马歇尔所遭受的宗教信仰危机相对温和,但他的传记仍然比单纯记录维多利亚时代英国进步的不可知论要有趣得多。从1865年到19世纪70年代早期之间,马歇尔经历了一个思想转变的过程,这一过程从丧失宗教信仰开始,直到学习经济学几年后——马歇尔后来称之为经济学学徒时期——结束。这种思想的转变使马歇尔从开始所致力的数学研究,转而研究知识理论中的问题,试图找出一个理性的人可以坚持的信仰。马歇尔在研究同时代人关于宗教争论的主要著作时,碰到了一些形而上学的问题,导致他先后研

---

① "红砖"(red brick)指英国的六所大学,全部在一战前获得大学地位,而且都设在英国重要的工业城市(伯明翰、利物浦、利兹、谢菲尔德、布里斯托尔和曼彻斯特)。红砖的意思是这些大学很新,主要与牛津、剑桥这样的"古老大学"相区别。——译者注

② 不可知论是当时流行的哲学流派,批判神学教条,认为人类不能把握到感觉以外的东西。——译者注

究了伦理学、心理学，最后是一个新的学科领域。他最终转向了政治经济学的研究，部分是为了满足推动社会改革、提高工人阶级生活水平的愿望。

对马歇尔思想发展的研究，也为我们展示了19世纪60年代伦理学在剑桥大学发展的那些激动人心的岁月。至少有两方面的原因可以说明马歇尔的经历是有启发意义的。首先，在1870年之前，马歇尔准备毕生钻研心理学和哲学，通过他在这一时期关于心理学和哲学主题的著作，可以看出当时英国心理学思想的发展状况。当时，贝恩的教科书《情感和理智》以及《情绪和愿望》占据统治地位，特别是人们应用于生理方面的感官认知知识有所增加，由此产生的"联想主义学派"引发了诸多问题的争论。其次，马歇尔参加格罗特俱乐部的讨论，使我们可以对当时剑桥在哲学上的争论有很多深入的发现。比如，可以从中看出德国的理想主义哲学影响英国哲学思想家的方式，因为当时的马歇尔沉浸于黑格尔的《哲学历史》，这对他随后的思想发展有多方面的重要影响。上述这些表面上看来属于不同领域的思想，其实都受到了科学新发现的巨大影响，这就是达尔文和斯宾塞的生物进化论。研究马歇尔这样一位维多利亚时期杰出的社会科学家的思想所受到的进化论最初及持续的影响，这本身就是一个有趣的案例。这需要在撰写传记的过程中，对所涉及的各种现象进行分析，比如要详细研究当时的优生运动。这也再一次说明了斯宾塞的著作在当时的巨大影响力，因此不时的回顾是必要的，尽管20世纪以来人们相对忽视了他的思想。简而言之，马歇尔的一生反映了当时社会的思想潮流，而不仅仅是当时经济领域的主要发展。这些经济学之外的兴趣对他在19世纪80年代早期所建立的经济学体系产生了巨大的潜在影响。

研究马歇尔的经历对研究维多利亚时代后期的大学教育史也是很有意义的，尤其是马歇尔在剑桥大学作为一名学生以及他大半生作为一个授课者和教授的时期。作为一个穷人、一个没有什么显赫的社会关系的孩子，19世纪60年代在剑桥大学的本科求学经历，当时准备数学优等考试中所需要的各种条件，获得奖学金，不用说这些本身就具有很大的社会价值，而马歇尔生平对教育史的重要作用还表现在其他方面。最为有趣的是，马歇尔在剑桥大学经历的各种改革运动，都具有这样或那样的进步意义。他于1903年成功推动并创立了独立的经济学和政治学优等考试，这件事情尤其关键，不仅对英国当时对待经济学和商学的态度产生了显而易见的影响，而且提高了在像剑桥这样的大学里讲师在教学过程的地位。因此可以说，马歇尔的一生是一扇打开维多利亚时代后期英国大学改革的窗口，而且是剑桥大学这样的三大教育机构之一。

本书还全方位展示了一个维多利亚时代中产阶级家庭的生活经历。马歇尔是一个敏锐且广博的旅行家，尤其对他1875年所看到的美国经济发展表现出了强烈的兴趣。他详细观察了美国制造业和贸易的情况，以及各式各样的保护主义观点。本书还描述了马歇尔在旅途中所遇到的各色人等、对纽约歌剧院节目的反应、在宗教"社会主义"团体中的经历以及对尼亚加拉瀑布状美景观的喜爱。马歇尔也对艺术很有兴趣，尤其是绘画和音乐，他在"红皮书"[①]中收集的信息，以及完全出于非专业目的而收藏的一些名人的肖像画，都说明了这一点。他的生活也说明了维多利亚时代中产阶级对社会主义的反应，一方面对社会主义的极端规定心生恐惧，同时也对它所带来的新思想和社会观点表现出兴趣。马歇尔对社会主义的倾向是丰富多变的，一开始是在教学中讲授其观点，到后来更积极地参加边缘的合作组织，而19世纪70年代早期及以后也反对社会主义的一些主要观点。马歇尔的一生展现了丰富的维多利亚时代的生活，全方位地展现了维多利亚时代一位有抱负、善变又有怪癖的学者和知识分子的喜怒哀乐。

本书内容

马歇尔丰富而长寿的一生的各个方面很明显要摆在首位。对马歇尔一生的传奇来说，经济学虽然是主要的，但也仅仅是一部分。经济学的内容通过多个方面来反映，包括马歇尔作为一位经济学思想家和著述者（第6、12和19章）、一位经济学教育家（第9、10和15章）和一名"鲜明的"经济观点的传播者（第11、13和17章）的各种活动。很多关于经济学的素材涉及他的旅行（第7章）、退休（第17章）和友谊（第18章），并且经济学也是他最主要的遗产（第20章）。他终生感兴趣的一些人和事使他的传记的绝大部分变得更为精彩。作为历史上一位早期的专业学术经济学家，马歇尔以自己卓越的贡献提高了这个学科在社会上的地位，在他的传记中出现诸多的经济学素材当然也不足为奇。

本书有几章专门讨论经济学，其安排还需要进一步说明。马歇尔经济学思想的发展是按照他所发表作品的年代划分的，其中第一阶段包括他自己称为经济学学徒的岁月。他经济学思想发展第一阶段重点强调了他学习经济学所打下的广博基础，包括对穆勒、古诺、冯杜能以及斯密、李嘉图著作的学习。马歇尔首次出版著作则意味着这一阶段的结束。最早的著作都是于1879年私自印刷的，包括《国外价值和国内价值的纯理论》，以及（和他的妻子）合作出版的《工业经济学》。虽然这两本书的内容不同，但都显示出马歇尔当时已经脱离了他最初的导师约翰·穆勒的经济学思想。

马歇尔经济学思想发展的第二阶段主要涉及了他的著作——《经济学原理》——还包括他完成这部著作的艰难之路、永不停歇的修改、准备出版它的缩略版（1892年的《工业经济学要义》）以及长期以来希望撰写却最终搁浅的第2卷。第12章阐述了该书撰写和修订的时间，但并没有对其内容进行详细分析。

《经济学原理》的最后一部分与马歇尔经济学思想发展的第三个也是最后一个阶段是重合的：第19章介绍了1919年和1923年先后出版的最后两本书的内容，以及关于出版一本关于进

[①] 红皮书，里面是马歇尔记录的每年的经济数据以及在文学、艺术、哲学等方面发生的事件。——译者注

步的书的计划。

第 12 章和第 19 章包括部分马歇尔的官场生涯,他对皇家委员会的主要贡献在去世后被约翰·梅纳德·凯恩斯收录到马歇尔的《官方文件》中。可以看出,如果按照马歇尔出版作品的形式来进行分类,可以更综合地反映马歇尔经济学思想的发展,不过这样会使年代顺序不够清晰。

在本书中,一个突出特征是并没有严格按照年代顺序组织材料,部分原因是由于马歇尔生平的资料不完整。本书开篇对马歇尔的家族身世和接受的正规教育作了必要的交代(第 2~4 章),接着描述了他刚毕业后的经历(第 5、6 章),对他活动素材的安排只是松散地按年代顺序来排序(这些活动包括旅游、学术生活、社交、女性问题、俱乐部和学习协会等等)。选择记载哪些活动取决于是否能够获得这方面的资料,而不是它在马歇尔生活中的重要性,简而言之,对马歇尔生平各个方面的展现依据的是信息的可获得性。通过这种方式记载马歇尔的生平,表面上反映了他一生的主要情况,但显然也会遗漏一些内容,在详细分析他的具体活动时,这些遗漏就更明显了。最后一章更明确地评论了这些遗漏,且提供了一些在前面章节中很难囊括的资料。为了更全面地按照年代顺序介绍马歇尔的生平,这样处理完全是必要的。

在开始动手写传记之前,首先需要选择一个恰当的词汇作为本书的标题。用"翱翔的鹰"作为马歇尔传记的书名尤为贴切,而且这一形象也被埃奇沃思和凯恩斯[在他的《马歇尔回忆录》]中引用。乍一看去,鹰令人联想到马歇尔在剑桥大学圣约翰学院的各种身份,即 1861~1865 年的本科生、1865~1877 年的住校研究员、1884 年之后的剑桥政治经济学教授以及从 1885 年直到逝世的非住校研究员。更重要的是,这就是埃奇沃思和凯恩斯为什么会用如此显著的明喻来形容马歇尔,鹰指出了 19 世纪 80 年代以来马歇尔在经济学领域中举足轻重的地位。除此之外,这本书还强调了马歇尔年轻时的野心,正如传记中所记载的,马歇尔年轻的时候总是试图在任何一个可能的领域胜出,也许部分是由于他担心自己出身卑微,希望以此来弥补其社交上的不足。渴望像雄鹰一样翱翔可以更好地解释马歇尔在 19 世纪 90 年代后期对事业的追求,而且这也是比较可信的,而不是马歇尔事后(即在晚年时)给的那种解释。

按时间该书马歇尔的一生(1842—1924)

马歇尔于 1842 年出生于柏孟塞,伦敦的一个下层地区。父亲威廉·马歇尔是英格兰银行的一名忠实职员,母亲名叫丽贝卡·奥利弗,家里共有 5 个孩子,马歇尔排行第二。1852~1861 年,马歇尔在泰勒商业学校以优秀的成绩完成学校教育,这是伦敦的一所可不住宿的公立学校。他特别擅长数学,选择圣约翰学院、牛津大学,是因为他数学成绩非常优秀,能获得奖学金,之后马歇尔担任英格兰教堂的牧师以维持生计。由于他的一个叔叔提供资金支持,马歇尔才得以进入圣约翰学院进行学习,当时他很讨厌古典文学,但对数学却有着浓厚的兴趣,

威廉·马歇尔

而且通过了数学优等考试（1861~1865年期间）。他以第二名（仅次于第一名的雷利勋爵）的成绩通过了数学学位甲等考试，并在克利夫顿学院（位于布里斯托尔）以临时教师的身份教了很短时间的数学课程，并于1865年末被选为该学院的研究员。1865~1868年，马歇尔主要通过教数学来维持生活，还要从收入中拿一部分还给他叔叔。从1865年开始，他慢慢远离数学和自然科学，而转向哲学及其相关研究、心理学和政治经济学。1868年，马歇尔被任命为圣约翰学院伦理学的讲师。1870~1875年早期，马歇尔主要忙于教女学生伦理学，并他遇到了他后来的妻子。从19世纪70年代开始，他的阅读和教学逐渐转向经济学。1872年，他发表了对叶沛森《政治经济学理论概论》一书的评论，1873年将自己在经济学中的一些数学理论介绍给剑桥哲学协会，1876年发表了一篇关于穆勒理论的价值的论文。从19世纪70年代早期开始，他着手写国际贸易的一卷书稿（但是一直没能出版）。1875年，资助他在剑桥大学学习数学的叔叔逝世，给他留下了一笔遗产，他用这笔钱自费去了美国，研究那里的经济和社会条件。1876年，马歇尔和他之前的学生玛丽·佩利订婚，玛丽于1874年通过伦理学优等考试，1875年起一直在纽纳姆学院教授经济学课程。他们于1877年结婚，在当时实施的学院规定下，马歇尔必须放弃研究员职位，以及这笔生计来源。当时他们的经济条件并不宽裕，因此必须再另外找到一份工作。在婚礼之前，他们的生活费是可以保障的，因为他在布里斯托尔大学任基金会负责人和政治经济学教授，这个基金会建于婚礼前一年。因而可以说，婚姻使马歇尔开始了一个新的人生阶段，结束了1862~1877年他与剑桥大学长达15年的联系。

1877~1881年，马歇尔在布里斯托尔大学担任了两个职位。从1878年开始，他的妻子也帮他教授政治经济学白天的课程。在布里斯托尔大学的日子对马歇尔来说变故颇多。1878年，马歇尔的母亲去世，不久弟弟沃尔特也去世了；1879年，马歇尔被诊断出患肾结石，急需休息。这就开始了他的疾病时期，自此开始，由于他自己的原因，他的身体近十年来没有真正得以恢复。但是那年作品《工业经济学》还是面世了，该书是和他的妻子合作出版的教材（1881年出版了第2版），而且他还个人印刷了解题集，即以图解的形式解答政治经济学问题。西奇威克作为该书的支持者，将该书传播给英国和欧洲的各式经济学家们。身体的不适，伴随着学术工作所带来的压力，导致马歇尔一直状态不佳，因此他数次尝试着辞掉布里斯托尔大学的职位，直到在威廉·拉姆齐找到了一个刚被任命的化学教授作为基金负责人的继位者，马歇尔才得以辞职。之后马歇尔夫妇在欧洲大陆待了一年，在巴勒莫市过冬，且将大部分时间用来写作。此时，马歇尔也开始了《经济学原理》的创作，该著作的书写几乎占用了整个19世纪80年代。1882年，马歇尔回到英格兰，恢复了在布里斯托尔大学一年的执教。1883年，马歇尔夫妇移居到牛津大学，在这里马歇尔取代汤因比成为经济学讲师，主要是给贝利奥尔学院的印度公务员学生授课。1884年，他被新学院选举为荣誉研究员。当时，剑桥大学的政治经济学教授亨利·福西特于1884年11月意外死亡，马歇尔申请了这个空缺，且如期当选。至此，他从剑桥大学的流放生涯彻底结束。离开剑桥大学的这些年，作为一名经济学家，他的声誉不断提高，部分是因为多年来在政治经济学领域里他的很多重要对手相继逝世，但主要是因为他的教学质量、热情和对他即将出版的巨作的强大预期。在这段时间，马歇尔针对亨利·乔治的《进步和贫困》一书进行了公开争论，并通过"在哪里为伦敦的穷人提供住房"一文（1884年）介入公共政策。

　　1885年伊始，马歇尔作为政治经济学教授在剑桥大学定居，直到1908年退休后，这段时间是他人生的第三阶段，也是事业的顶峰时期。他的大部分作品都是在这个阶段出版的，如《经济学原理》的早期版本（包括1890年、1891年、1895年、1898年和1907年版），书中的主要改动都是在这些版本中完成的；同时，他1886年给皇家委员会、1887年给金银委员会、1893年给老年贫民委员会、1897年给地方财政委员会、1899年给印度货币委员会提供了很多重要的证据；马歇尔也是劳动委员会的成员（1891～1894年），他在1903年完成了关于国际贸易财政政策的记录，并于1908年出版。同时，这些年他也忙于参加学术协会，如他参加了1880年的皇家统计协会、1886年的政治经济学俱乐部以及1890年的英国科学进步协会，他还是F部门的负责人，同时在英国经济协会形成期也起到了关键作用（该协会在1902年改名为皇家经济协会）。他担任教授的大部分时间都用来提高剑桥大学经济学教学的地位，最初是希望在现存历史和伦理学优等考试下增大学生们学习经济学的机会，以此提高他们的学习积极性；之后又建立了单独的经济学和政治学优等考试。对此，剑桥大学于1903年正式批准这一考试，并于1905年第一次实施。除了作为经济学老师的先导之外，马歇尔在大学中所扮演的很多角色都受到限制。诸如反对混合性大学关于性问题的探讨、反对授予女性大学学位的权利甚至反对给混合班级上课等，都是他大学工作的偏差。

　　1908年，马歇尔从政治经济学教授的位置上退休，这标志着他人生最后一阶段的开始。这一阶段始于一次争论和一份荣誉：争论是围绕选择庇古作为他的继承者——而非他长期以来的同事兼朋友福克斯韦尔——展开的；荣誉方面则是由皇家经济协会授予他名誉学位和官方身份。接着，其他的争论也纷至沓来。在年轻的梅纳德·凯恩斯的帮助下，马歇尔评论了卡尔·皮尔逊1910年发表在《泰晤士报》专栏中关于醉酒父母对孩子的影响问题的观点，这表明了他对遗传和优生学的强烈态度。《泰晤士报》专栏也报道了马歇尔关于对待德国和德国产品的正确方式的观点，虽然一战期间德国还不是军国主义。《经济学原理》的姊妹卷的进度很慢，尽管此时他已退休，空闲时间有所增加，但还是放弃了第2卷的出版。进度缓慢部分是由于马歇尔不断恶化的身体状况，尤其是1914年后；另一部分原因是他分散了注意力，对这一工作的关注有所减少。1919年，《工业与贸易》在众多姊妹卷中最先出版；1923年，《货币、信用与商业》一书也以之前作品的集锦方式面世了，不过很多人怀疑这本书是玛丽·佩利准备的。1921年开始，马歇尔的健忘症状加重，无法再进行有建设性的工作。在他临终时，他仍然思考着关于经济学进步的最后一卷，不过只是留下了一个粗略的大纲草案。1924年5月，他再次生病，两个月后，在他82岁生日之前不久，马歇尔在他贝利奥尔庄园的家里逝世，这个房屋是马歇尔帮助设计的，他们于1886年入住于此。他的妻子玛丽·佩利比他多活20年，正如他本人比他的很多熟人和同事都要长寿一样。

维多利亚时代主要的生活

与一生完全处在维多利亚女王当政时期的亨利·西奇威克不同，马歇尔的寿命比维多利亚时代还要长1/4个世纪。他生平历尽80余年，很关注时代的变化，这点在他的作品中表现颇突出，而且随着技术进步、社会和政治的变化，他对这些的关注也随之增加，尤其是这些变化发生的最后时段和一战前后。他努力吸收这些变化，这些在他的作品中都有清楚的体现，尤其在《工业与贸易》一书中——这也是该书处于重要地位的原因。20世纪20年代，马歇尔思维能力的失效范围可以从其迁就最近变化的事实中看出来，《货币、信用与商业》一书只是以混合的方式论述了50年前的货币问题，这暗示了在这半个世纪里没有发生任何变化。然而，即使马歇尔在他的一生中证实了这一点，而且偶尔也写了一些事物的发展的文章，譬如动力车、飞机、电影和留声机，以及布尔什维克革命、国际联盟，甚至参加一战的那一代人与德国进行二战的很大可能性，但是"马歇尔在很多方面仍是维多利亚后期年代思想的体现"。

与"维多利亚人"的"最后"联系是意义重大的。正如G. M. 扬在他对维多利亚时代英国的阶级描述中所记录的，19世纪四五十年代，即马歇尔的童年和学校生活时期，被以维多利亚时代早期和晚期而进行划分。19世纪60年代，当马歇尔开始喜欢上大学生活所形成的思想经历时，维多利亚晚期时代已正式开始，此时也是19世纪主要的经济问题得以达成政治共识的时期，例如对外贸易政策、如何安置贫民以及国家的作用，此时自由贸易也不再遭到主要政治和经济组织的反对。尽管自由贸易被广泛接受，但是绝非意味着盲目遵从与自由放任。这个年代的经济学家，尤其是对马歇尔思想有主要影响的约翰·穆勒，都不是19世纪三四十年代曼彻斯特大学"完全自由放任"的教条主义支持者。事实上，19世纪五六十年代的曼彻斯特大学的学生大部分都生活在欧洲大陆和北美。当19世纪80年代马歇尔人到中年时，这三个主要经济问题在英国的共识才开始彻底瓦解，所以马歇尔对这个时代的特征反应被大量记载了。

为了记录马歇尔成长的背景，考虑维多利亚中期的发展特征是很有帮助的。这些年是社会转型时期，而且达到了社会的发展顶峰，弗雷德里克·哈里森后来称之为"奋战的60年"。但是只有一些大事件直接影响了马歇尔及其家人的生活。其中一件事就是设计、建立和收藏水晶宫（即1851年的5月1日到10月15日令人吃惊的巨大博览会）。不难想象，不到十岁的马歇尔肯定在家人的陪同参观了水晶宫，就像当时很多其他人一样。1848年4月的宪章运动分子请愿游行也同样直接影响了马歇尔的家庭，这导致英格兰银行采取了预防措施以抵制可能发生的内战和骚乱。1848年（也是当时欧洲革

丽贝卡·马歇尔

命时期）让社会学家感到恐惧，将他们推到了政治生涯的最前线，尤其是由路易·勃朗、皮埃尔-约瑟夫·蒲鲁东、查尔斯·傅立叶和克劳德·亨利·圣西门设计的法国发展形式，马歇尔很欣赏这些发起人，并在之后的几十年里为他们作演讲。这个多事之秋的一年给欧洲大陆的几乎每个国家都带来了骚乱。同时，它也撒下了民族主义、体制主义和社会主义的种子，并在几十年后有所收获。然而，在英格兰的情况却恰好相反，伴随着基督教社会主义运动的开始，宪章运动由于主要政治当局的压迫而结束，而且得到了马歇尔的剑桥同事、灵活的领导者弗雷德里克·莫里斯和查尔斯·金斯利以及熟人如勒德洛的大力支持。

19世纪四五十年代也发生了许多其他显著的大事，例如重要的社会、政治、经济、文学和科学事件。1843年是罗奇代尔先锋之年和首次工人阶级的社会合作之年，后者也是成年马歇尔最感兴趣的一个运动。随着《皮尔银行法》的制定，1844年标志着通过立法解决了十年前关于货币银行学的争论。1846年，《谷物法》的废除预示了大不列颠时代自由贸易的真正开始，这也标志着一系列贸易限制及1849年《航海法案》的废除是10年来经济自由主义成长的象征，与此同时，对工作场所的限制也不断增长。1842年，《工厂法案》明令禁止私下招聘妇女和儿童，1844年规定了妇女和儿童的工作时间，随后在1848年确保了某些特定行业（如纺织业）的男性工作时间。马歇尔的第一个十年生活和不断发展的经济自由主义的时间是相符的，而且经济也在一系列规定和改革中日益自由化。

19世纪50年代也同样令人兴奋。1851年，拿破仑三世发动政变，澳大利亚开始了淘金热，英国和法国之间铺设了潜水艇航线。1852年，第一届合作社代表大会在伦敦召开，与此

同时，地产信贷银行在巴黎率先建立，从此合作银行的风险开始产生。1853年，格莱斯顿开始提出了很多预算，而且作为英国最后一次在和平时期的预算持续了几年。1854年初，英国加入了法国与俄国在克里米亚半岛之间的对战，分别在阿尔玛、巴拉克拉瓦和英克曼作战，攻陷了塞瓦斯托波尔。

19世纪四五十年代也是改革的时代，例如蓝皮书和社会调查。1833年，英国科学发展委员会成立了专门的统计部门，在其帮助和鼓励下，社会和经济统计越来越得到更广泛的应用，该委员会同时任命一些官方的统计学家构成独立的政府部门，任命一些技术高超的业余人士组成主要的统计公司。比利时的统计学家凯特勒、法国的勒普莱以及英国的波特和麦克洛克都是统计学届的名人，他们的工作都为马歇尔早期的社会研究提供了很多帮助。国会改革的第一步是通过了1832年的（首次）改革法案，1967年，国会改革的第二步也随之而来，在个体私营努力或者在公共管理员改革者埃德温·格德威克的不断帮助下，国会通过改革解决了很多问题，包括公共卫生、公共健康、公共教育和交通。这些年发生的市区改革和居民服务也旨在促进这一过程。最后一项是很重要的，即移走英国快速发展的城市中企业集团所带来的污水池，这一项是由议会和一些个体调查所提出的，例如老梅林对伦敦贫民和下层社会的调研。另外，这些年，霍乱、斑疹伤寒和铁路运输业仍是伦敦和其他地级市所面临的问题。

改革和变化的触角也伸向了教堂、教育和大学这些领域。例如，1848年，剑桥大学受到国会改革的鼓舞后，通过增加自然和伦理学优等考试来扩大教育范围，而这之前只有数学和文学优等考试。校长托马斯·阿诺德在拉格比市改革了教育实践活动，随后这一改革被推广到其他大学。19世纪40年代，由于早期的循道会和其他反对者所带来的混乱，以约翰·纽曼1845年公开皈依罗马的天主教为导火索，牛津运动者开始了牛津运动，立志进一步破坏已建立的英格兰大教堂。

19世纪60年代早期的英国则要沉静得多。因为1861年12月英国公民和他们的维多利亚女王都在哀悼她的丈夫，即艾伯特王子。除了这个痛苦难忘的皇室事件，这个年代的早期都相当沉寂。在1860年独一无二的金融法案的带领下，格兰斯顿金融使未来的总理抓紧了对国家财政的控制，并保证了平均2.5%的收入税。

英国在其教会领域的动乱要多些。两大主要的宫廷斗争爆发了，主要是关于国教会权力要大于异教会的，更一般的说是要大于不健全教条。1860年，7个牧师出版了《散文和评论》，其中包括马歇尔未来的朋友及支持者，本杰明·乔伊特将另外两个作者也带入了教会。其中一人呼吁怀疑圣经中神灵的启示，另一个负责呼吁对恶人来世都会受到惩罚的异议，1852年一个负责人成功将莫里斯拉下伦敦国王学院的院长之位。《散文和评论》两个被控诉的作者遭遇要好些，因为在1864年两人都得到了女王的辩护。

和科伦索事件同时发生的骚动是，教堂若发现存在异心的主教，则有权解除其工作。又一次，这个事件涉及大家热烈竞争申请重要的圣经奖学金。纳塔尔的主教科伦索已经出版圣经的前五本书，但是发现了很多矛盾和不真实的地方。当他被南非的上司解雇时，他向法院上诉，且于 1866 年恳求枢密院①维护他的权利。马歇尔对科伦索这个名字很熟悉。在升职到大教堂之前，科伦索曾是数学优等考试的第二名，也是马歇尔所在学院的一名研究员。除此之外，他还是代数和算术教材的作者，而且马歇尔在优等考试和高考数学考试准备中都有用到这些教材。

1865 年《荆棘的冠冕——对耶稣生平和工作的调查》匿名出版，对信奉者们造成了第三次冲击。书中通过仔细考证耶稣生平的各种证据，重点讲述了基督式教学方式中的人性和道德特征。该书是继勒男于 1862 年出版的备受争议的《人与子》一书之后的又一力作。一时间，人们反映不一。沙夫茨伯里愤怒地称其为"至今为止来自恶魔口中的最具毒害性的书"，蒲赛为作者把耶稣的人道主义和神圣精神的割裂而惋惜悲痛，而西奇威克则认为这是一本"伟大的著作"，因为其惊人的影响力和对知识的融会。西奇威克称其"感动了"整个剑桥大学，虽然作者"不肯现身"。直到 1869 年，作者约翰·罗伯特·西利才回到剑桥担任历史学钦定教授，一直任职至 1894 年去世。

这一时期文艺和科学的鼎盛发展也有必要稍作回顾。这是狄更斯、勃朗特姐妹、撒克里、加斯科尔夫人、查尔斯·金斯利、哈里特·斯托、乔治·艾略特的时代，是欧洲大陆上福楼拜、屠格涅夫、维克多·雨果、托尔斯泰、陀思妥耶夫斯基的时代。丁尼生是这个时期最主要的英国诗人，艾默生则主宰着大西洋彼岸的诗歌文化，波德莱尔在法国掀起了诗歌新热潮。

约翰·穆勒及众多文学大师（比如汤姆斯·卡莱尔、乔治·格罗特、奥古斯特·孔德等）在 19 世纪四五十年代发表了很多优秀的作品。赫伯特·斯宾塞的《社会静态学》、蒙森的《浪漫史》以及巴克尔的《文明化历程》都是这个年代的主旋律。随着亚历山大·贝恩、费里尔、费克纳、亥姆霍兹及洛茨等人主要作品的出版，社会上兴起了一系列与心理学相关的活动。1859 年，查尔斯·达尔文的著作《物种的起源》问世；1871 年，其《人类的堕落》出版。它们都产生了非凡的影响力。

19 世纪 60 年代，文化、科学及文学的进步汲取了前几十年的精华。这是穆勒思想统治哲学界的最后时期。赫伯特·斯宾塞《第一原则》的问世，向世人宣告他构建了一个融汇生物学、心理学、社会学及伦理学的哲学体系。亨利·梅恩出版了《古老法律》，开始了研究英国法律史的传统。19 世纪 60 年代的文化运动的十年间，涌现了 100 多部书评，1865 年出版的言辞激进的《十四夜》以及而后出版的措辞相对缓和的《当代》，则是其中最为重要的作品。

尽管在 1847 年、1857 年及 1865 年出现了危机，维多利亚中期仍然标志着英国经济的巨大

---

① 英国枢密院（全称女王陛下最尊贵的枢密院）是英国君主的咨询机构。它在以往具有十分大的权力，但今日只具有礼节性质。枢密院拥有不同的委员会，当中，英国内阁拥有其绝大部分的权力。枢密院亦具有司法职能，并主要由枢密院司法委员会行使。——译者注

进步。人均实际收入由 18 英镑逐渐稳步上升至 24 英镑，年均增长率为惊人的 3%。伴随着这种经济进步而来的是进一步的改革以及对更多变革的需求。19 世纪 60 年代发生的种种事件都印证了前面的观点。1861 年，邮局开放了储蓄银行业务，从此，即便是社会底层人民，也有渠道实行被当时一本名为《自给自足》的书所大力吹捧的节俭的美德。1862 年，新公司法案开创了以有限责任公司为主要公司形式的新局面，这为商业发展提供了前所未有的机会。在同年以 1851 年水晶宫展会为雏形而举办的伦敦博览会上，参展公司的数量由 14 家扩展至 29 000 家，标志着伦敦企业数量的激增。城市发展实现了两个阶段的飞跃。第一阶段为以 1863 年城市线开通为标志的伦敦地铁系统的完善。1864 年，奥克托维亚·希尔开始了她在贫民窟地区的住房改革，这项运动后来被马歇尔重新提起并大力支持。另一个引起经济学家兴趣的事件是 1865 年人们首次自发地通过伍尔弗汉普顿交易中心来解决劳资纠纷。

本书将在后面具体讨论这些事件是如何影响维多利亚时期思潮的。马歇尔在维多利亚中期的家庭、小学、大学的生活，对其后来的发展产生了根深蒂固的影响。

马歇尔传记编纂者的困惑

从某种程度上来说，马歇尔传记编纂者面临着前所未有的困难。马歇尔黄金时代信息量的匮乏引发了一系列问题。其家庭、童年、早期教育及毕业后生活等方面的信息极其缺乏。马歇尔对其家庭和私人事务总是避而不谈。他与同学几乎没有什么联系，毕业后也很少和他们打交道。1865 年后他才开始经营友谊，即便是这样，交流也是十分有限的。另一个原因就是，有关他早期生活的例证，比如他对经济学的求学经历，大都来自他 50 岁以后的回忆，而更加具体的信息则是他晚年才提供的。霍尔罗伊德就曾提出，老年人对其年轻时候的回忆是不完全可信的。因为现在所提出的说法是有待考证的，所以霍尔罗伊德的论断适用于马歇尔年迈时对其以往经历的回忆。惠特克证实，1877 年以前，即马歇尔 35 岁大婚的那年前，与马歇尔保持联系的人零星可数。在他的往来信件中，有一大部分是马歇尔在美国时写给母亲的，而另外一部分则跟一些大学事务有关。在现存的这 800 多封信件中，有超过 1/3 是寄给福克斯韦尔（113 封）、约翰·内维尔·凯恩斯（95 封）以及他的指定出版商麦克米兰公司（68 封）的，幸运的是，马歇尔的相关资料还可以从公开且留存的文件中查到，比如他的生日、祭日及婚姻状况。

审核现存的手抄资料还存在一个难题。有关马歇尔的词组都会首先在庇古教授的脑海中被文学化，庇古教授继承了马歇尔在剑桥的第一把交椅。他被要求对现存的原稿资料进行修改，"凡有价值的，需要精炼；凡有争议的，须被删减；凡不确定是否需要公开的，一律不公开"。马歇尔图书馆中现存的纸质资料在 20 世纪 80 年代末被重新分类汇总，这些资料明显被马歇尔本人生前仔细检查并筛选过，他无疑会去掉一些非自愿的、尴尬的或者是有争议的内容。虽然马歇尔的夫人玛丽·佩利偶尔在垃圾筒中挽救了部分被丢弃的资料，但是一些这个时期的资料还是不可避免地被毁灭了。

庞古在《马歇尔纪念集》中提及的马歇尔材料中未公开的部分与马歇尔1921年作出的关于年轻人的自传没有意义的评论是一致的，这是十分有意义的：

> 我认为一个年轻人的自传没什么太大意思，但是一个老年人对他半个多世纪以来政治观、社会观以及情感变化的自省却十分吸引我。如果时间和精力允许，我将留下一些关于我个人精神境界以及社会道德的经验之谈。不过恐怕我没这个时间和精力了。

如果这种意图贯穿马歇尔筛选材料的始终，那么缺少他年轻时代的材料的事实就基本得到了解释。

除此之外，马歇尔也提到他不想公开他的私人往来信件，虽然"选择有价值的"是个很好的可公开理由。原因十分简单，他完全意识到，在他很多匆忙写给同事和朋友的书信和便条中，他的防卫已经松懈。因此，其中会包括一些从未成书或正式出版的观点还需要数次修改和重新构思。这样看来，就不会奇怪马歇尔为什么会隐瞒他早期的家庭关系了。除了在美国时和他母亲的完全与个人感情无关的书信往来之外，几乎没有什么家庭往来信件被保留下来。在他现存的信件中很少涉及家庭事宜，甚至于被福克斯韦尔评论说是"私密的"，小范围而言，约翰·内维尔·凯恩斯这个马歇尔19世纪70、80、90年代的知己也如是说。从玛丽·佩利为其丈夫的官方讣闻作者——约翰·梅纳·凯恩斯和斯科特——提供的便条中，一开始就很少提到马歇尔家族的族谱，不过这些都被保存下来了。剩余的信息都需要花费大量时间从官方记录中调查并追寻其他方面的线索。对于他家庭成员之间的联系和他出生的其他细节，马歇尔似乎是在尽自己所能小心翼翼地留下最少的信息。

梅纳德·凯恩斯的《马歇尔回忆录》

对于马歇尔传记作者而言，另一个巨大的任务就是整理梅纳德·凯恩斯为《经济学杂志》准备的优秀的马歇尔讣闻。该文在马歇尔逝世（1924年7月13日）后不到两个月就完成了，向世人展示了他"导师"睿智的形象，并广受凯恩斯文学界朋友的钦佩。来自莉迪娅·卢波科娃的信指出，凯恩斯对于马歇尔的逝世感到很伤心。更重要的是，凯恩斯等人的信件和回忆录中均指出，凯恩斯揭示了很多马歇尔逝世前的重要传记资料。对于马歇尔的传记作者来说，这篇回忆录尤其重要，它利用了一切能利用的资源。除此之外，它的公布也引起了马歇尔几位故友的直接响应，同时帮助凯恩斯修正了《马歇尔回忆录》中的信息，也促进了庞古《马歇尔纪念集》的出版。其他一些问题在凯恩斯收集的著作中均有记录。

同时,《马歇尔回忆录》及其作者也给马歇尔传记作者提出了一个警告。在马歇尔图书馆中保存的信件表明,凯恩斯曾怀疑他提供的一些资料的真实性,尤其是与马歇尔父亲有关的活动。他极力向英格兰银行搜寻额外的信息,但却彻底失败了。在《马歇尔回忆录》中,当过分追求修饰措辞时,真实性往往就很薄弱。如当凯恩斯讨论马歇尔的世系时,说马歇尔宣称立志成为一个传教士,在剑桥学习数学,另外还换了专业,即从数学和物理换到政治经济学,主要研究形而上学主义、心理学和伦理学。《马歇尔回忆录》的其他部分是用现存的资料进行修正的。除此之外,讣闻的空间限制意味着马歇尔生活的很多重要方面没有得到详细记录。事实上,讣闻本身也有要求限制,凯恩斯尽量多写好的方面,然后稍微融合一些不好的方面。然而,他偶尔也会遵循埃奇沃思编辑的建议,删除一些事情和改述其他事情。尽管如此,凯恩斯关于马歇尔的讣闻仍是一篇伟大的杰作,而且它的内容得到了广泛的引用。

无论人们有多么钦佩和欣赏作为一个里程碑的凯恩斯讣闻的质量,对马歇尔个人来说,正确的评价是具有敏锐的带有批判性的洞察力,其价值包括,不能在其一开始出现时,就断言马歇尔的一生是约翰·内维尔·凯恩斯和埃奇沃思才能的延续。事实上,关于凯恩斯的篇章最重要的就是一篇讣告。而关于马歇尔,瓦伊纳则辩解称:

> 如今马歇尔已经过世很久了,而"不说死者坏话"这一原则只是对最近过世的人一种道德上的规则或是表达礼貌的方式。因此,对于马歇尔本人和他的作品不予苛刻或是有所保留都是毫无意义的。马歇尔在这两方面都确实是有缺点的,其中有一些还使他的朋友受到影响,以至于我们把他们看做是严重缺点。但我也相信,即使是他的美德也不值得我们钦佩到盲目模仿。每一代人都应该也将会形成属于自己的经济学,从上一代人那里或是借鉴,或是在此基础上改进,或是有所退步。如今,马歇尔的经济学清楚地代表了过去的一代,而且逐渐远离我们这一代的经济学。一方面,它最基本地假定经济社会是自由的,其中的经济行为都是由自由的个体来运行的。无论是经济体还是个体的自由,都适用于世界上大部分要么不存在要么被压制的地域。现代适用的经济学,更像是战争经济学和支持或反对战争的经济学《战争经济》,在这些领域,马歇尔只能提供很有限的指导意见。

> 维多利亚女王时期的特征包括马歇尔主义。他们使用典型的以两种语气结束的公共言论。一方面,自信将来能持续进入到所有建设优良的机构中并珍惜维多利亚时代的价值。另一方面,许诺对于人为造成的社会状况进行持续地改进。如今,维多利亚女王对于现状的满足和对于将来进步的积极都是完全不适当的。作为一位社会哲学家,马歇尔不仅仅是一个时期的代表。如果他在不久的将来成为时代代表的话,那将

是一件值得关注的事,而不会令人惊讶。

瓦伊纳认为这是首次对马歇尔生平的记述。本书尝试着尽可能全面地、不隐瞒缺点地展现他的一生,侧重于马歇尔的社会哲学,并与他的经济学理论相联系,避免局限于一个时期的片段或是面面俱到、平分秋色。

第 2 章

家庭和世系

读者在阅读1889年马歇尔的相关著作《同时代的男人和女人》时，很容易认为马歇尔就像圣经中的人物麦基洗德一样是个无父无母的人，甚至于没有出生地。这一信息大概是由马歇尔自己提供的，出生日期之后紧接着就是他学业上的造诣，并着重记录了他后来的学术生涯。梅纳德·凯恩斯的《马歇尔回忆录》在这一部分的改动微乎其微。该书的开始就列举了他的出生日期、错误的出生地、父母的姓名以及在他出生时对他父亲职业的错误描述。接着描述了马歇尔一家是个"西部牧师家庭"，暗示了马歇尔的曾曾祖父（即牧师威廉·马歇尔）是个大力神般的传奇牧师。除了谈及他的曾祖父——牧师约翰·马歇尔，是他将马歇尔与霍特里家族（以及后来的经济学家霍特里）联系起来的——之外，这就是凯恩斯对马歇尔世系的所有讨论了。可见，这个家庭的境况也只是稍微不错而已。

第二段描述了马歇尔父亲的各种形象，之后讲到了他的一位叔叔和一位姑妈，不过他们都是他父亲的旁系血亲，凯恩斯没有提到这些。另外只是很少地谈论了这个家庭。对于作为优生学家的凯恩斯因此认为遗传只在有限的条件下是有作用的。书中通过马歇尔出身牧师家庭解释了马歇尔是个"传道士"。马歇尔"对女性严厉"是因为他父亲在家里的专制造成的，更隐晦的是，马歇尔对货币和银行感兴趣，是因为之前他的父亲在英格兰银行任职，且不正当地被提升为出纳员，而不再是卑微的小职员。

如果马歇尔本身对遗传尤其是父母对后代的影响很感兴趣的话，那么就像他一直忙于高尔顿运动一样，他恢复对家庭和世系的错误描述这一行为是合理的。对这些的改正比一味迎合当时高尔顿的口味更切合实际。马歇尔故意掩盖他的出生地以及隐藏他的家庭背景的事实很大程度上反映了他性格中一方面的特点，同时也表明马歇尔对于剑桥大学和牛津大学就他的学术成就所给予他的地位没有不安全感。这一特征揭示了这个单纯谦虚的男人在某种程度上有些势利。

　　了解马歇尔早期家庭关系的特征对理解他后来的一些生活行为是很重要的，例如他对待女性的态度、对个人主义的坚持，甚至包括他对摆脱在家一直所受的宗教信仰的轻松。家庭关系对马歇尔的事业也起到了非常重要的作用。为了得到去剑桥大学学习的机会，后来为了能到美国直接学习关于贸易保护的内容，马歇尔对他父亲的一个兄弟（即查尔斯叔叔）十分殷勤，凯恩斯在《马歇尔回忆录》中对这个叔叔的描述非常突出，尽管在某种程度上有些虚构的成分。更早些时候，马歇尔在学业上所展示的非凡能力至少有一部分是自己的原因，但是部分可以说是因为他的路易莎姑妈，即他父亲唯一的妹妹，她给在德文郡时的马歇尔带来了很多愉快的暑假生活。很明显，这些加深了马歇尔对学生时代的回忆。由此可见，马歇尔的家庭和世系值得详细描述，而不是像他过去所提过的那样。

一个不卫生的出生地

　　马歇尔的出生证明说明了更多重要的事实。马歇尔出生在伦敦市东南端的萨里郡伯蒙德西市圣玛丽亚区夏洛特街66号，街道位于一个皮革市场中。在马歇尔后来的生活中，他把伯蒙德西、萨里更多的是把伦敦当做自己的出生地，而一些早期的传记中却提供了错误的克拉彭地区特征，有的还用到了一些修饰的形容词，如多树木的。据说克拉彭是马歇尔一家多次居住的地方，但在马歇尔出生的时候，家里还无力承担在这样高档地区的生活，他父母也是直到1877年（即他父亲退休前几年）才在那里居住的。

　　马歇尔的出生证明中同时也提供了他父母的一些情况。他的父亲叫威廉·马歇尔，是一个英格兰银行的职员；母亲叫丽贝卡·马歇尔，婚前姓奥利弗。两人仅于两年前的1840年5月13日在伦敦泰晤士河南面的坎伯韦尔区帕瑞施教堂举行了婚礼。马歇尔是他们的第二个孩子，他的哥哥查尔斯·马歇尔于1841年4月13日出生。查尔斯出生时，这对新婚夫妇居住在伦敦东南地区的新佩卡姆。很长时间后，他们的另外三个孩子才出生，马歇尔的两个妹妹——艾格尼丝·马歇尔和梅贝尔·马歇尔——分别在1945年出生于西德纳姆区和1850年出生于克拉彭区，他们最小的弟弟沃尔特·马歇尔于1853年也出生于克拉彭区。

　　马歇尔父母在伯蒙德西市夏洛特街度过了他们将近40年的婚姻生活，该地区处于社会的最底层。很明显，他们的婚姻没有得到家族的庇护，马歇尔的父亲作为一个银行职员，表面上看来是不错的工作，但是在新佩卡姆这个体面的地方，很难维持一个有着新婚妻子、婴儿以及即将诞生第二个孩子的家庭。之前提到阿尔弗雷德的出生地是一个皮革市场，19世纪早几十年的伯蒙德西区有很多著名的皮革制造厂，其他的是酿酒厂和制帽厂。其实夏洛特街挨着一个叫"制皮厂"的地方，其他很多制皮厂都在附近。另外圣托马斯的墓地和盖伊医院都在它的南面，很明显与马歇尔的出生地之间没有社区，所以这个墓地于1850年以危害公共健康为由被废除了。至此马歇尔一家才永远告别了这个不卫生的伯蒙德西区。

对19世纪伯蒙德西区的描述可以解释马歇尔隐瞒其出生地的原因：

> 伯蒙德西区——"皮革之乡"，至今仍然享有这一盛名——是一个人口稠密、繁华的商业地区。这里的繁荣工业与其他方面的普通之处形成了鲜明的对比。街道总是阴沉沉的，除了一个美丽如画的旧公寓，感觉它就是用一层一层的石头接起来的，脆弱得"摇摇欲坠"，很多到过这个街的人都暗自同意这个名字，很明显这条街很难满足人们的视觉。一些贵族在这里居住，控制着伯蒙德西区的很多街道。这里有一条铁路，时常有火车喷着烟、载着乘客，就像一个工作过度的巨人一样；一座贵族学校、一个如画的教堂美化了这里，但是它们总被用来形象地显示这个地区的令人不悦的特征……在伯蒙德西区有一个大的行业……几个世纪以来，该地区一直是皮革制造中心和皮革贸易中心……同时制帽业也很繁荣。这个地区的交叉处有无数的水槽，为皮革厂带来了很多稀缺的设施，但是同时它也给这里拥挤的人群带来了可怕的灾难。

伯蒙德西区的皮革行业一应俱全：隐藏卖家、皮革制造商、皮革修整商、摩洛哥皮革修整商、贩卖皮革商以及皮革切割商、导游、羊皮纸制造商、羊毛批发商、马鞍制造商、采购商、皮革干燥商以及胶水制造商。这些都需要接触皮革的人有很强的意志力，来忍受这些"难闻的气味"，包括制造皮革、买皮革和用做肥料和制造胶水的其他垃圾的过程中的刺鼻气味。就像《伦敦百科全书》所引用的狄更斯在《老梅林的伦敦》中对伯蒙德西区的皮革市场的描述一样，他评论这个地方像"恶魔一样恶臭"，当老梅林在这里进行一段不愉快的贸易时，评论说这个地方的产品质量很好，像一些小孩的手套和书皮，但是就是味道太难闻了，这些都给马歇尔的出生地增添了几分色彩。虽然夏洛特街挨着这个不受欢迎的皮革厂，但是它离臭名昭著的雅各布岛还是很远，即老梅林描述中世纪维多利亚的伦敦时提到的可怕贫民窟，狄更斯的《雾都孤儿》中比尔·赛克斯就死在里，这就更增加了维多利亚中期社会的伯蒙德西区的坏名声。

在二战中，伯蒙德西区被摧毁，因此无法对马歇尔故居进行参观。然而，伯蒙德西区臭名昭著的坏名声完全可以解释马歇尔隐瞒自己出生地的原因。马歇尔后来对贫穷问题很关注，一直想去参观英格兰和苏格兰主要城镇的贫民区，这让他想起早年生活在离真正的贫穷很近的地方，以至于后来他都想极力开发这些他十几岁时曾居住的地方。

"一个无私、和蔼、善良"的父亲：威廉·马歇尔（1812—1901）

在马歇尔小的时候，父亲是个英格兰银行的职员，年薪140英镑。当时威廉·马歇尔差不多 30 岁，在这个岗位已经工作 12 年之久了。工作的担保人是他的两个舅舅，每人出资 500 英镑对他的职位进行担保。一个是约翰·本托尔，住在克雷文街东街 37 号，在他的帮助下，威廉·马歇尔于 1830 年进入了英格兰银行工作。另一个是桑顿·本托尔，定居在托特尼斯镇的银行经理，桑顿、威廉以及他的兄弟姐妹在他们的父亲逝世后都居住在一起。马歇尔的父亲与他母亲那边在金融部门工作的亲戚联系较多。在展现阿尔弗雷德父亲的世系之前，一个马歇尔父亲的被勾勒了出来。

关于他的父亲，只有很少的一些细节被保存下来了。很大程度上是在基于两张仅存的照片中的一张，凯恩斯是这样描述马歇尔的父亲的：

> 他是一个典型的新教会福音派的代表，有着强硬的性格、坚定的毅力和敏锐的洞察力，脖子很瘦，下巴突出。他是一部新教会福音派史诗的作者，该史诗是用盎格鲁-撒克逊语写的，他对本能中最能直接掌控的东西（即他的家庭）十分专横，所以最容易受到伤害的就是他的妻子；但按照当时的理论，男人就是女人的世界。遗传的作用是强大的，马歇尔并没有摆脱掉父母形象对他的影响。

凯恩斯后来也描述到，马歇尔本人也是父亲"专横能力"下的受害者，尤其体现在他上学时的作业内容上。这让"感性而严厉的詹姆斯·穆勒"回忆起，威廉·马歇尔总让他的儿子用"希伯来语"做作业，而且每天都监视他到晚上 11：00。被父母监视这件事出自玛丽·佩利的笔记，以帮助凯恩斯写《马歇尔回忆录》。这些使得威廉·马歇尔每晚都要从 10：00 熬夜到凌晨 3：00 从事文学写作，而且都是在他白天下班之后。喝黑咖啡能让他晚上保持清醒，这样的话才能在晚上监视阿尔弗雷德。威廉·马歇尔允诺马歇尔小时候可以不学习下棋，从这件事可以看出这位拘谨的父亲还是爱孩子的。"阿尔弗雷德小的时候患有严重的头疼病，而唯一的治疗办法就是下棋。因此，父亲用下棋来治疗他的病，但是后来他要求阿尔弗雷德许诺以后不再下棋。这个允诺伴随了他一生，以至于他后来看到报纸上关于下棋的问题不再兴奋，但阿尔弗雷德说父亲的这个要求是正确的，否则他可能一生都会沉迷于此。"

应埃奇沃思的建议，凯恩斯淡化了阿尔弗雷德父亲严厉的脾性，且事实是"在某种情况下，他是家里的暴君"。威廉·马歇尔的专制更能由他的外孙（即马歇尔的外甥）克劳德·吉尔博证明。他所描述的外公是"一个邪恶的年迈暴君，他的很多其他恶行让我那可怜的母亲过了很多年的苦难生活。他拒绝让她嫁给自己爱的人——一个没有钱的陆军中尉，而当我的父亲娶了我母亲时，这个老绅士又恨我的父亲，总是刁难他，仅仅是因为他娶了我母亲。他一直和我们一起居住，直到逝世。我记得很清楚的一件事就是，当听见他去世时，我和哥哥们一起高兴得跳起舞来"。

丽贝卡·马歇尔

在马歇尔与父亲为数不多的往来通信中,他能回忆起的就是父母对他的控制。马歇尔说:"我的父亲很固执,而且有些喜欢将自己的观点强加给我那可怜的妹妹。其实父亲是个无私的、和蔼的、善良的人。但是他不知道,假若没有一直都很温顺的母亲的话,他的固执会让所有的孩子都过得很艰辛。"

威廉训诫的观点和做法在维多利亚中世纪的家长中并不罕见。然而,他后来出版的作品呼吁恢复阿尔弗雷德国王时代的传统英语,且对惩罚小孩的器具表现出了着迷的偏好。威廉·马歇尔在评论"制革工人"这个词时说,这个词应该被拼写成"削皮工人"。也就是说,穿皮革的人应该鞭打它。一根"皮革"就是一条细枝。在苏格兰上学的孩子常常被一根皮带鞭打以示惩罚。在评论早期书中出现的词汇如"偷窃、鞭打"时,威廉·马歇尔记录了这些词的拟声性质。"鞭子鞭打的声音在这个词中都能看出来,这是一个我从没听过的词。我想,从我小时候开始一直到现在,我都很感谢我那仁慈的校长。"这可以清晰地看出马歇尔父亲的其他特征。毕竟他被他著名的儿子描述为一个无私的、和蔼的、善良的人,或者如玛丽·佩利所述,他是一个"有着很高文学品位和文学素养的人……有着坚定的意志力、敏锐的洞察力……以及非常强硬的新教派观点"。

玛丽·佩利是根据公公的伟大才能评价他的,而不是他在英格兰银行的事业。他被描述为"专一,没有债务,字写得很好看,擅长会计,毫无怨言地去了支行"。威廉在现金账办公室工作2年后,在清算办公室工作了10年,然后又同时在法案办公室和清算办公室工作了10年,后来又在法案办公室工作了15年,然后又干了4年的编外出纳员,最后在出纳部门工作了6年。1877年9月18日,威廉·马歇尔退休,并得到了每年340英镑的退休金,相当于他退休前工资的1/3。最后在出纳部门的任职解释了他不菲退休金的原因。这比阿尔弗雷德在布里斯托尔大学任校长和政治经济学教授时的700英镑工资划算,不过马歇尔退休后仍有退休金。威廉·马歇尔在出纳部门任职时更多的是因为资历而不是功劳。在他进入出纳部门时已经在银行呆了40年之久。依据当时的银行政策,要尽可能保证支付年老的员工很高的退休金。而事实上,威廉·马歇尔晚上花了大部分时间来忙自己的文学爱好,可见他对自己的工作并不是很积极,只花了很少的心思。简而言之,威廉·马歇尔在银行工作了很长时间但是很平淡,除了一直兢兢业业外,并无突出之处。

威廉·马歇尔在文学上的造诣能弥补他在银行生涯中的不足吗?凯恩斯说威廉·马歇尔是

"用自己发明的盎格鲁-撒克逊英语写了新福音派史诗和一篇名为《男人的权利和女人的责任》的短文"。事实上,阿尔弗雷德的父亲在他退休前后出版了很多类似的史诗。然而,这篇反女权的短文被认为是支持凯恩斯的高尔顿观点,即"遗传的重要性",但是却不能被收藏在任何一个大型的图书馆中。在其中一本书中,他明显提到自己的语言主要来源于"阿尔弗雷德国王时代的英语":

我不是一个语言学家;我短文的凭证来自近期值得尊重的、博学的博斯沃思教授的字典,在我的很多旅行作品中,最令我兴奋的要属我第一次进入一个巨大的没有人迹的洞穴,洞里充满了最美丽的钟乳石,还有最稀有、最昂贵的化石。

威廉·马歇尔对古英语的维护没有更多有价值的创意。他擅长记录和文字解释,且在一个合理的标准上,若该书值得一看,就会被朗曼斯格林有限责任公司出资出版。书中的一些感想后来被他的儿子阿尔弗雷德所证实。威廉·马歇尔认为学习拉丁文和希腊文是不必要的,不值得为了某个偶像来牺牲孩子的健康,而类似地,要想从偶像身上学到什么就应该牺牲健康,显然这是典型的形而上学理论。进一步探寻该书的目的是"为纯粹的阿尔弗雷德国王时代的英语提供教学",它的目录是用古老的英文字母写的,是对现代短文盎格鲁-拉丁文的曲解,对按字母顺序挑选的单词进行语源上和语言上很详细的解释。这个实际的目标被很多著作中更多的学术目的所转移,但是却补偿了孩子放弃古典文学学习和形而上学学习所带来的健康问题。这也许可以解释马歇尔名字的由来。如果这是对的,那么它使威廉·马歇尔对古典英语一直保持很长时间的爱好。

威廉·马歇尔是用很多古老的盎格鲁-撒克逊英语词汇来写新福音派史诗的,这些史诗用以恢复9世纪时英语的"纯粹"形式。它们被用来鼓励基督教生活和揭露天主教的危险。最初的是命名为"Lochlere",特别提到它的目的是用来恢复古英语的使用。同时也强调了把宗教信仰改为基督教是很重要的。

该书不是很成功,不过威廉·马歇尔在他有生之年又出版了其他三本史诗。1877年,威廉·马歇尔出版了诗歌《里纳夫的梦》,借此反对了罗马的天主教。就作者而言对"吝啬"是不用任何道歉的,因为他所用的语言没有"诅咒"也没有"呼吁天主教的暴力"。可以用冗长而枯燥的诗句来简单总结威廉·马歇尔的神学偏好:

不,艾伯特!我们谁也不会去罗马的,
也不会去寒冷的日内瓦;
但是意志将会温暖我们的信仰,

在英国教会温暖光辉的照耀下，
在美好仪式的壮观之中。

正如诗中所暗示的，威廉·马歇尔的新福音派主义好像更多的是采取维多利亚时代的形式，且属于已建立教堂的教会传统范围内，避免了神学上的极端加尔文新派主义和天主教的复兴。威廉·马歇尔的史诗证明了他信仰克拉彭风格的新福音派主义，认为耶稣逝世后，人类必须通过改变信仰和接受上帝的恩惠来亲身感受上帝的存在。个人信仰的改变至少是威廉·马歇尔三篇史诗的主题。克拉彭风格的新福音派主义同样也有让他们的同伴信仰基督教的责任。当威廉·马歇尔的第二个儿子阿尔弗雷德对从事他所希望的牧师事业没表现出丝毫兴趣时，通过自己的写作来传播新教徒和清教徒教义则变得更加重要了。

其他一些对威廉·马歇尔特征的记述可以清楚地从他的文学创作中表现出来。诗中还能看出威廉·马歇尔对年轻时父亲生意的失败感到很羞愧。作为诗歌，这些史诗并没有太大的成就，但是正如凯恩斯所提到的那样，如果在这一方面遗传是重要的，那就可以解释阿尔弗雷德·马歇尔对诗的爱好，玛丽·佩利曾寄给凯恩斯一篇阿尔弗雷德写的诗，不过现在已无从追溯了。威廉·马歇尔写的另外两部著作显示了他的强硬，但是有时候也表现了他对罗马天主教的厌恶。除了他对写作和惩罚的观点，很少能看出威廉·马歇尔在家庭里父亲和一家之主的角色。

1875年马歇尔在美国时主要是和他母亲通信，除了对父亲和姐妹们应尽的"仁慈的爱"，信的结尾都是一成不变的，且都很少提到威廉·马歇尔。唯一的例外是7月18日在尼亚加拉瀑布的一封信，信中表达了对父亲双足状况不好的遗憾，希望能尽快恢复。一个月后（来自8月22日的圣路易斯），马歇尔对父亲和母亲相处愉快表示欣慰，并对父亲在"音乐上的成功"表示嫉妒。他还说，"如果我有时间的话，会努力地向父亲学习，以他为榜样。我很高兴父亲喜欢这种娱乐方式，对他而言这样可能是最好的，无论从哪方面来说都是很好的"。不幸的是，这些音乐上的成功并没有详细的解释。可能不过就是对一些音乐会进行捐款。除了肯定马歇尔喜欢音乐，评论指出他错过了很多他父亲喜欢的东西。《货币、信用与商业》一书中的一个自传脚注中指出，为了指导马歇尔也为是了娱乐，父亲经常带马歇尔去大英博物馆。因此在《经济学原理》第一版中，可能更是从子女孝顺的角度而言，马歇尔感谢父亲在"某些特别方面"的帮助。

威廉·马歇尔另一个方面的个性很符合阿尔弗雷德的观点，即威廉·马歇尔是一个无私的、很善良的人。马歇尔家族从柏蒙西移居到西德纳姆，又移居到克拉彭，最后到克拉彭的中档住宅区，这些都有所记录。虽然这些可以暗示威廉·马歇尔想摆脱"绅士"这一身份，就像他在婚礼上宣称的，他们可能被看成是为威廉·马歇尔提供了丰富的最好材料和机遇，就连他在银行做职员也属于此范围。威廉·马歇尔的无私与善良还表现在他为了给儿子们提供最好的教育而作出的经济牺牲。阿尔弗雷德和他的弟弟沃尔特都在泰勒商业学校学习，花销很大，而非寄宿生的费用更高。除此之外，沃尔特还在彼得学院、剑桥大学上学，不幸的是，在此过程中他被诊断患有肺部疾病，还没有毕业就离开了人世。他生命的最后阶段是在非洲南部度过的，为此父亲和兄弟们在经济上提供了最大额度的支持。

威廉·马歇尔对阿尔弗雷德的持久影响力几乎就到此为止了。马歇尔在他创造的家庭环境下成长，受到了很多精神上的创伤。马歇尔晚年批判意识的超敏性主要归咎于其父亲的影响，即马歇尔对犯错有着病态的恐惧。他父亲强烈的新福音派信仰可以从他的诗歌中体现出来，同时，这股狂热也许促进了马歇尔后来对宗教信仰的放弃。运用这种教条主义比运用正统的基督教主义来对付剑桥大学的理性批判要困难得多。一封写给福克斯韦尔的信暗示了这样一个情况，在维多利亚年代的英格兰，一个虔诚的父亲对其儿子宗教信仰的悲观影响是屡见不鲜的。然而，正如玛丽·佩利所指出的，在巨额的学费支持下，阿尔弗雷德的父亲确实充分地相信他有能力在一所高校取得好的成绩，但不包括剑桥大学。而且，对本托尔而言，相比于祖先的牧师职业，家族为其提供的世系更适合马歇尔后来的事业，这些在凯恩斯的《马歇尔回忆录》中都有涉及。

马歇尔家族族谱

马歇尔的父亲威廉·马歇尔出身于一个大家族，有五个弟弟和一个妹妹，他是长子。阿尔弗雷德的一些叔叔和姑姑在他年轻时起到了很重要的作用。他父亲那一辈人没有一个是牧师。阿尔弗雷德的祖父也叫做威廉，有两个哥哥，而且都是牧师。除了后来的妹夫，他们是离马歇尔血缘关系最近的牧师了。马歇尔的曾祖父约翰·马歇尔是埃克塞特文法学校的校长并被授予牧师称号，因此，他是马歇尔直系血亲中的第一个牧师。约翰·马歇尔与玛丽·霍特里于18世纪中期结婚，意味着与20世纪经济学家霍特里有了直接的联系。约翰·马歇尔的父亲是17世纪的牧师，记载更多的是他在物理学上的巨大贡献，而不是精神和生理上的。然而，马歇尔直系血亲中的牧师只限于他的曾祖父和曾曾祖父，所以充其量他只是"来自西方的牧师家庭"一个遥远的产品。

马歇尔家族族谱是在一系列可考证依据的基础上构建而成的。马歇尔有四个叔叔和一个姑姑，分别是爱德华、亨利、桑顿和查尔斯四位叔叔以及路易莎姑姑。

叔叔爱德华（1817—1862）从事了海军事业，1829年应征入伍，1830年提升为海军学校学生，1833年成为大副，1843年是海军上尉，1853年成为海军中校，1857年升为船长。他先后在地中海、非洲南海岸和好望角服役，分别在雷霆号、霹雳号、斯雷克号、毁灭号和萨福号等船上呆过。他于1862年逝世，享年45岁，生命如此短暂，以至于他没能在海军生涯中取得更辉煌的成就。他留下了一个儿子，里昂内尔，但是阿尔弗雷德好像和他父亲家族的人并没有保持什么联系。

叔叔桑顿（1822—1861）同样有着一个服务业生涯。他在19世纪30年代末是个药剂师学徒，在伦敦盖伊医院学习医理学，于1843年获得外科文凭，当时他住在柏孟塞郡的图利街200号，离哥哥威廉很近。他在医药方面的学习还得到了表弟霍特里的帮助，霍特里是伊顿学院的一位具有博士学位的牧师。后来，他以一名医生的身份随军去了新西兰和澳大利亚。1851年他在悉尼结婚，并于1852年在阿德莱德有了他们唯一的孩子。随后他回到英格兰，并且一直生活在圣约翰伍德公寓直至去世。

叔叔亨利（1821—1880）是一位商人，在加尔各答从事贸易工作，直到19世纪50年代末才回到英格兰。在哥哥查尔斯的财政支持下，1874年他开了一家材料公司（马歇尔钢铁有限责任公司）。对于马歇尔和家人来说，亨利对他们的帮助比爱德华和桑顿更为重要。他在印度的出现加速了阿尔弗雷德的哥哥查尔斯在事业上的发展。当时查尔斯居住在印度大陆，在叔叔亨利的帮助下，他从17岁时的一名普通职员最终晋升为孟加拉丝绸公司的总经理。1875年，马歇尔在给他母亲的一封信中曾表示，叔叔亨利与马歇尔一家相处得十分融洽。1876年10月，根据亨利的意愿，马歇尔成为了这个家族的决策者之一，这意味着马歇尔这个庞大家族的关系变得更加融洽了。

叔叔查尔斯（1820—1874）是凯恩斯的《马歇尔回忆录》中唯一提到的阿尔弗雷德的一位叔叔，他是一个性格开朗的人。马歇尔正是在经济上得到了他的帮助，才能够在1862年进入剑桥大学数学系学习。也正是在他遗产的帮助下，1875年夏天，他的"经济学家侄子"才得以去美国访问，且获得第一手美国保护主义内容。马歇尔的查尔斯叔叔是家里的第三个儿子。根据凯恩斯的描述，马歇尔经常提到查尔斯叔叔在经济上所提供的帮助，这是"马歇尔最常提及的话题"之一。下面这段文字全部摘自凯恩斯的《马歇尔回忆录》，从这段文字我们能够看出凯恩斯是如何记录这部分事实的：

查尔斯在金矿大发现的时候来到澳大利亚谋生并安顿下来，在他身上秉承的家族怪癖使他具有一种间接的生财之道。他继续经营牧场，而令左邻右舍们高兴的是，他不雇用那些身体正常的人，而只雇用那些或跛、或盲、或身有其他残疾的人。在淘金热达到顶峰的时候，这一"怪癖"也给他带来了回报，所有的壮劳力都移居到了金矿区，他成了唯一能够继续经营牧场的人。几年之后，他衣锦还乡，并马上对自己聪明而又反叛的侄子产生了兴趣。

玛丽·佩利为凯恩斯提供的材料成了他分析的基础，下面是她的版本，通过凯恩斯对这一

事实的重述也充分显示出她的文学水平:

> 查尔斯是阿尔弗雷德特别喜欢的一位叔叔,他不喜欢受到在托特尼斯的哥哥威廉的管制,便离家出走,在船上做服务员。他具有很强的生存能力,并且在澳大利亚挖到了他的第一桶金。他在完全不懂德语的情况下去了德国,购买了一些羊带到澳大利亚。同时他还以高薪雇用了一位牧养者,以保证每一只羊都能顺利到达。他雇用的工人全部都是一些盲人、瘸子和其他残疾人。他能够在淘金热到来之际保持牧场正常工作,而其他人的牧场都受到了淘金热的冲击,严重缺少劳动力。这使得他成功地赚取了超出羊毛①以外的更大财富。

查尔斯的发家史是与众不同的,对于他的"天赋"有一个更加准确的描述。他将深谋远虑和身上所带有的那种"家庭的怪癖"运用到19世纪40年代后期的澳大利亚牧场中,确实是一种很好的寻租手段。但是对于查尔斯·马歇尔到达澳大利亚的确切时间、具体的状况以及他是怎样从一个出走的孩子变成一个富有的牧场主,却都不为人知。在1851年的淘金热之前,他已经相当富有了,当时他居住在达林镇,那是位于澳大利亚昆士兰南部的一个牧场区。在19世纪40年代前,就有很多人涌入到这里,查尔斯也正是在这个恰当的时机移居到这里。在19世纪四五十年代,更准确地说是一直到1866年的危机以前,那里的地主或者说是牧场主能够从羊的饲养和羊毛及羊肉的销售中赚取大量利润,正如人们所形容的,他们如同在"制造货币"。1848年8月,查尔斯在达林同几个当地人合伙申请了租赁权。到1851年,查尔斯·马歇尔就已经成为了一个富有的牧场主。1855年,他逐渐开始与合伙人开拓更广阔的市场,同时建立了更多的伙伴关系,这种业务的拓展一直持续到19世纪70年代初,斯莱德是他的最后一个合伙人。在19世纪四五十年代期间,他购买了一些土地,并在采矿行业大量投资。1851年,在维多利亚和新南威尔士,淘金热的冲击造成这些殖民地的劳动力供给严重短缺。随之而来的是这个地区对肉畜的出口需求量严重超过它的供给量。也正是因为这个原因,1851年,他同在印度西部的好友达夫森亲自到那些金矿去考察。他们用最简陋的烤箱还有一些水、盐和面粉,使用澳大利亚原著民的烹饪方法,作出了一些在当地人看来十分"美味"的面包。就这样,19世纪50年代的淘金热给他的牧场带来了丰厚的利润。

---

① 根据玛丽·佩利为凯恩斯的自传提供的笔录中所介绍的,当时德国绵羊的越洋贸易十分盛行。1862年,查尔斯·马歇尔从德国购买了大量的绵羊。关于这方面的叙述是真实的,因为从1841年的人口普查相关资料可以查阅到,当时查尔斯的职业如同"水手"一样不稳定。玛丽·佩利这个"独立男孩创业的故事"经过凯恩斯的巧妙改造(尤其是我们前面提到的那一段)后被记载下来。这个故事似乎让我们感觉,马歇尔本应该脱离家庭的控制,独立完成在剑桥大学的学业,在几何学方面有所发展,找到自己真正的"天堂"。——原书注(除非特别说,本书脚注均为原书注)

19世纪50年代,劳动力短缺现象不仅仅出现在淘金热中,一些经过革新后的牧场也面临着同样的问题。在达林的畜牧业,这一现象已成为一个时代的特征。后来,各种劳动力的涌入解决了这一短缺性的难题。在1840年之后的10年期间,这一地区涌入了一些囚犯、其他国家的低价劳动力以及夏威夷和南洋群岛的奴隶。尤其是在1854年以后,德国的劳动力可以自由移入,使得这一现象得到了极大地缓解。从1848年到囚犯移入的后几年,昆士兰州的牧羊和牧牛工人主要都集中在这个州的南部区域。他们对廉价劳动力仍然存在迫切的需求。

威廉·马歇尔

人们称查尔斯为一个优秀的商人、一个经济学家、一个企业家,这都是由于他有效地利用了劳动力资源的可替代性。1849年,他向法庭起诉,要求对那些逃匿的奴隶进行索赔,追偿其已付的工资及违背主仆关系所带来的损失。1850~1852年,淘金热造成了当地劳动力的严重短缺,查尔斯通过大量雇用囚犯来弥补劳动力供给的不足。用罗纳德克斯的话说,他是用"马缰"看守他们,而不是让他们"停下来"或者是"跛行"。1852年,大量囚犯从东方一些国家快速地被运到这里,其中也有部分是来自德国的移民和中国的劳动力,奴隶主们从他们身上压榨出大量的利润。1873~1874年,查尔斯·马歇尔与他的合伙人斯莱德有着密切的书信来往。在一封信中查尔斯向斯莱德提出建议,他认为对于那些表现突出的工人应该给予荣誉奖章以示鼓励,这样能够确保新的工人继续安稳地工作下去。在陈述建议的过程中,他还特别指出,在报纸上刊登一些类似的宣传也能够带来明显的效果。并且,他还建议合伙人能够给予工人尽可能多的尊敬,这样可以让他们感觉到自己并没有像奴隶一样被对待。在查尔斯去世之后,昆士兰州各种劳动力的买卖行为开始被禁止。1875年,对于针对黑人奴隶买卖行为的抗议,英国政府给出了回应。他们委派一名高级委员对其治理措施进行指导,并设置了大量的海军对太平洋西岸进行巡查,进而彻底消灭了这种违法行为。与大西洋类似的遭遇相比,这个回应已经算是相当迅速了。

查尔斯在经营牧场的过程中,也体现出他是一个极富有进取心的人。玛丽·佩利对此是这样描述的,德国人对羊肉的需求主要来自萨克林及德国以外地区的供给。所以德国在达林甚至整个澳大利亚的羊肉食品行业中都扮演着重要的角色。结果也的确如此,1862年,查尔斯在欧洲的梅克伦堡州购买种羊赚取了大量的利润。这对年轻的马歇尔以后的发展也起到了决定性的作用。马歇尔在去往伦敦的路上,刻意拜访了他的叔叔查尔斯,并受到了热情的款待。在众多的家庭成员中，他的叔叔是与众不同的。家人相信他所说的一切，认为他具有独到的见解，在淘金热到来之际，他能够采取创造性的手段解决劳动力短缺问题。同时，他还利用手头的现金给予了阿尔弗雷德去剑桥大学继续深造的机会。在查尔斯的管理下，他所饲养的羊群以及制造出来的羊绒都具有较高的品质。在格兰盖恩，他的羊群也给他带来了不菲的收益，同时也突出了他事业上的成功。

查尔斯的幸运让他有能力为家人提供慷慨的帮助，尤其是对阿尔弗雷德。但是，这份帮助也被认为是对其家族的玷污。起初，那些从牧场所获得的利润都来自对廉价劳动力的压榨。1852年以及之后的几年里，劳动力的主要来源是囚犯。到了19世纪70年代初期，劳动力的主要来源则转变为太平洋岛的岛民。这一事实使马歇尔的家族蒙受耻辱。对于大西洋有关奴隶的交易，新福音派主义者曾发起了一系列的运动加以反抗，并在1833年取得了一些成功。随后在19世纪60年代的美国内战中，相关的法律也被制定。此外，1875年英国也发起了废除昆士兰州黑人奴隶买卖行为的运动。在这种情况下，如果他的家人了解这一切，那么他们本应该隐藏查尔斯与半奴隶制度的关联，以及他在此过程中所获得的实际利益。出于这种原因，查尔斯对于他的成功总是保持沉默，并且用了一个故事来掩盖他成功的本质，这个故事也就是阿尔弗雷德经常提到的。与他去吹嘘自己是如何利用投资技巧在牧羊、房地产和采矿业取得成功相比，用这样一个精彩的故事来解释他是如何在澳大利亚赚取财富似乎更能够让人们接受。对牧羊业的投资使得查尔斯拥有了大量财富。1862年，在这个关键的时刻，是查尔斯的帮助使得阿尔弗雷德能够进入剑桥大学继续深造。马歇尔在他的《经济学原理》一书中所表达出的一些思想和观点，某种意义上也受到了他这段长期压抑的家庭生活关系的影响（但这部分内容在第三版中被删除了）。在书中他这样写道："奴隶制度并不是完全没有可取之处的。"

马歇尔唯一的姑姑路易莎，在凯恩斯的《马歇尔回忆录》中也略有介绍。马歇尔的父亲总是让他学习到深夜，这种过度的学习让马歇尔身心疲惫。幸运的是姑姑路易莎挽救了他。她经常把马歇尔带到靠近德力士的德文郡，让他在那里度过了很多个愉快的假期。他的姑姑还给了他一条船、一支手枪还有一匹小马。玛丽·佩利为凯恩斯做的笔录中，还特别加入了一张路易莎的照片，她说这是马歇尔最喜爱的姑姑。路易莎为了维护整个家族而放弃了个人的婚姻，放弃了组建一个属于她自己的家庭的机会。在描述马歇尔对姑姑的感情时，玛丽·佩利这样说道："阿尔弗雷德是发自内心地喜爱他的姑姑。她把照顾兄弟及其家人当做一生中的首要职责。她曾拒绝过几次提亲，因为她希望能够保持家庭完整，让所有的家人都生活在一起。在她生命的最后时刻，这种观点仍然延续着。"因此，她的兄弟们都把她作为他们遗嘱的执行人和他们后代的监护人。她在19世纪70年代初搬到克拉彭，因此拉近了与马歇尔父母之间的距离。对于玛丽·佩利陈述中的其他部分，凯恩斯都给出了相应的描写。唯有他们居住的村庄名字被忽略掉了。那个村庄名叫肯顿，位于道利什附近的一个地方。以上这些关于路易莎的描述完全可以解释，为何马歇尔在美国时给家里寄的信里特别提到了路易莎姑姑，而且要求母亲将信件转交给姑姑。因为他知道，对于他的状况，姑姑是十分关心的。在1892年马歇尔出版的《工业经济学》一书的序言部分，他还特别提到将此书献给他的姑姑路易莎。

除了阿尔弗雷德母亲的名字，凯恩斯在《马歇尔回忆录》中再没有更多关于这个家族女性血统的任何描述。这或许是因为他想要对第二段中所描述的那些男权主义者加以强调，但是这对于了解马歇尔的祖母路易莎·本托尔来说，无疑是一个遗憾。凯恩斯在描写马歇尔的父亲在英格兰银行工作的过程中，提到了他的两位舅舅，他们都是威廉·马歇尔的担保人。约翰·本托尔是一位股票经纪人，桑顿·本托尔是塔滕斯的一位银行家。1828年，在祖父威廉去世之后，约翰·本托尔成为了这六个失去父母的孩子的法定监护人，不过他们是同舅舅桑顿·本托尔住在一起。对于他们来说，桑顿在塔滕斯的家无疑成了他们唯一的庇护所。1828年，16岁的威廉·马歇尔得到了他的第一份工作，在他舅舅约翰·本托尔的股票公司做一名职员。当然，他之所以能够顺利地得到这份工作，完全取决于他舅舅的帮助。如果说马歇尔的身上拥有一些经济方面的遗传基因，那也是来自母亲一方家族的影响。

最爱的母亲：丽贝卡·马歇尔（1817—1878）

凯恩斯在《马歇尔回忆录》的第二段中这样写道，父亲威廉在行使他的"男性权力"时，他的妻子是"最容易受到伤害的人"。此外，在《马歇尔回忆录》开头的句子中也提到过马歇尔的母亲。凯恩斯对她的简短描述并不是因为他对马歇尔家族缺少兴趣。事实上，在弗洛伊德年代，是不允许在家族传记中忽略描述一个母亲的贡献的。也许这样做是因为玛丽·佩利在这方面也没有提供更多的信息，所以凯恩斯也就没有过多的描写。另外，凯恩斯也没有对马歇尔大哥的儿子（也就是侄子威廉）进行描写。他的侄子克劳德·吉尔博曾间接地向玛丽·佩利透露（大概是在阅读完凯恩斯的《马歇尔回忆录》之后），"要是凯恩斯知道一些阿尔弗雷德母亲的事情，他应该会很兴奋。关于阿尔弗雷德的母亲，威廉知道的似乎比任何人都多。据他说，她来自梅德斯通，是一个化学家的女儿。马歇尔家族反对他们的结合，所以她只得断绝了与自己家族的来往。她的外表极其迷人，在这方面阿尔弗雷德也得到了她的遗传。每当阿尔弗雷德遇到令他开心的事情时，比如他的80岁生日，他都会说，'要是我的母亲还活着那该有多好，她该是多么高兴啊'！"事实上，玛丽·佩利提供给凯恩斯的笔录只是在附注部分提到了阿尔弗雷德的母亲。随后，在沃尔特·斯科特为英国社会科学院所写的传记体纪念集中也重复了这部分内容，同样也是引用了玛丽·佩利所提供的笔录。其实，玛丽·佩利与阿尔弗雷德的母亲也不是经常见面。唯一被记录下来的一次还是她出席儿子的婚礼。在他们婚后不到一年，丽贝卡·马歇尔随这对年轻的夫妇移居到布里斯托尔，这样本可以经常见面了，不料她却突然去世了。

正如之前所提到的，阿尔弗雷德父母的结婚证明上显示，丽贝卡·奥利弗的父亲是一位屠夫，并非像阿尔弗雷德的侄子威廉所说的那样是一位化学家。另外，从丽贝卡的弟弟爱德华和妹妹伊丽莎白的相关记录中也可以看出她父亲的真实身份。而且她的父亲和母亲分别在1833年和1838年（也就是在她结婚之前）就相继去世了。这个事实似乎能够解释马歇尔的家族成员为何联合抵制他们的结合。他们确切的结婚时间是1840年5月。在威廉的父母去世之后，事实上舅舅并不愿意做这些孩子们的监护人。在他同丽贝卡·奥利弗结婚的时候，他所有的弟弟都不在身边。爱德华当时还是一名海军，亨利在印度，查尔斯出海在外，唯有还在攻读化学学位的桑顿生活在伦敦，他也是唯一一个有可能出席婚礼的人。而对于他的妹妹路易莎来说，从德文郡到伦敦是一个相当长的旅程。对于这个23岁未婚的女子来说，长途跋涉来参加他们的婚礼显然是不太合适的。

本托尔家族成员的缺席似乎也证明，威廉·马歇尔的这段婚姻并没有得到大家的赞同，因为当时他的舅舅就生活在伦敦，完全可以来参加婚礼。结果，由于种种亲属的缺席，婚礼上只剩下了丽贝卡·奥利弗的家族成员们。他们或是屠夫，或是送快递的人，仅有一位农场主和一位经营旅馆的人还算是颇有地位……丽贝卡·奥利弗的母亲丽贝卡·达文波特（也就是马歇尔的外祖母）似乎是一个农业工人的女儿。所以，阿尔弗雷德在他的外曾祖母这边似乎也遗传了一些农业工人的血统。相对于他从外曾祖父那边遗传下来的零售商的血统来说，这种亲属关系显然更加令他困窘。回过头来，我们再去思考丽贝卡·奥利弗这边的家族关系被隐藏起来的原因，也就更加容易了。

丽贝卡·奥利弗是家里七个孩子中较小的一个女儿。她最大的哥哥乔治出生于1801年，继承了父亲屠夫的工作并于1835年结婚，随后有了许多孩子。第二个哥哥爱德华幼年就夭折了。第三个哥哥詹姆斯也是一位屠夫。第四个哥哥爱德华（1808~1868年）在一家英格兰银行工作，虽然已经结婚了，却一直没有孩子。第五个哥哥亨利生于1810年，随后妹妹伊丽莎白在1814年出生。亨利在妹妹结婚时仍是单身。在马歇尔出生的时候，他的四位舅舅都已经结婚，只有他的姨妈还未婚。在马歇尔的一生中，除了在婚礼上见过舅舅爱德华和姨妈伊丽莎白之外，再没有见过任何一位舅舅和姨妈以及任何一个表兄妹。

从现存的一些有关阿尔弗雷德母亲晚年的照片可以看出，她是一位相当漂亮的女人。但是从脸上似乎就能够感觉得到，她的内心充满了焦虑和悲痛，而且还可能长期患有疾病。从她惊艳的面容我们似乎可以猜测到为何威廉·马歇尔会与她结婚。他们是在一个偶然的机会通过她的哥哥相识的，那时他的哥哥爱德华与威廉·马歇尔是同一家银行的职员。对于五个孩子来说，丽贝卡·奥利弗绝对是一个完美的母亲。阿尔弗雷德在写给约翰·内维尔·凯恩斯的信中曾经提到，每当他的父亲对他们施行严厉的家教时，母亲总会适时站出来保护他们。此外，1875年阿尔弗雷德在美国写给母亲的信中以及写给福克斯韦尔的信中都有很多关于他母亲的相关描述。

从阿尔弗雷德写给福克斯韦尔的信中我们可以感受得到，他非常爱自己的母亲，十分想要去保护她。从信的内容上可以看出，她母亲后半生一直都被疾病困扰着。1875年1月，母亲已经长期患有了严重的疾病。当时阿尔弗雷德正在剑桥大学授课。他花费了一个月的时间去照顾母亲，并且为母亲的治疗支付了大笔费用，他曾开玩笑说"我感觉自己似乎已经破产了"。他在1875年1月31日给福克斯韦尔的信中这样写道："我母亲的病情正在快速好转，当我看到她越来越健康的时候，心里有一种无法形容的喜悦。"其实他不仅在给福克斯韦尔的信中提到过他母亲患病的情况，第二年夏天在他去美国度假的期间也一直为母亲的身体担忧。

在美国期间，他写给家里的所有信件的开头都是"心爱的妈妈"，或是"我最爱的人"、"我最爱的母亲"。信的结尾都是"您心爱的儿子阿尔弗雷德·马歇尔"。但是他对父亲和兄弟姐妹却只是顺便问候。从这一点我们也能够看出，他和母亲之间的感情十分深厚。阿尔弗雷德在给家里的回信中，除了回答信中的一些问题外很少提到他的家庭生活。信的内容大多都是描述他在美国期间的所见所闻，有时还会附寄一些他对经济学的感悟和其他的旅行日记。也许这就是他在第一封信时要求母亲完好保存他的信件不要有折痕的原因，或许从阿尔弗雷德的角度来说，这样做可以让他的文章永远被保存下来。

其实阿尔弗雷德是有意地让母亲、妹妹还有姑妈路易莎充当读者身份的。他在信的内容上有所选择，例如其中包括一些关于饮食时间、旅店的价格、洗衣店的花费和参加教堂一些活动的讨论，以及一些宗教话题（比如波士顿的一位神派教徒的强大和英国国教徒的特有权利）。据他说，英国国教徒在结婚的时候已经废除了女性服从男性的承诺，加拿大的女性已经拥有了独立解决问题的权利。而在美国西部的部分地区，暂时还缺少一些强烈的女权运动。尤其在内华达州这种采矿业发达的城镇，女性的生活空间更为狭窄，对于那些年轻的妇女来说几乎没有什么远足的机会。阿尔弗雷德并不是为了某些特定的读者而写这些内容，事实上，他只是希望母亲不去接触那个令人讨厌的爱默生，从而不会受到他的一些哲学评论所带来的思想变化。另外由于他的手写体似乎不是很工整，所以在信中他还为此表示了歉意，并且承诺会写得更加易懂些（但是这个承诺似乎一直都没有实现）。

此外，马歇尔在旅行期间还特别给母亲带回了一些礼物，其中包括一份带有插图的哈伯杂志复本，以及一份含有他参加过的波士顿教堂仪式的项目安排文件。他认为或许母亲可以从中寻找到一些自己感兴趣的东西。另外，他的礼物中还有一个玻璃制品，里面有一个可以流动的立体"尼亚加河瀑布"，那是一个他想要再次旅行的地方。

阿尔弗雷德的母亲总是习惯用紫罗兰色的信纸写信。这样邮件的接收处就能够很容易地把她的信件与别人的区分开来。这与阿尔弗雷德那些随意的手写体信件形成了鲜明的对比，或者说阿尔弗雷德应该使用更粗更大的字体。阿尔弗雷德经常通过书信的方式来询问家人的身体是否健康，生活是否愉快。他曾特别问到他的弟弟在一次事故后的恢复情况，以及他父亲的脚部的疾病是否已经痊愈、母亲的病情有没有复发。这些就是他所有信件的内容，除此之外还有一些对妹妹生活上的提示。虽然在他的信中表达的都是一些必要的问候，但是从内容上我们能够感觉得到，作为一个儿子、作为一个哥哥，当他远离家乡的时候，他对家人还是非常担心和牵挂的。他在字里行间中流露出对母亲的热爱，那是一种区别于责任的爱，但是对于父亲或许更多的只是尊敬。然而在这方面并没有过多的叙述，因为在维多利亚女王时代，孩子与父母的这种通信的方式普遍存在，他们只是众多家庭中的一个而已。

丽贝卡·马歇尔于1878年6月13日突然去世，享年62岁。官方对她死因的解释是，由于20余小时的昏迷导致中枢神经紊乱最终不治身亡。她是在阿尔弗雷德结婚的那一年去世的，当时她丈夫刚从英格兰银行的职位上退休不久，刚来到伍斯特郡的大麦尔文定居。对于她的逝世，有人说是由于缺少亲人的照顾，因此我们有理由相信她去世时子女和丈夫都不在身边。由于福克斯韦尔也在同年失去了母亲，所以在丽贝卡·马歇尔去世的时候，阿尔弗雷德在给福克斯韦尔的信中这样表达了他悲痛的心情："我也失去了母亲，所以与你有同样的感受，她对我就像你母亲对你一样，我的姐妹们虽然比你的姐妹年龄要大一些，她们也大都认同我父亲对于宗教问题的看法，所以总体来说他们还算乐观。"这封没有情感的信，伪装了母亲的死对阿尔弗雷德的影响。

阿尔弗雷德的兄弟姐妹

阿尔弗雷德家谱的完成是通过了解关于阿尔弗雷德的兄弟姐妹及其子女的实际情况后进行整理的，主要由玛丽·佩利完成。

> 阿尔弗雷德有两个兄弟、两个姐妹。
> 最大的查尔斯17岁时被送往印度，去了一个丝绸厂当经理，后与露西结婚，育有两个儿子，威廉目前还是个医生，而亚瑟死于一战。
> 查尔斯最后回到了英格兰，最终在巴斯福德去世。
> 艾格尼丝也去了印度并在那里度过了一生。
> 梅贝尔·路易莎嫁给了牧师吉尔博，生了四个孩子，其中一个名为吉尔博·梅贝尔。她是一个拥有音乐天赋的人，后在巴斯福德去世。她与阿尔弗雷德的关系很好。

妹妹梅贝尔说他是最好的看护，母亲大病时就是由阿尔弗雷德精心照顾的，当梅贝尔1882年患风寒的时候，阿尔弗雷德也来照顾过她，他爱他的母亲、妹妹梅贝尔以及姑姑路易莎，他还关心其他人，除了他之前的一些学生。

最大的孩子查尔斯是在 1841 年 4 月 13 日（即他父母结婚后的第 11 个月）出生的，而 14 个月后，1842 年 7 月阿尔弗雷德出生了，第一个女儿艾格尼丝生于 1845 年 12 月 25 日，梅贝尔于 1850 年 5 月 4 日出生，而最小的弟弟沃尔特于 1853 年 4 月 1 日出生。庆幸的是阿尔弗雷德的兄弟姐妹们都活了下来，包括那个小他 11 岁的弟弟。

玛丽·佩利对于查尔斯·马歇尔的描述已经十分详细了，几乎不再需要任何补充。1858 年他去了印度，比阿尔弗雷德上大学的时间还要早，这对于他们的父母为了让更喜欢、更有天赋的儿子阿尔弗雷德去读书是有所帮助的。他一直经营着孟加拉丝绸公司，在他 1895 年退休的时候，这家公司给他创造了足够的利润，使得他有了足够的钱来享受晚年生活。在巴斯福德，他为老马歇尔一家修建了一栋房子，这也是他的妹妹梅贝尔在丈夫去世后带着 4 个儿子生活的地方。查尔斯和露西结婚，露西的弟弟娶了查尔斯的妹妹梅贝尔。艾格尼丝死于 1895 年至 1907 年中的某一年。威廉的两个儿子中较大的那个，也就是威廉哥哥，是位医生，他向玛丽·佩利提供了关于丽贝卡的错误信息。亚瑟·雷蒙德，他的小儿子，在剑桥大学学习数学和工程学，1918 年 2 月，因为在上一年的 12 月受了重伤，治疗不愈，不幸在一家军区医院去世，而当时他已经是英国军队的首长了。

对于查尔斯，没有更多可以讲述的，阿尔弗雷德 1875 年去美国的时候也提到了关于他哥哥的事故，但他没有说明的是在英格兰还是印度，如果是印度的话就可以解释为什么艾格尼丝妹妹在夏天为了帮助他的恢复而去了印度。这次事故似乎比较严重，因为他让妹妹随他去了印度。他逝世于 1915 年，有一张他晚年在巴斯福德的照片，是与父亲和阿尔弗雷德弟弟在一起拍摄的，他的意志也表明了他是一个拥有很多知识的人，这可以通过他的书、显微镜以及一些科学仪器等得到证实。或许这些是与他工作有关的工具，但也很有可能是出于属于他们这些身处维多利亚时代人们对生物学的共同爱好。

阿尔弗雷德的弟弟沃尔特也是个有天赋的孩子，他于 1866~1872 年就读于泰勒商业学院，并且获得了奖学金，之后去了剑桥大学学习。1872 年 10 月 15 日进入到彼得学院从事一些工作。在大学期间，他得了肺结核，被送到南非去休养，但没有治愈，在毕业前就去世了。在家中他是父亲的掌上明珠，老马歇尔一直认为"沃尔特是个受欢迎的孩子，走到哪里都能够博得大家的喜爱"。在《经济学原理》第一版中有一段话这样写道："父母双方给予每个孩子的爱和关怀都是一样的，但失去了一个心爱的儿子时，一方会比另一方更加悲痛。"

阿尔弗雷德的妹妹艾格尼丝好像也走了姑姑路易莎·马歇尔的老路，她去印度照顾哥哥，还没结婚就去世了。马歇尔从美国的来信中略提到了一点有关这方面的信息。他的妹妹们总是喜欢在房间里唱歌，在 8 月 22 日的一封信中，他还特别提到希望她们不要只是唱那首圣经中的歌曲。他认为每天都用这一首歌来填补她们的精神生活，就如同每天只用肉来填饱肚子一样糟糕。同样在这封信中，他还建议他母亲转告艾格尼丝，要她用硬实的、清晰的笔迹来给他写信，而不要总是用以前惯用的方式，从而可以避免发生在圣路易斯邮局难以确认的问题。

或许人们对于阿尔弗雷德的妹妹梅贝尔·路易莎的了解会更多一些，因为在两个妹妹之中他更疼爱这个妹妹。这可能与他在音乐方面的兴趣有着直接的关系。在两个女孩中，她似乎也是更聪明的一个。前面提及过，她曾企图违背父亲的意愿而结婚。由于父亲的反对，她与牧师吉尔博（也就是查尔斯妻子的弟弟）的婚姻充满了艰辛。她在1886年2月与他结婚，但是直到她的父亲在1901年去世时仍不肯原谅她。这也是老威廉对女儿、女婿以及外孙产生强烈反感的原因。他们有四个孩子，最大的哈罗德生于1888年9月，克劳德和沃尔特这对双胞胎生于1890年7月，而最小的西里尔生于1893年。在她的丈夫于1907年去世后她搬到了巴斯福德，与哥哥查尔斯生活在一起，成了寡妇。她死于1912年，后来在克劳德的回忆中，虽然他承认"阿尔弗雷德经常来看望我们"，但他声称阿尔弗雷德没有与他们生活在一起，无论是在杰特伯瑞或者在巴斯福德。玛丽·佩利后来回忆到，在他们夏天去旅行时，阿尔弗雷德的亲戚们在他们克利夫顿的家中居住了两个月。这在阿尔弗雷德给哈罗德和克劳德的信中有据可查。此外，正如克劳德·吉尔博所回忆，阿尔弗雷德很关心沃尔特和克劳德的学业，并确保侄子们在圣约翰学院比吉尔博以前待的三一学院更有地位。他们进入剑桥大学学习后，几次偶然的机会，这对双胞胎也去了阿尔弗雷德的贝利奥尔庄园用餐。

马歇尔的家庭和世系为撰写马歇尔传记提供了一些重要的信息。由于本身对于家庭和世系的事实情况就存在一种故意掩饰的态度，马歇尔自己对于家庭历史的介绍并没有比这些见证者提供得更多。对于马歇尔某些部分的忽视可以进行解释，而在另外的一些情况下，马歇尔保留了一些关于后代的资料（而不是先辈的），这是在搜集他文章中的一些关于家庭材料的过程中发现的。有些是通过对他家庭生活的一些事实推断出来的，其中的一个例子就是对于他的出生地。根据他自己的描述，他的出生地是萨里郡或者伦敦，而实际上应该是柏蒙西。在一些参考文献中，他还省略了关于父母的信息。马歇尔对于家庭一些情况的隐瞒不应该通过所谓的隐私来解释，尽管这是一个重要原因，但更多的可能是因为这些信息会对他的工作或者是生活产生不利因素。当他还是圣约翰学院的学生时，以及后来他成为格罗特俱乐部的会员和天王星协会的会员之后，在与他关系较为亲密的朋友和同事之中他都会有所隐瞒。在这些社会交往中，他尽量避免涉及家庭关系，他后来的好朋友乔伊特也是一样，当时乔伊特已经在剑桥大学有所成就。他就是这样与他的同事、朋友们交往的，就如同他在早期的传记中写到的一样。只是到了后来，当他的身份和地位稳定后，亲戚们才逐渐被人们所了解。这些也有例子可以证明，或许也是由于后来他的侄子们得到了去圣约翰学院学习的机会。然而他的叔父、堂兄弟、姑姑们甚至他的母亲都一直很少被提及，甚至他的妻子都很少有人了解。

下一章将介绍，马歇尔的学校生活和童年生活是很不快乐的，这也是后来他极力掩饰这段生活的原因。尽管他在后来与朋友和同事的一些交流中极力掩饰，但仍可看出他与父亲的关系很复杂，少年和青年时代的生活造成了他与父亲的一些矛盾。这其中也有例证，在休闲和娱乐方面，他的父亲表现得十分严厉，在学习上更是如此。学业以及宗教信仰方面的限制都导致了他们之间矛盾的产生。值得庆幸的是，阿尔弗雷德对母亲的爱以及母亲对儿子的支持在很大程度上使其免受父亲严格纪律的限制。母亲对家庭事件的争论都给了马歇尔带来很大的帮助。然而母亲1878年的去世，再加上弟弟沃尔特的突然离去，马歇尔的内心受到严重打击。弟弟的成长和学习的历程与十几年前的马歇尔极其相似。在1877~1878年短短的一年内，这一系列事情的发生给这个家庭和马歇尔都带来了巨大的创伤。

马歇尔家族中的女人们在马歇尔早期的生活中所起到的作用也没有得到应有的强调。除了他的母亲给予他无尽的爱，路易莎姑姑、梅贝尔妹妹及他的妻子这些对他影响很大的人之外，他再未提及其他人。一些资料显示，他除了与未婚妻一起去瑞士旅行之外，还曾与两个妹妹一起夏季旅行，这是同他一起旅行过的几个女人。具体的时间是在1871年，他先是独自去了圣多美和圣莫里茨旅行，之后他又带着妹妹们一起去了那里。另外，马歇尔对查尔斯叔叔抱有一种感恩的心情，而并非是一种爱或者崇拜。1873年叔叔从澳大利亚退休以后，马歇尔就几乎再没有去拜访过他。他们之间的信件来往因叔叔1874年去世而终止。从这一点可以看出，马歇尔的家族规矩中存在着对家庭成员应有的尊重。更一般地说，叔叔在他的生命中没有起到什么重要的作用。就和他的哥哥一样，在阿尔弗雷德青年时期，他的哥哥就离开英格兰去了印度，这或许可以解释他们为何在阿尔弗雷德心中没有占有重要的地位。此外，由于查尔斯对阿尔弗雷德和他的哥哥在教育和抚养上提供资助的差异，也可以解释为什么他们兄弟之间，即便是只相差14个月，却没有建立亲密的关系。对他家庭的了解也不能帮助提升他的社会交往和协调的能力，尤其是当他极力掩饰关于他的出生、家庭等背景信息的时候。除了这个家庭给予他对批评的敏感和对矛盾的厌恶之外，正如威廉·拉姆齐指出的，阿尔弗雷德在布里斯托尔大学的职位上升后，所体现出来的对和谐的社会交往能力的缺乏以及责任、领导力的缺乏都是这个家庭所造成的。在这里对于家庭和家族的回忆，都是因为他们对阿尔弗雷德的生活有着不同寻常的重要影响。

第3章

童年和校园生活（1842～1861年）

马歇尔的童年和校园生活几乎都是在19世纪四五十年代的维多利亚中期度过的。校园生活开始于19世纪40年代中叶，他就读于克拉彭的一所家庭小学，并且被一家私人公司作为天赋儿童所关注。1852年年初，9岁的马歇尔"被送到了泰勒商业学校接受教育"。

在此期间，马歇尔家庭的经济和社会地位已经逐渐得到改善。1845年，马歇尔一家已经离开了柏蒙西郡夏洛特的"贫民窟"，去了贝尔·格林的西德纳姆，艾格尼丝·马歇尔在那里出生。虽然贝尔·格林有一个毒气工厂，但是比夏洛特附近的制革厂的环境好得多。而且，这个新的住址离西德纳姆的贫民区比较远。虽然马歇尔的新家仍然位于西德纳姆富裕的中上层社区之外，但这已使马歇尔一家感受到了一些上流社会的生活。到了1850年，马歇尔一家已经搬到克拉彭郡的罗素广场拉克霍尔5号。这次搬家后，在1842~1843年进入了银行法案部门和清算部门的威廉·马歇尔，工资也每年以大约250英镑的速度在递增。1851年的人口普查报告表明马歇尔一家已经雇用了仆人。

在学校期间，年轻的阿尔弗雷德每天都从克拉彭到泰勒商业学校读书。当时泰勒商业学校坐落于伦敦和南华桥之间的萨福克巷，二者之间有很多小路能很快地从泰晤士街通往景隆街，但是马歇尔从来没有去过。以前这条河和马歇尔父亲上班的英格兰银行之间是一条直线，使他得到了很大的便利。"阿尔弗雷德通常是坐汽船或者是公共汽车从克拉彭到泰勒商业学校的。"马歇尔早期上学的学校离家很近，小学可能在西德纳姆。

童年和早期的学校教育

由于缺乏有关马歇尔的家庭信息，所以有关他童年生活和早期教育的信息缺失实际上也不足为奇。约翰·梅纳德·凯恩斯喜欢在日记中详细记录自己孩子出牙及其他育婴问题以表达对孩子的爱，而马歇尔的父亲对这些问题却没有过多的记录。父母相当频繁地搬家对一个小孩产生了不小的影响，后来人们猜测这个小孩就是年轻的马歇尔，同时，两个妹妹相继在1845年和1850年出生也对他产生了很大影响。另外马歇尔小时候进入圣母学校学习的经历也鲜有描述。如果这所学校是按正规的体制运行，那么他接受的教育将是非常枯燥且没有实质用途的。

阿尔弗雷德9岁进入泰勒商业学校学习，而对于之前的私立学校，我们知之甚少。

> 教会学校至少还有检查机构进行监督，但无论如何也不会有监督私立学校的机构。纽卡斯尔协会在伦敦关于私立学校的一份调查报告显示："许多小学开办在有害健康的场所，并且也不适合教学。"而该报告显示，对于教师，"学校中没有人认为自己太老、太穷、太无知、太虚弱、太不健康或太不合格，也没人觉得自己不适合教学"。而事实上，教学在私立学校只不过是"贫困避难所"。

不管小阿尔弗雷德就读的小学其办学是否和这个模式相同，但可以肯定的是，阿尔弗雷德就读的小学不会像同龄的亨利·史威克那样配备私人家庭女教师来对他进行基础教育。此外，他的父母只受过很少的教育，这对于阿尔弗雷德的成长也没有太大帮助，当然，如果当初利思校长向威廉脑中灌输的不仅仅是肉体惩罚的"美好回忆"，那就另当别论了。但这种教育方法必然有某种效果。泰勒商业学校要求学生入学年龄为9岁，"每个男孩必须至少具备拉丁语法的基本知识"，也就是要达到"爱德华国王的门槛要求"，掌握"第六拉丁语法"及"良好的读写能力"，以及"了解早期圣经历史原因和教义问答手册"。最后一项要求就是强制奉献出周日时间，这是马歇尔的孩子从父亲威廉那里学到的。

玛丽·佩利保存了一些马歇尔对童年的回忆的资料，她记得阿尔弗雷德当时这样说："他小时候很少玩游戏。父亲担心他会结交不良的朋友，而不让他参加板球俱乐部。他在泰勒商业学校时加入了一个板球俱乐部，但距离很远，所以三年内他只参加了10场比赛。马歇尔在花园里与妹妹艾格尼丝练习，他视力良好，虽然方法不对，但依然能很好地击中球。由于他很少有打球的机会，所以他在花园的一个棚屋里用转动的车床为哥哥削了9个别针。而且他喜欢为妈妈做有益的事，例如做了一个放墨水的台架以防止瓶子翻倒。"

当马歇尔在泰勒商业学校上中学时，他已经很少有娱乐时间了。学校的作息时间和现在差不多，但是他爸爸会要求他做家庭作业一直到晚上11：00。学校的作息时间从早上9：15到下午1：00，然后从下午2：00到下午3：45，一年中共要学习39个星期。学校假期包括复活节的前一个晚上、8月和9月之间的6个星期、圣诞期间的

4个星期,还有选举日6月11日后的一周时间。除此之外,校长有权在一年中放4次为期均为1天的假期,包括查尔斯逝世周年纪念日、灰色星期三、耶稣升天节、女王生日、牧师儿子的纪念日、圣定保罗儿童慈善日、劳动节、托马斯·怀特先生的生日,这些节日之后的一天要上课,节日期间的周六只能放半天假。

由于马歇尔父亲鲜明的福音新教徒观点,即星期天与其用于业余活动,不如用于休息和祈祷,所以只有放学后的半个小时和周六的半天才可以玩耍和娱乐,所以马歇尔在道利什肯顿平房和安妮·路易莎度过的6个周末,也算是在超量工作和连续学习39周后对自己的拯救。与在家有限的娱乐时间相比,小船、木枪、赛马这些他所爱好的游戏给他带来的无疑是天堂般的快乐,这些活动后来变成去英国博物馆等地进行教育旅行或全家去伦敦等主要固定活动。

1852年在泰勒商业学校学习

如果真如玛丽·佩利对凯恩斯所言,马歇尔9岁进入泰勒商业学校,那他应该是1852年的上半年(也就是他7月24日10岁生日之前),开始了泰勒商业学校的学习。当时学校规定的入学年龄最早为9岁,意味着阿尔弗雷德是从最低年级(也就是标准学校的一年级)开始学习的。

艾格尼丝·马歇尔

对于为什么会选择这所学校,玛丽·佩利向凯恩斯这样解释(其中很多他在《马歇尔回忆录》中都有提到):"阿尔弗雷德的父亲觉得儿子能力很强,想让他去一所好学校,所以请求一位银行董事向泰勒商业学校推荐。而这位董事说,'你知道吗,你这是向我索要200英镑'。结果他爸爸付了这笔钱。"这里需要解释一下,阿尔弗雷德之所以选择泰勒商业学校,不仅是因为它是与伊顿、哈罗、拉格比有着同等地位的七所公立学校之一,教学质量很好,同时它也是离马歇尔家最近的,也许学费也是最便宜的。这对于19世纪50年代初马歇尔一家来说是很重要的、也是值得考虑的因素之一。

另外,该学校的奖学金和展览会是受牛津大学大力资助的,其中还包括大学的终生会员资格,这点在当时是很不寻常的,但是这些活动在1861年阿尔弗雷德离开学校时已停止。对于一个有能力但相对比较穷的中层阶级孩子来说,这是一笔非常可观的奖学金。自从19世纪60年代初委员会参与公立学校以来,该学校对自由职业者、牧师、法律人员、商业人员、军人、公共职员等家庭的孩子都有着极大的吸引力。

玛丽·佩利关于威廉·马歇尔为他儿子保证提名权做法的叙述并不是很精确。学校规定有资格提名的有皇室成员，包括泰勒商业公司的成员及董事，总共40人。学校登记入学的人数为250人，但实际数量经常超过一小部分。在1842年后的20年内，入学人数的变化范围从1851年的最多275人到1855年的最少247人，平均262人。因为上学年数最多是10年（从9岁到19岁），然而正常情况下学生一般更可能在学校呆8年，所以每年平均有接近30~35个空缺。在这个基础上，皇室成员每4年最多会有3个提名，因此提名具有相当的价值。另一个事实也说明了这点，即泰勒商业公司每年给学校补助2 000~3 000英镑，或者说每个学生每年10英镑。在允许的在校最大期限10年间，每个学生可能得到的补助可达到100英镑。另外，这所学校与牛津大学的联谊活动（即直接进入牛津大学的机会）也潜在地增加了提名的价值。这也解释了马歇尔为什么要给他的提名人200英镑。学校的入学纪录显示，阿尔弗雷德的提名来自博纳米·多布里，一个英格兰银行董事。他父亲是如何得到的这个提名至今无法解释，有可能多布里认识阿尔弗雷德外祖母本托尔家族的成员。

和不切实际的提名价格相比，泰勒商业学校的收费并不为过。每个学生的主要费用涵盖了学校提供的全部教育服务，一年共10英镑，每个季度支付2.5英镑。另外还有两项是到期应支付的，一项是交给泰勒商业公司的入学费，每人3英镑；一项是当学生升级时，一般说来是每年一次向他升到的年级班主任交5英镑。另外，还有学校的校服费、午餐费、车费、书本费和一些其他的学校设备费用。当时的一位老师形容阿尔弗雷德是一个"被放弃的年轻人"，且在萨福克巷学校可以找到阿尔弗雷德当时的照片。另外还说当时的穿着是小男孩被强迫穿的最丑的衣服。他们肩背蓝书包，纽扣孔上系一小瓶墨水，墨水来自学校内的糖果店。当孩子们升到六年级时，他们就不用穿伊顿式衣领的衣服了，取而代之的是高帽、立领、有黑领带的衣服，当上升到监督者或者班长时，则需穿着燕尾服或者晚礼服，阿尔弗雷德应该也是遵循这种服装上的习惯。然而有趣的是，马歇尔的校友德蒙后来回忆说，马歇尔在学校永远都穿得很破旧。最后，学校每年课本费总共需要花费2~5英镑，而午饭和车费每周大概需要两三先令，一学年39周最少需要5英镑。

对于一个年收入250英镑左右、有一个妻子、四个孩子和一个女仆的家庭而言，对学校费用的支付表明了马歇尔一家对有天赋的爱子学业的支持。虽然评估的标准无法考证，但家庭境况还是允许阿尔弗雷德在1852入学泰勒商业学校的。但是这个例子忽略了马歇尔家需要承担的另外一些费用，如教堂的长凳、慈善、宗教责任、假期及坐车等费用。对于马歇尔一家1845~1850年的花费，每年的大概预算见表3-1。

表 3-1 马歇尔一家的花销预算①

预算项目	1845~1850 年		
	英镑（£）	先令（s.）	便士（d.）
按周计算的所得税	7	5	10
人寿保险	8	0	0
房租	28	0	0
各种税收，包括贫民救济税等	6	0	0
每周 7 磅面包，一磅面粉	10	12	4
每天 1 夸脱牛奶	6	0	0
每周 0.5 磅黄油，每磅黄油 1 先令 6 便士	9	0	0
每周 1 磅奶酪	1	6	8
每天 0.5 磅肉，每磅肉 1 先令 5 便士	36	0	0
每天 2 夸脱啤酒	10	0	0
每周 0.75 磅茶，每磅茶 3 先令 4 便士	11	18	0
每周 0.5 磅咖啡，每磅咖啡 1 先令 6 便士	1	19	0
每周 0.5 磅盐，每磅盐 5 便士	4	10	0
佣人工资	8	0	0
一家六个人的衣物、靴子、鞋等	50	0	0
四个孩子的教育开支，每个孩子 8 英镑	24	0	0
洗涤费	8	0	0
煤炭、燃料、柴等	10	0	0
肥皂，蜡烛或其他照明的物品	6	0	0
马铃薯、蔬菜、水果等	8	0	0
家具保险	1	0	0
总 计	255	11	10

根据表 3-1 可知，该预算并没有包括为生病、医疗以及任何形式的伤亡预留的经费。例如，如果一个职员生病了，工资则从他的"全勤奖"里扣除，这是银行对准时上班的一种财政激励。另外，该预算同样也没有关于烈酒和葡萄酒的经费，可能对马歇尔家庭来说这不是重要的项目，还有娱乐、服装、家具、玻璃以及家庭床单这些项目也没有包含在内。除此之外还有些其他项目也需要解释，因为表 3-1 中的计算不是很清楚。最后，在假设的基础上，教育花费应该总计为 32 英镑。即使那样，阿尔弗雷德每年在泰勒商业学校的花费接近 20 英镑，这也超过了这个银行职员家庭关于对每个孩子在教育上 8 英镑的预算。

---

① 先令和便士是英国货币的辅币单位。过去 240 便士等于 1 英镑（1 英镑等于 12 先令，1 先令等于 20 便士）。在 1971 年英国货币采用十进制后，1 英镑等于 100 便士。——译者注

泰勒商业学校及其教育课程

在马歇尔接下来的10年生活中,大部分都是在泰勒商业学校度过的,那么泰勒商业学校究竟是一个什么性质的学校呢?首先,它是所很老的学校,建立于1561年,依然坐落于泰勒商业公司在建校时购买的地方。这个原始的场所组成了所谓的萨塞克斯楼的一半,是属于萨塞克斯伯爵以前的财产,包括"西门大楼、一个长庭院、所说的院子南端的绕组楼梯、两个长廊以及部分小教堂"。在1859年,也就是接近马歇尔在校期间的最后阶段,泰勒商业公司购买了这个建筑的另一半,但是用这额外的空间来更新学校的设备、重建操场的计划却从来没有得以实现。实际上,当这所学校在1875年搬到更合适的地方时,这些计划已经是多余的了。

午饭时间是从下午1:00到2:00,学校里并没有可供孩子们吃饭的地方,但这一点却提供了一些地区优势。一个以前的学生回忆了他在萨福克郡的学校生活,当时马歇尔已离开学校十年了,他说:"若一些人去排骨餐馆(现在仍然在学校隔壁),则其他人就去齐普赛的餐馆。我自己会去鱼贩子会馆对面的切尔西海滨大厦⋯⋯我每天午饭得花6便士⋯⋯午饭从来都不会花费很长时间,像其他男孩一样,我把剩余的时间用来观察这座城市,我们要彻底全面地了解它。"

小阿尔弗雷德可能在切尔西海滨大厦吃午饭,或者可能在排骨餐馆吃午饭,排骨餐馆现在仍然在学校隔壁,英格兰银行的职员经常光顾。一天中的自由时间可以让孩子们在伦敦短途旅行,可能对某些男孩特别有吸引力,他们的父亲对娱乐有着强烈的意见,阻止孩子们在周末进行这样的活动,这是很正常的反应。因此,学校的地点也许为马歇尔后来那么广泛地沉迷于社会咨询和观察提供了最初的体验机会。

可以通过一个主门上的一扇"易踢开的小门"到达学校的内部,这个主大门直接通向一条用石头铺成的过道。过道旁边有一个修道院和一个楼梯,修道院提醒我们,这所学校起源于都铎王朝,而楼梯"被粗大醒目的栏杆保护着"。楼梯上面是摇门,公司的武器放在里面。这样就进入了学校的主要部分——大教室。学校作为教室的概念对那些后期受教育的人来说很陌生,但当时的一个描述是恰当的:"学校是一个又长又宽的屋子,两边的窗户光线很好。教室的每边都有四排长凳,我能记起的就是只有顶层的一排有地方写字;在其他三个较低排只能尽力地单膝跪地写字了。"

那个时代的萨福克巷教室图片展示了当时教室的布局,因此也解释了19世纪40年代后期家长们对"由于没有桌子,孩子们被迫要俯身姿势学习"的抱怨。在马歇尔之前入学的一个学生抱怨说,这个教室"是为了考试而改造的,能想象得到孩子们只得用这种姿势作为桌子,跪着写字"。德蒙(和马歇尔同班的班长)回忆说:"以前没有桌子;他们看起来像是慢慢地爬出学校,并且在低年级都是没有桌子用的。"

19世纪50年代发生的改良与学校校长詹姆斯·赫西教士带来的教育改革的热情是分不开的。赫西在1845？~1870年任校长，也就是说，涵盖了马歇尔整个在校时期。他的改革倾向体现在他为公共学校和大学委员会准备的学校政策的陈述里，可以很明显地看出他对学校教学大纲的各种各样的改进。在上任之前，赫西已经和他的前任安排好了学校组织上的变动。年级数量从8个增加到10个，将英语、历史和地理增加到教学大纲中，费用提高到每年10英镑，马歇尔的父母需要为儿子支付的教育费用也随之增加了。在担任校长的前几年，赫西改革了考试方法，修改了学校的上课时间安排，把上课时间改为上午9：30到下午4：00，午饭时间是一个小时。另外，他使级长①的选举服从正当的竞争，还坚持为孩子们在学校里吃午饭争取到了更多合适的设施。

1850年，赫西任命剑桥大学的优秀毕业生艾雷牧师担任数学老师，大大提高了学校数学方面的教学水平，这对马歇尔未来的发展起到了重要影响。就像公共委员会在1864年指出的那样："这所学校在数学教学方面花的时间比其他任何一所学校都多（每周至少5个下午）。"

赫西还积极发起改迁校址的运动，直到这个目的得以实现；还领导了萨克福巷校址的学生宿舍整顿运动。他强烈反对黑暗的条件，想使当时的校舍空气流通。他的努力使阿尔弗雷德及他之后的学生有了课桌，高年级有了独立的教室。简而言之，马歇尔后来的职业很大程度上受益于这位热情、勇敢、致力于改革的校长。1877年，马歇尔回忆起他的校长，并请求他为自己写一封申请布里斯托尔大学校长的推荐书。推荐书中的一些赞词引用如下：

> 我很荣幸为马歇尔先生——我的一位充满活力、优秀、有能力的学生——写这封推荐信。马歇尔于1861年毕业于泰勒商业学校，经过一段卓越的学习，他获得了我校的最高数学奖，并担任第三级队长。他性格独立，思维清晰。他有机会获得牛津大学圣约翰学院的奖学金，但没有接受，而是选择了帕金展览奖项，这个奖项金额较少，是剑桥大学给每年前往他们学校的最优秀的数学家的。马歇尔相信在剑桥可以实现自己的价值。他的选择没有错……他将在课程选择上彰显的勇气和判断力用于指导一所正在崛起的机构，具有非常深远的意义。我对马歇尔的正直和责任感有很高的评价，我相信你们的期待可以在他身上得以实现。

虽然泰勒商业学校在19世纪40年代和50年代初对课程提纲作了调整，但仍和同时代的

---

① 在马歇尔时代，学校一共有8任级长，都是学校的精英。他们偶尔帮助年轻学生的学习，也承担一些训练学生的责任。为了符合他们高贵的身份，他们被授予很高的特权，如同德蒙在1924年11月19日写给玛丽·佩利的信中所述的。德蒙是1861年第二任级长。马歇尔是第三任。

其他公共学校一样,有古典文学的课程。上午(9:30~13:00)有很大一部分时间都用于学习希腊语和罗马语。不仅要学习语法和演讲,还要学习翻译和写作,甚至还要学初级语源学。另外,古典文学学习被认为还可以了解那些作品流传百世的作家的思想生活和特征。四年级的时候,法语被加入上午的课程中,这是泰勒商业学校另外一个与众不同的特征。从六年级开始,希伯来语被加入课程提纲。高年级的时候,下午2:00~4:00要开始学算术和写作。数学的学习大概从四年级开始有所改变,五六年级时,每周的数学课上有2个小时用于学习画图。相对于艺术来说,他们应该只是纯粹简单的画画。历史和地理的学习与早上的语言学习穿插在一起,同时每周一的早上,有固定一部分时间用于学习像圣经历史之类的宗教文化。周六早上的家庭作业被严格地与宗教课程联系在一起,因为这样不会占用孩子们的周日时间。

查尔斯·马歇尔

该课程提纲有些方面对马歇尔之后在剑桥大学学习的重要性需要详细说明。首先,课程提纲遗漏了哲学和德语两个方面,后来海塞尔校长也向公共学校委员会表示了惋惜。委员会发现,前者只是轻微的遗漏,因为到高年级时,英格兰学校的教学中就都包含了哲学。另外德语在教学中也慢慢增加了。委员会在报告中适度地表示了对法语教学的喜爱,不过当意识到德语在实践中的作用后,就推荐了德语。选修哲学时,马歇尔像在剑桥大学准备数学优等考试时那样学习。德语的学习是后来1868年在德累斯顿和1870年在柏林的私人课程中进行的,与之前相比,可能有些不正式,通常是在他登阿尔卑斯山以及去泰罗或巴伐利亚的旅途中进行的。还有一点需要强调的是,学校的学习使他精通法语,这也解释了他在经济和其他方面的藏书中为什么会有很大一部分是法语作品,也显示了他在这门语言上相应的能力。

与其他公共学校相比,泰勒商业学校在数学课程提纲上的延伸是值得一提的。校长为公共学校委员会作的声明是建立在学校对数学工程的高需求水平上的。他在1861年10月举行的一系列考试和他给一、二年级提供的一系列书本也支持了这个观点,并且这些被复制成附录。有些书的作者是1865年马歇尔参加优等考试的考官,比如沃尔顿和托德亨特,至少其中的一篇课文对剑桥的数学考试系统有所了解。

简而言之,尽管马歇尔对课程构成中过多的古典文学有很多抱怨,他还是从父亲为他选的课程大纲中受益匪浅。这所学校对马歇尔的父亲威廉有很大吸引力的另一个原因是,学校为优秀学生提供了进入牛津大学或剑桥大学的机会,尤其是50个人中有37个人可以获得由学校刚建立时的公司董事成员之一托马斯·怀特先生提供的牛津大学奖学金。被牛津大学选上的学生要经过3

年的预备期,表现合格或良好则获得正式的入学资格。泰勒商业学校提供的这种入学资格的机会类似于伊顿贵族大学、剑桥大学,且从1575年开始正式实施。这种方式后来被枢密院的法律废止,1861年在英国国会的作用下重新开始实施。马歇尔于1861年毕业,并成功地获得了预备入学的资格。他的校友德蒙写信给玛丽·佩利说:"马歇尔拒绝牛津大学最后一年提供的圣约翰学院学术奖学金是一种大胆而鲁莽的行为,我怀疑以前从没有人这样做过。"

马歇尔在泰勒商业学校(1852~1861年)

对于马歇尔毅然拒绝牛津大学授予的学术奖学金的"胆大妄为",需要作更进一步的探讨。前文提到过,马歇尔的父母为确保他能够获得牛津大学奖学金的机会作出了很多努力,才让他得到了被提名入学泰勒商业学校的机会。凯恩斯就这件事情也进行过充分阐述,进入牛津大学"是他父亲设计的授予他福音派新教士牧师圣职的第一步"。这个说法还有待考察,因为仅仅是凯恩斯个人的人观点,认为马歇尔的父亲希望他成为牧师,但是几乎没有其他资料和同期刊物等证据能提供支持。虽然斯科特在马歇尔的讣告中提到了这种可能性,但是玛丽·佩利在关于凯恩斯的讣闻和她为沃尔特·斯科特准备的资料中都没有涉及这一点。剑桥校友录、《泰晤士报》以及阿尔弗雷德的侄子克劳德·吉尔博在《剑桥评论》中发表的关于马歇尔简短的讣告、相关通告和说明中也都没有提及。更重要的是,在马歇尔一些自传的初稿中,关于他自己人生转折的说明都没有提到这个方面。1887年第12期《人类时间》关于他的记载中,简单地提到"他在泰勒商业学校学习,然后得到牛津大学古典文学专业的学习机会,但他更愿意去剑桥大学学习数学"。1910年前后,马歇尔在为一个德国相关项目所准备的更加详尽的自传中更明确地对他职业生涯的转变作出了解释,但是凯恩斯在引证这个摘录时遗漏了这个重要的方面。为了适应这种工作风格,马歇尔用第三人称写道:"他曾在泰勒商业学校学习;然后在现已废除的旧制度下,于1861年获得在牛津大学研修拉丁文和希腊语的资格和奖学金"。在这个阶段,马歇尔给出了在近25年前已给出过的原因:"在17岁的时候,他对数学产生了浓厚的兴趣,然后毅然放弃了去牛津大学学习的机会,只为在有着英国数学鼻祖著称的剑桥大学里寻求他一生的财富。"

我们有充分的理由接受马歇尔的解释。这一观点也被其他证据所支持,其中就包括他学生时代的伙伴德蒙的公开声明:

> 我一直惊讶于马歇尔在大学中研修的课题数量(凯恩斯在《马歇尔回忆录》中提到的伦理学、玄学以及心理学)。但是他早在学校时就成为了一名数学家,而且最后他并不是以数学家的身份成名。我们以前的课程安排十分古板——上午从来都只有古典文学,还有由学校最好的教授(艾瑞和兰格尔二世)授课的一周10个小时的数

学。我十分讨厌数学，受够了令人痛苦的微积分，就像马歇尔受够了拉丁散文和诗歌一样。

马歇尔在学校中对数学与日俱增的热爱记载详细，因为有一些动因在里面，玛丽·佩利回忆道：

> 马歇尔在学校的最后一两年中，他在数学方面已经如鱼得水。他的数学老师艾瑞曾说"他有很好的数学天赋"。马歇尔的父亲讨厌看到数学书，因此马歇尔在往返学校时只能将欧几里得书放在口袋里。他将数学命题记在脑海中，边走边进行计算，甚至有时候停下来思考。他因此形成了转脚趾的习惯，后来很多年也没有改掉。他在学校不得不学习古典文学，包括希伯来语，而且当他成为班长时还被授予牛津大学的奖学金，但是因为他想去剑桥大学学习数学而没有接受。他觉得除了古典文学他能学到更多想学的东西，而且如果他在牛津大学研修数学也不能得到他想要的。因此即使家庭反对以及资金紧张（由于他父亲十分贫穷而不能供给学费），他还是毅然选择了剑桥大学……后来马歇尔因忧虑而病重，他的父亲才放弃反对他进入剑桥大学的想法。

玛丽·佩利的很多观点与凯恩斯的《马歇尔回忆录》以及论文中的观点是一致的。然而，凯恩斯却将其大肆渲染，且把马歇尔转学数学作为他整体解放的象征。凯恩斯强调马歇尔对他的父亲不懂数学而感到十分高兴，然后用华丽的辞藻对这个问题作出论断："不！他不能在牛津枯死的语言学中埋没他的才华；他将逃向剑桥并为之服务，攀上几何学的绳索，发现通往天堂的道路。"凯恩斯的文献中暗示马歇尔对其父亲的报复是他人生选择转变的重要因素，但这一点却不被玛丽·佩利的文献记录所支持。另外，凯恩斯没有解释为什么马歇尔的父亲最终放弃反对儿子进入剑桥大学。这些微妙的改变为凯恩斯描述马歇尔作为传教士及其父亲作为家庭暴君的形象添加了浓厚的色彩。

很容易找到一个与牧师无关的理由，来解释马歇尔的家人为什么选择牛津大学而不是剑桥大学。一个线索是玛丽·佩利提到过，他的家庭经济十分困难。牛津大学给学识渊博、举止文雅的年轻马歇尔所提供的奖学金可以为他的生活带来保障。而剑桥大学作为另外一个选择，就像马歇尔自己所说，意味着"寻求一生的财富"，而这个寻求过程需要得到他的叔叔查尔斯金钱上的帮助。虽然在1861年6月马歇尔获得了剑桥大学帕金展览奖学金，这可以让他支持一段时间，但与牛津大学提供的奖学金相比仍要少得多。选择剑桥大学除了资金上的不足以外，在这所拥有良好荣誉的学校获得奖学金的机会也是十分不确定的。总而言之，马歇尔拒绝了有稳定前途和能提供奖学金的牛津大学，而选择了前途未卜而且需要承担额外费用的剑桥大学。对于马歇尔那相对贫困的家庭背景来说，这个选择相当冒险。威廉·马歇尔在职业生涯的选择上就和他的兄弟们与众不同，英格兰银行职员的工作让他避开了许多风险。因此，马歇尔的选择是一件近乎疯狂的事情，家庭因为这个倔强任性的儿子的教育而面临财务危机。最后马歇尔的父亲只能屈服于马歇尔的选择，因为他的反对可能会造成儿子的健康进一步恶化。这个选择引起的财务危机的程度也能充分说明马歇尔在剑桥大学对学习数学的热爱（后来马歇尔将这些热情投入到经济学中）远远超过古典文学。

马歇尔对他在学校接受的古典教育方式的批评态度值得进一步探讨，这也成为他后来一生中反复强调的主题。1904年，在给他刚上马尔伯勒小学六年级的侄子哈罗德·吉尔博的信中，马歇尔批判了古典文学教育在智力上和道德上的培训缺乏实用性。

也有其他一些人的纪录显示马歇尔在学校时非常厌恶学习古典文学，约翰·内维尔·凯恩斯在日记中记录到，在1877年4月举办的一次小型晚餐聚会上，马歇尔产生了"不好的情绪"，表示他再也不用右手学习古典文学了，他在古典文学上浪费的时间，如果用来学习音乐、绘画、雕塑、一些现代语言、生物学或通用礼仪都会更有意义。在19世纪80年代早期，作为圣约翰学院年轻的学生，他曾公开强烈反对剑桥大学多余的古典文学教育，并建议废除希腊语课程义务学习制度。

在马歇尔生命的最后几年中，他给出了更多他个人在学生时代不喜欢古典文学的原因，特别是针对希腊语：

> 在学校时，有人告诉我不用重视希腊语的发音。我自己推断可能是注重发音需要花费很多的时间和精力，所以我没有注意字典中的发音，但我后来却因为这个受到了惩罚。这件事情让我觉得，学习古典文学使我的时间没有价值，然后我尽全力逃离古典文学而转向数学。后来，我发现很多优秀学生都很看重时间价值，但是许多学古典文学的学生则不懂珍惜。

众所周知，马歇尔对外部的评论十分敏感，加之由于有点笨拙但很无辜的错误而受到重大的毫无意义的惩罚，这扼杀了他对古典文学仅剩的一点点兴趣。另外，长期以来晚上在父亲监督下做家庭作业，也使他精神上承受着巨大的折磨。在马歇尔的自传摘录中有一段话提到，他意识到校长对其古典文学教育作出过有价值的贡献："我的校长是一个思想开阔的人，擅长在脑海中直接构思拉丁文，而不是通过英语再翻译过去。我十分感激校长在这方面对我的帮助，这是最有价值的帮助。"

17岁后，马歇尔学习数学的愿望日益强烈，这也可以看做是他改变方向的另一个重要原因。他对数学的"酷爱"从他来回学校的路上学习欧几里得的方式就可见一斑。实际上，关于马歇尔随着年纪的增长对数学研究越来越感兴趣的原因，教授高级课程的数学教务长艾雷作出了进一步解释。除了由于艾雷是"学校最优秀的教务长"之外，马歇尔还得到了艾雷的赞扬，这便是他对艾雷和他的课程愈发喜爱的原因。玛丽·佩利回忆说，艾雷评论马歇尔"具有数学天分"，对于一个敏感于批评的男孩来说，是非常希望得到类似表扬的。对于年轻的马歇尔来说，更为重要的一点是，数学学习可以提供获得学校八大奖学金的机会。这种奖励是无法从古典文学、语言学或者其他学科中获得的，因为这些学科都面临着来自其他人的竞争。实际上，他也于1861年获得了数学大奖，他在1857年获得的数项数学奖以及在1859年和1860年的考试中很高的成绩排名使他毫无悬念地得到了这项奖励。马歇尔在学校里还获得了其他奖励，例如1854年的拉丁文语法大赛第二名以及1860年校长颁发的专业论文奖。

班级第一所带来的赞誉和成功极大地鼓励了这个敏感的男孩。马歇尔几乎从未从父亲那里得到过任何赞扬。马歇尔也好胜，玛丽·佩利在文中向沃尔特·斯科特谈及，马歇尔婚后夜间玩西洋双陆棋时，"如果没有取胜他会相当恼火"。一言以蔽之，年轻的马歇尔之所以会越来越被数学吸引，是因为他擅长于此，在此过程中他也可以战胜所有人而享受成功的喜悦，"在游戏中取胜令他兴奋"。把"出于爱好"以及苦苦思索证明过程和解题方法的乐趣放到一边，缺少朋友、有一个极少对其赞扬的苛刻父亲、在当时的社会背景下很难取得学术成就或通过努力成为级长和获奖者，马歇尔几乎因此处在学校权势等级的最末层，这一切都成为他学习数学首要而强大的动力。

或许，马歇尔在数学上的成功以及对古典文学教育的抱怨，会给人留下他在整个接受教育的过程中缺乏能力和成就的印象，但是他曾获得当选泰勒商业学校第三任级长的殊荣，所以需要强调的是这样的印象并不成立。级长无疑是学校里出类拔萃因而可享有特权的学生。在泰勒商业学校，级长能得到一些关于公共演说的训练，赫西博士在他向公共学校报告委员会呈递的文书提到了这一点。学生获得公共演说的机会"每年有两次，圣诞节一次，6月一次，只有八个级长有权参加。赫西教授亲自监督，并认为这是一项能提高学生才能和素质的重要手段，同时亦能帮助他们放松和镇定"。这些演说的一些复本与泰勒商业学校在萨克福兰校址的其他材料一起保存在基尔特图书馆档案厅中。

这里同样需要提一下马歇尔在学校的友谊。玛丽·佩利告诉斯科特，年纪大了后，马歇尔"经常说他希望能去拜访更多学生时代的老朋友"，但是他没有足够的时间和精力来完成这件事。德蒙在给玛丽·佩利的信中也提到，马歇尔很少与那些过去的学校级长们联系："我从1861年6月11日去剑桥访问后便很少与他交谈或见面了——大概只有一两次，也是在你们到我教堂的对面住下很久之后。"玛丽·佩利向凯恩斯透露，马歇尔"在学校并不轻易结交朋友"，因为他的父亲担心他与坏孩子混在一起。她说，"他在学校的主要朋友包括特雷尔和后来成为了艺术家的悉尼·霍尔。特雷尔是他最要好的朋友，他后来也成了一名级长以及牛津大学的研究员。特雷尔的哥哥是一个板球好手，他曾经送给特雷尔一本穆勒的《逻辑》，特雷尔和阿尔弗雷德在级长桌上阅读这本书，令校长赫西教授感到惊讶。"

他与特雷尔的友谊令人惊讶。特雷尔实际上是学校里的大级长，他曾经在1861年获得八项主要奖学金中的三项。在被授予牛津大学法律学士学位之后，特雷尔成了《电报》的一名记者兼编辑、《文学》期刊的第一编辑，并创作了若干图书和戏剧。也许正是他在学术上的成就吸引了年轻的马歇尔，不过还有一种可能是，他希望与一个擅长打板球的人称兄道弟——据说马歇尔十分喜爱板球。马歇尔的另一个朋友名叫悉尼·霍尔，当时18岁，是1860~1861年的最后一任级长，他追随父亲的足迹成为了一名艺术家。普法战争时期，他担任《画报》的专门战争画家，于1922年末去世，享年80岁。除了都曾担任级长和拥有学术上的天分外，马歇尔的两个朋友还有其他一些相同的品质：他们分别出生于1842年的8月和10月，都比马歇尔年龄稍小；在马歇尔报名进入泰勒商业学校后也分别在1853和1855年入学。在马歇尔之后的大学生涯里，选择那些比他稍微小一些和迟一些进入这个生活圈子的人做朋友成为了他交友的倾向。

玛丽·佩利的例子更好地证实了马歇尔的行为及其对游戏的态度导致了他在友谊方面的缺失。1855年的一张照片——可能是从他校服口袋里找出来的，拍摄于9月新学年伊始，刚刚在德文郡与路易莎姑姑待了一个暑假因而恢复了健康——与德蒙展示的那一张照片形成了鲜明的对比，在后一张照片上，学校里的马歇尔"看起来像是经常劳累过度，瘦小而脸色苍白，被称做'牛脂蜡烛'，并且穿着怪异"。他对游戏不感兴趣（除了板球），沉迷于研究国际象棋，不轻易结交朋友。板球、国际象棋、勤奋加上对古怪穿着的偏好可能正是他与特雷尔和霍尔成为朋友的原因。他们后来背离了传统形式的宗教和法律而开始艺术生涯，也许能让人联想起他们与同龄人不同的古怪举动。马歇尔很难维系一段持久的友谊，这一状况伴随了他一生的大部分时间。

一些关于马歇尔在校期间对文学欣赏口味的摘录也可以说明这一点。他与特雷尔在级长席上刻苦研读穆勒《逻辑》中的内容，这进一步地激发了他的愿望，即放弃对古典文学的研究而寻求一种更加科学的数理研究生涯，只有后者可以鼓励一个学生去努力设法弄懂这本不那么简单的书。所有熟悉这本书内容的人都会同赫西一般惊异于两个公认最聪明的学生在研读这样一本书。穆勒自己在自传中为《逻辑》作了总结，称它为"一篇某种意义上十分抽象的论文，可以预期不会广为传阅；它可能仅仅是一本给学生的教材，而学习这类专业的学生不仅可能人数稀少（至少在英格兰如此），还有可能正为着相关的学科——玄学——而着迷不已"。马歇尔对沃尔特·斯科特小说的喜爱似乎更为寻常，但其亦是他不断提升品位的体现，据玛丽·佩利所言，他是在校园生涯中培养的这种喜好并一直持续了下去。

1861年6月，马歇尔离开了泰勒商业学校，开始了在剑桥学习数学的新生活。他在剑桥接受了相对完善的数理训练，这使他进入到剑桥大学的圣约翰学院，赢得帕金展览奖学金并取得了一年50英镑共计4年的奖金。除此之外，他变得更加自信，对自身能力也更有信心。这种自信既来源于他在校期间学术上的成就，也来源于与特雷尔和悉尼·霍尔等人的社会交往——这种交往同样对在剑桥大学相对孤独的他大有益处。他在泰勒商业学校度过的岁月不仅帮助他通过了剑桥大学的入学考试，还使得他大学生活的过渡期更加轻松——那个内向、被母亲溺爱的伦敦男孩尝过了生活的酸甜苦辣而逐渐走向成熟，因此可以说他在泰勒商业学校的岁月帮助他塑造了自我。

对马歇尔学校生涯的详尽信息有助于我们了解他后来的生活和职业。与凯恩斯被广为认可的推测相反，他从古典文学转学数学这一需求并不能用于解释为什么他放弃了传教士的职业，也许最初的打算来自他那专权的新教徒父亲。不过于强调这种职业的转换，也为我们理解后来马歇尔对宗教信仰的放弃提供了更大的空间。凯恩斯对于其经历的说明——在毕业后一段短暂的民族危机后，马歇尔终生都是坚定的不可知论者——令我们可以更容易地修正剑桥大学那些老套的说辞。由于在这个方面缺乏对凯恩斯推测的证据支持，关于他为何放弃牛津大学的古典文学学业还存在着其他解释，这些推测同样有可能是正确的。

马歇尔17岁时，独立而充分地认识到自己在数学上的强烈偏好，决定将其作为未来职业而学习。而在另一篇文章里，根据他1917年的回忆，18岁那年也十分关键。这一年他确立了一种使之终生受益的学习模式，这一灵感可能来自他午饭时间在伦敦市区和西区闲逛的时候。

> 我想是在我17岁那一年，我生命中的转折点出现了。我当时在摄政街看见到一名工人站在商店的玻璃窗前，身形懒散但是神情饱满，于是我驻足观察他。他正准备在窗户上为一份简短的商店业务声明画图，也就是在玻璃上用白色的字母作标记。他每画一笔都需要单独挥舞一下胳膊，这也是一个优美的动作。每一笔画完后，他就在那里站几分钟稍做休息。但是如果他将那休息的几分钟加总起来，他的雇主将损失一天的工资。这成为了我下定决心的导火索，这些决定包括：不清醒时不用脑，将连续紧张工作中的休息间隔当做神圣的宁静。当我来到剑桥大学、完全可以自由支配时间的时候，我决定绝不在中途不休息的情况下读数学书超过一刻钟。我手边经常有些文学书籍，在短暂休息的时间里，我差不多读完了《莎士比亚全集》、博斯韦尔的《约翰逊传》、埃斯库罗斯的《阿伽门农》（唯一的一部我读起来不费劲的希腊剧）、许多亚里士多德的作品和其他文学书籍等等。其中我也会因为数学带给我的兴奋而连续读上半个小时或更多——但是这说明我脑子还好使，因而不会有什么坏处。

马歇尔的学校生活同样显示了他在日后的生活中不断表现出的个人特点和信仰。一个有力的证据是他认为必须接受实用的教育,因此批判古典文学教育。对教育改革的关注同样成为了他学校生活中的一部分,其中包括教学机构的改革,这归因于萨克福兰这个他无法长久适应的环境。马歇尔喜爱乡村和新鲜空气,他后来为穷人盖房子的政策和选择剑桥大学的居所便是受其导向。他的学校生涯也显示出他是一个不合群、不容易交到朋友的人,也是一个寻求着家庭庇护、由于天生的内向而行为有些古怪的人。最后,他在学校生活中展现的数学成绩加深了他对成功的渴望,这可能是他去剑桥大学追寻数学方面的荣耀以及科学事业的真正原因。

第 4 章

在圣约翰学院的本科生涯（1861～1865年）

1861年6月10日，马歇尔被剑桥大学圣约翰学院录取为自费生。自费生需要交纳所有费用，没有任何减免项目。他于1861年秋季学期入学，入学证书是由泰勒商业学校的校长赫西亲自颁发的，他的导师一直是哈德利。1861年6月，圣约翰学院一共录取了16名学生，他们年龄相仿，几乎都是在1842年接受洗礼的。1865年1月，马歇尔参加数学优等考试，并以第二名的成绩获得学位。1865年11月6日，他被学院选为研究员。从1861年年中刚满19岁，到1865年年初23岁，在这大约三年半的时间里，马歇尔完成了他的数学本科学习生涯。

19世纪60年代的剑桥大学

剑桥大学于12世纪成立，稍晚于牛津大学，它们是英格兰两所古老的大学。早在19世纪60年代之前，英格兰的大学教育已经有了一些发展。19世纪20年代在伦敦就成立了两所学院：伦敦大学学院和伦敦大学国王学院。前者是由哲学派于1826年创建的非宗教机构，目的是扩大大学教育的入学机会；后者则是1829年为所有基督教学生包括非国教教徒所创建的，1936年经法令通过改为伦敦大学。1832年，立法通过在达勒姆州也开办了一所大学。出于同样目的，1837年又创立了一所学院，接下来在1851年又有两所大学成立。1852年，欧斯文学院在曼彻斯特成立，后来发展成为曼彻斯特大学。由于19世纪60年代末立法鼓励大学发展，其他一些英格兰省级大学在19世纪70年代也发展了起来。其中包括创建于1875年的布里斯托尔大学，它对马歇尔后来的职业生涯有着很大的影响。苏格兰也有自己的大学，包括阿伯丁大学、圣安德鲁斯大学、格拉斯哥大学和爱丁堡大学，还有一些创建于15世纪的大学。1851

年，都柏林学院和贝尔法斯特达学院这两所爱尔兰古老的学院合并为皇后大学。

19世纪20年代以来，尤其是50年代，新兴大学得到了广泛的发展。19世纪，古典大学也开始了教学和管理上的逐步改革。有些改革是自发出现的，而大多数则是应议会和立法要求而生，议会起先还只是提出改革建议，接着就是强制性地要求其转变。19世纪初，牛津大学和剑桥大学都开始扩展各自的教学范围，并将口试改为笔试。但宗教考试至今也没有改变。在牛津大学，宗教考试要求被录取的学生必须宣誓信奉《三十九条信纲》；而剑桥大学只对获得学位的学生有这样的要求。大学研究员仍然被授任圣职，根据独身主义的要求，他们不能结婚。学院与其说是一个大学的中心组织，倒不如说是大学的核心。例如，到1862年，剑桥大学只负责教学、举行考试、授予学位、颁发奖学金和维持纪律工作。学校的17个学院负责其他事务。实际上，这些学院的讲师担负着大部分的实际教学工作。

1850年，时任首相约翰·拉塞尔勋爵宣布准备在两所大学的教育体系及利益分配体系中引入调查委员会。1852年，两所大学分别宣布了这项决定。剑桥大学为了确保剑桥法案草案能顺利通过（1856年通过），在改革中表现得不似牛津大学那样保守。剑桥大学废除了除神学之外所有学位的宗教考试，但是仍然限制"评议会成员"、学校主管团体"获取文科硕士和所有博士学位，因为他们宣称自己是英国国教的忠实信徒"。因此，非国教教徒和非教徒显然被排除在了学校的管理层之外。1856年，法案解除了学院研究员必须信奉国教的强制要求，圣约翰学院也开始施行。然而，1856年的立法并没有废除查尔斯二世统治时期的一致法案，这项法案要求各学院的硕士及研究员、大学的教授及高级讲师都要签署一份声明，同意在教堂中举行礼拜仪式。直到1871年，也就是在亨利·西奇威克因违背《三十九条信纲》而辞去三一学院研究员职位那一年，更重要的是，因为议会多年的争议和大学内部的辩论，大学宗教考试这个问题才终于通过立法得以解决。然而，1882年以前，禁止结婚仍然是对学院研究员的一大约束，与此同时，在许多学院中，被授任神职仍然有获取终身研究员资格的优先权。马歇尔职业生涯中接连不断出现的宗教考试对他的影响一直被关注着。

梅贝尔·马歇尔

马歇尔上大学时没有入学考试。中学校长出具的课程完成优秀证书为他提供了入学资格。第一学位的候选人要在第二学年的春季学期参加剑桥大学学士学位的初试（马歇尔来是1863年5月参加的），这种考试制度是1824年引入的。考试所考查的科目很少，对于在公立学校受过良好教育的学生来说相当容易。考试要求学生知道一本希腊的圣经福音书、一部拉丁语和希腊语名著、佩利的《基督教的证据》、欧几里得的前三本书和一些算术知识。1855年以后，像马歇尔这样获得荣誉学位的候选者，还要在入学考试中参加一些附加科目的测试。测试科目全部是数学，目的是增加学生学士学位考试的难度。准备这个考试将会中断学生的数学学习，因为额外的阅读还要求学生对约翰·斯特拉特（后来改为雷利勋爵，他在1865年以第一名的成绩获得荣誉学位而马歇尔名列第二）有所了解。

　　当然还有其他的考试。伦敦大学学院举办的常规考试在一定程度上也是出于纪律的原因，在下面关于马歇尔在圣约翰求学的经历中将会提到。另外，普通学生和荣誉学生（准备参加学士学位考试的学生）都要在获取学位之前参加大学组织的期末考试（评议会考试）。他们要在校满10个学期，考试并不是在学年末，普通学生是5月份参加考试，而考取学士学位的荣誉学生是1月份。1824年，古典文学优等考试被引入。1857年以前，除贵族外，荣誉学生的候选人必须先参加数学考试，然后才有资格报名参加这项考试。对这个学位感兴趣的人，比如亨利·西奇威克，只能先参加数学优等考试，因此亨利在1858年获得了荣誉学位第33名和古典文学第1名。新的荣誉学校的自然科学和伦理学考试于1848年创立，1851年首次举行，独立的神学优等考试计划于1854年被提出，稍后才执行。然而，这些与剑桥荣誉学位系统相关的初学者从未达到数学荣誉学位的程度，更不用说古典文学荣誉学位了。优秀的成绩实际上保证了学生获取学院的研究员资格。另外，好学生在专项比赛和考试中能够获得其他的奖项和荣誉，但这些在新的学士学位中是得不到的。数学学士学位所带来的一些在大学中任职的工作成为他们的首选，这也解释了为什么像福西特（1856年第7名）和莱斯利·斯蒂芬（1854年第10名）都选择了考取数学荣誉学士。

　　及格考试仅是对入学考试的适度扩展。作为学位毕业考试的一个附加部分，学生必须学习一位教授的课程（19世纪60年代剑桥大学约12位教授中的一位），考题的内容与课程的主题密切相关。尽管用这种方法让学生心不甘情不愿地坐满教室，是一件让教授有失脸面的事情，但一些教授（包括福西特）都喜欢这种体系并反对在1876年将其废除。19世纪五六十年代，废除这种不得人心的教育制度的尝试也均以失败告终。学校成员一方面不希望普通学生进入荣誉班级而使得荣誉学院鱼龙混杂，另一方则由衷地认为大纲规定的课程已经为普通学生提供了他们所要求的全面教育和文化的介绍。对于普通学生来说，这个时期剑桥可以看做是精修学校，巩固了在公立学校所学的东西，并通过建立社会关系和培养出优雅举止来塑造学生的性格形象。即便及格考试标准这么低，直到1851年以前，国王学院仍允许学生不用参加考试就能获取学位。

　　进入剑桥大学或牛津大学工作，像它们对荣誉学位课程的限制那样严格，同时又如它们提供给普通学生的学习机会那样容易。普通学生可以泛读，并在大学这个活力向上的学术氛围中彼此讨论，特别是在父母的财力和家庭的关系网已经确保了未来满意工作的情况下，通过适当的关系网，这些学生将从政或就职于像教会、医药、法律和公立学校教育等其他行业。相对狭义地说，荣誉学位至少可以确保研究员的资格，要么从事学术性工作，要么在教会工作，授任神职之后，会晋升为主教进入教会的领导层，或是到一个有权势又富饶的地方担任公立学校的校长。这些职位之间的调动流动性很大。身居高位的教会人员，如果神职保障了其在评议会的一席之位，他们就可以在大教堂、学术职位或者地方最高委员会之间任意调动。就算别的都失败了，尤其在19世纪60年代杂志刊物大规模盛行之后，也还可以从事文学工作。大学成绩一般的学生靠关系网解决工作，而那些既没有关系网又没有雄厚财力的学生，则要靠优秀的成绩了。①

大学教育培养出的精英获得这些可观的学术奖励也是合情合理的。1862年马歇尔就读于剑桥大学时，共有1 562名本科生，其中只有不到1/5能考取优等成绩。1865年，共有45名学生获得数学学士学位，更少的人获得古典文学学士学位的优等成绩，而获得伦理学学士学位优等成绩的只有两个人。笼统地说，1862年，剑桥大学的本科生仅占英格兰和威尔士20~24岁男子的0.2%，占总人口的0.008%。要想进入到这种有特权的团体，必须受过公立学校的教育，而费用是相当不菲的，当时一所好的寄宿学校一年的费用通常要超过100英镑，而马歇尔的父母让他在泰勒商业学校走读，一年的费用是20英镑。据统计，19世纪60年代，悉尼·苏塞克斯学院的投考者大部分都出身于教士、医生、律师和教师的家庭。马歇尔作为一名银行职员的儿子，父亲的收入很低，他能进入到这样优秀的学校实在是很幸运的。也正是因为如此，1861年，当他放弃了到牛津大学学习而选择在圣约翰学院等待成为"未来的"研究员时，家人非常生气，毕竟这个机会是通过他在学校努力学习以及家人的财力支持才得到的。

19世纪60年代，大学教育的费用让人望而生畏，但有时也比较灵活。灵活性主要取决于学生对花销的支配，以及学业过程中所得到的津贴、奖学金和奖励。1862年《剑桥大学学生手册》中列出的本科生全年费用在125英镑到250英镑不等，包括学费、生活费、日常用品、书籍花销、往返学校的路费、个人花销、娱乐以及零用钱，但不包括请私人教师的费用，这项费用主要是想获得数学荣誉学位的候选人的花销，平均每年为24~30英镑，根据教师的水平和学习时间的不同可能还会更高些。费用中也没有包括假期在学校的住宿费，每周大约需要1英镑到1英镑50便士，同样，对于想获得数学或古典文学荣誉学位的学生来说，这也是一项必不可少的花销，因为他们在假期也必须要努力学习。因此，本科生一年的费用为125~500

---

① 上文已经指出，正因为如此，莱斯利·斯蒂芬和亨利·福西特才会不辞辛苦地去攻读数学荣誉学位，而对于更谈不上显贵的家庭背景和良好社会关系的马歇尔来说，这也是他1861年作出同样选择的原因。斯蒂芬离开教会后找到了一份从事文学方面大学导师的工作，很有成就但也需要更加勤奋工作；福西特在剑桥大学当了一名政治经济学教授，将政治（包括在格拉斯顿政府担任邮政大臣一职）和学术性工作联系到了一起，当时剑桥大学的校长是亨利·西奇威克的姐夫爱德华·本森，他兼管学校和教会，后升职为坎特布雷和上议院的大主教；马歇尔后来的一些宗教上的熟人，如韦斯科特和克莱顿，都在教会、学校、大学和主教府之间乐此不疲地调动着，他们不仅在学术上有所造诣，还从事着神学和社会政治工作。

英镑左右，甚至更高，家庭富足的荣誉学生想要请一位好的私人教师，费用很容易就达到这个数目了。然而，1862年大学生手册中所写的最低费用125英镑中，个人花销和社交费用占大部分，而对于生活节俭的贫困学生来说，这部分是可以大大减少的。

1981年马歇尔入学时，剑桥大学是一所优秀的教育机构，是受过专业教育的学生们的集聚地，他们未必多么富有，但通常都在公立学校受过良好的教育。从学校每年的收费来看也确实如此。一名住校的荣誉学生每年的最低花销也要250英镑，相当于一个银行职员的年薪。所以像马歇尔这种情况，从一位富裕的叔叔那儿借钱上学也就不足为奇了，这笔债务在他拿到荣誉学士学位的一段时间后才还清。像马歇尔这样出身下层中产阶级家庭的学生，在读大学时也遇到被同学排斥的问题。没有闲钱参加社会娱乐活动的新生们，面临着相当大的社交困难。在像圣约翰这样大而富有的学院，潜规则更多，而像马歇尔的情况，又不可能因为他在泰勒商业学校朋友们的存在而有所改观，前面的章节中提到过，他们都去了牛津大学。在他早期的学生时代中，如果不是因为他们的存在，马歇尔或许在学校就没有立足之地，更不用说会有将来的社会与经济地位了。

剑桥大学圣约翰学院

1861年6月录取马歇尔的圣约翰学院是剑桥大学的一所新学院，这里也成了马歇尔未来16年生活的家园。教育机构的建立可以追溯到12世纪，而这所学院在16世纪初才建立，虽然说有些建筑很古老，但1516年它才成为学术机构。圣约翰学院的校友有诗人沃兹沃斯，首相卡斯尔雷和帕默斯顿，福音派新教信徒克拉克森、威尔伯福斯和马丁，改革家萨缪尔·惠特布雷德和霍恩·图克，另外还有弗雷德里克·赫舍尔、詹姆斯·西尔维斯特及约翰·亚当斯，学院因为他们而以"优秀学生的摇篮"日益闻名。当时学院中报考数学荣誉学位的人数是报考古典文学荣誉学位人数的3.5倍。1865年，也就是马歇尔在优等考试中取得第二名那年，45名学生中有1/3来自圣约翰学院，该学院一共有24名学生获得过数学荣誉学位，仅有两名学生获得古典文学优等成绩（其他学院有4名）。这些学生都是1861年300多名报考者之一，其中16人进入了圣约翰学院。据可查资料，与悉尼·苏塞克斯学院相比，圣约翰学院更具有贵族气息。例如，在18世纪末，该学院5%的学生是贵族子弟，他们不用考试就可以获得文科硕士学位。但在马歇尔的大学时代，这个比例略有下降，而且他们也不再凭文科硕士学位就轻松进入大学工作了。①

学院为本科生提供了60项基础奖学金以及一系列其他奖学金，包括为有需要的贫困学生

---

① 到1881年之前，大部分的本科生都出身富贵，来自律师、医生、政府官员家庭的学生比来自教士家庭的学生多。来自地主家庭的学生较少，大多是商人家庭的子弟，而家境并不是很富裕的家庭（父亲从事白领工作如职员、收银员等）的学生数量居中。因此，1860年时，像马歇尔这种家庭背景的学生还是罕有的。

特别资助的伍德与黑尔奖学金。学院每年还通过考试招收减费生①，并对在12月和6月的考试中成绩优异的学生奖励书籍。在奖励方面，牛津大学大不如剑桥大学的圣约翰学院，所以马歇尔毅然放弃了进入牛津大学的机会。

学院对成绩优异的贫困生所给予的帮助与有利机会并不意味着完全消除了等级差异。罗斯伯雷特承认，"很明显，经济上的富有能在剑桥大学获得更好的居住和生活环境，雄厚的家庭背景能让你进入向往的学院"。更典型的是，"富家子弟"将大学教育视为他们"地位"的特权，"容易轻视那些不及他们富有的同学"。马歇尔读本科时圣约翰学院的院长是威廉·贝特森，在大学期间（19世纪30年代）曾反对板球和划船俱乐部拒绝接受减费生的规定。20年后，萨缪尔·巴特勒开始关心住在"黑暗、摇摇欲坠的棚屋"里的贫困大学生们对学习的专注程度，并指出"在食堂、教堂和课堂以外的地方，很少看见他们的身影，而他们的举止似乎也不受欢迎"。马歇尔是自费生，地位虽比减费生稍高，但他仍然被完全地排除在"有钱人"的圈子之外，主要是因为他的学费和其他费用来自奖学金和借款。

学院的教学工作由导师和讲师负责安排，19世纪60年代以来，讲师的委任数量有所增加，他们主要负责实际教学工作。当时的导师承担的责任与现在有所不同。"导师主要负责学生的入学工作、房间的分配以及对日常花销给出建议，他还负责管理学院的教学计划……但是在学生的物质与精神生活相关的工作中，导师的责任是不明确的。对学生来说，导师应该像父亲一样，有些导师在这方面确实做得很好。"早在维多利亚时代初期，导师就已经不负责教学工作了。当时，对于想获取数学和古典文学荣誉学位的学生来说，聘请私人教师的必要性日益增加，这种转变也就随之发生了。不管学院和大学之间的联系多么紧密，在这方面放松对私人教师的限制导致学院讲师的数量有所增加，学校希望有同时指导荣誉学生和普通学生的研究员，以取代私人教学。从19世纪60年代起，这种渐进式转变开始了：学院的讲师越来越多，尤其是在三一学院和圣约翰学院这样的大学院，但直到世纪之交，私人教师仍然是大学教育的重要组成部分。它的消失也源于世纪末学院教学方式的改革，另外个人导师体制的复兴也为改革提供了保证。

和中学时代一样，马歇尔的大学时代也遇到了一位改革者，威廉·贝特森，他于1857~1881年间担任圣约翰学院的院长。贝特森曾在1850年作为调查委员会的秘书参与过大学的改革工作。1858年他被选举为名誉副校长。总体来说，他在学校事务中工作积极，从某些方面来说他就像是个秘书。在任职期间，他被广泛认为是大学自由式改革派的领导者，这一点在他致力于为女性争取大学中继续深造机会的活动中也可以看出来。

在学院的改革中，他于1860年修改了章程，扩大了教工规模，废除了各种宗教考试，放

---

① "减费生"指入学时学校"考虑到他们的贫困，向其颁发助学金并免除费用"的学生。

宽了获得奖学金的条件和学院考试范围的限制。凯恩斯指出，至少在两件事情上马歇尔受到了贝特森的特别照顾。1868年，贝特森为马歇尔在伦理学方面设立了一个特殊的讲师职位，而此时学院已经有两个这样的职位了。马歇尔对凯恩斯说，这个"善意的行为"决定了"他的一生"。1877年，贝特森为他写了一份强有力的推荐信，帮助他到布里斯托尔大学就职。信中他对马歇尔的人格给予了高度的评价，"他简朴、认真、具有自我牺牲精神"。贝特森还指出，"在他作为学院讲师期间，工作认真负责，讲课生动，很受欢迎……他把心思全都扑在工作上"。虽然贝特森没有在他的学院或大学里实行过变革，有时还在某些改革问题上表现激进，但他一直广泛致力于改进学院和学校的社交与教育问题。

从19世纪60年代学院的日常生活中可以看出马歇尔是怎样度过他的大学生涯的。首先，每周必须要参加7次礼拜仪式，早礼拜是在7:15举行，周末和宗教节日的晚上会有唱诗班唱歌。只有一个男唱诗班，"他们奔波于各个学院中间，因此每次演出的时间都比较短，对于那些被迫演出的学生来说，这段时间也并不算难熬"。晚礼拜是下午4:00于晚饭前在食堂举行，每学年除了学院节日外天天都要举行。晚餐主要包括"蔬菜、肉和学院自酿的啤酒"，科伦索大主教在回忆他1832年的大学时代时说，尽管学生们拿到的肉菜已经凉了，不过确实也算是一道盛宴了。早餐由学生们自行解决，这时贫困学生就会很节俭，而富裕的学生则享受着有"火腿、鸽肉派和排骨的丰盛早餐"，来度过早上这段最美好的时光。学生饮食服务处每天都为所有住校的学生提供黄油和面包。

学校早上8:00开始上课，下午一般没有课，周日休息。如果聘请了私人教师，则上课时间还要长些。圣约翰学院著名的数学教师托德亨特从上午8:15到下午3:00都有课，吃过饭后，晚上5:30~10:00又要上课。对私人教师来说，这种时间安排是很正常的。下午通常是划船和板球运动时间，这是当时仅有的两项学院运动；根据各人爱好和经济条件，还可以进行骑马、散步、游泳、象棋或打牌等活动。对大部分学生来说，晚饭后他们会参加酒会或其他的社交聚会。攻读荣誉学位的学生只能极不情愿地放弃这些休闲而努力学习。马歇尔的大学生活将在本章末进行描述。

数学优等考试

19世纪60年代时，数学优等考试在剑桥的成功人士中评价极高。长久以来，该学位严格考核学生的学习情况和胜任工作的能力，对考试成绩优异者颁发奖学金，这些为其赢得了极高的赞誉。在剑桥悠久的历史中，管理结构及主要课程都发生过巨大改变。从1763年起，考试由辩论改成了笔试。到19世纪40年代，就只授予数学荣誉学位了。随着1824年开始实行初试和入学考试，存在多年的哲学和神学的荣誉学位被完全取消了。1848年，优等考试的形式开始规范化。考试分为两个阶段：先是为期3天的六项基本考试，一个星期后进行为期5天的第二阶段考试，包括十项拔高考试。这些都检验了一个人是否有资格继续深造。

第二阶段考试决定了一级班学生的名次和二、三级班学生的高级和初级的名次。这个时候，所有的候选人都严格按照成绩在各班排名，竞争异常激烈。从 1768 年开始，优等考试之后就是史密斯奖的考试，这是学校设立的数学奖项。优等考试被称为是"对毅力的严峻考验"。三一学院院长、著名的哲学家威廉·休厄尔——曾获优等考试的第二名——认为，准备数学优等考试的整个过程是一次有效的理性训练。另外，休厄尔认为数学的学习非常有价值，因为数学是"真理的标志"，是现代分析方法深入学习的基础，这不仅体现在数学领域，也体现在物理甚至社会科学领域。对于维多利亚时代中期优等考试的价值，大家意见不一。罗斯伯雷特这样评价剑桥大学的考试：

> 优等考试强调方法性、准确性、逻辑性和严密性，其中方法性是可以举一反三的，如果一个人懂得辩论的原则，并能从实际资料中总结出一般结论，那么他就可以自学任何一门学科了。甚至可以说，优等考试是教授生涯的前奏。数学和古典文学对学校管理者意义重大；逻辑和辩论是律师、政客的工具；概括归纳可以帮助牧师了解神愿；科学方法是物理学家的必需品。
>
> 优等考试的目的、内容和考核方式都是科学的。与牛津大学不同，剑桥大学的荣誉学生是严格按成绩排名的。这就强调了优等考试的竞争性，很多人相信优等考试的评分机制是客观谨慎的。弗兰西斯·高尔顿在 1869 年写道，"剑桥大学考试的公平性与全面性从未被质疑过"。但是，需要承认的是，这种排名也存在着缺陷。排名只针对每一届学生，如果两个不同学年的学生要争取同一学院的研究员职位，排名则无法作出比较。同时，优等考试偏重考察特定的知识，学生们要死记硬背课本知识才能得以通过考试。这样使得知识缺乏综合性、分析性以及发展性。优等考试本身成了一种管理学生的有力工具。要在考试中取得好成绩，学生们必须作大量的考试准备，在考试期间还需要速度和耐力。这场竞争异常艰辛，人们都提前关注着预期的赢家。"凭着他们的运动天性，英国人甚至将大学考试都看做运动比赛"。如果一个学生勤学苦练，想获得荣誉学位带来的学术认可和经济上的奖励，如果他学到忘我、已经忽略了健康——尤其在最后一年——那么他是没有任何休闲时间的。

这种考验体力和毅力的数学教育是否合适仍然有待探讨。关于马歇尔以第二名成绩毕业及他作为数理经济学家的深入发展，惠特克这样说：

> 虽然对数学的热爱将马歇尔带入剑桥之门，但那并不意味着他像劳思、凯利那

样，天生就是个数学家。虽然剑桥伟人传中有记载，老年的马歇尔阅读最新的数学论文时，只从首尾两章就能推断出中间的内容，但这其中确实包含了一些高于真实性的艺术色彩。尽管早期喜欢欧几里得，马歇尔一开始在数理经济学方面的停滞说明他在抽象理论方面并不算是得心应手。虽说杰文斯和埃奇沃斯的数学不如马歇尔，但他们在抽象逻辑领域却要比他游刃有余得多。

一个没有什么特别数学天赋的人取得了这么高的荣誉学位看起来似乎不可思议，但需要注意的是，当时的数学优等考试包括基本的书本知识及敏捷的应用操作，所以与其说这是一项严峻的数学训练，不如说是一个通过毅力取得高额奖励的过程。首席法官罗默阁下是荣誉学士第二名，而上诉法官阁下约翰·莫尔顿是1868年以来史上最高成绩的高级学士。当然，并不能因为马歇尔（或罗默或莫尔顿）基于某些考虑或兴趣转行到其他领域，就否认他们优秀数学家的地位。

虽然后来的数学家们对优等考试许多方面的内容都不满意，但它确实还是有可取之处的。"这个强调独特功能形式的数学考试特别适合马歇尔这样的人，探索理想主义并渴望在经济学概念中引入实际概念（比如消费者剩余）。"马歇尔在数学方面的训练给他带来了在经济学上的发展机会，而他那些缺少同样训练的同事则没有这样的机会。

探讨优等考试在马歇尔职业生涯的重要性，我们需要对19世纪60年代剑桥大学数学荣誉学位的课程和考试作深入的了解。这也让我们对当时所学科目的数量有了直观的认识。1862年的剑桥大学学生手册对数学的基本课程描述如下。

欧几里得：第Ⅰ~Ⅵ篇；第Ⅺ篇，论点Ⅰ~ⅩⅪ；第Ⅻ篇，论点Ⅰ、Ⅱ。

算数和基础代数：代数符号的基本运算规则及证明，一次和二次方程式解法，数学和几何级数，排列组合、二项式定理和对数法则。

平面三角法基础，包括三角形解法。

圆锥截面基础的几何解法，以及通过焦点和中心点的曲率半径及曲率弦的值。

静力学基础，不包括微分学，即平面上某点的力的合成与分解、机械力、重心的性质。

动力学基础，不包括微分学，即落体、抛物、碰撞物及摆动物的匀速运动和匀加速运动定律。

牛顿第一、第二、第三定律，牛顿证明的命题。

流体静力学基础，不包括微分学，即无弹性液体压力、比重、浮体、气压及最简单工具和机器的结构和使用。

光学基础：平面和球面光的反射和折射法则，不包括色差；光圈；望远镜。

天文学基础；能解释最简单现象的知识，不含计算。

无论是学院授课还是聘请私人教师，第一年都要学习这些课程。从泰勒商业学校的数学课程大纲来看，马歇尔在中学已经学过其中的大部分基础课程，有些甚至比大学一年级的课程难度还深。因此，获得学院1850年的优等考试第二名的艾雷，奖给马歇尔一笔金额可观的奖金。毫无疑问，他要感谢之前的学习所带来的巨大优势，这是与他竞争荣誉学位的潜在对手们所不具备的。

第二年开始学习一些有难度的数学了。要考取荣誉学位的学生在假期时就开始了学习。下面列出了学院第二年的部分课程以及假期中聘请私人教师的学生课程。

大部分学院第二次夏季数学考试的内容包括微积分、微分方程、静力学、粒子动力学、牛顿基本原理前三节、部分三维几何。

第一次夏季考试后的长假，学生们通过学习会取得长足进步。每个数学荣誉学位的候选人都会在暑假聘请一位私人教师。到第一次暑假结束，学生们应该完成方程论、微积分和基本力学的学习；二年级的秋季学期学习静力学和微分方程；春季学期学习牛顿基本原理、粒子动力学、简单的三维几何和刚性物体动力学的最基本部分。夏季学期主要是复习以前学过的课程，准备学院考试。

学生们学习了这些科目后，由学院考试来检验其知识的掌握情况。"第三个暑假主要学习三维几何、有限差分、刚性动力学、形式光学和流体静力学。三年级的秋季学期主要学习天文学和物理；春季学期学习声学和光学理论；夏季学期主要是复习以前学过的课程。这里列举的大部分都是学院在第三年教授的课程。"

最后是推荐课程的阅读书目，比如帕金森的《光学》、赫谢尔的《天文学》、布鲁诺的《球面天文学》、歌德弗莱的《月球论》、艾雷的《行星轨迹理论》和《运动和章动》以及托德亨特的《变差演算历史》，表明这个阶段大学课程已经超越了中学所学的内容。第三年的暑假和三年级的课程在这些基础上，额外还有关于流体静力学、有限差分和光学理论的阅读及马歇尔本科时斯托克斯的课程。

第三年夏季学期的复习标志着下半年考前复习的开始，考试照例是在12月30日后的第一个周二举行。这次复习时间包括整个暑假、秋季学期，从圣诞假期到考试前则是考前突击阶段。复习依然侧重较难的科目，一位好的私人教师会帮助学生押题。斯特拉特回忆道："他曾经仔细研究过考官的特点，并且成功押中了当时一位非常权威的数学导师托德亨特所出的题目。"这种事情很常见，并且对于私人教师来说就是一门艺术，因为他们的声誉取决于"严格训练学生使其名列前茅的能力……以及培养一等荣誉学生的人数"，这些将决定他们收费的高低。

之前对数学荣誉学位的简述不只包括学习的课程本身，还暗示了一些重要的因素。首先，学生们无论在校还是放假都要一直专心致志地学习，很少有休息和闲暇的时间。莱斯利·斯蒂芬的私人教师托德亨特虽然不能说服他停止在学生会讨论中的发言，但却阻止他在剑桥大学学生会任职，并且一直鞭策着他努力学习。马歇尔在导师的劝说下放弃了划船运动，因为这可能会影响到他的学习。约翰·内维尔·凯恩斯在进入剑桥一年后，不顾父母及亨利·福西特所加的压力，最终放弃了数学优等考试，他在日记中写道，在剑桥大学平均每天要学习7个小时数学，而如果在伦敦大学，他只须每天学习5小时就肯定能获得文科一等荣誉学位资格及一些奖励了。

沃尔特·马歇尔

其次，大学生手册强调了聘请私人教师的必要性。不是单单提出希望，对于想获取数学荣誉学位的学生来说，这绝对是有必要的。"因为，虽然真理作为数学生命的源泉，本身没有改变，但却被形形色色的表现形式所掩盖，并且这些形式时刻都在变化。对于学生们来说，荣誉学位学习中的每一部分微小的差别都是重要的，所以，他们需要紧跟数学学习的前沿，而这只有在私人教师的帮助下才能完成……一位想在数学优等考试中获得好名次的候选人是离不开私人教师的帮助的。"

最后，正确的学习方法也非常重要。持之以恒的方法才是通往学习的成功之门。

数学专业的学生必须习惯于学习过程的循序渐进。只有耐心和不断地练习，才能克服这门课程中的困难；也只有下苦功夫才有希望成功，这是对一个学生勤奋的回报。如果他自己习惯于回避难题，不去战胜和克服它们的话，这些问题就会一直存在。那么一旦遇到不能解决的难题，就永远只能向学院教师或私人教师求助。

经过三年半时间的刻苦学习后，马上就要进行期末考试了。考试为期两周半，每天两项，中午休息一个半小时。第一部分是1月的第一个周二到周四，这三天是基础知识的考试，共六门；剩下的十项即第二部分考试在一周后的周一到周五进行，早上9：00到下午4：00，学生们在这期间都已经非常疲倦了。两部分考试之间为期一周的休息并非对学生的照顾，而是要从第一阶段参加考试的候选人中选出可以入围下一轮考试的学生，名单在周末前张贴在评议员大楼。荣誉学位的候选名单将于考试后的下一个周五在评论员大楼公布，所有激动而紧张的候选人都在此等待，结果也会在报纸上刊登。

主考官由学校任命，为公平起见实行轮流制。评分监督下一年转成主考官，然后任命新的评分监督。1865年的主考官是威廉·沃尔顿和迈克尔·威尔金森，他们均来自三一学院；评分监督是圣约翰学院的艾萨克·托德亨特和乔治·理查森。

这样的课程安排能培养出数学家和科学家吗？剑桥大学的一位历史学家认为这取决于结果如何："我并不认为它是失败的，且不说别人，被迫学习这些课程的凯利、西尔维斯特、亚当斯、格林、斯托克斯、凯尔文及麦克斯韦等人都很不错。"其他人则认为一个世纪以来荣誉学位严重毁坏了英格兰严谨的数学。因此在20世纪初，剑桥大学开始考虑其他授予荣誉学位的方式。剑桥大学不再公布成绩排名，这种方式太过强调竞争。当时大学学科的扩展只单一地强调数学及相关科目的技能测试，多此一举且不受欢迎。1912年，马歇尔的学生亚瑟·贝里（他本身也是个高级荣誉学士）指出，1881~1909年之间报考优等考试的人数大幅度减少，而报考自然科学优等考试及后来的机械科学优等考试的人数却有所增加。值得注意的是，贝里认为优等考试作为一种考试机制是存在缺陷的：

> 首先，针对一群能力学识参差不齐的候选人，设置合适的题目显然是很困难的，这些人里可能包括未来的杰出数学家，也包括那些对数学毫无天赋和兴趣可言、只是为拿到学位才知道一点数学知识的人……另外，那些对数学的几个领域都感兴趣的数学家却要选择一个特定的专业，这使他们很沮丧。而想进一步学习解析的真正数学家还必须求解那些几何光学的问题……在考试中……没有什么独创研究的空间。考试题目主要是对知识的考查，还包括一点儿应用知识的原创性……另一个严重的缺陷是……它完全将实验物理学从数学中孤立了出来。

贝里关于考试本质的详细评论也是值得一提的：

> 数学优等考试要求候选人在规定时间内（每项考试限时三个小时），不参考任何课本或笔记，完成试卷上的题目。标准试卷包括两部分：第一部分主要来自课本，即给出对已知定理的证明；第二部分是一篇"附文"或例子，至少在理论上对书本内容进行推论，但实际上通常是和书本内容无关的。最后一次变革前还包括两张"疑难问题"试卷，非常之难，书本中没有这些解题方法。"附文"和"疑难问题"是剑桥大学数学优等考试的特色，它们大部分取材于英语的课本甚至是高级的论文。

这类书本内容和疑难问题的混合考试能让主考官细致区分出学生的优劣，尤其是通过成绩排名。主考官还注重答案的完整性与准确性，主要根据这两点评分，而答题的数量则不重要。马歇尔后来在布里斯托尔大学的朋友詹姆斯·威尔逊（也是圣约翰的同事）讲述了一个关于备考优等考试的故事：他是1859年的优等考试第一名，后来得了一场重病，几个月后"我发现疾病让我忘光了所有高等数学的知识"。

圣约翰学院的自费生（1861年10月~1865年1月）

马歇尔于1861年6月被圣约翰学院录取，于10月秋季学期入学。大学期间他住在学院三号楼的E6房间，从那里可以眺望康河和学院的后花园。他的导师哈德利是1856年数学优等考试的第一名，并获得史密斯奖。这样一位导师为马歇尔这个刚从泰勒商业学校毕业且对数学充满抱负的新生提供了许多帮助。据推测，正是哈德利提醒马歇尔参加学院划船会影响他的优等考试，尽管马歇尔并没有马上退出。哈德利可能还在这个第一次远离家乡的年轻人遇到社交和宗教上的问题时给予其指导。

根据圣约翰学院的期刊《鹰》中关于学院考试成绩的记载，马歇尔保持了他在泰勒商业学校的优良成绩。事实上，他比中学时做得更好，中学时他只是班里的第三名，而大学时是第一名。1862年第一学期的"我们的编年史"记载，马歇尔在第一学年6月的学院考试中独占鳌头，领先于圣约翰学院其他14名在1865年成为学士的学生。《鹰》中没有关于他在考试中得奖的记录——圣约翰学院优等班级中成绩优异的学生至少也会得到书籍奖励——他在一年级期末考试中的出色表现可以证明他获得了凯恩斯所提到的那项奖学金。第二年马歇尔依然是第一名。此外，他还获得了为贫困学生颁发的伍德与黑尔奖学金，奖金为20英镑。然而，这次考试马歇尔并没有夺得第一。他的成绩逊于亚历山大·伍德，伍德一年级时排第三，后来以第六名的成绩获得了1865年数学荣誉学位。作为第二名，马歇尔的自尊和抱负备受打击，此后他在本科生涯中就离奇般地再也没离开过第一名的宝座。1864年春季学期时，马歇尔再次获得学院考试第一名。

圣约翰学院关于马歇尔本科时期的官方记录基本上在他拿到荣誉学位之后就终止了。除了《鹰》之外，还有他在入学考试登记时留下的刚毅但仍略显稚气的签名，是他入学的确凿证据，此外还留有一封申请学院玛格丽特划船俱乐部的推荐信。

在《沃尔特·斯科特》一书中，玛丽·佩利描述道："大学时代划船是他最喜爱的娱乐活动。如果没有导师的劝阻，他可能就加入了学院的划船队。"1861年10月16日，马歇尔入选划船俱乐部，但只于1862年在成员名单上出现过一次。与三一学院的莱斯利·斯蒂芬导师不同，哈德利显然不相信"强身派基督教"能成为未来的第一学士，并且成功说服了马歇尔放弃划船运动。至于马歇尔中学时的最爱——板球，玛丽·佩利在关于他大学生活的介绍中只字未提。也许对于一个贫穷的数学荣誉学生来说,圣约翰的板球俱乐部需要太多的时间和金钱,而这些都是令他可望而不可即的。

玛丽·佩利还记录了马歇尔的一些学习习惯:

> 阿尔弗雷德说自己一直不擅长于书本的知识,他总是在做难题。优等考试的一位主考官后来告诉马歇尔,他对书上问题的作答很差,就像其他同学对疑难试卷的作答那样差。
>
> 他在剑桥大学的生活来源主要是靠奖学金,有时还用教数学挣的钱一点点地去还欠叔叔的债。为了全神贯注,他养成了每次学习从不超过15分钟的习惯,除非有时太投入了才忘记中止。他随身携带一些书,比如博斯韦尔的《约翰逊传》或者是莎士比亚的著作,在休息时阅读。

这种学习方法是马歇尔在高中时通过观察摄政街上写广告牌的人而学来的。除了保持头脑高速运转来思考数学问题外,阅读莎士比亚的几乎所有戏剧作品和埃斯库罗斯的《阿伽门农》都扩大了他的文学知识面。在他老年的自传续篇中,马歇尔回忆道,他觉得有过度工作倾向的人都会受益于这种方法,他在学校时不得不采用这种方法来保证学习效率。因此,马歇尔"多年后将这个方法传给了乔伊特教授;后来他告诉我他建议一些贝利奥尔学院的年轻学生也采用类似的方法"。

马歇尔对大学的老师们印象并不深。在1864年的第一学期期间,他到底有没有按照正常的课程安排上过斯托克斯教授的光学课,答案无从所知。雷利回忆道,那是"他生命的新纪元……(因为)那是他第一次接触到物理学界的泰斗,并被其思维和表达方式深深吸引着。所以,他热衷于实验"。马歇尔这段经历的缺失有点儿可惜,因为他本科毕业后曾希望继续和斯托克斯一起工作,但在他作为圣约翰年轻研究员的早期放弃了这种想法。

然而,马歇尔的私人教师是值得认可的。在1865年荣誉学位结果的报道中,《泰晤士报》(1865年1月30日)指出,劳思是当年前十名荣誉学位得主的辅导教师,其中包括马歇尔。劳思是当时"最有名的数学老师,他的教学绝不仅仅是平常意义上的'辅导',而是一系列条理清晰、安排合理的课程,上他课的人比上数学教授和学院讲师课的人还要多"。劳思的学费可不便宜。在汤姆森读荣誉学位时(1876~1880年),他的收费是每年36英镑。这对于一位在33年共培养了27个高级荣誉学士、其中24年连续有学生考上的教师来说,要价也是合理的。如果像《泰晤士报》所说的那样,马歇尔是他的门生,那么就可以理解为什么他花了那么长时间才还清向查尔斯叔叔所借的钱了。

在这里要提一下马歇尔的一位身份不明的数学教师。在他后来所讲述的为数不多的本科生涯的故事中,提到了他。1889年,马歇尔在年度合作大会上发表演说时回忆道:

本科时，一次我遇到了一道难题，神情沮丧地找到我的数学教师并跟他说，我前天轻而易举就做出了20道题，可这道题昨天做了一整天也没有进展。帕金森博士有着非凡的智慧，他看着我鼓励说，"那么，你昨天过得比前天有价值。去做你能做好的事儿并没有什么用；如果你敢于尝试你做不到但却有价值的事情，那才能进步"。

几乎可以确定这位教师就是斯蒂芬·帕金森博士（1825-1889）。1889年1月，圣约翰学院对他的纪念仪式唤起了马歇尔的记忆，并在那次演说中引用。帕金森是一位高级荣誉学士，于1845年获得史密斯奖，1845~1871年及1882~1889年在圣约翰学院任研究员工作，1864~1882年是学院的导师。他的书被列入荣誉学位的考试书目，19世纪50年代，他给荣誉学位学生上数学课，其中有1859年的高级学士、马歇尔后来在布里斯托尔的朋友詹姆斯·威尔逊。威尔逊讲述了一件趣事，如果帕金森把6年前对威尔逊的忠告也给了马歇尔的话，那就能解释为什么马歇尔不记得斯托克斯的授课了："我曾经非常向往斯托克斯的课，他关于光的波动理论课程非常精彩……帕金森阻止了我，因为那和荣誉学位没什么关系。"不管马歇尔有没有接受这样的建议，后来他都会在每年出席的伊拉纳斯协会或剑桥哲学协会的聚会上碰到斯托克斯。

学院的费用大概是每年70英镑。其中包括住宿费10英镑（当时圣约翰学院的最低收费）、学费18英镑、煤炭费3镑10先令、每学期25周的餐饮费20镑12先令6便士、洗衣费5镑8先令及学院的其他各种收费5镑7先令4便士。截至1865年1月，在获得荣誉学位前的10个学期里，学院总共收费大约234英镑。如果加上一般学生都要在长短假雇用私人教师的费用，每年至少要再加上27英镑。在家过的假期——比如圣诞节——会减少假期在校的住宿费，但同时又增加了往返剑桥和伦敦的路费。还有一些偶然事件的花费每年大约20英镑，或是学生手册上所写的12英镑。主要包括购书费、额外的餐饮费、茶点、衣服和一些类似的个人花销。马歇尔在学院考试中会赢得图书奖励，所以这部分花销比较少。但后来他的花销中也有书费了。他的私人教师费用无从考察。如果他的老师是劳思，那么每年的花销是36英镑，一共三年。1876年汤姆森那个年代是这个价钱，1856年考取荣誉学位的波尼也是。以上给出了他十个学期本科生涯的经常性花销，共483英镑。

管理费用大约是30镑3先令，其中学校的额外收费占大半，包括圣约翰学院的入学费2镑3先令、入学考试费用5英镑、初级考试2镑10先令以及文科学士学位费7英镑。大学生手册关于学院全套装备的费用估计最少是10几尼①，其中3英镑用于购买餐具和床单，3英镑用于购买帽子、长袍、白法衣及学生服。本科生必须在周日戴帽子和穿长袍，即使散步时也是

---

① 几尼（英国硬币）是一种英国的旧金币，相当于1英镑1先令。——译者注

如此，还有平时的午前和天黑后。至此，马歇尔的大学花销已增加到513英镑。

相应地，帕金奖学金是每年50英镑，如果马歇尔在泰勒商业学校四年都获得了这个奖学金，10个学期最多将获得166英镑。如果他第一年获得了基本奖学金50英镑，那他这部分收入最高可达150英镑。他在三年级获得伍德和黑尔奖学金20英镑。那么奖学金总收入应该在186～336英镑之间[1]。他向查尔斯叔叔的借款额为177～327英镑，而从同学那儿的欠款数目并不大。

这样的经济条件是交不起朋友的，没有任何闲钱用来娱乐。在大学期间，没有人邀请他参加晚会或者共进奢侈的早餐，而这些都是学院三号楼E6房间的保留节目，甚至他在1865年1月获得荣誉学位时也没有进行任何庆祝。据记载，他在中学时只有两个朋友——特雷尔和霍尔，而大学时唯一的伙伴是圣约翰学院划船队的队友罗顿·莱韦特。这很符合学院的历史：贫穷的学生被排斥，而马歇尔这样出身的学生在当年更是少之又少。

在这样的环境下，这些要想被他人接受就只有在学术上获得成功了，再加上本身对成功的渴望，这些足以促使马歇尔这样的学生全身心地投入到荣誉学位的竞争中。他的本科生活几乎就是长时间工作：学习学习再学习，没有娱乐运动和休闲。贫穷在某种程度上成就了他的孤僻和刚毅。除了短暂的划船运动，这些年来马歇尔的娱乐项目几乎都是独自一人的、不花钱的。在剑桥的乡下散步，唤醒了他小时候对真正乡村生活的喜爱。有着潜在音乐兴趣的他每周在教堂合唱两次，这也是休闲之一。这些，再加上刻苦的学习，就组成了他全部的大学生活，甚至都不及他那同样孤单的中学生活值得回忆。

1865年1月的数学荣誉学位

艰苦的学习随着数学优等考试的来临到达高潮，同时也接近尾声。考试于1865年1月3日星期二举行，第一项考试是欧几里得几何。1月5日星期四完成初试剩下的五项考试，最后一道题是改正罗马公历和格利高里历法。与雷利勋爵不同，马歇尔在给家人的信中并没有提到过对考试的满意和这三天考试后自己的信心。雷利在初试中排名第五，他和家人在复试前所谈论的"强大的竞争对手"有可能指的就是马歇尔。

马歇尔所参加的初试内容主要是欧几里得几何、圆锥曲线、基础代数和三角法、19世纪50年代各校所教授的机械学以及一些物理学的内容。但是，所有的考试要求考生掌握一些领域的所有知识，这在20世纪的数学教育中逐渐失去了意义。

1月16日星期一开始第二阶段的高级考试，一门门考试一直持续到周末。后面的考试题包

---

[1] 收支差额还取决于马歇尔获得伍德和黑尔奖学金的次数。基于估计的年消费额，玛丽·佩利关于马歇尔主要靠奖学金完成学业的说法是很有道理的，奖学金收入最高可达到总花销的75%，至少也有40%。另一方面，马歇尔花了两年时间才将债务还清，这说明欠债数额有很多。

含了课本中的应用数学和（理论）物理。这些题有的简单，有的即使知道算法也很难解。关于"高级代数"的题侧重理论，条目繁多，而且一点也没有体现这一学科的理念结构，"纯"数学也差不多如此，只有微积分有所体现。其实这不足为奇，代数乃至数学中的结构化概念直到 19 世纪中叶才有所发展，而当时在英格兰还不盛行。欧洲数学家既不与英格兰人交流，也不将其著作翻译成英语，这种情况直到 19 世纪末才有所改观。

马歇尔在每天两场考试之间的午休时间会小睡 20 分钟，不知道他有没有请圣约翰学院的守门人叫醒他，三一学院的雷利就是这样做的。马歇尔在候选人名单中的排名也很靠前。收试卷时按照名上从前到后的顺序，靠前的考生需要先交卷，没时间检查让马歇尔失去了一些优势。1 月 20 日星期五下午 4：00，马歇尔和其他考生一样都轻松了。猜测那天晚上他做了什么应该会是一件有趣的事情。

没有记载 1 月 27 日早上马歇尔是否去了评论员大楼听结果，同样我们也无从知道他的家人有没有早起花钱赶路去剑桥大学听成绩，也无法知道马歇尔得知他在雷利之后、排名第二时的感受。从玛丽·佩利的记载中可以看出马歇尔很可能和雷利一样都去找了主考官询问自己的表现情况，而其中一位主考官告诉他，"他对书上问题的作答很差，就和其他同学对疑难问题卷的作答一样差"。三一学院的沃尔顿明确告诉过雷利，基于他在前三天初试中的成绩，两位高级学士考官已经预言他可能会是高级学士了，而马歇尔的排名则是未知的。这一点不知那位主考官是否告诉了马歇尔。

1865 年 1 月 30 日，《泰晤士报》的主编声称没有必要怀疑雷利是因为继承爵位而更有优势获得荣誉学位的，马歇尔对此的想法也只能猜测了。据说后来还有关于三一学院的亨利·西奇威克的报道。《泰晤士报插图版》的编辑通过劳思表示希望刊登前两名学士的合影，而雷利毫不犹豫地拒绝了。据推测，是雷利或劳思告知了马歇尔这件事，马歇尔对此的反应应该很值得猜测。

马歇尔没有参加史密斯奖考试的原因也无从考证。考试于 1 月 30 日举行，雷利获得第一，第三学士泰勒获得第二。也许是他没有勇气参加，也许是他不想在他期望获得第一的领域连续失败两次。因为，就像亚瑟·贝里提到的，史密斯奖考试要求数学自创研究能力，这也许是马歇尔没参加考试的主要原因。艾里所认可的马歇尔的数学天赋也许不在这方面。也许这个奖项奖金较少，不值得额外的努力，所以马歇尔放弃了。

这些未知的答案说明，关于马歇尔本人对大学生涯中取得巨大成功有什么反应，我们也知之甚少。在如此之难的考试中取得第二名，这个成绩使他跻身于著名的荣誉学士第二名获得者之列，其中包括了剑桥大学的名人威廉姆·休厄尔、克拉克·麦克斯韦、开尔文勋爵以及两年后成为马歇尔朋友的克利福德，这段友情可能正是由这段相同经历发展起来的。马歇尔在后来的自传中也同样没有记录在付出努力和艰辛后他对这个奖有什么评价。对他这段经历最为详细的记录如下:"他于1865年以第二名的成绩获得数学荣誉学位,而杰出的物理学家雷利勋爵获得第一名。同年他被选为圣约翰学院的研究员。"《鹰》在1865年第一学期的编年史中记载了唯一的遗憾,即"年轻的贵族高级学士……不是圣约翰学院的学生。然而,这一年也是硕果累累的,共产生了15名荣誉学士,其中马歇尔先生名列第二"。1月末,马歇尔被告知圣约翰学院的研究员职位有空缺,荣誉学位的成绩确保了他在11月就职研究员一事万无一失,未来也有了保障。

对大多数人来说,大学时光是一段美好的回忆,尤其对马歇尔这样以优异成绩著称的人来说。但马歇尔的大学只有有限的信息,这一点就显得很奇怪了。其实原因也不难推测,马歇尔家境贫寒,依靠奖学金、奖金和借款完成学业,他要加倍学习以向家人证明他放弃牛津大学这条康庄大道的选择是正确的,因此他在漫长的10个学期中除了艰苦学习,是没有什么乐趣可言的。困苦、孤单、艰辛的学习,并没有因为在路易莎姑妈家度过的暑假而有所减轻。可以推测,有时候,想让妈妈和渐渐长大的妹妹们过上好日子的想法会使他的压力会变得更加沉重。而他当发现,这些努力都是徒然的时候,压抑就更是可以理解了。他一直希望能成为高级学士,这种信念伴随他度过了很多艰难的岁月,然而他最终却没有成功。虽然在学校做研究员已经足够了,但对于年轻的马歇尔来说,第二名和失败没什么区别。如果他对数学的喜爱归功于他先接触这门科学,那么在他的成绩一直稳定的情况下却没有获得荣誉学位第一名这件事,也许是他很快放弃了在数学和自然科学领域工作的原因。对于像马歇尔这样在圣约翰学院没有朋友的人来说,因为被排挤,第一名对他是一个强有力的鼓励,而失败则使他更加懊恼。

那么到最后,荣誉学位使他成为了一位怎样的数学家呢?无疑,很多学士都是优秀的数学家。一些人从事着先驱工作,他们接受的教育促使许多人进入了数学和物理学领域;还有一些人成为了著名的纯粹数学家和几何学家。一位学士哈代后来指出,这些成就大多并不归功于荣誉学位的学习。马歇尔凭借小心谨慎和他的能力,将数学应用到经济学中,这其中还包含了他在荣誉学位上的经验和本科阶段的学习,虽然当时相对于代数和微积分来说,他更喜欢几何。然而,作为一个贫穷的大学生,经历了长年艰苦学习后,他的研究员身份和数学基础后来在经济学领域中起了很大的作用,这一切给了他莫大的安慰。

第5章

职业探索之路（1865～1872年）：圣约翰学院的讲师岁月

1905年11月，马歇尔在介绍政治经济学时大致描述了他的经历，这也成为马歇尔生平的一个缩影，他在剑桥最得意的经济学专业学生沃尔特·莱顿把这些经历记录了下来并保留至今：

> 马歇尔本来打算和斯托克斯学习数学和物理，但是后来每天早上5：00起床研读康德的《批评论》，开始了纯粹哲学的学习，他认为这是解读人类生活的关键所在；再后来他开始了伦理学的学习；他研究经济学是为了解决实际问题；最后回归到伦理学中去寻找既非纯粹哲学又不属于经济学的问题。这个过程中他产生了一个困惑：如果一个人已经知道大家都为一己私利而相信谬论，他还能坚持自己的观点到什么时候呢？

这段介绍指出了为何马歇尔认为经济研究是有用的却也具有局限性，同时这个时期为马歇尔最重要的讲师生涯拉开了序幕，他更多的成就将在之后的章节中提到。

凯恩斯也参加过类似的讲座，也许曾听过马歇尔对自己的描述。不论如何，他后来的描述都与莱顿有些相似并且加以延伸。教授数学的工作给马歇尔带来了收入，还清了叔叔借给他的钱，旧债已偿，生活开启了新的一页。凯恩斯回忆说，那时马歇尔才感到了自由，他终于可以听从自己内心的意愿行事了。起初，马歇尔准备向斯托克斯学习，但是忽然他对知识的哲学基础产生了浓厚的兴趣，尤其是它们与神学的关系。准备不足也许是当时存在的另一个问题。马歇尔在《货币、信用与商业》前言回忆的片段中更深层地剖析了他踏上经济学的曲折之路，填补了莱顿在1905年回忆中的空白：

大约在1867年（当时我正在剑桥大学教授数学），我得到了曼塞尔的那本《班普顿演讲集》，了解到他的主要研究方向是人类自身的可能性。于是，我去学习纯粹哲学，不久又学习较为先进的心理学。心理学对人类能力更快更好发展的可能性的追寻带给了我一个问题，那就是英国工人阶级离富足的生活还有多远？睿智的长者告诉我，生产资料的数量不足以承担大多数人的休闲和学习。他们还告诉我，我需要学习政治经济学。我听从了他们的建议，开始在各种枯燥的事实里遨游，期望能快些获得纯净的思想。但是学的愈多，发现自己的无知愈多。至今，我研究这一领域将近半个世纪，才意识到自己比入门时更加无知。

马歇尔后来的描述也证实了他是在19世纪60年代末逐渐转向对"精神科学"（心理学）专业的研究，与上述介绍只有微小差别。他在写给剑桥大学的心理学教授詹姆斯·沃德（即他在道德科学研究方向的同事）的一封信中，有着更为具体的说明：

我希望你认为我对精神科学漠不关心。自我1861年到剑桥大学以来，我便把精神科学和数学放在了同等地位。我对于经济学的热情不足以支撑我在凌晨5：00就爬起来煮咖啡，在上数学课前腾出三个小时来研究它，但是我可以为哲学做这些，一直做到我病了，腿肿到两个那么大，那是1867年的事。不久后，我又从数学转向心理学。皮尔逊请我做政治经济学的讲座，我同意了，但是我最想做的是他研究的领域——哲学。后来，学院请我当讲师，我又转向了逻辑学和伦理学。到1871年为止，我的重心一直放在精神科学的研究上。然而，我渐渐地意识到经济学是通往人类福祉的科学，对它的研究也就越来越迫切。大约在1871~1872年，我告诉自己是时候决定献身于心理学还是经济学了。我在疑虑中度过了一年。我喜欢那种追寻真理的乐趣，然而经济学在现实中越来越重要，它不仅能促进财富的增长，而且更能提高生活质量，于是我下定决心研究经济学。

玛丽·佩利在回忆马歇尔在讲师生涯里所参加的活动和结识的朋友时提到，克利福德和莫尔顿是他"在圣约翰学院最好的两个朋友"。他们与另一个叫莫斯的学生组成了一个七人小组研读莎士比亚。马歇尔把它视为莎翁爱好者的理想圣殿。玛丽还说道："他们经常去参加波特夫人的派对。波特夫人是剑桥大学的美人，但是波特先生却很丑，大家都叫他们'美女与野兽'。"玛丽·佩利还说马歇尔也是天王星协会的成员，这个组织"就像是晚餐俱乐部，大家各付各的账，轮流主持讨论（它的名字是野餐的意思，所以成员各自带餐且与大家分享）。西奇威克、维恩、福西特和克利福德都是其中的成员"。玛丽·佩利没有提到格罗特俱乐部。在马歇尔自己的叙述中,那是他1867年在剑桥大学参加的另一个讨论小组。他对于这个小组的讨论成果进行了记录,这些记录部分被保存了下来。不过据玛丽回忆,这些都是在1865年1月马歇尔毕业和同年11月被选为研究员这段时间之间的事。

  有段时间马歇尔去了自己崇拜的珀西瓦尔所在的克利夫顿学院。在那里他与戴金斯和莫兹利成了朋友,就是莫兹利让马歇尔转向了哲学研究的。莫兹利建议他读一下曼塞尔的《绪论》,不过马歇尔对这本书不是很满意。他希望可以读康德的原版著作,于是启程去了德国,在德累斯顿学习德语并研读康德的作品。他的老师认为一个德语初级入门者读康德的书显然不是很合适。但马歇尔回答道:"要是没有康德,我也不会学习德语。"其间他也受到了黑格尔《历史哲学》一书的影响。多年以来,马歇尔始终沉迷于哲学,也对心理学产生了兴趣。他曾一度想致力于研究注意力及专注的力量。后来又打算研究一下经济学(在一小段时间之内)后再转回哲学或者心理学的研究,因为有人曾告诉马歇尔经济学可以告知他目标的可实现性。那时圣约翰学院的研究生贝特森帮助他取得了伦理科学的讲师职位。然后马歇尔渐渐地转向经济学,虽然有段时期他又把时间耗在了伦理科学上,如逻辑学和哲学。

  根据这些回忆片段,可以大体拼凑出马歇尔在1865年1月后历经的变化。1865年的上半年,马歇尔在克利夫顿学院填补了一个教员的空位,克利夫顿学院位于布里斯托尔附近,是一所新建的公立学校。在那里,马歇尔结识了克利夫顿学院院长珀西瓦尔、同事戴金斯和莫兹利,也许还应该算上西奇威克,在夏天他曾到克利夫顿进行监考。至此,曾经不对本科生开放的剑桥社团,开始向马歇尔招手了。西奇威克将克利福德和莫尔顿两人介绍给马歇尔认识。西奇威克在1856~1865年间参加了使徒会,是其中资深的会员,他可能就是在会里认识了这两个人。西奇威克在其中有"天使"之称,一直都参加会议。但是,莫尔顿与莫斯是在1864年进入圣约翰学院学习的,所以可能早已经认识了同在那里的马歇尔。

  1865年夏天,马歇尔没有钱休假,因为教授数学所赚的钱都还给了查尔斯叔叔。1865年11月,马歇尔成为圣约翰学院的研究员,在米迦勒节期间,他住在学院2号楼C2号房间。在接下来的两年里,研究员和数学辅导的薪水使他很快还清了欠款。在与克利夫顿的莫兹利、戴金斯的神学辩论下,马歇尔开始接触哲学,后来又受学院里结识的其他朋友的启发而与哲学结下了不解之缘。1867年马歇尔应邀加入格罗特俱乐部,并逐渐受到大家的欢迎。直到后来马歇尔承认说,那时的哲学学习很紧张,甚至健康状况都受到了影响。同年,他开始了经济学和心理学的学习,还与莫兹利兄前往瑞士攀登阿尔卑斯山。

  马歇尔是在苏格兰度过1866年夏天的,也许就是那时他第一次了解到了北部工业区的贫困状况。后来的假期,尤其是暑假,马歇尔也大多在国外度过。1868年以及1869~1870年的冬天,他前往德累斯顿和柏林学习德语。除此之外,在1873年之前的每年夏天,他都会去蒂罗尔(奥地利)、巴伐利亚或是瑞士登山,这给他带来了无穷的乐趣。1868年,贝特森给了他一份伦理科学讲师的工作。1872年天王星协会成立时,马歇尔已经与学校里很多社团的成员打成一片,很快应邀加入天王星协会。

泰勒商业学校,"外表呈萨克福风格",看起来"很脏……缺乏建筑美"

19世纪70年代早期,马歇尔以年轻讲师的身份积极参与大学改革,为争取妇女接受大学教育的权利而奔走,还十分关注大学教学方法的改革和全面教育改革。在上课之余,马歇尔为工人事业奔走,甚至扶持社会主义倾向的出版社。直到这时,马歇尔仍旧没有专攻经济学,但是渐渐地转向了经济学。到1875年,他已结束了"经济学学徒生涯",而他与伦理科学学生、经济学同行玛丽·佩利的订婚使得马歇尔被迫辞去圣约翰学院的研究员一职,两人于1877年7月完婚。

马歇尔毕业后的岁月一直都在寻找自己的方向。放弃数学,研究宗教怀疑主义,争论神学,学习知识理论和纯粹哲学,研究伦理学、人类进步学、心理学和经济学,这些纷繁的学问都是马歇尔探索的篇章。朋友在马歇尔的讲师岁月里扮演着至关重要的角色,这其中也包括他在1865年后结识的那些"睿智的长者"。克利夫顿学院、圣约翰讲师、剑桥大学的各种讨论团体都是开启他智慧之旅的先决条件,正是在这些地方,马歇尔结识了朋友,扩展了视野。他的思想探险发生在我们称之为"斗争中的"的 60 年代，可以说这段时间就是"里程碑"式的 10 年。

"斗争中的"19 世纪 60 年代

马歇尔在剑桥大学的第一个 10 年正赶上这"斗争中的"19 世纪 60 年代。同样，亚瑟·贝尔福在其自传中也对 19 世纪 60 年代作出过评论，这位曾于 1866 年在剑桥大学三一学院学习伦理学的首相回忆说，60 年代是宗教力量与科学力量相僵持的 10 年，这期间德国的圣经怀疑论和达尔文所著的《物种起源》在"神学和科学界都掀起了轩然大波"。在马歇尔本科时，《散文和评论》、科伦索事件与西利创作的"戴荆冕的耶稣像"三件事闹得沸沸扬扬。马歇尔的新朋友——尤其是 1865 年在克利夫顿学院认识的朋友——让他接触到诸如此类的神学争论，同时更多的社会问题也吸引着马歇尔。

这 10 年中的后 5 年是研究社会和伦理科学的绝佳机会，对于马歇尔这类感兴趣的人来说，可以博览群书、深入调查、密切讨论这个时代出现的新问题。马歇尔后来回忆说，这段岁月是研究伦理科学的黄金岁月，最活跃的思维都集中于这一学科。除了哈里森提到的宗教论争、教育改革和国会选举权外，还有很多事件能够反映 60 年代的斗争精神。

那段日子是社会科学协会的全盛时期，国会议员、科学家、行政人员和工人聚在一起，或是对现实问题进行澄清，或是阐述自己对问题的观点，寻找保障社会改革的途径。协会由"三项改革运动而兴起，分别是司法改革、妇女解放运动——特指讨论通过《已婚妇女财产法案》以保障女性婚后其收入和财产所有权——以及 40 年代末 50 年代初的刑罚改革"。后 5 年还见证了女权运动的蓬勃发展，1869 年穆勒出版了《女性的屈服》一书；希钦设立了一所女子大学，即后来的剑桥格顿学院，女子接受大学教育的机会更多了。

后 5 年间，工会运动层出不穷，1864 年成立了国际工人组织。1868 年，即德国社会民主党成立的第二年，巴库宁发起成立了民主社会国际联盟。英国国内工会活动同样波澜壮阔。1867 年，卡尔·马克思出版了第 1 卷《资本论》，也是其生前出版的唯一一卷书籍。一年之后，献身社会主义的威廉·莫里斯出版了他的著作《世俗的天堂》。此时，工人教育开始受到重视，在众多剑桥大学伦理学学者的支持下，詹姆斯·斯图尔特教授开始组织工人上课。

此时，欧洲民族主义的兴起也是不容忽视的。罗马建立了新的首都，宣告统一。意大利于 1871 年彻底完成统一。德国皇帝威廉一世在凡尔赛宫镜厅加冕，宣告德国第二帝国的开始。此时正在柏林的马歇尔目睹了德国普法战争的胜利、拿破仑帝国的灭亡和 1871 年巴黎公社的昙花一现。这一切第一次唤起了西欧国家对社会主义革命的欲望，为法国第三共和国的成立扫清了障碍。马歇尔也不同程度地投身到这些运动中。

社会、国家、政体的改革与艺术、文学、科学的改革同步进行，并驾齐驱。1867 年，戈吉耶、藜芦林宁和波德莱尔成立了"帕尔纳斯"协会,发起了"为艺术而书"的唯美主义运动。1871年,在巴黎举行了第一个印象主义展览。易卜生的戏剧《勃朗德》和《佩尔金特》分别在1865年和1867年首演,左拉的早期作品揭露了英语国家的丑闻,即旧世界还未破除、新的世界已悄然而至。狄更斯于1870年去世,同年乔治·埃利奥特发表了两部巅峰之作《米德尔马契》和《丹尼尔·德隆达》;1869年,阿诺德发表了《文化与无政府状态》,以此弘扬古希腊精神。但是就在几年前,斯温伯恩的《亚特兰大女神之在卡吕冬》和《诗与情歌》从另一个角度描绘希腊文明,却被认为难登大雅之堂。这些文艺运动使马歇尔印象深刻,而他未来的妻子玛丽也在学生时代与同学们一起秘密地阅读过斯温伯格的作品。

那些年对于一个对经济学感兴趣的学生而言影响也是巨大的。人们围绕薪酬学说和工会效率展开雄辩,辩论以1869年穆勒在《双周评论》上发表的评论而达到顶峰。工程师弗莱明·詹金将几何图形引入了经济学;1871年,杰文试图在《政治经济学理论》中在数学的基础上建构政治经济学模型。这个时期正是马歇尔的经济启蒙时期。经济学的百家争鸣加速了马歇尔由伦理学、心理学转向经济学研究的步伐,这个过程就是本章所追寻的内容。

在克利夫顿的数学生涯

1865年1月马歇尔毕业后不久,克利夫顿的数学终生教师查尔斯·凯的呼吸系统疾病恶化,所以马歇尔在该校担任了兼职数学教师一职,克利夫顿是当时相对较新的一所公共学校。22岁的马歇尔刚刚毕业,毫无疑问会紧紧抓住这一天赐良机。这使他可以加入董事会,还能在11月初选举研究员之前赚钱来还查尔斯叔叔的债。由于克利夫顿对于兼职职位并不进行记录,马歇尔在该校工作的具体时间也不得而知。他的工作应该开始于1865年的前两个学期,这样7月才开始暑假。休假一直持续到同年的米迦勒节,马歇尔回到圣约翰学院,住进了新房间。这些可以从马歇尔在1865年与教员的合影看出来,照片上马歇尔戴着帽子,身穿长袍,胡子刮得干干净净。

在克利夫顿的短暂岁月中,马歇尔结交了许多朋友,这是马歇尔生命中重要的一部分。据玛丽·佩利回忆,马歇尔"十分崇拜"时任克利夫顿院长的约翰·珀西瓦尔以及当时的教员莫兹利和戴金斯。同年,西奇威克来克利夫顿视察,马歇尔可能就是在那时候认识了他。后来就是这些朋友——这些"睿智的长者"——带领马歇尔进入了经济学的殿堂。

在马歇尔人生重要的选择时期,约翰·珀西瓦尔(1834-1918)对他的影响极其深刻,所以后来马歇尔一直很尊敬他。珀西瓦尔是个坚守阿诺德传统却又热心改革的人,竭力维护孩子的权利,积极推动教育进步。在他任期之初便开始为克利夫顿寻找最为合适的教员,且积劳成疾,1878年,年仅40的他不得不退休,此时的克利夫顿已经发展得很不错了。珀西瓦尔对教育充满兴趣并不仅仅是因为他担任院长,他还积极为贫困的男孩和妇女争取获得更高程度教育的机会，于1876年建立克利夫顿女校，1897年，剑桥大学拒绝向妇女授予学位后，他又提议建立维多利亚女王女子大学。珀西瓦尔对于成立工人教育联合会、开设辅导班和推广大学教育等活动也充满热情。19世纪70年代期间，珀西瓦尔参与布里斯托尔大学的建设，马歇尔后来的学术生涯与此也密不可分，因为珀西瓦尔长期在该校理事会任职，所以很可能是他帮助马歇尔获得了布里斯托尔大学校长的职位，就像当年帮助马歇尔争取克利夫顿的数学教职那样。珀西瓦尔在1858年成为牛津大学首位获得古典文学和数学双学位的学生，他那时的好友、牛津大学的本杰明·乔伊特在珀西瓦尔筹建布里斯托尔大学时为他争取到了牛津大学的财政和学术支持。

珀西瓦尔激进的政治观点使他广泛参与到当时许多的社会问题中，既包括反对虐待动物，也包括加入"反对英国国民酗酒和赌博的两大恶习"的运动。作为自由贸易和自由竞争的坚决拥护者，他支持国家在20世纪前十年的计划，提议在劳资纠纷中引入仲裁，希望政府介入再分配以改善社会收入财富分配不公的现状。一言以蔽之，珀西瓦尔是当时英国社会中经常出现的一位激进而拥护社会改革的国教牧师。

珀西瓦尔在克利夫顿创立之初经常组织教职人员讨论这些社会热点问题，此时的马歇尔毕业刚不久，且处于单身之中，在该校担任兼职教师，必然受到了影响。或许马歇尔就是从这些讨论中了解到了是什么阻挡工人阶级过上幸福的生活、人类如何才能更好更快地实现自我发展、为什么说进行教育改革有利于实现社会的全面进步等问题的。珀西瓦尔在音乐和古典文学方面的成就也让马歇尔大开眼界。在向英格兰公校的艾雷学习数学时，马歇尔曾停止了对古典文学的学习，珀西瓦尔引领马歇尔重回这门高雅的学科，使他在教学之余可以充实自己。

马歇尔的另一位不得不说的朋友是亨利·戴金斯（1838—1911）。1856～1860年间，戴金斯在剑桥大学三一学院学习古典文学。他在拉格比市学习戏剧写作时就认识了亨利·西奇威克，后来两人成为莫逆之交。西奇威克多次写信和他讨论宗教、文学和时事，甚至还有妇女教育和女权主义的问题，并且经常结伴前往德国和瑞士度假。即使两人不在同一所大学，戴金斯仍是西奇威克不可或缺的好友。同一时间，戴金斯兼任坦尼森儿子的家庭教师和克利夫顿的古典文学教师，这样既博得了上司的开心，又多了一份收入，可谓一箭双雕。后来戴金斯在克利夫顿担任校务主管，直到1889年年届50才离开学校。西蒙兹在传记中描写了戴金斯1864年（那时他刚认识马歇尔不久）在克利夫顿的生活：

> 虽然身材矮小，长相却很英俊，孔武有力，感情丰富。西蒙兹很快就注意到了他。两人志趣相投，如都追求美感，心思细腻，有时会过于敏感，有相同的哲学见地。戴金斯的实证哲学观点得到支持……1864年3月29日，西蒙兹在给友人的信中写道，"我是如此渴望被爱，但是却从不敢奢望身边会出现一个像你这样无私真诚而又纯洁地爱着我的人"。

从以上描述中不难看出，马歇尔是如何与戴金斯成为朋友的。马歇尔1865年加入克利夫顿学院，两人同样拥有着剑桥大学学历，再加上戴金斯生性友好，所以能成为朋友也不足为奇。同时，马歇尔年轻聪慧，凭着初入社会的热情，勤奋好学，也使戴金斯注意到了他。不过除了玛丽·佩利的回忆之外，并没有确凿的证据表明两人有过交往，不像戴金斯与西奇威克和西蒙兹的友谊那样众所周知。与戴金斯的这段友谊使马歇尔获益良多，使其哲学的视角、实证论的宗教与社会学等得到深造和全面发展。在戴金斯的支持下，马歇尔远赴德国、瑞士旅行，领略到以前只能在朋友之间交谈才能想象到的美景。两人也时常讨论宗教神学，有着共同的宗教怀疑。同时，西奇威克在给戴金斯的信中提到他再读曼塞尔《班普顿演讲集》的心得、对科伦索事件的思考和对圣经的研究以及阅读穆勒《对威廉·汉密尔顿爵士的审查》一书的笔记，此时马歇尔正在克利夫顿任教，该书刚刚出版。由于和戴金斯的交往，马歇尔才被剑桥的社交圈接纳，这是大学时期穷困的他无论多么勤奋也无法进入的圈子。这个圈子属于三一学院，以剑桥冉冉升起的新星西奇威克为中心，他为马歇尔这样的年轻人提供了一个高效的环境。

第三位出场的马歇尔的友人就是约翰·莫兹利（1840—1932）。1858年从伊顿公学毕业后，莫兹利进入剑桥大学国王学院，1862年以优异成绩取得学位。1861~1869年，他在国王学院担任讲师；1864年，莫兹利到克利夫顿任教；1865年下半年，他担任曼彻斯特欧文斯学院的教授一职，并且结识了同事杰文斯——当时新创立的逻辑学、心理学、伦理哲学学会的主席。1865年初，莫兹利与马歇尔相遇，他比马歇尔大整整两岁。

马歇尔在1920年10月所写的自传中提到，当他开始质疑宗教信仰时，正好接触到了曼塞尔的学说。他在克利夫顿首次接触曼塞尔的观点时就开始怀疑原有的宗教信仰。不过，直到1865年夏天离开克利夫顿之时，他依然保留着原有的宗教信仰。所有留存至今的资料都显示，是莫兹利推荐马歇尔阅读了曼塞尔《班普顿演讲集》的。玛丽·佩利曾向凯恩斯说起莫兹利向马歇尔推荐了曼塞尔的《绪论》和《探寻逻辑过程中的心理角色》两本书，鼓励他深入研究哲学而非仅仅停留在对信仰的探讨上。通过曼塞尔的著作，莫兹利激发出马歇尔自身"对哲学问题尤其是神学的强烈兴趣"，直接导致了马歇尔放弃了跟随斯托克斯学习数学的计划。在给凯恩斯的一封信中，莫兹利提到19世纪60年代充满了宗教怀疑的气氛，这也从多个角度影响了国教。曼塞尔等人的一批著作使人们意识到，《创世纪》不能解释生命的起源，莫兹利将这种觉悟归因于进化论和地理研究的进展，同时约翰·穆勒在《论自由》中对现代基督徒的定义以及对圣经影响的研究，尤其是其发表在《散文和评论》上的文章更是发人深省。其后，马歇尔深受曼塞尔观点的影响以至于改变了研究方向，而正是莫兹利把曼塞尔的主要著作介绍给了他。

离开克利夫顿后，马歇尔在接下来的日子里还一直受到莫兹利的影响。莫兹利在自己加入格罗特俱乐部不久后就介绍马歇尔加入了该俱乐部。他还邀请马歇尔共同攀登阿尔卑斯山。1867年，莫兹利兄弟邀请马歇尔一起前往攀登瑞士少女峰，50年后在给马歇尔的信中，莫兹利还提起过这段经历。他们在陡峭的多洛米蒂山岩壁中前行，激情无限，以致马歇尔婚后依然经常到那里去度假。

这些经历可能没有影响马歇尔对于数学的热爱——但是教授中学生基础知识确实无聊——马歇尔把这段时光用来丰富自己的经历和扩展交际圈子。1877年马歇尔搬到布里斯托尔，再次与珀西瓦尔和戴金斯重逢，与莫兹利时不时地叙旧。1865年米迦勒节期间，马歇尔回到圣约翰学院，很快成为该院研究员，这更加扩展了他的社会和学术视野，进一步加深了他对在克利夫顿接触到的社会问题和伦理科学的兴趣。

在圣约翰学院担任研究员（1865年11月~1877年7月）

1865年米迦勒节期间，马歇尔回到圣约翰学院成为全职研究员。1865年11月6日，马歇尔当选研究员，但是还要求英国大教堂证实他的教徒身份。1866年，他又搬到了条件更好的新大院，这说明他的地位得到了提升。1871年前他都住在新大院A楼顶层的15号套房，后搬到E楼的11号，直到1877年结婚。此后，当他思考问题时，就会来到空旷之地或是修道院那样的僻静之地。马歇尔成为研究员这段时间也正逢大学和学院全面改革。学院的员工贝特森原就职于财务部门，善于理财，属于活跃的大学教育改革派，后来成为马歇尔的"挚友之一"。而且此时圣约翰学院也开始了重建计划，包括扩建大厅和新建小教堂、一个员工宿舍以及一个综合教室。

圣约翰学院共有56名研究员，都享有特权。从学院的收入中对研究员们进行分红，和马歇尔同时担任讲师的邦尼回忆说，这份收入其实并不稳定。19世纪60年代，这份免税收入从210英镑稳步增长到1872年的300英镑，是学院制度规定的最高限额。但是由于80年代农业发展的停滞，这导致学院土地出租收入也有所减少，进而红利也开始减少，在1894年已跌至80英镑。马歇尔做讲师的初期正是薪资最高的时候，这样就加速了还清查尔斯叔叔借款的步伐。

研究员每天还有4先令6便士的补贴用来支付必要的花销，如饮食和邮资等。参加学院定期的晚宴、招待客人的费用也由学院负责。宴会上的餐点也比本科时丰盛得多。晚餐在4：00或4：15开始，如果小教堂有合唱时就在7：00或7：15开始。一周要交2先令1便士的晚餐费用，要是7：00或7：15开始，晚餐就交2先令6便士或2先令9便士。每年的5月6日和12月27日会有两次例行宴会，11月还有年度研究院选举宴会，学院主席还可以在米迦勒节指定举办两次宴会，四旬斋期间举办一次，复活节举办两次，长假期间举办一次。研究员可免费带一位客人参加宴会，但额外的客人每人要支付10先令6便士。

如果研究员不担任其他职位，例如导师、院长（负责维持礼拜秩序）、讲师、会计、管理员、主席，就没什么重大责任，只要在位期间参加礼拜和学院的其他例行活动。资历深的研究员可能会在管理部门的学院委员会成为高级干事。这段时期马歇尔担任了两个职位：1868 年被指派为学院伦理学讲师，收入颇丰；1877 年 3 月 17 日，就在他辞去研究员一职前不久，他当选学院的干事，负责保管餐具、监督厨师和服务员、保证用于宴会的资金到位以及负责从成员手中筹集资金。

这份工作简直是为马歇尔量身定做，为他后来研究经济学的资源配置奠定了基础。不过事实上，他不是干练的主妇，也不像新婚夫妇那样会常常检查预算，更不会像我们想的那样合理分配资金，圣约翰学院的资料显示，马歇尔并非是敢于革新的管理员，虽然他可以在厨房做一番人事改革，可以谈判原料采购价格。也许短短 6 个月，马歇尔还来不及在岗位上大展拳脚，他的继任者却已从伦敦进货，打破了剑桥当地供应商的垄断，这种在管理上的实验还算是成功了。

马歇尔在最初两年（包括 1867 年）的研究员生涯中还兼职辅导数学，两份工作加速了他还债的进程。1867 年债务还清之时，马歇尔才辞去费时费力的数学工作。虽然要偿还多达 237 英镑的债务，马歇尔也没有花费大量时间在数学辅导上。两年半的时间内，有 1/3 的学院分红和每学期 6 个学生的学费，他很快就还清了借款，还补贴了新生活中各式各样的花费，包括后来去国外旅行支出的费用以及建造私人图书室的费用。

马歇尔充分利用时间学习哲学、参加讨论或是漫步散心。对于哲学他可谓是如饥似渴，早上 5：00 就起床，然后边喝咖啡边看书，上课前花 3 个小时钻研晦涩的文章著作。早年如此痴狂地学习哲学，马歇尔早已忘记学生时期从摄政街的招牌美工那里学到的方法。他绞尽脑汁探索研究，还为此生了病。

在圣约翰学院担任研究员时，马歇尔没有结识新朋友。不过据玛丽·佩利向凯恩斯的讲述以及凯恩斯的描述，他倒是"非常喜欢学院里的那些石膏像和学院的服务人员，经常把石膏像当成真人一样跟他们讲话，聊自己喜欢的东西"。后来，马歇尔提到，当时他和贝特森打过一段时间交道，两人关系很好，还和学院其他伦理讲师有过交情，其中包括剑桥大学第一位伦理学讲师梅厄，还有皮尔逊，两人也是格罗特俱乐部的会员。马歇尔早年的一本手稿中还提到另外两位研究员同事，即赫德森和邦尼[①]。他在大学时期的劲敌亚历山大·伍德在 1868 年也成为

[①] 梅厄（1828—1916）于 1842 年加入圣约翰学院，是一名公费生，1851 年获古典文学学士学位，1852～1864 年任圣约翰学院讲师，1870～1879 年任伦敦国王学院古典文学教授。由于同为拉格比校友，他和西奇威克成了好友。在离开伦敦参加格罗特俱乐部的讨论时他结识了马歇尔。他也曾担任伦理学讲师，但不可能和马歇尔同时担任该职。皮尔逊（1841—1895）是 1860 年圣约翰学院的减费生，1863 年在伦理学荣誉学位考试中获得优异成绩，1865～1880 年任圣约翰学院讲师，1866 年被委以神职，不久马歇尔加入格罗特俱乐部。1872 年莫里斯死后，皮尔逊曾竞选其继任者，但未获成功。威廉·赫德森（1838—1916）于 1857 年加入圣约翰学院，1861 年以第三名的成绩获得学位，1862 年被选为院士，在 1869～1881 年间担任数学老师；邦尼，从他自传中描述自己在马歇尔时期的圣约翰的生活中可以了解到，他于 1859 年成为院士，1868～1876 年间接哈德利的班担任学院导员。两人都参加了提高妇女在剑桥大学教育水平的运动，具体见下面章节。

研究员，两人关系依旧疏远。可以说在圣约翰学院，马歇尔除了参加莎士比亚阅读小组之外，一直都是独来独往。直到1867年，马歇尔债务都已还清，脱离了数学教职，开始花费大量时间研究伦理学和心理学，这才在各式各样的院外活动中结交朋友。当然，也有例外，马歇尔与自己的某些地位显赫的学生成了朋友。

格罗特俱乐部、天王星协会、剑桥哲学协会和剑桥"改革"俱乐部

在19世纪末以后，各种协会在剑桥的社交和学术界都扮演着重要角色。剑桥座谈会又称"剑桥使徒会"或是"协会"，可能是最出名的一个，马歇尔在这里结识了许多朋友。马歇尔在大学时期因为缺乏社会关系及其本科生的身份，未能加入这个俱乐部。其实要不是世俗眼光以及父亲的阻挠，以他出众的学识、渊博的学问及连乔伊特都难忘的特殊雄辩口才①，马歇尔早就有资格加入这个组织了。

成立于1860年的谈天说地俱乐部只招收了15名会员，马歇尔应该也曾应邀加入。会员大部分成员都是毕业于伦理科学专业。19世纪70年代，成员中更是汇聚了当时伦理学界的明星。迪尔克、卡彭特和赛姆斯在70年代初加入；梅特兰于1872年成为伦理学高级讲师，同年也应邀加入；1870年就已经是伦理学高级讲师的福克斯韦尔和威廉·坎宁安也在1872年成为荣誉会员。詹姆斯·沃德在1875年5月加入。约翰·内维尔·凯恩斯在1874年参加过一次活动，但在1875年又改变初衷没有加入，1876年初再次申请加入。后加入的会员中还有马歇尔可能认识的坦纳和利斯。但是令人惊讶的是，虽然马歇尔在伦理科学领域收获颇丰，这家俱乐部在1870年之后的10年中并未记载马歇尔被邀请或推荐加入该俱乐部，即使他有几个密友是这个俱乐部的会员。这表明虽然其中成员对他并无敌意，他还是不太受欢迎。

1867年，马歇尔和几个年轻学者有了密切往来，这可能是因为他成了第二号最佳辩手，还成功连任了圣约翰的研究员。又由于在克利夫顿认识莫兹利和戴金斯这样地位较高的人，加之在伦理学和心理学方面成就颇丰，马歇尔被更广阔的社交圈所接纳。他1867年加入格罗特俱乐部，1870年在剑桥哲学学会和剑桥"改革"俱乐部上发表文章，1874年加入了天王星协会，另外还参与到大学的改革探讨和实施中。

为纪念已逝创始人约翰·格罗特而命名的格罗特俱乐部是马歇尔加入的第一个俱乐部。格罗特于1855~1866年在剑桥大学担任奈特布里奇哲学教授。"除了'使徒会'，在剑桥所有的俱乐部和集会中，格罗特俱乐部是最具思想性的。我和格罗特教授、梅厄、西奇威克、奥尔迪

---

① 玛丽·佩利在《马歇尔传》中写道："他（马歇尔）拥有优秀的口才，乔伊特认为马歇尔是他所有认识的人中口才最好的——与西蒙斯不相上下。"玛丽在早前写给凯恩斯的信中还叙述说，19世纪70年代初，马歇尔会在自己的住处举办周末之夜，一位女生说"他（马歇尔）口才出色，能把最简单的事情说得妙趣横生；他言词精妙，能将最无趣的话题变得生动起来。他是她所认识的最杰出的说服者，其他人也这么说"。

斯·赖特都是这个小型俱乐部的长期会员。通常都有一两个长期会员参加俱乐部的活动，国王学院的莫兹利和圣约翰学院的皮尔逊后来也成了长期会员。每学期我们都在格罗特位于特兰平顿教区的住所举行一两次聚会，他热情地招呼我们共进晚餐，晚餐后大家一起阅览其中某个人的论文，接下来就开始了讨论。"

格罗特的继任者莫里斯成为了奈特布里奇教授，继续经营俱乐部，俱乐部的活动地点便改到了会员能展示论文的小会议室了，1867 年马歇尔应邀加入时就已如此了。马歇尔在 1900 年 10 月帮助撰写西奇威克的传记时提道：

> 1867 年我加入时，里面有莫里斯（格罗特的继任者）、西奇威克、维恩、莫兹利和皮尔逊等人。1867 年或是 1868 年后，俱乐部曾一度低迷，不过在克利福德和莫尔顿加入后又恢复了朝气。几年间，西奇威克、莫兹利、克利福德、莫尔顿和我都是活跃的成员，经常参加活动。克利福德和莫尔顿涉猎广泛，但对哲学才刚入门，因此讨论会开始的前半小时他俩总是默不作声，只出神地听别人尤其是西奇威克侃侃而谈。然后才开始发言，而且语速惊人。如果非要记录下会议的一些讨论，其中一定有西奇威克和克利福德两人争锋的那几次。还有一次是 1868 年年初，在俱乐部讨论开始之前的茶点时间，西奇威克和莫里斯两人开始争论一个问题，只可惜当时我没有记录下来。当时，西奇威克谈兴很浓，不停地发问，引起莫里斯对 30 年代到 50 年代这 20 年间英国社会政治生活的回忆，莫里斯可谓是神采奕奕，两人有问有答，谈笑风生，后来我们都认为那晚他们俩就是闪光点。我们都无法激起西奇威克这位老人的激情，他看起来总是很疲倦，讲了两三分钟后就陷入沉默，当然如果有人能够引起他的共鸣，他就会很积极。

这段引自《西奇威克传》的叙述忽略了有趣的一点："我（马歇尔）从 1867 年开始学习哲学，现在也算学了很多知识（虽然我是在 1865 年末才开始认真研读的，那时候还要教数学课）。克利福德和莫尔顿两个人还是初学者。"

马歇尔根据 1867 年的会议记录对回忆进行了增补，有的也是从他所保存的书中摘取的，证实了当时马歇尔确实只是初学者，没有参加过多的辩论。根据马歇尔本人记载，1867 年 3 月 5 日的会议上，由于自己没看过几页休厄尔的《伦理要素》，便没有发言。随后一次会议在马歇尔的住处举行，马歇尔朗读了自己所作的文章《简约律》，由于当时马歇尔的程度有限，文章结构稍显零散，不过他事先向大家说明了这点。不过，除了西奇威克和维恩有稍加批判，这篇文章显然受到了大家的好评，据西奇威克说，莫里斯对此倒稍有不悦。当年年底在维恩加举行的一次会议上，马歇尔已经能非常自信地在休厄尔讨论会上插话，表明了自己对于巴特勒和怀疑论两者关系的看法，不过后来他意识到，自己的评论可能不妥，对莫里斯有所"冒犯"，马歇尔接着写道：

> 我不走寻常路，先介绍了巴特勒的方法，也说到了研究材料和著作都不怎么样的皮洛，其实我本不该讲这些的。我甚至也没有解释清楚实证的难点，以及在日常商业经营中常犯的错误。

遗憾的是如今没有找到克利福德和莫尔顿参加会议时的记录。那个时候马歇尔悉心研究哲学，在讨论中表现越发出众。30年后马歇尔回忆说，从1867年的会议记录中能看得出他在哲学上是个新手。

在马歇尔所保留的1867年的会议记录里还记载了一些晚餐谈话、论文朗读后的交谈之类轻快的内容。在3月14日的会议上，大家谈论政治，话题围绕着当时迪斯雷利政府实施选举权改革一事，提到了约翰·穆勒说服海尔实施选举改革的可能性，也谈到长期卷入选举改革一事的布莱特政府会如何应对，还有克兰伯恩勋爵和格拉德斯通的重归旧好以及保守派反对德贝提案陈列的观点。11月份，马歇尔纪录的最后一次会议话题是巫术，如催眠和透视，会上主要是西奇威克和莫里斯两人发表意见。当时弗雷德里卡·哈里森著的书《伯爵》涉嫌抄袭，西奇威克通过比较《以赛亚书》和《耶利米书》，在某种程度上证实了抄袭的流言并非无中生有，这是会议记录中最接近神学的一次讨论。

格罗特俱乐部的早期活动也使马歇尔和同事皮尔逊、梅厄有了些来往，两人都是圣约翰学院的伦理学讲师。马歇尔的一本回忆录中，在关于格罗特俱乐部的章节里有形容皮尔逊：

> 他是继西奇威克后伦理学的中坚力量，帮助过梅厄，还是虔诚的教徒。他教出了很多品格高尚但不怎么能干的年轻人，这些年轻人大部分是圣约翰学院的学生，将来都准备从事神职，或许就是这个原因，他也把学生是否通过伦理课赋予了浓烈的宗教味道。

天王星协会更具有神学的色彩，由韦斯科特、莱特福特和霍特等剑桥学者和有资历成为主教的人于1872年发起成立，旨在进行跨学科的辩论而非说教。1896年，西奇威克在霍特的传记中这样描述这个组织的作用和它的会员：

> 协会最初创立的宗旨就是代表多个学科的学术研究，为跨学科的交流提供机会，在更为严肃的技术性层面上交流思想，而不仅仅是一个社交场所。我和克拉克·麦克

斯维尔、西利、亨利·杰克森都是最早加入的一批成员，当然还有之前提到的那三个核心成员。会员不少，但从没有超过12个。一年有五六次，我们晚上会在其中一个会员的家里见面。主人负责朗读一篇文章作为当晚话题的引子，这话题不限，只要每个人都能够找到自己特别感兴趣的就行，所以几乎每个人讲的内容会和自己的研究领域有关，可是又不能太专业，外行也应该听得懂。我们也经常讨论时下流行的话题，教育、政治、不同阶级相互之间的责任等等。其实论文只是个开头，后来的谈话完全是自发性的，无规律可言，倒不像是正式的辩论。

西奇威克补充说，到后来又陆续有其他人加入，像埃克特勋爵、克利福德教授还有乔治·达尔文，但这还不是完全的会员名单。霍特在1874年2月份给妻子的一封信中提到他在那个月的聚会中发过言，但是马歇尔、考埃尔和福斯特却缺席了那次聚会。韦斯特考特在1881年的信中提到，当时他们很活跃。但是玛丽·佩利却和凯恩斯说，维恩和福西特并不是这个组织的成员，克利福德也不是，即使他是老资格的"使徒会"成员又是马歇尔的老友，但是他的这种身份常让人相信他是天王星协会的成员之一。不论马歇尔是否从当中的辩论中直接获得什么灵感，他与其他的成员，包括韦斯特考特、霍特、莱特福特还有乔治·达尔文，都保持着私人联系，偶尔通信谈论社会问题。

19世纪70年代早期，马歇尔还加入了两个剑桥协会。其中一个就是剑桥"改革"俱乐部，他曾在1873年11月的一次聚会上展示了自己的一篇文章，题为《工人阶级的未来》。这篇文章首次发表在《鹰》杂志上。马歇尔偶尔还参加剑桥哲学学会的活动。有一次他展示了一篇文章，题为《用图表描述与垄断有关的经济问题》，他的学生亨利·坎宁安也在这次会议上演示了构造这类双曲线的机理。在会上，马歇尔认识了一些剑桥优秀的同事和科学界的权威人物。

在马歇尔全神贯注地投身哲学研究的岁月中，对他帮助最大的可以说是在格罗特俱乐部的日子。这个俱乐部里面有众多睿智的长者，把他引入了政治经济学的殿堂，还使他开始关注社会问题并探讨解决之道。莫里斯就是这些睿智的长者之一，这个信奉基督教的社会主义者使他认识到选择研究课题的重要性；皮尔逊也向学生们介绍了这个问题；还包括与马歇尔渐渐熟悉的西奇威克及本章很少提到的福西特。1863年，福西特成为剑桥大学政治经济学的首席讲师，他对于社会改革很有兴趣，这也影响到了马歇尔，社会改革成为他毕生工作的重心。

抛弃宗教信仰

19世纪60年代下半叶，一些负面因素使马歇尔开始怀疑原有的宗教信仰，他开始学习伦理学和心理学。另外一个原因可能是他在优等考试中的成绩令人失望，马歇尔怀疑自己能否在物理科学领域取得成就。在克利夫顿认识的戴金斯和莫兹利可能是他走进哲学殿堂的领航人。确切地说，莫兹利推荐他读曼塞尔的著作，这给他开启了认识论、纯粹哲学、伦理学甚至心理学的大门。1867年之后的5年时间，马歇尔都专注于这一类作品，而在1865年，他只是在休息时读过这样一些哲学书籍。

曼塞尔的作品是使马歇尔转变学术研究方向的直接力量，而19世纪的英国国内存在多种质疑或反对基督教的思潮也加深了他转变方向的速度：一个是德国哲学及圣经研究的影响；另一个就是达尔文的进化论，尤其是达尔文在举证中所使用的地理科学知识。这是对圣经权威性的双重打击，导致英国国教教廷及其支持者也不知如何应对，圣经中有39篇宣扬信仰的教义也无法对此作出圆满的解释。而这些教义正是广大教徒所信仰的，教会在这其中担任了众多的角色，全盘接受圣经，对质疑圣经的言论作出解释回应，为圣经辩护，像西利《戴荆冠的耶稣画像》一书中一样将《新约》的《四福音书》变成伦理的规范。19世纪中期，圣经和教会的权威遭到质疑，英国学者开始深思，圣经是否真的在误导教徒。《文学与评论》发表之后，关于基督教教义的争论此起彼伏，而科伦索事件更是激起了人们打开圣经的神秘面纱，思索知识理论，越来越多的人投入到圣经研究中。这与某些科学领域的研究形成了鲜明的对比。但是，即使不去追根究源，也能猜到维多利亚时期的学者对宗教的怀疑总是与"知识论"有关。

暂且不提德国历史哲学研究与进化论对圣经的冲击，使马歇尔背弃宗教信仰的主要原因是曼塞尔《班普顿演讲集》一书，该书全称《阐述宗教思想局限性的八堂课》，于1858年由牛津大学首次出版。从前言引自乔治·伯克利和威廉·汉密尔顿爵士的话可以看出，曼塞尔强烈支持"知识论"在宗教研究中的重要地位。这本演讲集很容易激发像马歇尔这样渴求通过"知识论"研究哲学心理学的人的学习欲望。19世纪60年代，青年学者依旧严肃对待宗教怀疑问题。这种怀疑论引起的思想上的冲突需要通过费时费力的深入研究来解决。

曼塞尔的演讲集通过反省"知识论"在理智上或情感上不足，借此分清基督教信仰的性质与责任。该演讲集开篇便声明同意伯克利学派的见解，即"反对宗教信仰是所谓'知识论'的结果，也是忽略理智基础的必然结果"。该书也同意威廉·汉密尔顿爵士的观点，即"和哲学一样，神学研究中也不存在什么障碍"。更令人惊讶的是，曼塞尔在第1版的序言中引用了19世纪伯克利学派鼻祖弗雷泽的话来表明自己的想法："这个时代的宗教问题，其根源在于'知识论'的局限性和人类本身的无知所引发的哲学问题。"弗雷泽认为，超自然现象并非历史现象（施特劳斯）的德国理性主义，他认为黑格尔的发展观才是思考国家与思想变迁的唯一立足点（鲍尔和魏特科），而曼塞尔的意思不仅仅是这些，他想要"通过康德的思想，即《纯粹理性批判》来研究英国国教"，借以检验信仰上帝这种宗教行为的实用性。

曼塞尔对觉悟和信仰的捍卫招致了各方批评。约翰·穆勒认为，曼塞尔探讨上帝的方式既不严谨也不科学，他认为任何知识的获得都应以观察思考为基础，之所以没有人严谨思索这个问题，是因为没有人能够证明是否真的有人信仰上帝。赫胥黎、廷德尔和赫伯特·斯宾塞，这些物理学领域的不可知论者同意曼塞尔关于人类认知能力有限的假设，但是结论却不尽相同：没有知识就不能得出某一合理问题的答案，关于上帝是否存在及其能力的问题也一样。第三种言论来自莫里斯，在他看来，曼塞尔的《班普顿演讲集》是"对哲学方法的侮辱"，并对曼塞尔否认人类可以获取知识的无限能力感到"愤怒"。

曼塞尔神学杰作方面的详情是毋庸置疑的。《班普顿演讲集》一书向大家发出对哲学学习的邀请，马歇尔这才得以进行严谨的哲学思考和学习，而此时的马歇尔还拘于三项受限颇多的领域，其中两项更是长久以来依赖于先验推理，这些正是需要他重新整理的学术领域。马歇尔对认知论朦胧的意识源于年少时英国国教的熏陶，这种意识此后在泰勒商业学校接受的强制宗教教育中变得更加强烈。宗教知识的特性和起源是其成长过程极其重要的一部分，马歇尔从小被告知圣经词句与故事具有不容置疑的权威性。但是在学校，尤其是于剑桥大学就读期间，马歇尔的认知提升到了第二个阶段：数学知识的特性和起源，尤其是经典的欧几里得几何学知识。在剑桥大学中，数学教育是比宗教学习更为重要的事，必须掌握数学是剑桥的公理，正是数学的基础地位铸就了卓越的剑桥。休厄尔在数学专业指导计划上更是坚持这一点。在剑桥大学数学优等考试中取得优异成绩的人必然深受其影响。在取得数学和宗教方面的较高成绩以外，马歇尔在特雷尔的指导下，通过学习穆勒的《逻辑学》，能够进行认知论中一些推理方面的讨论。该书深入探讨知识获得及知识有效性和真实性的检验方法。穆勒还在该书中强调，伦理与社会科学和自然科学的地位是不同的，所涉及事实的确定性也不同，此外还详尽地验证几何形状的特殊性质，这些是马歇尔不能忽略的。

19世纪60年代的马歇尔通过阅读曼塞尔的《班普顿演讲集》扩大并深化了他的认知论观点。首先，这让他联想到穆勒《逻辑学》一书中较深奥的部分。更重要的是，曼塞尔的著作开启了一扇怀疑宗教、几何和伦理科学的大门。并且曼塞尔还在《班普顿演讲集》中提供了很多参考书目。这其中就包括了德国的唯心主义和历史批评学派，有黑格尔和黑格尔学派的著作，也有康德的纯粹哲学、《纯粹理性批判》以及他对人类哲学和伦理理论的许多著作。如果想在神学方面有所探索，以上这些书不能不读。尽管随后马歇尔也觉得曼塞尔在宗教信仰方面的质疑有些过，但是曼塞尔有价值的著作部分对于马歇尔的智力发展很有帮助，这点在1867年马歇尔开始研究哲学时所读内容中可看出一二。

不幸的是，对于马歇尔放弃宗教信仰所带来的后果以及这个过程中他所经受的痛苦我们不得而知。有记录详细描述了西奇威克年轻时在宗教怀疑论边缘上的挣扎，而马歇尔受纯粹哲学思想左右之时却没有留下什么纪录。根据凯恩斯的记录，研究纯粹哲学使得马歇尔成为不可知论者，越来越倾向于伦理和社会科学。马歇尔在30余年后给沃德的信中回忆说，这期间他病患不断，右脚肿胀疼痛，我们无法知晓这究竟是宗教信仰变化带来的身心煎熬，还是仅仅是操劳过度引起的。不管怎样,他放弃了基督教的信仰,尽管他接受过宗教洗礼,在基督家庭里长大成人,十几岁时就受到泰勒商业学校的肯定,而他放弃信仰后的生活似乎依然轻松。不像西奇威克因失去信仰而备受煎熬,甚至在1865年11月申请讲师资格而必须认可《三十九条信纲》时,马歇尔也没有表现出不安,就像在学位礼上宣誓一样。这或许是因为马歇尔直到1874年间才彻底放弃宗教信仰。在1875年和天王星协会会友莱特福特的辩论纪录中有记载,马歇尔曾说:"不过我确信,耶稣本人既不相信也从未要求他人相信所谓的基督教教义,我对这种辩论没有什么兴趣,现在看,我就是个旁观者罢了。"当时马歇尔还给福克斯韦尔写信说,这场辩论若是发生在过去的一年,他倒是会为这个话题感到癫狂。而这之前几天,可笑的是,马歇尔还给福克斯韦尔寄去了几页新教的宣传册,这可能是1875年1月他在照顾母亲时从家中无意拿走的吧。

"只是一个观察者",这是马歇尔在美国之行以及其后与妻子同游英格兰参加教堂活动时给人的印象。种种行为表明他不过是个与宗教绝缘的观察者,就像是个正在对宗教进行比较研究的学生。老旧的生平材料中留存有一些关于他不信仰宗教的细节,玛丽·佩利总结了这些材料供凯恩斯参考,其中便包括马歇尔没有信仰的原因,他将自己的不信仰宗教归为对教义的否认,而这些教义被铭刻在所有的信条之中。

但是马歇尔从不拒绝将宗教作为社交和道德的准则。1921年12月,玛丽·佩利回忆说,马歇尔本人曾说与神学相比,他越发相信宗教的效力,这与他在《经济学原理》和19世纪90年代作为剑桥伦理协会成员时表达的观点是一致的。这种关于教育、机会和后来的组织社会学的经济思想越行越远,甚至"成为'经济宗教',即基督教和现代知识及组织资源贴合的一种发展"。身处在维多利亚时期的马歇尔,一旦放弃了基督教信仰就需要另一种具体的信仰来替补。

马歇尔保留的19世纪60年代末的手稿中,有一部分是关于他在那些日子用到的神学批判主义的。普西根据人口增长率算出诺亚的子女在大洪水后需要4 200多年才能繁殖出14亿的子孙。马歇尔指出普西估计的增长率有误,根据普西的估计,世界人口增长率远大于当时英国的人口增长率。这是唯一一个证据证明马歇尔用神学的知识批评了圣经的记载。当然,不必对马歇尔运用数学才华支持自己的观点大惊小怪(他可不像科伦索那样)。

19世纪60年代中期以后的哲学生涯

马歇尔在19世纪60年代中期的笔记证明他开始了哲学的学习,其中还有其他方面的研究。流传至今的四篇哲学论文都与知识理论和心理学相关,格罗特俱乐部还曾在1867年初展示过其中一篇。但是1868年伦理学讲师的职务限制了他的阅读,影响了他的哲学学习。

马歇尔60年代下半叶的笔记中包括了参加伦理科学优等考试的剑桥学生的所有必读书,

并且作了大量的摘抄引用，偶尔按主题分类进行，这些资料可以帮助我们了解马歇尔所阅读过的书。在60年代早期，剑桥大学伦理科学优等考试科目包括道德与精神哲学（心理学）、逻辑学、政治哲学史、政治经济学和法学概论。学习课程的书单很长，通常一科不超过十本，但所有列出来的都是学生必须掌握的。

笔记手稿中有无数的摘抄和节选是与他四篇论文中的主题相关的内容，其他的则按照论点或者其出处加以分类。与论文相关的如引用《简约律》以及人与动物之争辩（"兽"之性），其中对《简约律》的摘抄就有《汉密尔顿文集》中所定义的"不应恣意滥造新实体，新的概念应该是简单而彻底的"，还交叉引用了洛克的《短文集》、贝利的《人类思想的哲学文学》、培根的逻辑学论著《新工具》以及其他马歇尔研读的书。而笔记中分类抄录的有巴克尔的《英国文明史》（特别是有关里德哲学的部分）、刘易斯的《哲学史》以及穆勒的《对威廉·汉密尔顿爵士哲学的审视》。

马歇尔研究"兽"性的主要信息来源是霍布斯的《大海兽》，此外还包括弗莱明在《哲学词汇》中解释的"笑"的词条、费里尔的《制度论》、（刘易斯所引用的）亚里士多德的著作以及康德的《纯粹理性批判》。在马歇尔笔记中，摘抄的主题还有"人性发展基本趋势"，多为汉密尔顿和贝恩的论述；有"自我意识"和"天才"，多引自科尔里奇的《朋友》；也有18世纪思想家的观点（如爱尔维修、布丰、卡维尔、切斯特·菲尔德），他们的观点在汉密尔顿的《演讲集》中也都有引用。

同时，马歇尔还在笔记中收集了许多明喻和暗喻的方式，以及一些简洁又发人深省的谚语，这其中就包括一些从《犹太法典》中摘抄的原句。这些记录也反映了马歇尔当时所关注的时事话题和个人兴趣。

对19世纪60年代马歇尔学习哲学所阅读的材料的进一步了解可以从他早期的哲学文章中得出。首先，马歇尔的《简约律》大量引用了威廉·汉密尔顿爵士的讲座内容，甚至可以说其写作灵感就来自汉密尔顿的讲座。《简约律》中还引用了穆勒的《对汉密尔顿哲学的审视》、贝恩的《情感与智商》、曼塞尔的《绪论》和费里尔的《制度论》，以上作品马歇尔在笔记中都作过摘抄。此外，刊登于《半月评论》①杂志第1期的《穆勒和汉密尔顿之争》显示，早在1867年3月，马歇尔就已经读过达尔文的《物种起源》和斯宾塞的文章，马歇尔的这篇论文也同时参考了孔狄亚克的《感觉论》，不过从论文中我们无法确定他是否读过原著。

马歇尔在"费里尔第一命题"一文中引用了费里尔的《意识哲学概论》、莫雷尔的《心理学要素》、曼塞尔的《纯粹哲学或哲学意识》、莫里斯的《现代哲学》以及《14世纪到法国大

---

① 该激进理性主义派杂志于1865年首次出版，首任编辑是乔治·刘易斯，第二任编辑是约翰·莫利。马歇尔是该杂志的忠实读者，1876年在该杂志上曾发表一篇评论穆勒价值理论的文章。马歇尔图书馆中也保存了大量该杂志，其中还有马歇尔所作的注释，标记了有用的文章。

革命时期的伦理学与纯粹哲学》。

《机械》是马歇尔第三篇保留至今的哲学文章，主讲心理学，所以文章思想的主要思想来自贝恩的文章和斯宾塞的《心理学原理》也不奇怪。文章还表明马歇尔对查尔斯·巴比奇的《自传》研究颇深。

马歇尔的最后一篇哲学文章《逻辑学家或者规则制定者对纯粹哲学主义者和科学家的职责》针对哲学方法论提出许多问题。这篇文章旁征博引，有康德的《纯粹理性批判》、斯宾塞的《心理学原理》和休厄尔的《基于历史哲学归纳科学》。但是马歇尔在这篇文章中运用了一些几何学知识（马歇尔引用到几何学的文章可能是他在准备剑桥大学优等考试时研究过的）。马歇尔在这篇论文中重点阐述了曼塞尔和穆勒的几何公理之争，曼塞尔在《绪论》中指出几何公理源自经验，而穆勒在《对汉密尔顿哲学的审视》和其早期作品《逻辑系统》中持相反观点。

马歇尔广泛阅读有关哲学的书籍，特别是与逻辑学和心理学相关的，这为他的研究工作作了铺垫，更是大大帮助了他在 1868 年开始的伦理学讲师的职业。不过这些笔记中记录下的书目并不是他在社会科学方面研读的所有文献。一些留存至今的资料有：一本笔记本，一本普通得不能再普通的书，为准备伦理科学优等考试时列的一部分书单，保留到现在的四篇论文（这些论文可能只是马歇尔在格罗特俱乐部中展示的一部分）。

马歇尔后来的两篇哲学论文可能是由于他在 1868 年认识了克利福德，从而萌发了论文的创作灵感。1868~1869 年早期，克利福德和莫尔顿开始参与到了格罗特俱乐部的讨论。两人都是在 70 年代早期离开剑桥大学的。克利福德于 1871 年开始担任伦敦大学学院数学系主任；莫尔顿于 1873 年开始了其辉煌的法律生涯。马歇尔后来回忆说，他本人"十分欣赏克利福德"，因为克利福德"关心的是精神世界，但是莫尔顿还眷恋着俗世"。直到 19 世纪 70 年代早期，克利福德的非欧几里得几何学业对马歇尔的几何知识研究产生了深远的影响。

哲学写作（1867~1869 年）

马歇尔在 19 世纪 60 年代末的哲学论文大多是为了论述说明一些人类主要的认知冲突，表现出他从信仰宗教到研究哲学、伦理科学的转变，而从他探究一些基本问题的答案可以看出这种转变，比如说"我能够了解什么"，他所著的后四篇哲学论文都是围绕上述这个问题展开。他还开始检视"逻辑学家的责任"——逻辑学家同时成为"实用科学主义者"和"心理学家"须满足的条件——马歇尔把他们定义为不满足于现状的自然主义者，必须用理论体系来支撑自己，而这些理论正是他们自己创造的。马歇尔总结说，逻辑学家作为"调查者"组织材料，再从"基本思想"、"公理和假设"、"权力与推理"以及"广义方法"四个方面来构建知识结构。这些论文表明马歇尔对心理活动依旧很感兴趣，选择折中的结果也表明了其对康德思想多年的学习在论文中起了很大作用。

早期的文章是从纯粹心理学角度的精神功能而展开的（《机械》），以"自我意识"为主题，若考虑到自然选择的力量对人类精神演化的影响，可以说精神演化和"自我意识"两者是相一致的。从文章的内容可以看出马歇尔本人在当时两大哲学问题之争中采取的谨慎立场：纯粹哲学所研究的是人类躯体能力的极限与意志之自由的争论，以及联想心理学派与直觉主义学派双方对心理过程的激烈争论，而对人类获取新知识的问题争论更甚。起初约翰·、穆勒和威廉·休厄尔两人的争论代表了这两个问题的正反两方的基本立场，在这场论争中，康德的观点始终扮演了重要角色，不过到19世纪80年代时，这两个问题合二为一，问题的合并也区分了像贝恩一样的生理学家和像卡彭特一样的心理学家。

泰勒商业学校学校的教室，对于后来的学生而言，显得很奇怪

马歇尔的前两篇哲学文章主要解释了意识和自我意识作为人类原始直觉在确定事实的过程中扮演着重要的角色。第一篇文章把汉密尔顿对《简约律》的评论解释为是意识的一种定律，并定义"知觉是简单而彻底的事物"。引起知觉的事物是"特殊的心理现象，能够引起基本而普遍的事物的发生"。马歇尔对这种现象的解释是："观察某一事物的后果，可将其与相似的后果列表作比较，从规律出发而分析，如此一来可避免给被观察事物另立门户。"马歇尔认为实践出真知，然而，他仅仅把《简约律》应用于观察和感觉，都是在生理领域（例如达尔文的进化论），但是没有应用于心理学，心理学中的感觉是有其独特性的。视觉和声觉绝不相同。

通常情况下，触觉和声觉也不相同，但味觉和嗅觉却有相通之处。此处马歇尔引用《简约律》中的规律，引发了对运用该规律的人的质疑，这其中包括贝恩对感觉发生过程的研究，也有穆勒对记忆的研究。两人的研究中，同质性缺乏贯穿于生理和心理的作用过程之中。贝恩试图通过避开自我意识来回避这一问题，而马歇尔指出，在人类推理行为链中，自我意识是不可或缺的一环。马歇尔对贝恩的这一做法深感遗憾。《简约律》也可用来验证推理过程的合法性和成果性：达尔文的《物种起源》就是验证成果性的一个典例。但是达尔文的做法并不能简单地引用到心理学的研究中去。只有在某一心理因素能够显著地产生某些后果并有实证表明这些后果的情况下，该法才能奏效。这也是《简约律》的一种应用，表现出马歇尔对达尔文主义的谨慎态度，这种态度也帮助他更好地理解了社会科学。

马歇尔的第二篇文章中指出，"自我意识"是人类区别于动物的基本特征，文章也讨论了费里尔的第一假设，即"无论智者知道什么，如知识的背景或条件，也必须认识知识本身"。费里尔的第一假设标志着理想主义者对人类的科学追求之敬意，因而可以看作是对当时日益兴盛的以贝恩和穆勒为代表人物的联想心理学派的对立面，而在联想心理学派内部，贝恩已经越来越倾向于生理心理学的解释。在格罗特俱乐部中，对贝恩和穆勒的评判主要有两个出发点，一是严格从生理学或者物理学出发，二是从哲学的角度出发，两者虽有不同但也不至于对立，而马歇尔也因此深受熏陶。马歇尔表示自己能接受贝恩的许多观点，如关于习惯、行为模式、不同印象之间的相互交流以及对昔日印象的再现的解释，贝恩认为所有这些联系仅仅通过某种机制就能够很好地进行解释。但是若要解释和自我相关的，比如说解释费里尔提出的关于记忆和期望的"自我意识"，则需要考虑更多因素。对此，马歇尔认为贝恩的解释力度不够。总之，马歇尔已领会到贝恩和费里尔两人的立场，但对两人所否认的并未加以足够重视，这也是马歇尔从事研究——不仅仅是哲学——所犯的通病。

这两篇文章围绕自我意识展开，研究其与外界的联系，文章中所涉及的问题还有记忆、技能融合和感官感觉，这也解释了为何马歇尔在笔记中记录了许多实践观察。

马歇尔把《机械》作为"心理学通论"的序言，称其"能够成为真正意义上的心理学理论"。这篇文章直接延续了前两篇文章的视角，详细论述了他认同的贝恩的部分理论，这些理论与联想心理学派解释中较为机械的部分有相通之处，而联想心理学派的解释与费里尔第一假设的自我意识的问题中关于人类本身的因素是相悖的。由于要探究贝恩理论中所有因素中最为本质的部分，马歇尔有机会去构造人类的情感机制，在这过程中，联想心理学派和进化论学派、神经心理学和神经生理学都起着基础性的作用。神经生理学认为费里尔是"哲学的"，与其有着鲜明的不同，从贝恩和卡彭特的论述中可见一斑。可见，马歇尔不再是仅仅站在理想主义的阵营，尽管他支持费里尔的第一假设、同情康德的立场，这可能给人错觉。本文中马歇尔表现了他对当时神经学的解释和对情感机制起源理论的掌握，从这里可以看出文章引用论据之繁复，此处不再赘述。由于马歇尔日后的思想变化在其中都初见端倪，该文也变得颇为重要。

文章意在阐明情感、思想、反复行为和记忆的联系、推理、思考和意志这些事物的特点中的机理部分，认为思想是大脑的功能，而行为则是躯体的功能。马歇尔认为存在环式结构连接着感觉（如压力、光与声）和感觉意识，这些导致产生行为意念从而产生行为。意念产生行为这种反射的重复就构成了记忆，可以是直接的重复，也可能是不同意念之间的联系造成的重复，这种意念的产生可以是外界环境（如雷鸣、闪电）造成的，也可以是相似而引起（如某个声音可使人想起相似的声音）。大脑（思想）和躯体（行为）若是一部机器，连接各部分的就是起纽带作用的神经系统，或是其他类似于电场磁性的无形作用力。各部分之间的协调依赖于不同动作的传递，对人体这部机器来说，高兴还是痛苦都可以通过意念或行为引起的动作类型加以区分，动作若不整齐则表明人在思考，整齐划一则是表明意志使然。马歇尔将研究扩展到更为特殊的情况（如行为），检验人在特定条件下形成的习惯种类，并指出在推理过程中大脑和小脑所起的作用不同，从而又引入了环境变化期望（感觉源）这一概念，以及快速、复杂及同时动作的观点，这和国际象棋机器人的机理以及巴比奇提出的自动机制是相似的。人体存在这种机动性行为的可能性和本能（精神力量）具有可比性，而人们一度认为后者能力有限。

马歇尔在文章的最后谈到了通过自由学习来研究扩大机器的力量。这就使机器与语言、沟通方式、识数（算术运算）及几何有了联系。同样，马歇尔也指出了机器的能力有限，以及机械会排他性地使用联想心理学理论来解释精神活动的局限之处。机器并不能掌握处理代数和高级数学中使用的抽象符号。机器还有一个不足之处就是不会绘画，尽管它能够掌握绘画技巧，却永不能激发"行为的秘密源泉"，更不能将技巧转换为"艺术"。而且机器不能谱曲，无论是对力学、应用化学、地理、生物还是心理学，它都不会自发地进行学习。这使得机器的发展有了更大的限制，更何况这些机器不能自学的科目中还有马歇尔认为最有创造性的三门学科。文章最后提出，机器也有可能接受伦理教育，即进行同情教育和系统的经验教育。人类的这种能力在不断的自然选择中得到提高，"第六感"也不断加强着这种能力，"潜藏在人体内的第六感对人类有着显著的推进作用"，马歇尔之所以这么说，是因为他觉得第六感是"所谓的人和事物的电子形态"。

马歇尔所说的机器的延展功能（尽管机器只会在简单的刺激下开始工作）表明，他与理想主义哲学渐行渐远，且更倾向于贝恩和卡彭特的思想。但是在某些方面，马歇尔还是认同理想主义学派费里尔的观点：机器无法产生自我意识而进行推理性和创造性的思维。纯粹哲学与联想心理学和演化心理学内容息息相关，而马歇尔在解释精神活动时却将其作用大大弱化了。在描述机械化的精神时，马歇尔在运用丰富的生理学知识的同时还表示尚有欠缺之处，这样一来，意志和思考（意愿自由）的角色都将得以保留，也给出了解决先验知识和经验知识冲突的答案。接纳理想主义学派的"自我意识"这一概念，意味着马歇尔并不完全接受穆勒及其后人的激进经验主义。马歇尔最后一篇哲学论文的研究课题就是关于先验知识和经验知识的局限性的。

马歇尔的最后一篇哲学论文仍属于知识理论范畴，也和前三篇的文章密切相关，但却少了些哲学视角，即便文章中公开讨论逻辑学家与心理学家的责任，而心理学家须以纯粹哲学者而非科学者的身份出现。同样，这篇文章依然关注先验理想主义学派和联想心理学派之间的争论，前者不再以汉密尔顿、费里尔或曼塞尔而是以康德为代表人物，后者则是以持生理学和神经学观点的贝恩和穆勒为代表。两派的争论焦点转移到几何学，而几何学的公理多建立在理想的一定假设之上。同时马歇尔还在学习数学，由于休厄尔倾向于康德的先验思想，这间接地对马歇尔的数学学习产生了影响。另一方面，穆勒和贝恩通过应用过去的经验和思想之间的相互联系来解释几何公理为何被广泛接受，他们用替代的方法反驳了先验公理。

由于受斯宾塞演化哲学的影响，马歇尔部分认同先验说的同时也承认联想心理学派的经验说的重要性。斯宾塞的演化论可以用经验来解释几何公理的可信度，可信度由经验构成，也起源于经验。受其启发，马歇尔对公理的概念和其他的定义作了相应调整，从而使之与联想心理学派和先验学派两方的立场能够相协调。系统不同、特征不同或是洞察力不同都会影响公理的形成，公理必须是定义其他事物的基础。所以需要保证联想主义和"简约律"共存。

马歇尔的论文因游走在"非欧几里得几何"的边缘而引发了一场争论。如赫姆霍尔兹所说，非欧几里得几何的发现可以"反驳康德认为的几何公理是直觉转化形式的必然结果"这一观点。事实上，马歇尔的朋友克利福德就是英国最早的一位留意到这些复杂哲学关系的数学家，马歇尔能够很快领会这些错综复杂的关系可能要归功于他的主动性。如果新几何假设平行线可能相交，这和广为人们接受的欧几里得第五假设相悖，且暗示着空间扭曲。由于新几何学多建立在逻辑上无误的基础之上，不能证明其先验性正确与否，因而新几何学开启了一扇机遇之门。球体（如地球）的生活环境暗示着欧几里得假设会面临更多来自实证的挑战。南北极点之间存在无数条线（经线），欧几里得几何学认为处在同一平面的两点之间只有一条直线，显然两者相矛盾。马歇尔并未注意如此惊人的建议，后来他才开始认同这种观点。

马歇尔知识理论方面的硕果

马歇尔的知识理论旅程始于阅读曼塞尔《班普顿演讲集》时产生的宗教怀疑，这对他以后的职业生涯产生了十分重要的影响，其中一个有力的例证就是他的四篇哲学论文以及上文提到的马歇尔笔记，还有就是受到新朋友的熏陶和伦理科学优等考试带来的职业机会，可惜这些我们已经无从考证。而马歇尔为何在优等考试成绩揭晓后不再继续跟随斯托克斯学习数学，我们也不得而知。对宗教的怀疑和综合学习开阔了马歇尔的视野，而在剑桥任数学以外的教职也使其以往的规划逊色起来。斯托克斯对基督教的坚定信仰可能也是此时已经丢失信仰的马歇尔改变初衷的原因。在数学优等考试中败于雷利一事以及考官的意见都使得马歇尔开始担忧自己是否具有从事原创性物理研究的能力。相比之下，似乎"改行研究"伦理科学对此时的马歇尔更具吸引力。新朋友和对宗教的怀疑不仅开阔了他的人文视野，加之在克利夫顿受珀西瓦尔的熏陶，以及受莫里斯、西奇威克和福西特等人的强化，均为马歇尔投入新领域的研究注入了动力，并且希望通过社会改革而为人类谋福祉。① 如果不是关于马歇尔早期的回忆部分得以保存，那么以上的就纯属推测了。正是通过这些哲学论文和笔记了解了马歇尔停止一些研究的原因，也是这些论文和笔记留下了方法论，使我们了解了马歇尔日后的著作。

从马歇尔的文章中可发现，他对纯粹哲学研究的兴致渐减，后来竟开始厌恶了。从马歇尔在19世纪八九十年代对伦理科学优等考试改革及其他教育改革的态度，可以轻易发现他对纯粹哲学的厌恶。当然，要定义纯粹哲学并非易事。爱德华·凯尔德，即马歇尔后来结识的一位笔友，从两方面定义了纯粹哲学，从中我们可以发现马歇尔最终对纯粹哲学产生厌恶的两个原因。凯尔德一方面定义纯粹哲学是"总结万物规律的科学"，另一方面，纯粹哲学还是"神学，是上帝的科学"。前文已经提到了马歇尔对神学的厌恶。马歇尔在文中系统地指出，与联想心理学和演化心理学相比，凯尔德的第一定义不足为要。而在放弃英国国教信仰以及通过《机械》的神经心理学研究知识理论后，产生的对宗教的疑问也使马歇尔从此认为纯粹哲学是理想主义的神职人员应该研究的。

马歇尔的哲学论文同样也给出了为何他没有将心理学研究作为一种职业但却十分喜爱这门科学的原因。马歇尔在给詹姆斯·沃德的信中这样说道，经过一番痛苦挣扎，直到1871年和1872年之交时，他才决定放弃心理学转而研究经济学。据玛丽·佩利回忆，"有一段时间，他（马歇尔）曾想过要专注于自己的'注意对象'，有了'注意对象'才能'聚精会神'"，而这对象与他在写《机械》时研究的东西毫无关系。在佩利的回忆中，令人惊讶的是其中提到1923年圣诞晚餐上马歇尔所说的话，那顿晚餐上马歇尔"一度异常安静"，话中隐含了马歇尔在格罗特俱乐部期间（距当时已有50余年）哲学思考的真实意义。马歇尔说："我刚才在想心理学和存在论之间的联系，倘若再有机会从头开始，我必选心理学。经济学和思想实在没什么联系。"

与此不同的是，马歇尔未将心理学作为职业打算的决定要早于他向沃德所说的1871年和1872年之交。从第三篇哲学论文到最后一篇，马歇尔从纯心理学转到其他领域，这表明马歇

---

① 1866年夏天，马歇尔在苏格兰旅行，其间可能调查过北部工业区贫民的生活条件。在这一章中，马歇尔解释了为什么珀西瓦尔、莫里斯、西奇威克，可能还有福西特，会成为马歇尔口中的那些"年长的智者"，他们使马歇尔开始研究社会问题和政治经济学理论的重要性。

尔可能早在 1869 年就作了此决定。① 想想他在格罗特俱乐部展示《机械》时说的话，他希望能够打下新心理学的基石，也许确实是"真正的心理学"的基石。在以后的文章里，马歇尔再也没有表达过这种期望，而是回归到他更为权威的领域——数学——尽管仍与哲学有着千丝万缕的联系。马歇尔是否意识到他的那些文章在"走别人的旧路"而没有实质的创新之处，是否意识到《机械》所要研究的话题需要得到实验心理学的指示，而他自己并不懂？毕竟，贝恩和斯宾塞的思想作为马歇尔作《机械》一文的思想源泉的能力有限。扬认为，文章若要深入的话则需要作者掌握临床生物生理学知识以及实验技能。而马歇尔在文中公开表示自己缺乏这方面的能力。随后当他意识到这一问题时，便真正打消了进一步钻研心理学的念头，也就没作毕生研究心理学的打算。这与他在 1920 年的回忆相符。即使有"研究人类本质的潜能，并有进步的建设意义的手段"，马歇尔也不得不放弃心理学，而经济学（即当时"最受学界忽视"的科目）便成了不错的选择。正如惠特克描述所说，"经济学"所得超出"心理学"所失。也是因为对心理学的兴趣日益减少，马歇尔才将精力放在新的兴趣上。

不同时期马歇尔在哲学论文中使用的方法也不同，后来，他减少了纯粹的思考和直觉，加重了经验和事实的收集，最后一篇文章便是这种变化趋势的典型代表。由于非欧几里得几何学的发展，先验公理得到越来越广泛的认可，马歇尔在此却提出相反的论调，强调经验在知识学习中的重要作用。马歇尔接触非欧几里得几何学可能是受克利福德的指导。到 19 世纪 70 年代，马歇尔对事实越发"贪求"，而且他还把它视做经济学家须具备的极其重要的特质。

这里还需提到另一个例子。玛丽·佩利回忆说，70 年代早期马歇尔"收集了一些画像，并按照画中人的职业不同分为诗人、音乐家、画家、政客，希望借此可以归结出一些经验来帮助他发现不同人的特点，但却是徒劳一场"。马歇尔档案馆依然保存着这些画像，有 50 册，每一册有至多 10 幅画像，按年代、国籍、职业分类。其中，20 册画像讲政客（包括皇室成员）、4 册讲音乐家（作曲家）、7 册讲画家、7 册讲诗人、3 册讲作家、5 册讲牧师、1 册讲历史学家、1 册讲雕塑家、1 册讲艺术家。甚至还有 1871 年他在奥柏阿梅尔高参演基督受难剧的画像。

还有一个例子，就是马歇尔 1875 年编撰的"红皮书"②，"该书按照一定次序编排，就像是用大头针来标记年份，留下的每一个针孔都能将某年发生在哲学、艺术、科学、工业、贸易等方面的事情区分出来"。沃尔特·莱顿在 1905 年的笔记中作出如下记载："马歇尔从统计学意义上研

---

① 尽管不能准确地知道这些文章写于什么时候，但最后一篇文章应该是写于 1869 年，因为这是马歇尔对格罗特俱乐部内讨论所作的笔记，从 1867 年初至年末也只提到《简约律》。因此，另外两篇文章应该是作于 1868 年。马歇尔晚年说他是在 1871 年与 1872 年之交或是 1872 年与 1873 年之交时才中止了心理学研究，但确切地说，这应该只是他开始研究经济学的时间。有趣的是玛丽·佩利回忆说，19 世纪 70 年代是由西奇威克讲授伦理哲学，而不是马歇尔。

② （19 世纪）贵族名鉴，缙绅录，即已废的英国官员录。——译者注

究历史——他用大头针区别不同年份，不同的大头针反映了该年发生的种种事件——欧洲各国、英格兰政治历史学、技术发明和工业进步、农业、皇室年鉴、海运、租金、各国进出口、工资水平、工会和商品价格。"此法由马歇尔独创（操作过程由玛丽·佩利协助），通过检查来处理各种自变量之间复杂的统计关系，后来马歇尔将这个方法介绍给了数位友人。该法反映了马歇尔的一个信条，即"个性体现共性，共性存在于个性之中"，而且这句话还道出了事物的复杂性和总结经济学统计规律的困难之处。马歇尔在从剑桥退休时曾和克拉克说，如果要使经济学研究符合实际，寻找事实是最困难的事，所以他花费了大量时间阅读有关事实的书籍。

马歇尔除了开始喜欢用事实说话之外，19世纪60年代末70年代初他还改变了对历史的态度。1869年西利继金斯利之后出任剑桥大学钦定讲座教授。虽然西利在上任前由于具有实证主义倾向而接受调查，但是这并不影响他将历史作为一门"实践科学"与"政治经济学"联系在一起。在70年代前几年，马歇尔开始接受历史所拥有的这种精髓，且花费了很多时间和精力。

从马歇尔的哲学论文中似乎不能直接证明他在研究历史，但是当代伦理学大纲的章节（前文未曾提及）以及他的笔记都从一定程度上反映了他所进行的历史研究。剑桥大学给伦理学学生开出的必读书目中有如下作品：《欧莱雅·埃斯普里特的沙漠洛伊丝》、《文明史》、《中世纪》和《代议制政府发展史》。1862年剑桥大学的学生手册中还列出两本当时较为新潮的书供法学系学生参考：《新版演讲录》和《古代法律》。这段时期内马歇尔的作品中几乎引用了以上所有书，同期他还阅读了巴克尔所著的《英格兰文明史》（至少关注了该书对里德哲学的评价），这在前文中已有提过，这段时期内，马歇尔拜读了黑格尔的《历史哲学》。

虽然马歇尔的文章中也没有体现出他当时对社会道德和伦理学的强烈兴趣，但是他的笔记中包含了大量的阅读伦理哲学著作的笔记，其中引人注目的是阅读《伦理和法律原理》的笔记。而根据马歇尔1867年格罗特俱乐部讨论会的六次记录，可以看出当时这个小团体十分关注社会伦理这一话题。1868年，马歇尔已是政治经济学讲师，为该门课添加了逻辑和伦理两个课题。但是根据玛丽·佩利的回忆，马歇尔在70年代早期就增开了伦理和政治哲学的讲座，讲座主题多和边沁和约翰·穆勒的功利主义有关。

第6章

经济学学徒（1867～1875年）及之后的学术生涯（1876～1879年）

在马歇尔留下的许多自传片段中，有一个描述了他在1867~1875年之间做经济学学徒的日子。那时候他二十多岁，是圣约翰学院的年轻小伙子。本章的主题即是讲述自那时起至1879年之间马歇尔的经济思想发展情况，直至1879年他出版了两部重要著作。我们需要系统地看待马歇尔晚年给出的其对经济学产生兴趣的原因，尤其是他决定专注于此的原因，以及审视其自称原创的一些理论和方法，因为和他同时代的一些人也在经济学领域对研究对象发展了边际分析方法。

马歇尔关于此事最重要的回忆基本上记载于其60岁以后，即他在20世纪的那些岁月里。而最早的记载时间也是在事件发生30多年以后。其中最重要的是以下一些信件：1900年和1908年写给克拉克和1908年或1909年写给科尔森的信，以及他准备在1910年出版的一份自传草本。这些要追溯到他早期经济学研究的记录，大部分是他从剑桥政治经济学教授的职位退休之后写的。这些记录重点关注时机、把握能力和特定资料来源方面的细节。同时，那份自传草本也提到了马歇尔开始这些研究的原因。

与一些细节问题不同，这些记录的要点如下。1866~1867年间，马歇尔开始研究政治经济学，因为他感到对经济低层的无知会使应用伦理学时遇到一些疑难问题，而且这些应用伦理学问题并不容易识别。这很可能牵涉一些与工人阶级之间的争论，但是由于某些含混不清的原因——马歇尔从未在此阶段的写作中阐明过——其对社会问题越来越感兴趣。所以这对了解马歇尔来说是个巨大的空白，本章稍后会作处理。尽管1867年通常被认为是马歇尔经济研究的元年，但是1866年似乎更可信，因为这是他自己在追溯时提到的年份。有两个例子可支持这一点。首先，马歇尔在苏格兰度假时很可能就对北部工业城市进行了考察，这意味着他对应用伦理学问题的兴趣有可能就是那时产生的，同时，也产生了了解更多政治经济学的愿望。1865年出现的穆勒的大众版《政治经济学原理》非常适合兴趣浓厚的初学者。书中的一些内容直接宣称了改善工人阶级及其远景状况的可能性。事实上，现存于剑桥大学图书馆的那本马歇尔个人拥有的穆勒的书，正是1865年的大众版。这也是马歇尔开始经济学研究的第二条线索。这本书在1867年第二次印刷，这同样表明马歇尔在当年新版出现之前就购买了这本书，即很有可能是1866年的某个时间。

不论马歇尔开始阅读穆勒的书是哪一年，毫无疑问他对政治经济学的系统研究是以这种方式开始的。其后写给克拉克和科尔森的信则详细阐述了马歇尔是如何在三四年里放弃研究穆勒并完成了"关于价值和分配理论的主体地位"的著作；或者换个方式说，他从最初的第五篇中发展出了《经济学原理》理论体系的绝大部分核心内容。将穆勒的工作数学化，即把他的学说翻译成不同的公式，这是马歇尔回溯时声称实现自己新理论的路径。这使得他放弃了部分穆勒《政治经济学原理》的内容，比如他放弃了第二篇中的静态分配理论而更青睐第4卷中更动态的处理方式。同时，他能够识别出穆勒两大分析的缺陷。"他似乎没有吸收理解通过细微的增量来分析逐步增长的概念，而他似乎也没有足够的责任……来保证他的方程式的数量等于变量的数量，既不能多也不能少。"

马歇尔的穆勒《政治经济学原理》探索发现之旅也得到了其他一些作家的帮助。"我在1868年阅读了古诺的著作。大概在1869年或1870年的时候，因为德语懂得不多，所以到那时我都还没有读过冯杜能的著作。"在马歇尔后来准备为自己的《经济学原理》做数学附录的时候，第5条、第13～14条、第14～20条（最多到第21条）的注释，基本上都是在这个时候完成的。马歇尔声称，到1870年底已经遗失的《经济学原理》中所呈现的数学框架，其实就是效用理论、弹性理论、与总量有关的需求理论、劳动分配理论、易货理论的几何诠释以及垄断理论。其中最重要的是将供需理论联系起来的价值理论、生产理论和资本理论的绝大部分内容以及分配理论。

1855年的马歇尔，"一个衣领下翻的男孩"

1871年，在马歇尔经济学学徒生涯的中期，杰文斯出版了《政治经济学理论》。故马歇尔的第一部经济方面的出版物就是对杰文斯理论的回顾。他回忆往事时声称，这是一个简单的任务，因为当时他在学业上的进展已经足以使他"立即知道是否赞同杰文斯的观点，并且在很大程度上同意或不同意这些观点"。杰文斯时代过去后，马歇尔的学徒生涯进入了第二阶段，此时他"在用数学处理垄断理论和用图表处理穆勒的国际价值问题方面做了很多工作"。在1873年剑桥大学哲学协会的一次会议上，他展示了前一个方面的理论框架；在1879年一本私人印刷的期刊里，他收录了其对国内价值与国际价值进行理论科学研究的全部成果。"在1871年杰文斯非常重要的《政治经济学理论》还没有出现之前，尽管我没有用英语，但是我已经用数学得出我现在的整个理论的体系框架了。"到1879年为止，大多数理论空白已经被填满，而且马歇尔理论体系的基本要素也已经完善了。

正是基于这些信件，以上才特别提到关于杰文斯的争论，同时这些信件也解释了因为马歇尔关注于政治经济学分析的核心，所以至今他都主张理论优先。这个特殊目的表明了信中几处未提及的内容，比如这些信完全忽略了更广泛促进马歇尔研究经济学的激励因素，也未提及他在经济学上层建筑方面——货币、经济波动、信贷、资本市场、国际金融、政府职能和公共财政——所做的扎实工作，并且对于马歇尔的主要经济学理论导师，只狭隘地关注了穆勒、冯杜能和古诺，但是使马歇尔在范围和方法上收获颇多的导师斯密和李嘉图不能不提。1910年更全面的自传框架就部分弥补了上述缺陷。这表明在列出理论研究计划的大纲时，马歇尔还批判性地研究了"罗雪尔及其他德国经济学家——马克思、拉萨尔和其他社会主义者——所采取的经济学新观点"。此外，在"最后"（暗指1866年或1867年之后），马歇尔放弃了"所有关于返回哲学的思考，他开始密切接触实际业务和工人阶级的生活。一方面，他开始学习每个主要产业技术的广泛特征；另一方面，他开始与工会成员、合作者和其他工人阶级领导者交往"。

上段最后一句将我们的注意力引向马歇尔在经济学思想方面的真正改革。他渴望抛弃古典经济学在改善工人阶级未来可能性这方面的悲观结论。这是古典经济学在静止状态上的观点，暗含着由于人口法则和工资法则，大多数工人处于低工资水平，最终导致人类进步局限性的出现。对于这种令人沮丧的预测，马歇尔渴望并确实制定了一套进步的法则，包含改善人类本性的可能性。通过呈现对所有人物质和精神上改良的前景，马歇尔希望创造一个更愉快的政治经济环境，从而消除卡莱尔已提出的那种"沮丧"的描述。

这项诉求将建立在两种基本类型的研究上。通过生产力的提高，打破束缚经济学以及诅咒工人阶级命运永远悲惨的人口与工资的铁律，并要求进行技术可行性的研究。对长期递增收益前景的巨大迷恋，正是马歇尔经济乐观主义的一部分。此外，他还要求对工人阶级本身进行研究，尤其是对它在合作及工会运动中所呈现出来的那些更自由的元素进行研究。这种研究使得他能够评估人类性格被改善的程度与速度。尽管穆勒的政治经济学和逻辑已在这项冒险中指明了方向，马歇尔还是至少在两方面与穆勒的观点不同。首先，他开创了连续的概念和静止状态意义上的演化进步的概念。事实上，马歇尔将后者从古典经济发展理论方面的顶峰降级到价格理论的一个初步简化。其次，他将穆勒的有着机器般享乐主义的经济人用道德责任感来替换了。在生活的普通事务中，通过教育家庭来考虑现在和未来的真实需要，作出关于储蓄和消费的决策，在经济问题方面表现理性——这是家庭的一项职责。所以工作不是马歇尔定义的经济人的痛苦，它本身就是一项有创造性的活动，从而导致"人格"有建设性的发展。因而工作与生产是和消费一样重要的重点，而不仅仅是一种手段。强调形成"道德化资本主义"的责任，是人类欲发挥最大潜能的方式。这是一项光荣的任务，马歇尔希望他的新政治经济学在其中扮演的是一个重要且绝不排外的角色。

这些指引着他研究经济学的各种各样的分支细流，最终融汇在马歇尔首次尝试的"国际贸易的特别专著"中。作为"一组关于特殊经济问题的专著"之一，这本书同它的首次起草相比，并没有什么进步。他之后关于"将这些专著凝聚成与穆勒著作范围相似的一个总体专著"的计划也未实施，事实上还被颠覆了。最后，《经济学原理》基础方面的专著向前推进了，几乎淹没了他更晚些时候出版的姐妹篇。为了第一本书的出版，马歇尔先用小本的《工业经济学》进行试水。它的准备阶段花了三年时间，是他长期经济学学徒生涯凝聚的第一个硕果。仅为这个原因，它的出版便被视为马歇尔作为一名经济学家诞生时代的最好标志。

对马歇尔学徒生涯的讨论涉及对他经济思想方面的多种影响的审视，这远远超出了他后来自己挑选出的那些"英雄"理论。同样，对马歇尔自我回顾时精心准备的、用来对抗可得证据的那些书面记录，也需要一番测试。此外，在雄心勃勃的出版计划方面，学徒身份既为他提供了广泛的研究范围，但也产生了不良的后果——最后需要不停地修正。这是他从未完全吸取的教训，此后他的写作生涯都充分暴露了这点。他研究的经济学问题范围，大部分起源于此时他给自己定的经济学研究的广泛目标，而其原因和围绕它们的具体环境同样需要被澄清。

研究经济学的动力

马歇尔将自己最初进行经济学研究的动力归于应用伦理学问题。这一点，直到晚年他才开始明确讨论。由心理学提出的关于"更高、更快发展人类活动能力的可能性"的问题，引出了"英国（和其他国家）工人阶级的生活状况总体上满足需求的程度"问题。在与朋友讨论此问题的过程中，他"从长者和智者那里"得到了"因生产资源并不能够负担得起大部分人民的生活、休闲和学习机会，所以让我学习政治经济学"的解释建议。这个建议可能是通过书面记录或口头交谈的形式传授的。

"一位朋友，他读过很多现在被称之为道德科学的书。他常常说，'啊！如果你懂得政治经济学，你就不会那样说了'，于是我读了穆勒的《政治经济学原理》，并对它产生了极大的兴趣。"这两条建议的内容非常相似。马歇尔"对机会不平等分配的疑问"暗含着他在合理化"社会现存状况"时遇到了困难，因此他建议对其进行修正。在研究"最贫穷人民的面孔"之后，马歇尔此时的关注重点更少涉及对穷人的物质关怀，而是更多放在给予他们"一份更加丰富的生活"的机会上,他决心"尽其所能研究政治经济学"。

有趣的是,你会注意到马歇尔也将这条建议传递给了他《经济学原理》的读者们,而他们是最有希望学习政治经济学的人。这本书开始的几页既强调了他在 1860 年着力解决的问题,也强调了当时别人给出的那条建议,即"事实和推理……在经济学的领域里"是重要的,即使解决方案也有不足之处。这些关注与马歇尔在经济学讲师生涯的成长期所从事的大多数智力活动是一致的。很多类似例子都能说明此阶段的特征。这些例子解释了他早期的兴趣,而非某些社会主义者所认为的迅速的幻灭。他们纠正社会现存状况的解决方案是经过简化后的,因为他们"认为太快以至于不敢假设废除私人产权将会清除人类本性的缺点和局限"。马歇尔对机会不平等的关注,同样解释了他此时对生存标准和生活标准二者之间关系的强烈兴趣。关于兴趣的来源可以从他对勒普莱工作的长期尊敬中看出。而他能得知勒普莱的工作,则很可能是通过威廉·萨金特《劳动阶级的经济学》的介绍。他一生大部分时间都在研究机会不平等分配这个复杂问题。把研究"穷人的面孔"当做他们获取完整生活的索引,为他当时正在建立的智力和物质上具有优势的人像采集工作提供了理由。通过研究他收集的人像类型,他希望通过阶级和职业的划分能够得出关于面部特征的一般结论。这将有助于他们研究"穷人的面孔",也很有可能对"应用"心理学或作为特征科学的"动物行为学"的研究作出经验贡献。玛丽·佩利后来回忆说,尽管在她 19 世纪 80 年代所做的旅行日志中可以明显看出他们对研究工人阶级面孔的兴趣,最后却从来没有得到过上述的结论。

这些关注虽有助于解释在 19 世纪 60 年代末马歇尔开始经济学研究的原因,但并不能解释他为什么在 19 世纪 60 年代末或 70 年代初时决定专注于经济学研究,或者他为什么(如他后来所述)再也没有"返回"更广泛的哲学研究的原因。在本文中,他对穆勒工作"感兴趣"的事实是模糊的。至少几年里,他在研究政治经济学的同时,研究了其他社会学科。这个事实表明他在经济学上的专注,除了前面提到过的他关注改善工人阶级未来状况的可能性,还需要更多的解释。即使在之后的经济学实践中这个理由已说清的情况下,这还是很重要。同时也可合理地发问,那些长者和智者都是谁,或更具体点说,谁是精通道德科学的朋友,谁告诉他学习政治经济学的必要性?

在第 5 章中,珀西瓦尔、皮尔逊、莫里斯、福西特和西奇威克被看成是可能的候选人,他们将马歇尔的兴趣引导到包括了改善工人阶级状况的社会问题上,其中有人还可能进一步向他指出了学习政治经济学的必要性。作为长者,他们都是合格的。莫里斯比马歇尔大一辈(37 岁),福西特比马歇尔年长 9 岁,珀西瓦尔比他大 8 岁,而西奇威克和皮尔逊各自比马歇尔大 4 岁和 1 岁。马歇尔在 1867 年的夏天正好 25 岁。

1865 年在克利夫顿,珀西瓦尔对马歇尔的影响有些太早,没能激发马歇尔在大约一年之后研究政治经济学。皮尔逊,先于马歇尔向道德科学的学生传授政治经济学。他很有可能挫伤了马歇尔激情四射的夸夸其谈并使其转向社会改革。马歇尔晚年回忆时暗示了他的研究转向是"长者和智者"们建议的。马歇尔自己作为一个伦理科学老师，他对皮尔逊的批判态度在本文中可能会被忆起。

亨利·福西特是约翰·内维尔·凯恩斯和早些时间莱斯利·斯蒂芬的密友，他与马歇尔的关系并不像他与后两人的关系那样亲密，没有实际证据可以表明两人在某个方面关系密切。在支持马歇尔对布里斯托尔的立场上，他的证词只是表现出一些个人热情。福西特送给马歇尔一份他的《自由贸易与保护》的演示文本，事实上也只是出于礼貌，而非因为他们之间的友谊有多么深厚。马歇尔在就职演讲中致福西特的热情洋溢的颂词也是一样，不过是在为他的研究部门布置一个截然不同的教育方针之前，对离职的前任和作为后继者的自己作一番场面上的评论而已。无须否定福西特在类似于合作与利润分享等方面的观点上对马歇尔产生影响的可能性；惠特克的观点是，福西特既非"对马歇尔智力贡献极小"，也非"对马歇尔的智力发展影响极大"，而他们同为荣誉学位教师一说则似乎更准确些。尽管如此，福西特出版物中一些关于穷人的观点，却与马歇尔后来关于"长者和智者"的观点相匹配。

莫里斯于1866年11月返回剑桥，因此他几乎不可能是激发马歇尔对社会问题产生兴趣的主要影响人物。尽管如此，莫里斯很可能加强了马歇尔思考方向的转移力度，并达到了一个显著的程度。他在政治经济学价值上的积极观点，与马歇尔收到的学习经济学对成为社会改革者的重要性的建议是一致的。莫里斯于1866年12月所做的就职演讲很有可能也激发了马歇尔。他将根植于数学研究的固有内在特征与基于概率平衡的人类行为进行比较，赞扬道德哲学研究的是"什么方式成就了人类"，并提到"骑士品质是现代欧洲历史上最显著的特征之一"。莫里斯批评功利主义是一个"自私的、自我追寻的原则"或是对"金钱上帝"盲目崇拜，很可能就会打动马歇尔那极其丰富的同情心。或更一般地说，莫里斯的基督徒式的社会主义原则——强调合作和对工人阶级困境的广泛同情——对马歇尔当时的自学计划非常有指导意义。

亨利·西奇威克看起来是"这个朋友"的最佳候选人。他精通道德科学，并建议马歇尔，如果要继续研究改善工人阶级状况这一问题的话，学习政治经济学是必要的。因而，西奇威克有别于那些毫无顾忌地提出这种建议的"长者和智者"。西奇威克那时已经"读了大量现在称之为道德科学的书"，包括政治经济学。当1900年8月西奇威克因癌症去世时，马歇尔回忆道，"1867~1877年的日子里，在我心中，他比整个大学还要重要"。在校方对西奇威克举行的官方纪念会上，马歇尔描述自己在道德科学上"完全是[西奇威克的]小学生"。西奇威克的推荐帮助马歇尔申请了布里斯托尔大学的职位。这个推荐说明从19世纪70年代起，马歇尔在剑桥的主导地位使作为道德学科的政治经济学得到了快速发展，也表明为了尊重经济学，这些角色应该很快被逆转。

暂不考虑他开始阅读这门学科的动机，19世纪70年代早期，马歇尔在剑桥大学政治经济学教学中的领导地位，就足以解释他决定专注于此的原因。没有理由怀疑他后来宣称的这大多归因于他对贫穷和工人阶级社会问题的关注，但至少在兴趣被点燃后的前几年里，这些仍然要让位于其在哲学和心理学方面的研究。心理学于1869年被他放弃了，作为替代的经济学在不久之后就开始了，这同样是可以相信的，尤其是当时马歇尔已经意识到他非常擅长讲授这门学科后。此后数年，马歇尔都在持续阅读心理学和哲学。

马歇尔早期手稿的日期也支持了这一观点。现存的哲学论文最终被确定为写于1869年之后；而他第一部重要且系统化的经济学著作，最早是从1870年开始的。换而言之，从1870年开始，才是马歇尔开始将写作导向到这个新兴的重大兴趣上来，即在停止写作与人类思维或心理学有关的课题之后。若不是因为他在19世纪70年代早期的教学职责一直包含哲学课题，对经济学的完全专注是不可能直到19世纪70年代中期才开始的。他对心理学的兴趣直到1875年也还能看到。因此，马歇尔在经济学上的收获至少归于他渴望成功以及追求完美的愿望。到1869年为止，马歇尔的经济学学徒生涯似乎早已开始了。

马歇尔与约翰·穆勒的《政治经济学原理》

任何对马歇尔的经济学学徒时代所作的评价，都需要从评价约翰·穆勒的《政治经济学原理》对他的巨大影响开始，即从马歇尔与克拉克和科尔森的早期通信中对数学化穆勒思想的讨论开始。在1867年的研究生阶段，阅读穆勒的著作所产生的那种兴奋之情，对其更准确的一个评价可以从马歇尔对自己手里那本穆勒的《政治经济学原理》的注释中整理出来，通过笔迹的变化可以相对精确地区别出19世纪60年代晚期与更晚些时候的记录。如前所述，这本书已经被完整地保存了下来。而且，马歇尔手里的《政治经济学原理》几乎提供了所有马歇尔偶尔喜欢的大面积涂鸦的内容。

马歇尔对穆勒《政治经济学原理》的注释大部分集中在最后三篇。尽管如此，第1篇和第2篇中还是有一些有意义的早期注释的。在第1篇中，年轻的马歇尔对穆勒在资本上（第5章）的四个观点，以及关于合作与劳动协作的第8章（马歇尔曾从马克思第1版的《资本论》中摘引了三句话到此处），都表现出强烈的兴趣。第1篇中最全面的评述被预留了在关于大规模和小规模生产的第11章中，这表明在他的经济学学习中，很早就被这个话题的重要性吸引住了。第2篇第1章的注释展示了他对欧文主义者的"共产主义"很着魔；第2篇第5章对奴隶经济有广泛的评论；但除了关于利润的第15章之外，第2篇其他部分的注释相对来说内容很少。

对第3篇的注释是最多的。鉴于我们所了解的年轻马歇尔的经济著作，这并不令人惊讶。开篇关于价值的7章中，很多段落都被作了标记，关于货币的段落也是如此。对货币数量论的一个评价（第3篇第8章第2节）尤其有趣，因为它包含了一个早期货币数量论的代数方程式：

第6章 经济学学徒（1867～1875年）及之后的学术生涯（1876～1879年）

令 a 为次数，v 为任意商品一年之内经过换手后的价值，n 为平均换手的次数，那么如果设 γ 是货币的全部价值，则有 $n\gamma = \sum (a, v)$。

穆勒对货币讨论的其他部分，尤其是牵涉到危机（第3篇，第4~13章）和国际价值（第18章）的章节，在稍后的手稿中都作了标注。第14章的评论则有些例外，在《过度供给论》一文里，萨金特的《新政治经济学》被用来批判穆勒在此课题上的"正统性"。与之相联系的课题——第22章对货币的监管——同样在早期的手稿中作了大量标注。这表明他对穷人这个社会问题的兴趣，有可能部分受到1866年5月的商业危机——奥弗伦·格尼有限责任公司，一家杰出的商业银行破产——的启发，其中一些更直观的事情很可能是他当年夏天去苏格兰和其他北方工业地区度假时观察到的。

第4篇同样有大量注释，首次用图形提供了穆勒租金理论的几何形式（第4篇，第3章）。第4篇的注释最为频繁，主要是第5章的利润率递减分析、第4章的静态分析以及第7章"工人阶级的可能未来"的分析，这些都直接关系到马歇尔当时的社会兴趣。第5篇同样包括了很多注释，尤其是专注于税收的前几章。这些注释大多作于19世纪70年代或之后，此时马歇尔正积极地对该课题进行写作和演讲。

马歇尔对穆勒《政治经济学原理》的注释，同样是他早年阅读的经济学书籍种类的有用证据。注释包括对其他作品的引用，或以转引的形式，或是交叉引用穆勒《政治经济学原理》其他部分的形式。只有一个例外，即从帕尔格雷夫1871年《英国地方税收》复制而来的《税务局专员的第12份报告》中的一个引用，该作品写于1870年前。所有引用文献都是英文，除了各种各样的从马克思第1版《资本论》中转引的注释和参考文献。马歇尔的注释参考了很多斯密的《国富论》（或是1863年的麦考罗克版本，或是由索罗尔德·罗杰斯编辑的1869年版）以及由麦考罗克编辑的李嘉图的作品。马歇尔的注释还经常提到萨金特1867年的《新政治经济学》，这本书高度批判了福西特的《手册》。

尽管年轻的马歇尔最初阅读穆勒的《政治经济学原理》时，并未对工资基金一章（第2篇第11章）作过注释；但是当几年后桑顿反对这章内容时，马歇尔还是没有错过。在尊重供给和需求的一般理论作为价格决定理论的前提下，穆勒此处留下了理论空白，或更具体地说，在工资理论领域里，马歇尔试图用自己的早期经济学著作来填补。由穆勒的静态工资理论所引发的工资基金辩论，使马歇尔知道经济学中还有很多事情要做，但很少有人会愿意并能够填补这些理论空白。这个事实一定给他提供了长久专注于此项课题研究的动力，而不是到1869年为止他似乎就准备抛弃的心理学。

鉴于对知识论的强烈兴趣，马歇尔对其特殊且有些自相矛盾的处理科学的方法表现出了兴趣，穆勒在他的三部作品中曾经讨论过。第一部作品把政治经济学描述成像所有道德学科一样，是一门由抽象的先验方法制定的规律学科，而后验方法是来验证其真理性的。经济人假定，即对自我寻求的、最大化财富的人的假定，是先验方法适用于政治经济学的表现。

第二部作品《逻辑体系》，对这些问题则有着不同的讨论。尽管它对政治经济学的特定章节引用了较旧的大量文献，但在处理政治经济学方法的问题上，它更广泛的背景还是造成了很多不安因素。因时因地而异的分配法则联系的科学历史相关部分，以及穆勒认为通用的、以生产理论为其首要代表的政治经济学部分，这二者之间的关系是其中一个明显的不安因素。

在《政治经济学原理》中，穆勒实际处理科学的方式强调"它们对社会哲学的应用"，相比早期著作认为抽象的、先验的、机械的方法最适合政治经济学而言，它更倾向于更广泛地适用于动物行为学的方法层面。年轻而又成熟的马歇尔，更偏好穆勒的《政治经济学原理》而不是穆勒阐述的方法论。他在自己的《经济学原理》中批判了后者，而穆勒的《政治经济学原理》正是以正确组合了作为社会学科的政治经济学而受到褒奖。在讨论政治经济学时，穆勒的《政治经济学原理》强调了人性问题，把事实与理论糅合在一起，并适当强调了这个主题问题的历史相对性。除了穆勒的《政治经济学原理》——它是马歇尔读到的第一本政治经济学原理方面的书籍——对马歇尔经济学教育施加的影响之外，尽管马歇尔后来批评了穆勒，但是接下来的岁月里，其经济思想的发展一直受到穆勒著作的影响。

其他主要经济方面的影响及其来源

在穆勒之后，马歇尔此阶段读的主要古典政治经济学作品还有斯密的《国富论》以及李嘉图的作品。马歇尔倾向于使用这些古典作品的麦考罗克版本，在读《国富论》时还常常使用麦考罗克对该文本的广泛注释。他对这两本书了解得非常透彻。因为教学的缘故，他必须对这些书非常熟悉，尤其是深受学生欢迎的斯密的著作。他对穆勒文本所作的注释表明他认真阅读了穆勒的著作。大量关于斯密以及少量关于李嘉图的手稿材料都被用到了教学过程中。然而，马歇尔自己却说，他从古典教义中受益最大的还是约翰·穆勒的著作。他对古典教义的极其熟悉和强烈推崇，极大地影响到了他主要经济著作的结构和内容，以至于后来的很多评论者们都非常恼火这点。

这方面还是受古诺和冯杜能的作品影响最深，正如马歇尔在1900年致克拉克的信中所述，他早在1868年、1869年或1870年就开始学习他们的作品了。马歇尔之所以能够如此之早就开始研读古诺的作品，其原因无疑是自19世纪40年代开始，它就在剑桥数学圈子里广泛流传。圣约翰学院图书馆里没有古诺的书，马歇尔看样子应该是更早的时候就买了它的第1版。这本书连同他的注释都被保存在马歇尔图书馆里。

1870年前，马歇尔给古诺文本所做注释的可信度很高。马歇尔的注释包括很多方面：垄断理论、双寡头理论、竞争均衡和解除贸易禁止的影响。1803年，马歇尔用古诺的早期指引来宣称自己比瓦尔拉斯"更早预见到了杰文斯书中的所有核心要点,并在许多方面都超越了他"。这明显包括了最终效用的问题,而马歇尔声称在杰文斯著作出现之前,他就在题为"终极使用价值"的演讲中讨论过了。马歇尔在使用"终极使用价值"的概念时提到过一个例子,出现在1870年一篇关于价值的文献上,但它并没有使用这个术语。"价格 P_2M_2 代表使用价值,这是最后被劝诱成功并购买商品的买主们所支付的价格,而这个价格稍高一点的话他们都不会购买,年销售数量是 OM_2。"这种用法并不是暗指边际效用理论。当回忆起古诺在需求一章中并未使用效用分析时,马歇尔原先声称的自己在这方面是受到了古诺的指引,就显得更加牵强。马歇尔早期对古诺作品的接触是明显的优势,但这并没有发展成为效用理论。

马歇尔从未明确阐述过自己是如何接触冯杜能的著作的。在他的早期作品中,几乎没有引用冯杜能的作品,因而也没有什么证据能够支撑他对克拉克所说的1869年或1870年时他正在研读冯杜能的作品。关于冯杜能的重要性,马歇尔有可能是从1870年考茨的《政治经济学与文学的发展历史》的讨论里了解到的。有一个没有日期标注的关于租金的注释,惠特克说这可能是1881年《经济学原理》中关于租金的第12章的草稿,其后记非常有趣——"在罗雪尔和考茨的研究帮助下,我开始研究冯杜能的租金理论"。很难说清楚他是什么时候、用什么方式采纳这条建议的,甚至连他什么时候买的这本《孤立国》(现保存在马歇尔图书馆里)也很难说清楚。另一个地方批判了冯杜能的自然工资理论。惠特克争论说,它"似乎可追溯到马歇尔工作开始的早期阶段",但并没有给出证据和建议的具体时间。

马歇尔后来很夸张地声称他欠冯杜能很多时,这个问题就变得重要起来。这些不仅与边际生产理论和一般分配理论相关,更与"边际"这个词甚至与1919年写的边际效用有关。在1900年致克拉克的信中,马歇尔声称自己是从"冯杜能的边界"中得到了"边际"这个词,而这已经在早期《经济学原理》的注释中得到证实,尽管冯杜能并没有真正使用这个词,但是这个词"与他的方法是一致的"。因此,1919年时声称冯杜能指引马歇尔发现了边际效用的概念,也以同样的方式得到了证实。

尽管无意冒犯杰文斯,马歇尔对冯杜能的所有文献综述其实是为了声称自己独立地发现了边际方法,包括边际效用的概念。然后,他不断地重复道,他首先要感谢古诺,其次就是冯杜能。这些笼统的、关于冯杜能在马歇尔边际主义思想发展中所起作用的宣称,从来没有清晰地阐明过。而且,他把古诺和冯杜能扯在一起,声称自己独立发现了边际效用理论,似乎是在故意误导大家,因为他们都没用使用过这个概念。然而,马歇尔还是毫不讳言地专门感谢冯杜能启发了他的分配理论。为这个目的,对他第一次阅读冯杜能著作的时间进行分析将具有相当大的灵活性。为了展示出冯杜能对其分配理论的影响力,马歇尔必须在19世纪70年代中期开始研读冯杜能的著作,而证据显示他很有可能确实在读。要声称"边际"这个词,或更宽泛地说是边际主义，先不提关于"边际效用"的无意义的宣称，马歇尔必须在1869年或1870年时，即1871年杰文斯的《政治经济学理论》出版之前，就在研读冯杜能的作品。而马歇尔本人发现这点很难办，这些证据也不够有说服力。

马歇尔后来慷慨地褒奖冯杜能，其实还有另外一个原因。这与冯杜能的方法有关，在马歇尔对该词的特别认知中，该方法使冯杜能成为一名古典作家。马歇尔后来就这一点将冯杜能与古诺进行了比较，冯杜能占了上风。因为那时，马歇尔已不再对缺乏现实依据的、许多古诺的严格理论命题抱有幻想：

> 但是在我的印象中，我并没有像从冯杜能那里一样从古诺那里汲取太多观点。古诺像一名体操大师一样，指引着我思想的形成，而冯杜能则是一个善意但缺乏力量的数学家，他在自然工资上的大错与古诺的小小失误并不是一个级别。但是，他的强项是，他是一名谨慎的实验家、一名尊重事实的学生，非常擅长归纳和演绎的思维方式。同时他也是一名热心的慈善家。自从我从伦理学转到经济学研究中来的时候……我喜爱冯杜能胜过喜爱其他所有大师。

正是由于冯杜能追求事实，并小心翼翼地运用抽象推理进行验证，所以马歇尔在晚年的时候特别钟情于他。1889年，他写信给正忙于写作《政治经济学的范围和方法》的凯恩斯时，他说："你知道，冯杜能的特长是农业改革家的特长。顺便说一句，他使用了抽象经济学。他对黑麦和肥料等分得非常清楚。"对事实的热爱，尤其是基于与抽象推理纠缠在一起的事实，逐渐变成了马歇尔自己经济研究时的信条，冯杜能的工作因而在这方面得到了进一步延续。

冯杜能的《孤立国》从一个简单抽象的假设开始。他假定有一个小城镇，周围是各种乡村，然后在此基础上作出更多的假设，并将命题发展成一套关于位置、土地使用、相互独立的农业与制造业的复杂分析。更进一步的命题，比如说谷物价格的决定，是在各种各样的假设下进行分析并得到证实的——基于冯杜能庄园详细计算后的数据，而收集这些数据花费了他一生中的很多时间。冯杜能阐述其方法如下：

> 显然，现已明白这个作家是从何处开始调查的。一种强大的动力促使他去发现那些影响谷物价格的因素和支配这些价格的规律。只有基于每种作物的实际数据，然后进行精确和详细的成本计算，这个问题才能得以解决；有了这个目标，作家于是极其详细地保存了（现今仍保存着）其特洛庄园的数据记录。在特洛所执行的每一项任务都在工作簿里注明了；每年末，账目都被算清，说明多少人被要求割草或收割、一个劳动者或一队马能做多少工作等等。特洛的财务和谷物簿与工作簿编辑在一起，提

供了计算"能源成本"的数据,例如一个计时工家庭、一队马或一台锄地机的成本。根据耕地和收割谷物的劳工的数量及花费可以得出谷物的生产成本,而总产量减去生产成本得到耕种的净盈余。1810~1815 年的这 5 年间,我计算出了每种谷物、牛奶场、养羊和特洛庄园的每块业务分支的净产出,但是基本每年都是 29.8 泰勒(德国 15~19 世纪的银币),与整个净产出吻合。这个计算发现成为该书中所有计算和发现的基础。

强烈意识到为科学活动搜集数据和做实验的重要性之后,马歇尔将自己从基本的直觉分析方法中解放出来,开始通过先验参数获取知识。对马歇尔来说,发现冯杜能在著作中应用此法就像一个启示,它确切地展示了对所选课题应用科学方法进行分析的真实可能性。毕竟这位德国的哲学家农场主,一直将实验方法应用到经济学的核心——价格、工资、利润、租金和生产——中,还对实验事实进行仔细观察和收集数据,并通过正规演绎和反思来测试他在这些问题上的抽象假设。马歇尔打算在第 5 版《经济学原理》中插入方法附录,系统地、清楚地表述他对这种经济学方法价值的欣赏:

归纳法,辅助以分析和演绎法,能将事实进行合理分类、整理、分析,并从中推出一般事实或规则。可知在一段时间里,演绎法起主要作用:它将一些一般事实联系起来,尝试性地将它们概括成新的更一般的事实或规则,然后再用归纳法收集、筛选、整理这些事实以达到测试或"证实"新规则的目的。

然而在情感上,冯杜能与年轻的马歇尔还有更进一步的联系。因为冯杜能作为一个热爱人类的人,"在革命的那年,1848 年 4 月 15 日,他感到应该在自己的庄园上运作其关于利润分享的长期周密计划"。而马歇尔自己对社会主义思想的行动也包括利润分享安排方面。尽管马歇尔对此概念的认知大部分源自穆勒在其《政治经济学原理》中的讨论,而冯杜能实践此理想,毫无疑问则进一步促使马歇尔成为了经济学"大师"。

其他来自德国经济学的影响,包括曲线

在影响马歇尔经济学讲师生涯的德国权威中,冯杜能只是其中之一。正如其 1910 年时声称的那样,早先,他被"罗雪尔及其他德国经济学家所采取的经济学新观点"吸引住了,然而鉴于其在 19 世纪德国经济学上的广泛视角,和在历史经济学上一样,他很快开始了新的理论之旅。尽管马歇尔自己也广泛承认其多样性和重要性,但是德国经济学影响还是比一般认为的更大。

在某些方面，更重要的德国经济学影响还是体现在理论上。如施特莱斯勒，这位德国经济学家对马歇尔的潜在影响可以表示如下。1825~1875年之间的德国经济学课本将增长与生产的古典理论、个人需求和效用起显著作用的价格理论与分配理论混合在了一起。从它与马歇尔的《经济学原理》联系在一起的意义上来说，这标志着"新古典主义"体系的形成，即半古典、半"新"。德国的经济学教材——1870年前马歇尔阅读了赫尔曼、罗雪尔、劳和曼戈尔德的教材——都是从商品开始，然后是需求理论，再然后是劳动分工、产业组织、储蓄，以及关于土地、劳动、资本及企业家精神的要素。这种结构类似于马歇尔《经济学原理》的框架。价格理论，通过供求分析，始终不变地用于处理个别价格和市场分析。用施特莱斯勒的话说，这些德国经济学家"相对来说很快就满足于他们找到的供给和需求背后的原因"，而不是对如何满足需求以及成本理论进行深入钻研。"他们总是一次处理一种价格。德国经济学家……在需求和供给的局部均衡分析上做得非常出色。"

其中一些德国作家在价格分析中使用几何方法来表达供给与需求，而其余部分仍然被限制在他们的工作范围之内。这方面最为复杂的尝试是由曼戈尔德进行的，他用供给函数和需求函数来图示个别市场的价格决定。需求函数明显与效用相联系，曲线的转移由人口增长、偏好变化——或更一般地说是经济增长、收入和财富增加——来解释。此分析中的需求曲线是凸向还是凹向原点，取决于所分析商品的特点，即是奢侈品还是必需品。同样，供给曲线也呈现出各种形状，这反映了成本行为的差别。不幸的是，马歇尔无法从曼戈尔德对供给和需求的图形分析中获益。马歇尔图书馆只有曼戈尔德去世后才出版的《经济学》，而这本书与第2版的《经济学基础》一样，缺乏一些数学处理或图表。而马歇尔对曼戈尔德版本的注释现保存在马歇尔图书馆，都出现在处理劳动生产率和产业组织的一节中。在该节中，"承办者"（企业家）的作用被重点标示了。

曼戈尔德对供给和需求的图形分析是受了劳早期但并不复杂的处理方法的启发。这个可以在马歇尔图书馆中找到，劳1847年版的《原理》是马歇尔在德国购买的一本二手书，购买时间则很可能是在他学习经济学的早期阶段。劳认为他的分析对用代数化的方式重新阐述该理论来说是非常重要的，尽管这种重新阐述只适用于有一条线性需求曲线和一条垂直供求曲线的简化情况。更有趣的是，他将价格放在纵轴上，数量放在横轴上，而这个变化正是后来马歇尔成名的原因。因此，马歇尔充分意识到了劳的贡献的重要性。1879年，他借给杰文斯一本劳的书的复印本，那时杰文斯正在构建他的数理经济学的附录；1910年，他借给梅纳德·凯恩斯这本书的第5版，这本书随后就一直在凯恩斯那里。来自德国的理论灵感和帮助因此触动了马歇尔的分析结构、方法和"曲线"，因此德国经济学的影响远远超越了他在经济学上关于历史和人性的思考。

马歇尔对价值、货币、劳动、资本、租金和国际经济学理论的早期调查（1869~1874年）

现存的19世纪70年代早期的马歇尔经济学手稿支持了前面章节中呈现的、对他早期经济研究特点的观点。尽管很难确定具体时间，但可以肯定的是，到1869年年初，他已经停止研究心理学，而经过一个适当的滞后期后，开始系统地研究经济学。很容易看出早期著作的一般特征，它们很多都是评论、重新阐述，或是对约翰·穆勒在其《政治经济学原理》中提出的课题的详细阐述，并常常辅之以几何或图解技术进行分析，这种方法的使用是从马歇尔对穆勒《政治经济学原理》的注释中开始的，代数方法很少，微分方法则根本没有用过。尽管不能确定这些文章的日期，但是其中马歇尔引用的那些文献肯定是在1871年之前就出版了，而且几乎无一例外都是马歇尔对穆勒《政治经济学原理》的注释中引用过的材料，或为道德科学的荣誉学位而指定要求阅读的政治经济学部分书籍。他为19世纪70年代早期所做的荣誉学位讲座，都集中在穆勒政治经济学的初级和高级部分，因此可以认为这些文章中的大部分材料都与他为非常重视的一项任务所作的准备相关。最后，这些早期著作都是理论性和分析性的，很少是实证性的。

那些似乎保存至今的早期经济学手稿，主要涉及改善租金的影响。因为包含了马歇尔有意识地决定"采取曲线作为分析工具"，因而这篇文章变得有趣起来。这篇文章基于穆勒的《政治经济学原理》第4篇第3章第4节，其主题事项在穆勒的《政治经济学原理》中第一次出现图解注释的那一节。这些注释构成了文章的基础，甚至还复制了其中一些图表。按时间顺序，紧接着的似乎是一些关于穆勒在资本和固定资产上的基本命题的简短篇幅，这些内容不可能会追溯到1870年之后，同时，这些主题在穆勒的《政治经济学原理》里被马歇尔反复注释。关于货币的文章，是他在80岁生日前不久写下的，马歇尔自己把时间标为"大约1871年"，这很有可能曾是他的下一部作品。与前两部手稿一样，这是对穆勒（第3篇第8章）的纯粹评述；同样，在马歇尔的穆勒文本中，有一章被大量注释过了。这些注释提供了前面提到的货币数量理论的代数陈述。

与关于货币的文章同时代的、关于价值的文章，在决定内容的范围时，使用了明显超出穆勒的资料来源，从这层意义上来说，它开辟了新的天地。马歇尔后来无法确定它的具体写作日期。在1888年12月给约翰·内维尔·凯恩斯的信中，他说"我不能确定日期，但我相信是在1870年。我确信是在1874年之前"。随后，在1892年4月，他却写信给埃奇沃思说，可能是在"（19世纪）60年代末"；（马歇尔自己的）内部证据在决定这个问题上并不是非常有帮助，但是1870年或1871年上半年，与关于货币的文章同期，似乎是最有可能的写作时间。因为到那时为止，马歇尔已经学习了古诺的著作，所以文本中没有直接引用他的作品看起来十分奇怪。"介绍需求曲线时，赞同一下古诺的指引肯定会是适宜的……而且一些受其影响的迹象也是可以察觉到的。"需求曲线只是被处理成不支持效用参数的价格函数，这表明了古诺的影响；提供的市场定义也是如此，而对于后者，马歇尔明显引用了古诺的观点。也许是出于兴趣，后来对1870～1871年的写作追加了支持内容，可能是因为马歇尔的图形都是价格函数的形式，与古诺的做法相反，也不同于前面提到的马歇尔自己的那个文本上的注释。同样，文中作的垄断分析，大部分来源于古诺的著作，马歇尔在对古诺的注释中，简短说明了这一点。

1869年的马歇尔，初次在伦理学学院任职的讲师形象

关于价值的文章，其内容本身就很重要，因为它有相当丰富和复杂的供需分析，尤其是在供给分析方面，可以举出很多例子。当谈到"供给和需求之间的比率时"，这篇文章批判了李嘉图的观点，因为"对供给和需求这样的异构数量而言，不可能有一个供需比率"，穆勒也在这个问题上批判了李嘉图。① 马歇尔将其与对工资基金理论的批判联系起来，因为它在工资决定上同样依赖于一个异构比，并增加了一句很有个性的备注：桑顿对这个理论的批判应该被认为是"一个补充，而不是对需求和供给理论的颠覆"。在尝试对解释构成需求和供给的各种情形的市场情况进行更详细的分析之前，需求和供给被定义成价格函数，并讨论了其均衡及稳定性。考虑到马歇尔因其《经济学原理》而成名以及在收益递增情形下提出不稳定均衡问题的时间段，这些都集中在供给因素上。这篇文章以提出价值理论里的很多特殊情况结束，包括桑顿的鱼市例子以及几个联合供应的例子。参考前几节的讨论，马歇尔此文中的图形与劳以及曼戈尔德使用的都不一样。

紧接着，在早期经济学论文中，马歇尔的研究主题包括劳动与工资，还有相关的作为工人收入补充形式的分配问题，以及一篇与风险和其他因素相关的关于利润的文章。这些文章都值得注意，因为它们都没有提到冯杜能，尽管在某些方面，它们从关于价值理论的文章上系统性地发展了参数，且该文章的写作时间与马歇尔自己回忆说第一次阅读冯杜能作品的时间正好也是吻合的。关于分配的篇幅，与很多早期的篇幅类似，是直接受到了穆勒对此问题的处理方式的启发，尽管马歇尔在此课题上的兴趣也有可能来自桑顿描述的对农场劳动者不满的原因。关于利润的文章也是受到了穆勒式处理方式的启发。马歇尔发展了穆勒在风险溢价上的思想，并感谢斯密在这方面用微分法从事利润分析的贡献。因此，早期的分配分析说明了马歇尔在此问

---

① 马歇尔注意到了李嘉图在此问题上的错误，随后无论是在主观（负效用，效用）方面还是在货币方面都通过处理供求问题解决了异质性的问题。

题上的思考仍然受穆勒的影响。这也适用于工资教义,尽管它拒绝穆勒粗糙的第2卷版本,但它却一直有一种明显的工资基金的味道。此阶段这些关于分配的早期著作,没有一篇真正包含边际生产率思想的踪迹。如前所述,到19世纪70年代中期为止,马歇尔分配理论的状态表明,他对冯杜能经济学的了解是在他选择性记忆之后。

1875年前的最后一篇文章同时包含几个主题。一个主题是处理固定联合生产系数和复合需求的图形解决方案。这个补充了早期价值文献中关于联合供给的材料。其内容的复杂化(它与《经济学原理》中的第14条、第17条、第18条、第20条和第21条数学注释很相似)表明很有可能是1874年而不是1870年写的。一份关于国际贸易的长篇手稿仍然被保存着,它将穆勒关于国际价值的章节转换成几何形式并且写于1872~1874年间。一份关于贸易的全面收益("总效用")的简洁注释很有可能写于1872年之前,而一篇关于不在其位的地主的文章特别提到了爱尔兰,但却包含了一些关于澳大利亚地主的轶事,同样也被保存着(后者可能是受到了查尔斯叔叔经验的启示,他那时已经回到了伦敦),其写作时间可以追溯到1872~1875年,其中1872年或1873年可能性更大。国际贸易文章的相对成熟,表明马歇尔对此的兴趣在增长,因此部分解释了他为何选择了这一课题作为他的第一本书。

同一时期来自数学笔记的书页中,根据文中关于租金、什一税、工资和货币以及对国际贸易中的三角易货问题更先进的解决方案发展而来的命题提供了大量富有活力的分析与支持。这对税收的福利效应分析以及在消费者/生产者盈余方面的耗费并不直接受到穆勒经济学范围的启发。

总的来说,马歇尔19世纪70年代早期的文章提供了对政治经济学中一些重大问题的系统回顾:租金、货币、价值、工资、国际经济学。它们的发展依赖于对供给和需求分析的系统应用,通过图形分析的方法远远超越了其穆勒式的起源,并辅助以马歇尔从古诺的工作中得到的指引,也许还有其他的来源,比如劳。明显的边际主义内容仍然还局限在此阶段。早期的价值理论展示了解释竞争价格决定的供给与需求工具的有效性。各种供给调整形式的时间维度,包括下降供给曲线的例子,都已经被广泛认为是与均衡稳定性、联合需求、联合和复合需求/供给有关的问题。这些大部分是穆勒提出的问题,少数是桑顿或李嘉图的,还有马歇尔的分析工具问题。

马歇尔早期的租金分析用图形形式作了大量"李嘉图式"的分析。这说明农业产出量和产出土地租金的价格是同时决定的。在此马歇尔使用了一个函数,展现了下降收益等于资本和劳动的相等量,而该量的既定成本等于其收益,也就是说,边际收益等于边际成本。图形技术同样也用于解决与改进关于租金和农业价格的什一税的效应相关的问题中。

早期的工资理论在资本方面用古典方式处理劳动需求,而马歇尔在决定资本是否应用到工资、固定资产或其他目的方面允许资本家们自行选择。在解释劳动需求上,边际生产率并没有发挥明显的作用。竞争会使工资低于工人产品的价值,而固定资产的使用依赖于利润率和工资率。

最后,这些国际贸易文章通过曲线揭示了贸易均衡全面而又系统的发展历程。曲线分析方法是马歇尔运用几何学解决经济问题最复杂的方法。再一次,大部分的灵感(但并非全部)来源于对穆勒思想的探讨。19世纪70年代中期,马歇尔在税收的福利分析和消费者剩余的公共价格理论上的尝试,在实质内容方面,可以说是他早期写作中最具创新意义的工作。

需要注意的还有马歇尔早期工作的两个方面。首先是高度理论化,并没有什么事实例证,而后者正是后来引起马歇尔注意的原因。其次,他在早期文章中发展的材料是支持他后续工作的主要假设的基础,除了分配理论之外,都还完好无缺地出现在以后的《经济学原理》里。他所做的关于价值、租金和国际贸易方面的工作也是一样,但不包括分配理论。

杰文斯、弗莱明·詹金以及推迟的出版作品

1871年年末或1872年年初时,马歇尔应邀为《学院》评论杰文斯的《政治经济学原理》。作为学术研究成果的一种出版渠道,该期刊是牛津大学一位名叫查尔斯·阿普尔顿的教授于1869年创办的。当时学术期刊的概念尚在孕育之中。马歇尔后来指出,那位编辑听说他在政治经济学上正在做着与杰文斯类似的工作,故邀请他评论杰文斯的书。至于《学院》的牵线人,则几乎可以肯定是西奇威克,因为1871年的时候,他"在《学院》写了很多主要评述哲学方面的文字"。西奇威克也有可能是马歇尔了解杰文斯这位经济学家的引荐人,尽管当时马歇尔也有可能意识到了杰文斯的贡献。其中,1866年的《煤炭问题》和1863年的《1863年黄金价格的严重下跌》使人们注意到了杰文斯。

不难发现马歇尔阅读杰文斯的书时满怀热情、读完后他又失望的原因。"他的书对我遇到的困难毫无帮助。"对于一个教过边沁的人来说,关于效用的材料不会看起来特别新鲜或新颖,尽管杰文斯最后做的(边际)效用的贡献理应如此。杰文斯对价格决定的讨论看起来似乎还不如马歇尔自己已经发展完善的供求分析法。在写这些评述的时候,马歇尔在分配理论上遭遇了真正的困难,而他又从杰文斯的书中得不到任何帮助。1869年,通过数学化穆勒的几何学,在租金理论上,马歇尔已经和杰文斯达到了同样的水平;而在劳动和资本经济学方面,马歇尔在评论中认为,它们并不是什么新的一般理论,而是"对很多细小方面的原始处理",或是构成杰文斯著作主要价值的"建议性话语"和"仔细分析"的例子。尽管如此,马歇尔还是认为,杰文斯对资本和利率的数学化以及独立处理是"大胆而又微妙的"。

杰文斯对马歇尔评论的反应是,它"比《星期六评论》更公道,[因为]后者不包含值得注意的批评"。对马歇尔来说,这个评论展示了他一直认为的一些要点。除此之外,它从另一个方面证明了马歇尔后来记录的、第一次读杰文斯的著作时的主要反应——失望。其中包括杰

文斯对古典经济学的攻击，而马歇尔认为至少在两点理由上它是没有根据的。首先，杰文斯没有公正对待李嘉图的天才思想；其次，杰文斯没有认识到马歇尔后来反复强调的一点，那就是新旧经济学的差异是形式上的，而不是实质上的。更重要的是，马歇尔批评杰文斯的《政治经济学原理》没有足够意识到价值和分配的相互独立，以及分配公式（价格＝利润＋工资）需要一个一般均衡的解决方案，而不是杰文斯建议的、按照顺序的解决方案。马歇尔还在效用理论方面批评了杰文斯，比如在对外贸福利的讨论中。尽管如此，马歇尔仍然从杰文斯理论的某些方面受益良多，特别是他在政治经济学测量问题上的思考，而马歇尔早期的文章在这方面都还没有满意地陈述过。最后是由于杰文斯"偶尔的数学失误"所带来的争执的干扰，这包括杰文斯使用的一些令人疑惑的微分和几何形式。

在他自己拥有的杰文斯的《政治经济学原理》[①]中，马歇尔的注释透露了一些他在评论中的内容。马歇尔不同意杰文斯的假设——"价值完全取决于效用"——因为他注意到"劳动是价值产生的原因"（第 2 页和第 186 页），他也不同意因为关注效用而对消费产生过度的压力（第 47 页）。这些注释显示了马歇尔此阶段对计量的强烈关注。在关于价值和价格的文本中，马歇尔陈述的所有东西都要求有计量单位（第 83 页）。对于杰文斯的租金方程式，马歇尔指出，"除非我们对价值有一个共同的计量，否则我们不能减去产出得到报酬"。注释还证实了马歇尔对杰文斯攻击穆勒的反感，但不包括杰文斯对李嘉图的攻击。马歇尔只是在他已经写好评论之后才提出了这些反对意见。关于杰文斯对穆勒批评需求和供给作为一个比率的评论，马歇尔指出，"穆勒的语言非常随便，但是杰文斯的论证中所说的内容，在穆勒的记述中都以各种形式提到了"（第 102～103 页、第 139 页）。杰文斯的数学同样让人很迷茫，比如在关于工资的一章里（第 179 页），"他似乎不知道可以消掉 Δx"。马歇尔还对杰文斯的这个论断写了一个坚定的"错"字："1 英镑投资 5 年和 5 英镑投资 1 年所产生的结果是一样的"（第 221 页）。马歇尔就如同一个实践改革家，同样指出了他对杰文斯仅仅根据时间计量投资的不满，"这就像一出戏：足够真实，但毫无实际用处"（第 228 页）。偶尔也会有些"好"或"足够真实"的评论，在最后一章（第 263 页）对赫恩的评论是："正确，但不是杰文斯的。"

尽管是他的第一篇出版作品，但对杰文斯的评论明显表达了马歇尔对"用平常语言陈述经济推理和结论"以及对简洁明晰的图示法的强烈偏好。杰文斯的书（表明马歇尔是为数不多的用图示法——他故意或半清醒地在 1869 年采用的新的分析工具——的经济学家之一）可能使他意识到，急匆匆地把他包含在 1870 年手稿中的价值和价格的图形理论出版出来并不会有多大收获。

[①] 现保存在马歇尔图书馆里。文中的页面引用指的是可以找到马歇尔注释的这一版。他愿意学习杰文斯对文学的广泛了解，比如标线、对拉德纳和托泽的引用（第 17 页），而在第 2 版附录的自传中，他还标注了很多感兴趣的书籍与文章。

马歇尔和杰文斯之间一直没有私人接触,直到杰文斯1875年监考道德哲学优等考试。1875年1月,杰文斯写信给马歇尔,表达了他对去年12月两人错过见面的遗憾,并表示对于政治经济学的答案"他曾经非常感兴趣"。"尽管如此,最使我感兴趣的是,他们使用的图形分析方法毫无疑问是根据你的观点。我不明白个别图表,似乎一些人写得太匆忙了,而如果画出来的话,读者肯定知道所有的图形。你对税收和类似问题应用曲线的方式非常成功。毋庸置疑,用此方法研究经济学的前景应该会很广阔,我希望你能早日将你的研究结论出版。"这一年,詹姆斯·沃德评上了高级伦理学士。1875年,沃德告诉紧随其后在1875年的学位检查中成为高级伦理学士的约翰·内维尔·凯恩斯:"杰文斯说你的逻辑学论文写得不错,你的答案令人赏心悦目。我建议你在逻辑学而不是经济学上取悦他,他明显不太相信马歇尔,而是对你的曲线感兴趣。"这一次,马歇尔出席一个为检察官们主办的宴会。在这次活动上,他和杰文斯很可能进一步讨论了经济学的数学分析问题,表达了各自不同的观点。这点的可能性是沃德在对凯恩斯的评论中提到的,马歇尔和杰文斯之后的来往通信中也涉及这点。

1875年2月,来自马歇尔的一封信表明,杰文斯曾经送给马歇尔一本他的《政治经济学的数学原理》。为了感谢他,马歇尔承认"我们之间的实质差异比我想象中的要少得多",这表明这个评论曾经被讨论过。穆勒造成了"我们观点的主要分歧",因为马歇尔视穆勒的政治经济学为大部分"不完整的真理",而不是杰文斯认为的谬误。尽管如此,马歇尔还是承认"穆勒并不是一个建设第一秩序的天才,而且总体说来,他对科学最重要的贡献来源于他的性格而不是智力"。1877年,杰文斯因为布里斯托尔委托权的事写给马歇尔一封热情洋溢的感谢信。1879年间,由西奇威克私人印刷的纯价值理论材料以及《工业经济学》的出版完全说服了杰文斯接受"马歇尔在经济学领域的科学地位"。然而,当杰文斯对自己1879年再版的《政治经济学原理》重新请人作序时,福克斯韦尔却写道"说到优先……马歇尔的工作与你所做的属于同一阶段",这在他们用"彻底的数学的"方法展示观点时可见,杰文斯回应说在他的《政治经济学原理》首次出版之前,他并没有从马歇尔那里得到什么。马歇尔对杰文斯的过分恭维仅仅是在杰文斯去世后。这包括对杰文斯社会散文的特别欣赏,以及约十年以后他在给博纳的信中承认杰文斯是一个天才的古典经济学家,足与佩蒂、李嘉图、赫尔曼和冯杜能的高度原创性相媲美。

杰文斯逝世后,马歇尔为他准备的颂词表明了他对杰文斯在经济学上的总体贡献的赞扬和欣赏,而不是针对他的《政治经济学原理》。那本书没有什么"惊人的发现","被他对李嘉图的反感扭曲了",而且"当古诺对经济学的数学应用更广为人知时它也就失去了光泽"。至于杰文斯书中的大部分内容,马歇尔说并没有"受这些瑕疵的影响",在他的应用经济学中,由于它的"原创性"、"启发性"和"智慧","他的伟大之处是可见的"。数年后在与约翰·内维尔·凯恩斯的通信中,马歇尔重申了这一立场。"我认为杰文斯犯的大错只是把适用于价格的理论应用到效用假设上……而且我认为他在这一点出错是由于他不同于他的前辈冯杜能和古诺,而我认为他的伟大并没有在任何程度上依赖于他的《政治经济学原理》"。这个与马歇尔的断言有关的错误是杰文斯的"在享乐主义和经济学之间……的系统性的混淆",马歇尔在此一直保持沉默。为了避免在他的消费者剩余和效用的概念之间产生混乱,马歇尔打破了沉默并说服凯恩斯相信,消费者的租金是"钱数而不是效用数",以及如果知道"收税的商品是由一个富人、穷人或类似的阶级消费的话",那么税收导致的消费者租金损失只能与效用损失有关。马歇尔从来没有承认过他从杰文斯的《政治经济学原理》中学到过关于效用课题的任何思想,包括杰文斯贡献颇多的计量方面。

惠特克注意到,马歇尔对他可能从杰文斯的《政治经济学原理》中学到思想的"立场并不十分坦率",即使只是论证的"形式",尤其是关于效用和消费者剩余,而不仅仅是他应该承认杰文斯的"实质"贡献。在促进马歇尔的需求理论转型到成熟的《经济学原理》版本的边际效用方面,以及其中处理的劳动无效方面,他对此都不是很情愿承认。马歇尔更喜欢模模糊糊地讨论他的前辈古诺和冯杜能的价值问题,而他们在这些课题上都并没有什么帮助。大概是在给杰文斯的最后一封信中,马歇尔承认对方是"在经济学中作抽象定量推理的主要作者",而这并没有涉及什么理论上或统计上的贡献。

更重要的是,杰文斯似乎间接地影响了马歇尔的出版战略。在杰文斯逝世一个月后,马歇尔写信给埃奇沃思说:"有时我真希望我的书在杰文斯的书出现之前就出版了,但我没有,于是我决定推迟出版直到我满意为止。然而命运很残酷,1872~1881年之间,我几乎没有在经济学曲线上得出什么新的成果。"这些话的含义似乎表明他希望得到作为经济学分析工具的曲线使用优先权的机会,但随着杰文斯《政治经济学原理》中优雅图形的出版及1870年弗莱明·詹金图形分析的出版而完全丧失此机会后,马歇尔把出版意向转移到论述国际贸易的专著上了。在这个背景下,他的"曲线"才能显示出优势,尤其是25年前穆勒在《政治经济学原理》中分析过后,相对来说几乎没有什么关于此课题的出版作品。

在后来写给梅纳德·凯恩斯的信中,马歇尔说到了弗莱明·詹金的图形分析法给他带来的冲击。这变成了他是如何熟识詹金的一篇文章的"一点八卦":

> 我是在1870年的《衰退研究》上看到弗莱明·詹金的首篇文章的,但那与我在剑桥哲学协会(见于1873年10月的《公报》),为了解释坎宁安发明的与垄断价值有关的、画矩形双曲线的伟大机器而做的简短致辞并无关系。然而,在那篇文章中,我解释了消费者剩余(那时我称之为"租金"),我当时对杜普伊一无所知,因此自认为是自己的权利。我想[坎宁安的机器]自然是用来画我之后称做"折中的福利曲线"而用的。麦克斯韦站起来说,部分文章内容使他想起弗莱明·詹金的工作,当然

提到了在爱丁堡皇家协会［1871～1872 年］的《公报》里的那篇文章，这点使我困惑，因为我没看过那篇文章。最后我的校长出现了，詹金给我写了一封礼貌的信，有点像瓦尔拉斯写过的关于交叉的多点分析，建立了出版的优先权；然后我发现詹金比我从《衰退研究》上得到的研究更深入。

除了证实马歇尔对在消费者剩余以及在折中福利概念上的独立发现和优先权上的敏感之外，这封信还有些令人疑惑的地方。一是马歇尔声称自己并没有使用詹金在税收影响上的贡献，尤其是当时他也在这个课题上有所研究。二是与詹金的通信来往很容易提起马歇尔对这一贡献的兴趣，而这份出版作品也并不是很难获取的。另外，詹金给马歇尔的信似乎没有保存下来。

"对经济学历史研究的极大兴趣"

在 1892 年 11 月写给普莱斯的信中，马歇尔回忆说："20 世纪 70 年代早期，当我对经济学的历史研究怀有极大兴趣时，我开始追踪亚当·斯密的天才教条。"马歇尔在这些年间对经济学历史进行了彻底研究，对与经济学研究有关的事实进行了搜寻，既有现代的也有过去的。相应地，马歇尔此时也在贪婪地阅读历史文献。在沉浸于经济学研究之前，他就已着手对知识理论进行批评性研究。正如前面提到过的，马歇尔早期的经济学研究缺乏事实材料；他在 19 世纪 70 年代早期最后几年的经济学学徒生涯中做了这方面的弥补工作。

马歇尔在此时收集了很多统计注释，这些资料来源多样，有报纸剪辑，来自像《经济学家》和《双周评论》这类马歇尔一直在读的期刊的摘要；也有书籍、统计研究以及参考著作的摘要，官方的、民间的都有。收集的数据包括：人口统计数据，国民收入，消费数据，价格数据，关于死亡率、犯罪、酗酒问题的社会统计数据，贸易和税收统计数据，关于土地国有化的数据，作为能量来源的煤和水以及其他多种用处的能量的数据。像萨金特的《现代政治经济学》和马克思的《资本论》的资料来源还补充了来自西博姆、霍伊尔和哈布纳的统计工作。保存并管理这些数据以供参考的困难性，很可能是马歇尔 1875 年写"红皮书"的动机之一，以方便得到当代经济统计数据和历史数据。它按年份提供了范围广泛的经济数据，同时还有关于文学、艺术、哲学、欧洲的君主以及英国的政治历史的信息。"红皮书"的另一个作用就是提醒马歇尔经济因果之间的复杂性，从而使他警惕早期简单回归分析方法的有效性。

马歇尔"红皮书"的内容表明此时他对历史或历史相对论的更完整方面的迷恋，这种迷恋很可能大部分归因于他对黑格尔的《历史哲学》、巴克尔的《文明的历史》、梅因早期的著作以及斯宾塞的著作（尤其是他的《第一原理》）所进行的同时代的研究。此阶段现存的注释表明，除了对经济史的研究之外，马歇尔还大量涉足了以上方面。这不仅仅局限于从中世纪晚期开始的欧洲现代历史的研究,还包括古代亚洲(中国、印度和波斯)和地中海盆地地区(以色列、腓尼基甚至印度和罗马)的经济组织的资料。马歇尔从1868年开始通过听课学习德语,随着他对德语的了解与日俱增,他的历史研究也受益颇多,并开始接触罗雪尔、劳、克尼斯、考茨以及德国经济学的历史运动中的其他成员。这些历史研究的成果部分展现在了《经济学原理》的历史章节中,后来成为那本书其后版本的附录。它们还以一种更有限的方式,用在了1879年版的《工业经济学》的一些章节中。

"红皮书"的一些篇幅还显示了大量对理论历史学进行研究的证据。马歇尔在写给普莱斯的信中说,这是因为他对历史极大热爱。这些研究的内容在马歇尔后来写给福克斯韦尔的信中保存得相当完整。作为一名在圣约翰学院的道德科学讲师来说,他以前的学生和后继者建议并协助他准备政治经济学课程。在几乎摒弃了布朗基的"一个好人写的,只是有点琐碎和平庸的著作"的《政治经济学历史》后,马歇尔继续给出了他的建议:

> 除了麦考罗克、麦克劳德和特拉弗斯·特威斯的大作之外,在此课题上再无英语著作。最后一本有些用处,已经停止出版了并极其稀少,但在剑桥大学图书馆可以找到。关于政治经济学的法文书籍像以往一样使我失望,不过有两本杰出的书籍例外:拉维涅的《18世纪的法国经济学家》——无论如何都要买到这本7法郎50便士的书——另一本是杜尔格的《对财富的思考》……大学图书馆里收藏着很多戴里关于重农学派的著作,但也已停止出版了。这些应该与拉维涅的书一起阅读。我常常把阅读塞伊的书当做是一项不愉快的责任;他的沉闷每次都会将我击败……你们应该看看麦考罗克的《论经济政策》,以及他那亚当·斯密式的人生,还有琼斯写的关于《原始政治经济》的小文章。如果你不懂德语,我就不能推荐太多关于中世纪早期和古代的经济学理论。但是因为各种原因,你可能会对莱基的《理性主义》以及哈勒姆的《中世纪》的某些部分感兴趣,尤其是与意大利经济有关的部分。顺便说一句,我相信有一些用意大利文写作的好的政治经济学家。我曾经还打算专门学习意大利语。我忘了提勒瓦瑟所作的关于法律系统的历史研究……当然,你可以看看布朗基,尽管他很平庸,但在意识到经济现象与经济史之间的一致性这点上倒是有所进步。

马歇尔是按自己的想法来做的,这一点从其仍保存在马歇尔图书馆的经济学理论、经济史的注释以及关于历史和经济学方法的早期手稿中可以看出来。这些手稿被设计成讲座形式或是为了分开出版,完美地展现了马歇尔此时对历史经济学的迷恋,向经济学学生指出熟悉经济学历史方面内容的必要性。尽管最开始,马歇尔承认对此知识的需求随着追求科学的进展而消减,但是他还是辩驳说学习经济学理论的历史有三个重要理由:它"可以帮助我们取得学习抽象理论的进步"；它"能让我切身了解为当代知识作出贡献的伟人的思想"，这点是至关重要的；它有助于了解"他们所持观点期间的社会和政治现象"。最后一点强调的不只是经济理论的相对性，因为它本身被设计出来就是用于强调理论历史和一般历史是相互依赖的。

他从来没有为了历史而放弃自己在事实知识重要性上的立场。对他而言，这些知识显然包括历史材料。马歇尔在此课题上的立场从他在20世纪剑桥经济学的讲座和《经济学原理》一书中杰出的历史材料中可以看出来。他在工作中使用这些事实材料的方式及获得它们的各种方式是在他的研究生涯中不断重复的课题，稍后将讨论他准备国际经济学的手稿。

哲学基础：边沁、黑格尔、斯宾塞和梅因

在他的《经济学原理》中，马歇尔独独挑出边沁，并赞扬他是19世纪经济学发展历程中的关键影响人物，既因为他是"不妥协的逻辑学家"，又因为他是"热情的改革家"。边沁的书是为道德科学优等考试而编著的课程提纲的重要部分，也是功利主义研究的一个重要组成部分。当马歇尔在19世纪70年代早期做关于道德和政治哲学的讲座时，最初是边沁、后来是约翰·穆勒修订的功利主义构成了他讲座的主体。而且，他对此课题的了解得益于其与西奇威克的讨论，然后他写了《伦理学方法》，第1版于1874年出版。尽管对边沁的赞赏以及对功利教条的内容和问题认知封闭，马歇尔本身并不是"全然不顾他人的功利主义者"。马歇尔对经济行为的看法跟穆勒的效用最大化的"经济人"是有差别的。他小心运用经济分析问题中的效用最大化，因而与功利主义者的伦理学严格区分开来，"更不用说享乐主义的心理学或任何狭隘的物质主义或自私贪婪的暗示"。

边沁对马歇尔的影响集中在估计人类行为程度的重要计量问题之中。他自己的粗略计算促使马歇尔搜寻更为有用的计量方法，用科学的方式澄清人类行为的一些方面。以金钱作为测量尺度使经济学比其他社会科学更具优势。边沁的建议，而不是他的解决方法，对马歇尔来说更重要。更何况马歇尔早期曾经批评，获取极大享乐的功利主义信条不过是空洞的说法。19世纪80年代早期的手稿内容质疑了功利主义的至善原则，因为其结果极其含糊，不满足最大化目标的精确本质。在《经济学原理》中，马歇尔通过引用他的有机信念（即整体可能大于组成它的部分）来进一步瓦解它的实际价值。最后一点介绍了马歇尔当时正在仔细研读的黑格尔的《历史哲学》对他的影响。这些影响，连同赫伯特·斯宾塞对"书的实质"的影响，在其不断再版的《经济学原理》的序中都一再表明了。在关于历史和经济学方法的未成之文上、1875年在关于美国工业特征的剑桥讲座，以及1879年在吉尔克里斯特关于作为国民财富要素之一的水的讲座的结尾部分，黑格尔非常直接的辞藻尤其明显。玛丽·佩利回忆说，马歇尔的讲座混合了黑格尔的《历史哲学》以及马歇尔自己更一般的历史风格，在马歇尔逝世前不久，他向凯恩斯证实，黑格尔的《历史哲学》对他的思想冲击很大。

马歇尔对黑格尔的历史观点毫不怀疑的迷恋，其中一个原因是它对马歇尔终生的社会科学及其环境的相互依赖性的信仰上产生了动力。另一个不太明显但仍然可见的原因是，马歇尔对黑格尔大胆进行历史概况的持续欣赏，这也是他一直渴求对人类社会发展中涉及的复杂合作进行全面解释的标志。不能肯定是谁最先让黑格尔的书引起了马歇尔的注意，但毫无疑问的是，这位德国哲学家，比起其他与马歇尔同时代的剑桥人来说，对其影响更为深远。

斯宾塞对马歇尔思想的重大影响不能总是重复拿出来说，因为它太难理解了。上一章提到了斯宾塞对马歇尔早期的哲学和心理学写作的影响，同时前面的内容中也提到，马歇尔承认斯宾塞对其《经济学原理》有实质的影响。莫兹利写信给凯恩斯说，他的回忆录低估了斯宾塞的著作对年轻的马歇尔的影响，尤其是《第一原理》。玛丽·佩利也回忆说马歇尔给她做过关于斯宾塞的《社会静力学》和《第一原理》的讲座。马歇尔图书馆保存了所有斯宾塞的主要著作，包括那些在19世纪80年代和90年代出版的书。

斯宾塞对马歇尔著作的影响大部分局限于《经济学原理》中。即使这些也都很少，大部分与对生活、习惯及其演化的一般概括有关。比如在《休闲的福音》里，斯宾塞的格言——工作是为了生活，而非生活是为了工作——被他赞许地引用了；在其《生物学原理》中提出的随着文明增长而对人口进行有效控制的问题，被他引用成作为由数据证实的事实发现；斯宾塞对产生快乐的身体和心智器官的发展的观点，被马歇尔解释成是自然选择的有益结果。因此，斯宾塞的工作帮助了马歇尔批评和细化对工人阶级进展的观点。然而，斯宾塞逝世后不久，马歇尔对其的褒奖——"他开启了一个新的希望世界，让人们满怀进取之心向各种方向出发……他对英国材质作品（比穆勒）贡献更多"——却被《经济学原理》中的其他评价缓冲了。在一些版本中，马歇尔表达了自己在运用斯宾塞的《描述性社会学》时的谨慎态度，尽管这本著作也适合经济学家，仍然是有用的。但是，在科学写作中，这种全球主义的视角很可能对初次接触的年轻马歇尔更能产生吸引力，这一诱惑使马歇尔想要通览所有与一次调查有关的书，而这也是一个陷阱，不切实的计划让马歇尔无法完成对众多出版作品的阅读。

亨利·梅因爵士在马歇尔早期经济思想发展中的重要性同样值得一提。马歇尔19世纪60年代晚期的笔记簿列出了梅因的《古代法》和《村落共同体》，作为与政治经济学学生有巨大关联的作品，马歇尔毫无疑问研读过这些书。它们的主要影响是巩固了马歇尔的信仰，即习俗对经济与社会发展起初有益、稍后有害的影响，这些在他的《经济学原理》中关于自由工业和企业发展的历史纲要中讲述得非常清楚。然而，从第1版起，马歇尔就开始收回他的慷慨评价。这很可能是因为他在将自己的夸张观点——在中世纪乡村生活中习俗的重要性——归因于他在梅因的教导中所发现的"起点"。这些起点在其早期的论文《论历史及经济学方法》及《工业经济学》中的参考文献中更清晰可见，其中的一些章节论述了关于工业和土地所有制内容。到第8版为止，从梅因那里获得的帮助就降到了只是一个一般的索引——"梅因的作品"，与斯宾塞和白芝浩的《物理学与政治学》一起作为希望探索早期文明里习俗的各种重要性的读者指南。然而，其经济学里不同部分并未影响马歇尔对习俗角色的重视。

在这一点上，还要提及两个更早期影响马歇尔经济学思想的人物。最重要的是法国社会历史学家与统计学家勒普莱，马歇尔很可能是通过威廉·萨金特的《劳动阶级的经济学》才得知勒普莱的著作的。除了对勒普莱研究——参与研究工人阶级的状况以发现其进步的方式——的本质的内在兴趣之外，勒普莱不同寻常的收集事实的方法也被马歇尔应用到其他版本的《经济学原理》中。马歇尔将其描述成"对少数精挑细选的家庭中所有细节的加强研究。要想出色地完成这一研究，需要挑选案例时的判断力、解释案例时的洞察力和同情心这三者难得的结合"。对这些经济因素的搜寻，引发了他在特殊市场通过寻找代表消费者和代表厂商来进行加总的尝试。勒普莱个人主义的社会哲学和自我帮助，同样吸引马歇尔致力于对慈善组织协会以及相应的社会福利进行案例研究。

赫恩的《理论经济学》是一个比较次要的因素，但早期对马歇尔的影响很有趣。对马歇尔的特殊吸引力在于赫恩对需求方面论证的组织，以及为了满足这些需求而进行的安排处理。而且，赫恩对工业组织的详细讨论，及他在文本中对达尔文进化论的早期改编，连同关于价值和工资的更详细的贡献，也可能极大地影响了此时的马歇尔。

国际贸易手稿及其他70年代的未出版之作

1877年2月上旬，马歇尔向约翰·内维尔·凯恩斯展示他正在创作的一本名为《论国际贸易》的书。1877年7月，凯恩斯记录了他阅读此书时的缓慢进展，一部分原因是他发现难以在手稿中找到一个"相联系的观点"，而一部分原因是他觉得马歇尔的写作方式很"糟糕"，甚至"相当糟糕，完全没有风格"。马歇尔是在1873年开始写此书的，到1876年年末或1877年年初的时候，手稿已经可以送往麦克米兰出版社供他们考虑能否出版了。尽管没有直接退回，麦克米兰还是认为此书"不论是从文学形式上，还是在实际建设性上"都太蹩脚了。1877年5月，麦克米兰把手稿返还给了马歇尔，理由是"文风"缺乏"生动性，读者读不下去"。此外，麦克米兰还提供了改进的建议。这也就解释了7月份凯恩斯阅读它时认为乏味的原因。1877年8月马歇尔举行了婚礼，随之而来的是在布里斯托尔建立新家并开始新的职业生涯，与新婚妻子共著《工业经济学》，这就意味关于国际贸易的书卷被搁置了。1878年春末，马歇尔告知出版商，以该书现有的形式很难再改善了，故放弃。同时，马歇尔建议，他希望到1881年末，至少能有三本书可供出版。第一本是关于"包括外贸曲线等应用到经济理论"的图形方法，第二本是为一般读者写的关于外贸的书，而第三本则是为了补充《工业经济学》而写的关于贸易、金融和税收的姐妹篇。之前一个月左右，他曾写信给福克斯韦尔说，他正在认真考虑写作国际贸易的书之前研究曲线的事情。尽管西奇威克私人印刷的关于国内和国际价值的内容可以看做是部分替代品，但是这些项目都没有出来任何结果。或者，曾许诺的关于图形方法的书，可以被认为在《经济学原理》中彻底地完成了。

后来马歇尔在与塞利格曼和坎宁安的通信中回忆了这些没有出版的外贸之书的历史。他在给坎宁安的信中表示，他渴望在外贸工程上确立优先权。为了保障他的优先权，马歇尔对出版的需要在70年代中期一直很急迫。书的内容包含在他给坎宁安的信中，而在四年前给塞利格曼的信中，这份迫切表达得更加简明：

> 大约在1873年，我决定第一本书将是关于国际贸易的，与贸易保护有关，从分析现实而不是历史的角度。于是我开始写作……书分两部分。第1部分是写给一般读者的，第2部分用更小的字体，是专门写给学习此学科的学生的。第2部分以介绍我最喜欢的主题开始，详细展示了如何对国际贸易的理论科学进行修改以适用于很多产业及其他问题。接下来的三章是关于国际贸易的理论科学的，然后是关于国内贸易的两章。介绍这些是为了引出"消费者租金"这一问题，因为我想把它应用在对关税的间接效应的经济计量中，不管其是否具有"保护性"。到1877年6月为止，我几乎完成了第1部分以及第2部分的初稿，除了最后一章，因为我觉得那非常烦人（而我现在非常确定我再也不会写了）。

正如马歇尔写给塞利格曼和坎宁安的信中所说，书的第1部分是为一般读者设计的，呈现了很多前面提到的他在经济学进展过程中的特征。证据表明，到70年代中期为止，当大部分材料都写好时，马歇尔已经将其对经济学史的热情抛诸脑后了。解释特定问题的历史细节可大量获得，但如果增加解释的显著性，则需要合理整合成论据。尽管有这个更谨慎的方法，在写作国际贸易的书时，马歇尔却并没有完全放弃历史。历史本质的辞藻通常是来自《经济学原理》的历史材料的回忆，时不时地出现，表明他非常喜欢广泛的历史扫描和持续品味黑格尔、斯宾塞、梅因及巴克尔的概括：

> 在中世纪，日耳曼精神使人们易受到行业协会及其他兄弟产业的影响，这些问题在保守的情形下都融合在一起，而先例（传统）几乎毫无争议地对其施加影响。但是新世纪的发现及机械科学的第二次重生构建了事物的新秩序。变革的时代与产业革命不可抗拒的力量一起到来。古老的组织不会也不能屈服于它，因而被其彻底瓦解了。在快速适应每个新变化变得可能之前，有效的组织尚未诞生。这些组织不仅要不断在细节问题上进行调整，还要快速修正其目的：要频繁审视它们的行为原则，同时在策略问题上及时作出决定。铁路、出版社和电报已经按照改变后产业的要求加快了

速度，但是当代它们已经发展出来的沟通方式正在形成，可能适应新时代环境的产业组织。

对图表分析的课题同时也被提出来了。接下来的引用对这些分析中固有的一些不完善之处进行了思考。与一些当代的实践家不同，马歇尔痛苦地意识到，运用他的分析工具获取实际并有用的结果是很困难的：

> 在任何情况下，通过近似决定曲线的形状来发现法则，似乎还不能超越目前的统计学提供给我们的资源。确实，还需要很长的一段时间来完成这项任务；当它完成时，移交这些被分析数学过程操纵的曲线将是值得的。但是那时，对曲线的数学处理仍不能给我们带来任何从对图形的检查中就可得出的结果。即使那时，数学分析方法也不能在决定汇率指数波动的任务中提供任何可观的帮助，因为在用我们能得到的近似法则代表在任何位置都能对汇率指数施加影响的横轴和纵轴的力量大小之前，还有大量额外工作要做。最后，即使这个困难也解决了，在该问题的数学处理上仍然存在困难。有必要重视并关注这些困难，因为它的延伸非常广泛，在某种程度上会损害由图形方法提出的问题处理方式的有效性。

后来很多令马歇尔成名的经济理论都包含在这本早期的著作中。一个明显的例子是消费者租金的概念及对税收中过度负担原理的改编。奖金和税收对生产者剩余的潜在影响也得到了审视。国内价值理论包括大部分早期关于价值的论文材料，涉及多重均衡及其稳定性、下降的供给曲线的不可逆转性及其他马歇尔后来使用价值分析的大部分复杂程序。国际贸易的理论科学提供了直到20世纪40年代晚期仍在国际贸易课本中使用的曲线分析，应用这些工具来解决贸易收益、贸易条款、潜在福利和关税带来的损失等问题。与1904年马歇尔写给坎宁安的信相比，此书中没有垄断分析，因此折中福利概念的优先权不可能在1878年或1879年出版时就建立了。根据马歇尔的观点，古典作家在他们的大部分学说里都有"真实的元素"，但是他们的理论通常被认为是"缺少使之成真的必要条件"。尽管如此，此阶段他还是愿意压缩案例，因为至少斯密的一些学说"肯定是荒谬的"。

一些早期出版的作品（1873～1879年）

在马歇尔的经济学学徒时期，第一个出版作品是他对杰文斯的评述，这点已经讨论过了。1873年10月，在书中有两页关于"垄断的经济问题，用一系列双曲线进行图示分析"，也都已经简洁地提过了。这两页引出了由其学生亨利·坎宁安发明的用来画一系列有相同渐近线的矩形双曲线的机器,而这也是哲学协会 10 月份会议议程上的第三个议题,由发明者亲自展示。马歇尔论文的出版概要比价格函数的供需曲线(价格-功能图)的定义走得更远,并间接把定义的发现归功于古诺。概要中也提到了均衡在稳定与不稳定时的位置,以及对包括利润最大化在内的各种垄断问题的分析,而后者预示了马歇尔后来发展了折中福利的概念。接下来是两篇更长的随笔。一篇发表在学院杂志《鹰》上,另一篇发表在《双周评论》上,两篇文章都受到了穆勒《政治经济学原理》的启发。这些是在 1879 年出版的两本书之前马歇尔最重要的出版物,标志着马歇尔经济学学徒生涯的成功结束。

《工人阶级的未来》(1873 年)

在剑桥改革俱乐部的一次"座谈会"上所做的这篇演讲中,马歇尔陈述了最初引导他开始研究经济学的一个问题——"工人阶级的改善是否存在不可逾越的局限;世界的资源是否不足以给予小部分居民以教育机会以及之后生活的工作,这些问题与那些我们通常认为是绅士们应该考虑的问题相似"。这个问题不是所有人最终是否都会平等,而是进步最终是否会通过把工人全部转变成绅士来消除他们之间的差距。想要探索这个问题的愿望引导马歇尔讨论工人阶级的含义,在他们身上,工作对性格的影响被看做是决定性的因素。如果这些影响让"他的性格粗糙而且鲁莽",那么他就属于工人阶级。长期从事艰苦的体力劳动的工人转向教育型的休闲活动有一定的困难,马歇尔讨论了这一问题并提出他的解决方案,其中包括减少工作时间,同时包括提高实际收入及国家青年教育准备拨款。有种说法称国家及其贸易不能支持这些措施,马歇尔对此予以了反驳,他通过 18 世纪英国快速增长的生产率指出,高工资并不代表缺乏国际竞争力,而一个"曾经在电报上成功投资的国家,现在应该冒险将资本投资在人类身上"。本次演讲中包含的很多假设,如工作对性格的影响、高工资及短工时的经济、人力资本投资的经济福利以及提高生产率方法的换班,都可以在《经济学原理》中找到。

《穆勒的价值理论》(1876 年)

这篇随笔很大程度上是穆勒针对批评者(凯恩斯和杰文斯)而写的辩护词。但是它却帮助了马歇尔,既说明了他在古典经济学说上的"宏大视角",同时又对穆勒的工作作出了一些修订和补充。而根据本章的证据,相比其他人而言,穆勒先生更胜任这个头衔——马歇尔的"师傅"。可以用马歇尔发现的计量与成本之间的联系来阐明这点,而这在斯密和穆勒的工作中其实也都有所暗含,但这的确是一个"发现",因为它使政治经济学这门理论科学超越了伦理学的界限。与经济学相比,伦理学缺乏一种"适合努力、牺牲、愿望等更广泛目的的计量系统"。马歇尔主张,在经济学中可以完成这样的计量工作,即通过把不可测量的"各种努力与禁欲"转换成可测量的"必要的生产费用",也就是说购买意向商品的"报酬性价格"。分析竞争价格,从而通过解决计量问题,提供了金钱这种测量尺度。这种陈述穆勒学说的模式的一个优势在于,它详细阐明了各种术语、供给和需求,也因而纠正了穆勒在《政治经济学原理》

中解释这些概念时的粗心风格,这一点直到桑顿批评他对市场价值进行的草率处理时才引起大家的注意。与杰文斯呼吁全面变革价值理论相比,马歇尔只是纠正并澄清了穆勒的观点,使它们得到挽救,并成为更正确的、有用的价值理论,从而变成计量语言中的精确线索。

《国际贸易与国内价值的理论科学》(1879年)

1879年年初或1878年年末,亨利·西奇威克曾借阅马歇尔的对国际易手稿,这时他又请求马歇尔允许他复印一些图形分析的篇章,供其在剑桥经济学讨论小组上使用。从第2部分开始,西奇威克选择了第2、3、5、6章,并命名为《国际贸易的理论科学与国内价值的理论科学》。他并没有提供编辑和导读。大概是在1879年年初,西奇威克送了些复印件给杰文斯。为此,杰文斯还专门感谢了他,说很高兴终于能有机会看到马歇尔"曲线"的第一手资料了。除了他的第2版《政治经济学原理》序言"提过"它们之外,杰文斯还将西奇威克给他的备用材料散布了一些。一份到了埃奇沃思的手里,他随后还在自己的《数学心理学》中引用了马歇尔的著作。

1900年写信给塞利格曼时,马歇尔还寄给西奇威克一份《国内价值》的复印件并"请求谨慎保存"。由于散播得过于广泛,马歇尔后来生气了,因为这原本是为他尚未完成的著作准备的。马歇尔继续说道:

> 其中的要点……现在完全被我《经济学原理》中的相应章节给替代了……在很大程度上,在早期的演讲中,杰文斯的原理出版之前就给出了。手稿并不能自圆其说……接着,我生病了,病得很严重,在1878年或1879年的时候,西奇威克请求我借给他手稿。后来他问了我的假期安排,以方便印刷一些章节,供在剑桥经济协会讨论时做私人使用。我同意了。他选择了第2、3、5、6章。过后不久我就忘了他都选什么了,当然,这份印刷的粗糙手稿几乎连最明显的纰漏都没有纠正。这就解释了出现以下情况的原因(1)它们总体上很粗糙;(2)缺少对它们含义的解释;(3)对国际贸易真实状况的参考文献的需求非常迫切;(4)国内贸易是在国际贸易之后被探讨的。手稿中,我撤销了《国际贸易》中的以及与这些文章全部处理方式不同的案例二的全部内容。第2部分的第1章成功地解释清楚了很多内容(也就是说,解释了那些原本属于经济工具方面而不是实践方面的东西。)

这件事有可能造成了西奇威克与马歇尔之间的隔阂。在给塞利格曼的信中,马歇尔似乎认为西奇威克利用他生病来寻求他的许诺,印刷仅供使用的材料,然后到处传播。在第一点上,马歇尔的回忆有误。杰文斯是在1879年2月收到书的复印件的;而马歇尔是在四五月时去伦敦看医生的,才确诊后来折磨了他数年的肾结石。马歇尔自己一直认为这些文章没有被出版。

1920年9月28日的一份手稿提到一次"关于图形经济学的未出版之文"的讨论,在萨瓦茨基的《政治经济学的数学应用》的最后一章中,是一个"不值得重视的问题……除非被一些重要的、怀有敌意的批评家捡起来了"。贸易几何学第一次以马歇尔自己的名义出现在了1923年版的《货币、信贷和商业》的附录中。

《工业经济学》(1879年)

1879年10月,麦克米兰出版了马歇尔和玛丽·佩利合著的《工业经济学》。作为政治经济学学生的延伸课程,这本书包括了价值、工资和利润理论的概要,并打算为约翰·穆勒的政治经济学辩护:"就现状来说,当解释合理时,穆勒是正确的。"只有在分配理论上,作者认为有必要脱离穆勒。正因如此,这本适合初学者的绿皮小书,被描绘成了"大概自从朗菲尔德和巴特时代以来,英国第一次提出边际生产力理论"。这本书很畅销。第2版在1881年问世,第3版在1885年完成,同时在1886年授权出版了一个俄文翻译版。这本书卖出了15 000册,要多于1892年马歇尔以相似标题出版的《经济学原理》的总结替代版——《工业经济学要义》。

玛丽·佩利1877年8月与马歇尔成婚,应詹姆斯·斯图尔特教授之邀为扩展讲座写课本。这份邀请发于玛丽·佩利成功完成道德科学优等考试后的当年,而马歇尔这样安排是"不负责任的"。1876年年中,玛丽·佩利和马歇尔订婚后,他们二人很快开始共同写这本书。书的大纲是在纽纳姆学院的起居室里完成的,而正是纽纳姆学院聘请了玛丽·佩利,让其可以向学生教授政治经济学。到1877年7月为止,约翰·内维尔·凯恩斯在日记中记录到,马歇尔在这个项目上非常投入,以至于完全放弃了自己在国际贸易卷上的工作,并不断在讨论工作时使用"我们"这一词。8月成婚后,在短暂的康沃尔蜜月期里,马歇尔还在写作此书,似乎他们婚后在布里斯托尔前两年的所有空闲时间都奉献给了这本书。马歇尔作为一名作者的职业生涯来临了,不断实质性的重复写作早已超过了原先承诺给出版商的出版时间。而原先打算推出的姊妹篇则从未开始过。这些重复写作部分是因为作者决定提高书的难度,通过用高度简略的形式来介绍更复杂、更原始的资料。来自福克斯韦尔和西奇威克的批评意见,尤其是当一些批评意见是由于他们误解了马歇尔在垄断方面和分配理论上的观点时,都导致了马歇尔重新书写。

书被分成3篇:第1篇是关于土地、劳动、资本和生产理论;第2篇讨论了一般价值;第3篇是市场价值。第1篇用两个介绍性的章节开始。第1章是定义,包括经济学或政治经济学、财富、生产性的或非生产性的含义。第2章介绍了生产要素,其中人类工作的效率被认为是依赖于人的身体力量和精力、知识、脑力及道德品质的辅助工具。接下来是关于资本、报酬递减、人口与济贫法、储蓄与积累、产业组织的历史发展、劳动分工与收益递增的章节,最后以关于土地所有制结束。第2篇用对主题问题及一般价值的定义开始,其中一般价值被认为是古典方式里"未受干扰的自由竞争的结果"。书的前两章处理了效用与需求法则(这里承认了杰文斯的一些贡献)、成本与生产费用法则以及供给法则，从内容上看与马歇尔1876年论穆勒价值理论的一篇文章相似，对租金本身以及与价值有关的租金都进行了讨论。紧接着重新审视了与价值有关的需求。第2篇的后半部分贡献给了被处理成将产出分成工资以及减去租金和折旧后的利润的分配理论，接下来的章节探讨了（熟练和不熟练的）劳动供给、商业力量、利息、工资与管理者报酬。最后一章重申并总结了一般价值理论，作为第3篇的必要引言，介绍了市场价值这一主题。与一般价值的重大偏离是第3篇前4章存在的主要问题，相反，它们处理的问题是货币的购买力变化与危机（马歇尔针对这一观点唯一出版的一本书），来自供给的不确定性、需求的不可预期的改变以及生产的特殊性的市场波动，地区差异以及关税上的明显差异，由联合与垄断导致的与一般价格的偏离。对于初学者来说，这本书的姿态是把诸如困难的篇章放入方括号中，以便初次阅读时能够轻易省略，还有用黑体字强调术语及其定义。

书的注脚中对权威文献的引用表明，学徒生涯结束时，马歇尔对政治经济学文献已经非常熟悉了。除了本章已经提到过的、对马歇尔影响深远的一些政治经济学家外，《工业经济学》还介绍了很多在马歇尔观点形成时期对其影响显著的新兴作家，其中最重要的是沃克的《工资问题》与布拉西的《劳动问题讲座》。著名杂志《经济学家》的评论家指出，作家展示给读者的参考文献经常会包括一些"不常读的"。

尽管对此书的评论都很积极，作者却似乎并不满意他们一个月内就将其出版的做法。随后，马歇尔大部分时候谈论起这本书时，就好像他是其唯一的作者似的。在给福克斯韦尔的信中，马歇尔坦言道，他宁愿去掉第1篇中太多来自巴斯夏和穆勒的引用，并建议前3章尤其需要实质性的重新写作与扩展，部分是为了提升后面章节的难度。他还抱怨了写小本书的难度，因而预示着他迟些时候对其所进行的批评。他的观点被玛丽·佩利总结为"你不能根据半个王冠就讲出事实"。后者的评论在几个私人通信的场合被放大了。1900年4月，马歇尔对塞利格曼描述这段经历为"我被卷进一场空洞的《工业经济学》的写作之中，其真相却是为了愚钝之人的福利"。在他的自传中将这本书描绘成一本"为了工人阶级读者而强行简化了"的书，而他勉强同意的日文版，事实上从未寄出草稿，他辩白说"我并不以出版为荣"，还说那些起初建议出版此书的人很无知，不明白经济学"是简单与全面的结合"。"压制"它的原因至今仍然是一个有争议的话题。

《工业经济学》的出版以及他私人印刷的"曲线"的广泛流传，都是他在布里斯托尔教授生涯时期的成果，紧接着是在剑桥大学十年成功的政治经济学教学工作，这些毫无疑问表明，到1879年为止，马歇尔已经非常成功地完成了他的经济学学徒生涯。他的作品也跻身于包括杰文斯、白芝浩、福西特以及克里夫·莱斯利在内的英国领先经济学家之列。

# 第 7 章

善察好学者之旅：欧洲、英国和美国

马歇尔在伦敦读小学时就对大自然满怀热爱，因此当他毕业有了一定收入后，很快就迷上了去郊外旅行和度假。最初可能是和路易莎姑姑在德文郡的度假引发了他的兴趣，和父母兄妹在乡村的度假也可能诱发了他对旅行的偏好。在美国度假时写给母亲的第一封信中，马歇尔猜测说，路易莎姑姑也许会喜欢读他所寄回的美国旅行记录，因为"她喜欢读我们在湖畔的旅行日志"。从1866年夏天开始，马歇尔有了一份稳定的研究员收入，于是很快就和众多维多利亚时期的大学教师一样，习惯于在暑假离开居住地，到远方度假，有时若条件允许，在学期之间的假期也会去度假。

类似这样的远足不仅仅是为了休闲和消遣。在马歇尔早年的研究员生涯中，某些特定课程的学习也需要长期的远行生活：例如，他在1868年和1869～1870年分别去了德累斯顿和柏林学习德语；在苏格兰和瑞士的暑假都用来学习哲学了；1871～1873三年的暑假则用来学习大量的历史知识。之后，尤其是婚后，马歇尔会利用一些暑假来从事写作。1869年和1870年，他开始研究经济问题中的图表处理；1874年致力于写作外贸方面的论文，正是基于此，他关于穆勒的价值理论的论文及一本外贸书籍的手稿均于1876年诞生；在新婚前三年的长假中（1877～1879年），马歇尔夫妇一直都致力于《工业经济学》的写作。19世纪80年代的大多数夏天，他都在撰写《经济学原理》，且写作时间一直持续到1881～1882年他们在西西里岛的寒假。

马歇尔将夏季之旅的很多时间都用在了实地考察上，即研究不同城镇和地区的产业及社会状况。婚后，这方面的旅行也成了一种特定的惯例，这是玛丽·佩利在向凯恩斯和沃尔特·斯科特回忆时说的。这些在旅行中保存下来的一些详细笔记证实了马歇尔所提到的"在收益递增的过程中保存竞争"的正确性,也表明了古诺的假设——竞争会增加收益——是错误的。

玛丽·佩利在她对沃尔特·斯科特的记录中补充道:"后来,当我们常常出国或就在国内访问制造城市时,我们经常赶在下班点之前,站在工厂的出口处,以便观察工人们下班时的情景。我们也常常在周末晚上光顾集市,观察女工们讨价还价。我们还对工业城市的救世军会议作了深入的调查。"1885年玛丽·佩利手写的笔记证实了这种系统的社会观察模式。从这种有组织、非正式的经验论中得出的结论,不论概括得多么精确,仍然不会很准确。一个例外是,马歇尔向埃奇沃思声称,有几年他系统地观察了面包的消费情况,或更一般地说是基于小麦的产品消费情况,并通过观察各社会阶层在酒店及小酒馆的表现和面包外卖情况,得到了一个试验性的结论——"富人吃的面包是穷人的一半甚至更少;中产阶级正在崛起"——这与对低档产品的需求有关。另一个促成这些发现之旅的事实保存在《马歇尔回忆录》的一个片段中:

> 1867~1875年,当我还是经济学学徒的时候,我曾尽可能学习国家大部分领先产业的操作方法,目的是能够从思想上将原本受到忽视的、所有主要机器的关键部分进行改进,进而降低复杂程度。这项努力与一次尝试对每项工作所需要的技能与培训以及其中所包含的强度进行粗略估计有关;而我的导师——一般情况下,他是一名雇主或工头——通常会回答我关于工人实际工资的询问。在连续学习这门课程几年之后,我开始要求导师允许我猜测工资数。我的偏差通常不超过2先令一周,如果确实超过了,我会询问原因。有时,我的错误是因为事实上这份工作比我想象的更容易或更困难;有时是因为对工作的需求大部分是季节性的,或容易受到诸如时尚及其他原因的影响;有时给低级别的工作设置了一个较高的工资,因为他正常应该做的工作那时正好不能上手,因而支付给他正常工作的工资;有时这份工作没有前途,级别相当低而且没有什么发展空间;等等。当我询问为什么男人们在做看似女人们能力范围之内的工作时,这些解释原因都特别令人信服。每个类似的例子几乎都说明了工作比表面显现的更加困难,或要求更多的体力,或需要更加便捷的资源与快速判断,或法律规定禁止妇女工作的时限,或男人做同样的工作能比女人得到更高的工资——在大部分操作人员都是妇女的产业中,这种情况并非罕见——因为他似乎具有能够发展成为工头的特质,而这项事业也需要不经过特殊安排就能让很多男人在其中找到工作。

在马歇尔写给西蒙·纽科姆的信中也明显提到了自己暑假的多重目的。纽科姆是一位美国天文学家、经济学家和金融历史学家。马歇尔试图在纽科姆夫妇访问瑞士的时候安排一次双方会晤。根据纽科姆的建议,他们可以在恩加丁相见,但马歇尔回复道:

非常遗憾我们可能抵达不了恩加丁。我已经到了塞德鲁恩、瓦塔维什和格劳宾登，以便获得一些在家不能享受的、不受干扰的时间来写作，同时也是为了呼吸新鲜空气。我们根本不像是在旅行。我们直接到了这里，而且已经待了四个星期。然后我们又走了好几天，去下一个位于谷地高处的村子，如果一切进行顺利的话，将会在那里待几个星期。然后我们将沿着铁路直接穿过 Göshenen 回到英国。如果巴黎的霍乱不严重的话，期间我们将会穿过巴黎；如果严重，则穿过科隆。我们中途将稍作停顿，很可能是在 Göshenen，然后肯定要作些产业状况的研究，或者是在法国，或者如果我们走德国路线的话，就是在牟罗兹或别的什么地方。我们带了很多书箱，因此走陆路将非常麻烦，而且昂贵。所以我们将从 Chiamutt 直接走铁路。

我们的计划还不是很确定，部分是因为我不知道现有的书都看完时我能坚持多久，部分则是因为我们邀请了一些人 9 月份到剑桥大学做客，但我们还不知道他们自己的计划。

1865 年毕业于克里夫顿学院的研究生们，左一是马歇尔，右二是亨利·戴金斯。

考虑到剑桥大学的暑假时间，即从 6 月一直到 10 月初，几乎持续了四个多月，因此，马歇尔的成人生活差不多有 1/4 或 1/3 的时间就在这种旅行中度过了。因此，本章讲述了他人生中的一个重要组成部分。当意识到一些旅行——尤其是 1875 年夏天的美国之行和 1881 年 10

月到1882年9月的欧洲康复之旅——在马歇尔成为经济学家和社会观察者的过程中扮演了重要的角色后,我们需要对这些行程进行更详细的讨论。

马歇尔的长假旅行回顾（1866～1923年）

马歇尔暑假活动与主要旅行目的地的两份清单至今仍被保存着。第一份清单是为了大致说明他研究"曲线"的过程——明显可以看出,这是他在1882年结束了长达12个月的意大利与巴伐利亚之行后,在他回布里斯托尔的路上准备的。另一份清单则保存在玛丽·佩利的手稿中,列举了他们夏天一起待过的各种地方,一直到马歇尔生前的最后一场病及1924年逝世。第一份清单在《早期经济学著作》的绪论中被引用过,仅作了轻微的修改。

相比马歇尔于1882年某个时候准备的清单,玛丽·佩利的清单要长很多。马歇尔的清单只记录了他们暑假最终的或主要的目的地。省略了路线选择的过程以及途中访问的其他地方。这些省略的潜在程度可以从下面的例子中看出。在1881年赛尔康（德文郡南部）的暑假与1892年阿享湖（巴伐利亚境内的阿尔卑斯山）的暑假之间,马歇尔几乎都待在了意大利。1892年夏天做的"周游"是他们唯一的一次欧洲大旅行,尤其是在中欧,在德累斯顿与布拉格。

这些暑期之旅呈现出独特的模式。在1877年结婚之前,马歇尔大部分暑假在国外度过,包括1875年夏天对北美四个月的访问。例外的是1866年,由于财务问题（他还在偿还欠查尔斯叔叔的债务）,他只是访问了苏格兰,很有可能还包括英国北部的工业城市;而1874年是在威尔士度过的。这种模式特点使国外旅行看起来不够明智。与之形成鲜明对比的是,婚后的前13年里,马歇尔的暑假都是在英国度过的。唯一的例外是从1881年10月初开始,由于健康原因而在意大利及巴伐利亚逗留了12个月。经济研究的需求为这种模式提供了主要解释。婚后的前三个暑假都用来完成《工业经济学》一书。19世纪90年代的大部分假期都贡献给了《经济学原理》的写作,其中还包括对工业城市的实地考察,还在有点异域风情的格恩西岛度过了三个假期。1891～1909年的假期大部分是在国外度过的。他重访了以前还是单身汉的时候去过的一些地方,大部分假期都待在与世隔绝的小山村里,最初是在瑞士,后来是在更宁静、更偏僻的南蒂罗尔,在那里他们去了常常光顾的、最爱的地方。但是有一个例外,即在法国的一次假期里,去了法国境内的阿尔卑斯山,而不是巴伐利亚、瑞士、意大利或奥地利境内的阿尔卑斯山。这些年的本地假期则是出于职责考虑。1904年,马歇尔担任了英国剑桥协会会议的主持人,这意味着他们的旅行不能走远。1907年,除了实质性地修改了《经济学原理》第5版之外（其前言日期是那年的8月）,皇家经济学会举办的一次代表大会上,马歇尔要做一个重要致辞,因而必须待在英国。1910年、1912年和1914年,由于血压上升导致的健康问题也使他不得不待在宁静的英国乡村。随后,一战也限制了他去国外的行动。战前的1913年与战后的 1920 年这两个假期都是在马歇尔最喜爱的南蒂罗尔度过的。最后的三个暑假——1921 年、1922 年和 1923 年都在海谷度过的，主要用来构建《货币、信用与商业》（准备于 1922 年夏移交给出版社）以及做关于经济发展最后一卷的工作，后者唯一可以看见的成果是无数的注释及部分目录。

以上总结包含了本章接下来的内容中将会提到的主要地点，大部分是根据通信或笔记的可得材料综合而成的。讨论完马歇尔的单身旅行之后，我们将要审视其旅行经历中的两个亮点。第一个是 1875 年夏的北美之行，大部分时间在美国；第二个是因健康问题而从 1881 年 10 月初开始的、为期 12 个月的意大利与巴伐利亚之旅。

在大山中度过单身暑假（1867～1876 年）

因对马歇尔毕业后的第一个暑假了解得很少，这份总结只是简短地提到他去了一次苏格兰。第 5 章提到，第一次来"考察几个城市的贫穷地区"，目的是研究使他最初对经济学产生兴趣的贫穷面貌。在接下来的暑假里，莫兹利兄弟引导马歇尔爱上了高山攀岩活动。他们带他去攀登米伦镇以及意大利和奥地利蒂罗尔的多罗米蒂地区的大山。

因此，马歇尔的暑假符合玛丽·佩利后来向凯恩斯描述的那种模式：

> 取得学位后，他几乎每个长假都去国外。他随身带着 60 英镑和一个背包，大部分时间都在高高的阿尔卑斯山散步。这样一个夏天接一个夏天的散步，他的身体也从羸弱变得强壮起来。6 月初离开剑桥的时候还筋疲力尽、劳累过度，而 10 月回来的时候，皮肤被晒黑了，身体也变得强壮和挺拔了。背包能使背部保持挺直，因此，当马歇尔年过八旬的时候，还保持着这种习惯。在阿尔卑斯山行走的时候，他习惯于 6:00 起床，8:00 返回。为了避免大雾降临，他会背着背包一直走两三个小时不休息，直到可以找到路为止。然后他才会坐下来休息，有时是在冰河上，还有很多书——歌德的、黑格尔的、康德的或赫伯特·斯宾塞的——然后继续前行到下一个终点站。他会在湍急的溪流里洗衬衣，然后把登山杖扛在肩上晾衣服。大部分艰难的思考都是在这些孤独的旅行中作出来的。这些漫游使他爱上了阿尔卑斯山，甚至 1919 年当他最后一次去南蒂罗尔的时候，他还坐在户外工作。

当然，此时阿尔卑斯山攀岩也是"上流社会的新运动……当法国铁路能够到达巴塞尔和日内瓦，而瑞士离伦敦只有一日之旅，且路费不超过 10 英镑的时候……1855 年，一次请五个脚夫和三个攀岩冒险的向导，只需几个朋友每人分担 4 个英镑"。与马歇尔几乎同时代的剑桥大学的莱斯利·斯蒂芬就是一个著名的登山者。

马歇尔自己非常热衷于高山攀岩活动,在瑞士时,他就在无向导的情况下攀岩过很多次。他非常喜欢自己创下的一项阿尔卑斯山记录——他是第一个在只有一位向导的情况下,从海利根布卢特穿越毛格洛克纳的人。开始其实是有两位向导的。后来他们到了棚屋,天气变得糟糕起来,他们不得不待在那里过夜。早上,年长的向导离开去寻找食物。那个年轻的向导(他曾经带着马歇尔走过冰川并试图适应他的步伐)说:"如果你想要攀越毛格洛克纳,我准备好了。"于是他们穿越了非常狭窄的阿瑞特①并到达了顶部。正是因为这个危险的阿瑞特,人们才认为带两个向导是必要的。

对从事体力劳动的人来说,夜间学习是一件非常困难的事情。马歇尔在他第一篇出版的文章《论工人阶级的未来》里就提到了这一因素。通过引用自己在阿尔卑斯山探险的例子,他阐明了这个问题,而这个例子引起了很多听众的兴趣:

我记得一次在阿尔卑斯山,在连续三天特别艰苦的攀岩之后,我决定休息一天,读一本哲学方面的书。我训练有素,因而并没有意识到任何身体上的疲倦;但是当第一次艰苦的思索开始时,我的大脑却坚决地拒绝运转。我非常生气,但是生气也于事无补。

攀岩活动在 1876 年结束。在他与玛丽·佩利订婚的消息宣布之后,马歇尔的未来岳父——受人尊敬的托马斯·佩利,带着他以及其他佩利家族的成员去瑞士度假。期间,玛丽、马歇尔还有她的兄弟乔治·托马斯一起爬了蒙特·罗萨山。对于一个经验丰富的登山者来说,这是美好的一天。但是据玛丽·佩利后来回忆说,这却是"我第一次也是最后一次爬山,[尽管]阿尔弗雷德曾经是一名狂热的登山者……但为了我,他现在却决定放弃此项运动"。然而对于阿尔卑斯山他并不放弃,它依然是马歇尔夫妇最爱的度假之地。

当然,单身时的他也参观了一些大的城镇。其中一个就是前面提到过的德累斯顿。在那里,他跟随西奇威克的老师学习德语。"在德累斯顿的时候,他每天都去看西斯廷的圣母画像,但是随着时间的推移,他越来越喜爱荷尔拜因的圣母画像,最终超过了喜爱拉斐尔的圣母画像。正是从这个时候,他开始喜欢德累斯顿的非正式音乐,因为音乐能够给他带来无比的愉悦。"除了几次简短地回忆法国与波斯之间的战争外,1869~1870 年的柏林之行留下的回忆很少。在他收藏的 1871 年奥伯阿梅尔高基督受难剧的主要演员的肖像画里,并没有保存关于纽伦堡和慕尼黑的回忆,暗示了那年夏天他还有另外一个目的地。给卢约·布伦塔诺的一封信记录道,马歇尔夫妇在随后蒂罗尔度过的东南之旅中,慕尼黑常常是换车的站点。

---

① 欧洲的一座山,属于阿尔卑斯山脉中的一座——译者注

美国之行（1875 年 6 ~ 9 月）

1875 年夏，内容丰富的美国之行无疑是马歇尔单身旅行生涯中的亮点之一。玛丽·佩利回忆说，由于查尔斯叔叔 1874 年去世时给他留下了 250 英镑的遗产，因此他才有财力去美国。尽管亲戚们都"嘲笑他"，马歇尔还是决定将全部遗产花在为期近 4 个月的美国之旅上。玛丽·佩利后来又回忆道，他常常说"他从来不这样'花钱'。为了了解他想学习的东西，花再多的钱他也愿意。他能够预见到即将来临的美国霸权，他想要了解其原因以及它将驶往何方"。为什么在美国待 4 个月就花费了 250 英镑的遗产，马歇尔在向金银协会解释时说："在德国比较便宜的地方旅行时，我一般一周花 15 里拉。在去美国前我作了一下预算，后来计算了一下实际开销，正好是那个数的 4 倍。毫无疑问，那是我旅行所到的最远距离，但是我想随身带 3 倍的钱以支付在美国酒店的开销。"可以说，要不是查尔斯叔叔的慷慨，马歇尔的这次教育之旅就不能实现了。

对这次旅行的很多记录都被保存下来了，不仅包括美国产业以及美国人的性格，还包括他写给母亲的 11 封能够补充其旅行笔记的信件。此外，回到英国之后，他还在剑桥以及布里斯托尔做了几场关于美国的报告。

马歇尔从利物浦出发，乘坐蒸汽船"西班牙号"，船上有很多移民。旅行本身并没有什么成就。他连续晕船了好几天，而且船上提供了很多相当奢侈的食物，这让他觉得很好笑，因为那正好是他所抗拒的。他甚至还看见了冰山，船长解释道，在如此低的纬度还能看见冰山真是罕事。他还抱怨说缺乏可以聊天的、有趣的女士，但是有很多有个性的男人可以弥补这点。因此，他的旅行记录从一些乘客的描述开始，现在还保存着对爱尔兰牧师以及从南美归来的传教士的描述。前者被描绘成"和蔼，博学，会说很多方言，而其他方面一般"。马歇尔同他讨论哲学，并注意到这位牧师将英国哲学与苏格兰学院的里德、斯图尔特和汉密尔顿混淆了。马歇尔发现，这位牧师并没有读过休谟的作品。他认为这是牧师的阅读"受到限制"的缘故。在讨论盎格鲁 - 爱尔兰人问题时，马歇尔发现他是"睿智开明与顽固狭隘的奇怪组合"。

在纳塔尔待了 20 年后归来的美国清教徒传教士——威廉·米勒牧师与他的谈话记录也呈现出相似的特征。"尽管在大多数方面，他看起来既公平又开明……但是他却用毫不妥协的口吻说，强制本地人立即服从是必要的。"马歇尔还注意到，他对科伦索事件以及"只是相信传教士告诉他们的东西"的"卡菲尔人"的无知与思考欠缺存在偏见。马歇尔用括号对此番谈话作了如下补充："如果他听说过所有曾经去过印度的传教士并没有成功地转变过一个婆罗门或有自己思想的成员的想法，他本应该在坦诚此类话题的观点时更加谨慎的。"由此可见，1875 年的马歇尔，既没有展现出其父亲的"反天主教"情绪，也没有呈现出像福音派认为的、传教工作非常重要的那种狂热。

船于6月6号在纽约靠岸。马歇尔对轮船进入城市时的场景印象深刻,"各方面都比伦敦豪华",但是这里的"船比泰晤士河上的少多了",周末靠岸可能是部分原因之一。同样,他还欣赏赫德森"在房屋颜色的衬托下壮丽的、绿色的"河岸,他自己对这种深刻印象的解释是"航行期间缺乏色彩"。马歇尔在纽约只住了四个晚上,打算返程的时候再待长一点时间。然而他还是详细记录了很多第一印象。他被纽约以及奥尔巴尼的荷兰面貌震惊了。他从美国的建筑上看见了未来的潮流。这种风格"既原创又大胆",它标志着"不久"后,即自"奴性极高的文艺复兴打破了真正的哥特式建筑"以来,很可能会创造出世界上"第一个真正的建筑"。他还欣赏纽约满大街的霓虹灯广告,评价说"它是我见过的最有效的广告形式"。

他下榻在一流的可能是"世界上最显赫的"第五大道酒店。这是一次崭新的经历,也是其美国之旅中唯一光顾的一流酒店。详细描述则从其带有巨大休息室的前台开始,到使用的特殊会计制度、酒吧("美国调酒师是像法国厨师一样的专业艺术家")、台球房、报刊室、与华尔街相连的行情显示系统、楼上的饭厅和早餐室、能够容纳1 100人的住宿设施以及"从早上7:00到午夜都运转"的电梯。马歇尔还向父母证明说,成本一天5美元(含餐食)并"不贵"。每天晚上的膳食"有60~70种菜可供选择,大多非常美味"。而且,之所以说它便宜,是相比奥尔巴尼的二流酒店每天3美元的开销而言。这个二流酒店并不是"非常干净",因此其提供的价值也远不如多收了2美元的超级豪华的第五大道酒店。

马歇尔还去了纽约的剧院两次。到纽约的第二天晚上,他就去附近的第五大道剧院观看了《大运气》,这是一部"美国人写的、写给美国人的、关于美国人的"剧目。尽管已经上演了100天,但在马歇尔的眼里,这出戏还是演得非常好。他注意到剧中折射出了三个典型的美国人特征:(1)把商人描绘成神,而科学家却是纯粹的傻子;(2)庇护科学家,认为他们可以帮忙染毛毯,因而是有用之人;(3)剧中的主要笑话是假设观众理解当不需要"大运气"的股票时就可以卖掉它们,而伦敦的观众却很难理解这点。

马歇尔第二次去的是联合街剧院,但并没有上次收获那么多。他观赏了《雾都孤儿》,这是美国人根据法国剧改编而成的。由于语言的直白,因而并没有留下什么可想象的空间。此外,对比他在法国看到的真正的法国喜剧的经历,马歇尔抱怨道:"大部分演员说话,就像学生背诵课本一样。"这恐怕也解释了其美国之行的笔记中没有描述更多剧院经历的原因吧。然而,他还是描绘了纽约一位帽子店店员的性格特征,即"文明、聪明、绅士、生意人风范、年长"。他的服务态度,包括亲自帮马歇尔试戴帽子,这些都被马歇尔描绘成"一个完美的民主党……态度里没有丝毫傲慢。但愿这种习惯在美国人中是普遍的"。马歇尔还以一种幽默而又卖弄学问的方式补充道:"如果这点属实……你会发现广告上写着'我们保证店员的头发绝对干净'的台词。"

6月9号星期三,马歇尔沿着哈德逊河顺流而下去了奥尔巴尼,这次旅行让他想起了在宾根与波恩之间的莱茵河,但他更喜欢那次德国经历,因为那里的景色"更具有山的壮丽,多种多样,当然,水面也更宽阔"。奥尔巴尼标志着他真正旅行目的的开始,访问工厂是他接下来两天半时间内要完成的任务。6月12号星期六,他抵达了斯普林菲尔德,第二天早上参加了公理会的礼拜活动。尽管那天牧师"充满了活力,但却没有展现出更大的能力",后来他还参加了很多次教堂的礼拜活动,以此作为研究美国人生活方式的总体计划的一部分。

接下来的周一,马歇尔抵达波士顿,这次访问持续了两个星期,因而成为美国之行中待得最久的地方。他与哈佛校长埃利奥特住在一起,并一起参加了纪念英国在邦克山胜利一百周年的庆祝活动。他是埃利奥特星期六俱乐部晚餐活动上的嘉宾,并与他进行了很多政治与经济层面的交流。马歇尔喜欢波士顿,这是截止到当时他在美国见过的最具英国风格的城市,尽管它也有很多"美国行"的特征,后来他又多次在国内的演讲中公开褒奖美国人的这一点,同时也解释了如果他必须移民离开英国,他宁愿去美国而不是去加拿大的原因。他接连两个周末都参加了一个一神论者教堂的礼拜活动。不过,他第二次去是为了更好地进行比较和衡量,为此还特地增加了一次受洗活动。第一次参加时,他意识到了美国礼拜仪式的不完善,因为一神论者的婚姻仪式省掉了妇女"必须服从男人的承诺"等,而这些其实是很愉快的表达用语。

此次波士顿之行的社交亮点发生在星期六俱乐部晚宴上,他遇见了奥利弗·霍姆斯、迪安·豪厄尔斯与查尔斯·诺顿,还拜访了拉尔夫·爱默生,并留下了很多笔记。由于一个误会,马歇尔错过了与爱默生共进午餐的机会,但是爱默生仍然"对他友善,没有一丝傲慢"。马歇尔"也非常喜欢爱默生的肖像[但令人吃惊的是,马歇尔的肖像收藏中竟然没有他的],尤其是他的眼睛,提升了他的面部表情"。在这个特征上,马歇尔与他很像。他们谈论了英国的大学,尤其是爱默生熟悉的牛津大学,他还追忆了拉斯金在牛津大学做过的一次讲座。当爱默生问起现在英国谁还在继承卡莱尔的文学传统时,马歇尔回答说,"我们的年轻人现在已经不做最高层次的文学工作了",因为科学对他们的吸引力更大。当爱默生要求举例时,马歇尔提到了"拥有巨大的文学才能但是发展却不够全面的"斯温伯恩以及克利福德。爱默生打断说,"讨厌的、空有躯壳的、恶心的斯温伯恩"没有什么了不起的,并夸赞了坦尼森和华兹华斯一番,还补充说,雪莱是"一个伟大的天才,但……不是一个诗人",这番陈述把马歇尔激怒了。

受到马歇尔之前提及的克利福德——一个研究科学并具有前途的年轻人——的启发,谈话被转移到哲学问题上:

> 我解释了为什么克利福德不理会永生等问题的观点,并继续将他描绘成是当代连续性工作一代的代表……然后我们讨论了克利福德在"两条直线是否能够围成一个空间"这个问题上的兴趣。这对爱默生来说也是个新话题。他觉得很有趣,但也有点不

屑。这让我很不舒服。于是我省掉了本想说到的赫尔姆·霍尔特关于生活在球体表面的生物的例子。他听得很认真也很费力……我本不应该说这个问题的，但是我刚才看见一本美国指南将他描绘成"在世的、最伟大的超验主义者"，所以我抓住这个机会开始讨论起康德来，并说道，[赫尔姆·霍尔特的例子]……在我看来似乎包括一些神学以及道德的基本问题。例如，康德说，大脑可能肯定并事先知道一些道德与神学假设，因为它确实知道某些物理假设。为了找出他对此给出的例子，我还搜寻了他的书；当我发现这些全部都是从价值观中剥离来的时，我便在很大程度上转变了我对其他假设的态度。

爱默生的回答令马歇尔感到震惊："在我看来，康德的观点是零碎的，而其回答也一样零碎"。只有在他们讨论莎士比亚的时候，爱默生才没有对莎翁也进行贬低。在马歇尔高度赞扬了十四行诗之后，爱默生评价道："几乎没有任何心理问题比这个问题——一个如此超前的人是如何诞生的——更有趣。"马歇尔回忆说，这个评论是"爱默生给我的最重要的东西"。令人遗憾的是，这种富有成效的谈话没有继续，因为马歇尔要赶火车。

马歇尔对爱默生的最终评价是："有一颗温柔但却敏锐的灵魂，对他来说，自然界并没有赋予他解决问题的工作能力，却给予了他罕见的上等器官来不断地发问……他对自然的关切非常合乎适宜，但是这份狂热却稍稍有点减弱的趋势。"马歇尔还说难怪"许多女人觉得他是她们最高尚的牧师"。他最后还评论了爱默生的房子："舒适却不大，也不豪华。风格简朴，很可能是年代久远了。内部装饰没有什么图画，这点不错。"作为一次访问，这次经历对提升马歇尔的自信无疑是大有裨益的。

除了访问奇克林的钢琴工厂，他还访问了在沃尔萨姆的世界上最大的手表工厂及其最大的子工厂和其他六个工厂。他也因此能够诚实地写信给母亲说，他的"时间仍然被挤满了"。从波士顿出发，马歇尔旅行到了诺威奇（位于康涅狄格州），并停在了它与普罗维登斯之间的一个地方，以便能够访问另一家工厂。在诺威奇，他听从了侄女埃米莉·纳恩的建议与贝克博士住在一起。她的姊妹当时也住在诺威奇的贝克尔家里，晚上专门开车带马歇尔出去兜风。他非常喜欢这次经历，因为她将"富有进取的谈话"、"诚挚"与"甜蜜"几个词令人惊叹地组合到了一起。第二天晚上，在马歇尔的劝说下，这种经历继续成功地上演了。

住在诺威奇使得马歇尔有机会拜访韦尔斯。韦尔斯曾是一个保护主义者，最后却变成了自由贸易主义者。后来在马歇尔的《国际贸易》手卷中，韦尔斯提供的一些信息也派上了用场。马歇尔还会见了塞缪尔·鲍尔斯法官，"一个政治经济学学生，眼睛睁得很大，还带着自己参观了几个工厂"。住在诺威奇还使他有机会在耶鲁过了一个周末。在耶鲁，马歇尔与萨姆纳教授待在一起，他是"一个非常有能力的人……能够迅速地精通原理、把握事实"。马歇尔后来声称，萨姆纳是他在美国遇见的"最受启发的伙伴"。由于他的耶鲁之行还包括了对当时正忙于写作《工资问题》的沃克的会见，这番赞词因而显得更加重要。然而，一般说来，与沃克的这次会晤并没有什么成果。正如马歇尔后来在向沃克的传记作者回忆时说的那样：

> 我对1875年在波士顿访问他的情形仍然记忆犹新。我相信他已经收到了我通过艾略特校长转交的一份介绍性便条，因此他应该知道我感兴趣的内容。但是，他仍然静坐了一分钟，说："我想知道我最好谈论些什么。"他肯定已经知道，即便他谈论一个星期，也不会清楚我想知道什么。但是他习惯于使用比喻，他似乎知道，他能做的最好的事就是让我发现美国的经济问题与英国的是截然不同的。最后他说"我知道我该做什么了"，于是拿起一本绘有印第安人图片的书递给我，并谈论起其中的一些人，以及与他们的个人联系。我不记得这次谈话的细节了，只记得最后的结论是："在李嘉图的租金理论上，英国的经济学有一个重大的转变；从某种意义上说，这个是普遍的，英国的特殊发展对古老国家来说是很重要的，但是对于一个新国家来说却并没有那么重要。"

一封给母亲的信也回忆了马歇尔与萨姆纳夫人一次长时间的对话。谈话的主题是关于美国女孩和英国女孩的一些优点，以及为庆祝7月4日美国国庆日，人们在街道上燃放烟花爆竹所造成的麻烦。

给母亲的下一封信是1875年7月10号，《尼亚加拉大瀑布》，不仅记录了他见到这个非常受人景仰的自然奇迹时的失望——"一个大骗子，比阿尔卑斯山还可恶"，这是马歇尔总结它的方式——还描述了对康涅狄格州立法机关的拜访以及到两个共产主义社区的郊游（第一天去了新黎巴嫩的沙克尔人的社区，第二天去了附近的奥奈达人的定居点），还有对罗彻斯特工厂的访问。这封信还提到了他一次耳朵疼和一次牙疼，因为很疼，以至于他不得不将麻醉剂喷在牙龈上来止疼，而在旅行的最后阶段里，牙疼的噩梦又重复上演，因此，他不得不在纽约进行了主要的牙齿治疗。鉴于他的社会主义倾向，他对这些乌托邦式的宗教的印象是值得引用的：

> 星期三，我考察了新黎巴嫩沙克尔人的主要定居点，并在那里睡了一宿，第二天去了奥奈达，附近有除沙克尔人之外最重要的共产主义定居点。我在该社区逗留了五六个小时，然后周五启程去罗彻斯特……尽管以前读过很多相关的东西，但是与共产主义者的接触，还是让我考虑了很多与那些寻常的理念大为不同的、极富建设性的生活理论。我寄给你一篇沙克尔人的文章。我有很多他们的出版作品。他们违背了"这个世界"的艺术学。他们的精神王国正在逐渐地自我演化；沙克尔人的思想非常多元

化，在几乎每一本他们自己的期刊中，都会有新的思想出现，除此之外还有很多别的东西。渐渐地，你就不会怀疑他们会演化出一个精神的框架来。这是在回答我的问题时说的——为什么他们不把一些精力放在装饰他们的建筑物上，而那些现有的建筑几乎都接近立方体了。但是，我还是必须承认，在周围风景的衬托下，这里还是别有一番风味的。

除了年迈的埃文斯（整个共产主义运动的领导者）之外，那个被告知等候我的兄弟是同我聊天最多的人。他是个年轻的瑞典人，有着天使的特征。作为一名瑞典的大学生，他并不满足关于生活的传统观点，由于对沙克尔的一些描述产生兴趣，于是访问了美国以便能够见到他们，从此他开始笃信，这个世界只有这个地方体现了早期基督教"在生活中工作"的精神……尽管总是很安静，他却很快乐，彻底脱离了自作主张的空虚，这是我可以替年迈的埃文斯褒奖他的。农业与园艺是最受沙克尔人重视的职业；如果你只是看见他穿的棉布大衣，有泥印的、到脚的、褐色棉布裤子，下边粗糙的并不舒服的鞋子，你也许会认为他只是一名平常的农业工作者。但是从他的脸上，你会感受到真正绅士才有的举止。他们是少数的我愿意与之交换命运的人，但我还是愿意待在我原来的地方。

马歇尔珍藏了沙克尔人的出版作品，收集了他们宗教舞蹈的图片。后来，还用这次美国经历娱乐客人。

一周后，来自俄亥俄州克利夫兰的一封信简洁地重述了马歇尔在加拿大一周的主要事件。这次得到了"麦金农先生（一位安大略省某部门成员）"的大力协助。信中提到了对一个农业学院和圭尔夫的政府模范农场的访问，以及回到俄亥俄州克利夫兰前对汉密尔顿和布法罗工厂的访问。马歇尔获得了大量有用的关于加拿大移民的前景的信息，而这周之后，他准备对加拿大的国民性格和经济发展做一个更广阔的概述工作。后者的不景气被归因于自然因素，尤其是缺乏煤炭以及寒冷的天气。关于国民性格，马歇尔认为加拿大人拥有与他们共和国邻居类似的大部分品质，诸如"完全缺乏精英的垄断统治"，被马歇尔评价为"有确实可靠的证据"，甚至延伸到年轻妇女的高度自治与独立，后者在马歇尔看来是"正确的、完整的"，而这样的观点并不为一般的英国人所接受，更不用说那些更加保守的人。马歇尔感知到加拿大人唯一的性格缺陷是相比于美国人，他们很少"行"[指前面的"美国行"]；这就解释了他为什么认为美国是一个更有潜力的移民目标，需求将会继续上升。

8月下旬来自圣·路易斯的一封信提到了他在芝加哥的经历，但却省略了他在西海岸往返旅行的大部分细节。主要说到了弗吉尼亚城（位于内华达州），那里几乎没有"品德高尚的妇女"，这对内华达人的下一代很不利；还有旧金山，可以创造财富，却不能容忍"妇女的权利"；而密苏里则令马歇尔感到惊讶，"到处都是沼泽、黑人、爱尔兰人、疟疾、茂盛的野花和［印第安］玉米庄稼"。他还参加了"一个'农民促进协会会员'（即闹革命的农民）在旧金山的会议"。然后途径印第安纳、辛辛那提、哥伦布、匹兹堡和费城返回纽约。他回忆说，哥伦布有很多监狱，辛辛那提存在"太多下层阶级的德国人"，匹兹堡是"这个星球上最乌黑的城市"。在费城，他有过很多与保护主义者之间的讨论。

这些活动导致马歇尔无暇写作。而且，不断的牙疼及来自费城医生的建议使他加速赶到了纽约。在美国给母亲的最后一封信是在登上埃琳号返回英国的一周前，集中提到了他与美国"工业企业"的最后对峙，以及"他的烂牙"——像他在美国遇见的很多其他东西一样，因其工作质量和执行效率，这些事都成功解决了。就这样，他的美国之行结束了。

马歇尔对查尔斯叔叔遗产的投资非常成功。他寄给母亲的信都写得很详细，而游记还只是第一笔分期付款。其游记的本质和形式可能是受到了亚瑟·扬的旅行社的启发——这是马歇尔最喜欢的一家公司。扬的游记更多地受到了农业而不是制造业的吸引，通过详细描述名胜之地的居住环境、风景以及其他方面的大量情况，从而充满了很多经济细节。马歇尔的旅行也产生了长期的成果。除了一些对关于日后在产业发展以及美国竞争对英国产业的威胁上的工作影响以外，这次美国之行对其思想更直接的冲击可在他回国不久后在剑桥作的一次讲演中看出，演讲于 1875 年 11 月 17 日进行，标题很贴切——"美国产业的一些特征"，它展示了马歇尔从他的产业领域工作中得出的一些结论。

为了适应观众，马歇尔演讲的最后主题是经济环境，尤其是与人类的日常活动有关的一些方面，以及对人类性格产生重大影响的行为。马歇尔注意到，上层的道德发展与作为底层的经济发展之间存在着强烈的相互依赖性，他认为这种依赖性"比通常认为的更加紧密"。马歇尔识别出了两个促进这类道德发展的因素，而这两个因素都明显与来自黑格尔《历史的哲学》中的概念——客观自由与主观自由——相联系。客观自由关注"对性格的和平塑造，使之与周围环境和谐……［从而使它］与行为、同情以及它生存其中的社会利益相一致"。此过程可能产生双重的社会结果："枯燥乏味与……卑劣"或"同情的幻想、优雅的热情、美丽的梦想"。第二个因素，等同于黑格尔的"主观自由"，将个体的"坚定意志的教育"与"克服困难"联系起来，这是美国殖民主义者身上的个人主义精神与独立精神所固有的，或者说是"美国行"的精神——相比他们的北方邻居加拿大，马歇尔非常崇拜美国人的这一点。这种增长的潜在双重结果既包括"淫乱和腐败"，还包括"在它的更高形式上，会发展出强大的法律体系……人类的自由放纵将不受外界限制的束缚。这样的社会将是强大的，而这个帝国对其伟大理想的热情却很缓和"。在道德发展中，在任何特殊社会都将占领统治地位的因素，都取决于"生活中的日常事情"，这个假设在其《经济学原理》的第一句里是这样表述的——"政治经济学，或经济学，是对人类日常行为的研究"，这句话强调了马歇尔学术研究的道德目标。1875 年的美国之行引出了马歇尔一生都在做的关于道德与经济之间联系的表述工作,其中还包含一个他从未有意放弃的立场。

这次演讲结论还强调了之前提及的哲学基础对马歇尔思想的重要性。一个例子是,他不断重复说美国是"未来之国,在未来的岁月里,世界历史的重任终将揭示这一真理"。同样一个显著的例子是,他强调了西进运动所固有的进步要素,这正是黑格尔历史文明发展里的哲学概念:先向西,从中国到印度,到波斯,到地中海国家(在那里,同样是从以色列向西,到腓尼基,到希腊,然后到达罗马),到西欧,并最终跨越了大西洋。这次演讲还详述了起抑制作用的习俗因子,它们对"静态社会"的发展起到了刹车作用,在此,马歇尔将梅因指出的习俗的衰退本性理解成"持续要求卫生的、经济的、军事的及其他规则的……目标不再存在了"。演讲的最后一句话明显将马歇尔的"道德信念"与"进化学说"——而不是与更静态更功利的计算——联系起来。这是对人类进步学说本质的强调,既要求人性的改善,又要求人类环境的改观,因而也重申了马歇尔道德信念中关于斯宾塞和达尔文方面的内容。

对捍卫贸易保护主义政策的美国人,马歇尔对比了一项事实——做同样工作的英国工人和美国工人的生活水平——从而更进一步阐明了一个哲学真理,即在接受旅行者的记录事实并认为其正确之前,需要保持一种怀疑的态度。鉴于国内听众对道德的关注,同时考虑到美国人不懂变化的职业和住所问题,马歇尔将讲座的大部分集中在美国人的流动性上,这是美国道德以及产业发展中的关键特征。独立、自信以及移民的性格特征是对这种流动性的主要解释;适应力和创新是它的一些主要结果。尽管如此,这种流动性仍然有一些对道德品质的影响并不值得表扬。移动性强调"金钱的可携带性"的价值,如果一个人"赚了钱却丢掉了名声,那么他可以利用金钱来帮助自己重新赢得名声"。同样,尽管利用那种意识——新英格兰地方政府实践中的"地方职责"特征——可以改善"公民协会,以应对任何特殊紧急情况",移动性更多地还是促进了经济事务上的竞争,而不是合作中的利他精神。马歇尔试图概括的情感特征,标志着美国面孔上缺乏"枯燥乏味的生活"的外在面貌,这与欧洲下层阶级明显的"严重致命的粗鲁"形成了强烈的对比。在马歇尔看来,这就是"强烈渴望成为世界上头号国家"的美国社会特征。马歇尔坚信,他看见的正是美国人身上成熟的关爱本性。为此,对常常听到的来自包括托克维尔在内的观察家的反对意见,马歇尔总是进行辩护。从沙克尔与奥奈达的完美主义者团体的经历中,马歇尔阐明了在美国宗教运动中的独立与创新精神。那时,在美国盛行高度的经济与产业平等——这是在他结束介绍之前,在前一段末引述的评论。

1878年1月,在布里斯托尔,马歇尔作了一次关于美国经济状况的演讲,且再次使用了前面剑桥讲座的大部分事例。在研究美国现状的过程中,他预言了英国的未来。而关于这个预言的结论,其合理抽象出的前提假设即美国现状不会盛行于英国。为了支撑这个假设,马歇尔给出的例子是,英国缺乏大片的空地以及"被赋予了公民权利的……大量无知的黑人和移民"。

正如媒体报道的一样,马歇尔在布里斯托尔大学的演讲中,对经济的强调代替了其剑桥大学的演讲副本中对道德的倾斜,从而表明马歇尔能够根据观众的需求熟练地处理话题。在经济版中,马歇尔回顾了在铁路与运河建设上美国运输系统的发展,从东北开始的产业位置转移、人口改变、产业培训以及与英国相比正规技工在美国扮演的有限角色、劳工流动性、劳动生产率及管理实践、资本流入1873年金融危机的影响,最后还用"惹人注目的观点"——航海图与地图——阐明了这次谈话。

在接下来的写作中,马歇尔只是间断地直接引用他的美国经历。在美国之行4年后,他出版了《工业经济学》一书,其中只有一个美国例子可以说是直接受到了这段经历的启发。这个例子谈到了作为一种宗教合作形式的美国社区的成功,他们的"宗教热情"要求产生"兄弟般互相信任的精神"。其他几个谈到美国经历的例子也可以轻易找到。《经济学原理》中关于土地的一章,提到了一些年前他沿着"密苏里山谷,最后到达圣·路易斯"的旅行,并记录了农民住房与肥沃的"河边土地"的距离。1890年的一次演讲中还回忆了"凯里的大怒,他大吼说,外国商业甚至使得美国的铁路从东向西行驶,而不是从北向南",而这份回忆在其日记中的记载却并不同样醒目。它还把美国之行描述成是一次"实地研究美国保护主义"的旅行,一直影响着马歇尔后来在此课题上的工作。

《工业与贸易》提到了美国广告业极端浪费的本性,但看起来似乎与马歇尔几乎半个世纪前的纽约经历无关。而研究中的其他地方都直接提到了这次美国之行。有人争辩说,此行使他对以下方面提高了警惕:贸易保护主义者夸大其政策效果,美国经济发展中铁路的重要性,以及像黄油、罐装水果之类的奢侈品供应与联合太平洋铁路沿岸高度专业化的养牛场之间的关系(第805页)。

此次美国之行的大多数益处是间接呈现的,除了标志着马歇尔日后工作中的尤其是《工业与贸易》中的比较价值分析之外——它们对马歇尔日后思想的影响更加重大。对美国工人明显可见的独立与自信本质的强调,脸上透露出的预示着美国伟大工业前景的机警与智慧,几乎显然加强了他对企业中个人主义的强烈信念,而这又加深了他对国有企业效率的负面看法。此行同样还培育了他在自由贸易福利上的持久信念,甚至于当有些国家正遭遇经济下滑而贸易保护似乎是解决问题的捷径之时。在《国际贸易的财政政策回忆录》中,他提到了美国之行的益处,并表明美国与德国之行使他意识到,英国将会因为竞争力的不断下降而面临日益增长的经济困难。难怪他后来吹嘘说,他从查尔斯叔叔的遗产中获益匪浅。

西西里的冬天(1881~1882年)

1879年4月或5月,一位伦敦的专科医生诊断出马歇尔患有肾结石,他开出的治疗药方就是长时间的休息。糟糕的身体状况,连同其作为布里斯托尔大学校长所面临的繁琐的行政事务的压力，导致他在1881年7月辞职，但前提是先找到继位人。辞职的目的有三个：第一，马歇尔可以放下校长的行政工作，因为他觉得健康问题让自己已不能再胜任这个职位；第二，遵从医生的指示长期休息；第三，有时间更全面地思考经济理论，因为原先的基础工作和曲线方面的工作并不理想。最初，他计划了一个两年的假期，打算在离伦敦不远的乡村度过，选取这个位置是为了帮助夫人玛丽进大学任职。

玛丽·佩利后来回忆说，这个选择是根据天气、水与成本作出的。从某些方面来看，这个决定既大胆又冒险，因为"直到爱德华时代，一般英国人或者美国游客，通常都不会去那不勒斯南部冒险。在这个美丽却又臭名昭著的城市里，人们通常认为它不够安全。城里到处是令人不舒服的酒店与贪婪的店主，强盗与疟疾盛行，这种冒险并不值得"。尽管如此，当他还在读本科时，校园期刊《鹰》中有一篇文章介绍了作者在西西里的两周时光。文中赞扬了巴勒莫的文明、温和的冬天、有趣的建筑与令人惊叹的景致，尽管文中也承认在西西里的乡村客栈所遭遇的不适。它还表明，来自强盗的威胁其实是被夸大了。总的来说，该文高度推荐西西里之旅。类似的建议可能还来自亨利·西奇威克，他的兄弟威廉数年前曾经愉快地访问过西西里。对一个像马歇尔这样声称是歌德爱好者的人来说，西西里有着额外的吸引力。不管最后决定去西西里的原因是什么，到10月上旬为止，马歇尔夫妇已经从英国启程去了马赛市，从那里再乘蒸汽轮到西西里的首府巴勒莫。他们于10月9号抵达，打算住到1882年3月或4月，正如马歇尔从西西里寄给福克斯韦尔的一封至今似乎仍然保存着的信中所说，那时他们将取道那不勒斯、罗马、佛罗伦萨、威尼斯以及巴伐利亚境内的阿尔卑斯山，最后返回英国。

不论他们是在何时以什么方式作出决定的，马歇尔都不曾后悔，而在巴勒莫的5个月无疑是他们婚姻生活中的高潮。这一点在马歇尔最初写给福克斯韦尔一封热情洋溢的信中可以看出，信中主要是关于巴勒莫的乐事。他写道：

> 巴勒莫是一个富有魅力的城市，比我们之前设想的还要可爱。直到昨天为止，这里已经8个月没有下雨了——这极不寻常，通常这里晚春时会有一些雨的，因此一切都非常干燥。他们说这个地方12月时景致最好。但是就算那时，我们也看不到足够多的我们原本希望看到的来自花园和周围乡村的叶子，因为几乎所有的花园都被埋在了10英尺高的泥墙之内，而临近的乡村主要由多石的高山构成，至少目前除了少数极为分散的绿色补丁状的东西之外，还看不出上面有绿色的东西。但是这些山的美丽几乎超越了人眼所能及的想象。因为它们的形状是最美丽的、最多种多样的，充满了光与影、近中远等各种距离的变幻，放眼望去，满是无穷的各种深色：白色、红色与橙色是主色，而深色常常出现在阴影里，尽管很干旱，这里有时还是会出现一抹绿色的踪影。

在街道任何一边的长廊上，都可以一窥高山的踪影。除了这些美丽的街景图片之外，城市还是比山里更精彩。当然，我们还没有探索完这个城市，我们带一个气垫到附近去搭乘电车，一直坐到旅途的终点，然后走其他线路返回。凭借这样的方式我们也发现了很多东西。我认为，我们在这里比在其他城市见到的景色还要多20倍。这里不只是颜色丰富，总体上来说，它是品位丰富。在马赛也有很多颜色，但大部分都很枯燥。在城市的主干道上，透过两三家商店的橱窗，我们看见一打床单——有点像"奥地利"毯子，但是每一张都比任何我们曾经见过的要漂亮。

这些非常有利的第一印象是马歇尔对他们待在巴勒莫的唯一记录，预示着他们原本计划待在城里的6个月将会是非常愉快的。因为这将是玛丽在7年前完成荣誉学位考试之后的第一个真正的假期，而这期间她还可以阅读，这使他们变得更加愉悦。为了这个目的，以及为了马歇尔的工作和休息，他们专门将超过350公斤的书运到目的地。因此这又并不完全是假期。马歇尔告诉福克斯韦尔说："同时，[我]将继续'经济理论'的写作——包括一些曲线的研究——但要尽可能使得这些工作在这次巴勒莫之旅中显得不那么重要。"事实上，《经济学原理》的诞生可以说正是发生在巴勒莫城，因为"关于需求的第二本书，主要是于1881年11月到1882年2月在巴勒莫的屋顶上思考并写出的"。

关于他们在西西里愉快、卓有成果的5个月，玛丽·佩利在回忆录里记录了大部分细节，凯恩斯称之为"她生命中最幸福、最完美的阶段"。该项记录的第一句话不仅证实了凯恩斯的说法，还揭示了马歇尔在未来5年所采取的生活方式：

我们在巴勒莫待了5个月。在屋顶上，无论何时想到什么愉快的事情，我都会继续在此基础上尽情想象。这是在一家叫做"奥利维娅"的印度酒店的屋顶上，屋顶当然是平坦的，还铺上了彩色的瓦片。白天，马歇尔坐在一把美式椅子上，就在那里，他写下了《经济学原理》的前几章。一天，他从屋顶下来，兴奋地告诉我说，他刚刚发现了"弹性需求"的概念。

我们能从屋顶看见康卡德欧的景色，橘林与柠檬树林的金色外壳一直向内陆延伸数英里，群山的一边与海相接，并形成各种形状的半圆。其中有一座山是如此引人注目，以至于令人联想到古老的拜占庭式建筑。当地人把它当做山的典范，在意大利的很多地方都可以看到它被复制在镶嵌画里。在很多秋高气爽的天气里，120英里之外的埃特纳火山看起来似乎在偷看附近一组马鞍状的群山，黄昏时分，在太阳的映照下，其雪峰变成粉色；海的远处，大概70英里开外的地方，是在地平线上若隐若现的利帕里群岛，而大海总是如此的平静，以至于将云影映照在其或绿、或蓝、或紫的海面上。这些山以其形状和色彩为美，因为它们上面光秃秃的，没有树。其实在这之前它们的上面是有树的，用来固定土壤以防止雨季时被猛烈的水流冲走。牺牲未来的福祉以牟取少数个人利益的短视行为，是曾经作为罗马粮仓的西西里如今这么贫穷的主要原因之一。当我们10月份抵达时，这里已经连续8个月滴雨未落了，而群山也主要呈现出灰色与黄色，但是11月上旬下了冬季的第一场雨，于是渐渐地，灰色就变成了绿色。

从房顶还可以看见其他事物。邻居家的小庭院种了葡萄、花卉和柑橘树；阳台上铺了彩色的瓦片，圣诞节前，上边还养了火鸡；下面的街道车水马龙，街边是各种雕像，光与色彩在湛蓝的天空和明媚的阳光衬托下更加壮观。

像古老马赛克的金色背景一样，天空使各种色彩显得和谐而美丽，如果是在英国的灰色天空下，看起来则会低劣而且俗丽。在西西里，黄色的马车与红色的头巾，涂抹成粉色的房屋与明亮的瓦片，甚至彩色的袍子以及街上到处都晾着的破旧衣服，看起来似乎都加强了这种效果；如此强烈的光线当然也带来了很深的阴影，但并不是灰色，而是深紫蓝色，建筑物如此排列也正好投下了影子。

玛丽·佩利这个关于"记述他们在巴勒莫生活的例子揭示了［玛丽·佩利］视觉印象的敏感性和精确性"，尤其是当她在传递水的色彩时。但色彩并不是唯一被观察到的，社会的及经济的现象也同样得到了审视。其实从屋顶上得到的色彩比较少，主要还是从城市及其附近的郊游中得到的。马歇尔举出了一些这些观察到的例子，其中包括那些保存在他的经济著作中的例子。

首先，他们观察到"西西里人都尽量避免走路"，这个现象容易引导观察者得出一个结论："巴勒莫的交通比其他城市都便宜。"1881年春天他们在许多意大利城市访问时，价格的差异确实证实了这一点。巴勒莫的价格是60生丁（法国货币单位），那不勒斯是70生丁，罗马是80生丁，而在旅游胜地佛罗伦萨则是1里拉（意大利货币单位）。尽管如此，在使用金钱作为测量尺度时，仍然需要谨慎：那不勒斯的70生丁确实要比巴勒莫的60生丁便宜，"因为［那不勒斯］距离更远，山也更高大，因此必须好好喂养马匹使之工作，而在巴勒莫，道路平坦，很多动物都可以胜任"。纽纳姆基金会的学生也以更加社会化的口吻评论了西西里"对妇女强烈的撒拉逊人情感"。这意味着很少有妇女敢冒险在大街上行走，与此同时，"一位英国女士，尤其是当她有着漂亮的脸蛋时，除了得到友善之外，还会收获更多的注意"——这位有漂亮脸蛋的英国女士会发现，巴勒莫集市是她最喜欢的景点，而年过中旬尚未婚配的西西里女仆却会认为在集市上购物是不妥当的：

因为在那里，你可以集中看到这个地方所有好玩的东西、色彩，听到好听的声音。我总是去集市买水果，在那里不容易在价格上吃亏。葡萄和梨子非常不错而且便宜，但是橘子和无花果则令人失望，可能最好的橘子都出口了。无花果中间有一根小树枝把它们串起来，从而形成很大的一簇，一些店铺全部都挂满了这样的无花果簇，有些非常之脏，不知道为什么。事实上，最肮脏的东西恐怕也莫过如此了。如果不是没有什么烟，以及用瓦片而不是木头来铺设地板，也许会更脏，也没人敢在教堂的椅子上落座了。

更多对巴勒莫生活的经济观察集中在其"显著的产业本地化"上。这使得手套店、靴子店、钟表匠和书商都集中在特定地区，像椅子制造与黄铜制造等特定产业也集中在特定街道。40年后，《货币、信用与商业》的作者〔指马歇尔〕在1888年给金银委员会的证据基础上，回忆了这些对中世纪巴勒莫产业生命的影响。其中就业方面的例子被用在了从1890~1920年所有《经济学原理》的8个版本中：

一些年前，我在巴勒莫度过了一个冬天，那里一直还保留着中世纪的工业传统；现在在巴勒莫也还能读到与中世纪富裕家庭的工人这类客户群相关的所有材料。如果你试图收集劳动需求方面的统计数据，你可能什么都找不到。没有人失业，因为几乎没有人正常就业；没有现代工业形式对就业的干扰，也没报纸上写的煽情文章。但是我怀疑，巴勒莫手艺人的平均就业率是否高过萧条时候伦敦东区的一半；而平均年收入很可能连后者的1/4都不到。我知道有些是这样的：雇用一整年，然后雇主给工人一些维持该年生计的粮食。但是我认为，在这种中世纪的雇佣体系盛行的某些地方，雇员因此放弃了很多自由，以至于人们怀疑他是否是一个自由人。最近在一次讨论现有困境的会议上，有人提出了反对失业后不再拥有正式收入的充分意见，这使我很震惊。这种观点说明当人们在自己家工作时，就不能证明他们失业了，因为他们的就业是非常规律的，是常态而非例外的。如果他们今天没有工作，没有理由假设他们明天就会有。既然那些人与中世纪的大部分民众处境一样——当工作来临时他们就会接受，因而他们从未"失业"——所以报纸也没有报道的必要。

马歇尔夫人扩展了这些经济类的观察，包括巴勒莫的资本稀缺性及其所暗含的成本与工作质量、牛奶价格及其对土地租金的影响、在西西里享用的面包与水等，他们认为这些最好的东西不应该价格高昂。

如果是在巴勒莫的5个月时间使马歇尔从疾病中得以恢复（玛丽·佩利将其归功于巴勒莫

的"绝对宁静"与"灿烂的阳光"),并在接下来的两年中完全康复,马歇尔一家无疑从西西里之旅中收获颇丰。玛丽·佩利后来回忆说,这次国外的费用几乎高达 300 英镑,是他们在布里斯托尔的房屋租金的一半。

居住在巴勒莫确实也产生了一些问题。温度骤变的短暂黄昏是极其危险的,因为这增加了患"感冒及疟疾……甚至热病"的机会。在巴勒莫的最后一半时间里,玛丽·佩利就染上了这样的疟疾热病,但在丈夫的悉心照料下,她很快就痊愈了。在英国旅行者眼中的西西里的部分坏名声因而得到了验证。强盗的存在让他们的活动也产生了约束:

> 去 3 英里之外的蒙瑞阿勒确实可行,因为沿途附近都驻扎有军队,但是在各个方向上都有可能会遭遇强盗,然后一只耳朵被割下送往朋友住处,并威胁说如果不交大笔的赎金,接着还会有更多。当我们在巴勒莫的时候,简·哈里森以研究博物馆里的一些柱间壁为由,也住在我们的酒店里,她和我绕着佩莱格里诺散步,大概有 6 英里吧,非常愉快。没有什么危害降临到我们身上,但是当我们返回时,却发现整个酒店都被武装警戒了,我们也因自己的鲁莽行为受到了责备。
>
> 在那之后,我再也不敢去乡下散步了,不过就是在城里也有很多事可做。巴拉蒂小教堂是我最喜欢同时也是待得最久的地方,我还试图把它画下来。教堂很小,缝隙状的窗户使得光线非常昏暗,当人从外面进来时,除了大量昏暗金色的阴影之外就什么也看不见了。尽管如此,美丽壮观的轮廓及其细节还是渐渐呈现在眼前了。轮廓是诺曼式的,撒拉逊工人将其涂满了丰富的颜色与东方元素。最美丽的还要数教堂的金色后殿,周围是隐约出现的伟大基督的头像。

然而,天下没有不散的筵席,到 2 月底就要回家了。对此的记录保存在 1882 年春玛丽·佩利对水色的多处描绘中,"卡普里四处,罗马一处,威尼斯两处,巴伐利亚几处,还有关于莱茵河的几处"。马歇尔还根据《经济学原理》方面所做的进展,以更加散文式的风格记录了旅行中的细节。罗马及佛罗伦萨的艺术吸引力(3 月底 4 月初)恐怕阻碍了这期间《经济学原理》的进展,但我们并不能从他们的所见中推断出什么。根据凯恩斯对马歇尔在巴利奥尔·克罗夫特的起居室里高到天花板的米开朗基罗雕像的回忆,以及玛丽·佩利对在轮椅上探索庞贝古城和在小船上(因为马歇尔患病,故不能步行)欣赏威尼斯的经历的详细回忆,对西斯廷教堂的访问是一次例外。然后他们继续动身去巴伐利亚(5 月 19 日到 6 月 1 日在韦德布鲁克,6 月 4 日到 8 月 3 日在阿亨湖和瓦尔兴湖),接着他们悠闲地沿着莱茵河逆流而上,最后在 8 月 23 日到了伯恩矛斯大学,在那里他们拜访了玛丽的父母,然后又在那里度过了 1 个月的假期。

斯坦福德郡的陶器、黑泽的舞蹈、米德兰的工厂与约克郡的采矿业

马歇尔在英国度过了许多暑假,这些往事一般都保存在玛丽·佩利19世纪80年代所写的"工业之旅"日记中,少数保存在与朋友的来往通信中。前者包括了对伍斯特及伍尔弗汉普顿的访问(也许同他们1883年在彭布鲁克郡的假期连一起);1885年的一次英国北部之行和一次1888年的东北之行,这两次分别与前面总结过的在(英格兰西北部的)湖泊地区和约克郡的假期描述一致。这些日记证实了本章一开始就强调的他们暑假的特征:马歇尔的假期"明显地分成一个山间或海边的努力思考阶段,以及为了了解工人及其工作而对城市和工厂进行访问的写作阶段"。

工厂的规模往往会很大,明顿家族雇用了1 700名工人,布朗·维斯特德家族也雇用了1 000多人,规模经济和机械化则是主要原因。《经济学原理》中对这种大规模的另一个解释是:小的制造商除非采用试验的方式,否则甚至不能负担新款式和新设计的实验费用。考虑到生产市场已经能反映良好产品的进步,它的机会其实更好。很大一部分比例的员工是妇女,她们大部分做着不需要太多技术、比较机械化的任务,因而她们的"学徒"工作也被局限在"低[级]的绘画与转压凹版"上。妇女们同样也做了大部分不卫生的工作,诸如"刷洗掉陶器上的碎片",这样则会吸进随之而来的粉尘,进而患上呼吸系统疾病,而把陶器浸入含铅的釉质中同样也是一件危险活动。尽管如此,已婚妇女往往还是会回到以前雇用她们的地方,可能是因为"除了不健康的粉尘以及一些热浪之外,总体上来说,这份工作看起来还是愉快和健康的。被绿树和杜鹃花环绕的布朗·维斯特德家族工厂是我见过的条件最舒适的。一个卫生用品的制造商,其车间窗户上[甚至]还挂着鲜花"。此外,马歇尔夫妇观察了工人住房,在他们眼中,条件还是很不错的。

一个工人的肖像——马歇尔的守护神,以提醒他在经济学研究上的真正使命

这次1883年之行结束于对伍尔弗汉普顿和黑区(位于英国英格兰中部)的访问,目的是视察当地的工具制造产业,他们制造了各种各样的工具,大部分是为了出口。尽管这个产业中几乎所有工作的工资都很不错,马歇尔夫妇还是听到了很多对该地区经常出现酒鬼事件的不满,但是相对来说,只有很少不满是关于行业公会与雇主之间矛盾的。

他们接着在黑泽休息了 5 天，观看了水上舞台上表演的舞蹈，星期天欣赏了一场由救世军管乐队演出的宗教音乐会。"他们演出期间大量募集钱财，借用这种娱乐方式以支持和尊奉上帝以及魔鬼的工作，还有听到金镑的馈赠时高呼的哈利路亚。"周围的观众主要是附近的工厂工人，在这样众多的人群中，并没有看到酒鬼甚至喝酒的迹象，而他们也被观众巨大的热诚和真挚以及满脸的虔诚所感动。他们在咖啡宫殿里吃了 3 天的土豆饼。由于黑泽的东西并不便宜，马歇尔夫妇还为这个事实感到难过，但是他们还是表扬了其"相对开阔的海面和舒适的沙滩"的吸引力，以及非常受欢迎的水上舞台、散步和舞蹈、骑驴、乘蒸汽轮郊游以及在冬景花园听到的美妙音乐。尽管如此，布莱克浦自然景色的吸引力还是差强人意，比起附近的莫勒坎贝来说还差得很远。为了准备 9 月下半月对基思利和谢菲尔德工厂的继续访问，他们在艾斯加斯休息了两个多星期（9 月 1~16 日）。

在休息两周后，他们继续像之前那样快节奏地视察工厂。9 月 16 日为了访问一家纺纱厂而去了基思利，这是"一座理想的工业之城"。这家纺纱厂启发了他们观察专利对机器成本的影响——"在专利到期前，一台能够卖出 800 英镑、成本只有 5 英镑的机器是值得买的，因为它使需要较高技能和大量劳动力的工作被只需要 1/8 工资的爱尔兰劳工所替代"。然而这种效应并不普遍。工厂主告诉他们说，"机械化的趋势是提高而不是降低工人的平均智力水平——如果能够［雇用］到更聪明的工人，他可以做得更好"，而这也正是《经济学原理》中所盛行的观点。两天后，他们访问了基思利的哈特斯利编织厂。这家厂的专利机器"在市场上独占鳌头，因为它能够一分钟绞 80 股而不是 60 股"。那个给他们在工厂引路的"非常聪明"的向导质疑技术教育给他们带来的优势，但却"屈服"于一个"关于染色"的话题上，记录中并未对此进行详细披露。在这些访问中间，他们还去了哈沃斯（9 月 17 日）和萨尔泰尔（9 月 18 日），在那里他们没能访问到当地工厂，只是视察了这个城市："更多的公共洗浴中心开始投入使用，还有漂亮的音乐室"，但是马歇尔夫人却回忆说"更喜欢基思利的生活"，"这是座理想的工业之城"。

接着是在谢菲尔德待了一周。周六晚上（9 月 19 日），在被玛丽·佩利简洁地描述成"墨色如画"的城里走了一天之后，他们"去了所有的市场，看见一个女人在拍卖锅；一个便士买了 12 条带子；肉市很拥挤，但是肉卖得很便宜"。星期天，尽管"街上的人很粗鲁"，玛丽还是一个人去了救世军会议，但是当下午一起研究工人的住房时，他们推测，更优雅的中产阶级的住宅应该是在郊区。她注意到，劳动者的住处都是"按照一种模式建的：便宜，只有四间房，其实本可以有五间的。一周 5 英镑的租金"。星期天开始了访问谢菲尔德的真正目的，即视察这座城市得以出名的金属加工产业。他们所做的观察可与《经济学原理》中的观点联系起来：

9 月 21 号访问了史蒂文森先生的铸字机工厂。他说英国只有 6 家铸字机工厂，它们形成了垄断并控制了价格。铸字机的价格与其原材料铅的价格相差无几，而现在铅的价格非常便宜，因此它们的利润很丰厚。垄断是由于：（1）需要对工人进行长期专门的培训；（2）需要大量各种类型的机器。每样机器都需要专门的熟练工人来铸造活字，而铸造足够多的活字需要消耗极长的时间……活字铸造机器与手工劳动齐头并进，非常有趣……使用活字铸造机使铅字的成本从5/6降到了1/10。阿尔弗雷德建议说，铅字应该用压缩空气系统来进行冷却。史蒂文森提到了雇主与雇员之间的冲突，并说道，大量的摩擦其实是可以避免的，那就是：（1）和团队中的成员而不是仅和代表们谈话；（2）通过发布长期通告来转换他们的思想；（3）引进机械时要慎重，并制定规则，保证不会解雇工人。他说除了这些麻烦外，没有别的什么麻烦了。而这些麻烦使其收入降低了20%，但这个行业工资又特别高。他说他没有料到，原本是为了提高工人能力的机器，竟然使熟练工与非熟练工的差别消除了。这种情况可能对谢菲尔德的行业来说更常见，因为手工劳动要求比机器劳动更高的技巧，但是在谢菲尔德的刀具及其他类似行业中，企业和一流的机械却比其他行业都少得多。我们见到了阿布拉姆·克鲁克尚克先生。他很保守，非常反对机械化。他宣称，机械使得锉刀多年未有改进。他还说，谢菲尔德的工人们很愤怒，因为德国制造的剪刀在英国被大量销售，并给我们看了伯明翰剪刀的广告，一罗（144个）才20英镑。我们下午访问了赫顿的电镀企业，被劣质的机械所震惊。妇女们在用力地洗刷、电镀、磨光和打包，而洗刷是非常肮脏和令人难受的工作……

第二天，马歇尔夫妇访问了一家锉刀厂并"看到了全部的生产流程"。用机器切割锉刀的好处已经被事实证明了，因为手工切割要求至少七年的学徒训练，而如果使用机器的话，一个女孩三个小时就可以"将锉刀切得非常好。向导说手工切割者们都逐渐转向使用机械，因而挣的工资也更高。但是总是有些工作必须依靠手工才能完成"。下午，马歇尔夫妇研究了杰索普钢厂的"泡钢流程"。访问期间，杰索普先生还哼起了谢菲尔德工人的赞歌。

这次访问还启发了他们对特定区域内产业集中优势的观察，后来成为《经济学原理》生产分析中的一个重要主题。谢菲尔德金属产业的高度集中还产生了一个专门分拣碎屑并处理废品的企业。《经济学原理》用这个例子来说明废弃材料"几乎不可能在当地制造业发生，即使它在少数人手里"。对访问刀具厂的回忆包括"凹状磨除"和"令人失望的剃须刀演示"。第二天，他们去了一家大钢厂。这家钢厂用机械生产装甲金属板，并向他们展示了谢菲尔德得以成名的酸性转炉钢的操作流程。谢菲尔德之旅以对索尔贝钢锯厂的访问结束。

第三次工业之旅是在1888年。这次去了约克郡、矿业城镇、铁厂，回来的时候还去了莱斯特。现存的旅行记录记载道，马歇尔夫妇从斯托克顿出发，接着去了布罗顿和斯金宁格罗夫附近的矿业城镇，并如实地记录了矿工屋子的特色："又高又瘦，但是屋前空地很宽阔。"然后去了米德尔斯布勒的一家铁厂，据说那里的矿渣量占英国的1/4。贸易正在从严重的经济萧条中缓慢恢复，可以从妇女儿童的脸上看出这种迹象。紧接着他们访问了斯托克顿，习惯性地在工人们的房屋之间散步，搭电车去郊区并观看剧院中演出的莎士比亚戏剧（但是他们是否真的去看了，我们不得而知）。然后去漂亮的诺顿村庄搭乘火车再到哈特尔普尔。在哈特尔普尔，他们参观了造船业与维修业，看见能负载90吨的起重机。9月23号，他们访问了格雷斯迪欧庄园的布思一家人。两年前，当布思正要开始调研著名的伦敦穷人时，马歇尔与他结识了。途经莱切斯特，他们回到了剑桥，而在米德兰工业城镇时，他们还花了点时间去视察了一个合作性的靴子加工厂，这家厂一共雇用了700名男工和200名女工。此行记录的社会层面要求大量的引用：

> 机械既复杂又有趣。一台装有计量器的机器可以记录针脚，但是每次都得付给专利的主人一笔价值不菲的费用。一位代理商会时不时地过来检查计量器的使用情况。还有用来给鞋面定型的机器、给纽扣打眼的机器、填眼的机器等等。最要求集中精神的工作是裁剪，即将鞋面与皮面剪开。经理对女工的评价很高；女工们通常被雇用来做填眼、打眼以及缝针脚之类的细活——恐怕只有男人会反对——但经理坦言道，婚姻会干扰对此类工作的培训，因而除极个别情况外，他不会雇用已婚妇女。这些女工看起来非常漂亮，也很健康、开心。他说她们比那些小伙子更会花钱，不过她们的工资待遇也不错。他说那些男工虽然挣得多，但乱花。一个14岁的小伙子，一周挣16英镑，其中6英镑给父母，剩下的都花在剧院、赌博等上了。还说，男人们通常只把一半的工资给老婆，剩下的都自己花掉了。他们买东西的时候很不明智，例如买不适合工作的精美皮靴。他说穷人将钱都花在垃圾东西上是他们一直辛苦的主要原因。他还说，现在的男孩带回家的钱占工资的比例越来越小了，他们这么年轻就挣这么多并不是一件幸事。然后他们结婚了，并指望老婆来养活他们。他说工人家的孩子更懂事。英国的鞋厂不像美国那样分工很细，部分是由于工会（保守派）的反对。这位经理将自己描述成在采购与销售等问题上独立作决定的人，说他等不了委员会的决议。

当马歇尔注意到莱斯特是工人阶级鞋靴的制造中心、北安普顿的鞋靴是给"上等人"做的之后，手稿在这里突然中断了，并没有像先前承诺的那样给出这种地方特色的原因。

以上展示的数据是马歇尔夫妇在英国消暑时收集的，但只是小部分数据而已。因为他们在英国与欧洲大陆过暑假时，大部分时间都在作这种类型的社会与产业观察。在以后的工作中，马歇尔使用这些自己观察到的例子的方式，大部分都与《经济学原理》有关。本文中一个有趣的特征是，这些例子的使用都非常频繁。它们贯穿在整本《经济学原理》中，一直到因为过时而丧失了起初的价值。这表明，在这些视察之旅中存在着偶然经验主义的危险。

此外，正如惠特克曾经注意到的，用这种方式获取数据的程序，代价不菲。它占用了宝贵的写作时间，尤其是当大部分这种类型的数据都可以从书籍中有效地获得时。它也向世人展现了马歇尔对尝试几乎不可为之事的迷恋，即"从所有层面理解这个永远变化的经济现实"。当然，这些产业之旅并不是本章开始前像马歇尔在其自传中所声称的那样，只是为了学习技术和其所暗含的工资水平。玛丽·佩利在其笔记中也推翻了其他的目的，而是与马歇尔作为一名社会探求者和改革者的形象一致。大部分观察都是关于妇女工作及其影响的，以及劳工的生存水平（住房、食物）和生活水平（娱乐、休闲、花钱习惯）及其效应，这些看他们的脸就知道了。在很多这些类似的个人考察中，将脸作为社会指数的研究显然有些别出心裁。也许这是马歇尔在尝试模仿勒普莱，用一种很随意的方式作研究。作为其全面社会调查的一部分，马歇尔夫妇既研究了工厂生产的方法，又研究了其效果。

他们采用冯杜能式的方法来收集事实：确认现有理论和观点，而不是创建新的理论与观点；阐明产业实务的所有方面，从而使得这些理论或观点在现实中都有据可循。相比数据采集时所费的时间而言，在其出版作品中，马歇尔直接可见的、使用这些数据的次数并不多。尽管如此，就像1875年美国之旅这个具体例子一样，他将这些隐藏的事实基础分别阐释清楚，然后形成了自己在妇女问题、社会主义问题和社会改革问题上的观点。

通过引用马歇尔通信中的一些简短摘要，其假期的一些其他特征也得到了凸显。在威尔士度假时，他们还访问了斯坦福德郡的陶器厂，而他们把大部分时间都贡献给了"食物、洗浴、画草图、在河里和海上泛舟"。对于康沃尔春天的一个假期，16年后的记录表明，他们从普利茅斯出发，途径福韦和韦德布里奇，到达博克斯特尔。马歇尔非常喜欢这种旅行模式。一封从伯恩茅斯寄给埃奇沃斯的信简洁地表明了马歇尔喜爱在暑期中从事的、第三种类型的活动："通常，天气好的时候我就开始写作，在悬崖上。这里的颜色非常漂亮，有很多粉色或者红色的石楠花，有明黄色的金雀花、深橙色的砂岩悬崖以及蔚蓝色的大海，这些元素组合在一起，如果是在室内，那就太花哨了；但是我认为屋外的大自然是不会自我炫耀的。"

马歇尔夫妇在欧洲：阿尔卑斯山的村庄、意大利湖及经济学家茶会

如本章开始所述，1891~1909年，除极少数例外，马歇尔夫妇都在欧洲大陆度过暑假，一般来说是在阿尔卑斯山。他们的欧洲假日之旅是从1891年的夏天开始的。玛丽·佩利回忆说，这是他们的"环游"，但这次旅行现存的记录很少。这次旅行开始于8月初，最晚于9月中旬开始，有记录说去了巴黎、维也纳和德国，并安排了前一年出版的《经济学原理》的延迟庆

祝。这次没有玛丽·佩利描述的水色记录，可能是因为他们没在一个地方待很长时间。返回英国一个月后，玛丽·佩利在给朋友本杰明·乔伊特的信中作了简短的说明："回来的路上，我们去了德累斯顿。我第一次看见西斯廷圣母画像。我对该画像的不恰当之处并没有什么概念——谁会真的相信拉斐尔是在梦里看见圣母的？我们喜欢参观所有的城镇，尤其是布拉格。"在《工业与贸易》的一个脚注中，马歇尔回忆了此次旅行中发现的一些产业特征，表明对这次郊游也难免要作此类观察："在1891年，当我访问波希米亚的某个大型工程机械厂时，那位经理说道，'看那个小伙子。几个月前他还一周只赚5先令。现在我一周付给他12先令，而他要负责三台半自动的机器。在你们国家，只有熟练工人才被允许操作这些机器，尽管这其实并不需要技术，而每个工程师都被迫将自己的注意力只局限于一台机器'。"从这些事实来看，似乎1891年时马歇尔夫妇的旅行是从英国开始，接着到了巴黎和维也纳，然后在奥地利一个有水的地方遇见了塞利格曼一家，接着是布拉格，然后经过波西米亚到达德累斯顿，再途经德国与荷兰之间某个尚未清楚的路线，大概是在科隆，最后返回英国。这条令人着迷的路线提供给他们的景色及其他活动，如果能够给他们留下清晰的印象并记录下来，对填补其偏好和习惯的稀疏知识是很好的。

大多数其他的欧洲假日并不包含如此之多的旅行。火车几乎能到达欧洲的任何地方，而马歇尔夫妇确实也走遍了欧洲。他们旅行时总是带着很多箱子，大部分是书籍和文献，以供马歇尔写作时使用。从这点看，在一个地方长时间逗留倒是明智的。玛丽·佩利后来回忆说，南蒂罗尔，尤其是多罗米蒂地区，是他们最喜爱的地方：

> 大部分的长假，比起瑞士来，我们更喜欢待在南蒂罗尔，因为1890～1912年的多罗米蒂地区还没有被游客和车辆破坏，尤其是在山谷的一侧。那里的人们淳朴、友善，我们和他们成为了好朋友。最主要的原因还是菲洛梅娜在那里开了一个小酒馆，于是我们在她那里过了三个暑假。她非常相信"亲爱的主"，当我们最后一次同她告别时，她说："我们将在天堂相见。"另外一家酒馆的女主人则非常骄傲，因为她的一个儿子做了牧师，而另一个儿子也在维也纳做了拉丁语教授。这位教授常常放假就回家，他喜欢与好友一起坐着喝酒聊天来享受生活。一次，他带了一位维也纳的艺术家回来，而这位艺术家曾经在新界的墙上画过拉丁传奇人物，其中一个传奇人物代表了拉丁元素和瑞提阶（拉丁民族诞生之前的民族形式）元素的融合。有一个瑞提阶妇女同意嫁给一个拉丁男人，但前提是他永远不会摸她的前额，但是随着时间的推移，他偶然碰了一下，然后女人就消失了。在山谷的一侧，拉丁语是常用语言，而大部分农民既不会德语也不会意大利语。

在另一个场合，玛丽·佩利回忆了他们"在［斯图本］酒店的巨大房间，房里每种东西的数量都是三：三张床、三张大桌子、三个真人大小的十字架"。在信中，马歇尔回忆了这些旅行的其他重要方面，一些（布伦塔诺和纽纳姆之旅）前面已经说过了。1908 年 6 月，他写信给比利时经济学家勒瓦塞说，他的暑期计划使其无法出席统计学会在巴黎的会议，因为他需要在高海拔地区待很长一段时间，主要是为了加快写作进程。从剑桥大学经济学教学职位上退休之后，在他们第一个欧洲假日之旅的文本中，马歇尔解释道：

> 我已经寄了一百公斤的书籍和手稿到南蒂罗尔了；而我和妻子也已经订好明天从哈里奇出发的船票了。我希望夏天能在高山的空气中写作，然后返回剑桥大学再继续写作。因此你会发现，我是很难转变主意的，或很难出席统计学会在巴黎的会议了。

玛丽·佩利也生动地回忆了在阿尔卑斯山的假日里马歇尔这种露天写作的习惯：

> 阿尔弗雷德在露天——尤其是在高山空气中——的工作效率很高。下雨的时候，他会坐在酒馆的阳台上，把菲洛梅娜的酒馆称做是她的"颐和园"来逗她开心。晴朗的日子里，他会去树林里，他在那里用气垫和野营工具弄了一个"宝座"，其后侧靠着一堆石头，非常舒服；坐在那里，他会数小时都完全沉浸在写作中。一天，他偶然抬起头时竟然发现一只岩羚羊就站在几英尺开外。它一边叫一边跺脚，然后静静地回去了；第二天，它又出现了；有时，奶牛会从后面出现，就在他的脖子边喘气。他一定是很"细心"才选中了这块"宝座"，否则"景色"怎么会这么好呢。

同样，玛丽·佩利记录了他们在安排高山逗留时遇到的新问题，因为在一战后，欧洲之旅开始变得复杂起来。新增加的护照及其他文件的规定只是一部分问题，连 1919 年他们本应好好享受的欧洲假日之旅也被剥夺了，这是他们本打算用来庆祝《工业与贸易》的完工的。一年后，在去蒂罗尔度过最后一个欧洲假日时，这次火车旅行很不舒服，更不安全，给他们带来了很多麻烦，还差点把《货币、信用与贸易》的手稿给弄丢了。

1919 年 7 月，《工业与贸易》完成后，阿尔弗雷德急需彻底放松和休息。医生建议他最好能去山里面，于是他准备去福克斯通，而我负责护照等事宜。天气很炎热，而我那天大部分时间似乎都挤在人群中和坐在领事馆前的台阶上了。当终于轮到我们时却被告知，必须返回剑桥大学去取银行或其他之类的证明文件。我很绝望，于是傍晚时才到福克斯通。我们一致认为，欧洲大陆上可能会更麻烦，所以我们最好还是待在英国消暑。他确实开始写第 3 卷了，但是他还是非常疲倦，所以 1920 年 6 月的时候，我们决心再试试出国。

　　火车驶出米兰大概 20 英里后，在一个小站上，车门打开了，说是开始闪电了，通知我们下车，行李还是留在车上。费了很大的力，我们才找到一辆摇摇晃晃的马车把我们和行李一起送到米兰。但是当我们抵达时，却没有一家好的酒店肯接待我们，他们似乎看不起我们破破烂烂的马车和并不鼓囊的行李。多次努力无效后，我们被一个三流的意大利酒店收留了，然后就在那里待了三天以等待闪电结束。我们都不会意大利语，要不是英国大使丘吉尔先生，我不知道还会发生什么事。他在明白把阿尔弗雷德送到高山上的重要性后，说我们别等行李了（他会负责的），火车一开动就尽快离开米兰。还把他会讲英语的"使者"借给我们并吩咐他送我们离开。第三天早上，火车准备开动时，我们和这位使者一起去了火车站，他说，"你抓着我的衣服，他再抓着你"，然后他拉着我们和行李箱，穿过等候在大厅里密密麻麻的人群，而空气里到处都是拥抱的人们以及祝福的话语。他成功地让我们挤上了一节头等舱。舱里坐满了人，然后我们被送往维罗纳。除了站台名从德语变成了意大利语让人有点疑惑之外，我们还算顺利地到达了目的地阿贝太，而我们就靠着箱子中的物品和买的一些食物生活。这段时间，我常常被一个念头所困扰——我们可能再也看不见我们的重箱子了，因为里面装了所有的注释手稿，这与后来名为《货币、信用与商业》的书有关，但是奇怪的是，阿尔弗雷德一点都不为此担心。6 个星期后，在一场暴风雨中，我们的行李终于到了，我非常高兴。多亏了那位领事，这些箱子既没有开封也没有检查。这是我们最后一次去欧洲大陆旅行。由于阿尔弗雷德的记忆在逐渐丧失，身体状况也在慢慢恶化，我觉得我们不能再冒险了，但他却总是对他最爱的南蒂罗尔怀着渴望之心。

奥地利假日有时有机会与其他经济学家见面。玛丽·佩利记录了他们与一群杰出的奥地利经济学家的会面，同时，摄像机也捕捉了一组关于这次偶然相聚的场景照片。

　　有一年，我们发现邻村聚集了很多"奥地利学派"的经济学家，有冯·威泽斯、博姆·鲍威克斯、朱克坎迪斯及其他一些人。我们壮着胆子邀请他们来参加一个茶会。茶会在我们的大卧室里举行，这也是这个酒馆最大最舒适的房间了。之后，我们在附近原野上的一个帐篷里逗留了很久。菲洛梅娜对如此尊贵的客人即将到访感到非常骄傲，她早上 4:00 就起床准备新鲜的黄油和各种各样的美食。博姆·鲍威克斯虽然瘦小但是很结实，动作敏捷，他还是一位勇敢的登山者，几乎每天都要爬一次多罗米蒂。而这似乎有些消耗了他从事经济学研究的能量,因为他不怎么想讨论利率原理。我非常恐惧这个话题,但是他和阿尔弗雷德在近期的通信中却讨论得相当热烈。冯·威泽斯教授看起来气质非常高贵,与妻儿在一起时也非常愉快。我还非常喜欢奥地利学派回赠的那个茶会,是在他们消暑的那个漂亮的老农屋子里举行的。

在巴伐利亚境内的阿尔卑斯山和蒂罗尔的旅行经历——产业的本地化以及为了控制人口而只允许每个家庭的一个男孩娶妻的习俗——同样也被应用于《经济学原理》的文本中。在19世纪90年代晚期的写作中,马歇尔记录道:"不久以前,蒂罗尔西部的旅行者还能在村子里发现一种叫做茵斯特的既奇怪又极具特色的习惯遗迹[每个村子都是一个生产分支]。不知道村民们以什么方式掌握了养金丝雀的专门技术。于是,他们中的年轻人每人带着大概50只鸟笼,挂在一根扁担上,用肩挑着,去欧洲的各个地方开始售卖,直到卖完为止。"那种欧洲村落的婚姻习俗,是马歇尔在一次对巴伐利亚境内的阿尔卑斯山的雅兴瑙山谷访问时观察到的。当时,这种习俗还一直极富生命力,并产生了相当奇特的社会效应:

> 1880年访问巴伐利亚境内的阿尔卑斯山雅兴瑙山谷时,发现这种习俗还一直极富生命力。由于实施了一项极富远见的政策,加之最近他们的木料涨价了,这些居民因此过上了富裕的生活。他们住在大房子里,年轻的弟妹们则作为他们的仆人住在老房子或别的什么地方。对于邻近山谷那些整日工作却依然贫穷而且生活艰辛的人们来说,他们是另类的。但是那些人似乎也认为雅兴瑙人丰富的物质生活代价不菲。

《工业与贸易》还赞扬了来自蒂罗尔的格罗登纳·塔尔的工匠们,从而阐明在这个著名的伐木产业里,魅力与苦恼并存着。1903年,在同事不断地请求他为新学年列出一个学位必读书籍目录之后,马歇尔在写给福克斯韦尔的信中说道,它本来可以让他彻底放松休息的:

> 宁静的山林把我的邪恶灵魂都带走了,晚上我也不会再梦见经济学了。但幸运的是,昨晚醒来时,一幅图浮现在我的眼前,上面正好是书籍的目录,我已经寄给你了。它看起来很短,我想一定是哪里出现了问题。于是我一直盯着它,直到天亮才发现,我把曾经在一张幻灯片上列出的很多书籍都给漏掉了。

就这样,快乐与工作相伴,假日也能创造出书目和经济学课本的插图,从而免于日常生活的苦恼。

最后的英国假日（1921~1923 年）

马歇尔最后三个暑假是在多西特和东拉尔沃思度过的。后者离考夫城堡不远，一战的前几年，马歇尔夫妇在那里度过了两个与世隔绝的假期。这里延续了他们对海边的偏好，布里克瑟姆这个更偏西南的海岸是他们 1911 年的暑假胜地，而托基是他们 1919 年短暂的暑日之旅的栖息地，因为战后在大陆旅行的手续十分烦琐。托基也离托特尼斯不远，后者曾是马歇尔年轻时待过的地方。19 世纪 50 年代，泰勒商业学校放假后，他去了路易萨姑姑在托特尼斯的家，并在那里慢慢恢复了活力。但是在最后的这些英国假日里，产业观察都局限在对渔船的随意审视上，正如他在布里克瑟姆写信给凯恩斯时所述的，通过留意鱼市，《经济学原理》中早就作过的鱼价分析让他产生了一些胡思乱想，而不是受到鱼市的启发。然而，马歇尔却没有把这些渔船视为一件件固定资产，而是看成其生命倒数第二个 10 年中妻子描绘水色时的主题之一。他将自己的活动描述成有意识的决定，"目的是研究 1911 年德文郡春天的演化过程"。在德文郡他们租的农舍的长廊上，同样还可以研究各种各样的石头与海的组合。推测起来，在这里，同样是对自然的冥思，马歇尔做了很多工作，这些长期艰苦的努力终于在这个 10 年结束时演化成《工业与贸易》一书。就像 20 世纪 20 年代最后几个夏天他们远离剑桥大学一样，马歇尔终于完成了《货币、信用与贸易》，里面用到的材料有些都超过 50 年了。正如其著作中的指导思想一样，马歇尔在假日实践中保持了一种高度的连续性，这反映了人们普遍珍惜的由习惯的力量所带来的稳定性。玛丽·佩利在其回忆录的最后一段中也简洁地描述了这一点，同时，这也形成了本章结束时最贴切的词汇，尤其是评论马歇尔的背景时，"在逝世前几天他说道，'我希望你已经准备好了我们在多赛特的住宿，因为几天后我们就要出发了'"。

最后的三个暑假，我们都待在一个叫做阿里什梅尔的可爱却又孤寂的多赛特海湾里。他在那里创作第 3 卷书。但在 1919 年的《工业与贸易》完成后，他的记忆开始变得越来越糟糕，很快医生就告诉我说，"他再也不能写出新的东西了"。事实确实如此，但幸运的是，他并不知道这一点。因为在过去，他从书房出来时常常会说："我刚刚过得愉快极了，没有什么欢乐能够比得上做一些有建设性的工作了。"

第8章

丈夫和不同寻常的伙伴

1877年8月17日，在北安普郭郡的福德教堂，马歇尔与玛丽·佩利举行了结婚仪式，从而结束了他的单身生活。当时，他还居住在剑桥大学的圣约翰学院。主持婚礼的是新娘的父亲托马斯牧师，同时新娘的母亲安·佩利（婚前姓沃莫尔德）也作为嘉宾出席了婚礼。其他参加婚礼的来宾还有新郎的父母威廉和丽贝卡·马歇尔夫妇、新娘的哥哥乔治·托马斯、已婚的姐姐安丽·布朗以及新郎的妹妹艾格尼丝和梅贝尔。在结婚典礼上，马歇尔同他的妻子并没有签订相应的"服从条款"（这是维多利亚女王时代结婚仪式中应有的一项程序），当新娘的父亲得知这个消息时表示强烈反对。事实上，在马歇尔去往美国期间曾给他的母亲写过一封信，在信中提到了美国的一神派，还刻意提到他们的婚礼仪式已经取消了这一程序。这个决定在一定程度上也反映出了这对年轻夫妇在思想上的转变。婚礼上，新娘没有像其他新人那样蒙着面纱，她只是身着白色的衣服，头上用一点茉莉花进行了简单的装饰。就这样，她穿着普通的衣服、戴着一个普通的褐色帽子走过了婚礼的红地毯，看起来并不像一个正在举行婚礼的新娘。婚礼结束后他们在康沃尔度过了一段漫长的蜜月生活。

这对年轻的夫妇对伦理学有着浓厚的兴趣。当时他们都在剑桥大学讲授政治经济学，马歇尔在圣约翰学院，玛丽·佩利在新成立的纽纳姆学院。他们在结婚之后继续着经济学领域的研究，并且合作出版了一本书。对于他们的这段婚姻，凯恩斯曾说道："如果他们性格脾气完全不同，就算他们在经济学上有着共同的爱好，他们也不可能长久保持着这种相敬如宾的夫妻生活。"他们之间存在着一种微妙的合作关系，这是一种建立在深厚的信任之上的关系。他们彼此依赖，如同没有了对方就无法继续生活。他们的这种热爱和相互钦佩随着时间的流逝不但没有削弱，反而愈加狂热。他们之间的这种默契为众人所羡慕，并被朋友和亲人深深祝福着。乔伊特与马歇尔夫妇是在布里斯托尔大学相识的，那时他们刚刚结婚。11年后他在给玛丽·佩利写的一封信中说："我一直认为，你们是我所认识的朋友中最快乐的人。你们对经济学有着共同的兴趣和追求，你们拥有着简单但却完美的生活方式。"乔伊特的这段评价是基于他们在牛津大学的长期相处后给出的。当马歇尔夫妇还在布里斯托尔大学和剑桥大学的时候，乔伊特就经常去拜访他们。20年后，他的侄子克劳德·吉尔博对他们夫妇也给出了同样的评价。在马歇尔去世之后，他们的学生费伊和玛丽·佩利的几个好朋友也都是这样描述他们的。

在婚后47年的共同生活中，他们之间心心相印，息息相通。玛丽·佩利对马歇尔的感情成为了马歇尔的精神支柱。几乎可以说，她把自己的一生都无私地奉献给了他和他的事业。她经常撰写一些关于这方面的回忆，并且讲述这些事情已经成为了她的习惯。记录表明，玛丽·佩利是一个一贯走在时代前沿的女子，她心地善良、满怀热情，对生活从不悲观，对任何事物、任何人都充满热心。婚后她仍然继续着自己热爱的工作，虽然她接受过专门的经济学教育和伦理学方面的考试，但这在当时的中层社会中还是十分罕见的。此外，马歇尔曾经担任过玛丽·佩利在伦理学方面的老师，他们在学术方面有着很多相似的思想，这使得他们之间存在着一种融洽的合作关系，而不再是简单的单方面努力。马歇尔同夫人合作出版的第一本著作是《工业经济学》，封面上赫然写着他们夫妻俩的名字。事实证明，马歇尔的这段婚姻已经超越了简单的夫妻关系，他们展现给人们一种特殊的模式，并且在布里斯托尔大学的早期生活与在剑桥大学的后期生活中都始终保持着这种生活模式。这与玛丽·佩利在女性权利上强烈的、进步的观点有着很大的联系。随着她把自己的一生无私地奉献给了马歇尔和他的事业，他们的关系也得到了进一步升华。本章以此为基础，详细描述了马歇尔在婚姻中的丈夫角色。其中包括一些人对他的回忆，有关于他生前的，也有关于他去世之后的。但就马歇尔的生活这方面而言，对于这些来自不同人的叙述，我们很难去衡量哪些是事实，哪些是经过主观意识而捏造的。

首先是罗伯逊对马歇尔的回忆，他是一位中世纪经济学方面的历史学家。莫德·塞勒斯博士是玛丽·佩利的一位老朋友，从事销售工作。19世纪70年代早期，她回到了纽纳姆学院，并且因一次偶然的机会来到了贝利奥尔学院。

第二部分是塞利格·珀尔曼的儿子对其回忆的转述。1938～1939年间，塞利格还居住在加地夫，他因学术交流的机会被梅纳德·凯恩斯邀请到剑桥大学作学术报告，经费是由马歇尔遗赠给经济学和政治学研究人员的资助提供的。塞利格欣然地接受了凯恩斯的邀请。

大概是1939年3～4月期间，塞利格在完成多次演讲之后正打算离开剑桥大学时，突然收到了凯恩斯的口信，说玛丽·佩利邀请他去喝茶。但是近一个半小时的谈话似乎让他有些为难，他不知道在如此长的时间里该如何寻找足够多并且能够让马歇尔夫人感兴趣的话题。凯恩斯随后的一番话消除了他的疑虑。他让塞利格不要担心，马歇尔夫人会主动找出谈论的话题，他只要认真地听她述说就可以了，或者说他要准备好做一个耐心的聆听者。事实也正像凯恩斯所说的那样，他们在斯巴达附近度过了下午茶的时光，马歇尔夫人一直都在谈论着，就像他所预期的那样，唯独不同的是她所谈论的内容都是一些关于马歇尔的琐事，譬如说马歇尔是如何多疑、如何自私以及在学术上是如何的不幸。

此外，奥斯汀·鲁宾逊在对玛丽·佩利所著的《我的回忆》一书的评论中讲述了一些关于她人生的第二个阶段（即婚后时期）的一些事情。他这样写道："她被阿尔弗雷德束缚近四十余年，但她却否认这种'奴隶状态'，马歇尔把她当做'愚蠢测试仪'①，即来判断自己的一些作品被接受的程度，她是各种素材的统一体，是他与令他感到愤怒的现实生活的挡箭牌……阿尔弗雷德为何要让他伟大的妻子处于弱势地位而不是把她看做一个伙伴呢？"玛丽·佩利在她的回忆录中并没有给出具体的答案，《我的回忆》一书中也没有提及关于她婚后的生活，尤其是1885年之后在剑桥大学度过的那段日子。很显然，从一位丈夫的角度来看，我们对马歇尔并不了解。

新娘玛丽·佩利（1850～1944年）

玛丽·佩利与她的丈夫一样，出生于一个福音派家庭。她的父亲是一位极其严厉的福音主义者，如此严厉的性格导致他周围的教会成员几乎没有一个与他关系十分亲密。但是最后使人们对他产生反感的原因并不是他在神学上的教条主义，而是他对赌马的迷恋。玛丽·佩利的家庭在很多方面都崇尚自由主义，这与马歇尔的家庭教育是截然不同的。根据她后来的回忆记录，在父母对她教育的过程中，唯有两件事是被强行干涉的。第一是父亲禁止她阅读一些关于鬼神的书籍，第二是父亲强行烧掉了她所有的洋娃娃，包括她姐姐的，因为他认为孩子们对这些玩具的过分喜爱就如同"崇拜偶像"一样。然而即使这样，她仍然沉浸在各种娱乐之中，例如她会在夏天的时候去教区长管区内的草地上玩击剑或是循环击球游戏，偶尔也会去伦敦旅行，包括去观看1862年的展览会，还有去亨斯坦顿和斯卡伯勒度过了一些愉快的假期。对于她的父母，她曾这样评价："我的父亲对电子和摄影颇感兴趣，他对什么都很认真，包括工作和娱乐。我们还有一位对生活充满热情的母亲，她总是面容欢快并且幽默风趣。"

与马歇尔的父母相比，玛丽·佩利父母在工作上的运气似乎更好一些。玛丽的母亲安·沃莫尔德是家族中的长女，她的父亲史密斯出生于巴顿·霍尔家族，这个家族在当时地位显赫并

---

① 原文 foolometer，测试愚蠢的标准。——译者注

且十分富有。1835年，玛丽的父亲刚刚27岁的时候，在学术界就已经小有名气。同年，圣约翰学院还向他发出邀请，希望他能够成为该学院的一员。在接受了这个神圣的邀请后，他又在迪斯福特担任副牧师一职。之后，在1847年，他所在的学院又为他提供了教区牧师的住宅，位于诺坦普顿郡的余福德与贝顿毗邻处，他便在这里组建了自己的家庭。此外，余福德还是他的二女儿玛丽·佩利出生的地方，在这里玛丽·佩利度过了人生中最美好的二十余年，也是在这里她选择了嫁给马歇尔，并在婚后度过了一个愉快的暑假。

托马斯·佩利有着一个良好的成长环境，他的周围都是一些拥有卓越成就的专业人士和学者。玛丽·佩利的祖父曾是哈利法克斯的一位物理学家。曾祖父威廉·佩利曾在剑桥大学基督学院担任导师。更重要的是，他还是《道德政治经济学原理》一书的作者。当时，边沁的功利主义者们也出版了一些这方面的著作，如《自然神学》、《事物存在的本质以及神奇的自然现象》，但这些作品的影响力都无法与威廉·佩利的著作相媲美。此外，他出版的这本书还被列为剑桥大学毕业生考试必修科目之一，这同样证明了该书在当时的重要地位。她的曾祖父也曾就读于剑桥大学，随后继任了津格尔斯威克语法学校校长一职，直到54岁。

从这些有关家庭背景的信息可以得知，托马斯·佩利坚信良好的教育能够让人受益匪浅的原因，并且在他两个女儿的教育方面也坚守着同样的观点。在玛丽·佩利的回忆里，从她出生一直到13岁的时候，她一直接受着家人所给予的早期家庭教育。她的父亲教她拉丁文，以及一些与欧几里得以及希伯来人有关的知识。此外，在她9岁的时候，父亲还专门为她聘请了一位家庭教师，教授她德语、法语以及一些有关历史、地理和钢琴等方面的知识。玛丽·佩利对这些早期的教育只是粗略的、简单的概括，但是她曾提到这样一个细节："我们所学到的德语和法语是十分优美的语言，每当吃饭的时候，我们一家人都会沉浸在德语的谈论之中。"所以，也难怪贝利奥尔学院的人们称她为家族中的语言学家了。在她13岁的时候，她进入了一所专门为女子开设的学校学习，位于城镇郊区，毕业之后又接受了为期3年的各种各样的教育。此外，玛丽和她的妹妹还一同学习了"曼格纳尔的疑问"①、"地球仪的使用"以及有关行为举止的教育。随着这些知识的入门学习，她的家庭教育才暂时结束。

玛丽·佩利的姐姐于1868年举行了婚礼，为此她感到了对生活的厌倦，她不想也像姐姐一样继续生活下去，所以在完成了于印度长达3年的义务游历之后，她开始从事一个军队职员的工作。她还曾回忆说："1869年，即在她离开的那段时间里，剑桥大学开始实施专为女学生开设的超过18门课程的高等专业测试，为了准备这些测试，我花费了大量时间。"当然，最后她顺利通过了。在众多的选择之中，这已经成为改变她生活的极为重要的一次决定。她与父亲一同从事于神学和数学方面的研究，并且在之前的家庭教师的辅导下重新学习法语和德语。

---

① 原文Mangnall's Questions，常见于19世纪前半期英国女子的教育中。——译者注

1870~1871年，她顺利地通过了这一考试。尽管在学习的过程中她也曾被一些有关二次曲线方面的论文难倒过，但是她在德语和神学方面还是取得了优异的成绩，并且她还获得了剑桥大学的奖学金，作为奖励，她参加了在校内举行的专为女性开设的演讲会。当考虑到这与自己的兴趣不相符时，她毅然放弃了这次演讲的机会，由于得到了父亲的支持，她很容易地作出了这个决定。这次考试给她带来了巨大的激励，她随后于1871年10月开始了在剑桥大学的学习和生活。对此，她的父亲深感欣慰和自豪。从此，玛丽·佩利成为了纽纳姆学院中为数不多的女学员之一，也正是她的这一选择使得她和马歇尔相遇，那时马歇尔是担任她们几门功课的讲师之一，并且还经常自愿为这些女学生作一些演讲。

1871年在玛丽·佩利刚入学的时候，她的本意并不是为了攻读剑桥大学的荣誉学位，也不是为了参加一些值得炫耀的考试，只是为了获得一次完整的系统教育，进而实现她一直以来的理想。在父亲的建议下，她选择了拉丁文、历史学、逻辑学这些课程，因为他认为这些是"非常稳妥的学科"，并且为她选择伯克斯教授作为她的导师，希望她能够在精神上、思想上受到启发。伯克斯教授坚信福音主义，他曾把莫里斯成功培养成为一名道德哲学方面的教授。最初，玛丽·佩利经常去他所在的教堂或是去他的家里学习，有时候也去他周末授课的学校。然而，穆勒的《逻辑学》、西利的《俯视人类》以及一些关于赫伯特·斯宾塞的著作，再加上整体的学术氛围，都在"逐渐侵蚀着她的思想"，而且父女之间之前的那种精神上的融合也在渐渐"被融化"。在阅读了莫利于《双周期刊》上发表的评论后，她还组织同学一起阅读有关斯温伯恩的书籍。

作为她的伙伴之一，玛丽·肯尼迪曾建议玛丽·佩利试着对一些新的学科进行学习，如政治经济学。随后，她略有不情愿地去听了一次有关这方面的报告。当然，这主要是因为主讲老师是马歇尔。在演讲之后，马歇尔还特别鼓励她，建议她可以攻读一个道德科学方面的学位。事实上在3年之后，她除攻读了一些逻辑学、政治经济学、道德哲学等必修学科外，确实遵从了马歇尔的建议。让人意想不到的是，她在这方面竟取得了惊人的成绩，遗憾的是有关这方面的详细信息并没有被记录下来。1874年12月，即心理学家詹姆斯·沃德成为高级伦理学者那一年，当时剑桥所采用的测试体系有四位主考官，但却没有主席，结果玛丽·佩利成为了这一体系的受害者。有两票认为她应该去二级班，另外两票人为她应该被归为一级班，而最后的结果并没有相关的记录。因为当时，剑桥大学正式的历史数据记载还没有将女性的学位进行统计。直到1881年为了纪念肯尼迪教授那诙谐幽默的诗篇，学校对某些编排体制作出了修订，关于女学生的资料才被记录下来。

尽管我们并不清楚结果，但是她在测试中所表现出来的高品质为她成为一名道德科学讲师奠定了坚实的基础。当然，这也与之后她成为纽纳姆学院的学员息息相关。

尽管马歇尔与其妻子的家庭背景并不相同，但他们却有着许多相似的经历。首先，在剑桥大学的学术氛围中，他们的新教派思想被逐渐淡化，最后不再关心、信仰神学（除了宗教）。另外，他们两个人在剑桥大学都有着一些困难的经历，且都是通过勤奋的学习和不懈的努力在学术上获得了突出的成绩。此外，他们在道德科学的学习上也有着共同的爱好，尤其是政治经济学。在当时，马歇尔在经济学上的研究被认为是具有先进性的，所以他被安排讲授这一门课程，因此也就理所当然地成为了玛丽·佩利的老师。直到1875年，他们开始一起在剑桥担任政治经济学的讲师，在一些重要的问题上，表面的平等性似乎比实际体现得更加明显。玛丽·佩利培养过的女学生大多倾向于从事大范围文化教育，这也是她最开始研究过的。此外她还有一些获得文学学士荣誉学位的学生。马歇尔擅长讲授一些先进的政治经济学思想课程，一些想要参加文学学士荣誉学位考试的学生才会被挑选出来参加他的授课。马歇尔的讲师职位受益于剑桥第二大学院，他曾在那里给一些本科生授课，那段经历对他后来的教学生涯起着重要的作用。此外，他的这个职位还和他妻子的工作有着密切的联系。事实上，玛丽·佩利虽然在剑桥大学学习，但是她在学术上还没有取得较高的成就，作为一名讲师在一所未被承认的学院为学生授课，即使他们顺利地通过考试，学位也不会被承认。

求爱和约会（1872~1876年）

据说，1871年马歇尔和玛丽·佩利是在格罗夫教练府课堂初次相遇的。与其他人相比，他们的第一次相遇或许少了些诗意但却更为浪漫："那天晚上我们围坐在克拉夫小姐家的客厅缝着她家的床单，那是我第一次看见马歇尔先生，我还记得时的感受，我从未见过一张那么具有吸引力的脸庞，有着精致的轮廓和炯炯有神的眼睛。在他们谈话的时候，我们很安静地坐在一旁并且怀有一丝敬畏。"后来玛丽·佩利在他授课的教室里又一次见到了她"未来的丈夫"。"我很清楚地记得那是政治经济学的第一堂课……马歇尔先生靠在黑板上，非常紧张，掰断了一支夹在他手指之间的大翎毛笔，他讲课非常认真而且眼睛炯炯有神。"一年后，马歇尔鼓励玛丽·佩利和她的朋友玛丽·肯尼迪，希望她们能够参加道德科学的荣誉学位考试。这是年轻女学生（那时她才20出头）和政治经济学教师（比她高八级的学长）第一次浪漫的见面吗？我们很难确定这是否是凯恩斯所说的一见钟情。但是从玛丽·佩利自己对他们之间"求爱"的描述可以看出，在这方面是她采取了主动，就像她对自己的教育生涯那样积极。她后来回忆说，她曾邀请他跳过一支"枪骑兵方块舞"（一种动作复杂的轮舞），那时对于还是年轻讲师的马歇尔来说跳这种舞并不是很熟练。此外，她还参加了许多在马歇尔家里举办的社交晚会，显然这些都是马歇尔刻意安排的，而不是一些偶然的巧合。

贝特森夫人是圣约翰教师的妻子，在8：00~10：00之间的空闲时间，她把自家房子的大厅提供给他们跳舞。看着四个女孩儿穿着白色的衣服、系着蓝色的腰带围起来跳舞，她心中无比高兴（玛丽是其中之一，她后来成为了一位著名的历史学家）。还有一些看起来像是"小男孩"的大学本科生和几个指导教师。有一次，马歇尔先生看上去好像很忧郁的样子，我邀请他和我一起跳一支枪骑兵方块舞。他看上去很惊讶，并告诉我他不知道怎么跳，但最后他还是同意了。随后我教给他具体的舞步，他被我的冒失吓到，在整支舞曲中我没说一句话，他也没有。有时讲师会邀请我们去他的家里参加星期天举行的晚会，因为在这一天里大家几乎都有空闲的时间。当马歇尔先生邀请我们时，克拉夫小姐先将我们带到圣约翰那里做礼拜，然后我们再爬到他们的房间——新庭院最高的地方。开始的那几个星期天的晚上，玛丽·肯尼迪跟马歇尔先生开玩笑说，让他不要期望我们的头发都是整整齐齐的，因为他没有提供一个"后镜"给我们。马歇尔先生并不知道这是什么，但是打听之后，他买了一个非常好看的送给了我，我到现在还仍然用着。我们带着疑虑喝着茶，吃着圆饼和松饼，尽管主人说我们正在吃的食物的名字叫做"慢性毒药"和"突发死亡"。一些讲师也受到了邀请而且喝完茶后我们一同翻看着照片，这给我们又提供了一个新的话题……晚饭是三明治和橘汁，吃完这样一顿简单的晚餐之后晚会也就结束了。

每个星期天晚上，马歇尔会和同伴约翰伊恩·赫德森一起在他们的大学生公寓里召集一些女同学开一些小的联欢会。例如，当"一个教授从美国西部带着妻子来到剑桥大学时，马歇尔先生会邀请我们一起参与接见工作。那位女士是一名律师，她给我们讲述了一些关于她的经历"。1874年12月，那时她正准备文学学士荣誉学位考试，马歇尔给予了她精神上和生活上的双重支持。毫无疑问，马歇尔的这一举动增进了两个人之间的友谊。玛丽·佩利在1875年离开了剑桥大学，他们的恋情也因此被中断。这一转变不仅使得他们在考试后原本发展很好的关系破裂，而且还使她在斯坦福德附近准备的短期课程时间也推迟了，这个课程是由她亲自组织的。后来玛丽·佩利认为，正是由于自己拥有这段教学经验，才使得亨利·西奇威克邀请她去接管马歇尔在剑桥大学的政治经济学课程。也正是因为她在斯坦福德授课，在同一年她才得到了斯图尔特教授的邀请，即编写政治经济学的初级读本。这本书在4年后被编入了他们联合出版的《工业经济学》中。1875年暑期，马歇尔去了美国，可能耽搁了一些时间，但是时间并不长。在1875年秋新学期的开始，玛丽·佩利和马歇尔重新开始了他们之间的恋情。

马歇尔在1876年5月向玛丽求婚，玛丽接受后他们便将婚期定了下来。简·哈里森（另一个早期就读于剑桥大学纽纳姆学院的学生，也是玛丽·佩利的好朋友）认为他们的订婚应该归功于那天她在玛丽的裙子上缝上了"干净洁白的花边"。哈里森在传记中强调他们是在纽纳姆学院举行婚礼的，并叙述了马歇尔和玛丽·佩利是如何在学术世界中交流的。实际上，在他们"第一次纽纳姆的浪漫"中也存在着一些曲折，例如纽纳姆学院的创始人为了新学院的名声而给他们施加压力。她还记录了马歇尔经常参加"克拉夫小姐的大型茶聚晚会"和星期天晚上的娱乐活动,"在纽纳姆的礼堂里,鲜明的灯光配着和谐的音乐,一切就这样继续着"。

都是政治经济学教师的这种伙伴关系有力地推动了他们爱情的发展。由于约翰·内维尔·凯恩斯一直到1876年7月才将马歇尔和佩利订婚的消息记录下来,所以他们之间订婚这一事实应该是被推迟公开的。凯恩斯在随后的日记里记录了一些有关这对夫妇的事情,比如他们参加了在5月份举行的划船比赛。同年8月,托马斯·佩利组织了全体家族成员一同去瑞士旅行,并在途中为马歇尔和玛丽·佩利举行了订婚仪式。就像早期所叙述的那样,马歇尔因此放弃了原本的登山计划,这也算是他为未婚妻作出的第一次牺牲。遗憾的是,按照剑桥大学的相关条例规定,一旦结婚,马歇尔必须辞去他在学校里的研究员和讲师职务。也就是说,他必须在结婚之前寻求到另一份工作,从而确保一份稳定的收入。考虑到他在剑桥大学多年的工作经验,马歇尔决定申请布里斯托尔大学校长一职,这所学校对外公布的薪水是700英镑,不过这也是在他习惯性地权衡了所有的利弊之后才作的决定。尽管竞争很激烈,但最终他还是得到了这所大学委员会的一致通过,担任了校长一职,即1877年7月26日——他们结婚三个星期后。

早期的婚姻生活(1877~1881年)

很难用语言描述出这对年轻夫妇对他们婚姻生活怀有怎样的期盼。他们在8月中旬举行了婚礼,然后一起到布里斯托尔寻找房子,经过一番周折之后找到了一幢位于阿斯雷街、各种条件都比较适合的房子。1877年7月26日,布里斯托尔大学向马歇尔发出邀请函,希望他能够担任该大学校长一职,马歇尔答应后,便开始了在布里斯托尔的工作生涯。他在1877年7月30日参加了自他继任以来该学校的第一个执行委员会会议,大约是在婚礼的前两周。至于他是否在1877年8月18日(他们婚礼的第二天)参加了第二个执行委员会会议就不确定了。这期间,他对这所学校的规章制度提出了许多重要的修正意见并且都被一一采纳了,这也是他担任校长后的一项重要的职责。随后的一次执行委员会会议直到9月24号才召开。

玛丽·佩利还写了一些关于他们蜜月时期的记录,但都没有出版。"我们第一次去了克利夫顿宾馆,因为我们想从后面看看阿斯雷街的房子,那是我们用了全部的积蓄购买的,当然需要好好修饰一番,其中最重要的是要装修位于院子后面的那个沥青的网球场。"住在克利夫顿宾馆除了能够督促房子装修之外,他们还能够在此暂度蜜月,另外马歇尔还在这个地方召开过学校的委员会会议。"之后我们在范曼斯待了两天,随后又在黎泽德和安得岛度过了两个星期。在游玩过的地方中,我更喜欢黎泽德,因为那里的景色很美,但是阿尔弗雷德说他更喜欢安得岛,因为那里的风俗习惯有着强烈的吸引力。在事物的众多特性之中,我更重视一个事物的颜色,而阿尔弗雷德则更看中我们的生活方式。我们在凯南斯海湾的一个小木屋里住了两天,然后又外出步行了很久（在阿尔弗雷德患有肾结石之前我们经常远足）。在我们度完假回到布里斯托尔之后的一个星期，我们又步行去了丹缀，并且全部的路程都是坚持步行完成的。我们在预计的时间内到达了克利夫顿，且在新学期开始前安顿了下来。"然而，这一短暂的休息并没有让他们完全放松下来，相当大的一部分时间用于重新编写《工业经济学》的第一部分。其实在订婚之前，马歇尔就已经开始这部分的编写了。

不久他们搬到了布里斯托尔的一个半独立式的洋房，这个房子坐落在克里夫顿的一幢相对新而时尚的楼房里，位于"布里斯托尔的一个住宅小区"，离一所公立学校不远。1865 年，马歇尔曾在那个学校教过一段时间的数学。购买这个房子花费了他们 1 200 英镑，这部分资产大部分是由玛丽·佩利支付的。据推测，其中一部分应该来自她颇有名气的曾祖父——"一名有着巨额收入的作家"。这幢房子很大，鉴于他的校长身份，马歇尔时常需要举办一些娱乐活动。他们一直雇用两个仆人，其中一个是一位农民的女儿，一年付给她 20 英镑的薪水；另一个出身于工人家庭，一年付给她 12 英镑的薪水。他们时常举行一些晚餐聚会，这种聚会大都是伴随着常规的大学委员会会议而举行的，大约每半年举办五六次。由于佣人的数量太少，每到大型的聚会他们就会增加临时佣人的数量，比如雇用附近的蔬菜水果商等在桌旁负责招待。虽然仍有极少

圣约翰学院福音传道的地方，一个"直到 1869 年才落成的"礼拜堂

数的人轻视仆人的地位，而且用雇用仆人的数量来衡量主人的身份，但是马歇尔一家却没有因此而保持庞大的家庭规模。1881 年以后，他们与其中一个女佣住在一起，那就是忠诚的萨拉·佩恩，她有一个 13 岁的孩子。事实上，在马歇尔结婚后不久她就搬来和他们一起住了，这是萨拉第一次做女佣。在牛津和剑桥居住的这段期间她也一直为他们工作，直到 1920 年她去世。不管是在很多次的晚餐聚会还是马歇尔一家在贝利奥尔庄园期间，她都尽最大的努力去做好自己分内的工作。

虽然玛丽·佩利为他们购买的第一栋房子提供了全部的费用，但是他们后来的每一项支出几乎都是马歇尔支付的，而且全部的装修也都由他负责。他们在牛津购买了一栋新房，还有贝利奥尔庄园，并且都安置了新的家具。玛丽·佩利对此曾回忆到，他购买这个公寓时表现得相当精明，最后协商好的价格都很便宜。他们在剑桥大学圣约翰学院的公寓虽然是二手的，但是也被他精心地装饰过，玛丽·佩利为此赞赏他干了一件十分"漂亮的事情"。在他们搬去布里

斯托尔之后，类似这样的经历也曾发生过。这些内容在马歇尔当时写给福克斯韦尔的多封信中也曾提及过，信中还讨论到他们刚刚购买的新钢琴。马歇尔告诉他的朋友这件事没什么，"他们购买的不是采用明亮颜色的木头制成的，而是暗色红木做的，所以搭配任何家具都可以"。

玛丽·佩利后来描述道，家中的装饰大都是以较为暗淡的颜色为主，他们已经习惯了这样的生活色调，然而从玛丽·佩利对浅色的喜爱和绘画巴勒莫马车时所采用的明快颜色来看，她似乎并不满意马歇尔对房屋的装饰。但是关于他们在颜色选择上产生的矛盾并没有资料记载，也许这正是造成他们早期婚姻产生裂痕的原因。几个月后，来自圣约翰学院的一些朋友参加了他们的婚礼，并且一同游览了沃尔顿的风景。虽然在维多利亚时代更多的人认为用昏暗的色调来装饰房屋更有艺术感，但是大多观礼的朋友更喜欢新娘那颜色明亮的房间。马歇尔夫妇在陈设品上的独特看法主要是受拉姆齐一家人的影响，拉姆齐一家 1881~1882 年一直居住在欧洲，在这期间，拉姆齐把克利夫顿的住处连带所有的家具一同租给了马歇尔夫妇。年轻的拉姆齐夫人对她母亲说，对于马歇尔夫妇于 1882 年 5 月返回布里斯托尔一事，她感到非常高兴，于是将家具留给了马歇尔夫妇。当他们在年末搬回到原来的房子之后，威廉·拉姆齐给他妈妈写信说："餐厅的装饰现代而舒适，整个房间完好无损，就好像马歇尔夫妇从来没有居住过一样"。然而，在马歇尔夫妇住进这所房子后，也发现了一些不符合他们喜好的地方，所以当他们在 1877 年年中买下这个房子之后，对房子重新进行了装修。由于设计方案存在不足之处，在 12 个月后（也就是 1878 年 9 月），玛丽·佩利写信给福克斯韦尔说："当他们度过了'在林恩顿的……6 天愉快的假期'返回到家中时，发现装修并没有按计划完成，房子里很多工人仍然在继续着他们的工作，我们没有起居室，只能暂时住在杂物房里。"庆幸的是，阿尔弗雷德整天都在学校，为到校的学生登记和为新学期做准备，因此这一延误并没有对他们的生活造成严重的影响。

在玛丽·佩利看来，他们在布里斯托尔生活的第一年（也是他们结婚的第一年）总的来说还算是比较幸福的。那时马歇尔还保持着良好的身体状况，只是从 1879 年春天开始，他的身体就迅速恶化了。他在学校里的工作十分具有挑战性，但闲暇时间较长，他充分地利用这段时间进行社会实践以及编写他们准备共同出版的书籍。在克利夫顿大学，马歇尔通过戴金和珀西瓦尔一家结识了很多新朋友。其中包括一些大学理事会成员以及布里斯托尔的一些居民。他们经常在后院的草坪上散步或是打网球，有时也为他们的学生举办一些聚餐和家庭娱乐活动。在克利夫顿大学时，偶尔也会有些来此暂住的客人，他们都会热情款待。玛丽·佩利后来回忆说，在她重新开始经济学教学的那一年：

> 我们曾被邀请参加过一次很丰盛的晚餐，而且类似的邀请我们都时常会收到。据当地人介绍，这是克利夫顿人们的习俗，他们至少每个星期都会被邀请一次。幸运的

是在这些受邀的人当中，我们结识到了真正的朋友。像迪安和他的女儿雅利安小姐、珀西瓦尔一家、戴金一家、阿莱恩小姐、弗莱伊一家、皮斯一家、塔克特、一位道罗麦特的登山运动员，还有贝多医生（他们的家庭医生），这些人当中有些直到最后都与我们保持着联系。由于人际关系上的往来，在刚到克利夫顿的第一年里，我显得有些忙碌。

对于皮斯夫人，玛丽·佩利回忆道："当在大学理事会相遇的时候，他们准备了丰盛的宴会。乔伊特、赫里福德·乔治和其他牛津大学的教授（例如亨利·史密斯、数学教授赛威廉）进行了富于机智的讨论……她经常于晚饭后坐在旁边听他们谈话。这些人后来都成了家里的常客，经常在晚饭后过来拜访。"在这样的场合下，安静、休闲地坐在旁边聆听成了她晚饭后的习惯，并且这种习惯一直陪伴了她的一生。玛丽·佩利并不是因为害羞才在一旁沉默。起初在布里斯顿的几年里她的确有些害羞，那时她经常和丈夫一起招待来访的客人。但是在1880年年初他们与威廉·拉姆齐第一次见面后，她的这一性格就有了转变。或许对于他们的表现可以理解为，马歇尔和他年轻妻子不愿意去奉承别人。在马歇尔夫妇组织的一次娱乐活动中，有一位学生给拉姆齐留下了深刻的印象。他认为这个学生同马歇尔夫妇一样都不愿去奉承别人。在进一步的接触之后，拉姆齐被玛丽·佩利内在的魅力所吸引。之后，拉姆齐和马歇尔夫妇的关系变得十分友好，来往也就更为密切。拉姆齐那连绵不断的描述足以说明他对马歇尔夫妇看法的转变。他第一次是以化学教授的身份出席马歇尔的家庭宴会的，在见过马歇尔夫妇后他给母亲写了一封信（1880年2月），信中这样描述马歇尔："他是一个道德修养很高的人，仿佛全部是思想而没有肉体。他对于自己的演讲总是犹豫不决，衡量每件事情都非常谨慎。所以我认为需要一个合适的人去指导他，如果方法正确，他将取得更大的成功，我认为我能够给他最合适的方法。"此外，这封信还对玛丽·佩利进行了描述："她犹如刚刚痊愈的人（就是一个性格孤僻或行为古怪的人），好比一只母老鼠，没有耳朵，但有很多头发在后面形成一个下垂的假髻；咀嚼的牙齿非常突出；习惯抱着一只膝盖并旋转她的椅子；死气沉沉的没有一点声音——这就是一位女政治经济学讲师。当然，这只是我对马歇尔夫妇的第一印象，我们期待以后的改变。"

与马歇尔夫妇更加熟悉之后，拉姆齐对他们的看法发生了巨大的变化。一周之后拉姆齐写信跟母亲说："昨晚我又和马歇尔共进晚餐了，马歇尔夫人不再像我之前描述的那样，她开始在草地上打着网球，表现得很开放。"通过拉姆齐向母亲的描述，在5月份，他与马歇尔夫妇一起在后花园打了两次网球。很显然，在这两次运动之后，拉姆齐感受到了马歇尔夫人的热情。在6月份的信中，他表达了对这对夫妇的喜爱之情，并且解释道："我不能说特别地喜欢她，但这的确是她的优点。她前面的牙齿很整齐，总体看上去很好看。至于马歇尔，当我们有着快乐的表情时他却没有，我无法理解他那深邃的眼神，充满着思想。多么可怜的一个朋友，他的身体不是很好，患有肾结石，一直未能治愈。但他说如果好好保养且不远行的话，病痛并不十分剧烈。"

然而，拉姆齐偶然发现了马歇尔夫妇在社交礼仪上的缺陷。他在11月份写给父亲的信中说道："一次去马歇尔家做客，许多化学系的学生都在那，马歇尔感到很困扰，失望地看着逆来顺受的马歇尔夫人。我想发火，但在其中一个人的劝阻下，一切都继续着，只是气氛有些尴尬。"至于这次失败的经历，究竟是马歇尔夫妇性格上的笨拙还是其他直接或是间接的原因导致的，信中并没有提到，这个原因似乎很值得思索。凯恩斯后来回忆说，他在贝利奥尔庄园参加过一次社交宴会，马歇尔说出了很多人对他夫人的看法，即"怀着自然、略带尴尬的情绪，带着尖锐的笑声，说着习惯性的笑话和用语"。

到1880年为止的一段时间，尤其是在布里斯顿的第一年，对于玛丽·佩利来说是十分愉快的。那段时间虽很短暂但很难忘。如同拉姆齐在他对马歇尔夫妇描述的文章中提到的那样，1879年春，当马歇尔被检查出患有肾结石时，1880年马歇尔的脸上就缺少了许多笑容和愉快的神情。拉姆齐把马歇尔的这个转变含蓄地归因于他的患病。玛丽·佩利详细地描述了检查结果对他们生活的影响，她曾公开解释道，马歇尔糟糕的脾气还有偶尔表现出来的愤怒，都是由被强迫戒烟、戒酒及阻止他长时间的运动甚至是饭后散步所造成的。在给福克斯韦尔的信中她也是这样向他倾诉的。考虑到马歇尔所遭遇的疾病以及一些与此有关的评论，玛丽·佩利对发生在布里斯托尔的风暴描述还是值得引述的：

直到1879年的春天，马歇尔的境况才有所好转。我们一同在达特茅斯港口过复活节，并选择了一天早上去了培顿，沿着贝瑞博蒙特修道院一直步行到托姆斯，然后乘汽船回到了达特茅斯港口。由于4月的天气还是十分寒冷，所以他似乎也有些着凉，有点轻微感冒。回到家之后，马歇尔和他的老友贝多医生聊了起来，贝多医生在他的肾里发现了结石，因此建议他在以后步行时时间不能过长，而且不能够做过多的类似网球等体育运动。此外，他还必须进行一次手术，将那块结石粉碎。对他来说这是唯一的机会，但是手术之后他需要很长一段时间来彻底恢复（这个手术的整个过程都需要他认真考虑）。这个建议使得刚刚运动后并正沉浸在喜悦心情之中的阿尔弗雷德感到了无比的震惊，但他还是严格地按照医生的建议去做了。他被禁止吸烟，于是便开始缝补一些衣物以消磨时间。有些衣物已经被他缝补了四遍之多，以至于那些破漏之处比周围的部分还要厚许多。后来他又学着缝补一些长袜，它们都被修补得很好，比如针对脚后跟部位他会采用很细小的针缝制，并且使用双线以便更加结实。缝补对于那时的他来说是一种最好的消磨时间的方式，但后来它也被安德鲁·克拉克先生禁止了。他认为长期采取这种方式会令马歇尔的神经出现问题。阿尔弗雷德的内心充满了忧郁,他无法忍受缺少运动的生活。他在后院里还能经常看到一些人在打网球,他的好朋友威尔逊(后来任克利夫顿学院院长)也时常加入这一队伍。阿尔弗雷德在一旁观看着,并且兴趣十足。当他知道自己将长期处于这种状态时,他继续保持着一种乐观的心态,并且较好地完成了那些令人烦躁的工作。他决定放弃校长的职务,因为在那时,只有完全休息才可能是痊愈的最好选择。

肾结石影响了马歇尔很长时间。根据他自己的叙述,他足足花费了 10 年时间用来休养,以弥补疾病所带来的影响。这些年来,消化系统的问题也让他很受折磨,但人们对他患有抑郁症的传闻并不符合事实。

疾病并不是马歇尔一家在布里斯托尔生活期间所面临的唯一困难。在婚后的生活中,这对夫妇还遭遇了很多来自各方面的困难。他们在布里斯托尔第一年的生活是相当糟糕的。阿尔弗雷德的母亲在 1878 年突然病故,他连母亲临终前的最后一面都没有见到,他很爱母亲,而且那时他在南非的弟弟沃尔特也由于患有肺病才刚刚离去,这一连串突发事件给了他沉重打击。然而,他除了给福克斯韦尔写过一封信之外,再没有任何记录他对亲人突然逝世的反应的材料,包括他在母亲临终之际无法见最后一面的感受。有所不同的是,他在布里斯托尔大学担任校长这一职务所做的事情,并不那么令人骄傲。他每天做的是各种各样特别耗时而且令人厌烦的行政职务。事实上,他在担任这一职务的第一年里,并没有得到其他员工的任何协助。因此,他几乎没有任何时间做自己的事情,比如说写一些关于政治经济学方面的书籍。此外,他在布里斯托尔大学教授的一些课程远没有他想象中的那样有吸引力,即使他已经考虑到了这里的氛围与剑桥大学的区别,并且有意识地加以改进,但其环境不同所带来的影响还是令他感到失望。他似乎更喜欢在夜校对那些成人学生授课。但是在 1877~1878 年,在他唯一带过的全日制班级中,12 名学生中只有一名男同学。其实早在 1878 年他作出申请布里斯托尔大学校长的决定时,对于这种可能性他就应该预见到。人们很自然地想到他是受到了婚姻的影响,所以随之而来的就是对那些有着进步性思想的女大学生产生了强烈的吸引力。他的决定意味着一个新思想的开始,即在他的课上他会公平对待男女学生。

来自行政管理工作方面的责任以及全日制课程备课的压力,使他婚后的家庭生活产生了巨大的改变。1878 年 5 月 15 日,凭借在布里斯托尔大学担任政治经济学教授的经历,在马歇尔的要求下,学校的行政委员会决定"马歇尔有权委托他的妻子为 1878~1879 年的会议做一个有关政治经济学方面的演讲"。之所以成立这一职位,主要是因为采纳了马歇尔的建议。那时,马歇尔担任教授的年薪被减少到了 100 美元。通过行政委员会的这个决议,玛丽·佩利得到了一份全职的工作。在维多利亚时期,对于一名已婚的社会中层阶级女性来说,这个职位的薪水是相当不错的了。在那个时期,像她这样的女性,把家庭和工作结合在一起似乎很罕见。社会给予她们的机遇太少,因为传统的思想是反对这一行为的。因此,玛丽·佩利担任政治经济学讲师这一工作随后被布里斯托尔大学记录了下来,并被认为是迈向非传统思想最具跨越性的一步。这表现出了她喜欢冒险又与世俗格格不入的个性,其他类似的事例也有记载。

婚后,马歇尔十分支持妻子重返教学生涯。随后,她还在另外两所大学进行了实习。玛丽·佩利在布里斯托尔大学的女学生中广受欢迎,这一事实表现在学生入学报名人数的增长。这一描述取自当时的学生皮斯女士的回忆:

> 马歇尔一家的出现使得1877~1878年这段时间变得不同寻常。马歇尔夫人的优雅和美丽吸引着每一个人的目光,并且她还成为了纽纳姆学院受教育程度较高的女性的象征。这一代人很难理解这些对于我们来说都意味着什么。当时的女性并没有相应的专业考试和学位资格。除了纽纳姆学院之外,还没有任何一所大学会以与男性同样的条件来接收女学生……马歇尔夫人坦然地面对了这一与传统的斗争,事实上,我们为她的加入引以为荣。最开始的时候,马歇尔夫人参加了一个女性辩论会,她在会上表现得十分活跃,以至于会议中间不得不插入必要的休息。辩论的主题是爱尔兰国家的统治,有许多爱尔兰的殖民者以家庭的形式居住在克利夫顿,我记得当时他们的孩子与帕内尔的拥护者争论得热火朝天。

关于国家统治这一段的辩论可能是整个女性辩论会中最为活跃的一段。或者说,她们与布里斯托尔传统意义上的社团完全不同。他们在财政方面的贡献是这个新学院存活下来的必要因素。如果不考虑二者之间的任何一种因果关系,她们在1878~1880年之间所提供的捐赠对该学院都起到了极为重要的作用。到1881年,该学院就陷入了财政紧缺的状态。来自这一状况的压力迫使马歇尔早早地提出退休。而学校校史中所记录的关于他辞职的原因是"身体因素"、"没有太多的时间去思考和创作自己的作品"以及"厌恶一成不变的工作环境"。马歇尔从来没有觉得他在职的这段时间里工作有多么轻松,这主要是由于布里斯托尔民众情绪的不稳定以及一些极端的反应。

作为一名大学讲师,玛丽·佩利重返教学生涯对于他们的婚姻似乎有着其他含义。根据19世纪70年代的经验数据显示,超过一半的中上层社会家庭中的女子会在婚后的第一年里生育第一个孩子。前两年内生育第一个孩子的家庭超过了90%。但是马歇尔夫妇的结合却不符合这一规律。唯一可能的原因就是玛丽·佩利想要在环境允许的情况下重新工作。19世纪70年代的统计显示,越来越多的上层社会仍然保持着这一传统,但在中层社会里,尤其是在后维多利亚时期,控制婴儿的出生率成了这些家庭减少生活开支的主要手段。究竟玛丽·佩利是因为想要工作而选择不生育，还是另有其他原因就不了了之了。重要的是，有关他们早期在布里斯托尔的夫妻关系问题被忽视了。

另一个他们早期在布里斯托尔的婚姻生活情况需要说明一下。马歇尔对他在布里斯托尔大学工作的厌恶慢慢地转化成为对婚姻生活的不满。对此，在其第一次写给福克斯韦尔的信中有所记录，信中说他想换工作，去伦敦或是剑桥大学。随后，他的这一想法在1879年春因突如其来的疾病而日益强烈了。为了减轻这一痛苦，他时常做一些休闲活动，并且完成了《工业经济学》一书的编著。婚姻一直被认为是马歇尔选择离开挚爱的剑桥大学的唯一原因。他在1884年写给福克斯韦尔的一封信中这样说道："一些旧的条例对我来说是极其不公平的，它使我为了婚姻而不得不放弃理想的工作，但是面对这些学校却无能为力。"在1882年，一个新的条款出台，允许结婚的男子仍然留在原来的岗位。此外，如果他的妻子选择放弃原本的理想，或许料理一切家务对于她来说更加合适。对于这些，在随后出版的《经济学原理》一书中都有所体现，他在书中对母性表示出了极大的赞扬。慢慢地，他对婚后一些观念的相互理解变得越来越少，以至于他们之间的关系处于一种紧张的状态。他们生活在布里斯托尔的同一栋房子里，但是只是维持着法律上的夫妻关系。此外，他对妻子的一些行为所作出的反应更突显了他们之间问题的严重性。总之，布里斯托尔与他们的婚姻生活可以说是密不可分的，他在之后的回忆中把它称为"一生中的黑点"，对他的工作、健康以及个人生活都留下了不美好的回忆，甚至还包括他母亲的逝世。布里斯托尔的生活没有建立在一段幸福美满的婚姻之上，马歇尔后来也曾把这段生活描述为"一生中的错误，它毁坏了一个人的生活……这是我做过的最痛苦的一件事"。

婚后的生活：在巴勒莫、布里斯托尔和牛津

1881~1882年间，来自布里斯托尔的变动使得他们冬季在巴勒莫逗留了一段时间，随后开始了北部的缓慢旅行，经由意大利的那不勒斯、佛罗伦萨和威尼斯，整个春天就是在这个漫长的旅途中度过的。接下来的夏季他们又去了巴伐利亚的阿尔卑斯山，这一旅程很大程度上增进了他们之间的感情。后来，玛丽·佩利将这一时期称为一生中最快乐的时光，对此马歇尔也有同感。摆脱了布里斯托尔大学那些令人忧虑的繁杂工作，马歇尔感到生活中充满了阳光和新鲜的空气。在与四周环山的巴勒莫近距离接触后，马歇尔深深感受到了大自然的魅力，随后写了一篇文章，名为《酒瓶作品》。与此同时，玛丽·佩利也沉浸在她的水彩画之中，还有购物、观光、与她学生时代最好的朋友简·哈里森增进友谊。这样的生活模式对于马歇尔一家来说是最和谐的，并以此为基础继续更好地发展下去。在必要的时候他们总是会互相迁就，一起参加一些活动，但是有时他们还是会分开进行一些娱乐项目。旅途中玛丽·佩利由于感染了疟疾高烧不退，马歇尔尽可能体贴地照顾她，以此来报答在他生病的过程中妻子对他全心全意的付

出。他们在巴勒莫停留的后期，正好遇上了2月份，即一年中最潮湿寒冷的天气。

这一年的休假在一定程度上已缓解并改善了之前因布里斯托尔纷繁的事务所带来的紧张气氛，更值得庆幸的是，这也让马歇尔《经济学原理》一书的创作工作得以开展，玛丽也能够全神贯注地开始绘画，并且水平日益熟练。

除双方都重新开始了经济学教学工作外，对他们离开一年后重返布里斯托尔的生活记录甚少。然而，不再有行政事务的激烈辩论，小书的创作工作也被撰写《经济学原理》所代替，生活自然是容易得多了。一份来自贝利奥尔学院每年250英镑的捐款使他们重返布里斯托尔成为现实，也许更确切地说这是一份来自本杰明·乔伊特的礼物。其中200英镑作为马歇尔重任政治经济学教授的薪金。尽管布里斯托尔大学或许更期待马歇尔这次的教授工作能是长期的，但1883年年初，马歇尔还是拜访了剑桥大学，讨论在此就职的问题。约翰·内维尔·凯恩斯在1883年4月21日的日记中写道："下午时，布里斯托尔的教授和马歇尔夫人来过，晚上我们［和查尔斯·泰勒（1881年贝特森校长去世后的继承人）］在圣约翰学院的乡间小屋共进晚餐。我坐在马歇尔夫人旁边，和她交谈很愉快。"这次拜访后，马歇尔写信给福克斯韦尔说，"在剑桥时你们都这样热情好客，以至于我们都经不住诱惑想要投奔你们了"，这一点表明，他们在圣约翰时谈到了让马歇尔回到母校任研究员或讲师的事宜。然而不久之后，马歇尔夫妇作出了在牛津大学开始一段新生活的决定。1883年3月，阿诺德·汤因比因脑膜炎突然去世，贝利奥尔学院有一个职位空缺，乔伊特说服马歇尔夫妇接受了这个挑战，去牛津大学教授经济学。史料对马歇尔关于在布里斯托尔生活的回顾性评判有所记载。玛丽·佩利后来指出："因为我们太喜欢布里斯托尔了，朋友们又都在那里，去那里让我们感动很轻松。"

马歇尔夫妇及时去了牛津大学，希望在1883~1884学年初就能开始教学工作。乔伊特建议说，继讲师职位之后，可以在有空缺时去申请博纳米·普莱斯的德拉蒙德教授一职，这更加坚定了他们在这个新的岗位上终身工作的打算。因此他们卖掉了克利夫顿的房子，并在牛津伍德斯托克路46号购买了一所带有小花园的房子。此时他们的收入已使其生活水平明显上升。马歇尔夫妇的年收入为400英镑，其中200英镑是马歇尔在布里斯托尔作为讲师的薪水，每年年终领取，玛丽·佩利教学的工资是每年50英镑，另外还有150英镑是他们（主要是她）的储蓄。如果当时的永续债券①收益率是3%，那么这项储蓄总计多达5 000英镑。在回布里斯托尔后，1882年10月重新回去服侍他们的侍女萨拉也一起去了牛津，毫无疑问，他们在假期举办晚宴聚会时会需要她的帮助。在牛津的一个夏天，他们去了海峡群岛度假，"房子留给亲戚们居住"。到底是两人谁的亲戚，玛丽·佩利在写这段回忆时没有记录。

尽管短暂，但他们在牛津大学居住的日子却是舒适的。记录表明他们在新环境中通常都很

---

① 由英国政府发行的债券。——译者注

开心。在马歇尔写给福克斯韦尔的信中，有些许关于工作方面的抱怨。他对关于印度方面的阅读量要求感到尤其厌烦，因为这使他不能专注于其主要的写作工作。他在牛津大学第一年即将结束时告诉福克斯韦尔：

> 我非常喜欢牛津大学，但尚未结交许多愿意在经济科学上畅谈的人。不能够参加晚上的集会……不能和本科生以及在其他方面有着社会自由的人交流，这些都使我感到极大的束缚。我很难进入合适的圈子。我尽我所能，但从没轻松地出去吃顿饭或是约朋友来见面。否则，我会过得十分完美。

一个月后，马歇尔被选举为贝利奥尔学院无报酬的义务研究员，他写信给福克斯韦尔、詹姆斯·沃德以及麦卡利斯特（在天王星协会的一位朋友），以感谢他们的祝贺：

> 贝利奥尔学院已经把我授课的工资提到200英镑，前提是我的讲课不能对印度学生有限制。研究员工作没有相应的工资，但所有权利都和正式的研究员相同，例如在管理层拥有一席之地，这一点不同于荣誉研究员。我们很努力地工作，也非常开心。

最后一句话之后，马歇尔又在括号中补充道："妻子现在高兴极了，简直就是欣喜若狂。写到此时，玛丽正从萨默维尔会堂过来。她说学生们打算举办一次火炬列队的庆祝狂欢，她也加入了其中。"玛丽的快乐及参加学生游行源于一场今年年初的学生请愿活动顺利通过投票。请愿要求，"女性应该被准许参加一些常规性的荣誉考试。出乎每个人意料的是，这项法令以464：321通过"，对于所有认为女性应得到完整的大学教育的人们来说，这是一件值得庆祝的事。

他们在牛津时期的社交主要集中在与贝利奥尔学院院长本杰明·乔伊特的友谊上，这段友谊始于乔伊特在贝利奥尔学院委员会会议后与他们在克利夫顿的共处。玛丽·佩利也提到了许多其他杰出的贝利奥尔学院研究员，当时他们都是朋友，但在牛津大学的快乐生活最主要还是由"校长"乔伊特带来的，直至他在1893年去世前，他们一直单独会面。玛丽·佩利亲切地回忆道：

> 乔伊特喜欢带朋友一起来，几乎假期的每个周末都会叫人去乡间小屋，所邀请的都是他认为愿意见面并相互帮助的人。他的打算是在周六开一个规模盛大并精心筹备的聚会，阿瑟·西奇威克曾称之为"诺亚方舟"，因为有那么多各种各样的人都成双成对地携手加入。其中很有趣的一对是罗斯伯里夫人——一位体形魁梧的女士——和

身材微小的萨伊姆王子。饭后，几个优秀的本科生被邀请过来和我们听音乐。星期天只在正餐时举办一次室内聚会，在贝利奥尔学堂的音乐会之前，这种小而亲切的聚会是最让人愉快的。和罗伯特·莫里尔先生关于"一个人在哪里可以说谎"的讨论非常有趣。还有芒代拉先生高谈阔论的关于面包价格的话题。小屋中也有早餐提供。阿斯奎思先生也在其中，阿尔弗雷德说他的嘴像个盒子，总是紧紧关闭着。谈话主要围绕着"时尚"，从"素食主义"开始，又说到阿斯奎思先生所畅谈的反疫苗接种，尤其是对给他带来麻烦的莱切斯特人。阿尔弗雷德建议以全民投票的方式来对待"时尚"问题。聚会在午饭后继续进行，阿斯奎思先生对不违法的闲话非常感兴趣，他说帕内尔是他所常见的那种法律上的顾问，还说帕内尔似乎不喜欢爱尔兰，也从不屑于去那里。鲍尔弗于地方自治时期在那里待过一个周末，因为当时的谈话主要也是这个主题，乔伊特后来说："我们所说的话当然纯属闲谈，没有任何深远意义。"

在他们自己的空间——牛津大学——他们可以无忧无虑地娱乐，玛丽·佩利回忆起一次在伍德斯托克路的即兴宴会，当时乔伊特和维诺格拉多夫教授都在。马歇尔很欣赏维诺格拉多夫的作品，这次回忆是值得被引述的：

有一天阿尔弗雷德碰巧遇到了维诺格拉多夫教授，被他深深地吸引着，所以便邀请他和我们一起用餐，并与当晚已约好了的乔伊特见面。起先气氛有些尴尬，因为乔伊特不认识维诺格拉多夫，他在陌生人面前都很腼腆，但随着时间的推进，乔伊特也变得越来越自在；晚饭后我们坐在后花园的桦树下，一轮圆月挂在空中，这正是乔伊特所谓的"美妙"。那晚是我所见过的他谈得最尽兴的一次，我还会再写些关于那次交谈的回忆。

然而，正如它的突然开始一样，在牛津大学的生活戛然而止，而这又一次源于一个人的突然去世。尽管四个学期之后，马歇尔夫妇"已经在牛津大学定居了下来，习惯了他们在伍德斯托克的小房子和花园"，并双双沉醉于各自的教学工作中，但马歇尔"总是觉得剑桥大学才是他真正的家"。亨利·福西特于1884年11月14日去世，剑桥大学政治经济学教授的职位空缺，马歇尔因此返回了剑桥大学。他于12月被选举为教授，1885年年初再次居住于剑桥大学，1886年起住进他们自己建造的房子中，直至两人分别于1924年和1944年去世。

在剑桥大学隐居的学者夫妇（1885～1924年）

据人们口头相传，马歇尔夫妇这对在科学上的恩爱夫妻，在剑桥共同度过了长达40年的岁月。他们大部分时间住在贝利奥尔的一栋自己建的房子中,房子位于剑桥大学外围马丁利路6号,步行很快就可到达圣约翰学院,骑自行车到纽纳姆学院也只需要很短的时间。在通信和玛丽·佩利与其他人的回忆的基础上,他们在这里的生活证实了关于他们幸福婚姻口头传说的准确性。如果把他们的婚姻生活与大家所熟知的双方在学术方面的协作关系相结合的话,这个结论就更加坚不可摧了。

1885年1月回剑桥时,马歇尔夫妇最初在剑桥彻斯特顿路17号租了一所房子。虽然时间短暂,他们却经常在这里招待朋友和同事。从约翰·内维尔·凯恩斯的日记中可以找到这方面的许多信息,他记录了1885年3月17日和牛津大学的马克伯博士夫妇在马歇尔家用餐的场景,他们两个人暂时负责接替马歇尔授课。

回剑桥大学不到一个月,马歇尔就给圣约翰学院的会计员写信询问了关于在格兰杰路租用土地建筑住房的相关事宜。从第一封信可以看出,马歇尔的意愿与圣约翰学院的政策存在冲突:政策规定,在格兰杰路允许建筑的房子价值需超过2 000英镑,而马歇尔只希望花1 000英镑且和著名的建筑大师史蒂文森共同设计房子。马歇尔不愿意大规模投资的理由是"对空间的需求很小",而他的设计师也建议说1 000英镑足够可以达到他所要求的"舒适"程度,并且涵盖了所有预期的额外费用。由于这个冲突,马歇尔要求会计员恳求学院理事会在他的事情上破一次例,除了格兰杰路这个地点,他再没有找到合适的地方,而且如果建房费用对地租很关键的话,他愿意每年付双倍的租金。

4月底,学院委员会的答复不令人满意,因此马歇尔建房的首选地址为格兰杰路,其次是爱巷东边尽头的一处,最后是马丁利路圣约翰学院板球场对面的地方,这里后来成了草地网球场。在同一封信中他重复强调了自己只愿在房子上最多花1 000英镑的想法,并附上了他的计划草稿。整个5月份,在多次沟通后,双方最终达成一致,在马丁利路建一所造价1 000英镑的房子,租金每年15英镑,房屋西边的清理工作由学院出资,大门要建在北边,且在排水问题解决前需要付费。马歇尔在最后表示同意的信中希望能够马上得到土地的使用权,因为他期望房屋的建设工作能够在"两周左右"就开展起来。另外,他也希望得到一份种苗圃的邻居们的保证,确保在他交租期间,他们不会在土地东边(也就是靠近马歇尔家这一边)"使用任何粪肥"。

1885年6月8日,会计员通知马歇尔当时的佃户即将离开,西边界会按协议清理和标定;但租契直到1886年6月16日才能签署。时间为99年,年租金15英镑,每半年支付一次,马歇尔承担所有相关税金,但要保证每3年粉刷一次房屋,并投了火灾保险。建筑工作于1885年7月初开工,11月份由于与学院在一条沟渠上的争议问题而中断,但1886年7月时马歇尔曾向福克斯韦尔表示,在8月搬进新家应该"不成问题",更重要的是因为他们想在众多客人中首先邀请沃尔克夫妇。

房子有三层，位于一块很不规则的土地（112 英尺 * 198 英尺 * 98 英尺 * 180 英尺）的中间。最后这里成为了一个宽广而树木茂密的花园。直到 19 世纪末周围才有房子。实际上到 20 世纪 30 年代前，周围都没有真正意义上的邻居，只有灌木丛和农场。玛丽·佩利关于房子特征的一段描述值得一读，她提到设计师最初忘了设计楼梯间，这个失误花了 200 英镑才得以弥补：

> 1886 年贝利奥尔庄园建成，我们定居在那里……合同上房价是 900 英镑，但加上设计上的遗漏，成本一共是 1 100 英镑。几年内这都是马丁利路上唯一的一所房子，我们选择这里主要是因为这里的树木繁茂。阿尔弗雷德在设计房屋和节约用地上承受了极大的艰辛，尤其是在厨房设计上。他非常渴望把把书房设在较高的楼层上，因为他认为在剑桥住得离地面越远越好〔因为有潮气〕。然而设计师史蒂文森说服了他，把书房设在了一楼，并加上了一个阳台……他喜欢草和树，但不太在意花，而且对菜园极感兴趣。有一次他给我写信道："我一直认为精心照料的菜园比花园更有诗情画意。菜园中更有内涵且宁静而朴素。"

以下是对这所房子更加系统化的描述。一进前门，首先映入眼帘的是门廊和更衣的门厅。右边是食品贮藏室和一个相当大的厨房；左边则是客厅，对面是一个独立的餐厅（可俯视花园），然后是楼梯间。餐厅和客厅合并起来最多可以容纳 12 个人参加宴会。马歇尔那带有阳台的书房在一楼（阳台对着房子正前方），前门在书房旁边。一楼还有一个卧室（他们夫妇自用）和浴室。三楼还有一个客房，带有更衣室及浴室，斜屋顶下的房间供女仆使用。另外，还有些小的阁楼被用做储藏室。大部分家具都是内置的，按照船舱模型设计以节省空间。事实上，这栋房子设计的根本原则就是最大限度的利用空间。例如壁炉很小，厨房的设计也与当时流行的大小标准不同。其实这样小的房子确实是一个非常别致的专业设计，特别是只有一个住在家里的女佣的房间设计，其实对于马歇尔拥有如此社会地位的人来说是有失体面的。也难怪圣约翰学院的理事会和会计员也对马歇尔的建房计划表示怀疑并且不愿意租给他最好的那块地。

马丁利路的这所房子很古怪，它是对斯蒂文森建筑风格的某些特征的鲜明反映。虽然可以用马歇尔所说的"社会主义"来解释房子的狭小，但也只是在广义的"社会主义"上才说得通。尽管如此，对房子的总体性描述还是值得引用的，并可以从中看出马歇尔请史蒂文森做设计师的原因。马歇尔对斯蒂文森的青睐源于他在牛津时期的生活，那时他就对史蒂文森于 1881 年在班勃里路为牛津大学的格林和奥蒙德（圣约翰学院的财务主管）所建的房子很感兴趣。

班勃里路的房子大概是1885年马歇尔在剑桥大学马丁利路6号请斯蒂文森设计房子的诱因，他的房子被称为贝利奥尔庄园，为了纪念这位伟大的经济学家刚从贝利奥尔来到剑桥。他们三个人的房子都是安妮女王风格的建筑，史蒂文森尽了最大的努力……马歇尔的房子看上去有些古怪，从来访客人们的感受中也可以体现出他这种古怪的性格。从房屋的整体格局来看，整个设计十分周密。在客厅的正上方是一个旋转式的屋顶，旁边有一个画室，里面有一个向外凸出的半弯式的窗子，在屋子的前面还有一个木制的走廊，每块木条都得到了细致的摆放，十分引人注目。这就是我们称之为"经济学之父"的马歇尔曾经居住的地方，他在这里开始了经济学的研究并且完成了多部著作。

普莱斯的论文集中包含了更多关于贝利奥尔庄园的描述，但是他并没有从一个建筑师的角度对其作出美学上的整体性评价：

我不止一次去贝利奥尔庄园拜访过他们。在整个房子的装修设计上，他们认为自己的创意十分新颖，并都因此而感到骄傲。从这个方面我能够看得出马歇尔夫人对艺术的热爱。他们时常在室外的花园里讨论一些学术上的问题，因为他们认为这样可以呼吸新鲜的空气，可以更加健康地工作。走进他们的书房，一排排的书架吸引了我的注意，它们都是按照图书馆最常用的款式制作的，与这样的房间搭配起来显得有些怪异。他们房间的后面有一个从高处倾斜下来的房顶。马歇尔幽默地向我解释到，这样的设计可以方便与邻居进行争论。马歇尔曾向建筑师史蒂文森提及过这个房屋的设计方案，他认为卧室的设计完全可以根据自己的需要来完成，不会影响到建筑物的整体构造。在整个房屋的装修完成之后，史蒂文森评价说："整体的风格的确让人感到古怪，但是30年来我一直都想把这样的设计变成现实。"但是马歇尔曾为此抗议说，那是他独自完成设计的房子。

根据玛丽·佩利的描述，整个客厅和内部家具的摆放都是为了方便塞利格曼一家的来访而设计的。1891年他们曾一起到欧洲游玩，她也曾去拜访过他们在贝利奥尔的家：

我们家所有的客房都非常小，整个房子和一栋小别墅差不多。我们住在一个"最好的房间"里，里面有一张双人床，隔着两间房有一个化妆室，里面也只有一张小床。最后一个房间也是一个单人的客房，比化妆室稍大一些。如果你不介意拥挤……把两个孩子带来的话，我们将会更加高兴。起码比起拥挤又需要提前预订的宾馆，这里要舒适得多……

在此居住几年之后，马歇尔邀请了他的朋友陶西格来家里做客。与塞利格曼不同，陶西格应邀后大约在1895年6月才拜访了马歇尔一家。在随后的10年里，经常有一些朋友来马歇尔家里做客。约翰·梅纳德·凯恩斯记录了一次与瓦格纳和皮尔逊的相遇，在他父亲的日记中还记录了在马歇尔家中举行的一次较为盛大的宴会，来访者有吉芬、尼科尔森、邓巴（毕业于美国哈佛大学）、潘诺隆尼（来自罗马）和莫斯（来自加利福尼亚）。玛丽·佩利对此回忆道：

在剑桥大学的那些年里，有很多经济学家都来过我们家里做客，其中有来自美国的、德国的、意大利的、法国的，还有荷兰的。其中皮尔逊教授和他的夫人以及陶西格夫妇一起来过几次，我们都非常喜欢他们。此外，埃奇沃斯教授也是我们家的常客，由于经济学的缘故我们一直都保持着联系，同时我们也十分欢迎之前的学生到家里来做客。

福克斯韦尔也是在一次偶然的机会到马歇尔家里做客并与他们相识的，那时他们还居住在布里斯托尔，而且他对贝利奥尔庄园十分了解，以至于对马歇尔家里的那张"三平方米的床感到无比亲切……还有一张非常小"。普莱斯是他们的学生之一，或许是因为他要进行道德科学优等考试，所以也经常来马歇尔家中做客。普莱斯回忆了在"佛罗伦萨"与马歇尔一家的一次相遇，那还是他们定居在剑桥大学的第一年，生活在一个租来的房子里。那一晚，他从圣约翰学院出来后，发现自己无意中被锁在了客房外面：

我应邀与马歇尔在圣约翰学院共进晚餐。在公用教室开完会之后，他的身体依然有些虚弱，随后他回家了，把大门的钥匙给了我。结果到达他们在贝利奥尔庄园建好之前的临时住所之后，我发现门怎么也打不开，我认为应该是一些脏东西把门锁卡住了，我沿着马路一直走，大多数屋子的灯都已经关了，也许他们早就入睡了。我选了一个还亮着灯的房子敲了敲门，开门的是一位牧师，我想他应该正在为星期天的传教工作作准备。我向他借用一下钉子想把门锁里的阻塞物弄出来，听了我的请求他显得有些惊讶，但还是借给了我。当我试着把门锁里的东西弄出来时却发现里面好像什么也没有，我又试着用更大的力气插进钥匙用力转动，可还是徒劳无功，而且还弄坏了钥匙。于是马歇尔下来让我先去他的屋子，我后来发现原来门上面有两个钥匙孔，其中一个刚好被门栓挡住了。于是我们尝试了另外一个插孔，把门打开了。第二天早上吃早饭的时候，马歇尔还幽默地说前一天晚上是一次冒险经历。

凯恩斯在日记中也曾提到过马歇尔的一些学生以及他夫人的一些朋友，他们有些会常到马歇尔家里住上几天，有些则只是同他们一起吃个晚饭。玛丽·佩利的亲戚有时候也会来拜访，但是却没有关于马歇尔这边亲属的记录。根据上面的记载，直到马歇尔退休以后他的侄子才到贝利奥尔庄园吃过一次午餐。

然而，根据一些来自其他方面的资料记录，马歇尔家的客人并非只有学校的一些经济学教授以及他们之前的学生。在社会讨论协会的影响下，他们经常会参加一些活动，一些参与者经常会待在贝利奥尔庄园，对此玛丽·佩利作了一些相关记载：

我们回来不久就组建了社会讨论协会，很多人都对此抱有浓厚的兴趣，其中包括奥克塔维亚·希尔、埃玛·康斯，还有美丽的玛丽·克利福德，她是女权主义领导人之一，在布里斯托尔常常被称为"穷苦人的守护天使"。除了这些人外还有很多工人同我们一起参加各种活动，我经常带两个朋友一起去看国王教堂，我们在那里待了一段时间，然后我问他们下一步想要做的一些事情，其中一个说："别再带我们看别的了，这样在这里的印象才不会被冲淡。"本·蒂利特、汤姆·曼还有伯纳特都是我们的访问者，其中托马斯·伯特是特别讨人喜欢的一个人。

在他们邀请的宾客中，有一位将马歇尔在聚会中的所有交谈内容都记录了下来。这次也是1901年剑桥大学成教学院所有成员的聚会，其中出席者还包括贝利奥尔学院的7位代表。

我们和马歇尔夫妇一直畅谈到晚上7:00，然后马歇尔将我们各自送回了家。那一晚我们谈话的内容涉及了各个方面，包括尼亚加拉河对其流域的影响、阳光中的一些射线以及电学方面的知识，甚至还包括爱迪生曾跟我们提到过的蓄电池，一些房屋、街道、烟囱的整体布局，吸烟问题，约塞米蒂国家公园和镜泊湖的美丽景色，还有那里高耸的树木、加利福尼亚广阔的丛林。他还拿出了一些照片给我们看——随后我们又探讨了有关劳动和报酬的问题。此外他还建议我们在成教学院应该让更多的人学会使用勒德洛铸排机，并且阅读劳埃德·约翰的《工人阶级的进步史》（1832~1867年）。他对勒德洛铸排机十分感兴趣，他认为工作中这种机器可以起到重要的作用。卢埃林·史密斯的名字在描述中也被提到过。还有霍利约克，他是一位资深的专家，他的研究成果被认为是对国内或国外现有研究的概括和总结。随后我们又谈论了一些权威人士，包括英国的、德国的，还有一些美国的。主要论及经济政策、战争以及一些金融问题。并且这些问题都是围绕进出口贸易的。大家普遍认为，我们在商品生产上，如唱片机、打字机、螺母、螺杆、洗衣机的螺钉、小孔式打孔机、麻醉药的储备以及其他一些东西，都应该着眼于提高我们的生产方式和教育程度。

同年夏天，马歇尔一家又招待了几位工人阶级的客人。在剑桥大学度过很多个暑假之后，他们家里又迎来了很多"来自南部的穷人，他们都是女性革命选举出来的代表"，玛丽·佩利在这个组织里表现得非常积极。整个活动期间他们都是由女仆萨拉服侍的。"她对我们很好，把阿尔弗雷德照顾得也非常好……她热情地招待了这些客人，在这次共处后她成了这些客人真正的朋友。在这些人中有一位体弱多病的妇女，她告诉我萨拉安排她们去吊床上休息，并且在她们醒来后为她们准备了绿茶。她说，'这里如同天堂一样'。"

就这样，他们的女仆萨拉在这个家庭中的地位变得越来越重要。她不但受到了马歇尔一家人的关怀，而且还像马歇尔一家一样成为了贝利奥尔庄园的一员。很多来访者，如本杰明·乔伊特经常与萨拉在厨房里聊天，他们都说"这是最舒服的地方"。正如玛丽·佩利回忆的，乔伊特与她的交谈并不仅仅是表面上的关系。"他是唯一一个可以与她共同探讨宗教问题的人"。

自从1877年马歇尔夫妇在布里斯托尔结婚后，萨拉就一直在这个家庭中行使着自己独立的权利：

> 她对常常来家里做客的朋友都很热情，这些客人也都能记得她。她能够做一手好菜并且很有责任感。虽然她说不应该"享受"生活，但她总说，在她的生命中，最快乐的时光就是在剑桥大学召开英国联合会议的那一周，那时大约每顿正餐都有12道菜。她整日忙于自己的工作，并且晚上躺在床上还考虑着第二天的菜单。她曾经也因为自己不能够周游世界而苦恼。值得安慰的是，她优异的烹调技术使阿尔弗雷德能保持健康的身体，从而完成更多部重要的著作……在每年的11月份她总是很烦躁，因为那是她最难过的一个月。但我并不担心，因为我知道她不会离开。在某年的11月，她说想去澳大利亚，并且不久就搜集了很多关于交通等方面的信息。她的一生中并没有为自己花费太多金钱，娘家和婆家的亲戚去世之后都给她留下了很多遗产，她可能存了很多，但将大部分都投入到了自己的家庭当中，也有一些借给了一些所谓的朋友，但都没有归还，以至于她最后都没有多少钱。在经历了一个多星期疾病的折磨后她在我们家里去世了。在生命垂危的时候她已经完全没有意识了。不过她有两次清醒的时候。第一次清醒的时候立了一份遗嘱，希望在她去世后能够将部分遗产留给她的侄女莉齐，因为在她生病的这段时间她的侄女一直在身边照顾她，原本她也是打算将存款中的一部分留给她的。第二次清醒时，（她一直服侍的）阿尔弗雷德去看望她，离开之后她对我说："他叫我忠诚的萨拉，并且问我还需要些什么。"

然而，在贝利奥尔庄园生活的那段日子是很甜蜜的，他们参加了很多次宴会，也有很多来访的客人。他们生活在自己设计的房子里，相处得很融洽，生活充满了和谐的气息。在马歇尔一家的生活中也出现过一些意见不一致的地方，其中很多都是由于马歇尔在女性教育问题上的保守观点引起的，而且他这种保守的看法与日俱增。他们曾经为了在19世纪90年代剑桥大学的女性学位问题产生过争执。在这些观点中，相似的分歧似乎都是关于道德科学优等考试，尤其是最终在经济学和政治学优等考试方面的分歧，这些都发生在西奇威克去世之后。关于他们在贝利奥尔庄园产生分歧的相关资料大多都来自写给福克斯韦尔的信以及梅纳德·凯恩斯的日记。

经搜集，并没有发现关于玛丽·佩利在1887年想要获得剑桥大学女性学位证书的信函，也没有马歇尔对1890年菲利帕·福西特被非正式地授予数学优等考试第二名所作出的评论。不过玛丽·佩利写过一封信给乔伊特，讲述了她的成功，并且字里行间都充满着兴奋和喜悦。然而在1894年马歇尔写给福克斯韦尔的信中却提到，他没能够劝服代理大臣废除格顿学生的任命以及取消埃伦·麦克阿瑟历史学讲师的职位，因为玛丽·佩利打算给一个男女混合的班级授课。玛丽·佩利能够获得这一资格与马歇尔有着密切的关系，因为那时女性管理一个混合的班级将会面对很多困难。马歇尔在写给福克斯韦尔的信中也曾提到过他的失败，尤其是在某些兴趣方面，他列出了其所遭遇的各种各样的困难。

> 对于一些现象我感到疑惑不解，尤其是对于一些联盟体制。我朋友中很多都参与了一些关于女性解放的党派。此外，我妻子在纽纳姆学院的关系也给我带来了很多牵制，总体而言，我经过了很多年的深思熟虑后才完成了人生中很多卓越的篇章，其中包括在这次运动中我的经历。我已经做了我该做的事情，或者说是其中的一部分。如果我们起来反抗，那么很多非正式的居民将受到鞭打，在这场战争中我不是一个能够做出明智决策的人。但是如果我们的敌人首先发起战争，那么我将很愿意充当一个次要的角色，我会提出一些见解，但不会很多。

在1897年5月，参议会准备为女性的学位问题举行最终投票会议，马歇尔一再地请求福克斯韦尔用文字来帮助他抨击那些支持设立女性学位的人，而他自己却不能那样去做，主要是因为他妻子在纽纳姆的学生中已经拥有了很高的声誉，并且在他积极参与的道路上设置了很多阻拦。

> 主要有三个原因。（1）首先，我已经做了我该做的事情。（2）其次，我的妻子是纽纳姆学院的一员，并且来过的客人大约3/4都是纽纳姆学院或是格顿学院的学

生，有些已经毕业了，有些还是在校生。所以我不应该也不可能在他们面前发表任何言论。（3）最后，我并不擅长于文字的表达。在我们之间也没有许多善于思考勤于工作的人，但是对方之中却有很多人都能够灵活地运用手中的笔来表达自己的观点……战士们，醒醒吧！时机已经成熟，你们应该行使自己拥有的权力。这是一项重要的任务，这也是你们唯一的任务。醒来吧！醒来吧！

马歇尔的婚姻在经历过很多矛盾后仍旧维持了下来，这些冲突的根源主要来自最初他们在原则上的差异，这些矛盾的化解也可以看做是玛丽·佩利对丈夫忠诚的体现。在给西奇威克的一封信中表明，在很多有关女性学位的问题上他们都达成了一致，但是对于剑桥大学究竟是否应该变为一个"混合型的大学"这个问题，他们意见相左。他们不但认为在1887年针对这一公开问题而产生的任何一个运动都是不明智的举动，还认为"对于女性学位的审批条件不应该高于那些参与学位考试的女性考生的条件"。在这些观点上他们所表现出来的差异足以体现出他们对于主要观点的不同见解是很基本的。此外，虽然在玛丽·佩利的班级里只有很小比例的男同学，但是在布里斯托尔这段采用混合式教学的经历仍使她对自己产生了怀疑，她不知道自己是否应该在埃莉诺·西奇威克的混合教学问题上站在丈夫的一边。在有限的条件下，对这一问题上的质疑导致家庭内部产生摩擦是很正常的。

在很多困难上，通过议会玛丽·佩利得到了很多朋友的帮助。埃莉诺·西奇威克就是其中的一位，她是亨利·西奇威克的妻子，后来作为安妮·克拉夫的继位人接任了纽纳姆学院院长一职。她的传记中曾这样记载，"作为朋友，马歇尔夫人曾在很多个夜晚去找我聊天，在纽纳姆的一个炉火旁谈论着她所遭遇的困难"。遗憾的是，这些事情的内容以及原因并没有被记录下来，但是通过推测，在那些年里，也就是20世纪的前10年，她所遭遇的这些可能大部分都是由家庭内部的摩擦引起的，包括她丈夫日益增长的厌恶女性的思想。她的"顾问"埃莉诺·西奇威克非常了解马歇尔，1865年她曾与洛德·雷利在同一个实验室工作，洛德·雷利在当时的数学学术领域是一位资深的学者，与当时马歇尔的声望不相上下。作为西奇威克的夫人，埃莉诺很清楚，马歇尔夫人与丈夫的争吵大多都源于19世纪八九十年代中有关道德科学课程提纲的改革问题，同时还包括其他一些有关大学改革方面的争论。1897年，埃莉诺与马歇尔在女性学位讨论中产生了冲突，此次争论中，她更正了马歇尔在女性学生方面的一些可疑数据以及对女性智力一般化的错误思想。她也因此成功成为了其朋友的"引导者"。

埃莉诺也经常帮助玛丽·佩利处理生活中的一些琐事。例如在19世纪90年代，人们认为骑自行车不应该是一个贵夫人的所为，因为这有可能会导致腿部肌肉发育不协调，或者是使得女性部分生理器官受到损伤，从而造成一系列的危险。同时，由于骑自行车的姿势要求将头放低却抬高视线，进而增加了患有"自行车眼"的可能性。但是玛丽·佩利十分希望能够学会使用这一新的交通工具，以便给工作带来很大的便利。然而她的丈夫马歇尔在这方面则持有反对态度：

> 西奇威克夫人也有一辆自行车，而且还骑得非常好。在自行车刚刚兴起的那段时期曾发生过一件有趣的事情。由于马歇尔夫人非常想要学习骑自行车，但是丈夫又坚决表示反对，所以西奇威克夫人和她的朋友来到了马歇尔家，希望能够通过自己的使用经历来劝服马歇尔，让他改变原有的想法。通过西奇威克夫人的劝说，马歇尔教授不再认为骑自行车是一种粗鲁的、女性不应该有的行为。

一切都很顺利，结局也很完满。西奇威克夫人为此举办了一次活动，邀请了马歇尔一家。通过这次活动马歇尔的态度得到了转变。1897~1898年间，在马歇尔继续其演讲道路之前，他写了一封信给凯恩斯，信中提到"他和妻子一同去乡村度假，但每天早晨他们都要为自行车的事情而争吵……就这样持续了五六天"。而到了1897年春天，他却这样告诉福克斯韦尔："在这段假期里，我们经常骑脚踏车去兜风，并且我们都乐在其中。"

他们的生活中有关教育方面的分歧很难确切地举出例子。凯恩斯的日记曾记录，在1898年定期举办的道德科学方面学者的年度聚会中，只有玛丽·佩利一人应邀出席。或许是丈夫无法在这样欢快的气氛中面对这次会议的其他成员，因为那时马歇尔和福克斯韦尔是这些人中唯一还对女性学位问题持反对意见的人。对此还有另外的一种解释，马歇尔是由于身体状况不佳，所以对于那些在自家举办的宴会他都尽量避免参加。

在对往事的回忆中，玛丽·佩利也记录了她独自出席的一些定期举办的宴会。应邀者大都是剑桥大学女性协会的成员，每次出席的人数大约为10~12人。在形式上大多是模仿专为男性而举办的天王星协会。一般协会成员每个学期聚会一两次，聚会的地点大都是各自的家中。这一天，会员的丈夫们只能在大学的食堂吃晚饭，或者躲在自家书房中解决。

玛丽·佩利积极地参与并支持剑桥大学女子的反抗运动，她们主要是反抗在剑桥大学的男子们独断、专横的行为。剑桥大学的这段经历是十分有趣的。它一再证实了玛丽·佩利身为一位维多利亚后期剑桥大学教授的妻子所表现出来的一些极具非传统思想的行为，她结交志同道合的朋友，在当时的社会中实在是个奇女子。在她的回忆中，对曾拒绝在一战后的剑桥大学舞台上扮演真实角色一事所流露出的后悔之情，也表明了她的与众不同之处。她穿着"黑色长袍、凉鞋和针织袜"去探望查尔斯·布思的遗孀，这一幕十足地表现了她生活中的乐趣。这让人回想起她的学生时代和未婚之时作为纽纳姆学院的教师时期，奥斯汀·罗宾逊说，她当时的生活极其快乐，当时她和简·哈里森选择威廉·莫里斯的壁纸来装饰她们在新建的纽纳姆学院的房间。当时，作为一种典型的"美学运动的产物"，她学会了把读斯温伯恩的诗与"这个时代偶像破坏者的现实主义"及其在毁灭妄念和在所有问题上"强调批评的价值"的观点所带来的欢欣精神结合起来。因此,她能够在慕尼黑拜访脱会派,毫无疑问还会参加伦敦的其他前卫派艺术展。她的这些行为也许偶尔会引起家里的争吵,而她那同样古怪的丈夫对其独立的妻子的这些小缺点到底会容忍到什么程度,我们只能去猜测了。

马歇尔对妻子与日俱增的依赖,加之她忠诚慷慨的本性,对这段婚姻关系起到了很大的作用。尽管在大多数外人看来,他们是幸福的精神伴侣,在科学、家庭和理想上都有共鸣,但其实不然,尤其是在19世纪90年代及20世纪早期,马歇尔在关于授予女性学位、委任女性任教于男女混合的学校及男女混合大学的价值所在等问题的辩论中公然与妻子持反对意见,而马歇尔在女性教育问题上的立场明显是这个家里论点的核心。继经济学学士学位出现之后,道德科学学位不再占有举足轻重的位置了,这也许是其他摩擦的一个起因,从她那远远超越了一个职业女性的非传统行为中就可略见一斑。在结束这些问题之前,对于马歇尔夫妇婚姻中的学术结合还是值得研究的。

马歇尔家庭的智力合作

马歇尔与玛丽·佩利结婚之时,他们最初的师生关系已达4年之久。那时候,他们在经济学领域志同道合,从订婚开始之时就共同执笔写书;在他们整个活跃的学术生涯中,玛丽·佩利在3所马歇尔成功谋得职位的大学中任经济学教师。最后一点之前已提过,已成为他们关系中引人注目的一个亮点。到底是哪一点使他们的结合成为智力上的协作?事情源于他们花了4年时间共同出书的传奇,这本书在1892年被"禁售"之前销量一直很好。然而,书中有着许多合作的痕迹,这也使这对经济学家夫妇中的男性拥有重要的地位,从而使其名声流传至今。

玛丽·佩利记录了《工业经济学》与马歇尔婚姻生活之间的联系,这是个有用的开端:

> 我在[1876年]10月回到纽纳姆学院,她[安·克拉夫小姐]给我们[玛丽和马歇尔][在纽纳姆学院]安排了一间起居室。当时斯图尔特教授需要一份公开讲座的教材,怀着一颗雀跃的心,我承担了撰写工作,就在这间起居室中,我们共同完成了《工业经济学》的第一份提纲。1879年,这本书以我们共同的名义出版。马歇尔坚持认为书的后半部分几乎全是他的功劳,并且包含了许多后来出现在《经济学原理》中的萌芽思想。随着时间的推移,我也渐渐认识到这本书确实只能是他一个人的成果。他很讨厌那种与自己的信仰相悖的小书,认为"所有短小简略的教条都是错误的",他还指出,"半克朗①是不可能讲明白一个真理的"。

---

① 英国货币,相当于2先令6便士。这里是对小书内容简短的批判。——译者注

更加详尽的笔记中记载:"《工业经济学》第二部中有他的分配理论萌芽思想,而《工业经济学》第3版中则几乎全部都是他的思想了。"

有时候玛丽·佩利的回忆也会遭到质疑。凯恩斯在他的回忆录中写道:"马歇尔晚年很不喜欢那本小书。《经济学原理》出版后,他禁止印售那本书,并于1892年完成了一本同名但几乎完全颠覆了原来内容的新书,大体上是《经济学原理》的缩略版。"从对价值理论以"简略而不完备的方式"处理来看,也可以解释马歇尔对这本书与日俱增的厌恶,他也因此卷入了《经济学季刊》那场不必要的辩论中。与玛丽·佩利的观点更加一致的是,凯恩斯补充道,马歇尔对经济学复杂性越来越清楚的认识,意味着"简易朴实不可能与科学的准确性相结合",尽管作者可能原本是这样希望的。凯恩斯总结到:

> 然而,这些感情对这本书却是不公平的。大师们给予了这本书非常高的评价,并且在使用期间一直是最好的小教科书(在被禁售前共卖出了15 000本)。如果说要选择一本基础教材,也许这本书就是超越了当时及以前所有同类型的最好选择——比福西特或杰文斯夫人及后来许多继承者的启蒙书都要出色得多。而且,第3版的后半部分,关于贸易联合、贸易组织、贸易争端及合作等重要问题,书中首次以当代思想提出了合理的解决方法。

1910年,有一名日本学生未经允许私自翻译了这本书,马歇尔给他的书信的草稿也暗示了这本小书的命运。在原谅了这位动机不良的译者并解释了1892年版的《工业经济学要义》与之前的《工业经济学》之间的不同之处后,马歇尔继续写道:"新版的发行量比旧版大得多……有些人指出,经济学教材应该由(只掌握基础知识的)年轻学生撰写。提出这样论调的人都不能算是经济学家,他们也不明白把简单性与全面性结合起来的困难。许多书在作者这样的目的下诞生,但很快就消亡,而我妻子和我尝试着去把教材简单化。"

关于对只掌握学科"基础知识"的"年轻学生"应邀撰写教科书一事的谈论,对马歇尔来说是愚钝和不智之举。在1876年他妻子刚刚完成学业之时,这不能算是个真正的错误。其他事例也可证明马歇尔在这本书上所用的"禁售"这个词的含义。这本书既没有被剑桥大学图书馆收藏,也不在马歇尔图书馆的公共书架上(虽然复印本在马歇尔档案中有所保存),甚至在各个(男性)大学图书馆中也很难找到,例如圣约翰学院图书馆就没有收藏。纽纳姆学院图书馆中有三个副本(表明玛丽·佩利是不情愿禁售的),在格顿学院有一本。另外,第3版直到1885年才被筹划出版,而一个俄语译版1886年经允许问世。可以说这本书直至1890年才在马歇尔的学生中流传开来,而且从马歇尔学生的笔记中可见,1898年剑桥格顿学院的一名学生读了这本书，（大约）1904~1905年，马歇尔所在学院的一位报考经济学学士学位的学生也读过。到19世纪90年代末，他自己的作品则有效地取代了这本书。

圣约翰学院的叹息桥，连接学校的第三个庭院和新庭院，这里充满了"夏天的气息"。

马歇尔1892年对于此书的禁售曾在教义层面上被辩护过，他本人直到1907~1908年才开始使用这方面的解释。当年霍布森参加了马歇尔的讲座，他回忆说马歇尔提到了"这本书的禁售问题（我用了禁售这个词是沿用了马歇尔的说法，他对此作了许多积极的努力，而不仅仅是坐视这本书停止出版）。有一天马歇尔谈到了美国早期的托拉斯运动。他曾仔细观察了这项运动并得出结论，当前的垄断力量只是短暂的，竞争机制一定会再次占主导地位的。后来当他改变了这种看法后，便禁售了这本书。"巴卡蒂尼借用了凯恩斯在《就业、利息和货币通论》中的比喻：在1879年版发行之后的10年，当马歇尔忙于撰写他的《经济学原理》时，他也逐渐"像一条蛇一样从旧的自我中蜕皮而出。他超越了'伦理的限制'，更强调进步的思想，摆脱了共产主义这个幽灵"。简而言之，《经济学原理》主要的工作就是取代了早期尚不成熟的《工业经济学》。惠特克同样也使用了教义上的原因来解释早期版本的禁售。因为很强的预示性，这本书有着《经济学原理》第一手稿中的大部分特征，但是后面它对于正常价值和市场价值区别的处理却与《经济学原理》中对分配理论的处理有着本质不同。更重要的是，惠特克认为"马歇尔夫人贡献很大，除了开头和结尾两章，她提供了起草工作和文学上的推敲工作"。同样，由于马歇尔在《经济学原理》第1版中公开说明了其妻的帮助及在手稿书写和例子整理的每一个阶段她所给予的帮助,并对她所给予的建议、关心和判断力表示感谢,因此这本书也被认为是"联合作品"。玛丽·佩利在这本书中的角色有待详加评论。

我们有必要来看一下书的提纲。内容分为3篇,第1篇讲土地、劳动力和资本问题,第2篇介绍正常价值,第3篇关于市场价值。第1篇中包括2章导言,然后是从生产三要素及生产力方面解释生产理论。第2篇开篇是对正常价值的定义,以及确定竞争的作用。接下来是效用和供给法则、生产和供给成本、租金及租金对价值的影响、需求对价值的影响。第2篇的后半部分讲的是工资与收益的分配问题。第3篇致力于解释正常价值的主要偏离原因,结尾介绍了贸易联盟、生产的仲裁、调解与合作、信用与汇兑。

在玛丽·佩利晚年的回忆中,这本书从一开始就是两个人合作的成果,提纲就是1876年他们订婚后在纽纳姆学院的起居室中共同完成的。这一说法与约翰·内维尔·凯恩斯日记中的记载有所不同。他在1876年12月2日的日记中写道:"佩利小姐正在为公开讲座撰写一部政治经济学方面的书。"仅仅6个月后,他就承认了马歇尔在这项工作中所起的作用,写道:"我的话让邦德小姐非常震惊,因为我说了[如果]从马歇尔的情况和她的风格来看,佩利小姐的书也许会大获成功。"1877年6月10日,凯恩斯的日记显示马歇尔已经放弃了自己的写作,因为当时"主要潜心于其他书的写作。在谈到这本书时,他总是用到'我们'这个词,似乎在这上面投入了很大精力"。

马歇尔夫妇在康沃尔的一部分蜜月时间也用来从事这本书的写作工作。1878年4月,马歇尔在写给福克斯韦尔的信中说,他们把所有的空闲时间都奉献给了这本书,并期望在10月份能完成第1篇。但是,1878年9月,有证据表明福克斯韦尔和西克威奇已经传阅了第1篇,他们的批评包括大量对原稿的推翻。从1878年末和1879年初马歇尔与福克斯韦尔的通信中可见,马歇尔主要的问题是在正常价值与市场价值的区别以及分配理论中,将国民收益(产品)分割为工资和利润(杰文斯难题)。

1879年10月初,书终于出版,两个作者在与福克斯韦尔的通信中也开始了自我批评。然而,到底谁才是这本书的作者呢?从保留下来的信件可以看出,至少从技术层面上判断,马歇尔似乎才是唯一的作者;此外,他事后关于这本书的批判主要是针对第1篇。马歇尔承认他倾向于去掉第1篇中对巴斯第特和穆勒的过度引用,并认为前3章应该大规模重写并详述。而且,这封信中把第1篇中"更糟的"风格归咎于写作太随意:"我们料想继续写下去情况就会转好"。更重要的是,玛丽·佩利的记录中所记载的马歇尔后期的不满,是他关于写这本小书的困难之处:"这本书之小给我们带来了许多麻烦,我们再不会同意写其他小书了……然而,我们已经计划写一部经济史的概要,作为与之对应的第3篇[计划中的贸易和金融部分是第2篇]。"1879年,对马歇尔来说,小的并不是美好的。一周后马歇尔就表示后悔了,认为不应该把第2篇和第3篇想得太难,"也许是我们把第1篇前几章的难度定得太高了"。玛丽·佩利也给出了自己的批评："这本书不值得我们引以为傲。我们觉得没有解决逗号的使用这个重要的问题，在用法上也前后不一致。至于引用，或许不太正确，但我们有自己的一套理论。"信中最具讽刺的事情是签名部分，写道："谨上，（永远）代表坚定的阿尔弗雷德·马歇尔和玛丽·佩利·马歇尔"，这一对亲密的夫妻曾称他们的婚姻生活是商业上的伙伴关系。

凯恩斯的日记和马歇尔与福克斯韦尔的通信都表明马歇尔曾好意地接管了这本书，因为他逐步提高了书中他主要负责部分的难度。尽管流行，这本书最后还是两头落空了。它既不适合初学者，也不能很好地适合于高级市场。在玛丽·佩利写给福克斯韦尔最后的评论中，关于书的出版及她所说的"我认识到了这真的是他的书"，都表明她对这个结果也许是有些愤恨的。正如凯恩斯所预言的那样，也许是她的文笔确保了这本书能够迎合其目标读者，马歇尔在气质和风格上是做不到的。

马歇尔坚持认为这本书是两个人的共同成果，其实也有着其他的解释。马歇尔的第一篇文章《工人阶级的未来》以穆勒的话作为开篇，穆勒认为自己的激情来自与妻子的共同协作。在这一点上，马歇尔力主应该"唤醒"大家"去关注这个问题——是否应该培养女性敏锐的洞察力，以便给男性在公关和私人生活中提供物质帮助"。

马歇尔夫妇一直按穆勒夫妇的方式，在《经济学原理》及之后数十年间在其他经济学著作上共同合作，不过范围小了些。马歇尔在《经济学原理》第一版中公开承认玛丽·佩利的工作，是十分大度的表现："我的妻子在手稿书写和例子整理的每一个阶段都给予了我帮助并提出建议，这本书的完成离不开她的意见、关心和判断力。"很容易证明审阅例子这项工作的艰辛程度，但证据显示，玛丽·佩利在该书的创作过程中所扮演的角色更符合一个恭顺的研究助手，而非一个协作者。例如，在向凯恩斯阐明自己对杰文斯"享乐主义与经济学的系统性混淆"的评论时，马歇尔在附言中补充道："我的妻子无法找到上面所引用的这段话，但我确定我曾写过。"而另一封信中则暗示，拼写、句法及疑似的错误都是由她负责的。

第2版时，她的贡献就缩减到与6个他首次提及的人"一同帮忙并协助我"。待到第3版，她那被称为"非常伟大"的帮助又一次与众不同；在第4版中，她再次担负着"首要责任"，在第5版许多实质性变动中，她大获赞誉："我的妻子在这卷书的手稿书写和例子整理的每一个阶段都给予了我前所未有的帮助和建议。每一版的发行都包含了她的意见、关心及判断力。"虽然有微小的改动，但这段话一直出现在最后三版的鸣谢中。

《经济学原理》的脚注中没有任何针对玛丽·佩利特别的感谢。在马歇尔作品中唯一一处对她的致谢是在"在外地主经济制"一文的注释中，文章写于19世纪70年代。在结尾处马歇尔写道："佩利小姐着重强调了这个问题，即是不是他们（指在外的业主）的国外联盟导致了他们将其所有收入都投资到国外而非国内。"这似乎证实了玛丽·佩利对《经济学原理》的贡献有着恭顺的天性。在英国皇家经济学会纪念《经济学原理》一百周年大会上，奥斯汀·鲁宾逊先生重述了这个观点：在书写和修订《经济学原理》的过程中，马歇尔把妻子当做自己的"愚蠢测试仪"，所有她不能理解的段落对普通读者来说都太难，因此被删除。

其他人似乎对她的贡献评价很高。马歇尔与凯恩斯的通信表明，玛丽·佩利于1889~1890年在凯恩斯《政治经济学的范围与方法》一书的校对工作中发挥着更实质性的作用。她把自己的意见附在信后，尽管这些意见遵循着丈夫的评论，但确实是对凯恩斯作品的一种独立评价。很难说她的校对工作是由凯恩斯邀请的还是马歇尔发起的；凯恩斯早期很认可她的写作风格，因此凯恩斯的邀请似乎更说得通。

凯恩斯的回忆虽然与她对《经济学原理》的帮助不直接相关，但也符合她文书助理及研究助手的工作描述：当马歇尔为了准备学生用的资料而把原本按作者和科目排列的期刊顺序弄乱了需要整理时，"向来都是马歇尔夫人的工作"。在她后期没有发表的回忆录中似乎否认了这种说法。马歇尔"将自己的资料整理得有条不紊，他的书房也许看起来不那么整洁，但却井井有条。他的手稿分类放在各个文件夹和信件架中，在需要时可以伸手够到任何需要的资料，他甚至说在黑暗中能找到自己的任意一本书。他有着极其敏感的天性，手指也是如此。"接下来是她冗长的叙述，颂扬马歇尔的棕色箱子很整洁，他把经济学的文章仔细分类并编成目录。如果这两种编目工作是相同的，那么玛丽·佩利不同寻常地夸耀了自己的工作。

1892年版《工业经济学要义》的序言和1919年首次发行的《工业与贸易》第2篇中，都表明了马歇尔对妻子的与《经济学原理》中相类似的感谢。1892年，"妻子帮助我并在我的《经济学原理》及本书每一阶段手稿的书写和例证的搜集中给了我建议，我非常感激她的意见、判断力和关心"。1919年的致谢感情更为丰富："本书虽说是我所著的《经济学原理》，但其实远超越于此，可以说我的妻子在每个阶段都给予了我帮助和建议；许多出色的地方都是源于她的意见、关心和判断力，索引完全都是她来完成的。"出人意料的是，1923年的《货币、信用与商业》一书中未见任何对她及任何人的致谢，而具有讽刺意味的是，如果没有玛丽·佩利的帮助，这本书是不可能完成的。标注日期为1923年3月19日的一份最终版本的序言草稿也许提示了他省略致谢的原因："妻子在我写作的每一时期都给予帮助，把她生命中最美好的时光献给了我写作过程中每个阶段大大小小的事情处理上。她不想在书的封面署上自己的名字，但其实那正是她名字应该出现的地方。"难道是正式的合作关系勾起了她本希望遗忘的那部分在婚姻最后这几年的痛苦回忆？

1881年夏天，当他们在东德文海岸度假、即将长期离开欧洲时，一封写给福克斯韦尔的信表明他们的合作工作又有了新的希望。"我本应该继续研究贸易和政府经济学的，这是玛丽和我一起工作的绝好机会。但我要先在我的经济学理论方面从事研究，她也会帮忙的。这两年，在经济学概论上我们有许多梦想要实现，但似乎我们不应该在这上面花太多的精力。"在《工业经济学》续篇（由于第2版发行所带来的愉快和荣耀而作？）上的合作及一起去实地考察之旅所流露出的愉悦之情都表明了他们这一阶段韦布式的合作方式。

另外，有一些非重要的合作也值得一提。玛丽·佩利回忆说，她9岁开始跟随一位家庭教师学习德语，这位女教师给她和妹妹授课，并通过"全家在吃饭时说德语"这一方式传授给她们一些综合性知识。这使得她有能力为德语水平也许不如自己的丈夫准备写作上所需的德语书籍摘要。不过，总的来说，除个别例外，她在智力上所扮演的角色是丈夫工作的文秘和支持者。

非同寻常的伙伴关系

在由两位经济学者组成的婚姻中（在早期，值得相提并论的是亨利与米莉森特·福西特的婚姻，因为他们俩与马歇尔夫妇有着有趣的相似之处），马歇尔夫妇无疑是其中不同寻常的一对。但作为学术上的合作伙伴，这通常并不是一种强烈的、精神上的合作。这只表现在他们及他的写作中，并不是如韦布所说的两颗心像一台打字机一样在跳动。玛丽·佩利在经济学授课上有着过人的天赋，后来布里斯托尔大学授予她荣誉文学博士称号，给予了她官方的认可。只有西奇威克貌似对她的天赋有所置疑，安·卡尔对梅纳德·凯恩斯的回忆中也表明了与西奇威克相同的对玛丽讲课特点的意见："太过简练枯燥。"除此之外，她在马歇尔经济学思想的作品中所扮演的角色只是次要的助手和偶尔的顾问，在贝利奥尔研究经济学时，她总是处于后台的位置。梅纳德·凯恩斯是马歇尔夫妇的好朋友，并且这种关系一直延续到他们夫妻的最后岁月，他在玛丽·佩利的讣告中强调：

在我的记忆中，她从不和来访者讲述经济学的话题，甚至不参加在贝利奥尔庄园持久的经济讨论。在激烈讨论时，她会离开餐厅到楼上书房去，把空间留给男人们或是来访者，假装自己在这方面一窍不通。

费伊所记录的他们1906年在马歇尔家"第一次奇怪的见面"中，也含蓄地表现出了玛丽在贝利奥尔庄园的地位：

庇古让我去拜访马歇尔。马歇尔听了我的想法，赞成"在家里家外合作"这一观念，并在沙发上摆出一排书，说："看看这些，会让你满意的，稍等一会，玛丽给你准备了茶。"

"好吗，费伊先生？"

"玛丽，请给我们上茶。"

伴着庄严的脚步声，茶上来了，走进来的不是女仆，而是马歇尔夫人！我现在仍然对意识到她是玛丽时那种不寒而栗的震惊记忆犹新。

因此，作为经济学家，马歇尔在结婚一年前的一封信中描述了妻子在经济学上的能力，说他们很难成为真正意义上的搭档，在教育和能力上的差距也注定他们不可能平等。她作为一个经济学家的价值所在到底在多大程度上与他随着年龄增长所逐渐变化的信仰有关，这一点很难说，马歇尔认为女性在智力上是不及男性的。1889年，马歇尔给比阿特丽斯·韦布的建议是其信仰的一次著名应用；另外，他难以接受女性学生通过考试，包括他自己的经济学优等考试。费伊在另一部回忆录中含蓄地指出，玛丽是不接受这种观点的：

但通常他不认可女性学生。有一年6月和他们一起去哈立治，我对马歇尔夫人说："纽纳姆学院的学生在经济学优等考试中表现真不错！"他们两个人都是经济学学士学位的第一名。阿尔弗雷德在角落中说了一句："这真是个不幸。"

马歇尔夫人说："恐怕阿尔弗雷德不赞成我们的观点。"

如果他们真的在学科上有过联合，对于类似这样问题的观点分歧会阻碍在经济学上真正意义的合作。最晚到19世纪80年代，玛丽·佩利对于这种合作已经是意愿和兴趣全无，她也许更喜欢处于一个附属但更平和的角色，在马歇尔繁多的工作中做个文秘及研究助手。此时她也已经在纽纳姆学院及社团中发现了自己的兴趣所在，她参与夫人餐饮俱乐部，喜欢在丈夫写作时画水彩画，并且心悦诚服地去扮演一个教授妻子的角色，即款待客人以及类似的活动，尽量与她那脾气不好又过分敏感的丈夫和平共处。

从他们至少部分失败的合作关系中来看，有必要大致推断一下马歇尔从这桩婚姻中到底期盼什么。玛丽·佩利回忆了一段在他们订婚前马歇尔在讲课时的言论：

关于婚姻："人们常说理想的婚姻生活是丈夫与妻子应该为了彼此而生活。如果这意味着两个人仅为了对方满足的话，这对我来说很不正常。男人及其妻子不是为了彼此而活，而是为了共同携手完成某些事情。"

除了经济学教学，婚后的整个工作生涯中他们有着共同的目标。玛丽·佩利经常代表马歇尔出席一些他很想参加但却无暇抽身的活动。例如玛丽积极参与牛津大学的慈善组织协会，马歇尔很有兴趣却没有时间，他们便在当天的晚饭或是第二天早饭时相互交流心得。他们两人都是剑桥大学理论协会的会员，同样也是她去参加委员会会议，而回来后必定会有他批判性的马后炮。他们共同参加在欧洲及英国工厂中的"经济介绍"活动。除了某些夏季远足，事实上没有记载他们参加类似于听音乐会或看戏剧这样的娱乐活动，不过他们经常一起去画廊。

毫无疑问，马歇尔的脑海中也活跃着关于婚姻的其他思想。19 世纪 70 年代早期，他阅读广泛，正处于求爱期的他思想中充满许多社会科学，比如拉斯金画中的少妇及他的讲座《芝麻与百合花》（这本书在 1865 年首次出版）。书中把婚姻描绘成"仅仅是一个封条，标志着把临时短暂的关系变成永不疲惫的服侍，把时断时续的感情转变成永恒的爱恋"。拉斯金补充道："女性的力量体现在统治中，而非战争。她们的智慧不是为发明创造而生，而是为了温柔的安排、整理与决策。她们能看到事物的品质、要求及方位。她们最擅长的是赞美……因为她们的责任和地位中少有危险和诱惑……男人的保护使她们远离这一切，安定地生活在她们所打理的家中。"

马歇尔关于婚姻的观念也是他在格罗特俱乐部的哲学导师莫里斯塑造的。由于"社会的神源说，莫里斯认为父亲处于一个家庭的核心地位"。然而，他也主张"妻子的作用是独特的，不是丈夫的创造物……丈夫和妻子应该彼此依赖、相互扶持"，但"把妇女当物件来看"这种倾向却并未因"宣称女性独立"而有所抵消。似乎马歇尔的思想受穆勒的散文《女性的征服》的影响更大，他保存着这篇文章的第 1 版。他赞同穆勒的观点，即"婚姻应该是平等的……是一种不带有顺从义务下的平等合约"。然而，值得怀疑的是马歇尔在福利观点上是否与穆勒一致，穆勒认为为女性开放所有就业机会有助于使"人民服务人类的素质"加倍提高。关于家庭，他对穆勒支持的智力的性别平等这一先进主张有所质疑，"两位女人，自政治经济学成为一门学科以来，对其掌握程度足以在这一领域创作出有益的作品"。因此，穆勒的观点并不是马歇尔对于女性和婚姻看法的唯一来源。

鉴于马歇尔本身对经济学的尊敬，也许更能接受弗雷德里克·哈里森在"女性的未来"上的理想："没有一个令人满意的男人，更不用说女人了，要做到这样：将女性当做男人的守护天使和家中的女王这种风度和圣洁的理想当成笑柄……女性的美丽在于温柔、钟情、纯洁并给家庭以鼓舞；应该提高每个家庭中妻子、女儿、姐妹或朋友的道德风气，让她们成为男人的亲密伙伴、倾心交谈者，使男人们更文雅而有风度。"褪去华丽的语言，这一画面在《经济学原理》中是这样的：

> 人的能力大部分取决于童年和青年时代的周围环境。其中最早、最深远而有力的影响来自母亲，源于高的工资或其他更自私的原因，她却恪守自己的工作……她用收入所能买到的东西对家庭的健康与幸福作用很小，远不及她本可能为家庭提供的物质服务，更不用说她对孩子的道德教育、维持家庭的和谐气氛以及让丈夫在家的夜晚兴奋和安静。

对马歇尔童年时家庭生活的记录很少,这表明了拉斯金式(或哈里森式)的观点,即在维多利亚时代占统治地位的观点——女性在家庭和社会中扮演的真实角色,与他自己在成长过程中所勾勒出的画面相符合。在此我们回顾一下玛丽·佩利对沃尔特·斯科特的评论:"他爱自己的母亲、妹妹梅贝尔和路易莎姑姑。我觉得随着时间的推移,除了几个以前的学生,他已经不再真正在乎别人了。"在他的性格形成时期,他对女性过度依赖——他的母亲让他避免了父亲的严惩暴行;路易莎姑姑在德文郡郊外热情欢迎他每年夏天去度假,让他缓解了学校的过度劳累从而"挽救了他";他与妹妹艾格尼丝和梅贝尔一同度假、一起打板球,因为他哥哥很早就已经参加工作了,而弟弟大概年龄尚小。是这些使得马歇尔一度被称为一种对女性疏远的崇敬式的"圣母玛利亚综合体"吗?如果这是给玛丽安排的角色,证据表明,她似乎是在讨好马歇尔而非被他尊敬,这也合理地解释了他身上所表现出的早期性无能的可能性,[①] 他在婚姻上的一些怪癖也就更容易理解了。

由于维多利亚时期在这些问题上的习惯性沉默以及缺乏真实证据,所有这些也只是猜测。例如,还有一些他们没有子女的其他原因。也许是因为玛丽的不孕,或者因为两人都有着自己的事业并相互合作,经深思熟虑后选择不要孩子。难道他们把在贝利奥尔庄园养的一对不为人知的小猫小狗当成自己的孩子来看了吗?唯有马丁利路6号花园中写有"弗莱"和"希拉"这两个小狗名字的座墓碑,以及一张孤零零的照片,证实着马歇尔夫妻(或许应该说玛丽·佩利?)的宠物在这对经济学家的家里存在过。这些事情永远无从考证。如果马歇尔把玛丽的性格构想为他成长中的女性主导的地位,那其中是有着许多与"圣母玛利亚形象"相冲突的地方。她在行动上也没有接受马歇尔在文章中所倡导的女性在家庭中的角色,以及与传统观点就年龄的看法相一致的大学计划。

马歇尔夫妇的伙伴关系不仅非同寻常,更是错综复杂。复杂的劳动分工导致玛丽掌管着所有的财政大权并管理着支票簿的使用,而马歇尔去设计厨房;他放弃了管理家政的最高权力,

---

① 斯特雷奇在写给凯恩斯的信中,祝贺他完成了马歇尔回忆录,他猜测马歇尔夫妻使用了避孕用具或者其中一方患有不孕症,这就解释了为什么他们没有子女。凯恩斯回复道,原因很可能是马歇尔婚后不久发现了不孕症。有人指出,玛丽·佩利在婚后不久又重新开始固定工作,致使他们计划不要孩子,但这也与马歇尔在《经济学原理》中所表达的含糊其辞的反对相悖:"如果自控能力够强,能够在不违背道德准则的前提下维持夫妻的必需生活,最好适当地早婚。"这表明了马歇尔很可能存在性能力问题。更广为人知的是他的背景与这样一个假设相符合:从他的表现来看,可以说是卡尔·荣格(瑞士心理学家)学说的内向,这就是他"所有看法、行动和情感倾向的战战兢兢"及一种"趋于精确、迂腐、吹毛求疵的倾向",一种与性无能有关的行为模式。另外,马歇尔似乎表现出"一种持续的对理想化母亲形象——他的母亲——的爱慕",玛丽对沃尔特·斯科特说这也与性无能有关。娶了"一个被解放的妇女",藐视服饰上的习俗束缚,生活方式和阅读习惯上像个中产阶级的职业妇女,马歇尔也许就更是性能力缺乏了。他们的新婚之夜也许是在性失败中结束的。在这种情况下,双方所表现出的性无能,加之克里夫顿旅馆奇怪的双卧室环境、必须要参加布里斯托尔大学委员会会议的压力、第二天要检查工匠修理他们第一所房子的质量等等,都是那晚失败的潜在促成因素。最初的失败在某些情况下也助长了日后的性无能。结合马歇尔平日的体弱状况来看,1879年以来,他极易疲劳,需要多加休养,性无能实际上很可能是永久性的。

而她在纽纳姆学院及剑桥的夫人餐饮俱乐部开拓着自己的世界；他投身于建设性的写作事业，沉浸于在蒂罗尔自己的凉亭里养鸟的乐趣中，她则在旁边画着素描和水彩画，并作好所有的行程安排。他们性别分工的反常与奇特之处的一个标志是他得病后为了治疗，"我和他所有的（袜子）都是他织的，他还给母亲织了一双黑色丝袜"。他也能感受到让女性做打扫卫生和洗濯之类家务的压力。也有记录表明马歇尔是个极其手巧的人，能在后花园的车间里用车床轧木头，能发明一些小器械但通常不好用（如《泰晤士报》讣告中提到的不能切割的电镀刀和不防水的胶套鞋），以及其他一些卓有成效的东西（圣经中方舟的旋转装置；能通过地板上开的洞把茶送到楼上书房的滑轮装置，还有能逗他的"画眉"玩而自己又不需要移动位置改变自己舒适的坐姿的物件）。

  他们的婚姻中温柔与冲突并存，两个人相互依靠。在马歇尔生命的最后几十年中，他与日俱增地依赖着玛丽，以及她对满足他休息、健康、言语表达和最终名誉的保护。他一定经常以"自私、猜忌和在学术上的不幸"的形象出现在她面前。但他们非同寻常的关系也有着出人意料的温柔一面。这一方面被完完全全记载在了塞利格曼向悉尼·韦布所吐露的"快乐轶事"中。在一封韦伯后代所保留下的他给妻子的信中，有这些内容：

    我昨晚和塞利格曼博士共进晚餐……他去过奥地利，在那见到了马歇尔（在某个水乡）。他讲了一件有趣的轶事。马歇尔给他写了些便条以作安排。打开其中一张，写着致"我最亲爱的人"，落款是"你亲爱的阿尔弗雷德"。马歇尔误把给妻子的信寄给了他！（亲爱的，我期望我们20年后也能依然这样彼此称呼，但我希望也相信不会是因为一个人牺牲了自己的生活而为了迎合另一个人。）但这确实是一段我欣然听到的马歇尔的情感轶事。

第9章

最初的学术生涯（1868～1884年）：剑桥、布里斯托尔和牛津

马歇尔作为老师和行政人员的早期学术经历适合放在一起讨论。这个阶段包括他在圣约翰学院作为讲师教授道德科学的时期［这也是他逐渐专注于讲授高级政治经济学（1868～1877年）的地方］，还包括他在布里斯托尔大学任校长和政治经济学教授的时期（1877～1881年，1882～1883年只担任教授职位），以及他在贝利奥尔学院和牛津大学（1883～1884年）担任4学期政治经济学讲师的时期。因此，这一章提供了马歇尔参加的主要院校活动的细节，即在他早期研习经济学时以及直到他重回剑桥大学担任政治经济学教授之前。因此，1877年他的婚礼和之前讨论的一些旅行是同时发生的。接下来会适当提及马歇尔在这个阶段所作的公开演讲。

在圣约翰学院任道德科学讲师

1865年早期，马歇尔在克利夫顿学院任数学代课老师是他的第一段教学经历；在此之后的几年，他又作为私人教师为参加优等考试的学生辅导数学。1868年，圣约翰学院的校长贝特森向马歇尔提供了道德科学讲师这个职务，这对于马歇尔来说就是一个非常优厚的待遇。正如马歇尔晚年回忆所说，是由于"学院的善意"才使得学术教学成为了"我一生的事业"。

那时，除了授课之外，大学讲师或其他长期的学校老师都不是由学校任命的。除了普通学生所上的专业课程和优秀生所上的私人培训课程以外，其他课程都是由学院指定的讲师来教授的。在19世纪60年代末，道德科学仍然是一门相对较新的优等考试。第一批学习道德科学的学生直到1851年才参加考试，而在此之前他们需要得到文科学士学位。直到1861年，成功通过道德科学优等考试才能获得文科学士学位的政策才得以实行。在开始的几年，参加优等考试

的学生很少，只在1866年之后，或者说在马歇尔最终参与到教学中的10年里，参加优等考试的学生数量和质量才显著增加。这主要是因为它关注的主题对于那些成长在19世纪60年代的年轻人来说很令人兴奋。学生数量的增长还得益于19世纪70年代早期进入大学的女性数量普遍增长。最初，有相对多数量的学生参加这种优等考试是因为，如果他们不精通数学或古典文化研究的话，那么研究这个领域对他们来说是特别合适的。即使那样，参加优等考试的学生数目也很少超过20位，以至学院指定的教授教学大纲的教员数量仍然是很少的。在1868年马歇尔加入到这个小团队时，这个团队只包括来自三一学院的亨利·西奇威克、来自圣约翰学院的皮尔逊、来自凯厄斯学院的约翰·维恩和来自圣凯瑟琳学院的莱文。在那年，其他两位参与到道德科学教学中的教师分别是：从1863年开始就任剑桥大学政治经济学教授的亨利·福西特，在约翰·格罗特之后于1866年继任剑桥大学奈特布里奇道德学哲学教授的莫里斯。

学院院长贝特森在1871~1872学年末使用一种调查表来搜寻"关于学院讲师所做的教学指导"的信息。它的范围相当广泛，要求有所教课程的细节、每门课程的上课次数、每门课程的正式登记和实际出席率、在特定课程中增加或减少课次的必要性以及关于讲师在学院教学中改进的建议。1872年10月16日，马歇尔"非常充分和详细"地回答了向他提出的问题，因为他担心院长和学院的领导"对于学院中道德科学的教学安排细节有不完全的认识"。

他对与课程教学相关问题的回应如下。在1871~1872和1872~1873两个学年中，他给出的信息显示，他在1871年10月份的学期中讲授道德哲学（边沁的），在1872年的春季和夏季学期讲授基础（穆勒的）和高级政治经济学；1872年10月的学期中，他一周上三次边沁的道德学和政治哲学课，同样在1873年四旬斋和复活节学期也如此，在之前的年份，他计划讲授基础和高级政治经济学。

马歇尔简洁地报告了这种教学任务隐含的工作量。他的回答如此清晰和精确，所以可以详细引用：

> 每个课程一周上三次课。我每周会发给学生带有特例的约一张纸的问题，在某些情况下是课程第一周的例子。我会鼓励学生在我的办公室写下答案。他们的答案会在下次课开始的时候再发给他们，并且会用红笔给予更正，有时是给出比较长的评注。我在这个课各个方面投入了完全的精力，并且对于问题都给出了充分的解释和我自己的答案。对于学生提出的问题，在那些要点以及提交上来的有错误的观点而又有可能给班上其他同学启示的地方，我作了专业的参考。如果课上给出的答案和我给出的针对于学生自己答案的评论都不能够使问题清晰明了，那么我鼓励每个学生都在课后去寻求更深入的解释。这种方式避免了不必要的重复，书面评论可以消除那些口头修正，尤其在道德科学中易于产生的误解与错误的记忆。除了五门给出论文的课程之

外，如上文所述，关于我授课的五门课程，我为有疑问者专门给出4篇论文。这些问题也会像其他的一样经过修正和解答。用红笔纠正每篇论文答案的时间从6小时延长到8小时……道德科学的考试和学院论文奖的考试涉及了大量附加工作（它们都是必要的：后者使我认识了一些人，这些人有潜力成为优秀的道德科学学生）。更多的时间——一学期中每周可能平均有三个多小时——虽然是私人性质的，但是正式与学生交流关于他们课程学习中的问题以及特殊的难点。对于一名数学专业或古典文学专业的学生来说，这项相应的工作一般来说是由他的学校老师或私人老师来完成的。不包括在上两段中提到的工作，我作为一个讲师花费在直接公开工作上的时间一个学期至少70个小时（当然没有包括那些直接或间接花费我在准备课程上的时间，或是做有关问题的论文的时间，或是纠正其他学院的成员所提问题的时间）。

这个回答里有几个特点值得注意。首先，马歇尔每学期投入到正常教学中的时间是相当多的，当把他最少30个小时私人的、"但是正式"的教学时间包括进来之后，他平均每学期的教学时间是一百多个小时。另外，他花费了大量时间从事学院的考试工作和论文奖项。他的强调非常有趣，正如他所解释的，这种费时间的工作是为了发现具有潜力学习道德科学的学生。由于相似的原因，后来在剑桥大学任教授时他也实行了这种教学方法。马歇尔倡导这种通过交谈来进行的私人教学方式，也是他后来相当推崇的牛津大学教学系统的一个方面，19世纪70年代早期时，这在他圣约翰学院的同事眼中看起来是很奇怪的。1924年圣约翰学院院长斯科特在19世纪70年代还是一名学生，他在致梅纳德·凯恩斯的信中写道："在我大学本科期间，马歇尔对于我们来说是有些神秘的。我曾经看到他坐在新院大门的台阶上，旁边是坎宁安。这对习惯于正式的托德亨特教育的我们来说，他的这种教学方式是很奇特的。"他的教学指导有很多都是免费提供的。相对于他本可以去做一个私人教练来说，马歇尔几乎只挣到了最少的工资。在1885年，他成为剑桥大学政治经济学教授之后，他依然保持着这种教学习惯。

马歇尔在调查表的回复中，就他学生的数目这个问题回答得相对具体。1872年10月，他的道德学和政治哲学课有20名学生，春季和夏季学期，政治经济学的课程分别吸引了9个和7个学生。然而，马歇尔不情愿地承认，统计的这个学期上课的学生中，有一些学生同时修读了这两门课，到了夏季学期的后半期时，出勤率变得相对不规律。马歇尔说他学生中大部分人都是圣约翰学院的成员。例如，修读哲学课的学生中有超过70%来自自己的学院。这么高的百分比反映在1873年道德科学优等考试的名单上：60%的学生来自圣约翰学院。为了保持他的课有规律的出勤率，马歇尔认为只有这种通过私下交谈进行劝说才是唯一有效的办法，其他的奖惩措施都是没有效果的。为了鼓励其他学院的学生参加他的课程及参加由其他讲师讲授的道德科学课程，马歇尔建议采取一种基于更好地了解学生意愿和要求的私人教学方法。更具体地来说，就是要求道德科学课的老师应该熟悉他学生的所有状况，即"他学习背景的细节，包括他学习该课程的困难、他的爱好、他的期望、他的目标"。为满足学生的个人需求而根据学生的个人资料进行课程设计是必要的。有趣的是，我们注意到，当他在剑桥大学任教授时，他为了这个目的特意印制了一些卡片，并要求学生在上他的课时要完成卡片上的内容，然后系统地收集这些答案。

1873年，马歇尔还提出了其他改进学院教学的建议，使授课老师更加专业化。比如要求初级讲师更多参与到学院的教学中；再如推出了一项政策，任命那些喜欢新研究领域的老师担任讲师，而不是那些从事数学和古典文学中的热门分支的老师。这些政策在大大提高教师专业化水平的同时，也产生了其他一些很好的效应，使老师的备课更加充分，课也讲得更好了。这能使老师在工作中产生更多的自豪感，学生学习也可以达到更高的水平。在回信中，马歇尔提到早已向福克斯韦尔说明了其想聘请他上逻辑学课程的这个想法。除了给予福克斯韦尔这种有价值的经验之外，也让马歇尔更有效地从事边沁哲学和政治经济学的教学工作。

马歇尔在讲授道德科学的整个时期都保持了这种教学方式。福克斯韦尔对于马歇尔课程内容的大致回忆是，在大部分的数学和研究内容里包含"曲线"方面的内容，这方面杰文斯并没有马歇尔做得好。在1874年和1975年，修读马歇尔政治经济学的约翰·内维尔·凯恩斯的日记对这些课的内容没有任何评论。在1873年道德科学优等考试中得到A等成绩的坎宁安，批评性地评论了在哲学和逻辑方面的低劣质量教学，但继续说道："从另一方面来说，我们有最好的政治经济学老师。马歇尔教授因此而出名。"从1874年开始，马歇尔开始放弃道德学和政治哲学的教学责任，就像他早期放弃逻辑学一样。这也使得他能更专注于研究初级和高级政治经济学。

马歇尔此时是剑桥大学学术小组的成员，自从1870年剑桥大学基于一个非正式的原则允许女性学生入学后，他便开始为女性学生授课。他给女性学生上的第一堂课是在1871年的春季学期，根据他妻子的回忆，他给她上的关于道德科学的课程所覆盖的主题至少包括了他已和圣约翰学院院长登记过的相同的教学科目。玛丽·佩利将其道德学和政治哲学课的内容描述为主要是"边沁和穆勒的功利主义"。

在这些课程中，他特别将功利主义通俗（即"不重要"）的意思与其重要意思区分开来。另外，他强调了边沁的研究对于经济学的重要性：

> 功利的动机与基于道德学出发的动机是相反的，或者即使不是相反也是有区别的，这是"功利"的通俗用法。我也已经尽力向你们解释说"功利哲学"这个短语的用法是完全不重要并且是愚蠢的，以至于根本不值得讨论这种用法。我已经提过，道德学福利不仅仅是合理的功利制度和促进提升福利的一种方式，而且是这种福利中

非常重要的要素。"当你已经发现你对于衡量的方法有许多异议时,这也是一种进步。"

在给玛丽·肯尼迪的讣告中,玛丽·佩利回忆的一件小事进一步证实了马歇尔在他的政治经济学课堂上使用"曲线"进行广泛教学的尝试,并且杰文斯在1874年也曾评论过这种教学方式。这就是"黑板事件,使我和玛丽·肯尼迪意识到,对于所有复杂的经济学曲线来说,我们的黑板太老了、太滑了。所以我们将钱凑到一起买了一个大而整洁的黑板。尽管如此,画上的曲线也很难擦去,甚至没有旧的黑板好用"。玛丽·佩利提到,到1873~1874年,政治经济学已经是:

> 马歇尔给我们上的主要课程。那个时候相关的书籍很少。没有蓝皮书或者经济学杂志,并且也只有很少的教科书。穆勒是亚当·斯密、里卡多和马尔萨斯研究背景的支持者。赫恩的《财富学》被认为是初学者很好的入门书籍。后来,我们开始读杰文斯的《政治经济学原理》和沃克关于《工资》的文章。课堂上讲的理论是一些经济学史的内容、黑格尔哲学的历史以及《原理》的历史附录上标注的1350年以前的经济史。他会用半小时来讲历史,另外半小时讲理论。他对于经济学的历史有强烈的兴趣。

马歇尔给女性学生上的课也涵盖了各种各样的主题。这是他道德学和政治哲学课程的扩展部分,还是他讲授的课程更"受欢迎的"一个方面,这点并不十分确定,玛丽·佩利在回忆课程内容时还提道:

> 赫伯特·斯宾塞的《社会静态》和《第一原理》……康德和巴特勒的传教、托马斯·坎佩斯以及《弗洛斯河上的磨》……他充满激情地讲到这些(那些年正是乔治·埃利奥特名声鼎盛的时期,而《米德尔马奇》以每期五先令的低价连载)。在给我们上的课程中,他的观点都是关于许多现实问题的,例如跳舞、婚姻、赌博和走私。他会说,"生活意味着谨慎地选择一个目标并且为之奋斗,而人们应该注重他们努力的持续性和可以从中获得他们想要的乐趣,但如果这种努力获得的兴奋感混乱了我们的视听,那么它也是不对的。娱乐活动有相反的效果,因为它使我们更有精力去欣赏更精美的事物"……他担忧赌博的未来,并且认为这是比酗酒后果更严重的行为。他厌恶走私行为,"这是一种性质很严重的犯罪行为,甚至比普通的偷窃严重得多,就像在教堂里喝醉比在街上喝醉性质更严重一样,因为这是对宗教的一种冒犯行为"。

玛丽·佩利在1873年5月的这一学期中提到，马歇尔在克莱先生的训练室给女学生讲授6门通识课。他们的正式标题是"一些直接关系到工人福利的经济问题"，吸引了一大批学生。玛丽·佩利对这些课程做了非常详细的笔记，并且将其保存了下来，笔记上还有马歇尔（后来的）辅助的纠正。马歇尔自己粗糙的笔记也同样保存了下来。这些笔记的内容涵盖了政治经济学的许多内容，从它的局限到使用（例如证明在消费机制下过于干涉的政策是不对的），从联合贸易到合作，从贫穷到饮酒，从住房到领取救济，从教育到奢侈生活。玛丽·佩利的回忆录中写道，"他谈了很多关于正确和错误消费的问题，尤其对于时间的支出问题"，这些内容就像前面几段中提到课程的内容一样，更符合玛丽·佩利对他的总结："他是一个伟大的传教士。"

他给女学生教授的课程尤其有趣，因为从这些课可以看出马歇尔在他理论发展相对早些时候所关注的社会问题的性质和范围。另外，当将这些课的基调和内容与马歇尔6个月后给剑桥大学改革协会讲授的课程（即"工人阶级的未来"）相比较时，可以说他已经很好地掌握了适时给听众以心理抚慰的技巧，这两门展示课都有相似的结果，在开头都有标注，反映了关于工人通过教育、竞争和合作以获得解放的学科中所蕴含的穆勒自由社会主义原理；它们也同样反映了穆勒的行为学视角，并且伴随着道德学和政治经济学的联姻，而这种联姻对于建立学科又是必要的紧急任务。两者对于政府在工厂立法、公立教育甚至像唱歌这类文化活动方面干预的必要性，都给出了补救办法。另外，两者都描述了一种将工人阶级转变为绅士的终极目标，并且认为是可实现的，例如通过提高非技术工人的劳动报酬以及通过宣扬高尚的文化和道德价值观来提高生活标准和工人的道德认知。这是改善工人阶层状况的主流自由主义思想，该思想的基础是由穆勒和福西特而不是马克思建立的，因此它是含有当代改革意见的一个广泛的愿景，随后在剑桥大学流行开来。① 尽管如此，马歇尔在赞扬奥克塔维娅·希尔做法的同时，也介绍了一个重点，即自助行为是工人阶层状况改进的催化剂，因此他也支持提升人类品质的可能性。

然而除了长短问题，尽管这两门课所研究的主题有相似性，但仍有一些显著的区别。马歇尔在给女性学生授课的过程中转变了语气，与单一的课程相比，这里除了允许用六堂课来更加仔细和详尽地阐述观点外，还允许演讲者用更大的空间以图示说明，这都不同于给剑桥改革会的男性听众上的课程，《鹰》的再版是供普通的男学生阅读的，书中堆积了大量观点来支持

---

① 不论是马歇尔自己的笔记还是玛丽·佩利上课时所记录的那些笔记，都证明这些课程确实含有马克思《资本论》的影子。马歇尔自己的笔记中记录了一段荷马的评论，这在《资本论》中也有引用，关于工厂技术是工业化进程的标志。玛丽·佩利的笔记中含有高年级学生对于最后一单位时间内工资和利润分析的参考，这些理论的基础能轻易在马克思的解释中发现："某个特定的资深人士提出了一种详尽的且经过深思熟虑的观点，来证明工厂会持续运营到最后一小时，这一小时是可以单独支配利润的，并且一旦这一小时消失，所有的利润都会消失。"

马歇尔的案例,而他在给女学生的演讲中有一种强烈的规劝和训斥的感觉。这种不同表明马歇尔在教学事业的早期会根据听众的类型确定教学的性质。例如,他的笔记区分了哪些他认为是特有的"女性问题",并且特别详细地阐述了他认为受教育女性的特定责任,另外还给出了他持这种观点的原因。这使得他成为主张女性走出家庭、承担社会责任的激进派。尤其是在第五次讲座中,马歇尔力劝听众中的女性要像奥克塔维娅·希尔那样从事工作。马歇尔十分赞同她在改进穷人命运方面的有效做法,因为她的经验来自她在城市贫民窟中的实际经历,尤其是他第四次规劝"穷人……需要发展所有的能力,来为自己开启通往欢乐的光明大道"。这些欢乐,正如马歇尔随后解释的,包含"爱好洁净、独立、感觉羞耻的能力和从工作中获得乐趣的能力,也就是说料理好家庭财产并且爱护儿童"。他们在适宜的组织慈善工作中的作用,要求他们要有令人满意的素质,"受过高等教育;有同情心,也很自制;有空闲时间;当没有活动时会有某种不安,所有这些都应该是投入社会工作中的女性应特有的素质"。

为了避免这些讲座中只含有说教和提高道德水平的意味,一些关心工人福利的经济学问题的讨论也被提出来了。第一次讲座在完全了解理论政治经济学的局限性的前提下,马歇尔为其可以作为纠正社会问题想法的指导思想提供了大量正当理由。第三次讲座则不止是从道德角度探讨消费支出的合适方式,而且还讨论了如何决定工资,并对为什么最低的支付工资是如此的少给出解释。课程的重点倾向于应用而不是理论解释,并且听众对于这种知识的正确回应也不断加强。难怪玛丽·佩利在她的回忆录中回忆这些课的情况时,巧妙地将她的丈夫定义为一个传道士。

马歇尔在剑桥的第一段时期所做的这种具有广泛教育目的的讲座,也引发了对他宣称参与另一个校外的演讲活动及大学的扩展活动的评论。有一个是关于马歇尔在这种活动中积极参与的有力推测,即他和剑桥大学的斯图尔特教授来往很多。斯图尔特曾经由于这个原因布置给玛丽·佩利一项撰写政治经济学启蒙书的任务,这本启蒙书发展成了她和马歇尔合著的《工业经济学》。尽管如此,仍然没有马歇尔参加扩展活动的直接证据。马歇尔在《蜂房》上发表的两篇文章的第二篇表明他对此很熟悉,但约翰·霍姆斯对马歇尔的第一篇文章进行了回复,暗示了他曾在剑桥大学扩展教学巡回路上的一个小镇哈里法克斯碰到过马歇尔,不过这也没有提供马歇尔直接参与的证据。然而在1873年,也可能是1876年,马歇尔对在约克郡和切尔滕纳姆的扩展活动进行了考察。除了马歇尔在布里斯托尔的一些工作被描述为大学的扩展性工作之外,几乎没有更多证明马歇尔直接参加扩展活动的证据。

马歇尔在圣约翰学院做讲师的开始一段时期卷入了两件公开事件,即大学的教育政策和学院改革。1868~1872年,他写了6封信来论述之前的考试制度需要改进,即由普通学生和优秀学生在他们的第四个学期同时参加的必修课考试制度应该改进。1871年,他宣扬大学奖金学的持有者应保持独身主义的规定。马歇尔对必修的古典研究表示了抵制,尤其是对古希腊的研究。他们在表述建议时花费了很多心思，原因在于他们提出的计划之一是，拉丁语本身可以为必修古典文学的研究服务。马歇尔宣称，这种方法在提高大家使用拉丁文"轻松和愉快的阅读弗吉尔和柳克里修斯的作品"的能力方面有优势，因而使所有学生有了真正的途径研究古典文化是改革后的规章希望达到的效果。他说现有的对于"无古典文化人"所实行的规章制度会产生这样的结果，即使人在阅读古典著作时费力而不适，更谈不上产生愉悦感了。他也评论说，参加更小的优等考试，像道德科学、高级数学和更一般关于科学方法学科类的考试，对学生是有好处的。

纽约的谢克尔镇

关于独身主义的这封信也引出了一个之后对马歇尔影响深远的问题，即当时在结婚和留校任职之间只能选其一。马歇尔将这种讨论变成了一种要求学院或大学付费给专业授课职员的请求，而专业授课职员应从讲授该学科的人员中选出。他提议应对学生收费以增加职员的薪金，而且年轻教师之间的竞争会提升教学质量。马歇尔提议55岁退休，这样既延长了特定情况下的雇用期，也延长了学院或学校提供退休年金的时间。在现有体制下，这些资金可以通过减少讲师的奖金来获得。但是从斯密主义角度，马歇尔提出的这些关于大学改革的申请，在当时的情况下是很难确定能得到推行的。

前面提到，马歇尔作为学院讲师广泛参与大学改革的活动，许多都要归功于亨利·西奇威克的指导，因此后来马歇尔也将其尊为大学和社会改革事件中所有年轻大学应效仿的先驱。对马歇尔来说，西奇威克曾是极其重要的人，正是他让马歇尔在1866年或1867年认识到政治经济学研究的必要性,因此,他是道德科学学科最主要的导师,其观点被马歇尔和其他人有意识地"应用到大学改革中"。格罗特俱乐部1867年的会议记录鲜明地描述出了马歇尔对西奇威克的敬畏。一个很好的例子就是马歇尔不加掩饰地表示对西奇威克技能和知识的钦佩,因为西奇威克可以让又老又疲惫的莫里斯滔滔不绝地叙述往事。在这个阶段,马歇尔还是一个小学生,是西奇威克的自愿支持者,并且愿意从事除了教授政治经济学的任何事业。

马歇尔任大学校长的时期(1877年7月~1881年9月)

马歇尔于1877年结婚,这也意味着他不得不辞去圣约翰学院的职务及相关的教学任务,并且移居至布里斯托尔,去接任该大学校长及政治经济学教授的职务。1881年7月,马歇尔辞去了这两项职务,以使自己能得到更多的休息时间,这样做既是为了他自己的健康也是为了他的写作。出于这样的目的,他先去了巴勒莫过冬,然后又去了欧洲的其他地方。在1882~1883学术年的开始,他重新回到布里斯托尔,担任了一年多政治经济学教授,并由乔伊特·贝利奥尔提供基金。他在布里斯托尔的活动更适合被分为两部分。一部分是他为期4年、结束于1881年的校长的管理责任;另一部分是他作为政治经济学教授的教学责任,其中包括校内外的、为期5年的、终止于1883年的一系列教学活动。

布里斯托尔大学聘任马歇尔为它的第一任校长源于两个因素。第一个因素即自19世纪60年代末起,英格兰对更广泛的学校教育机会的需求在不断增长。更具体地说,是为布里斯托尔医学院(成立于1833年)提供更好的住宿条件而进行的投资。而来自若干布里斯托尔杰出公民的主动性使得这项活动拉开了帷幕。这些人中包括刘易斯和艾伯特·弗莱伊,他们均为知名教会巧克力家族企业的成员;而卡彭特则是一名训练有素的工程师,也是一家香皂工厂的合伙人、知名生理学家和心理学家的儿子,还是伦敦大学的司法常务官。其他参与人还有约翰·珀西瓦尔,克利夫顿学院的院长,马歇尔曾于1865年在他手下任职过短期的数学代课老师。他们与一些主要来自贝利奥尔和牛津大学的老师(其中包括本杰明·乔伊特)一起于1874年组织了一次公开会议,在会议上他们呼吁建立布里斯托尔大学。该呼吁的目标是筹集到总额25 000英镑的资金,并且连续5年有每年3 000英镑的捐款,目的是为了保证该机制的运行。但在两年半后,这个资金目标仍然没有实现,随之而来的就是关于未来资金困难的争论。而委员会仍然决定继续实施该机制。1876年10月,委员会成立了第一个师资机构,包括7名讲师(主要是兼职)和两名教授。不稳定的资金基础意味着早期的委任都是临时的。直到新学院正式运行一年时,人们才开始积极地来招聘校长或新机构主要行政人员。

校长所承担的广泛责任反映了这个机构规模之小以及经济状况之差。此外,校长也是教育委员会(由校长和教授组成)的权责主席,并在教育委员会和学校委员会(以及它的执行委员会)之间建立联系,和教授一样对学生的训练和进步负责,包括独立的任免权、必要的例行检查和给予委员会学院活动的年度报告。如果负责人也是个教授的话，委员会给予每年 700 英镑的年薪，其中 500 英镑作为负责人职位的报酬，另外 200 英镑是给教授的薪酬。

马歇尔在经历了 40 人的初选以及委员会的面试之后，最终在 1877 年 7 月 26 日（即他的 35 岁生日）收到了这个职位的任命通知。评选委员会全部由学界人士组成。来自剑桥大学机械工程学的教授詹姆斯·斯图尔特一定已经从他的母校知道了马歇尔，其他三个来自牛津大学的教授可能也从圣约翰学院听说过马歇尔。他们分别是乔伊特、亨利·史密斯（牛津大学的几何学教授）和乔治（新学院的历史学私人教师）。马歇尔早期的一个熟人珀西瓦尔（委员会成员之一）可能也对他的最终任命起到了有利的作用。乔伊特在竞选期间邀请马歇尔在贝利奥尔学院待了一星期，这表明马歇尔早就被认为是最受欢迎的候选人之一了。

马歇尔获得该职位时收到的贺词让人印象深刻。这些贺词包括以下人士的：英国一流经济学家杰文斯、克利夫·莱斯利和亨利·福西特，他以前的校长赫西（在牛津大学有着优秀的人脉关系），委员会成员贝特森，委员会主席托德亨特（1865 年马歇尔获得数学学位的见证人），邦尼和福克斯韦尔（也是他以前的学生和教授道德科学的同事），纽纳姆·霍尔的校长安妮·克拉夫，他另一个以前的学生斯坦顿以及三一学院的道德科学讲师亨利·西奇威克。大家都高度赞扬了马歇尔的教育能力、学术能力以及朴实、认真、自我奉献意识、勤恳、有责任心的人格魅力。总之，所有赞美的词都说尽了。

虽然委员会年底才付薪水，但是马歇尔的管理职责从他赴任期就已经开始了。委员会和委员会小册子给予马歇尔的责任甚至大于马歇尔申请该职位时对该工作的描述。他必须对校历的修正提出建议，决定评选奖学金依据的顺序，安排新的学术职员的任命，计划给工人和其他人上通俗课程，制定夜校老师招聘广告的要求，与一个新建立的委员会工作并将细节报告给委员会，并且理所当然要统计学生数量、他们的平均课堂出席率、使用的课本和每次上课书本涉及的部分。他还必须拟出课程的内容简介，建立新的奖学金发放制度和班级制度，出席（或者主持）教育委员会和执行委员会的会议。在马歇尔到任的第一年，他将这些事务和教学事务独自完成得非常出色。直到 1878 年 5 月 15 日，委员会才给马歇尔安排了一个秘书，以至于在这 300 多天里，马歇尔不得不亲自去处理学校管理的各个方面以及学生工作，还不包括医学校的学生事务。难怪他在给福克斯韦尔的信中写道，这么多的学校事务让他几乎没有时间去做别的事情，秘书的任命让他充满希望地认为明年的校长工作将比今年轻松一些。在这些日子里，日常授课只占到他工作的不到 1/10 的时间，从 1878 年开始，这项任务被玛丽·佩利接管。

在 1878 年的年度报告中，马歇尔重点强调了两个对学校初期的发展起决定性作用的因素。首先，他提到教育正逐步走向成功，学生数量有所增长，学校活动开始增加，学校学生和成员的水平也逐步提高。随之而来的是对更好条件的需求，空间不足是学校发展最主要的制约因素,然而资金短缺使这个问题很难得到解决。1978年的年度会议上,最值得庆贺的事就是感谢布里斯托尔市市长的礼物,他以最低的价格向学员提供了临时场地。

尽管有新委任的秘书的帮助,并且由玛丽·佩利接管了1878~1879年日常课程的教学任务,马歇尔在学校的工作仍然是很繁重的。1878年9月,在新的会议开始之前,马歇尔只有"6天真正的假期",但是累积的学校工作和需要准备的一份就职演说意味着写作和其他活动的空闲时间更少了。一个月之后,玛丽·佩利告诉福克斯韦尔,其他工作的压力对马歇尔的就职演说是个很大的冲击,以至于最后马歇尔并没有因此职位而感到骄傲,并拒绝发送一份就职演说的附件给西奇威克先生。

到1879年2月中旬,疾病使得马歇尔的任务更加艰巨。马歇尔的医生已经"严禁他出门"并且"一周之内禁止他做任何事情"。在一封充满希望的信中,马歇尔提到由学校委员会任命建筑师,"我相信他会很快建成,但是并不确定"。4月,马歇尔被诊断为肾结石。尽管如此,马歇尔在给福克斯韦尔的信中提到,他的伦敦医生"说到夏季末我很可能就会和以前一样健康"。事实并不是这样。6个月后,一位科学家在马歇尔家和学校之间安装了第一部电话,以使得这位行动相对不便的校长和学校之间的沟通能便利些,同时使他能够自由地在家里工作。

马歇尔乐观地认为自己可以快速地从疾病中康复,虽然是基于伦敦的医疗观点,但还是有些过于乐观。然而,到1879年10月,玛丽·佩利提到,尽管马歇尔看起来比前一段时间健康了,但"他还是只能刚好完成工作",这大概是因为"学校在当时兴盛起来并且申请入学的人也大大增加了"。两个月后,进展更加缓慢,部分原因是由于他们的计划最终搁浅了,这些计划是马歇尔在那年早期于圣约翰学院试行的一些措施,目的是在某种程度上寻求回到剑桥大学的机会。结果证明这些计划无效的,并且当布里斯托尔准备任命办事员来减轻他的行政负担时,这些计划也取消了。10月份,马歇尔在给福克斯韦尔的信中指出,他对未来的计划有些犹豫不决,但玛丽提到,两个月后就不再犹豫了:

> 我已经推迟了访问校长(圣约翰学院的贝特森先生)的计划,因为我在还不清楚自己的想法时不希望打扰他。现在我有一个建议,即将我的一部分比较合适别人做的工作分配给秘书,同时削减我的收入。我每年可以放弃100或200英镑的薪水,并且当学校有类似安排时,我也可以留下来。但事实上我不这么认为,时间过得太快了。西奇威克写信称,实际上并没有研究道德科学的人。所以,我认为考虑回来做一名道德科学讲师对我没有好处。但我最后在剑桥大学的那些年,班级的人数超过了22人,并且有一半是最好的历史学学生。你们认为,在我照管学生并且讲授经济史、经济学也许还包括讲授边沁的政治哲学的协议下,圣约翰学院愿意让我做一个历史学讲师吗?

因在剑桥大学的工作没有前途,马歇尔在患病期间递交了辞呈,但布里斯托尔的委员会于11月19日决定对马歇尔的行政工作进行进一步协助,从而使其仍留在学校中任职两年多。马歇尔最终于1881年9月离开学校,事实上他几个月前就已经辞职了,他解释说他改变看法是因为如下原因:"他被告知,有许多组织工作都只进行了一半,并且剩下的本应完成的工作也将推迟。"正如惠特克所暗示的那样,委员会可能担心,校长在这种关键时刻辞职会大大打击公众的信心,特别重要的是,1879~1880年期间,学校的金融状况也在恶化。

1879年10月,一封给福克斯韦尔的信中指出,马歇尔正在考虑离开布里斯托尔的几种方式。福克斯韦尔提出在马歇尔重回剑桥大学之前,他愿意和马歇尔共用自己的薪水。马歇尔谢绝了福克斯韦尔的好意,并表示如果他辞职,他和玛丽的积蓄还可以维持相当长的一段时间的生活:

> 我们确实应该将1877~1881这五年放在一起考虑,这样我们在前两年半就不会花费我们赚到的大部分钱,以致后两年半我们生活得比较拮据。在休息一段时间后,我应该去找一些工作来做,可能是去剑桥大学工作,也可能是去苏格兰工作,或者其他任何地方。在这一两年里,我们可能住在比较偏僻的乡村农舍,也可能部分时间住在剑桥的居所中,这样我就能够使用学校图书馆的资源,而玛丽也可以去纽纳姆学院。玛丽也确实催促我尽快辞职,以便我们可以过上上面所说的这种生活。如果我只考虑自己的偏好,在学校想让我留下来并减轻了我的部分工作负担的阶段离开,我感到对于学校来说很不公平。对于我来说,我从来没有想到会出现现在的这种状况。

简而言之,11月份的委员会会议上通过了减轻马歇尔校长责任的决定,马歇尔也很高兴继续任职一段时间,直到学校度过它现在所面临的这段困难时期,这样也不会危及它早期的成长,而马歇尔对学校早期的运行也投入了很多精力。

财政问题是造成学校运行艰难的主要原因。这里提到的1879~1880年学校财政的恶化,是由于与其他学期相比,那个学期的捐款出现了暂时性的短缺。同时期的学校建筑活动也使得它的财政缩水,部分还因为资产的减少意味着年度利润收入的减少,这是第二个令人担忧的主要问题。在早期马歇尔担任校长时,捐款的数额达到了3 000英镑,正好达到了年度预算目标,涵盖了70%的学校周期性花销,并且达到了学校收入的2/3。接下来的一年,即1878~1879年度,捐款项目削减到了2 500多英镑,只能涵盖一半的收入和花销,到1880年9月,尽管这项来源的收入已经恢复到2 730英镑,但却只能涵盖当年花销的1/4(其中当年有一半的花销,是用于建筑方面的),相比周期性收入来说,则只占到了不到1/3,用于新建筑方面的费用一半来自资本账户。学费收入是这个时期唯一稳定增长的收入来源:其中,1877~1878年度上涨到1 150英镑，1878~1879年度上涨到1 817英镑，1879~1880年度则为1 960英镑。财政恶化的问题随后解决了。包括新增建筑项目在内的学校的日常事务，到1881年9月30日为止，催生了大量可观的捐款。这些钱款到马歇尔离开布里斯托尔的那年年底已经超过了20 000英镑，这项基金已经足够支付新增建筑的6 200英镑的开支，并能够通过东印度公司的新投资项目购买近4 000英镑的年金。看起来，马歇尔负责的学校的实际财政事务在逐渐减少了。尽管如此，正如他在写给福克斯韦尔的信中提到的，他参与到向布里斯托尔市民开展的日常的"乞讨"集资活动中来了，而学院的运行和壮大都需要这些市民的支持，后来他在和休因斯回忆这段往事时说道，当他在布里斯托尔大学时，他负责对外宣传的工作是相当繁重的。这也是一项使他"厌恶之情超过理性思考"的任务，"是一项在布里斯托尔不得不做的、快要使我窒息的工作"，公共活动、社交和集资活动真的不是他的特长。

在他辞职未成的另两年中，马歇尔沉重而缓慢地执行着他的行政任务，目睹着他监督的学生和教工队伍不断扩大，1880年后还得管食宿。在被委任的新成员中，威廉·拉姆齐接任了化学教授基金会的位置，这也是马歇尔能够最终脱离布里斯托尔大学校长职位的方式。正如马歇尔在拉姆齐去世时写给他妻子的信中所说："新的化学教授开始了他的工作。同时，到(1880年)11月中旬我知道我自由了。对于一个像他这样真正坚强和年轻的男人来说，我知道学校的未来是值得托付给他的。"

学生的数量也在增长。全日制和夜校的学生数目在1877~1878年分别增是132人和172人，共304人；到1880~1881年则增长为155人和360人，总共515人。在早些时候的1878~1879年，学生的总数达到了720人，其中有316人参加全日制课程，404人参加夜校的课程。但考虑到那年登记（通常只有一个学期）入学的学生数目的不确定性，这个高峰数字在某种程度上是高估的。一个更好的指标是统计每学期缴纳学费的学生数目，这个数字一直稳定增长，从1 082（1876~1877年的三个学期）到1 119（1877~1878年的学期），再到1 772（1878~1879年的学期）和1 824（1879~1880年的学期），马歇尔在他作为校长任期的最后一年将这些数据呈现在了学校的年度报告中。从学术上来讲，学校的质量也在改进。这种改进是逐渐反映出来的，但是持续性地体现在考试中获奖学生数目的增加，并且这些获奖学生的名字会按学科记录在学校的年度日历中。

马歇尔提供了一份学校感兴趣的详细的学生类型和个性的记录表，这些学生在1880年12月由他推荐给了威尔士和蒙茅斯郡高等教育委员会。这意味着出现了被工程公司"约定雇用的学生"；而事实上，许多参加白天课程的女性"主要是城中有良好家境人家的女儿"，但这却不符合男性学生的情况，因为"布里斯托尔有钱人家的儿子仍会被送去牛津大学和剑桥大学"。马歇尔也告诉委员会，3/4修读白天课程的学生"年龄在18~22岁之间"，但许多修读晚上课程的学生都已经是"成年人"了，并且大多从事商业工作。学校中也有少数的寄宿学生，但在缺乏住宿学院和更可靠的资料的情况下，这个数目很难被精确地查明。在讨论非布里斯托尔学生的情况下，马歇尔也指出，他职责的一部分是，只要学生主动提出寄宿要求，他就会尽他所能帮助这样的学生解决住宿问题。简而言之，到1880年，对于学院来说，学生的数目已经相当多了，以至于学院不得不安排专门的人员做登记服务。随后，这年任命了登记人员，使得马歇尔作为校长的工作职责得到了更有效的缩减。因此，马歇尔提议给该职位的工作人员提供工资，同时缩减自己的薪水，但该建议被委员会拒绝了。

前面已经注意到了，早期校长的主要职责是负责考试。马歇尔很明确地解释了，这份责任就是审查学生个人试卷以保持与标准的一致性，尤其是在评定奖学金时。显然，其他学术人员都接受了这个事实（勉强地），直到1880年2月拉姆齐被任命为化学教授。1880年10月，拉姆齐在给他母亲的信中写道："我对职员必须将考卷交给马歇尔这一事件提出了反对意见"。他继续写道：

> 这不会在其他地方发生，这是一种间谍行为，这样令我感觉很不专业。它应该是一种对分数的检查，但是这样失败极了。马歇尔怎么能够成为所有科目的评审呢？他不是一个无所不知的人。他显然对我的反对感到很生气，他也叫我拉姆齐教授。我回答道，我亲爱的马歇尔，至少我个人没有打算这样做，但理事会的许多成员——全体职员——都同意这样。

两星期后，拉姆齐又报告说："考卷的问题星期六会完成，但还会再敲定。马歇尔和我都要有良好的状态。"拉姆齐给委员会的信不仅很正式，而且有外交礼仪："我非常礼貌地抗议员工提交改正的考卷给校长的这一习俗，这种习俗在布里斯托尔大学里已经很常见。当然，我提交了我的试卷，但是我不能赞同这种程序。"11月17日，委员会就校长的报告展开了辩论。这表明，由马歇尔担任主席的教育委员会卷入了争端。委员会决心确保"适当的标准"，并将这一目标的实现留给了所有教学人员，委员会为他们提供了尽可能多的必要的考卷的文件副本。因此在还没有提交给委员会之前，全体成员就通过会议解决了这一问题。后来拉姆齐又写道："所有人都同意我提出的新方法，甚至是马歇尔本人。"这一事件中，拉姆齐所扮演的领导角色很可能是促使马歇尔在1880年11月利用拉姆齐从而离开布里斯托尔大学的原因。

在马歇尔与福克斯韦尔的通信中可看出，在1880年期间，离开的想法从没他的脑海中消失过。1879年11月马歇尔试图辞职，这让人们想起了委员会曾请求他继续担任校长一年的事情。1880年4月，马歇尔对福克斯韦尔说："注意，如果你听说了关于政治经济学教授招聘的消息，请立刻告诉我好吗？"这可能指的是两年前的信件，在这两年内他写完了《我所钟爱的福克斯》一书，信件的内容有关他"认为福西特不会再次离开一年，当他要离开时，我也打算离开"。1880年11月21日,校长的任期结束了,他表现出了对于申请伦敦大学讲座教授职位(福克斯韦尔最终得到了这一职位,而坎宁安当时也是这一职位的申请者)的强烈兴趣,但是到12月29日,他意识到他已没有时间提交申请。12月初,马歇尔认为他应该不喜欢带着妻子去伦敦。到1881年年中,马歇尔夫妇有几年是依靠他们的积蓄和写作来维持生存以继续他们的计划的,正如马歇尔早期在信中向福克斯韦尔提到的那样,特别是自从拉姆齐越来越有潜力成为他的接班人之后。

1881年7月4日,拉姆齐在给他父亲的信中写道:

> 马歇尔受委托向我咨询我是否会接受这一重要职位,当然还保留现在的教授一职。他说他已经很长时间处于不健康的状态了,对职位的焦虑已经使他精疲力竭。他想以自己的思想写书,感觉自己就像回到了过去。他和马歇尔夫人计划隐退,过属于自己的生活,写些书,作作研究。他说他可以给我最大的经济补助……我的答案是,"我首先是一名化学家。如果那严重影响了我作科学研究的前景,我不会接受"。他答复说,那是不会有影响的。担任该职位没有干涉到他的学术研究,而且我也会得到额外的帮助。

特拉弗斯并没有被马歇尔关于管理原始工作进展的不真实言论所愚弄。他对马歇尔离任理由(马歇尔在他发给委员会的信中强调的理由)的评论体现了这一点,从其他角度看来也是很敏锐的。特拉弗斯将马歇尔不能使管理工作和原始工作相结合归因于马歇尔是一个无组织的单独工人;然而拉姆齐却是一位有组织的、能够合作的人,这从在布里斯托尔时他作的许多基础性工作的记录中就可以看出。"尽管有他的经济学家夫人支持,但实质上他还是一个孤独的工人",他只是将她的智慧用在很少的研究工作和大量的秘书工作上了。

尽管如此,马歇尔将他退休的前景看做一种宽慰,并且认为死亡是一种"第一次长时间可以自由快乐地脱离焦虑"的机会。在他们退休后生活在乡下的两年时间里,他逃离了公共和宴请招待这种乏味的外部工作,而这些工作却是他在应对可怜的学校财政环境情况下的必要任务,逃离这些工作对马歇尔的健康很有帮助。这项工作,尽管"它不是决定一个男人坚强与否的标准,但它不止是使我不开心,而且很大程度上来说使我一天的其他时间——甚至接下来的一两天——都不开心"。对比特拉弗斯的观点,马歇尔也期望退休的这段时间可以使他有更多的机会和妻子进行精神层面的合作。

7月18日,布里斯托尔大学委员会遗憾地接受了马歇尔的辞职申请,并在决议中"对马歇尔及其夫人在学院工作期间表现的杰出能力、精力和奉献于学院事务的精神表示了高度赞赏,同时对他们未来的福利保障尤其是马歇尔教授健康的恢复给予了热切的祝愿"。尽管马歇尔的辞职申请在 7 月 18 日被正式批准了，但直到 9 月 27 日拉姆齐才被委员会正式任命为马歇尔的接班人，并且事实上直到 1881 年 10 月马歇尔才完全辞去校长的全部职务。这种延迟是因为威廉·拉姆齐夏天的婚礼以及他不想因出席委员会的会议而中断随后的蜜月之旅造成的。当拉姆齐在 9 月 28 日结束了他的蜜月之旅后，他们不仅接管了马歇尔关于宴请招待的外部职责，还租用了马歇尔夫妇在过去四年多的时间里用于这项工作的房子。

9 月 29 日这一天，一些之前是布里斯托尔大学政治经济学的学生，在聚会上感激地提到："在一个精通该学科并且热衷献身于该学科的人的指导下，学习这一门涉及面极为广泛、重要和趣味十足的政治经济学是有很大好处的，我们永远也不会忘记与您共同学习这门有趣学科时共度的美好时光。"除了给他们的前任老师一份印有每个人地址的通讯录作为他在布里斯托尔大学工作的纪念品外，他们还妥当地给了马歇尔夫人 113.8 英镑，这是他们内部募集的，以表达对马歇尔下一年无报酬退休期的实质性关心。10 月初，马歇尔夫妇前往巴勒莫，此时距离马歇尔 1884 年被选举为剑桥大学政治经济学教授并肩担管理、学术职责正好还有三年时间。

最后，布里斯托尔大学以另一种实质性方式记录了第一任校长的任职，马歇尔在 1911 年接受了布里斯托尔大学所授予的荣誉博士学位。《布里斯托尔报》报道了学校的 50 周年校庆，在一所私人住宅（副院长的）的壁炉旁，橡木雕刻的马歇尔、威廉·拉姆齐的头像表彰了它的前两任校长。威尔斯纪念馆是在马歇尔离开之后于 1925 年修建的，它滴水嘴般的形状看起来像是布里斯托尔大学校长和政治经济学教授的纪念碑，极少数的经济学家和学员管理者能以此不平常的方式（而不是唯一的方式）将自己所做的事业载入史册。

布里斯托尔大学的政治经济学教授（1877～1881 年，1882～1883 年）

1881 年 9 月，在马歇尔离开布里斯托尔大学时，他的学生对马歇尔的关注集中于马歇尔在大学里的一些其他主要活动上。在作为政治经济学教授的第一年里，他的职责是和玛丽·佩利一起讲授这门学科。第一年，马歇尔只在白天进行教学，后来才在晚上也授课。玛丽·佩利后来回忆说，布里斯托尔大学的夜校学生数量还是比较多的：

> 来上夜校的有商人、工团主义者以及少数妇女，与剑桥大学的夜校比起来，布里斯托尔大学的夜校相对会非学术化一些。在夜校里，马歇尔通过趣味十足的各门学科阐明了各种硬性推理和实际问题。随后，杰布女士告诉我，她去上马歇尔夜校的主要原因，是它提供一个极为不错的"晚餐后的讨论"机会，并且课堂上会有很多的笑话。有一个叫赫伯特·格伦迪的人，在笑话一开始一般不会笑，而是在过后一分钟或者更长的时间后会突然如雷声般狂笑起来。

虽然难以得知马歇尔在夜校里所讲的笑话内容，但是他讲座的主要大纲和教材清单都被保存在布里斯托尔大学校历和教学大纲里。此外，在马歇尔博物馆里面也保留了一些粗略的有关"政府的经济影响"的教学笔记。课程大纲和教学笔记可以很好地反映出马歇尔课程材料的广度和深度，与之后留给学生深刻印象不一样的是，马歇尔在布里斯托尔大学的教学看起来更有组织性和系统性。

马歇尔夫妇和"澳洲人"一起在蒂罗尔地区，第一排左起第一个人为马歇尔，紧挨着他的是夫人玛丽·佩利。

在布里斯托尔，马歇尔也是一位善于鼓励别人的老师，他的这个品质在后来的教学中也被保持下来了，还经常被他在布里斯托尔大学的第一批学生玛丽昂·皮斯所提及。她说，第一次在夜校上马歇尔的前任哈利特教授给初学者讲授米莉森特·福西特的政治经济学课程时，她感到她"能理解课程的一切内容"。

在布里斯托尔的夜校课程上，马歇尔讲述了1878～1879年的货币、银行和国外贸易及其在1880～1881年之间的变化。同时他还讲述了1879～1880年之间经济的进步和在其他演讲中已经提及的物质对政府的影响。下面是关于马歇尔其他课程的一个简单总结。

货币银行学：货币的种类和功能；中世纪关于货币的观念；决定货币价值的起因；银行的早期历史；英国金融市场的逐渐增长；合股银行；英国银行；股份交换；英国金融市场和外国的联系；存贷款对价格的影响；它的种类和限度；商业动荡；

1800~1880年危机时期的历史；银行业改革；延迟付款的标准价值；复本位制；

国际贸易：国内外的贸易利润；国外贸易的特殊理论的应用；进出口的平衡；英国进口多于出口的原因；汇率；英国外贸的特点；英国外贸竞争者与合作者的来源与需求；一个国家向另一个国家倾销的原因；英国国际贸易对其国民尤其是劳动力和资本之间的关系的影响；国际贸易对新旧国家所造成影响的差异性；美国对贸易保护的观点。

课程参考书：穆勒的《政治经济学原理》第3版；杰文斯的《货币论》；巴杰特的《朗伯德街》；戈申的《外汇兑换论》；沃克的《货币和工业的关系》；吉尔巴特的《银行业的规则》；威尔逊的《现代国家的起源》；福西特的《自由贸易和贸易保护》；马歇尔的《工业经济学》；课上教材。

马歇尔的某些教学方法需要被提及一下。以上所展示课程的简要内容都强调了他的一种教学方法：将理论与适合夜校年龄较大学员的课程进行了明智的结合。当他向上夜校的学生提及他大学期间有趣的经历时，他自己也对这一成就感到自豪，就像他向高等教育委员会提及的那样。这个课程没有具体的申请要求，只要学生能理解课上所讲述的材料或者不会退出课程。尽管这样，夜校也要求学生完成全日制学生要完成的同样内容。在这种情况下，如果有足够多的学生被课程所吸引，马歇尔还会教授布里斯托尔大学提供的各种各样的课程。这项政策或许能说明为什么他的课程会包含如此多的材料、对于他所讲述的主题从来没有一个权威的解释的原因。

如果有必要的话，马歇尔会协助他的学生收集研究材料，建立学院缺少的令人满意的图书馆设施。除了他的藏书向学生免费借阅外，他还向夜校学生提供总结数据，这些数据包括：小麦和银价的时间序列；英国青年国民收入的评估；格雷戈里·金的评估，由查默斯重新编纂；通过人口普查得出的人口数据；戴夫南特、贝勒、亚瑟·扬、韦克菲尔德、麦卡洛克等人的租金数据；巴克斯特1867年关于国民收入的评估；税收数据；单位个人的工资数据；价格数据；消费数据。

尽管马歇尔的辞职意味着他不再讲授课程，但是他在1881~1882年期间的课程提纲还是十分有趣。它反映了马歇尔对于将各种理论融合在一起的愿望。课程提纲强调的主题仍然是马歇尔十多年教学和写作的一个重要特色，因此将其再现如下。

1881~1882学年：工资理论及其应用。周二第7~9节。

课程的主题：

(1) 工资理论，包括土地、劳动力和资本作为产品的推动力，资本和人口的增长，劳动力的分配，价值法则，国家总收入向劳动力、土地以及资本的分配，无技能劳动力，有技能劳动力和商业管理，利息的比例，普通工资和市场变动的工资。

（2）理论的应用以及一些相关的实践问题，如行会的历史，贸易联盟及其历史、现况、前途，仲裁和调节业务，合作，社会主义的历史，资产和土地使用期限，对个人以及公众贫穷救济的正确方法，国民教育，国民娱乐，工厂法，税收对工人阶层的影响范围，社会财富的动荡以及货币在消费中所有权的改变对工资的影响，自由主义或者不干扰政策的局限性。

教材包括：马歇尔的《工业经济学》、穆勒的《政治经济学原理》（尤其是第4篇和第7篇），也可以参考沃克的《工资论》、桑顿的《劳动力论》、豪厄尔的《贸易联盟论》、布伦塔诺的《行会论》、霍利约克的《合作论》、克朗普顿的《仲裁论》。

马歇尔的离开只持续了一年，是乔伊特使他能在9月份回来担任政治经济教授。威廉·拉姆齐在1882年写信给他母亲提到："马歇尔将在下个10月回来。这是大学委员会在5月的会议上作出的变动。"马歇尔讲授1882~1883年政治经济学课程，包含了高级政治经济学（和玛丽·佩利共同执教，每周一次一对多的辅导课程）。同样，他的课经常是晚上的课程。就像校历中的课程框架提到的那样，马歇尔后来的课程通过近百年内的英国经济历史向大家讲述价值理论的假想，还用他最近出版的《经济学原理》中所提供的价值理论来预测其进步影响，同时回忆了他最喜欢的穆勒《政治经济学原理》第4篇中对于同一问题的处理方式。我再次将含有大量信息的提纲重现如下：

1882~1883学年：和马歇尔夫人共同执教的高级课程
一些基础课程的话题将会更加深入的探讨，尤其是历史和科学的实践应用。周一的入门课程将由马歇尔教授来上，周三马歇尔夫人将主要讲授亚当·斯密的《国富论》。教材包括亚当·斯密的《国富论》和穆勒的《政治经济学原理》。下面的内容同样需要阅读：里卡多的《政治经济学原理》；巴杰特的《朗伯德街》；戈申的《外汇论》；福西特的《自由贸易和贸易保护》；莱昂内·利瓦伊的《英国贸易史》。

1882~1883学年：近百年内英国经济历史的价值理论
周二第7~9节。这堂课上将会讲述蒸汽机的发明对价格、工资和利润的主要影响，以及这些变化对人民幸福指数的影响。这种介绍性的课程比较适合初学者，一些比较有难度的理论将在其他课程上向学习高级课程的学生解释；第一节课程将对全体开放，会讨论"英国近百年的经济条件"。教材包括穆勒的《政治经济学原理》和马歇尔的《工业经济学》。辅助材料：莱昂内·利瓦伊的《英国贸易史》。

马歇尔在布里斯托尔的教学日志同样包括许多公开课。就像最后一次课程的大纲中提到的，这是学年中第一节开始面向所有人的公众课程。这个课程就是皮斯女士1877年10月参加的课程，随后她将其描述成马歇尔的就职课程。然而，直到一年后玛丽·佩利给福克斯韦尔的信中才提到他的就职仪式。他的就职被当地的报纸用大篇幅报道，说马歇尔曾自己提供演讲材料。第一次讲座是关于"经济学学习的目标和方法"。第二次讲座是关于"现代工业生活的一些方面"。然而第一次课程可以看做一个经济学家的声明，而另一次课程是关于教育模式的一些新想法，不过这些内容还有待于进一步验证。

马歇尔关于"经济学学习的目标和方法"这一课程的公开部分回忆了他于1873年在剑桥大学向女性讲述的课程内容。课程中定义了就人类行为以及与熟人的良好关系和财富所有而言的经济范围，随后阐述了经济科学的强弱性。这是他第一次讲述经济学较之自然科学的不足，然后陈述说，对比其他学科，它的许多原理更易被滥用。但是，只要它的局限性被正确理解，更重要的是，马歇尔认为它最不可能成为"生命的向导"，它就能成为最有用的科学之一。引用课程报告的内容如下：

> 政治经济没有给予我们帮助吗？不，它正在被使用，没有被荒废。但是任何人将它称为生命的向导时，它就会被滥用。我们越对它作深入的了解，我们就越会发现人们自身的物质利益不会和通常所要达到的福利方向一致。政治经济学允许我们展示对别人所造成的罪恶。但是当我们这样做时，我们所有人会说——别人对我做什么，我就会对别人做什么。政治经济学会给予人们遵守职责的推动力，但是人们履行职责的意愿必须来自其他方面。同时，政治经济学毫无疑问地显示出，在某种情况下，自私的行动通常是愚蠢的和自杀性的。同时它还全面地显示出，在大多数情况下，当一个人做出伤害另一个人的举动时，他会出乎意料地大大伤害自己。

接下来的课程主要提到了经济学学习对行为科学的价值，或者说对人类性格形成的价值。"可以说，一周6天是最好的时间……性格是在工作中形成的"。

马歇尔后来在他的政治经济学课程上对这个题目作了详细的说明。在课程中论述了不同题目之后，马歇尔重复了他的信仰——从经济理论中推理是一件很危险的事情——同时还解释了为什么会是这样：

> 首先，原理的陈述可能不是完美的。其次，人们在理解它的时候会出现错误。同时，在获得实践结论的时候，会出现另一种比前两种更加严重的错误，那就是在特定情况下应该运用哪一个经济法则。有一种经济法则是这样被普遍描述的：工资和价格

将会永远找到它们自己的阶层。这意味着相同难度的工作所赚的工资将是相同的。所以一个人如果从一个相当容易的工作转向另一个没有难度的工作时，工资将会是一样的，除非一个工作比另外一个工作更加困难。

然而，排除这些低级的错误，许多经济法则是由大思想家经过长时间的试验总结出来的。因此这些似乎像欧几里得定律一样确定。先忽略这些，它们仍需要与现代社会和当地条件相适应，应考虑到风俗和我们自己职责的需要，然后再不断地对现在作深入的分析。

世界历史里最伟大的时期是现在。可以肯定地说，现在非常值得考虑的是，我们身边都有些什么。以贸易联盟为例，它们的历史就像一个充满正义和邪恶的史诗。无论它们是得到一个伟大的前程还是失败……这将比在历史中所记载的半个美国的兴衰更加重要。

在这段中，马歇尔提到了传统学习，这个主题是针对他在1878年更大型的就职演说而言的，即"现代工业生活的方方面面"，这个课程始于对过去研究方法的警告。马歇尔表示，对过去的合理反应，应该将它作为一种猜测后代将对我们说什么的工具，因此，应以合适的角度将历史作为一种解决当代问题的工具。这是他在演讲中所设想的。首先，针对"现代工业的困难"列出提纲。然后显示出那些能解决这些困难的现代科技的推动力，包括社会科学。这个课程的第二部分是向学校请愿，希望学校能为将来布里斯托尔大学的领导者提供现代化的教育。他通过强调现代商人的重要性来向大家说明商人能通过设立基金使学校完成当地的教学任务。因此，这个就职演说始于其对基金任务的直接看法。

课程暗含的目的是从与《马歇尔论文集》一起保存的手稿译本中获得的，而且被全部引用下来，因为它同样给出了马歇尔在其后来作品中发展的一个传奇性观点，即一个道德高尚且聪明的商人的期望：

让我们尝试着给予英国布里斯托尔的商人真正的文学教育，以完善他们的想法和扩充他们对生活的乐趣。但是在这之前，希望我们能竭尽全力来教授他们。让我们用科学规律来武装他们，在他们将要放弃重要的规则时帮助他们。这样，他就会明白他所做这一切的原因。如果他在进行一项能准确预期结果的实验，那么他的实验结果可能是杂乱的，但又是接近预期结果的。他不会默默地进行努力了，这样的努力是应该的，但不鼓舞他人。在这方面，他不会再浪费时间和物质。在他前行的路途中有明亮的科学之光指引着他，他会大胆地、精力充沛地继续尝试前人没有做过的事情，继续克服新的困难，继续开辟新的道路。这样他就不会只帮助他的国家英格兰和他的家乡布里斯托尔在最初的工业化进程中占有最领先的地位。但进一步来讲，因为他从事用于企业运作中的研究，所以他的生意每天都会带给他科学上的问题，而他会很得意地去解决；所以他会从生意中受益，但为了过一个知识分子的生活，也要承受企业带给他的压力。虽然他是商人，而且也因为他是商人，他将在使那个时代成为具有知性的时代的过程中发挥重要的作用。

除了马歇尔在这里提出的，以及他后来提供给威尔什教育委员会的证物中所概括的商业教育前瞻性观点，讲座还证明了企业家不断增加的有远见以及果断的行动，这样的企业家正是不断增长的竞争力所需要的。如果英格兰没有遭遇这样的挑战，"那么美国会遇到"。对商人的训导会协助英格兰完成这项伟大的任务。因此，这个讲座提出了主要问题，这正是当时在剑桥大学成熟的马歇尔要解决的课题。他从理论上发展了这一课题，这个课题在关于竞争和商业组织需求的著作《经济学原理》中正处于争论阶段。他尝试着让这一理论在教育改革中发挥实质性的作用，这点他在优等考试有介绍过。

马歇尔还在布里斯托尔作了许多演讲，旨在向更广泛的大众宣传，而非与此有关的大学和学院。这些讲座遍布很多地区，而且这些讲座针对的是工薪阶层，对于那些希望被测试的民众来说，演讲内容是可考查的，如果表现良好则可免费参加布里斯托尔大学的夜校，这更加刺激了讲座的开展。从非常一般的事项所建立起的统一性使讲座看起来像小型的、自立的课程。马歇尔向威尔士高级教育委员会较详细地解释了这些广泛的目的。另外一些该类型讲座的例子是"美国的经济条件"以及关于亨利·乔治的著作《进步与贫困》的三个讲座。这些讲座也都由大学官方支持，并计划部分地增加工薪阶层在其夜校中的出勤率。马歇尔于1879年作的关于"水——国家财富的要素"的演讲在这一阶段被广泛讨论，这些都丰富了马歇尔在布里斯托尔的演讲经历。

这一讲座的经济内容似乎是明确的，但却提出了许多关键性问题。惠特克的简明摘要运用了马歇尔的评论："在评估国家财富上，我们很有可能会犯错误。第一，因为自然对人类的许多恩赐根本没有被列入库存清单；第二，因为这样的库存清单低估了储量丰富而价格低廉的资源。"讲座的一部分是有关国家收入核算问题的评注。在那时，这一论题深深地吸引了马歇尔，从他分发给布里斯托尔学生的统计表即可判断出这一点。更加理论化地说，这是对李嘉图区别价值与财富的现代应用，在这个意义上，城市用水的改善是国家的重大投资。大部分的讲演致力于水的各种经济用途。讲演的最后部分着眼于决定国家命运和本质的水，表现出更广泛的社会性和历史性后果。马歇尔在阅读黑格尔的历史哲学时得到了灵感，开创了一个黑格尔学派的历史视角。这是马歇尔在布里斯托尔时期的典型演讲方式，提供了简单经济命题的应用，用事实进行描述，并将命题置于一个宽泛的、历史性的视角中。马歇尔的历史性时期在那个时候已经结束了，他从活跃的、一般性的意义上对历史性课题进行了研究。这一研究对它工作的价值将延续着。在他的演讲和写作之中可看到他不断完善的观点。

在关于对社会公民和商人义务的布里斯托尔演讲中，马歇尔使用了高尚文明的语气，这进一步确定了他的演讲风格：他倾向于把演讲台视做讲坛。在启程去西西里岛的前几天，詹姆斯·威尔逊在写给玛丽·佩利的一封信中，简洁地说明了马歇尔在布里斯托尔工作的特征。威尔逊继珀西瓦尔之后成为克利夫顿学院院长，因而他是马歇尔夫妇在布里斯托尔社会生活的一部分。在信中，威尔逊将马歇尔评价为实践中的传教士：

一段时间之前，我宣扬了一种教义：宗教若过分关心人们的责任，它就是一种负担，我们能称之为宗教的所有事物只不过是一种附属物品。对我来说，后来再没有见过其他老师像之后成为布里斯大学校长的马歇尔那样信奉宗教。他是否为他的妻子寻求到了援助，我不确定，当然这是次要的。重要的是他早就成了我的导师。我极其诚挚地希望他能拥有健壮的体魄去继续他的工作。在他的生命之中，他已经投入极大的热情……我希望无论是他的学生还是你的学生（我在两个班级都呆过），都不要忘记他们所学到的知识，这样即使你只获得些微折射的光线，也能发出耀眼的光芒。

牛津大学贝利奥尔学院导师（1883～1884年）

汤因比的逝世造成了牛津大学贝利奥尔学院职位的空缺，这应当是马歇尔能够去牛津大学的原因。两星期前牛津大学向他发出了邀请，一封写给福克斯韦尔的信确认了他已被接纳。这封信声称：责任感影响决策。剑桥大学拥有大量的经济学教师，然而牛津大学在这方面拥有的只是"大群的无人照看的羊"，恰恰缺少一个"（经济学）牧羊人"。虽然马歇尔怀疑是否有能力在一个不把经济学当主要课程学习的地方吸引大量学生，然而大家都觉得应该去听他的经济学课。马歇尔作为一个优秀牧羊人的愿景通过威尔逊随后公布的一系列他在布里斯托尔的教学图片可窥见一斑，可以推定，负责人和贝利奥尔学院的讲师对当时的情况是十分了解的。一个马歇尔所推崇的具有社会热情且善于说教的经济学家，不仅是一个能够很好胜任汤因比所留空缺职位的人，而且也能够很好符合贝利奥尔学院的要求。就在去年（1882年3月26日），牛津大学道德哲学教授格林逝世了，贝利奥尔学院最近正在遭受失去格林所带来的损失。汤因比、格林、马歇尔三个人都被认为是19世纪70年代的新自由主义观点的杰出代表。作为理想主义的分支，新自由主义观点批判了享乐主义，并且孕育了新的思想进展，这种进展过程将是无止境的、很有益的。

马歇尔在社会改革中采用新自由主义观点，这是他当学徒时学习的一部分，他几乎独立地发展了这一观点，而没有受这一观点的追随者——汤因比和格林——的影响。与他们一样，社会改革家的义务就是教化竞争资本主义，这一内容在他于布里斯托尔大学的讲座上已经提出了，当时他说明了道德和智力对于商人来说也是同等重要的品质。相对于曼彻斯特类型的旧自由主义而言，新自由主义者承认，在竞争的功利主义社会存在着固有的问题。他们寻求通过社会实践来改善这些弊病。由国家措施来进行改善的构想只能是最后的手段。社会性质的举措可由非官办协会得以实现；贸易联盟、合作性社会组织、慈善组织协会、社会讨论小组都与社会职责的教诲有关。在马歇尔生命的大部分时间里，他通过各种方式资助了这样的公共性质的协会组织。首要的目的是通过提高标准，以达到中下层阶级的生活水平，从而消除民众不平等的、困苦的生活，正如马歇尔在1873年提出的——将工人转变为"绅士"。贝利奥尔学院院长（同时也是马歇尔夫妇六年的亲密朋友）乔伊特深深地了解到，马歇尔的社会观和道德观与最近逝世的贝利奥尔学院讲师的极其相似。在这个意义上，马歇尔在牛津大学时期的工作补充和深化了他的经济教育理念，同时也为牛津大学和贝利奥尔学院弥补了失去两位真挚大师的缺憾。

牛津大学的道德气氛很好，这让马歇尔感到十分愉悦，他形成了自己的一套社会改革与改良观念，并寻求到了实现的方法。然而，必须强调的是，在这方面，除了去东区的贫民窟难民亲身服务这一社会实践外，他没有从汤因比和格林身上学到很多。马歇尔希望他的妻子能够与大学公社和慈善组织机构一起共同做一些社区工作。他也直接服务贫民，让一些贫民夏天住在贝利奥尔庄园，并让女佣莎拉照看。他对汤因比有仰慕之意，但不是从经济学家的角度；他很尊敬格林，那是一种难以言表的、诚挚的钦佩之情。直到第3版，马歇尔才将对格林的《道德规范前言》的参考引入《经济学原理》一书，在此书以后的各版本中，马歇尔明确指出，格林在经济学和道德学所处的地位是"不可动摇的"，这在本文中是不得不提及的。为了表达对汤因比的敬意，马歇尔将他视为圣弗朗西斯，"一个新秩序的建立者，是对时代中的邪恶进行新的并且更直接打击的领导者"，除了将汤因比称做"新生代经济学家最高贵的人"之外，在他的著作《经济学原理》中，马歇尔提到他是众多英国经济学家之一，即强调用人性化理念来代替科学的呆板原理。

马歇尔在牛津大学的生活已经被世人议论，这里关心的是马歇尔必须要做的教学工作。开始，他的听众只是一些关心印度公民服务的学生，但在他被推选为贝利奥尔学院无酬讲师后，他吸引到了更多的学生。他的讲课提纲涵盖了在布里斯托尔用到的相似材料，这些材料在印刷版的1884~1885年学会内容说明书中有着清楚的记载，在这期间马歇尔计划讲授这些分科课程，讲课的语言和前些年差不多。

马歇尔后来的讲课内容也受到欢迎。1883年10月17日，牛津杂志报道说，马歇尔编写的课程大纲预示着"他会成为一名积极的教师"。在讲授了一个月的课程后，在11月底，牛津大学已经宣称"获得了一位多才多艺的、有学识的经济学家——马歇尔"。

普莱斯是马歇尔在牛津大学教过的最好的三个学生之一，十分乐于参与马歇尔家庭式的不拘礼节的讨论会，有时马歇尔夫人也参加，这更是一次愉快的令人受益的聚会。虽然在马歇尔刚上任的一年后就被推选为贝利奥尔学院的特殊讲师，可以得到除薪水外的一切职位特权，但他明显不适应在教学场合外不正式地会见学生。牛津大学给予他的薪水是充裕的。起初，他的薪酬是每学期60英镑，还有以他所教授的学生人数计算的学费薪酬（共计26英镑13先令4便士）。关于教学，马歇尔对牛津大学的个人辅导系统有着深刻的印象，在他回到剑桥大学后，他试着将这一系统引进剑桥大学。

福西特的去世给予了马歇尔重返剑桥大学的机会，自1878年来，马歇尔一直在等待这个机会。所以，在牛津大学，这位"多才多艺"的经济学大师只讲授了四个学期的"多才多艺"的课程。

第10章

剑桥大学教授（1885～1908年）

1885年1月，马歇尔回到剑桥大学担任政治经济学教授，那时候他已经43岁，阔别这所古老的大学整整八年半。从1885年1月开始，他和妻子一直定居在剑桥大学；1886年年中，他们住在市郊自己建造的一所房子里，并把它命名为贝利奥尔庄园。这40年几乎相当于他半生的时间，其间，马歇尔有23年时间担任了政治经济学终身教授。本章主要致力于研究马歇尔作为一名剑桥大学教授在教学管理和学术上的一些常规工作，不包括马歇尔参与教学大纲改革以使经济学和政治荣誉学位分离的活动，也不含参与一些学校事务（如妇女教育问题等）活动。所以，这段故事自然要以马歇尔选举剑桥大学教授为背景开始。

剑桥大学的政治经济学教授

1828年5月21日这一天，剑桥大学第一次授予个人"政治经济学教授"头衔，获得者是三一学院的讲师乔治·普莱姆，他从1816年开始就在那里教授政治经济学课程。普莱姆的教学使得他足以击退包括三一学院院长威廉·休厄尔在内的一些强大反对者，从而获得这一头衔。1828年的时候还不存在政治经济学教授终身制，普莱姆获得的只是一个头衔，在接下来的35年里，他试图建立这样一个终身制讲座教授的职位。在两件事情的帮助下，他最终成功了。其一，1833年，"因为他是剑桥大学的政治经济学教授"，所以他被选为伦敦政治经济学俱乐部的荣誉会员，该俱乐部是英国当时唯一的一个经济学家组织。其二，1848年，剑桥大学引进了伦理学优等考试制度，这也使得政治经济学可以有学科荣誉考试，同时也加强了教授终身制的潜在价值。直到1863年10月，剑桥大学的理事会才最后投票通过了政治经济学教授终身制。"终身制获得者除了300英镑的年薪外还会得到学生所支付费用的一部分"，他们的职责被定义为"解释和教授政治经济学原理并开拓学科的前沿知识"。

政治经济学终身制教授的竞选开始于 1863 年 10 月份，那时候有 4 个候选人：梅尔，他是圣约翰学院的讲师和伦理学讲师；伦纳德·考特尼，以前在伦敦大学学院当政治经济学教授，现在是圣约翰学院的老师；麦克劳德，一个银行家和经济学专栏作家；亨利·福西特，他是三一学院讲师，最近刚刚出版了一本《政治经济学教本》的书，并受到一致好评。最后的胜利者是福西特，他的成功主要得益于圣约翰学院分散的投票，以及他最近出版的政治经济学方面的书籍。同时，他也被这个领域内的一些知名人士大力支持和表扬，包括像罗伯特·洛、索罗尔德·罗杰斯、米尔斯、诺曼、纽马奇、桑顿、穆勒和赫尔曼·梅里韦尔这样的人。这些人称赞了福西特的新书，也证实了他在 1861 年被选举进入政治经济学俱乐部的辩论技巧。社会科学协会的会员资格加上他和穆勒亲密的朋友关系使得福西特在现任职位上更有说服力。

福西特在 1884 年去世之前，作为政治经济学教授，在每年居住的法定期间内（18 周），都会举办一系列著名的政治经济学讲座，他的好朋友兼传记作者斯蒂芬描述说，他（福西特）的讲座"简明且有力地"讲解了政治经济学的主流原理。福西特认为，自己的讲座是为数不多的能够让普通人接受的经济学讲座。他的讲座中有很大一部分听众是规定必须出席的普通生，到了 1876 年，这些人（指普通生）必须得听取一些专业讲座才能取得学位证书。福西特的讲座正如他的书一样，简明地传达了用于分析当前争议和辩论的经济学原理。他的一部分讲座被出版为书籍或者编排为文章，如 1865 年的《英国工人的经济地位》、1883 年的《国家社会主义和土地国有化》以及分量最重的 1878 年的《自由贸易与保护》。简而言之，他是一个应用经济学家，把所学东西充分应用于解释当前经济问题。虽然他不是一个积极参与推动经济学前沿知识的人，但也不会反对学术经济学家。他的教授职位以及议员身份使得他不仅仅在讲座大厅里，而且在很多团体中都具有学科的权威性。根据当时有效的法规，福西特圆满地完成了他作为教授的很少的职责。

1877 年，大学改革改变了过去强迫普通生必须出席一些专业讲座的规定，更重要的是，这些改革改变了教授的角色和职权。1877 年的改革章程到了 1882 年则变成了法律条文，其中有涉及"政治经济学讲座教授"体制方面的规定。此后，政治经济学讲座教授成为了伦理学特别委员会当中的一员，另外一个委员是奈特布里奇哲学教授，西奇威克在 1883 年成功当选；其中还有一位是精神哲学和逻辑学教授，这个职位直到 1897 年詹姆斯·沃德任职之前都是空缺的。教授每年的薪水涨到了 700 英镑，但是如果他担任领导或者拥有学术奖学金的话，那么薪水将会减少 200 英镑。相应地，法定的教授职责变得更为宽泛，1882 年后，职责包括了"研究和拓展学科前沿知识"以及"每年都要开讲座"。教授们每年都要向特别教务委员会做汇报。在这种情况下，伦理学委员会要报告"做了多少堂讲座……在上一年什么时候做的讲座以及在他所在大学里的每个学期分别有多少个星期"。当马歇尔在 1884 年 12 月份被选举为福西特的接班人时,这一系列的规则决定了他新的责任,也导致了他和先前的朋友亨利·西奇威克教授之间的争吵。

当选为政治经济学讲座教授（1884年12月13日）

1884年11月7日,福西特的去世意味着要按照1882年开始生效的法定章程进行接班人的选举。章程规定由9个人组成选举委员会,也就废除了像福西特当年那样由住校的文学硕士来选举的方式。新的委员会由副校长和学校理事会任命的8个人组成。8个人当中有两个是自荐的,再由拥有讲座教授席位的一般教务委员会和特殊教务委员会分别推荐三个人。

1884~1885年,政治经济学讲座教授的选举委员会成员如下:委员长是副校长费勒斯,他是凯厄斯学院院长。两个被提名者一个是詹姆斯·斯图尔特教授,他是三一学院讲师以及下院议员,同时也是选举委员会的一员,并且曾任命马歇尔为布里斯托尔大学校长;另外一个是罗比,一个制造商,曾经是圣约翰学院的讲师。一般教务委员会推选的代表是三一学院的斯坦顿、亨利·西奇威克（奈特布里奇教授,在马歇尔申请布里斯托大学工作的时候帮他写了推荐信）以及帕尔格雷夫（一个银行家和政治经济学作家）。最后,特殊教务委员会推荐的代表是三个圣约翰学院的成员:伦纳德·考特尼,他在1863年竞选剑桥大学教授时失利;福克斯韦尔,马歇尔的好朋友,在马歇尔进入布里斯托大学选举委员会时也帮马歇尔写了推荐信;马歇尔本人。除了副校长和帕尔格雷夫外,委员会成员主要来自三一学院和圣约翰学院。

选举委员会的最后一个成员名单在伍兹塔克街和牛津引起了一场风暴,也蔓延到了马歇尔居住的地方。为了缓解由于麦克劳德强烈推荐马歇尔去竞选这个职位而导致马歇尔既为候选人也是选举者的紧张场面,马歇尔决定写信给选举委员会成员声明他将成为候选者。他假装忽略福克斯韦尔是委员会成员,然而却同时请福克斯韦尔写一封信给帕尔格雷夫表明自己的候选人资格。马歇尔还告诉福克斯韦尔,圣约翰学院院长已经承诺,说如果自己竞选成功,将会重新获得当选研究员的机会,这使得他"感觉像是燕子回到了熟悉的屋檐下"。不久以后,马歇尔恳惠福克斯韦尔支持自己,同时也找了曾经是他伦理学学生的威廉·坎宁安和尼科尔森,表达了过同样的观点。然而,不管是福克斯韦尔还是坎宁安,都没有听从马歇尔的建议,可能是因为他们各自刚刚被伦敦大学学院和爱丁堡大学授予讲座教授头衔。

接下来的几天里,马歇尔对自己是否应该参与竞选报以迟疑态度,"过去,我是如此渴望获得那个职位"。这导致了他经历数个"不眠之夜",以仔细权衡他的支持者和反对者们。他认为,反对者的理由可能是他离开贝利奥尔学院的话将产生道德问题,该学院在6个月前已授予他讲师头衔,授予帕尔格雷夫的候选人资格。在马歇尔看来,帕尔格雷夫是其最大的竞争对手。然而,在从他的两个好朋友（乔伊特和一个在牛津大学的朋友?）那里征得建议之后,11月20日,他决定参与竞选。12月初,他写信给福克斯韦尔:"很明显,现在能够确定下来的事就是我将参加竞选。"

除了马歇尔、坎宁安、帕尔格雷夫以及麦克劳德以外，还有其他两位候选人。一个是莱文，他从19世纪60年代开始在圣凯瑟琳学院教授伦理学和政治经济学；另一个是圣约翰学院的成员胡佩尔，曾于1855年获第40届数学学位考试第二名，又于1856年取得伦理学荣誉学位，此时以温特博特姆海事学院院长的身份参加竞选。他们两人都没有强大的竞争力，这句话同样可以用来形容麦克劳德，他64岁，在1863年时是最年老且四人中最后一个参与竞选的人。

马歇尔的另外两个竞争对手比较强大。帕尔格雷夫58岁，是继麦克劳德之后最年长的候选人，他在社会事务里作为一个作家和银行家拥有令人敬畏的声望。他虽然没有正规大学的资格证，但是在税收方面获得的一个奖项足以弥补这种劣势，出版了两本有关银行方面的书籍，而且他代表的是银行家协会以及下议院银行问题委员会的利益。玛丽·佩利回忆说，帕尔格雷夫是唯一一个具有强大竞争力的对手，这可能是因为她看到了丈夫申请的时候脸上表露出来的担忧。最年轻的候选人是威廉·坎宁安，他只有36岁（而马歇尔那时候是43岁），也被认为是"受欢迎的候选人"，从爱丁堡大学获得理学博士学位，并且与梅特兰在1872年共同成为高级伦理学学者，他已经完成了两部有关经济学的书籍：《英国工商业的发展》（1882年出版）以及《经济学与政治学》（这本书在序言部分标注的完成日期是1884年11月，但是直到1885年才出版）。然而，当他知道马歇尔宣布参选时就意识到"他已经没有机会了"，因为"马歇尔拥有良好的声誉，坎宁安曾经是马歇尔的学生并且知道他是一个富有启发性的老师"。

毫无疑问，马歇尔的资历使他处于优势地位，尽管到1884年年末的时候，他的出版物仍然很少。但是马歇尔在圣约翰学院当伦理学讲师的十年经验，在布里斯托尔大学担任政治经济学教授和校长以及后来受聘于牛津大学的经历，在这个教授都被期望授课的大学改革新时代里，这些都使马歇尔远胜于其他候选人。在他受聘的两年里，有一个委员会成员——福克斯韦尔——宣称马歇尔在这个学科上是英国当代健在的最伟大的作家。他的《工业经济学》对于重建学科非常有用，他作为教师的影响相当广泛，"在英国，有一半的经济学教授……都是他的学生"。拥有这样的资历，难怪他可以获得那些强有力的推荐信，"马歇尔的当选是必然的结果，没有其他的选择余地"。

然而，从观察到的些许证据来看，也许这并不是必然的结果。12月13日下午，福克斯韦尔作为一个委员会成员出席了在凯厄斯学院召开的会议，以选举新的教授。他和密友约翰·内维尔·凯恩斯依靠当时良好的邮政系统保持着紧密的通信。当天下午，凯恩斯收到了来自福克斯韦尔的一张明信片，指出"目前什么都还没有确定下来，但我会尽快让你知道的"。直到夜幕降临，凯恩斯才得知结果"马歇尔当选了"，各个候选人的名次依次是：帕尔格雷夫、麦克劳德、坎宁安、莱文以及胡佩尔。12月14日，凯恩斯记录了福克斯韦尔对他说的话："委员会成员们已经决定不泄露任何有关政治经济学教授选举的事宜。"福克斯韦尔还透露说，在选举会议上，"似乎每个成员都谈论了候选者的优点"，比如说约翰·内维尔·凯恩斯并没有"给予坎宁安很高的赞赏"。同时，福克斯韦尔也给在牛津大学的马歇尔发了电报。马歇尔表示感谢，并说"不希望知道选举的细节……［因为］最好不去猜测谁给谁投了反对票"。西奇威克细心得多，他出版的日记简单记录了12月13日那天的情形，"我们选举马歇尔为政治经济学教授"。

大量的报纸报道了马歇尔的成功，在接下来的周一，《泰晤士报》报道说："12月13日，即周六这一天下午，委员会成员们选择了马歇尔先生作为政治经济学教授，他是圣约翰学院的文学硕士以及贝利奥尔学院和牛津大学的讲师。"随后，另外一些刊物也报道了这个事情。在1885年元旦这一天，《教育时报》表明马歇尔的上任是"当之无愧的"，并且报道说，"马歇尔夫人——剑桥大学纽纳姆学院的学生——同福西特女士一样，也是一名经济学家。马歇尔教授的知名著作《工业经济学》就是和他夫人一起完成的"。当任期开始的时候，大学的期刊记录了这件事。《剑桥大学评论》报道了副校长对他说"欢迎我们的老朋友回来"，《鹰》表示了欢迎："我们曾经的讲师和讲座者马歇尔已经被选举为政治经济学教授（已故的福西特曾经所在的职位）。"在牛津大学，当地的报纸祝贺马歇尔的升迁，并对于马歇尔不在牛津大学授教对其建设所带来的损失表示遗憾。

马歇尔打算尽可能在1885年1月份上任，而在上任之前有两件事情需要做。他必须找一个人临时代替他完成在牛津大学剩下学年里的课程，然后和伦理学委员会主席西奇威克一同安排在剑桥大学的教学工作。马歇尔12月中旬的时候去了一趟剑桥大学处理这两件事情。然而，在安排他春季学期的课程时，他和西奇威克发生了激烈的争吵。从两个人的描述和其他一些迹象来看，争执与马歇尔要求的教学工作以及西奇威克的自身问题有关，作为伦理学委员会的主席，他希望规范马歇尔的学术行为。在争吵发生的几天后，西奇威克在他的日记里记录了如下解释：

> 12月17日，他来这里并通知了我们，当他听到我对他的授课要求时，他立刻爆发了。他说我给他的深刻印象是一个"掌控着少许权威（西奇威克是伦理委员会主席）"的卑鄙专制者，是一个喜欢控制、限制和束缚那些在这个领域内比自己有作为的人。我试图解释，我们避开了朋友，但是解释似乎并不到位。随后，我们保持通信，在星期二（23日）这一天，我收到他写的一封很长、让我印象极为深刻的信，他分析了我的学术生涯，并指出我失败的一个根源在于有过度管制的癖好。这样一来，我的精力就被分散到管理的细节上，以及努力给那些少许可怜本科生的特殊教学上，因为他们要准备伦理学优等考试。马歇尔把我的课堂和格林的作了比较，他说在

我的课堂里有些人在做他们认为有用的试题,在格林的讲堂上有一百个——一半是文学学士——根本不做试题,他们极度渴望老师能够教授关于宇宙和人类的真理。因为马歇尔是我的老朋友,所以在回信的时候我也就不在乎所谓的礼节和谦恭。虽然他在信里表达了想要软化这种严峻事实的压力,但是这并不切实际。

第二天马歇尔告诉了福克斯韦尔这件事情。不幸的是,他们的谈话是相当隐秘的,因为他们的谈话被记录在"封闭的纸"上。然而,马歇尔"把整件事情看成意想不到的烦恼,这使得他相当不安"。随后,他让福克斯韦尔发誓保守秘密,并且表达了"不久之后一切都会好起来"的愿望,马歇尔说出了他和西奇威克争论的焦点:"他想让我的教学方法变成他想要的方式,但我有足够的理由来反对他的这种思想",并强调说他不想看到"任何个人因素"被卷入"官方争议"中。

这一系列问题似乎来源于伦理学委员会对新政治经济学教授的责任所表达的观点,这些观点是学校的一般教务委员会要求伦理委员会提出的。它要求政治经济学教授每年至少开设48堂讲座,如果有特殊原因并经委员会同意后,可适当减少次数。至少有一个学期,这种教学方法"必须作为提供给本科生课程的组成部分",其中要"补充一些必要的笔试"和"对他们个人的管理"。从可得到的证据来看,马歇尔认为这是西奇威克对他教学的过分管制,同时削弱了他作为政治经济学教授的权威。这种干涉是毫无理由的,因为在这个领域的教学上,马歇尔作为一个专家有着极为丰富的经验。而且,马歇尔认为政治经济学本应是极具吸引力的,但是在西奇威克的课堂上并没能吸引到很多的听众。参照了格林的课程后,马歇尔对于他不得不把本科生的教学作为规定的教学组成部分感到非常不满,他认为应该尽其所能地广泛吸引对政治经济学感兴趣的听众。同时,马歇尔也对自己不能只对高水平学生进行授教的规定感到懊恼。直到1885年3月4日,在副校长办公室里举行的西奇威克主持的特别教务会议后,这个问题才得以正式解决,大概是为了解决两个教授之间的矛盾,使他们能够和平相处。

12月23日,写给福克斯韦尔的第二封信说明了伦理学委员会的解决方案是争论的关键。它暗示了马歇尔对自己被"强迫"出试卷极为不满,因为没有权威的法令规定他必须去做,除非其他的教授带头出试卷,否则他不会采取任何正式行动。不论如何,他告诉福克斯韦尔说:"我和西奇威克已经重归于好,尽管他喜欢'管制',但还是一个很好的人。"内维尔·凯恩斯在1885年1月的日记中暗示,他们的分歧或许与马歇尔想要拓宽现在的伦理学范围有关,他想尽可能地吸引不同学科背景的学生。马歇尔在2月的就职典礼上公开提到了这个提高政治经济学地位的计划,而西奇威克则把它评论为这是一种"宣战"。

马歇尔在12月剑桥之旅中的第二项任务更容易完成。约翰·内维尔·凯恩斯回忆说,12月18日马歇尔拜访了他的夫人弗洛伦斯。弗洛伦斯把这次拜访记录下来了:"首先必须告诉你,你对他如此热情我一点都不惊讶,他是一个讨人喜欢的人。你不必羡慕和嫉妒,我之所以如此赞美他,一个简单的理由是他把你所有的一切都说得很美好,并且看起来似乎对与你有关的一切东西都很感兴趣。"

马歇尔这样奉承凯恩斯,其目的是为了哄骗凯恩斯长期顶替自己在牛津大学空出来的职位,或者在短期里先顶替这个学年,即两个学期。如前文提到的,凯恩斯答应暂时帮马歇尔代课,但不是长久性的。这一片段揭示了马歇尔的两个性格特征,这些特征一直存在于其后他参与的大学活动中:他的狡猾和朝着目标前进时从不接受"不"作为回答的习惯(这一点让人愤怒)。马歇尔的狡猾体现在他要求凯恩斯在牛津大学里不能告诉别人说自己的申请(即代替马歇尔在牛津大学的职位)是他提议的;马歇尔在12月20、22、23、29日一直给凯恩斯发电报、写信(当他知道凯恩斯不想申请的时候,给他发了两封电报),最后凯恩斯答应了,但是只是暂时性的接手他的工作。尽管那时玛丽·佩利为了丈夫的利益卷入了争吵中,但是他们还是频繁地通信。直到1885年1月12日,凯恩斯发电报给马歇尔说自己已经作了决定,马歇尔这才停止了他对凯恩斯的请求。2月初,凯恩斯暂时接手的工作确定下来了,他授课的内容主要是自己在5年前出版的有关这个学科的一本书籍。直到此时,马歇尔夫妇才真正安心地居住在剑桥他们租的房子里,马歇尔的思绪主要集中于月末他将要发表的就职演说上。

经济学的现状:马歇尔的就职演说

马歇尔作为教授的第一个公告发布在《剑桥大学记者报》上,宣布了他将在2月24日发表就职演说。评议会在2月19日的会议上同意了马歇尔于24日下午在评议会大厅进行就职演讲。鉴于此前在布里斯托大学的就职演讲,马歇尔此次选择的演讲主题是经济学在实践和教学中的应用以及它在剑桥教学大纲中的特殊地位。因此,他的演讲从科学自身方面以及国际政策和学校要求为出发点,评论了科学的现状。当西奇威克听到最后那些使会议到达原本计划中的高潮的演讲内容时,他感到震撼。马歇尔的演讲内容很好地解释了他后来作为教授的一些行为,这些行为需要进行详细的讨论。

依照惯例,马歇尔首先赞扬了前辈们的贡献。他提到了福西特以及过去12年里过世的很多卓越的经济学家,然后确定了下午的演讲主题,即"就有关经济学家的责任作一个简短的报告……或许剑桥大学在这一方面可以做得更好"。马歇尔首先修正了一个在他看来是错误的观点,这种观点错误地解读了新一代经济学家身上产生的变化,这种转变与恰当的研究方法没有任何关系,归纳和演绎都是必要的。相反,这些转变起源于"人本身是环境的产物,并随环境的变化而变化"。这种转变使得社会学(在生物学的辅助下)证实了"知识和真诚的增长"可以"深入而迅速地改变人性"。古典经济学家忽视了人群和社会团体中发生这种改变的可能性,而社会学家却普遍地预期到了,正如约翰·穆勒在著作中所认为的那样。如果把承认人性的可变性作为教条，自然就会允许批判经济学的存在。"里卡多、古诺、赫尔曼、杰文斯以及其他学者"通过发展斯密的自然价值理论，使"那些可以忍受的不一致的行动的原因"变得更容易理解。这种理论上的发展使得经济学更容易被描述为一门科学，因为"人们一切行为的判断标准都是金钱"，而不是此前的科学财富。然而，不能用一个已准备好的"具体事实"把可测量的动机推理和教义统一起来。政治经济学是用来发现"真理"的动力。所以，应该避免在讨论中设定经济理性人为自私的利益最大化的个体，而像克利夫·莱斯利等学者研究的人的行为目的则应该被考虑进来，特别是它们在不同程度上可以用金钱来衡量。尽管发展和研究经济学理论的工作是永无止境的，我们现在还只做了一点点。"极少数科学领域能提供重要而丰富的成果。"

马歇尔宣称，对于目前经济学改变的解释需要注意两种反对意见。一种来自康德、康德学者以及历史学家的追随者们，他们反对那些试图把经济学从社会科学中分离出来的人；另一种是把反对政治经济学的真正任务描述为直接从历史的观点来论证，而不要诉诸经济理论。这两种异议都被新的政治经济学教授严厉拒绝了，第一种反对意见被马歇尔否定的理由是，任何缺乏真实的、统一的社会科学都会分散经济学要素的发展；第二种反对意见被马歇尔拒绝的理由是，马歇尔认为"真理自身是沉默的"，我们需要理论来解释它们。回顾马歇尔的信仰——人性的改变和人间世事的持续改变——都暗示着在经济学及社会伦理学中不会存在永久的"具有普遍性"的统一趋势，因此并不能从事实中推得真理。鉴于当下辩论自由贸易保护、合适的工资水平等问题的重要性，研究这些相关的经济问题需要对事实进行详细研究以及运用到深厚的理论知识。理论从事实中得到，历史不是孤立的，即使是中世纪的经济史也可以被当前的经济学研究方法所丰富。

这引出了马歇尔演讲的第二个话题，经济科学工作与剑桥大学之间的关系。这一有难度的工作使得剑桥大学——一个遍地是"卓越天才"的地方——成了研究这门学科的理想圣地。马歇尔指出，不幸的是，目前伦理学大纲中的政治经济学地位使得理想圣地变得不切实际。伦理学及其优等考试的重要性在全世界范围内是被广泛承认的，然而，马歇尔认为，伦理学考试所配送的经济工作者的数量少于解决问题所需要的人数，学校里的其他方面也阻碍了经济研究的发展，包括一贯反对大学生"自私"地追求财富的传统，这与培养他们是否能为全球经济服务是没有关系的。马歇尔认为这种追求是富有远见的，我们需要更多财富来结束"丑陋、肮脏和痛苦"的生活，需要通过提供更好的住宅、更多的闲暇以及更少的体力活来提高工人阶级的思想和道德标准。同理，可以通过大学培训毕业生来改善企业的境况，工厂生活可以变得"更加快乐和美好"。这些工作不能交给"激进的社会学家"、"无知的演说家"或者只是在意图上想要做好的人。它需要的是专业人员而不是剑桥大学科学团体里"业余且又急切地"想要申请的天才们。简而言之，经济学应该跟剑桥大学里其他学科一样获得应有的地位。演讲最

后以马歇尔对剑桥大学学者们的呼吁而结束。即将到来的一年,马歇尔在新职位上的雄心壮志被记录了下来:

> 尽管我才疏学浅、力量微薄,但我仍怀有这样的宏愿,要尽我所能为剑桥大学这所英才的伟大摇篮培养更多的人才,使他们走入这个世界的时候,头脑冷静、内心热情,能够不遗余力地与周围的社会苦难作斗争,为使人们获得更多美好、高尚的生活所必需的物质财富而努力,不达此目的,决不罢休。

显而易见,马歇尔的就职演说在为剑桥大学的经济学发展构造蓝图。整个演讲似乎是通过证明政治经济学目前的先进理论,以及经济学在当前紧迫问题上的应用,以达到消除对经济学歧视的目的。除了劳动条件和自由贸易保护的辩论外,其他各种表现被视为社会主义的复苏。从亨利·乔治的土地政策论到海因德曼的社会民主联盟,这些都是马歇尔在牛津大学以及其他地方就已经批判的对象。我们难以确定在1885年的时候,马歇尔是否宣布"把经济学及其有关的分支建立为一个独立的流派和独立的学位考试",但绝对可以确定的是马歇尔对改革伦理学教学大纲兴趣十足,他想让经济学在剑桥大学里有更广泛的听众,而不是屈身于伦理学和历史学。后来,他在学校里面的很多冒险行为都是奔着这个目的去的。

如前文所示,西奇威克就是这么理解马歇尔的就职演说的,他们在去年12月份的激烈争执更坚定了他的这种想法。马歇尔的话就是在挑衅教学大纲,尽管双方的争论方式都"文质彬彬",但很明显,马歇尔的目标是像西奇威克这样的人,旨在对抗大学的管理方式以及伦理学荣誉学位。西奇威克对马歇尔意图的分析是正确的。马歇尔作为政治经济学教授重新回到剑桥大学,导致了他跟伦理学委员会多年的斗争,在大学里,他把自己对于经济学地位的观点强加于他的旧友和同事,他们的关系渐渐疏远了。

威廉·坎宁安,竞选政治经济学教授时的挫败者,之所以反对马歇尔的演讲内容是出于不同的方面考虑。正如马洛尼所说的,坎宁安把马歇尔对经济史和经济史学家们的攻击视为"对个人和公众的侮辱"。让坎宁安倍感沮丧的是,对于马歇尔批判他的研究却不能作任何回击,因为他不想因抨击马歇尔的演讲而毁了自己的声望。多年以后,坎宁安对于自己的友善倍感欣慰。当他发现马歇尔滥用经济史来回答有关就职演说的评价后,他觉得马歇尔非常过分,便在《经济学杂志》和其他一些期刊上予以回击。约翰·内维尔·凯恩斯声明他喜欢马歇尔的演说,"我和妈妈一起去听了马歇尔的演说,毫无疑问,这是一场成功的演说。尽管这引起了坎宁安、西奇威克和沃德的不快(因为其他原因)"。虽然并不确定,但作为发起人之一,沃德毫无疑问会因马歇尔演讲的暗含意思而与其在伦理学委员会上起冲突,他是伦理学委员会里重要的一员。

马歇尔的演讲被印刷成一本小册子并受到广泛的评论。《学术》（3月28日）评论说："马歇尔教授在他的演讲标题里用'经济学'替换'政治经济学'是有一定意义的。"《苏格兰人》（4月4日）把演讲描述为"一种历史回顾、一种声明、一种预言、一种辩护以及一种呼吁"。《里兹信使报》（5月27日）把焦点聚焦在马歇尔的论据上，它们应该让工人阶级领袖明白，"教授政治经济学并非自私地反对劳动者的权利和利益"。甚至国外的杂志也对演讲进行了评论，达拉·沃尔塔在《经济学家》上把马歇尔的就职演说视为"一个重要的贡献"。

然而，最引人关注的评论来自《泰晤士报》（1885年5月30日），它没有针对马歇尔想对剑桥大学进行的教育改革作任何评论，而是把焦点放在了他呼吁提高经济学的重要性以及对老一辈经济学家们的看法上。《泰晤士报》批评了马歇尔过分强调前辈们研究方法的价值，而没有强调我们应用这些仍适用的研究方法的结果。特别地，《泰晤士报》认真检视了马歇尔宣称的"过去的经济学家们"不相信"能够大幅度改善工人阶级所拥有的工作条件，而这些不可能的工作条件现在已经达到了"。马歇尔凭借这一点来解释自己的声明理由充分。他指出，当代经济学家在提高工人工资水平的可能性上也有不同看法，如果巧妙地运用工人的高工资，则可以提高工人的工作效率，并且永久地保持下去。所以，相比被老一代经济学家支持的马尔萨斯主义人口论，马歇尔认为高工资水平的可能性可以逐步摧毁贫穷的恶性循环，而这种（恶性循环）恰恰是旧学说的显著特征。

马歇尔在蒂罗尔地区（1901年）

马歇尔的就职演说构成了他著作的很大一部分，不仅仅宣传了大学经济改革的目的，同时也表明了他的经济学立场。在他看来，就职演说详细阐述了科学的发展，这对于商业、社会和政治改革包括工人阶级和领导层都有实际价值。其方法和首要目标是逐步改良工人阶级的地位，使他们过上绅士般的生活，这也是马歇尔从他的学术生涯一开始就积极呼吁的。

执教于剑桥大学（1885～1908年）

由于近期的大学改革，马歇尔的管理工作和教育责任变得极为繁重。马歇尔在剑桥大学的讲课内容以及授教风格要比他以前在剑桥、布里斯托尔以及牛津的风格更出名。除了许多学生的评论外，还有他在18世纪90年代和20世纪前10年这段时间教授的许多学生的笔记。然而，相比之前在剑桥和布里斯托尔执教，马歇尔后来在剑桥执教的讲稿却很少留存下来。其缘由在1890年出版的《经济学原理》中有作出部分解释，即不用讲稿可以更自由地讲课，优秀学生在课堂上可以更自由地讨论从而获益更多。而他自己写的书也使他免于上课时候"照着书念下来"，这种教学方式也是他明确反对的。玛丽·佩利还给出了马歇尔那段时间讲稿缺失的另一个原因：

> 他很少事先做笔记，除非是在讲授经济史的时候，有时他就在课前做些笔记，然后在去课堂的路上在头脑中整理一下。他说他有很多善于独立思考的学生，其原因是他从不在意按部就班地系统授课或者为学生们提供资料，而更注重让学生们自己思考。每个星期，对于那些还没讲完的课程，他都要出一些思考题，然后让学生来回答。他批阅学生们的作业时一定很痛苦，因为他不停地用红笔勾画。

费伊回忆了马歇尔在1903年授课时的情形，说他的课程十分有趣，但同时也有些杂乱：

> 在我二年级的时候，我上过他一两门课——第一节课我买了一大本财政蓝皮书。第二次上课的时候，马歇尔是撑着雨伞进来的，同时还带了那本财政蓝皮书和《泰晤士报》的复印件，但是这两样东西都被装在一个袋子里放在桌旁。"我有规定说不准谈论政治"，他开始了，"但是约瑟夫·张伯伦先生最后的这篇演讲真的是……"然后接下来的一个小时里我们听到他为自由贸易而作的辩解……当我上他最后一堂课的时候我是文学学士，他假装害怕像我这样的学者！！那堂课是关于"贸易与工业"的，我记得最清楚的是在课上谈起彩色装饰玻璃，然后余下的时间就被用来讨论现代玻璃相比于过去玻璃的优缺点……［在另外一节课上］他解释了由奥地利犹太人提供的建设性服务。

沃尔特·莱顿在1906年和1907年第一和第二部分的优等考试中都获得了第一名，并且在本科期间（三年）他都上过马歇尔的经济学课程，他在没有出版的回忆录里写道：

> 可能有人会认为（我去上他的课）有点夸张，因为他这门课是为优等生第二阶段考试准备的，但是我想我可以毫不夸张地说，他的课从来没有重复过。他在给本科生上课的时候，经常会把教材放在一旁，然后跟他们讨论任何有关当天让他震惊的新闻。可以说，他在跟我们谈论他的《工业与贸易》的一些写作思想时，给了我们很大的启发。

这说明了从费伊上马歇尔的课时开始,马歇尔的教学风格并未有多少改变。

对马歇尔的课程最详细、最系统的回忆来自两个人,一个是贝尼恩斯(他是圣约翰学院的讲师及后来的马歇尔学院院长),他在 1900~1901 年上了马歇尔的课;另一个是悉尼·查普曼,马歇尔在 19 世纪 80 年代教授的荣誉学士之一。他们两个人对马歇尔的描述都值得详细引用,由于这些描述很生涩,很难(但也不是不可能)进行忠于原文的概括:

马歇尔的名气吸引了很多听众,尽管这不是他所希望的。我记住了他在课上的第一句话:"如果你来这里只是为了通过优等考试,那么你肯定会失败,因为我懂得比你们多,我肯定可以让你们不及格。所以抱有这种思想的人最好去其他地方。"他的这句话赢得了所有人的心。第一节课是筛选人员,很快就有一半的人被淘汰了。马歇尔的教学风格跟其他人不太一样,在小教室里他总是让自己处于最佳状态。他一般不直接告诉你答案,而是引导你自己去理解。做笔记是一件让人很绝望的事情,有七十多节课我无法记下一半的内容。我怀疑从学生们的笔记上能否真正反映出马歇尔的思想,正如当初亚当·斯密的学生一样。想要跟得上马歇尔的思维是一件很难的事,它有时候让人很难捉摸,有时候让人莫名其妙。马歇尔的授课方式让你觉得头脑发晕,尽管他富有启发性,但若没有解释或者图标说明,你的脑子里基本上不会留下什么印象。他的交流方式很简单,就像平常交谈一样,并且他在课堂上看起来十分开心。我记得马歇尔好像来自神学院,他的脑袋向前倾以至于看起来像是在思考,以一种比较慌张的姿势坐在讲台上,手交叉在胸前,蓝眼睛炯炯有神;他时而轻松交谈,时而为某个故事高兴,时而提问学生,时而给人印象深刻的停顿;他的眼睛扫射整个教室,然后快速地表达,有时候一脸严肃地预测一些未来问题,如印度的粮食供给、英国的伟大前景以及世界范围内的贫穷问题。

他有卓越的图解分析能力并且脑子里装满了现实例子,虽然这些例子也只是用来辅助理解课堂。他引用陈旧的知识,也引用当前的数据、论文书信、刚上映的戏剧以及自己的观察所得。他从来不脱离现实,幽默在他的课堂上起了重要作用。他有很多很好的故事,并且他从这些故事中获得的乐趣要比别人多,他有的时候会带一些笔记来上课,但是我很怀疑他是否会按着笔记上的东西讲课;有的时候他会事先告知这节课的主题,但是当他在课上突然有了新的思路时,他的讲课内容经常会和事先预告的主题不一致。有时候,他会突然让同学们来回答或作评价,但是在马歇尔目不转睛以及充满期待的凝视下,很少有同学敢自告奋勇……显然,他是一个独一无二的老师,他看起来总想抓住听众们的思想,并让它们有个不同寻常的经历,弄得很多同学担惊受怕。他喜欢把你搞迷糊,然后突然间又让你顿悟。"刚刚还是黑暗的时代,然后瞬间光明",我记得这是形容他课堂的一句话。瞬间光明是值得的,但是如果没有先前的困惑,那么它也就显得不那么有意义了……正如马歇尔此前预言的一样,我们从他的课上学到的东西并不是那些为了通过考试而准备的经济学知识,而是突然的觉醒、更强的领悟能力、受启发时刻的回忆以及理解了经济学的重要性。

查普曼把马歇尔作为一个演讲者(形容他的授课与演讲同样的没有计划、不够系统)与作为一个老师所拥有的品质进行了比较:

> 马歇尔是不是一个优秀的演讲者?是,但又不是。我记得在一次漫无边际的演讲结束之后的宴会上,我的一个邻居——一个老练的演讲家——告诉我说"演讲需要很多的技巧"。马歇尔没有技巧,不论在表达方式、安排还是在说明上。我从来没有见过他把哪一次演说当成是在建造一件艺术品,所以我料想肯定有人会说,当马歇尔对着数量庞大的听众或者未经教导过的听众时,他不是传统意义上的演说家,然而,即使是这样,他仍然情不自禁地给人留下了他所希望的印象。在坐满了认真的学生的小型教室里,他对于问题的回答总是肯定并且有力的。马歇尔教导学生的办法是让他们大胆思考,而不是让他们跟随着自己的思考方法,因此,学生从他的课堂里可以得到最好的东西,不仅在一些特殊主题上受启发,而且学到如何创立经济理论。在本科的三年期间,我修过马歇尔所有的课程,我需要补充的是,在我决定投身经济学后,他给了我一个特权,即每周至少一次在他的课堂上与他作长时间的交流,有时候与我写给他的随笔有关,有时候与他让我思考的课外延伸问题有关。他还慷慨地让我进出他的藏书室,正是从这些交流中我看到了他思想的深度。
>
> 马歇尔是不是一个好的演讲家我不知道,但是无可争辩的是,他是一位伟大的老师,这才是最重要的。如何来定义一个伟大的老师,这不好说。最好的定义方法就是看结果,一个伟大的老师必定是富有激励性的,然后他必定要有办法让他的思想植入到学生的思维当中,好像是学生们自己的思想一样。如何做到这一点不重要,也许不同的人会有不同的办法,但是伟大的老师一定有他们自己的特质。马歇尔确实做到了,特别是他那种令人吃惊的重组事情的方法,会击破你整个信仰的躯壳。我也说不出他是如何赋予别人灵感的——人类性格最深层的东西总是很难搞懂——但是从他培养出来的经济学家的数量上看,他无疑是成功的。他会让你感觉到你的想法是那么重要,他是如此的热切和真诚。

查普曼对于马歇尔教学的观点与同一时期的麦格雷戈和弗雷德·佩西克-劳伦斯基本相

同，以下引用了后者的描述，进一步证实了马歇尔启发学生的能力以及他经常偏离到政治领域的习惯。

> 在第五年时，我打算拓展一个新的学习方向，然后就去了马歇尔的经济学课堂。在我来到大学之后，没有人比他给我留下的印象更深刻，他的课堂不仅有启发性而且富有鼓舞性。他坚持经济学的"定律"跟"自然定律"是一样的，都不会像议会法案那样有法可依。他是真的热切关心经济学知识应当被用来改善人类的生活，特别是那些受压迫的贫穷人们。他有很强的政治主张，不时地会表达一下。课堂上有趣的一幕是一个瘦弱的男人随心所欲地靠在墙上，面对着全班同学，眼睛闪烁着光芒，暗示着他意识到自己目前已经跳出了大学教授这个角色。印象最深刻的是他在詹姆斯突袭行动后做的一个简短断言，他说约瑟夫·张伯伦对于国家是一种负资产，会让国家遭受几亿英镑的损失。

把这些"对马歇尔教学风格的回忆"同"马歇尔告诉冈纳的解释他教学方法以及在经济学课堂上不按教材来讲课的原因"相比较是十分有趣的。下面这一长篇的引用说明了马歇尔在其非系统性的教学中使用的材料有着特殊目的：

> 当然，我的教学方法不同，但是我会对我的私人癖好作出解释。它们不是自己形成的，但这也许正是你们希望从这封信中渴望知道的东西。
>
> 我意识到，有的学生会全盘接受老师所讲的知识，有的学生则在系统学习教材时完全依赖老师来清除障碍，甚至在他们不能或者没有时间自己阅读教材的情况下，有老师给他们讲授最基础的教材。但我通常告诫这种学生还是别来上我的课。
>
> 可以这么说，即使是我的一些较为基础的课程，也都是比较随意的，我不会面面俱到地平衡探讨问题，而是会将重点的内容和代表性问题传授给学生。如果我认为课堂里学生仅仅是听而没有自己去思考，那么我会尽力引导他们进入真正的困境中，并适时地帮助他们走出困境。我很少讲方法，但是在高级课程中，针对每一个重要方法，一般我都会提前一周举一个难一点的例子，并且会给学生们一个问题让他们去思考，这样学生们就可以在学习之前就了解这个问题的难度了。
>
> 我的目标是帮助他们获得一个熟练而且有效的方法来作科学研究，而不是要他们参加长时期的学科教程，而这些是毕业生们普遍不会注意的。一些人说书本可以取代口头讲授，尤其是对于能力强的学生而言。但我认为对于能力强的学生来说，直接把书本内容的某一章节讲给他们听简直就是在折磨他们，应该印发给他们，让他们自己

默默地去看……高年级的学生们很快就会跟上节奏,但他们常常希望得到好的个人建议。每周我会为来找我的学生留出六小时"在家"的时间,毕业生比其他年级的学生来得更为频繁。谈话的内容由学生决定,但如果他对某个问题很感兴趣,我会进行详细的追述,有时可能会花一个小时或者更多的时间在一个不是很有兴趣但是会困扰他的问题上。我会花很多时间给予他们阅读方面的详细建议。

当然,我对于年轻人最大的期望是他们当中的大多数人能从事一些更具原创性的工作。

从马歇尔写给冈纳的信中可以看出他授课的大致风格,包括在学生能够适应非系统性的讲授练习之前要有一本好教材的建议。这或许也解释了为何在1890年《经济学原理》出版之前,马歇尔的授课列表相比出版之后的列表看起来更有系统性。从凯恩斯的描述里我们可以更加肯定这种判断:

我认为他的非正式讲座可能会随着时间的推移越来越多,可以肯定的是,在1906年我上他课的时候,想记下条理清晰的笔记是不可能的……他的讲授不是……按着书本来的……但是他按着书本来讲授和课堂上口授具有明显的差别,后者可以很大程度上刺激学生变得更好并且要求教室不能太大。

针对凯恩斯"很难在马歇尔的课堂里记下条理清晰的笔记"的评论,吉尔博在他的有关马歇尔的轶事中表示,马歇尔是故意这样做的。"我记得马歇尔告诉我说,如果他看到哪一个人在他的课上记录了很详细的笔记,他会视其为傻瓜;但如果有理由使他相信那个被他认为有问题的人其实很有能力,他会把这种认知视为一种人身侮辱。"

一份马歇尔在1901~1902年的课程计划说明以及一封写给福克斯韦尔的信进一步说明了这些都是马歇尔的授课技巧。同样,我们可以引用这些信件:

我建议从《经济学原理》第1卷结束的地方开始着手准备经济学主要原理的工作,并且为了加速进程,我会尽量避免一些初级内容。因此这个课程对于一年级和二年级的学生来说并不适合,除非他们已经对要讲授的内容有所了解;但是对于攻读国民服务学位的学生以及其他三年级和四年级的学生来讲,由于他们已经完成了其他学科的学业并且希望在一年内获得比初级经济学更多的知识,他们会发现这门课程适合他们的需要,前提是他们在夏天的时候已经做了一些基础性的阅读。为达到这一目的,他们至少要去阅读一些关于一般价值原理的书籍,如杰文斯的《货币》、巴杰特的《朗伯德街》和巴斯特布尔的《国际贸易》。（如果他们喜欢的话可以用我的《经济学原理》来分析价值，看的时候略去那些附属细则以及被标记的部分，这部分暂时可以不要看。）接下来，他们要看的书可能就是考试列表上标记星号的书籍了。总的来说，书不用多，但要仔细阅读，尤其是难点的那部分需要反复推敲。

鲍利在1891年秋季学期在马歇尔的政治经济学原理课上所做的笔记清晰地描绘了马歇尔在《经济学原理》帮助下进行教学所采用的方式。秋季学期的一半课程明显与他前两本书的初始材料有关。他强调历史材料的各个方面，但同时也告诫说不能过于重视它们。鲍利的笔记同时说明了在一些更具难度的概念上，马歇尔作了图解说明以及更为细化的解释。他只用一堂初级课程来讲解第2篇里一些定义，然后接下来的两堂课讨论消费和需求，他强调，杰文斯的错误是把消费视为经济的最后一个环节而不认为需求和行为是同等重要、相互依存的。余下的课程用来讲解第4篇里的生产经济学问题以及第5篇里的价值理论问题，同时也分发一些后面课程所需的材料。关于生产的两堂课，他强调了进化论和达尔文的观点，他说负债经济学实质就是生物学，但同时也给出了劳动和投资的传统观点。价值理论以代表性企业和"森林里的树"为例开始，然后解释了供给和需求的准则，并以各个不同时期渔业的供给为例。

尽管这些课程的编排看起来似乎遵循了早期《经济学原理》编订本的内容安排，但事实上它们试图避免纯理论介绍，如福克斯韦尔回忆说，在马歇尔1869年的课上"曲线"已经消失了，这也让1874年和1875年考试的主考官杰文斯"大吃一惊"。相反，它们更加强调哲学和伦理上的东西，并应用于学科的各个方面。同时，高级经济学课堂中处理相关问题时也用一种更加哲学化的方式，并以统计学为导向。例如，1891年11月11日的一堂课谈论关于财富的用法，强调"集体使用财富相对于个人使用财富来说更加高尚、使人愉悦"，"也许使用财富的最好方法是购买一些绘画作品，让它们公开展览并遗赠给国家"，或者还有一种选择，把财富投资于闲置场所用于娱乐，并且创造出一个更加健康的环境。11月13日的高级经济学课堂讨论了吉芬关于英国财富增长的详细数据，并展示了一张基于资本所得税数据而建立的当前财富统计表。

这些由鲍利在1891年提供的有关马歇尔课程的详细概述，不仅符合马歇尔对课程的描述，同时也吻合了马歇尔回忆自己作为教授在剑桥大学执教第一个五年里的教学计划。

《记者报》给出了这些课程的概要，马歇尔回忆说自从到了剑桥大学以后，平常工作中的备忘录上减少了很多细节记录，其原因可能是马歇尔需要起草规定交给特别教务委员会的年度报告。《记者报》（1885年4月21日）描述了马歇尔第一堂课的讲课内容，包括了"财富分配，特别涉及了导致英国不同阶层有不同收入的原因，探寻了这种难以避免的不公平的程度"。根据他本人的记录，他是这样描述那节课的：

普通课程：一周2节课，全面介绍历史大纲（4课时）。用乔治·亨利的经济学观点来讨论收益递减规律、地租理论要素以及概述分配问题，尽可能忽略掉他的社会主义观点，政府和与土地国有化关系的有关课程要么留到夏季学期讲授，要么单独开设一门有关土地的课程。这个班讨论过的难点不多，主要包括：（1）收入的定义；（2）穆勒关于资本的四个主张；（3）利息的本质；（4）如果海洋变成陆地，土地增加而租金下降，那么净租金会受到什么影响？（5）高工资是否会促进机器的应用？（6）流动的辅助资本变为固定的辅助资本是否会损害工人利益？（7）资本和租金的关系；（8）有关分益佃农。除了最后一个问题外，其他的问题很少用到曲线。

1885年秋季学期的外贸与货币课也包括了普通课程和理论课程，两种课程都有官方与非官方的记述。《记者报》（1885年10月13日，第39页）把课程描述为"有关货币、外贸、竞争以及危机的课程，特别涉及了英国贸易的现状以及在复本位制下近期黄金购买力变化的原因和结果"。他每个星期会提供一节免费的课来解决与该学科有关的一些难题，这些内容在他的私人档案里记录得更清楚："货币理论确实相当完美，外贸、汇率、进出口关系、贸易保护以及公平贸易迅速成为了银行学、银行法、白芝浩观点、复本位制的理论要点，但是它几乎忽略了整个金融业的历史和危机，并且没有谈论任何有关证券交易所的事情，没有提到建筑问题，没有考虑到近代商业的历史。"

1891年，鲍利接受的一些普通课程依然沿袭了马歇尔刚进剑桥的时候讲授分配理论时的课程特征。但是，课程内容更多地来源于马歇尔后来出版的《经济学原理》。诸如1885年的课程涉及了很多前人的经济学知识，而且避免使用曲线。莱顿在1904年上的外贸和货币课程以及鲍利在1892年春季学期和夏季学期上的外贸和货币课程，相比于马歇尔刚执教的时候虽然给出了更加丰富的解释说明，但大多沿袭了1885~1886年货币财政学的模型。比如鲍利在1892年上货币和贸易课时，马歇尔详细讲述了印度通货及其财政问题；当1904年莱顿上课的时候，用来解释经济波动的案例变为阿根廷和澳大利亚。1904年的课程仍然重点讲述股价波动在商业波动中的作用。最后，事实说明了莱顿对马歇尔课程的假设是正确的。这些都反映出马歇尔对于将要出版的书中有关工业和贸易的问题作了大量研究，以及这几年潜心研究了股票交易、会计模型。这些被记载在关于这个学科的一些笔记本上，陈列在马歇尔博物馆里。

莱顿的课堂笔记以及马歇尔通过提问来测试学生的习惯，同样可以证明查普曼的观点：上马歇尔的课程需要大量的阅读作为补充。对经济学感兴趣的人经常会在特定的时间被马歇尔邀请到家里讨论经济学问题，包括探讨一些出版发行的讲座清单。1885年1月，马歇尔在招生资讯中声明，他每个星期会抽出6个小时时间给学生一些建议，进行非正式的讲授。正如费伊在1925年所回忆的那样，马歇尔在这一时期的私人指导和他的课堂一样，所涉及的范围极其广

泛。例如，从 1885~1886 学年开始，每个学期他的家庭指导时间延长为每天 3 小时时间，从下午 4:00~7:00，周一至周四。一开始马歇尔向全校的人发出邀请，但是后来他把咨询的人群限定为探讨经济学问题的人。与一般的讨论不一样的是，马歇尔提供的是免费的非正式教学。

一个参与过马歇尔家庭指导的人在《剑桥评论》上发表了一篇有关其家庭指导的幽默评论：

> 对于你的友善和时刻准备着为我们解决问题的态度，我们表示感谢，我们带着问题去找你的时候，你正在狭小的贝利奥尔庄园的办公室里研究各种书籍，你看见我们在门口就把我们领进屋，不知道我们的名字，也不知道以前是否见过面，和我们握手的时候有点犹豫并且不知道该怎么开口；从你的谈话中我们学到了很多，你引用很多数据然后得出一个极佳的结论。你的"红皮书"里有很多的数据，你给我们讲解曲线，曲线告诉了我们棉花、熨斗、卢布以及麻疹，还有其他一些更为奇怪的混合物。什么东西是那本书里没有的呢？它能告诉我们各种天气和赛船比赛吗？于是你找到一个理论，告诉我们只要是个潮湿的四斋节，能够给凸轮提供足够的水来滑行就可以赢得比赛。它能告诉我们教授与本科生的相对优势吗？我料想它是可以的，如果你告诉我这些东西都在那本书里，我也不会感到奇怪，它是一本令人惊奇的书。

很明显，马歇尔很严肃地对待自己的教师职业，毫无疑问，认真对待自己的职业加上对经济学的精通使得他的学生给了马歇尔作为一个老师应有的声誉。尽管他的经济思想、《经济学原理》的内容以及课堂讲授都显得无条理性，但却可以鼓舞人心。然而，也只有与莱顿从庇古那里拿来的很有系统性的笔记相比较，才会显得马歇尔的课堂更加无条理性，因为马歇尔的笔记充满了图解，有时还有方程。与凯恩斯不同，莱顿要在马歇尔的课堂上作出条理清晰的笔记并不困难。在早期的经济学考试中，马歇尔对于这两个优秀学生在自己课堂上所作的笔记进行过观察，这些笔记毫无疑问反映了他们不同的个人特质以及经济学中各自探索的内容。

马歇尔早期在剑桥的学生对于他各式各样的评论同样突出了他在课堂里的一些特点。最初"个头矮小"的印象并不是很让人受鼓舞，然后是他的眼睛，毫无疑问这是他最显著的惹人注意的特点，上课的时候总带着闪烁的光芒。此外，还有他独特的幽默感以及流利的淘气般的表述并附带很少的板书。对他个人魅力的记述与玛丽·佩利时常对他"很有思想的交谈"的描述是相一致的。这却与他经常写出的平凡无奇的文章难以匹配，玛丽·佩利在一次和凯恩斯的交谈中解释了这点。他在写作中苦心费力的修改、精益求精的习惯极大地耗费了他的精力。

即使是那些不喜欢他的人也认为他是一个"伟大的令人受鼓舞的老师"，那些单调的课本与他那种"最具启发性的课堂"的授课方式相比相去甚远。林达·格里尔是他在剑桥最后几年当教授时的学生，他把马歇尔的讲授和写作方式进行了比较，并记录如下：

作为一个作家，他不够机智，但是作为一名授课老师，他当之无愧。"据说伟人在生之年，其言语会被视为废话，他死后的下一代会觉得他的话有道理，到了第三代的时候他的话就成了常识。""思想者的箴言是'敢为天下先'。""在经济学里，难以理解的句子叫做难句，而不能理解的句子则可能是简单的句子。"

马歇尔班级的规模及其组成（1885~1908年）

马歇尔教书的责任感需要从他班级的规模和组成方面去考虑，这样可以得到很多有用的信息。这些信息除了强调19世纪80年代和90年代，经济学老师所教授的班级大小情况与一个世纪以后的相比大不相同外，还能够提供马歇尔作为剑桥经济学教授对生源质量的抱怨。这种抱怨同样来自他的同事及校友，它主要有三种：第一，低质量的学生试图学习经济学；第二，与19世纪60年代年相比，聪明的年轻人学习伦理学的数量下降了；第三，学习政治经济学的女生太多了。

在对这些抱怨进行更加详细的讨论以前，需要说一下马歇尔挑选学源的背景。正如他在最初的就职演讲里强调的，经济系趋向于招收来自历史学和伦理科学的学生。当他在1868~1877年担任圣约翰学院伦理学讲师时，这种情况就已经存在。除了这些正常来源的本科生以外，从1885年开始，马歇尔尽力吸引高年级的学生以及印度文职机构的学生来学经济学，但是与牛津大学相比，剑桥大学里来自后者的人数相当少。他管理的直接目的是为了吸引更多其他来源的学生去学习经济学。1885年之后的教学大纲改革，很大程度上是为了在历史学和伦理学考试中加入经济学的考试内容，尽管他在这方面取得了成功，但他并没有真的对经济的专业化感到满意，因为那些教学大纲仍然需要根据现实而改变。马歇尔早期就坚持说，在剑桥里只有把经济学和政治学分离，才能有效率地学习经济学。1903年，他完成了他在1885年就职演讲时所提到的目标。而且他也觉察到，那些他在1885年后所招收的学生提高了经济学在剑桥大学的地位。

下面的信函说明了马歇尔对于学生质量看法的一个例子，1902年马歇尔给凯恩斯的信写道："在我16年的教学生涯中，那些我十分关心的教学课堂（例如伦理学荣誉考试）并没有培养出一个高质量的把终身都奉献于经济学的人。"在同一年里，他给福克斯韦尔写了一封更长的信：

直到1880年之前，几乎每一年的伦理学学生名单中，总有那么几个是直接从学校毕业后来到剑桥深造的人，他们被认为是很有天赋的，然后经历了一段过渡时期；自1890年以来，受到其他大学研究生荣誉学位的影响，这类很有天赋的人几乎从伦

理学专业消失了，取而代之的是一些比学校平均年龄大的人进入了伦理学专业。曾经那些能在伦理学专业体现出来的富有朝气和激情的思想现在基本感受不到了，尽管麦克·塔格特格是例外，韦奇伍德也是个例外，但是这里并不能发现其他比较优秀的学生了……特别是在三一学院，许多很优秀的历史学学生根本不学习经济学……举一些我个人所知道的例子，1890~1901年取得历史学学位的人与那些在同一年进入剑桥伦理学专业的学生相比，在普通能力和科学技能方面要高出好多。

这种情况使得马歇尔的回忆并不愉快。19世纪70年代，他在伦理学专业所教的那些聪明的人几乎都属于马歇尔向福克斯韦尔抱怨的那种类型（包括福克斯韦尔）。他们并不是直接来自高中学校，而是先在其他大学取得了学位。通常地，大多数人都来自伦敦大学学院（福克斯韦尔、凯恩斯、沃德），也有一些人来自苏格兰的大学（坎宁安、尼科尔森，其中后者也去过伦敦大学学院）。只有亨利·坎宁安和梅特兰直接来到剑桥大学，坎宁安甚至在军队待过一段时间。19世纪80年代，这种情况进一步恶化。然而，这时马歇尔相对较好的学生都是来自数学专业而不是伦理学专业。

惠特克列举说，马歇尔在19世纪80年代收的比较好的学生有弗勒克斯、约翰逊和贝里，但这些人仅仅是辅修经济学；鲍利、查普曼、桑格、庇古以及麦格雷戈都是他1890年后比较优秀的学生。但这还是不能够跟他在牛津大学的时候相比，在那里他在同一年的时间便发掘了冈纳、皮斯和哈里森。19世纪70年代，马歇尔的优秀学生名单中增加了穆尔·伊德；80年代时还有斯坦利·利斯和鲍桑葵夫人（海伦·丹迪），90年代也包括莉莲·诺尔斯、伯特兰·拉塞尔和克拉彭。

马歇尔经常抱怨他的班级中有太多的女学生。1906年，他写信给福克斯韦尔说，如果纽纳姆学院和格顿学院的学生在经济学上有什么疑问的话，可以允许学生去听他的课。但是，马歇尔又补充说："我

马歇尔夫妇动身前往哥罗德区工作

承认我觉得他们之中有太多人参加了优等考试。"在这之前，在讨论女生学位的问题时，他在给福克斯韦尔的信（1897年4月17日）中说："从过去一直到现在，来到这间房子（马丁路6号）的人中有3/4是纽纳姆学院和格顿学院的学生。"

马歇尔对生源的悲观态度似乎与他当时的心境有关。1901年，马歇尔写给亚瑟·鲍利的

信中提到："这里［剑桥大学］没有几个人致力于经济学的研究，同时能够安静［坚持不懈地学习经济学］的人也不超过六个。"然而，1904年写给查普曼的一封信中炫耀了亚当·斯密奖的获得者的质量，其中包括鲍利、查普曼、佩西克·劳伦斯和庇古，表明了马歇尔"为剑桥能取得这样的成绩感到骄傲"。这封信帮助我们从不同的角度去理解同一件事情的本质。1901年，他写信给鲍利说，决定经济学专业命运的最后战斗才刚刚开始。1904年，这场战斗以胜利告终。马歇尔对于实际情况的认知很大程度上取决于旁观者的情绪，马歇尔的学生得到的他由于各种原因而统计的数据资料可以明显地说明这点。

1886～1887年到1888～1889年的三个学年里，为了准备与讲座有关的年度报告的编写，并且在居留区内他还是一名教授，所以马歇尔总是保留对他班上学生的详细住址记录。他根据学生性别、成绩和是否是研究生进行分类，从而在考试或者其他方面进行区别对待。1886～1889年的三年中，马歇尔的学生中只有16%来自伦理学专业，将近1/4来自历史学专业，还有5%来自通过了专门候选考试的人。2年制的研究生总数大概占了15%，这些信息都是可得的，也就是说，（在人数上）只比来自伦理学专业的学生少了一点点。有1/3的学生是女生，另外这些学生中将近有2/3来自纽纳姆学院。来自纽纳姆学院的高比例可以解释为，马歇尔夫人在1885年之前便开始在纽纳姆学院进行政治经济学的授课，再加上西奇威克对纽纳姆学院有很大的帮助。因此，至少可以从统计数字中证明，马歇尔关于在他课堂上有过多女生的抱怨是正确的。

他的一些女学生也同样抱怨马歇尔对她们的态度。例如，下面的记录来自在1900年班级中的一员——斯特顿小姐：

> 当政治经济学泰斗马歇尔先生叫三个女学生去他家里拿论文的时候，他对我们所作的评论虽然善意但是很刻薄。他说我写的东西与经济学的重点主旨相反，并且对其他人说："你写的东西比其他人的读起来更费时间，这样做没任何好处。"他接着说，他曾认为招收女学生是明智之举，但是现在他对此感到怀疑……他的课程极具启发性……不过我永远都不可能成为经济学家。

斯特顿小姐在1903年伦理学优等考试中获得了第一部分二等一级，并且在1904年的考试中获得第二部分的二等，不过没有关于她政治经济学分数的任何记录。她的经历与林达·格里尔相似，林达·格里尔和伊娃·斯贝尔曼在1908年的经济学优等考试中取得了一等成绩，这一年里没有其他男生取得如此卓越的成绩。她的一篇有关马歇尔家庭的报告值得被引用：

> 他确实屈尊看了我们的论文，正如预期的一样，我们受到了最严厉的批评……有

理学专业消失了，取而代之的是一些比学校平均年龄大的人进入了伦理学专业。曾经那些能在伦理学专业体现出来的富有朝气和激情的思想现在基本感受不到了，尽管麦克·塔格特格是例外，韦奇伍德也是个例外，但是这里并不能发现其他比较优秀的学生了……特别是在三一学院，许多很优秀的历史学学生根本不学习经济学……举一些我个人所知道的例子，1890~1901年取得历史学学位的人与那些在同一年进入剑桥伦理学专业的学生相比，在普通能力和科学技能方面要高出好多。

这种情况使得马歇尔的回忆并不愉快。19世纪70年代，他在伦理学专业所教的那些聪明的人几乎都属于马歇尔向福克斯韦尔抱怨的那种类型（包括福克斯韦尔）。他们并不是直接来自高中学校，而是先在其他大学取得了学位。通常地，大多数人都来自伦敦大学学院（福克斯韦尔、凯恩斯、沃德），也有一些人来自苏格兰的大学（坎宁安、尼科尔森，其中后者也去过伦敦大学学院）。只有亨利·坎宁安和梅特兰直接来到剑桥大学，坎宁安甚至在军队待过一段时间。19世纪80年代，这种情况进一步恶化。然而，这时马歇尔相对较好的学生都是来自数学专业而不是伦理学专业。

惠特克列举说，马歇尔在19世纪80年代收的比较好的学生有弗勒克斯、约翰逊和贝里，但这些人仅仅是辅修经济学；鲍利、查普曼、桑格、庇古以及麦格雷戈都是他1890年后比较优秀的学生。但这还是不能够跟他在牛津大学的时候相比，在那里他在同一年的时间便发掘了冈纳、皮斯和哈里森。19世纪70年代，马歇尔的优秀学生名单中增加了穆尔·伊德；80年代时还有斯坦利·利斯和鲍桑葵夫人（海伦·丹迪），90年代也包括莉莲·诺尔斯、伯特兰·拉塞尔和克拉彭。

马歇尔夫妇动身前往哥罗德区工作

马歇尔经常抱怨他的班级中有太多的女学生。1906年，他写信给福克斯韦尔说，如果纽纳姆学院和格顿学院的学生在经济学上有什么疑问的话，可以允许学生去听他的课。但是，马歇尔又补充说："我承认我觉得他们之中有太多人参加了优等考试。"在这之前，在讨论女生学位的问题时，他在给福克斯韦尔的信（1897年4月17日）中说："从过去一直到现在，来到这间房子（马丁路6号）的人中有3/4是纽纳姆学院和格顿学院的学生。"

马歇尔对生源的悲观态度似乎与他当时的心境有关。1901年，马歇尔写给亚瑟·鲍利的信中提到:"这里[剑桥大学]没有几个人致力于经济学的研究,同时能够安静[坚持不懈地学习经济学]的人也不超过六个。"然而,1904 年写给查普曼的一封信中炫耀了亚当·斯密奖的获得者的质量,其中包括鲍利、查普曼、佩西克·劳伦斯和庇古,表明了马歇尔"为剑桥能取得这样的成绩感到骄傲"。这封信帮助我们从不同的角度去理解同一件事情的本质。1901 年,他写信给鲍利说,决定经济学专业命运的最后战斗才刚刚开始。1904 年,这场战斗以胜利告终。马歇尔对于实际情况的认知很大程度上取决于旁观者的情绪,马歇尔的学生得到的他由于各种原因而统计的数据资料可以明显地说明这点。

1886~1887 年到 1888~1889 年的三个学年里,为了准备与讲座有关的年度报告的编写,并且在居留区内他还是一名教授,所以马歇尔总是保留对他班上学生的详细住址记录。他根据学生性别、成绩和是否是研究生进行分类,从而在考试或者其他方面进行区别对待。1886~1889 年的三年中,马歇尔的学生中只有 16% 来自伦理学专业,将近 1/4 来自历史学专业,还有 5% 来自通过了专门候选考试的人。2 年制的研究生总数大概占了 15%,这些信息都是可得的,也就是说,(在人数上)只比来自伦理学专业的学生少了一点点。有 1/3 的学生是女生,另外这些学生中将近有 2/3 来自纽纳姆学院。来自纽纳姆学院的高比例可以解释为,马歇尔夫人在 1885 年之前便开始在纽纳姆学院进行政治经济学的授课,再加上西奇威克对纽纳姆学院有很大的帮助。因此,至少可以从统计数字中证明,马歇尔关于在他课堂上有过多女生的抱怨是正确的。

他的一些女学生也同样抱怨马歇尔对她们的态度。例如,下面的记录来自在 1900 年班级中的一员——斯特顿小姐:

> 当政治经济学泰斗马歇尔先生叫三个女学生去他家里拿论文的时候,他对我们所作的评论虽然善意但是很刻薄。他说我写的东西与经济学的重点主旨相反,并且对其他人说:"你写的东西比其他人的读起来更费时间,这样做没任何好处。"他接着说,他曾认为招收女学生是明智之举,但是现在他对此感到怀疑……他的课程极具启发性……不过我永远都不可能成为经济学家。

斯特顿小姐在 1903 年伦理学优等考试中获得了第一部分二等一级,并且在 1904 年的考试中获得第二部分的二等,不过没有关于她政治经济学分数的任何记录。她的经历与林达·格里尔相似,林达·格里尔和伊娃·斯贝尔曼在 1908 年的经济学优等考试中取得了一等成绩,这一年里没有其他男生取得如此卓越的成绩。她的一篇有关马歇尔家庭的报告值得被引用:

> 他确实屈尊看了我们的论文,正如预期的一样,我们受到了最严厉的批评……有

一次他邀请我们（格里尔、伊娃·斯贝尔曼和弗朗西斯·伦德尔）去他家里喝茶，我原本以为马歇尔夫人会在家里并告诫我们可能会发生的事情，但是没有，她不在家里。他让我们去他的书房，里面摆设的各种书籍以及记录的知识让我们惊叹不已。他给我们的茶很好喝，然后伊娃冒昧地作了一些对这个房间无关痛痒的评论。马歇尔说，当我们开始认真对待自己事业的时候，他就会告诉我们这些答案。对于伊娃的好奇，马歇尔感到满意，他说"你可以直接问我"，随之陷入了深深地沉默，他有点生气地重复了一遍，我们更加沉默，然后他以一种生气的口吻重复了第三遍。后来我意识到自己是这三个人里面最年长的一个人，所以就问了一个问题，然后他热心地饶有兴趣地帮我解答。我猜测他告诉了他夫人我们是何等的差劲，并且从此之后绝口不提邀请之事。

1888~1889年开始，可以从马歇尔的高级经济学课堂上获得单独的信息，如1888年秋季学期和春季学期分别吸引了6个和7个学生，其中包括一名女学生。比较厉害的学生有弗勒克斯和查普曼，有名女学生是来自（剑桥大学）纽纳姆学院的海伦·丹迪，值得注意的是，她的伦理学优等考试成绩在优等班级里名列第一。

实际上，19世纪90年代的前三年，学习经济学的女生比重降到了1/6，这个数据仅仅是19世纪80年代末的一半。有关学生上经济学课程以及参加考试的资料也只是部分证实了马歇尔的期望：学术重组后经济学的重要性更能够吸引学生就读。

此外，马歇尔对1880年前后伦理学学生质量的评论是没有办法从出版资料证据上得到支持的，除非有更多的描述。他对于1868~1877年当伦理学讲师时的经历只作了选择性的回忆，那时候他培养了许多卓越的伦理学方面的人才，当时的学生数量相当庞大。所以，1880年并非分水岭，事实上，伦理学真正吸引大批优秀学生是1866~1874年这一时期。如果仅考虑男生的话，这一现象（吸引大批优秀学生）后来没有再出现了。比较而言，开始的三年，马歇尔在优等生班级里的教授地位相当低，而这一现象在1902年再次出现。1902年，从马歇尔悲观地向福克斯韦尔和凯恩斯写的信以及两年之后向冈纳写的信中可以看出，他受到这种环境的极大影响。正如他所抱怨的一样，即使是在伦理学的"鼎盛时期"，也没有办法吸引到"大一新生"，相反，吸引的都是一些在其他学校读过书的人。马歇尔宣称的学生质量不好的记忆在某种程度上是错误的，因为他可能受到刚从事伦理学教学时候那一段高潮时期的影响，从而觉得学生的质量不好。

马歇尔所称的"太多女生学习经济学课程并参加伦理学优等考试，她们的成绩不如男生"这一观点也是需要商榷的。19世纪80年代末，女生大约占了经济学课堂人数的1/3，而这一比例在20年之后降到了1/4多一点，不过这一数据还是高于全校的平均水平。伦理学本身就吸引了相当数量的女生,特别是在19世纪90年代,两个特别的年份里(1894年和1897年),参加考试的女生数量几乎达到一半。与其说这一数据表明了伦理学对女生的吸引力在增强,不如说是那一时期伦理学优等考试在男生中并不受欢迎。事实上,与18世纪70年代相比,这一时期参加伦理学考试的女生数量剧减。1885年秋季学期,弗洛伦斯·凯恩斯白天去上过马歇尔的课,她向我们传递了一个信息:女生的比例被高估了。如果这些数据包括了像弗洛伦斯·凯恩斯这样对经济学感兴趣的公众,那么女生的比例很有可能被高估了,因为在白天上马歇尔课的一些中产阶级女性公众有可能被大量统计在女生的人数里。

如果单从学生的质量上来考虑,这些女生并没有给学校抹黑。1881~1906年,优等成绩男生比例为18.3%,而同一时期女生为19.6%,但是这些数据同1866~1874年的伦理学"鼎盛时期"相比较(那时候为30.6%)是极其令人沮丧的。这些证据表明,在那个时期,马歇尔没有通过事实判断就对女生产生了很大的偏见。

最后,通过马歇尔统计的学生数据可以让我们对《经济学原理》的市场作出评论,尽管这些都是在"本土市场"——剑桥大学里。在1890年《经济学原理》出版以后,马歇尔一直把这本书设为学生必读书目之一,但是它的销量与那些在英国受欢迎的书籍相比还是很少。那些想要学习《经济学原理》的人必须先报名参加马歇尔的课程,在实行新经济学考试的前几年里,这个比例很高(72.7%);1898年为42.6%;1892年,这一比例为36.3%。因此,有些人会支持这样的观点:《经济学原理》出版之后马歇尔在教学中越发鼓励他的学生去熟悉教科书里的细节。

一个身为教授的行政人员

马歇尔在剑桥大学除了担任政治经济学授教之外,还担任行政职务,但其行政身份并没有给人留下很深刻的印象。马歇尔不同于亨利·西奇威克,因为西奇威克的大部分教学生涯都投入到了大学重组以及改革上,为学校作出了巨大贡献,而马歇尔基本上避免直接参与到学校的日常管理事务中。如果他有参与,其目的也是直接奔着提高经济学在学校当中的地位而去。如果涉及经济学改革利害攸关的问题并且需要他挺身而出时,那么他会自愿成为一个热心的辩论者,让自己全神贯注地置身于学术政治中。

在马歇尔执教的前两年,他会引进一些微小的(制度等)变化来让政治经济学学生受益,有的时候是为了一些特别目的:提高伦理学和历史学以外的学生对经济学的接受程度。比如,1885年《记者报》通知学校说,"政治经济学与国际法是相关联的",将会被包含在国际法学生的历史学考试中,而这关系到休厄尔奖学金的评选。尽管这看起来是一个微小的变化,但是它反映出,在原来,除了数学和古典文学以外的、一些与自然科学没有什么联系的学科学生很少有机会取得奖学金,包括一些学习政治经济学的学生。这一改变极大地改善了他们的状况,

并很好地激励他们去学习经济学。

1886年5月，马歇尔提出建立一个政治经济学奖项，他的目的同样是为了吸引学生在该学科上进行系统的学习。马歇尔奖——第一次被熟知——提供15英镑用于买书。从1887年开始，在接下来的5年内，每年都会奖励政治经济学论文写得好的学生和高级政治经济学（伦理学考试所要求的）考试表现优秀的学生。虽然奖项设置针对伦理学考试，但其实任何想参与进来的人都可以参加考试。在给副校长的信中马歇尔说明了自己的打算，并且附上了原因。奖项的设置规则是为了强调那些不是伦理学和历史学的学生也可以来参加政治经济学考试，同时也是为了表明政治经济学与数学、自然科学、法学甚至是古典文学都是相关联的。在提出这些论据的时候，马歇尔同样对学校高管强调，他认为经济学具有"卓越的地位"，因为它和其他学科有着广泛的联系。

当这5年的奖项设置期即将结束的时候，马歇尔再次给副校长写信，他建议终止马歇尔奖并设立一个三年一度的科布登论文奖，奖金为60英镑。在论文奖评选的中期就会把参选的论文收集上来。该奖项的授予必须以学科内部和学科外部考官的报告为基础，因此，马歇尔把它描述为：尝试一种新的办法来实现我长久以来的目标，即吸引那些训练有素的人来学习经济学，著名的亚当·斯密奖就是在马歇尔的资助下于1913年成立起来的一个奖项，到现在此奖项仍然存在。正如马歇尔在写给查普曼的信中所述那样，马歇尔认为此奖项毫无疑问是值得创立的，在奖项创立初期，马歇尔的四个优秀学生都获得了该奖：鲍利、佩西克·劳伦斯、庇古以及查普曼本人。

还有很多例子说明了马歇尔试图让政治经济学更具吸引力，其中一个例子是马歇尔更改了考试时间表，以使伦理学学生的不同科目考试间隔时间稍微延长一些，当然，其中也包括政治经济学考试。在考试周里这些学生本应该在下午1:00~4:00进行的考试被改到下午1:30~4:30考试，而第二天早上9:00~12:00的考试时间不变。这使得学生们在两门考试期间有睡觉时间，如果他们想利用这种机会的话，就如同马歇尔回忆当年在剑桥参加数学优等考试那样，他们也可以在未来的岁月里拥有这段热血时光的回忆。

只要有机会，马歇尔都会让学校里更多的人来学习政治经济学，并取得了一些微小却颇有用的成绩。1889年，他对政治经济学学生实行了特别考试改革，这种改革并没有吸引到大量学生前来学习经济学。1890年，马歇尔成功地让政治经济学成为印度文职机构教学大纲中的选修课（这门学科不必进行考试），但是该学科里那些研究公共竞争的学生是需要考试的。更有意义的是，马歇尔提高了经济学成为优等考试科目的可能性并且获得了成功，这点稍后我们会进行讨论。

为了让剑桥大学的政治经济学学生更好地利用图书资源，马歇尔打算对学校规章制度作一定的修改，正如他在布里斯托尔大学所做的那样。最初，马歇尔想让政治经济学学生能够享用到乔治·普莱姆留给其继任者及学生的一批书，这批书自从普莱姆1868年去世以后就一直储藏在副校长的办公室里。正如奥斯卡·布朗宁16年后所面对的境况一样，马歇尔回想起他曾说过会想办法让学生们使用那些书籍，于是写了一封信，内容与人们在处理历史学院的斯蒂芬爵士遗留下来的书时所碰到的情况一样（首先是金斯利申请要用詹姆斯·斯蒂芬所遗留下来的书，然后西利也申请了）。

所以我跑去找伦理学委员会说正在筹建一个带有餐厅的房子，如果你们同意，我将会让餐厅尽量宽敞，在两面墙上摆设书架，除非屋子里挤满了参观者，否则按照规定任何想看书的人都可以来看。我将会拿出50英镑或者更多的钱用于买书。

伦理学委员会以他们一贯的管理者姿态说那是不够的，必须赋予人们一项权利，即一个星期里至少要有一天能够进来看书。这将会占用我的餐厅，所以我单辟了一间小屋子。后来，伦理学委员会说我的原始计划可以实行，只是将会腾出家里的储藏室，有趣的是，后来我发现在这件事上，委员会不像原来那么有地位了。

尽管玛丽·佩利的支持让马歇尔的想法——想把家里变成图书馆——更加坚定，但也很难相信马歇尔在事后16年依然会想起这件事。在1885年4月30日的会上，马歇尔率先向委员会提出这个建议，但在向布朗宁回忆时并未提到他是以什么形式提出的。看来这是另一个由于发生时间过久而记忆错误的例子。委员会仅仅责令学校图书馆负责收集书籍，"政治经济学教授有权利随时从学校图书馆转移出有关经济学的书籍"。这个问题直到1886年3月13日的伦理学委员会上才重新被提及，马歇尔说图书馆不愿收藏普莱姆的书籍，然后1886年5月11日的会上，委员会同意了把书籍放到教室旁边上锁的书箱里，尽管这一策略不利于书籍安全。随后的一个月，《剑桥评论》报道了委员会打算把那些上锁的书箱放在课程量最多的文学院5号教室，直到允许它们（那些书籍）永久地储藏在图书馆或者特殊伦理学图书馆。在学校理事会一些成员对图书馆拒绝保管这批"上锁的书箱"提出抗议之后，马歇尔和伦理学委员会最终获得了胜利，经济学学生在接下来的几年里都可以使用那些书籍。最终，这些书籍有了更好的去处，首先收藏在马歇尔图书馆，其次作为永久性借出物放在剑桥大学图书馆里，直到现在还可以找到它们。

马歇尔和图书馆馆长在这一问题上的一些信函被保留在学校档案馆里。1891年1月，马歇尔再次提起普莱姆留下的那些书籍，"作为一间存放经济学书籍的中心屋子"应该提供给他"暂时"借出书籍的特权，通过分类来实现这种特权，作为大学的成员可以从图书馆多借10本书。图书馆没有回应他的建议，1894年10月份的时候，马歇尔重申了他的建议，并且表示说愿意提供25英镑用于重新装订一些书籍或者对一些书籍进行必要的修整。三个星期以后，马

歇尔写了一封信，把图书馆员的注意力吸引到一篇有关处理"讲座与图书馆"的文章，马歇尔认为这至关重要，可以使大学引进先进（进化）的研究，马歇尔作为委员会的一员调查了这个问题并提出建议。

在其他问题上，马歇尔也与图书馆员通了信。1905年的一张来自奥地利的明信片生动再现了马歇尔建议图书馆员购买勒罗伊·比利的《条约企业融资》法语第2版，因为他从没听说过这本书，所以并不需要核查图书馆里是否有这本书。一年后，他建议图书馆员对于大学经济学藏书进行更适合的分类计划，在匈牙利语的出版物《大学经济学书目》中提出了用修改计划的形式来改进。这些建议以及马歇尔的努力在影响图书馆政策方面并未产生多少正面结果。在任何阶段都没有证据显示，马歇尔是试图为了增加在这方面的影响而当选大学图书馆委员会成员的。

我们可以在这一阶段看到马歇尔经常慷慨地提供自己的书籍给学生。查普曼提到，马歇尔对于学生的个人健康与幸福总是给予热切关怀。更为深刻的回忆来自费伊，在马歇尔帮助他选择学位论文题目时，他用了一个极为间接的方法，首先读一系列题目然后让学生否决，接着让学生们自己选择，马歇尔"在书架旁边走来走去，给我一些英语书籍和德语书籍……差不多总共有三十本……我就走开了……抱回来满满一摞书，第二天则是一袋子书，我差不多花了三年时间才读完它们"。

马歇尔在剑桥大学当教授的24年里，很少在学校的委员会任职，除非委员会在处理一些他特别感兴趣的有关课程改革的问题，否则他总是避免加入委员会。1894年11月，马歇尔被任命为剑桥大学委员会的一员，负责审查大学里的高级研究。具体来说，这个委员会被要求思考一些问题：（1）给予那些想要获得更高深的课程与研究的学生最好的帮助方法和鼓励方式；（2）哪一类别的学生允许来上这些课程；（3）应该给予这些学生什么样的学术承认，不管是学位还是其他，以及在什么样的条件下给予。

这自然而然就会产生一个先前已有的疑问：是否允许那些外校的毕业生来参加优等考试。考试委员会第一份报告指出，如果外校毕业生已获得学校学位，并且年龄不小于21岁，则有资格参加考试。这些学生要么直接学习为考试作准备，要么在他们所申请的学科上作监管研究，然后递交一份学位论文，最后评判它是原创性的研究还是验证性研究。这些新的细则由特殊教务委员会下设的学位委员会掌管，它规定这些高级学生所研究的课题要事先定下来。之后的报告指出高级课程和研究的一些详细规则，包括像招生就业、最低居住期限、学费以及授予的学位类型。

由于马歇尔是剑桥的文学硕士，所以学校给了他一项特权——通过在校报上发表评论来参与学校的日常事务管理，但他很少这么做。与西奇威克积极参与学校管理不同，马歇尔几乎很少参与。他除了在妇女学位问题上争辩过以外，还关心在考试中取得优异成绩者的名单以及研究生的学习报告，更一般地，他参与学校事务的目的在于提高经济学在剑桥的地位。

作为伦理学优等考试科目的教授，马歇尔是特殊教务委员会伦理学学科的委员，因此他应该定期地参加会议。会议出席记录显示，1885~1904年，马歇尔大约出席了2/3的伦理学委员会会议，加起来超过60次。他同时也是特别委员会里有关历史学和考古学的一员，一系列的学科如经济学都被包括在里面。在创立经济学考试和政治学考试期间，他服务于特别委员会并且一直到1908年退休，1906年起他成为该委员会的主席。该委员会的例会一般有关于委任监考者、决定为考试而准备的书目、决定下一学年的教学责任，但很少涉及教学大纲的改革。除了1897年1月22日那天西奇威克和沃德均不在的情况下马歇尔当了委员会主席以外，他从不行使主席或者秘书长的权利。

在开会的时候，即使在一些没有必要争论的问题上，马歇尔也经常会发脾气。很多时候，凯恩斯把他在会上的举止描述为"狭隘的"、"可怕的麻烦"、"极其不相干"。他回忆说，马歇尔的缺席使得本来应该两次会议讨论完的议题在一个小时内就完成了。最后，凯恩斯回忆说，当自己听到西奇威克打算辞去伦理学委员会主席职位时，他真害怕马歇尔接任他的职位。

伦理学委员会有关马歇尔责任感的描述，可能会被记录为从他被任命为教授以来从没有担任过考官。事实上，有记录显示他只在1876年主考过一次伦理学考试，当时尼科尔森在优等班级里取得了第二名的成绩，然而，因为试题风波（马歇尔有一次出了一张试卷，但是在考试后被人发现，这张试卷是作为章节的附录早就存在的），在整个19世纪70年代他几乎不再主考政治经济学考试，很难解释这是为什么。西奇威克在1885年担任主考官的事实说明，此时已经不再反对教授主考自己的学生了。同时，在不同时期，除了埃奇沃思以外，所有有能力来评定政治经济学考卷的都是马歇尔的学生。1905年以后，从经济学考试主考官列表中可以看出，这种情况更为普遍。不论在伦敦大学学院还是在牛津大学，马歇尔从来没想过担任内部主考人员，可能是因为他不需要这些额外的收入，或者是他感觉主考的责任和压力过于重大。

然而，不论马歇尔为何不积极参与考试，他总是喜欢评论别人的考卷和考试成绩。内维尔·凯恩斯的日记里记载了马歇尔的许多评论，与自己有关的是他参加了1886年的伦理学考试。凯恩斯回忆说，在5月19日的时候，马歇尔表扬了他的经济学考卷，并且在6月13日把马歇尔对考试结果的评论记录在了自己的日记中："梅森小姐没能取得第一名我很高兴，我不敢在考试之前说这话是因为，作为一个主考官，我怕会偏向你和沃德，我觉得梅森小姐过于自负和笨拙。我很喜欢厄普小姐，有点对不起她，政治经济学虽然是她的强势科目，但对于她拿第一名我从来不抱希望。"实际上，这两名学生最后都取得了二等成绩。凯恩斯参加了1891年的考试并在6月11日记录了马歇尔的评论："你说韦尔顿、邓肯和罗伯逊的思想跟我一致，但是我相信更出色的人将会出现，布洛姆菲尔德小姐对于她所闻所见都极其留心，这点很让我吃惊，并且她总是很擅长回答她所学过的知识，但是她没有创新力。"因为这些评论强化了马歇

尔在考试之前对于不同类型学生的看法，因此显得趣味十足。最后，凯恩斯记载了马歇尔对自己在1891年和1892年所递交的政治经济学论文质量的评论，马歇尔把它们描述为"辉煌的"，并且补充说："今年我们俩都认为政治经济学下册相当简单，而上册相当难，但我认为下册的试卷就足以使某些人成为牺牲品（即不及格）。"

这些评论说明了马歇尔很喜欢评价自己的学生，尽管他应该首先花大量的时间用于考虑适合的论文题目，但马歇尔很热衷于科布登奖以及后来的亚当·斯密奖的评判，坎南在1906年和马歇尔一起当评判员时发现了这点。他们在这一话题上谈了很多，马歇尔承认说"8次科布登奖的经历沉重地压着我"，这表明了让他一个人完成如此巨大的评定工作是很艰难的。正如1924年克拉彭告诉梅纳德·凯恩斯的一样，尽管只依靠学生在课堂上的表现，马歇尔对学生的判断还是很准确的。他有一次跟一个导师说："你们院有两个非常有趣的学生跑到我的课堂上来了，当我提到马嚼子的时候，A. B. 自言自语说'这对我来说太难了，我搞不懂它的意思'，C. D. 试图理解它的意思，但是最后失败了。"马歇尔的音调上扬并且满脸笑容，这暗示着他准确地估量了两个人的智商和性格。然而，评价一个人同时没有产生什么严重后果与评价一份将来决定工作的考试成绩，自然是不可同日而语。马歇尔不愿承担在学生考试中的责任更进一步体现了他在作重要决定时很犹豫。

我们也可以提一下马歇尔在担任政治经济学教授期间在学校里的捐献。在这些年里，《大学报道》多次报道了他对学校的特别捐献，这些捐献不仅仅与经济学教学有关。1895年11月，马歇尔为工程实验室捐献5英镑；1899年，他应副校长的呼吁他捐献了25英镑，指定10英镑用于法学院的建设，15英镑用于医学院；1903年，他承担支持一个新成立的资金委员会，这意味着他每年要捐献1.1英镑。这些都是他为了增强经济学研究所做的额外捐献，他捐款设立了马歇尔奖，即后来的亚当·斯密奖，前面已经提过该奖项。此外，他在当教授的最后十年里，每年都捐献总额差不多50~100英镑的钱，用于雇用他想留下来讲授经济学的人，因为在他当教授的时候，学校给予经济学讲师的补贴并非唾手可得。

他也捐一些实物给学校。1901年，《大学报道》承认文学院教师的时钟可能是马歇尔购买的，因为几年前就有人向马歇尔提出了这些屋子需要这个设备的建议。更重要的是，1906年的时候（那时候马歇尔已经不是委员会的一员了），伦理学委员会记录了马歇尔捐献了马歇尔图书馆的一些书籍，其中很大一部分书留给了哲学图书馆，预示了在马歇尔退休以及死后也将会把书籍捐献给大学图书馆。

这些就是有关马歇尔作为一个教授在教学和管理中的全部事情，总的来说，他是一位了不起的老师，因为他能鼓舞人心。因此，我们应当特别关注同一时代的人对他的评价。一封寄给马歇尔的以及被刊登在《剑桥评论》上的匿名信，总结了一名学生对于他有效率的教学方式的看法：

我可以惟妙惟肖地描述出你向初学者阐述标准值的复杂性或者讲述那些更高级的银行、货币和政府经济功能知识时的情形。你以时快时慢的语速向我们讲解每个困难的问题，并以愈发平静的口吻让我们知道你在强调它们。你并非没有幽默感与活跃气氛的能力，有许多次讲课的时候超出了经济学的内容，告诉我们股票交易、"布鲁姆"和"伯莎"、贩卖犹太人和希腊人以及华尔街和美国经纪人，你向我们展示了你的风趣与机智。当我们心不在焉地望着天花板（据说你经常在云层里）时，一个微小的声音响起，然后所有人的耳朵都竖了起来，你开始讲故事了。当你闪烁的眼睛环顾教室时，我们都一起大笑起来。请允许我回忆一下，有一次你跟我们提示说下节课你将会给那些愿意来上课的人讲（以数学方式表达的）需求曲线，"只需要一点点的数学基础知识即可"，然后你把时间留给那些最近自大得吓人的家伙们，并让他们觉得自己一定会来上课，之后，你向上凝视并且狡黠地说，"我认为那些没有相当完整的微积分知识的人就算来了也没有用"。这个班级的学生有些可怜却又很聪明，我也是其中一员，离开教室后，我豁然顿悟，原来基础是个相对性的词汇。

作为一个行政管理者，马歇尔谈不上卓越，只在有一些利害攸关的特殊目的和兴趣时候，他才会挺身而出。即使成功了，也不是因为他的处世技巧和为人之道，而是由于他的坚持不懈、不屈不挠。他既不是委员会委员，也没有积极参与大学的管理。作为一个教授，他的大部分生活都围绕着他的学生，他的私人生活也是这样。这种私人因素也呈现在管理工作中，包括他在专业方面的成功——建立了经济学和政治学考试。然而，即使从个人方面来看，马歇尔的参与也并不完全，他不愿参与所有重要的考试过程，把这些暂时留给了更适合作决定的人。在学校里，除了管理图书馆事务和研究生事务以外，他几乎不涉及其他领域。马歇尔图书馆是他留在学校里的永久回忆，是他对自有资源进行管理的一个恰当的见证。

第11章

向政府提议(1886～1908年)

马歇尔作为剑桥大学的教授,曾多次受到英国政府的邀请,并以这个身份参与政府调研工作。很早以前,在马歇尔担任布里斯托尔大学校长的时候,他就受到过这种礼遇,那时他曾参与并调查过有关威尔士和蒙默思郡的高等教育问题。而且,在他担任剑桥大学教授的几十年间,他也积极投身于三类工作的调查。他在调查前期起草的备忘录在后期都会重新整理。第一类调查工作是他对19世纪八九十年代对货币主义的观点所作的调查,以及为了向皇家委员会提供有关老年穷人的建议所作的调查。第二类工作是马歇尔在1886年的备忘录中向皇家委员会提供的一些有关规避贸易萧条的货币和价格政策,以及1887年的备忘录中与税收有关的建议,其中他起草的一份有关国际贸易财政政策方面的备忘录也是为政府服务的。第三类工作是马歇尔(1891～1894年)作为皇家委员会的成员积极致力于劳动委员会的工作。马歇尔经常会通过他以前的学生间接地向委员会提出建议,他写给坎宁安的有关战争中食物供给建议的一封信就是他向政府提建议的最后一种形式。

毫无疑问,为政府作咨询已成为马歇尔职业生涯的一部分,他的证据经常包括在出版物中还没有出现的观点,这对理解他的货币理论和税收理论很重要。另外,由于他在调查工作特别是在劳动委员会上花费了很多的时间,所以他的学术研究在那个时候进展得较为缓慢。作为证人和皇家委员会会员的表现也反映了他人格的多重性和他鲜为人知的一面。所以本章研究他这方面的贡献变得特别有意义。

马歇尔服务于政府咨询工作的多重身份使本章相当复杂,当中涉及的政策问题需要置于一定的背景来考虑,因此,在某些情况下,理解这些政策问题需要一定的专业背景知识。我们可以严格地从年表上找到马歇尔货币理论所研究的主要内容。马歇尔有关扶老济贫委员会的工作与慈善组织有着广泛密切的联系，这也使得这一章篇幅较长，在这较长的一章中也包含了马歇尔的教授工作和生活方面的内容。

贸易萧条、金银本位制以及印度货币

马歇尔在这些问题上所提供的证据需要被置于极为特殊的背景——19世纪后期的英国经济史——来考虑。首先需要提到的是这个时期的白银贬值问题，从1873年德国停止使用白银作为通用货币开始，1874年，拉丁货币组织也限制了白银的使用，加上美国银矿的高供给，白银作为印度传统货币的吸收能力持续下降以及印度对英国与日俱增的负债，这些因素都导致了白银的贬值。在英国殖民地中，印度也是主要的使用白银作为通用货币的国家，白银的贬值严重影响了其经济水平和贸易竞争力。其次，这个时期黄金开始升值，像英国这样使用金作为货币的国家，价格水平在逐渐下降，这可以从同期的指标数据和后期预测的数据看出来。① 此外，这也与一些经济学家所描述的"大萧条"相吻合，此时英国在工业生产和产出能力方面的增长率急速下降，并且它在三大工业国中落后于德国和美国，成为衰退最严重的国家。尽管经济学家们对此存在分歧，但自1870年以后，这已成为了无可争议的事实，此时英国生产力和产出增长率相对于上个30年有了显著的下降，而且这种情况在20世纪早期进一步恶化。在这种工业衰退趋势的挫伤下引发了商业危机，并且英国1825年就经历了贸易萧条，这种持续的萧条为1882~1883年发生的危机提供了证据，而这也是马歇尔为早期的皇家委员会提供的有关萧条的经济证据。

这些理论是马歇尔货币理论的一部分，同时也是货币价值问题中最重要的部分，它与马歇尔的货币研究相一致，并且盛传了整个世纪。长时间的通货紧缩体现了货币价值的变动和不稳定的价格水平，这些构成了马歇尔三个调查报告的基础。马歇尔将价格波动归因于各种不利因素的影响，这点在他的研究中同样得到了证明。可是，由于后来两个委员会调查的需要，马歇尔着重强调这些因素与印度及其商业有关，而弱化与价格水平及贸易萧条的关系，这是马歇尔在第一个委员会的调查报告所具有的主要特点。由于上述原因，马歇尔自然地把价格稳定作为一项政策。他在1887年的文章中提出了一些补救方法来消除这些不利影响。除此之外，他的建议还包括了在长期合同中使用确保价格稳定的价格标准，这就是我们现在通常所说的价格指

---

① 使用贵重金属如金币和银币的国家正在考虑建立一套自己的货币标准，从19世纪早期开始，英国就是一个金本位国家，这使得它的金币与纸币可以自由兑换并流通。金币有贮藏价值并且可能产生与纸币一样的问题，因此保持货币价值和稳定价格水平成了争论焦点。金本位国家之间的债务最终以黄金流动来解决，像印度这样的国家则以银币代替金币流通。1870年以后，由于金本位国家的增多导致了黄金的增值和白银的贬值，同时由于黄金稀缺，从而导致了世界范围内的货币短缺。复本位制提出金银的比率标准为1：15.5，以此来解决这个弊端，像美国这样的国家可以通过白银开采来恢复白银市场，因此他们对此建议持赞许态度。马歇尔提出的修改复本位制的计划是提高这一比率，而有些人则主张坚持传统比率，因此复本位制成了一个最具争议的话题，因为它与贸易萧条和价格稳定都有直接联系。

标,在一定程度上,它是为了稳定价格和工资的需要而设计出来的。这篇文章也提到了他所谓的"修正后的复本位制",接着埃奇沃思提出了"混合本位制",在铸币供给相对不稳定时保证货币的稳定性。因此,马歇尔每次提出的有关货币理论和政策的问题时,都是对他研究货币问题的一个深化和开拓。

1886年4月,马歇尔向皇家委员会做了一份关于回答贸易和工业萧条问题的备忘录,这份备忘录被作为一个"专业性"的文件来使用。这些问题主要集中在稳定价格方面,与货币和其他一些影响货币和贸易的因素有关。另外,它试图寻找稀有金属相对价格比率的变化,以及这种变化对单本位制国家贸易的影响,尤其是对印度的影响。马歇尔的回答很简洁,他在收到委员会的问题大约一个月后给出了答案。经过仔细的思考后,马歇尔回答了委员会的9个问题以及自己所提的4个问题,它们依次包括了当时的价格水平下降问题、黄金的购买力上升及基础黄金价格的变化、价格不稳定对贸易和工业的影响,以及稀有金属之间的价格比率变化对贸易尤其是对印度的影响。马歇尔之所以能如此快速地回答出委员会的问题,无疑得益于先前他大量发表的文献研究。

看完图克在《价格史》里对通货紧缩的分析后,马歇尔认为应当谨慎使用下降的生产成本作为解释变量。这种变量的影响通常出现在商品价格较黄金的数量稀缺的情况下,此时再探讨价格的变化情况。有效的数据不足以解释由商品供给的变化所引起的黄金价格的变化,而商品供给的变化是由黄金的供给变化所导致的。在解释黄金与白银之间相对价格的变化时,马歇尔提出一种"囤积理论",主要研究储藏稀有金属对价格预期的影响,而这种储藏与"对商品的需求是因为它的使用价值"这一理论相悖。价格不仅仅是唯一的因素,对于稀有金属,储藏也会给整个系统意想不到的冲击,正如1882年由于经济恐慌所导致的法国贸易的崩溃一样。人们通过提高白银的供给来提高对黄金的需求,因为黄金的价格是由白银的相对价格决定的。在印度,偏爱黄金者储备黄金,并将白银兑换成黄金,可是在备忘录的第4部分,马歇尔认为储藏对印度的贸易和价格水平的影响被高估了,因为在以白银为货币的国家与以黄金为货币的国家的贸易交往中,一些不确定的因素将反作用于持续高涨的黄金价格。

备忘录的第3部分主要解决了委员会关心的一些问题,最初的内容来源于《工业经济学》里关于工业份额对价格下降的影响这一部分。马歇尔认为,只有当价格成比例下降时这种影响才起作用,但这种情况在现实中是不可能发生的。经验告诉我们,既定的商品价格变化越快,原材料价格越适中,工资就越低。所以,当价格下降时,生产者发现很难收回成本。马歇尔用这种不对称的价格行为来解释通货膨胀情况下的优先选择问题。这样劳动者会更加谨慎地去消费,因为他们认为工资在下降,虽然是名义工资在下降。但实际上他们的想法是错误的,因为真实工资相对于下降的物价是上升的,一般来说,价格的不稳定改变了收入的分配。按揭和公司债券的持有者会从价格下降中获益,而对银行业收入则会有不利的影响。保持稳定价格是一种补救方式，它能够消除由价格不稳定所产生的收入分布不均匀的扭曲。因为不稳定的价格不利于商业活动，而稳定的价格则能够保持商业活动水平。

马歇尔提出"指标化"作为补救措施，它能够使合同在一种稳定的购买力状况下签订。马歇尔的这项措施并不能够给出可靠的依据，当价格下跌主要是由黄金供给所导致时，进一步的补救方法就是"混合本位制"。这种方法将黄金与白银以一种特殊的方式组合起来（它们之间的兑换比例为1∶20），一般来说，政府会以黄金/白银组合方式与一定数量的货币进行兑换。马歇尔的方案与里卡多的提议较为相似。这种混合本位制解决白银价格下降的问题时会变得跟"单金本位制"一样。格雷欣法则①可以保证黄金退出市场，进而大量地使用白银。马歇尔递交给金银委员会的简短备忘录中倾注了其大量的心血和灵感。

委员会报告的稿件中有一封马歇尔写给《泰晤士报》的信（1887年1月17日），信中的三个主要观点都是用来阐述分配问题的，也可以作为马歇尔所提到的价格变化对商业活动的影响的官方报告。其中一个问题关心的是委员会对缩短工时的看法，这与马歇尔对待工人阶级的立场是一致的，他认为缩短工时能够提高工作效率，延长机器的使用时间和缩短工时是为了创造一个"生产服务于人民，而不是人民服务于生产"以及"以改善人们的生活质量为主要目标"的社会。其他观点包括反对委员会用名义所得税来衡量一段时期内的价格下降所引起的经济进步，并着重强调应把利润增加作为社会财富积聚的主要手段。

1886年9月，政府任命金银委员会对《贸易与工业的萧条》发表评论，主要包括一些类似的货币问题，并强调金银价值的变化对印度和英国的影响。马歇尔应委员会的邀请，针对这些问题拟定了初期的备忘录。他用三天的时间给出了证明（1887年12月19日，1888年1月6日和23日），并回答了近500个问题，其余的备忘录包括了他在一些特殊问题上给出的口头证明。②

马歇尔初期的备忘录反复强调了他对货币理论的看法。起初，他的观点是把价格稳定作为国家的目标。随后，他倾向于价格由低到高的变化过程，因为价格的"逐渐降低"对企业的影响不大，但对员工的收入和生活质量却产生了有利的影响。价格的剧烈波动会产生更为严重的后果，它会给社会带来"物质和精神上的伤害"。最后，马歇尔在他第一天的演讲上就反对白银的贬值，并严重质疑白银贬值能够给印度的农业出口所带来的大量好处。

接着马歇尔对货币理论和政策的相关方面作了一个简短的论述。首先，他重申了需要把数

---

① 格雷欣法则指出，当市场同时流通两种货币时，劣币会驱逐良币。复本位制同时流通金和银，当银相对金贬值时就会出现银驱逐金的现象，在19世纪70年代和80年代出现过这类情况，见前文。

② 维克塞尔后来详细研究了马歇尔给的证据并预期他会出版《经济学原理》第2卷。当马歇尔在抄写德国版本的时候，他在页边空白处写道：我真的不认为我们有什么差异。根据维克塞尔的看法，马歇尔"着重强调了直接影响……主张提高银行准备金率"。

量理论作为一种长期命题，在假定其他因素不变的情况下，把价格的变动与同比例的金属货币的变动联系起来，可这在实际中是不能实现的。另外，如果对作为法定货币的纸币数量进行限制，商品的成交量和决定货币流通速度的支付方式等都会发生变化。同样，贵金属数量的增加对信用的影响并不直接；除了贵金属之外的其他因素也可能引发信用膨胀。① 在委员会要求对复本位制的可行性作出具体的说明时，马歇尔重申了他偏好于复本位制的立场，这可以追溯到里卡多的思想。这个复本位制方案使英国银行的领导者通过提高货币弹性的手段来增加方案的灵活性，这也扩大了在银行许可法严格限制下的纸币和黄金的保有量，能够避免由单本位制所带来的不必要的波动，而这种波动的产生是由传统的复本位制主要通过实施格雷欣法则形成的，当然这个方案也无法消除价格的波动，因此马歇尔也倡导采用他1887年提出的"一系列的价格表"来使合同指标化并作为政府的政策，由此来消除"市场恐慌和非正常的失业"。

马歇尔在第一天对委员会的报告中重申了上述思想，阐明了他对货币数量理论、混合本位制和传统复本位制差别的明确立场。接下来分析了储蓄和投资对贵金属流动的影响，大部分是对折旧率的潜在影响并讨论了一般价格的上升和贸易的关系。经过长时间的讨论后，会议最终认定白银的贬值与它对印度进口所带来的利好是相关的。

在前次会议交涉结果的基础上，马歇尔于1888年1月13日为委员会起草了一份更详尽的备忘录。它阐述了马歇尔对交易量下降以及与像印度这样非金属国家贸易之间的关系的看法。尽管这份备忘录与马歇尔12月给出的证明一致，但它更加系统和精确地帮助马歇尔在1月17日的询问中给出了证明。这份备忘录映射了马歇尔用传统理论来解释这些问题的思想，也体现出马歇尔能用非常简单的方法来解释复杂的问题，而不是用令人头疼的现场口述方式。②

在1888年1月两天时间的证明里，马歇尔既提到了早期的观点，也提出了新的思想。他的混合本位制观点得到了详尽的阐述，并且他提出的贸易受生产的相对成本影响的观点也得到了充分的解释，这个提议几乎没有任何限制条件，只要考虑深层次的影响。同样，马歇尔也探究了在货币市场中，当存在折旧率时使用贵金属的影响，阐述了货币和其他因素对折旧率的影响。

同时马歇尔证明了他的观点，即延长通货膨胀的时间比通货紧缩更有可能带来经济萧条。在探讨非预期性失业问题时，马歇尔提到，可靠的失业统计数据很难得到。接着，他批评了一种广为流传的观点：现代工业导致了非正常失业的增加。这是一个错误的想法，随着现代工业的发展，正常的失业率很难存在。他用早期的巴勒斯坦作为例证，这个中世纪的劳动力国家能够统计出可靠的失业率。在这部分证明中，马歇尔也批评了一些草率地给出工业统计和失业数

---

① 马歇尔早期的有关货币理论的论文中已经分析过该问题，第6章有讲这部分内容，后面的内容讲的是他对数量理论发表的高质量评论。

② 马歇尔指的是，在作口头证明的过程中插入个人副本是极其危险的一件事情。

据的行为。他在这个问题上的观点是根据个人的多年观察以及考虑过这方面的相关研究之后得出的。

马歇尔出席委员会的最后一天讨论的与先前证明的后续问题有关，包括对货币本质的回顾及其储量、折旧率及其他短期因素对价格的影响，黄金或白银哪个更适合储藏，以及里卡多在这些问题上的观点。委员会对马歇尔在白银贬值对以白银为通货的国家贸易所产生的影响这一问题上提出的证据表示担忧。最终，马歇尔的备忘录在委员会可接受的正常理论范围内提出了这个问题。

凯恩斯编著的马歇尔官方文件中，并没有包括马歇尔对尼科尔森为金银委员会准备的内容所进行的评论。马歇尔认为，尼科尔森的这部分内容曲解了他的观点，尤其是尼科尔森仅仅考虑了白银的市场价格，却忽视了马歇尔所认为的影响英国货币的其他因素，排除了白银的出口对黄金相对白银价格的变动；他缺乏对许多"统计结论"的关注，包括某些商品（特别是小麦）的价格变动会和黄金相对于白银价格的变动相一致。这也重述了马歇尔对数量理论的复杂介绍，他认为，一般的价格水平除了受货币数量的影响，还受许多其他因素的影响。

我们首先得考虑：(1) 货币总量；(2) 人口；(3) 人均产出和人均财富水平；(4) 能促进财富增长的企业数量；(5) 最理想的货币支付比例；(6) 货币流通比例（根据这个可以解决货币储存、地下钱庄、军队金库问题）；(7) 商业、政治信心、企业以及信贷情况。最后一项可以被细分（可获得的用于铸币的金属总量会影响生产成本的高低；在影响生产成本变化的众多因素中，货币的埋藏量是一个重要因素）。

总的来说，价格水平取决于7个因素的共同作用。其中的一个或几个因素可能会使价格向一个方向变动，而其余的因素会使价格向相反的方向变动。但是，我并不认同货币数量的增加总会促使价格水平的上升，因为在货币数量不变时，价格水平也可能上升，此时就是其他因素作用的结果。

1889年1月，马歇尔在《泰晤士报》的专栏里讨论白银贬值对印度贸易的影响时，进一步对复本位制提出了自己的看法。这篇文章简单地叙述了马歇尔对复本位制的观点，以及对货币数量理论和货币价值理论中生产成本理论的关系的看法。最后，马歇尔称自己与穆勒的观点一致：同时支持两种理论，因为"其中的任何一个理论都可以得到很好的解释"，马歇尔也把这种观点写进了他关于货币理论的第一篇论文中。对于复本位制，马歇尔告诉《泰晤士报》的读者，备忘录的附录是摘自他在金银委员会的最终报告。他希望能够修改复本位制以适应里卡多的货币政策，在这个政策中，银对金的比率为20:1，甚至是22:1，而不是传统复本位制的15.5:1。对于那些对自己所提证据提出强烈反对的人，马歇尔给出的回应是，他认为，坚持任何形式的复本位制并不意味着支持"金对银的价格贬值会给印度的小麦培育带来福利"这种观点。

马歇尔的货币理论遭到了其他人的反对。他支持政府建立一种灵活而长期的标准价格指数体系,使其能够成为应对由价格不稳定而对经济生活产生不利影响的补救措施,但他的这种想法在一开始就受到了《经济学家》杂志的抨击。他们认为,马歇尔在《当代评论》中的观点是不可行的或者应当被限制使用,同时也列举了1875年白芝浩作为《经济学家》的主编时,对提出过类似观点的杰文斯所给予的强烈抨击。马歇尔很快通过信件为自己辩护。任何事情在现实中都不是十全十美的,他认为,价格的表格化比较容易操作,并且与单纯地提供金属货币相比,价格的表格化可以有十倍的好处,它可以在价格不稳定时更有效地保护那些签订延期付款协议的人。接着马歇尔批评《经济学家》不能够很好地领悟其精髓,他的概述如下:

(1) 虽然标准波动时延期付款的弊端起源于当代,但其重要性已经不言而喻;(2) 当我们国家的基础货币由单本位制改为复本位制时,这种弊端所产生的影响可以大幅度减弱;(3) 相对复本位制来说,即使是自己制作的粗略的价格表格化也更有利于价格波动时的延期付款;(4) 固定比率铸币并非意味着固定的复本位制,我建议基础货币中有金和银的备选方案,尽管一开始会很粗略,但是我相信,等到方案稳定时会有很多好处……偏好延期付款的人可能乐于接受一份官方的价格表格化标准,当然,一开始方案的实施只能建立在简单的基础之上……

马歇尔的辩护并没有得到《经济学家》的肯定。他们质疑马歇尔所提出的标准能否顺利构建,马歇尔并没有被这种批评所击退,他在金银委员会上重申自己支持这种观点。

1899年,马歇尔提供给印度货币委员会的证明里简要地说明了他对复本位制的偏好,而没有提及表格化标准。由于这方面的疏忽,马歇尔受到了"理想货币标准主义者"吉芬的强烈抨击。虽然这次抨击并没有提及马歇尔的名字,但是它引用白芝浩在1875年的观点,否定了杰文斯的表格化标准,并且认为与马歇尔有同样观点的现代学者是不现实的,因为马歇尔的这种观点曾在5年前就受到了《经济学家》的批评。马歇尔在随后写给福克斯韦尔的信中解释了吉芬没有在1887年对马歇尔关于"理想的"标准指标进行批评的原因,信中提到,他在1887年与吉芬探讨过建立这个标准时所需的可靠经济数据上的难度,马歇尔在这个问题上采纳了吉芬的看法。20年后,马歇尔向欧文·费雪回忆时提到,"当时吉芬满怀热情地说他反对'理想的货币标准',我钦佩他的热情,我记得他说他的观点与我的观点是相一致的"。

在1899年马歇尔向印度委员会提供证明之前,他与传统复本位制学者——包括他的好朋友福克斯韦尔——在这一问题上均有所争议。马歇尔在写给福克斯韦尔的信中提到,早期发表在《泰晤士报》的文章与复本位制学者的观点相一致，而福克斯韦尔把这归咎于吉芬的"一场不可信的和令人窒息的辩论"，马歇尔认为福克斯韦尔这样做是荒谬的、不友好的，尽管吉芬存在过失，但马歇尔却对其给予了极大的肯定。不久前，马歇尔告诉吉芬，他希望金银的比率可以降到 1∶15.5，而福克斯韦尔认为没有任何人会支持这个比率。毫无疑问，马歇尔对此提出了反对意见，他曾经公开解释 1∶15.5 和 1∶22 这两个比率的不同之处，他认为，福克斯韦尔的观点可能会使整个城市陷入萧条，而自己的则不会。

1894 年，前卫的复本位制经济学家希望能够通过宣言达成一致的意见，福克斯韦尔试图让马歇尔在宣言上签字，但未能如愿。福克斯韦尔与双金属联盟的杰出会员比顿的观点一致，他们认为，能否使马歇尔签字，最主要的是应考虑马歇尔在这个问题上的想法。1894 年 4 月 4 日，福克斯韦尔告诉比顿说，马歇尔希望与经济学的领军人物凯恩斯商讨这件事，当然，在这个问题上凯恩斯是倾向于马歇尔的：

> 马歇尔是一位比较难共事的人，他总是固执己见。他在对英国复本位制一无所知的情况下却产生了满脑子的怀疑。实际上他把它们看做软货币，这当然是不公平的。我给他看了霍兹沃思对宣言的点评，正如我所意料的一样，马歇尔在这一点上非常赞同霍兹沃思的观点，他认为这种评论是值得赞扬的。如果他有幸能与霍兹沃思在餐桌上碰面，我就不会因他没有加入联盟而感到惋惜。在这方面的研究，你可能会与吉芬的想法一致。但是马歇尔其实是一位非常友好和慷慨的人。他可能是一位古怪的人，但他更是一位有思想、高尚的人，所以对于之前与他发生的争执，我感到抱歉……

三个星期后，福克斯韦尔提到了宣言中有一个不当的措辞，这个措辞关系到的不是一些重要的原则问题，而是比较琐碎的细节，然而，这不仅引起了马歇尔对这件事的反感，也最终导致了他拒绝在宣言上签字。福克斯韦尔认为，签字的事情不应该过于仓促，如果不考虑马歇尔的想法，可能会在这件事上受到强大的阻碍以至于带来很严重的后果。福克斯韦尔在周一（4 月 17 日）与马歇尔共进午餐并交谈，在这半小时的午餐时间里，福克斯韦尔发现"在观点上，我们没有多大差异"，但是他强调"那些有差异的观点是至关重要的"。

一个月后，福克斯韦尔写道，他希望马歇尔不要签字，并且他建议比顿不要试图使马歇尔代表他们的利益讲话。福克斯韦尔这样做的原因很大程度是源自于上次的谈话，并且在接下来的一封信中他作了更充分的说明："如果你使马歇尔违背自己的想法来为你考虑，那么他就会变成前面所提到的那种人，所有人都会认为他对复本位制者有敌意。马歇尔是非常顽固的。如果你不去要求他，他可能会站在你这方，但是如果你给他越大的压力，他会反击得越厉害。"

从马歇尔在 1901 年写给鲍利的信中看出，此时他对复本位制问题的争议已经无人问津了。

信中充分表达了马歇尔在这个问题上矛盾的态度。他告诉鲍利自己也是一位复本位主义者,但是他反对联盟会直接照搬美国的经验,尤其是这种简单的因果关系让他极为恼火。"在没有任何证据的情况下,他们宣称 A 是 B 的原因,而在我看来,不如说 B 是 A 的原因来得更可靠些,但是他们却拼命地用曲线向公众证明自己的观点是正确的。"

复本位制主义虽然已经很难再让人产生兴趣了,但它仍然是乔伊特最喜欢与朋友谈论的话题,同时,它使马歇尔和福克斯韦尔之间产生了隔阂。玛丽·佩利回忆起了马歇尔所处的 19 世纪 80 年代,那时候对复本位制的争论最为激烈,而现在已经很难去了解那场争论的激烈程度了。它是继家庭问题之后最忌讳的话题,并且在吃饭的时候也禁止讨论。

在金银委员会成立 11 年后,1899 年 1 月和 2 月中的两天时间里,马歇尔向金银委员会就印度货币的问题给出了证明。此时,马歇尔在经济学界的地位已经扶摇直上并备受其他委员的尊重。在 1899 年的证明中,对于涉猎范围广泛的金银委员会来说,印度方面的问题是作为重中之重来研究的。马歇尔再一次对数量理论及货币、银行货币和实收资本的关系发表了自己的观点,他认为控制纸币和银行货币已经是过时的做法,取而代之的是控制利率和折现率。马歇尔的证明完全符合费雪关于名义利率和实际利率观点的论述,马歇尔早已意识到这个问题的重要性。其他的口头证明主要是用来解释印度的价格水平及其影响、印度交换率的重要性及其成因和影响,包括它对国际贸易的促进作用,在这方面金银委员会给予了充分的关注。在被委员会邀请的最后一天里,马歇尔就相关问题给出建议,他强烈希望印度人民能够受到更好的经济学教育,尤其是能接受高级政治经济学方面的教育。

马歇尔的货币理论包含了丰富的内容,包括储蓄、投资方面的分析以及贸易循环理论,这部分内容并没有在他的学术生涯中得以探讨,直到生命的最后几年,他才把这部分内容汇总在 20 世纪 20 年代早期的《货币、信用与商业》这本书中。此时,他的许多优秀学生已经将他的货币理论的内容发展得更宽泛,为这方面理论打下坚实基础的除了马歇尔本人外,还有与他同时代的维克塞尔和费雪。

慈善组织、老龄贫困、外部救济与《济贫法》的改革

1893 年 6 月 5 日,当马歇尔还是劳动委员会成员的时候,他向皇家委员会递交了一份关于老龄贫困问题的初期备忘录,随后,委员会对他所提交的备忘录进行了提问。这个委员会是由政府在 1892 年 11 月成立的,当时成立的目的是考虑到,当偶尔出现由于丧失劳动能力而导致的贫困和老龄贫困时,是否可以适当地改变济贫法的体系以缓和这方面的问题。委员会主要考虑老年养老金问题,有时也会考虑到保险问题,它的成立仿效了俾斯麦在德国实施的综合社会保障立法,同时,也是为了在这类问题上与新爱尔兰相抗衡。委员会有两位杰出的成员负责制定这方面的政策,他们是约瑟夫·张伯伦和查尔斯·布思。此外还有其他成员,如里奇(马歇

尔给出口头证明的那个组的组长)、约瑟夫·阿奇、布拉西勋爵以及詹姆斯·斯图尔特以及其他一些马歇尔认识的人。

委员会成员中也包括慈善组织的领导成员：最具活力的秘书洛赫以及艾伯特·佩尔——他是议员以及委员会成员之一。慈善组织强烈反对支付养老金，他们将其看做是瓦解家庭凝聚力的机器，使孩子们不再需要抚养年迈的老人。而且，养老金是一种"外部救济"(《济贫法》中的专业术语，与"内部救济"意思相反)。如果乱发养老金，人们就会因为有了"外部救济的依赖性"而使贫民院的人数有所增加。马歇尔对委员会说，他"有过在慈善组织工作的间接经验……因为妻子是委员会的一员并且长期在牛津和剑桥工作"。①

马歇尔与蒂罗尔的大自然接触

除了与慈善组织有联系外，马歇尔也长期从事《济贫法》的改革和有关济贫事务的工作。有了这些经历，马歇尔说："我用25年的时间研究贫困问题……很少做与其无关的事。事实上，我认为救济与贫穷是同一个问题，它对于贫穷或是脱离贫穷的人都是同样重要的。"马歇尔希望通过社会的稳定进步以及工人阶级的进步来消除贫困，这也是促使他开始学习政治经济学以及专注于此的重要因素。学习经济学最大的兴趣在于可以使大多数人脱离贫困。马歇尔把这些都写入了最近出版的《经济学原理》的开篇以及1891年的第2版中。1892年，马歇尔先后发表了两篇关于《济贫法》改革的文章，它们都与养老金有关，第二篇文章回应了代表慈善组织利益并且地位显赫的出版商伯纳德·鲍桑葵的观点。这些行动都说明了马歇尔与慈善组织在重要问题上存在分歧，他把自己的观点形容为介于查尔斯·布思和慈善组织之间"折中的解决方案"。马歇尔早期在此方面作出的努力以及他与慈善组织的联系需要在讲解他加入扶老济贫委员会之前介绍给大家。

马歇尔早期在"外部救济"上的观点被记录在《工业经济学》里。他形容"内部救济"在贫民区里是"不受欢迎"的，但是"外部救济"更像是"巨大的罪恶"，因为从总体上看，如果某个地方可以自由地进行外部救济，那里就会产生懒惰、奢靡，总而言之就是滥用救济。如果有工作能力的人也可以申领外部救济，那就会迫使工资水平下降，除非有紧急措施对此进

---

① 马歇尔在说这些话的时候还加了一些有趣的评论，是有关他和妻子"在下一顿饭"的时候探讨如何在委员会提出问题的。马歇尔声明他很努力地学习个人案件的报告，学习伦敦及其他地方的慈善组织在《慈善组织报告》和《慈善组织评论》中的报告。

行限制。因此，外部救济应该有所改进而不是直接取消。倡导外部救济的人应该承担起收集资料的责任，通过测试（如节俭测试等措施）来支持自己的观点。马歇尔认为，如果可以从所有贫困的人中区分出应该得到外部救济的穷人的话，这种救济就应该持续下去。

1886年，马歇尔在给《泰晤士报》的一封信中重申了自己支持外部救济的立场，同时否认了人们用来反驳外部救济时的一个政治经济学例子。他强调外部救济不仅不会使家庭分崩离析，反而阻止了可能由于灾祸而引起的家庭分裂。马歇尔还补充说，当他出席讲座提到减少外部救济时，"不论是境况较好的还是差一些的工人"，都对此感到愤怒。①

马歇尔的信在萧条时期起到了短暂的作用，他认为，只要支付足够低的工资给失业的工人，他们就不会一直要求寻找一份正常工资的工作。马歇尔在1892年的《经济学杂志》中提出，应该把"外部救济"长期应用于贫困的老年人身上。这些毫无疑问促使他参加了1891年12月15日的英国皇家统计学的会议。会上查尔斯·布思通过数据计算和贫困等级分类表明了他对于养老金计划的想法。

那时这种建议很常见，除了布思和张伯伦注意到之外，马歇尔曾经的学生雷夫·伊德、卡农·巴尼特和其他人也都对此有所了解。在后续的讨论中，马歇尔大体上是支持布思的建议的。这是"至今为止提出的最好的建议"，但是从税收方面来说显然不是这样。马歇尔反对这个建议的主要原因是它存在"额外的负担"。"人们支付的赋税用于自己身上的要远高于用于国家建设上的。一个人工作然后赋税，一旦他因此而受伤，那么这些他缴的税又要用于他身上。"因此，马歇尔更倾向于把布思的新公共养老金计划与改革后的《济贫法》结合起来。当有布思的讲座时，马歇尔夫妇就会借住在布思位于伦敦的住所。玛丽·布思女士在日记中简单地提到，在讲座之后，马歇尔和他的夫人只谈论"码头"的事，毫无疑问，这反映出马歇尔在劳动委员会的遭遇。然而，后来玛丽·佩利告诉在剑桥的霍勒斯·达尔文的妻子说，马歇尔认为布思的建议很好，据她所知，唯一令马歇尔反对的就是这个建议可能会阻碍《济贫法》的改革。马歇尔与那些反对布思建议的人形成了强烈的对比，这引起了慈善组织秘书洛赫的兴趣。同样感兴趣的还有伦纳德·考特尼，他也在布思展示建议的讲座上发表了演讲。1891年12月22日，委员会对布思的建议进行了后续讨论，然而这一次却有了很多敌对的声音。与上

---

① 参见马歇尔1886年2月11日写给《泰晤士报》的信。后来雷夫·戴维斯在他的专栏里对此进行了批评。马歇尔给戴维斯的一封私人信件深入解释了自己的观点。马歇尔写给《泰晤士报》的信被两篇《泰晤士报》社论（1886年2月15日和3月6日）引用，认为这封信能够说明济贫法管理的"杰出和渡过贫困时"的重要特征。乔治·兰斯伯里1893年参加《济贫法》监护会后通过走访贫民区证实了马歇尔对贫民区的公平判断："不需要多余的言语，进到这里的人都会放弃所有希望，官方、看守、一成不变的形式、惨白的墙壁、和他们说话的人腰上都带有钥匙、厚重的传记历史书籍等等，搜身、脱衣、在公共澡堂洗澡，最后，极为不尊敬地让他们穿很多人都穿过的衣服，衣服看上去很丑，不合身而且粗糙。所有能使他们感到自己在智力和心理上低人一等的事情都发生过。"这与40年后乔治·奥威尔对贫民院的描述大体一致。

次人们略带同情地接受不同的是,这一次反对者们使用暴力来反对布思的计划。

马歇尔在《经济学杂志》上的建议可以看做是对布思计划的拯救,他提议在布思和慈善组织之间采取折中路线。文章建议通过某些测试来选出超过 65 岁的有资格接受外部救济的潜在受助人,这种资格的获得与他们的"现有状态"以及之前的表现有关。这就不像布思的计划那样具有普遍性,从而解决了马歇尔在 12 月提出的布思计划所存在的对税收的额外负担。另外,马歇尔还建议在实施这种重要计划时需要作大规模的调查咨询,其中强调了 16 条原则,提到了需要工人阶级参与《济贫法》的管理,希望慈善组织提供稀有资源来实行年迈贫穷者的个人救济以便于他们可以专心致志地完成更加困难的事情,取消对小于 65 岁公众的公共慈善以此来消除布思计划中的瑕疵,通过增加公众的志愿性和保险因素等考虑来加速改善公共救济计划。

鲍桑葵给马歇尔的关于养老金的回应并没有像他妻子描述的那样伴有争议。由于篇幅的关系,他重点关注了马歇尔文中的主要缺陷,虽然整篇文章"在精神上很突出",但是由于马歇尔经验有限,他对于 1843 年的《济贫法》与现行的《济贫法》在给予有行为能力者(包括超过 65 岁者)外部救济的相似程度上的理解存在偏差。马歇尔的非专业性还表现在他对慈善组织人事和《济贫法》在劳动力类型划分上的理解。就像养老金计划里暗示的那样,外部救济不能随便给予。救济资格(大家都可以看到其中存在缺陷)的取消也需要作个人调查。在回复中,鲍桑葵指出伦敦的一个慈善组织从三个方面极力反对外部救济,"首先基于人权的观点,其次考虑到节约的问题,最后从最低工资的角度出发"。

马歇尔也给鲍桑葵回了信,尽管信的开篇很有礼貌——"虽然用这么一篇短文表达我在如此大的一个议题上的观点有些鲁莽"——但是他的语气还是很刻薄。当马歇尔注意到有"很多人"支持他对于外部救济的 65 岁划分时,他开始猛烈地攻击鲍桑葵,用他缺乏经验这点来说明他的"理解有偏差"。马歇尔指出,现在距离他完成第一篇有关这方面的文章已经有 13 年了,再结合他借鉴剑桥和牛津慈善组织的经历,这甚至比他结识妻子的时间更长,"可以这么说,在鲍桑葵先生所回复的那些问题上,我都已经可以传授经验了,而且也已经想过了他能够提出来的那些困难问题的细节"。马歇尔还劝慰鲍桑葵不要在不知道的事情上一个人瞎猜。雷夫·戴维斯看了《经济学杂志》论文的第二手资料后,不客气地在《曼彻斯特卫报》上评论马歇尔是那种"不考虑后果的人",不厌其烦地警告人们松散的《济贫法》管理所带来的危害,尤其是他只提倡"谨慎、小心、缓慢地施行外部救济",还假设"有能力的人在正常情况下不会接受救济"。

后来,马歇尔转而攻击慈善组织的观点。鲍桑葵并不否认慈善组织认为的公共救济对接受者而言并不体面,并且认为救济中所含的伤及自尊的成分比马歇尔认为的要严重得多。这种观点的出现完全是因为慈善组织具有中产阶级的属性,所以忽略了工人阶级认为的在应得的情况下获得公平的外部救济的观点。马歇尔继续说道:"把工人阶级从对贫困救济的议会调查中驱逐出来,这幕残酷的喜剧是造成失败的一部分原因……拥有高质量生活的公众给出的评论,或许可以使那些'愉快地相信外部救济可以在公正的情况下被废止'以及'相信在没有任何牺牲的情况下把外部救济保留下来'的人信服。"

在马歇尔的计划中还有一项重要的内容,是关于公共与私人慈善的合作特征。马歇尔说最初是奥克塔维娅·希尔的文章引起了他对这个问题的关注,慈善管理中对于劳动力的划分有些类似于火车和马车的区别:一个有丰富的资源,却有局限性;一个可以随意地使用它所能控制的资源,但是资源有限。虽然马歇尔承认他的计划"可能不是最好的……慈善组织和监护人之间诚恳的合作不多,却是可行的"。马歇尔同时重申了当国家要在"旧体制上增加耗资如此巨大的计划时",皇家委员会需要进行评估,委员会的成员应该包括慈善的提供者和接受者。"公众对养老金迅速增长的兴趣"毋庸置疑地支持了马歇尔,他的请求在1892年11月得到了回应,皇家委员会从各个方面开始调查这一问题。

马歇尔在写给鲍桑葵的信中着重强调了自己长期涉及慈善组织事务,并且一直以来对组织的某位领导人——奥克塔维娅·希尔——的行事准则极其钦佩。虽然在提交给扶老济贫委员会的材料中他声称自己是资深成员,但是牛津和剑桥的参考资料显示,他最多只有十年的成员资格,也就是说,他的成员资格只从1883年10月委员会入住牛津的时候算起,这是众所周知的事实。慈善组织的年度报告记录了马歇尔教授从1887年才开始积极地通过每年捐赠3.3英镑来资助该协会,一直到1912年该慈善组织解散。虽然布里斯托尔大学在19世纪70年代中期就成立了独立的慈善组织,但并没有证据证明马歇尔曾经参加过该协会。玛丽·佩利后来的回忆录也仅仅提及她积极参与了牛津委员会的会议,虽然她没有留下关于剑桥委员会的个人回忆录,但马歇尔的材料却充分印证了她确实积极地参加了剑桥委员会和牛津委员会。而且马歇尔图书馆收藏了相关阶段内的将近2 000个实例。但是玛丽·佩利的回忆录的确提到了包括奥克塔维娅·希尔、埃玛·康斯和《济贫法》的第一位女性捍卫者玛丽·克利福德在内的慈善组织成员应邀到剑桥就妇女问题发言。

相关资料显示,马歇尔虽然不情愿,但也会时不时地参与剑桥的慈善组织事务。1901年,他主持的一个大会成为慈善组织年度会议的一部分,与会期间,他虽然提到了慈善组织的负面影响,但更多的是对组织工作提出建设性意见。1920年10月,马歇尔在关于社会教育的慈善组织会议上发表题为"大学的经济学教育与公共福利关系"的演讲。总的来说,马歇尔对慈善组织事务既有被动的参与也存在相当的兴趣,和他的批判性赞赏一样。

查尔斯·布思一直想让马歇尔在剑桥召开的慈善组织年度会议上发言,从马歇尔的回信中可以看出他对慈善组织的态度,他在信中写道:"5月中旬即将召开慈善组织年度会议。去他的!他们只会把那些无休无止的小事吹大,这虽不算恶毒,但也好不到哪儿去。要不是玛丽下周三需要在会上选择论题，这会议跟我没有一点关系。因为玛丽我也只好被搅了进去。"

这些资料可以用来讨论马歇尔对扶老济贫委员会的贡献。他给委员会的初始备忘录从1892年开始在《经济学》杂志上相继发表。毫无疑问，鉴于此前鲍桑葵的批评，备忘录首先探讨了继续实施1834年《济贫法》政策的合理性，然后概述了现代工业状况对贫弱群体产生的影响；基于19世纪早期的经验概括了外部救济影响的难度以及1834年报告的研究结果对现行政策仍适用的范围。马歇尔对一些通用的原理概括如下：舒适源于品质；货币本身用处不大；政府救济具有个人慈善所没有的优势；绝对的信任是很难做到的；最重要的是，不管健康与否，非独立性的劳工群体一定比不上独立性的劳工群体。

马歇尔也给出了实行外部救济不一定会降低工资水平的原因，因为财政税收方式和救济方法才对结果起到至关重要的作用。如果有适当的预先措施，查尔斯·布思的计划就不会使工资降低，即使是重税也只是从资本家手里征收。这份备忘录从贫困救济方案的伦理方面的思考，以分辨贫困救济有无价值作为结尾。同时，备忘录的最后也涉及了他对慈善组织工作的意见："虽然政府对慈善组织的亏欠难以高估，但慈善组织也有不足之处，他们的资金有限，他们的行动甚至他们的存在都是偶然的，并且其存在的基础是寡头政治，或许他们低估了道德风险和经济恶魔的危害。"

马歇尔回答了委员会提出的250多个问题，其中一半以上是由委员会主席提出来的，这些问题大部分集中于工人阶级参与济贫法的实施过程及委员会的工作建议。在询问过程中，马歇尔承认他与委员会之外的工人阶级领导人的讨论已经不止局限于两个人。马歇尔的回答围绕《济贫法》的捍卫者和慈善组织合作实施《济贫法》的性质和细节问题展开，尤其是经过委员会主席大范围的询问之后，马歇尔回答的重点更加突出。问询的过程中，马歇尔偶尔表现出在某些细节问题上的模糊，其中包括外部救济对工资水平的影响。马歇尔坚信，工人阶级作为一个整体，绝对有必要参与外部救济的实施。当代读者，尤其是熟悉奥韦尔《巴黎伦敦落魄记》这部作品的读者，一定会对马歇尔的骇人提议大吃一惊，他说应当对流浪者和吉普赛人实施严厉惩戒。相对于他提交给财政委员会的材料，以上论述更反映出他对细节的不确定性，但他还是坚持诸如外部救济对工资的影响这类问题的明确结论，作为经济学家，那是他的专业领域。

扶老济贫委员会并没有获得积极成果。事实上，在经过皇家济贫委员会、养老部门委员会和下议院特别委员会的审核、投票后，直到1908年，养老金政策才被采用。虽然身为皇家济贫委员会成员之一的威廉·斯马特教授要求马歇尔向委员会提交材料，但马歇尔也并未照办。一份由马歇尔撰写的关于一些济贫法问题的分析报告由庇古提交，他在1908年接任马歇尔作为政治经济学教授。马歇尔在1907年的文件中提出，"经济学骑士的社会责任"在于对收入再分配问题的关注以及对国家竞争力的提高，同时更多地关注济贫法问题。查尔斯·布思高度赞扬了马歇尔，这份文件已经被庇古写成了关于《济贫法》方面的建议书并作为委员会备忘录的参考文件。

皇家劳动委员会（1891~1894年）：工会、最低工资、就业波动

1891年2月28日，索尔兹伯里保守党政府宣布建立劳动委员会以警示越来越多的"新职业工会主义"，以及调查19世纪80年代末出现的越来越多的劳资纠纷问题。1894年6月，劳动委员会列出的关键报告中包括以下几个问题：

（1）导致雇主和雇员争议的主要原因是什么；在什么行业里会产生这些问题；这些问题对双方组织产生的影响是什么；

（2）什么样的制度可以避免这些问题的产生，或者当这些问题确实产生时，能不能避免通过工人罢工或者业主停工的方式来解决冲突？

（3）这些问题能不能完全或者部分依靠可行的法律来解决，并适当顾及国家的整体利益？

在详细说明了最初授权调查的范围后，劳动委员会成立了。后来，委员会又被要求调查"影响雇员和雇主关系的问题、雇员和雇主之间的合作以及劳工的工作条件问题，这些问题在最近的英国工业争端里被激化了"。劳动委员会成立的目的明显地与1889~1890年增加的工业骚乱事件联系在一起。正如《泰晤士报》报道的一样，罢工次数由1888年的37起增加到1889年的111起，然而商务部劳动局更为完整的数据显示，1890~1899年，"每年由劳资纠纷而产生的罢工次数不下于700次"。劳资纠纷数量的戏剧性上升让英国公众突然意识到了罢工数量的增多，然而公众并不认为罢工有效。"卖火柴的小女孩"在1888年为反对布赖恩特和梅罢工，1889年天然气工人罢工成功。码头工人1797年发起声势浩大的第一次罢工，最后成功迫使伦敦码头关闭。这些事件反映了工人阶级对政治的极度不满情绪，特别是在伦敦。事件包括1886年发生在伦敦海德公园的暴乱，工人洗劫并且推倒了马车；还有发生在1887年11月13日的"血色星期天"，当天1 500个警察和200个车载救生员与成千上万的工人和中产阶级激进分子发生冲突。害怕发生社会变革的恐惧情绪在中产阶级当中迅速蔓延开来，并且终止了对自由放任主义的支持，加速了社会福利领域里自立哲学思想的死亡。

虽然有如此多的社会不满，但是委员会"并不打算……去调查导致贫富差距的根本原因，或者弥补这种弊端和不幸，也不直接参与或者承担有关劳资纠纷的责任"。这也反映了委员会的部分缺点，因为最终委员会所发动的小改革根本不能满足工人阶级的强烈愿望。由悉尼·韦布起草的代表广大工人阶级利益的关键报告就反映了这些问题。委员会的责任是调查实情，而最终报告公布的责任却超过了其力所能及的范围，这也是导致其失败的一个原因。劳动委员会

在政治上的重要性可以通过它每年约为 50 000 英镑的财政预算来度量，并且在 27 个委员当中，有 7 个委员的设置是为了平衡工会组织的结构。

通过纪实材料很容易知道马歇尔为何以及如何进入委员会。委派他为委员的一个重要原因是，他作为经济学教授有很高的声望，特别是加上他早期在皇家委员会的经历以及他关于劳动问题的著作，他在著作里提倡，应当把提高工人阶级的生活条件作为国家政策的主要目标。正式邀请马歇尔加入委员会的是索尔兹伯里勋爵的侄子亚瑟·鲍尔弗，他是保守党的主席，在任命委员上具有绝对的话语权。他是剑桥大学的伦理学毕业生，极其了解马歇尔的声誉和工作。1890 年 11 月，鲍尔弗和马歇尔在牛津大学的乔伊特宴会上有了进一步的交往。

同样，马歇尔接受委员会任命的原因也很容易理解。庇古在 1924 年间接地表明，"不知疲倦地收集现实材料"的马歇尔"渴望服务于皇家委员会的劳动部门，为此，他还特意亲自与许多工人代表和雇用者代表接触"。他在给乔伊特、陶西格等人写信的时候强调了经历的教育价值，同时还把这份经历描述为"一生中最有价值的教育"。玛丽·佩利回忆说，马歇尔认为自己在委员会的工作"非常有趣，但这会妨碍《经济学原理》第 2 卷的书写，因为它已经被完全搁置了"。

劳动委员会在 1891 年 5 月正式开始运作，讨论工作进程，并在月底对此进行汇报。这些进程包括："（1）录取口头证据；（2）以问题分类为导向收集书面证据；（3）使用现存材料；（4）任命委员助理，并委派其收集其他方法所不能获得的材料。"委员会分为三组，来调查特殊工业行业：A 组委员会负责采矿业、铁业、工程师行业、五金器具业、造船业以及相关行业；B 组委员会（也就是马歇尔所在那一组）负责运输业和农业，这里"运输业"包括船运、河运、码头、铁路以及电车轨道业；C 组委员会负责纺织业、服装业、化工业、建筑业以及混合工业。虽然实行了这种分类，但是更多的证据证明委员会是一个整体，特别是 1892 年 12 月的证据。同时，委员会决定召集各工业行业代表，让他们表达自己的不满，然后让雇主协会代表们陈述自己的看法。

委员会总共在 151 场会上问询了 583 个证人，并且定期地把证据刊登出来。经过总结并且分析主要内容后，整理出来的证据数量极其庞大。委员会获得了很多信息，它们来自欧洲和北美国家，如荷兰、比利时、德国、法国、美国和瑞士，也有证据来自"殖民地"，如印度、加拿大、南非、新西兰以及奥地利。1891 年 10 月，马歇尔在写给乔伊特的信中说道，最后一个信息来源特别有用，因为"在我看来，奥地利人对劳动问题的态度似乎比其他国家（除了英国外）更让人感兴趣，他们比美国人（对待劳动问题的态度）更有趣"。马歇尔还写信给乔伊特说，委员会已经建议"彻底调查妇女劳动问题"，而建议也被给予关注，因为委员会刚刚委任了 4 名女委员助理来"准备 1892 年和 1893 年间的 19 篇报告"。

正如预期的那样，马歇尔非常勤快地出席自己所在组的庭审会。除了一人外，他是唯一一位出席了所有17场庭审会的委员（即A、B、C组委员都得出席的会议）。然而，他缺席了自己所在组别46场庭审会中的8场。此外，马歇尔还出席了4场A组庭审会和3场C组庭审会，马歇尔总共参加了151场（包括分庭审会和总庭审会）庭审会当中的62场。他出席的庭审会场数在所有委员当中刚好排在中间位置：12个委员出席场次比他多，而13个委员出席场数则比他少。

不论是在分庭审会还是在马歇尔所出席的17场总庭审会上，他总是一个非常积极的发问者。马歇尔所提出的问题涉及委员会在实践中所关心的方方面面，正如比阿特丽斯·韦布在她的最终报告里的苛刻评论一样，这些问题"从计件工作的优点到加班的缺点，从工厂的卫生设备到就业波动，从八小时工作议案到雇主的责任，从水手到矿工，从女性工作者到农业劳动力"，这一清单可以与一些问题联系起来，从而轻易加长这份清单，如合作性企业和利益共享、市政社会主义和票价逃税、航运管理和住宅卫生、工人培训以及喂养伦敦出租马车的马的成本、机械设备和生产率、工人工资和生活标准、仲裁和调节、礼拜天礼仪和美国劳动数据、生产力高的工人和生产力低的工人、花园城市和保护正常利益的经营成本。马歇尔的问题涉及的领域如此之宽，以至于不可能被很好地归纳。所以，选择其中一些有趣的和典型的问题来论述才是比较合适的。

不管是因为谦逊、害羞或是他想从更资深的委员同事那里获得经验，马歇尔在B组庭审会的前四天从来不会发问。马歇尔提问的第一个证人亨利·奎尔奇是南方劳动保护联盟和轮船工人社团的一员，他提的问题（如平均工资、比较临时雇用和每周一次在海边雇用的优点）是为了知道工会的本质。他也问了第二个证人（码头工会的会员约瑟夫·法尔维）这段时间用机器工作对工人产生的影响以及工业行业的工资支付。

马歇尔主要的证人之一是本·蒂利特，针对他的双重身份——"最见多识广的码头工人之一……以及最彻底的社会革命者"——马歇尔进行了区别性提问。他的问题从季节因素对码头工人的影响开始，然后转移到在季节性失业时码头工人不愿采取措施的问题上。这里马歇尔提到了一个爱尔兰工人观察到的长时间的定额工作获得高薪和定时工作获得低薪的现象。蒂利特否认了这个观察的准确性，他说"在他的组织里有一些爱尔兰人"，并且他看到的是"许多爱尔兰人都在有规律地工作着……准时并且谨慎"。马歇尔还问了蒂利特对仲裁劳资纠纷的看法，特别是在他认为"工业条件没有发生有机变化"或者"国民所面对的同时也是许多社会主义者所告知的辉煌工业变革"条件下的可行建议。这是马歇尔在委员面前对"社会主义证人"的询问存在敌意的第一个例子，他的同事汤姆·曼、悉尼·韦布以及亨利·海因德曼后来也采取了同样的立场。最后，马歇尔问蒂利特——社会革命者的身份——对那些有能力"像好公民"一样生活的人和那些以"艰难和残暴"的方式被迫"享受生活"的人是如何分工的，自从劳动力过剩的观点被提出后，这个问题就一直让马歇尔很感兴趣。蒂利特的回答并不让人满意:"粗略估计一下,我能让在码头工作的 25% 的人有过上体面生活的机会,25% 的人从事高强度工作,这意味着长期下去他们会丧失劳动能力,还有 50% 的人不可能过上体面的生活。"

尽管审查的问题不同,但马歇尔在 B 组委员会上总是以一种相同的方式质问证人,同时代的人对于马歇尔的评价要比马歇尔的实际表现有趣得多。其中,最主要的包括比阿特丽斯·韦布在她的委员会最终报告中提到马歇尔是一个证据收集者。她对工人阶级证人的评论被其他委员所采纳,在此,我们引用一下:

> 正如工人们所相信的一样,他们会在询问的过程中不自觉地说出自己所在行业的事实真相。目前,在诸如杰拉尔德·鲍尔弗先生、弗雷德里克·波洛克爵士以及马歇尔教授这样的辩论家的引导下,工人们发现自己正陷入有关抽象经济学、政治哲学甚至历史学的争论当中。极为意外的是在这场学术争论中,工人们并非经常处于最糟状态,这很可能是因为他们错误和正确的频率几乎是一样的。委员们最大的满足就是通过一些有技巧性的问题把他们带入逻辑上的不一致,这种猫和老鼠的游戏可能会让委员们产生极大的兴趣;可以确定的是,当一个偶然的造访者看到辩论家因为小小突袭成功后自满地向其他人"呜呜叫"时有可能被逗乐,但这会唤醒工人阶级证人心里最深层次的怨恨,同时也会使委员们本可以利用自己的智慧知道事实的机会落空。正如他们当中的某些人告诉我的一样,这些一开始就被报以敌对态度的工人证人害怕做一些对自己不利的供认。这样造成的结果就是他们尽可能少地透露信息,以及告诉委员们"自己有能力抵抗进攻"。

对大多数学术委员来说,比阿特丽斯·韦布所描述的委员们对证人态度的评价并非十分客观,或者是反对议会主席这样对待证人的方式。汤姆·曼后来的回忆录对比阿特丽斯·韦布评论委员会主席的言语持有怀疑态度:"公爵是一个很出色的主席,他从来不威逼任何一个证人,也不利用别人的任何笨拙表达。当然,有的时候一个委员或者一个证人会显得暴躁,这时公爵会插一个问题使那些总是激情争吵的人安静下来,但是他的言行总是那么到位,不至于没有风度。另外三个小组委员会主席分别是德比勋爵、戴维·戴尔爵士以及芒代拉先生,戴维·戴尔爵士对证人尤其温和、恭敬,芒代拉过分自信并且有好争论倾向……实际上是不适合当主席的。"小组委员会召集工人并让他们说出"自己所在行业的真相",委员会成员以及会议记录也不支持比阿特丽斯·韦布所描述的情况。鲍尔弗在 A 组委员会,马歇尔在 B 组委员会,波洛克在 C 组委员会(她是第四个辩论家伦纳德·考特尼爵士的嫂子,这大致是比阿特丽斯·韦布没有在公开场合提起她的名字的原因)。

比阿特丽斯·韦布如此描述马歇尔对待工人阶级证人的目的是,为了诱骗委员们相信马歇尔向扶老济贫委员会递交的报告涉嫌造假。马歇尔的解释与记录的证据更为一致，即他只有一次试图从一个不大配合的工人阶级证人那里获得信息，其途径是通过引导证人证实一个"经济难题"，那个证人就是托马斯·萨瑟林，一个"与有轨电车及公共汽车打交道"的人。马歇尔问他当地市区政府把交通运输国有化后必须支付给工人多少工资。在整个盘问中，马歇尔试图让萨瑟林承认自己建议的工资太高，这会造成过多的人申请职位，马歇尔估计申请人数大约在300万左右。最后马歇尔没能成功，因为萨瑟林巧妙地躲开了马歇尔的陷阱，从而没有给出马歇尔所期待的答案。

比阿特丽斯·韦布针对"马歇尔教授的统计调查"所作的评论好像误导了马歇尔对证人的全盘质疑，特别是马歇尔在1892年年底总庭审会上询问专业证人的时候。这些证人包括注册总署数据负责人奥格尔博士（10月27日）、美国劳动统计学家古尔德博士（12月2日）以及吉芬爵士（1893年1月24日和2月2日）。很明显，马歇尔询问了劳动和相关产业的统计数据，这些问题是他长期以来一直担忧的，事实上，在此之前他已经向国际金银委员会提出过有关这方面的证据。比阿特丽斯·韦布的指责与马歇尔试图从工人证人身上获取自己感兴趣的东西有关，他对本·蒂利特的质问就是一个例子，而且从他对汤姆·曼的质问中可以看出马歇尔询问证人时的特点。

曼对马歇尔委员的性格有很深刻的记忆，他认为马歇尔是一个"非常勤奋的委员，他总是对所有的证据予以足够多的关注，很明显，所有的问题他都是事先精心准备的，这个教授是一个学术型且略带书生气的人"。曼回忆起1892年11月被马歇尔询问有关人口"过剩"概念时所表现出来的顽强姿态，那时候还没有开总庭审会。马歇尔让他阐明失业的性质和原因，解释缩短工时对产出、工资水平以及供给平衡的影响，还有由此而造成的工人闲暇时间的增加以及失业的组成。移民和其他方式（如社会主义者对工业和市场的重组）是解决失业的有效办法。曼用三天时间提出了所有证据，在此期间，他回答了1 500个问题，其中马歇尔大约问了180个。在许多情况下，他所提的问题同时也是答案，而且问题一般不会太长。

曼在庭审会上是紧随悉尼·韦布出席的，这体现了马歇尔书生气的弊端，同时也证实了曼所观察到的韦布的回答对马歇尔有极大的敌意。从这些节选的询问中可以更好地解释比阿特丽斯·韦布后来对"辩论家"马歇尔的敌对态度，事实上，马歇尔对韦布的询问也不过是对考特尼、波洛克以及鲍尔弗三人的补充而已。

第二天，马歇尔继续问韦布有关集体主义及其对发展的启示、有关八小时工作制作为失业补救的问题、有关如码头和电车等产业国家所有制的问题以及过剩人口作为现代马尔萨斯人口论的问题。马歇尔向韦布所提的问题超过200个，是对所有单个证人中提问最多的，超过了前一个星期对汤姆·曼所提的问题和最后一次在委员会上对吉芬所提的问题。

1891年11月，马歇尔在查令十字街的旅馆里给本杰明·乔伊特写了一封很长的信，信中说明了自己在取证初期的一些经历：

> 我现在在威斯敏斯特大厅，听到并且看到了很多有趣的事情，我们正在处理一些委员会里有关伦敦码头的事宜，虽然听到的不是最新的事件，但每天都能见到一些有趣的人。比如昨天见的是米尔沃码头的经理——伯特上校，一个有能力但极其冲动的人……随后，我们见了许多相当乏味的证人以及两个招摇且自命不凡的人。其中一个没有什么教养且喜欢运用长句，有人告诉我说他在底层工人中是比较有影响力的，但他所讲的大话真的不是他所能做得到的，他所说的六句话中没有一句符合语法规则，没有一句讲得清楚。他陶醉在自己慷慨激昂的演说中，最后被告知要遵守秩序，这种人像洛德·德比一样，头脑冷静且清醒，出色地管理着适当范围之内的人，没有给他们成为选民的机会，并且说他们被限制了言论自由……

取证之后，委员会开始着手准备最终报告及其建议书的撰写。进行这些工作之前，委员会首先会对收集的大量证据按照最终报告的内容划分并逐步审阅，这些内容包括劳工条件、雇员和雇主的组织协会、雇员和雇主的关系、调节和仲裁、法定限时工作、就业波动、劳动部门和劳动统计数据、妇女雇用问题。一开始，这些是由委员会主席德文希尔公爵起草，然后由委员们讨论、修订，并最终把它们变得"尽可能符合事实、舆论和论据的真相，以便更公正地解决问题"。马歇尔也参与到这一时期的起草工作中，最低工资、工会以及就业波动等话题马歇尔都涉及了。

一开始，最终报告中简单地处理了这些问题。"我们并不认为劳动报酬、利润比率或者一般行业的最高最低工资是一成不变的，它们应该由法律来规定。"1892年，马歇尔准备了一篇有关工会的论文作为劳动委员会报告的绪论，但是最终没有以这种形式出版，然而，这篇论文的大意在最终报告的雇员和雇主组织部分第2项中体现出来了。马歇尔认为，对这些组织的全盘审阅应当充分考虑到"组织的利益"，全盘审阅妨碍了委员会职权的实施，因此"组织的利益"应当被准确地反映在报告里。同样，马歇尔也认为，在审视工会组织的"友好行善意图"和与"争端和冲突"有关的"商业意图"时应当采取同样的方法。马歇尔在委员会里的工作使他进一步对工会价值产生了怀疑，特别是工会里"设置的闲差事"，他听到了很多有关这方面的证据，也与工会代表多次在庭审会上争吵过。

在最终报告里，马歇尔所负责的部分主要是有关就业波动的第五部分，特别是关于解释就业波动原因的那部分。其中总结了商业信贷对工业波动的影响，论述了季节性就业波动和时尚的突然变化对服装工业贸易的影响。由信贷周期引起的暂时性就业波动与由劳动供给和需求的非平衡性引起的长期就业波动之间的差别虽然仅仅是"同一个程度上的问题"，但是毫无疑问,他们都有共同的根源。鉴于自己是B组委员会成员以及对本·蒂利特的审问结果,马歇尔对草案第二部分的解答很有可能为河畔码头工人的劳动问题提供实质性帮助,同样,这也可以看成是对失业问题的补救。马歇尔在他负责起草的那部分文件里扮演了重要角色,其中他提到了通过均衡防御的思想来减轻贸易波动,使其与先前人们评论的引发波动的原因相一致,评价了用扩大教育这种方法来消除因技能缺失而引起的失业的可行性,并且对伦敦码头的再就业计划进行了谨慎的评价,同时还强调了最低工资对失业的影响。更一般地说,马歇尔是少数几个签署关键报告而没有保留任何意见的委员之一,从这一点也可以看出,在对大量的关键报告修订后,他能够确定报告的结论是正确的。这种猜想被事实所证实:对委员会主席起草文件的修订不能以口头形式,而是以书面形式进行,而后者更加适合马歇尔发挥他的天赋。

马歇尔之所以参与起草最终报告,是因为报告的内容有待审查,缺乏相对可信的结论和建议,理想的建议应该能够用于处理自愿调解和仲裁、建立劳动部门、提高工厂的检测能力以及一些与渔民和农民相关的事情上。几乎没有评论家像比阿特丽斯·韦布一样把委员会的最终报告看成是"劳工问题的专题报告"和"观点、主张和论据的汇总"。但是,《爱丁堡评论》认为,这份报告最主要的成功之处在于它使中产阶级专家、雇主代表和三个较有资历的贸易工会在最后的文件上达成了统一的、明确的和坚定的建议。《国家评论》虽然早于最终报告出版,但却准确地预测了"公众对报告不满意的反映"就如同兰道诗中的小女孩第一次见到海的感觉:

这就是极具魅力的海洋吗?

虽然马歇尔早年的学生皮斯在比阿特丽斯·韦布对最终报告质量的评论上持有批判态度,但却能看出他对这些琐碎的、谨慎的、明确的建议的赞许,这主要是由于建议的签署者并没有"打算让社会结构发生有机变化",他们一致认为"通过试验的方式可以完成社会改良并发挥积极作用,当然,这需要在政府的帮助和支持下才能完成"。

马歇尔参加劳动委员会的动机如此明显,到底最终报告作为一个历史文献有着何种长期的教育价值呢?在这一点上评论家们的意见存在分歧。《爱丁堡评论》认为皇家委员会花费了巨大的成本是有价值的,通过展示维多利亚末期英国工业和社会的生活画卷能够为未来的史学家提供他们所热衷的大量素材,"时代精神"往往需要大规模的资本和劳工调查。比阿特丽斯·韦布持相反意见,她对委员会收集和使用证据时的粗心和不当表示不满,为抗议八小时工作制而发起的运动就是一个明显的例子。几乎没有委员在这件事上"花费大量的资金来进行调查,也没有进行大规模的询问,所以绝对有理由期望劳动委员会对此事进行讨论……极其细心地筛选与这个问题有关的材料并得出一个可信的结果,这样我们就可以像在1834年庆祝《济贫法》

诞生一样庆祝委员会的工作成果"。正因为这个原因，除了在农业和妇女问题的工作外，委员会的成果就像1833年在制造业、商业和造船业选举委员的失败一样——或者是和1886年调查贸易萧条的皇家委员会的选举失败一样——是一种耻辱。

委员会主要成员之一的托马斯·伯特是下议院议员以及"资深的工会会员"，他后来说，皇家劳动委员会除了以存在时间长、调查范围广和大量的有价值的报告而闻名外，就没有其他的优点了。尽管马歇尔没有对这位同僚兼朋友的论断作出明确的回应，但他在相关方面的调查结果已经间接地说明了他支持伯特的看法。例如，他在《产业经济学原理》的贸易组织一章只引用了劳动委员会的报告作为最后脚注的参考，并强调"具有卓越才能和经验的贸易工会领导和雇主是唯一的作者"。马歇尔的委员会经历所带来的影响并没有在《经济学原理》中得到体现，但是在它的姊妹篇《工业与贸易》中的"合作"这一章里得到证明。1919年，马歇尔提到，这段经历的教育价值在于让他了解人的本质以及从委员会出示的证据中获得大量劳工数据，比如说委员会使他对女性劳动力、工会、社会主义甚至股票投资有了更深的理解。从成本和收益角度来分析，马歇尔在委员会里付出的成本要远高于他为委员会工作所获得的微薄收入，正如他在写给陶西格的信中所说的，唯一能对其补偿的是在写有关劳动问题的书籍时可以直接引用相关数据。

国家与地方的税收分类与影响

1897年秋天，马歇尔应皇家委员会的邀请作为财政和经济方面的专家回答了一些关于国家与地方的税收分类与意义的问题。皇家委员会早期商讨的是提交书面资料后再进行口头提问，但事实并非如此，皇家委员会想要就地方税收的本质问题寻找一个准则，其方法就是"使用文件来替代口头的调查"，用埃奇沃思文章里的话说就是：这是在引出专家观点方法上的明显进步。这些调查也使马歇尔的经济学学生得到了很大的收获，因为正如马歇尔在一开始反应的，委员会提出的这个问题的本质是让他认为"最好回答得稍微具体点，至于其余部分，仅仅暗示一下我的想法即可"。最终成果是马歇尔提交的一份意图鲜明的示意书，有关他在税收及地区财政上的立场。马歇尔对这个书面文件的评价很高，其大部分被整合在《经济学原理》第5版及其后版本的附录中。

马歇尔写备忘录的部分动力是想要确定委员会在任命方面的权限。委员会要调查因地方用途而征税的这种现行体制，并且提交各类不动产和个人财产所纳税额是否公平的报告，以及为实现公平纳税所应采取的改进措施。委员会向专家们提出的一些具体问题，在一定程度上超出了权限范围，焦点集中在一些地方财政方面的问题。比如，他们寻求正常情况下税收的意义和种类方面的指导性意见，询问了诸如"邮局的净收入是否当做税收收入等问题"，还问到了"试行"准则在决定个人税收或者税务体制整体问题上是否可以说是公平的，以及从交易利润方面来看在征收"突发事件"主要财产税（包括遗产税）上的观点。接下来才询问了其职责范围内的具体问题，涉及中央财政向地方分配的原则和作用以及地方财政与中央财政分摊某些公共开销的比例。

马歇尔首先回答了税收的一般性质和分类。他的出发点是"税收是由人来支付的，而不是由物来支付"，物只是一种管道，通过这种管道，人们作为"拥有者、使用者、出售者、购买者以及其他的"身份来支付税收。有些税收代表了一个阶级的活动。以之前的窗口税为例，这是以一种简单的政命形式向房屋所有者征收的税；同理，房屋税可以被看做是一般家庭开销的一种，象征了居住条件舒适度和社会地位。

接下来马歇尔就税收公平问题提出了两个应用于当代的评价标准。一是合股原则，股东按占有比例来纳税，尤其是收益部分的税收，也可以叫做使用者支付，用此原则来支付税收。马歇尔限定此原则用于"报酬性收益"上，"合股制"原则适宜于估测人们因拥有的可获益性财产而应支付的税收。为了政府的普通目的而设立的繁苛税目需要不同的征收方式，考虑到公平原则，应该兼顾到整体。税收公平与否必须从税制总体上加以判断。几乎每一种税都会对某阶级或其他阶级施以不适当的压迫，但如果各种税的不均为其他税的不均所抵消，则可以说赋税制度是公平的。马歇尔支持累进税制，认为穷困阶层应当承担较之中产阶级更低的税率，因为相对于富人来说，穷困阶层的贡献要低。主张对富人的财产和个人所得（除去耗损和资本抵补后的净收入）征收累进税，这样更有利于税收公平。但是，正如马歇尔起初提醒过的，人们对于公平没有共识，并且没有简易操作的基础。所得税因储蓄效应会产生弊端，所得税不可避免地会对"穷苦阶层产生不适当压力"，还会遇到技术性的障碍，而一般消费税能避免这种影响。综合以上，马歇尔给出以下结论："实现税收公平没有近路可走。"在税收改革方面，他建议把重点放在以下几方面：发挥税收对"有激情和创造力的人们"的激励效应；减少过度的赋税负担，降低赋税对生产消费的负面影响；最大限度地避免对纳税人税收政策的波动，在寻找必要的收益工具时，减少对税收管理的"盲目干涉"和"发生腐败的机会"。这些税收改革的举措，以及政府在去除不公平的税收体系的压力，将会比寻找一个理想的完美的税收体系更有可能创造税收的公平结果。

接下来，马歇尔阐述了税收的影响问题。他说道，这些主题有关"经济科学的大部分内容"，正如他所阐述的那样，它们"使一些从根本上影响生产或消费某些特定分支的经济变化得以扩散"。马歇尔先区分了税负转嫁、前转和后转①分别对生产和消费产生的影响，并指出，对于真正的垄断者来说，一次性总付和净利润税税额较小不能被转嫁（而垄断者的"总收入"税能被转嫁）。随后进一步阐述了委员会感兴趣的财产税征收影响的问题。马歇尔从一般的原

---

① 向前转嫁改变了征税商品的价格，向后转嫁改变了参与征税商品生产人员（以及/或雇用者）的收入。

理讲起，警示说土地所有者不是垄断者。土地收入作为一种税基，由其属性（纯租金或其他收益形式）对征税范围产生不同影响，这关系到一种税收的短期和长期效果。马歇尔还向委员会说明了租金因素会影响从业人员、特殊器具所有人以及技术工人的收入，至少在短期内对其具体属性有影响，这是合理的。因此，收入分类（包括在利润或租金方面的财产收入）取决于时间这个复杂因素。

对一般原理进行讨论后，马歇尔又将这一理论应用于现行财产税的个案分析。论述涵盖了建筑国家税、住房税、杂税及地方累计税率。其复杂性暗示着"任何有关税率影响范围的笼统观点都不正确"。马歇尔通过对各种假设条件下潜在税收影响的研究明确地阐述了这一问题。马歇尔表达了他对于财产税可能对资产产生的影响范围的认知，他认为农业土地税并没有对农民、土地所有者和劳动者产生负担，所以只要减少新建建筑和新生投资的征税税率以达到"刺激农业生产、增加新就业、确保农业利润的目的，以此来降低对进口食品的依赖"。

财产转移税是马歇尔大胆提出结论用以谴责此理论的少数论点之一。这一观点对用于生产的十分重要的替代原理产生了冲击。另一方面，虽然利润不是经济实体，而是由能力及工作赚取，并且经常用于风险保险，是部分趋向于遵循不同经济法的一种资本利益混合物，但是利润税具有广泛以至分散的影响。无论如何，利润税会通过海外投资增加资本运行而抑制资本的增长。类似地，马歇尔反对征收遗产税，虽然考虑到财富的增长，但开征的效果并不像人们所期望的那样理想。

马歇尔在备忘录里讨论的最后一个问题有关职能分工，包括地方政府的税收任务。其中也讨论了两级政府费用分担的问题。改革范围和过往经验表明，地方税改既需要"广泛的实验"，又要"谨慎地改变"，留给后代在处理这类问题上的必要空间和自由度。同时，马歇尔解释了在市政社会主义政治因素下的政府权力划分的主要变革迹象，这种改革涉及了广泛的政府管辖权下的试点和类似瑞士联邦的中级试点。电力供应技术的提高、交通状况的改善都对政府的功能配置改革提出要求，这源于它们对中央政府在地方道路开销和电力分配机制的潜在影响。马歇尔撇开未来不确定的困难，大胆地提出了一些基本原则。首先，国家税不分配到地方，开销共担更适合应对地方公共事业开支的增加，尤其是这样能够形成一种中央控制地方政府办事效率的机制。依照此原则来看，如果地方政府是优秀的，那么地方当局就可以享有尽可能多的自由去尝试从啤酒酒类许可到车辆税等不同的开源方案。其次，国家应该认可地方对改善公共事业、教育和福利的努力。如果没有对公共事业、社会福利的充裕供给，缺乏实现健全机制的空间，该国人民福祉就会落后于他国，而城镇道路的拓宽、城市游乐场和空地的开辟、市区中心的建设以及中央政府的储备补助共同维护着国民的福利。

基于这些原则，从长远应用角度来看，马歇尔不建议立刻进行地方财政改革，而是提议对低税率进行少量补贴，与普通农业用地相比的特殊选址应征收较低税率，并且向真心把城市进步看得重要的人征收新鲜空气税。但是，地方政府的大部分收益暂时还是应该来源于地方税率，同时使用一些小税种作为补充。为了缓解日益增加的税率负担，马歇尔建议减少相同的国家税，例如住房税，一种选择就是从房客租金中引入可抵扣税率，与所得税目录 A 相同的抵扣方式。马歇尔认为，如此分配拥有人与租客之间责任的方法会得到权威的支持。日益增长的地区责任也会引起税收负担与必备花销之间相符的分配问题，创造合适的政府等级——国家、省、地区——是问题的解决方法，尽管马歇尔对提出这个建议的理由并没有比一开始谈论此话题时的评论更加详细。

马歇尔有关政策的备忘录所产生的直接影响无法估量，尽管几年来他的有关地方财政的原则已经收到了来自理论和实际上的支持。当然，重组当代杂志文学也是他的贡献之一。埃奇沃思在《城市税率》中高度赞扬了马歇尔备忘录提出的一些问题，特别是在租金税的内容上。但是，穆勒与马歇尔在地主和佃农的税赋分配问题上所持观点不同。桑格（马歇尔早期的学生）在委员会报告评论中指出，由于备忘录的原因，从中央到地区的补贴得到了权威的支持，权威指的就是马歇尔教授。英国，由于这种来自地方政府的援助非常重要，桑格的评论就意味着马歇尔的建议已经获得了成功。相对于地方政府的收入来说，这种援助从1899年到1939年几乎翻了一番。比克代克对选址价值税收的深入分析批评马歇尔的备忘录忽略了对利益影响的明确分析或是马歇尔对所使用的"报酬率"这个专业术语的分析。马歇尔自己解释说，这并不简单因为分析这种税率的影响是很复杂的，他已经进行了充分的论证了。

马歇尔在蒂罗尔（1909年），"他用一个气垫和一个折椅制作了一个'宝座'"。

国际贸易方面的财政政策

1903年，马歇尔公开参与关税改革的论战，这使得他在1908年发表了关于国际贸易财政政策著名的备忘录修正版，这是他人生的辉煌时光。马歇尔对这方面有着不同寻常的兴趣，这份备忘录"是一位学术经济学家曾写过的最好的政策文件"。因此，这是马歇尔作为政府顾问在这项特别事业上达到的最高峰，而备忘录的最后出版与他在1908年退休的时间相吻合。

马歇尔备忘录的写作背景如下。1897年，国家主要政员张伯伦提出关税同盟的概念作为加强国与国关系的手段，主要是为了回应发生在欧洲中部和东部的泛条顿民族主义和泛斯拉夫主义。传统上，英国支持自由贸易和"幼稚产业"依靠国家的保护政策，这种经济的发展就叫做所谓的"英联邦特惠税制",这种政策获得了主要的先进国家的支持。1902年,财政大臣试着去平衡由南非战争所引发的沉重的财政预算,这一微小的财政举措使此问题成为公众谈论的焦点。他所使用的税是谷物登记税,这种税较容易征得,能较好预测其短期效果,远优于通过增加印花税或者收取更高的所得税的手段来提高附加税。另外,这种税也成为皮尔在废除谷物税后增加收入的一种手段,因此只有热情的科布登主义者和教条的曼彻斯特商业学校的拥护者指责它是"对神圣的自由贸易准则的侵犯"。但是,当加拿大首相也把它作为解决问题的手段时,这种新的税种便与英联邦特惠税制的问题联系起来,这就意味着在国会上,首相将从与英国政府有关的加拿大谷物税方面寻找解决措施。张伯伦积极地回应了加拿大的主动性,并且在一个著名的演讲上对"由于卖弄经济学、坚持旧习惯而失去殖民地提供的成为亲密联盟的这种机会"而表示惋惜。但是,生米已煮成熟饭,现实已经无法改变。

虽然1902年英联邦特惠税制政策比殖民地联盟政策得到了更多殖民会议的支持,但这个问题还是持续被公众讨论。1902年11月,作为财政大臣的里奇向内阁提供了论证,用以支持如果英国以自由贸易为代价就应拒绝引进一系列最惠政策的结论。可是,由于部门分离的原因,首相鲍尔弗通过写信向君主报告,内阁已经决定在1903年的预算中保留谷物税,但还是支持英国废除它。鲍尔弗的内阁小结随后引起了部长们的争论,但是这种争吵实际上能解决什么问题还很难确定。无论如何,里奇大臣还是在1903年的预算中废除了这项税,为实施英联邦特惠税制政策扫清了障碍。内阁在此事意见上的关系破裂成为了一件臭名昭著的事情。张伯伦对此感到强烈愤怒,并在1903年5月通过对伯明翰的选民发表演讲引起了一场声势浩大的全民争辩。

张伯伦至少依靠了一个拥护他政策的学术经济学家,这个人就是休因斯,1895~1903年伦敦经济学院院长。后来赶上关税改革运动,他放弃了伦敦经济学院院长一职,成为关税改革委员会秘书,主要收集信息以及为关税改革协会组织宣传活动。几年前,休因斯曾受到德国历史学家和社会政策协会的领导人施莫勒邀请,来撰写关于财政政策的变化和批判自由贸易的保护主义方面的文章。更重要的是,他也曾被《泰晤士报》邀请写相同问题的文章,以此来引发公众讨论。就是这些文章和在内阁上的争论,最终导致了马歇尔与休因斯之间关系紧张。

休因斯的匿名文章——出版物上的署名都是"一名经济学家"——从1903年6月15日开始为张伯伦辩护。休因斯的第一次辩护提到,国家联盟并不新鲜,甚至已经作为一种国家惯例联盟而存在;这几乎鼓动了年长的政治家(例如罗斯伯里阁下),他们被这些话激励了将近1/4个世纪。年长的经济学家们和穆勒支持殖民政策,特别是英国为过量的人口而寻求移民的政策非常重要。

周一,休因斯第一篇文章的发表对马歇尔来说非常重要。它标志着政治与经济特别理事会第一次会议的召开,正式确认了政治经济学优等考试的成功建立。马歇尔几乎用了一天的时间来阅读休因斯的文章。马歇尔知道作者的身份,因为在写这篇文章之前休因斯曾自信地告诉过马歇尔他要创作这篇文章,这使马歇尔对这篇文章的内容更加反感。马歇尔在早期与休因斯的通信中就已发生了冲突,主要是关于休因斯在英国的经济院校实行经济教学方面的内容。在互相通信期间,马歇尔已经对休因斯所提出的降低剑桥大学的经济学教学感到愤怒,马歇尔认为,在经济学组成当中,经济学理论是很特别的。马歇尔并不同意休因斯所认为的好的经济学应该追溯得更远这一观点。他个人认为休因斯的《英国贸易与经济》内容繁重,而且在注解中对其进行了批评,这也说明了那时他对牛津大学历史经济学的不满。这种个人的原因可以进一步解释马歇尔为什么背离了自己的意愿卷入到自由贸易的争论中。

紧接着6月中旬的第一篇文章,休因斯关于财政问题的建议以一种固定的但是不规范的方式出现在《泰晤士报》上。在第二篇文章(6月22日)中,休因斯对所提出的废除《谷物法》这个建议表示质疑,他们怀疑这个法律是否能更好地代表英国的利益。第三篇文章(6月25日)对工资应以生活成本为准则的观点进行了抨击,他认为这种经济学理论不符合以往的事实。第四篇文章(6月29日)进一步对废除《谷物法》提案的效果进行了批评,休因斯认为自由贸易并不能保证最低价格,并且近些年英国对美国谷物进口的过分依赖可能极为危险。第五篇文章(7月4日)提到自由贸易是一种经济进步的结果而不是原因,并且随着可观察到的英国工业增长的减速,是时候重新验证关税问题了,尤其是在贸易增长上的功劳,更多应归因于双边贸易谈判,而不是无束缚的自由贸易。

1903年7月2日,西奥多·戴维斯作为里奇大臣财务部的私人秘书,给马歇尔写了一封"私人的"非官方的信函,要求马歇尔表明对这次争论的看法。尽管这封信中把英联邦特惠税制和潜在的报复性的税收作为主要内容,但是里奇同时征询马歇尔对自由贸易与保护主义会带来的益处的评价。并且,如果有可能的话,马歇尔可以总结一下在实行英联邦特惠税制以及不实行的情况下征收进口税(如谷物、肉类及奶制品税)会带来的影响。当马歇尔收到这封信时,他正在奥地利度假,这也解释了他为何推迟了回信,马歇尔对未能及时回信表示歉意(7月14日)。他承诺会尽快发出一份简短的备忘录,同时参考戴维斯在1890年的《关于竞争问题的总统演讲》,演讲内容有关托拉斯与保护方面的问题。他所发表的文章的观点主要与进口关税的影响问题相关,指出了在1901年与《泰晤士报》的通信中已经提过关于煤炭的出口关税问题,这篇文章在《经济学杂志》中再次出现。

从当时马歇尔与德国经济学家布伦塔诺的通信中能够看出马歇尔对休因斯文章的不满。马歇尔在早期写给布伦塔诺的信中说,他的全部精力都用在剑桥大学优等考试以及"关税问题"上了,还抱怨这件事情使他不能够按照最初的想法去山上放松身心,而是迫使他比预期较早的时候就开始工作,并且此后他"每晚都会做经济学方面的梦"。马歇尔告诉布伦塔诺,他私下里已经告诫过作者了,正如上文提到过的,是作者自己告知了马歇尔,虽然马歇尔谢绝了《泰晤士报》让他代表自由贸易一方作出回复的邀请，但是马歇尔"目前正在对一些国家重要问题酝酿着自己的想法"。这些问题的演讲可能有关于《泰晤士报》上"一名经济学家"提出的一些观点。

马歇尔也告诉布伦塔诺，他早年的学生查普曼正在给《每日邮报》写回信，巴斯特布尔也参与其中在准备着一些事。马歇尔指出，回复休因斯的文章面临着两方面的困难。首先，作者并没有提出自己的计划。事实上马歇尔没有看到他在文章中声明立场，所以可以把作者视做"像神一样鼓励自由贸易者"的人，也可以是其他的人。其次，文章认为它的作者更像是一位政治家而不是经济学家，以至于对任何经济学家的回复都"在经济学中掺杂着政治色彩"。最后，马歇尔向布伦塔诺评价了由于这场争论而引起的他所看到的政治形势。他认为，张伯伦可能会突然改变现在的立场，更公开地站在保护这一边，而不是托拉斯这一边；《每日邮报》对张伯伦观点的反对是非常重要的，因为其文章具有很大的影响力，特别是在伯明翰，并且由于潜在的不直接的结果是赞成保护的，例如报复方式和倾销，所以这场战役可能会持续很长时间，即使不会跨越一代人也会持续几年。

与此同时，马歇尔时刻关注着休因斯在《泰晤士报》上发表的文章，也许是"忠诚的萨拉"把报纸送到了马歇尔的度假地。休因斯的第六篇（7月11日）文章武断地表示，想要从关于经济进步对自由贸易或者保护的数据中得到重要支持是非常困难的，然而第七篇（7月16日）文章谈到了保护德国小麦所产生的影响。马歇尔告诉布伦塔诺，第七篇文章是"极其怪异的"，并且他希望布伦塔诺能够对德国这部分的内容作出回答。他自己能够发表一些保护主义对英国谷物价格的影响方面的文章。

马歇尔也利用这封信实现了对一位德国朋友的承诺，为这位内阁的领导者以备忘录的方式写一封回信。这封信一方面处理关税影响的问题，另一方面是以过去20年的变化为经验对英国的财政系统进行修缮。他已经在几天前寄出了第一部分，但是第二部分还在继续创作中。信的结尾指出，他不间断地与休因斯通信，但是休因斯给《泰晤士报》的署名为"'一名经济学家'的文章与他给我所写的私人信件的内容不一致"。

在马歇尔再次写信给布伦塔诺之前，休因斯没有再发表文章。马歇尔在信中感谢布伦塔诺给他邮寄了一些资料，并对他提出了告诫，因为在《双周评论》中，布伦塔诺准备对所提倡的征收物品的特种关税提出质疑，但是出口这种货物会享有补助。对这方面的评论正好为英国的保护主义者提供了理论依据，因此将变成解释自由贸易原因的一种最不利的方式。因为英国的保护主义者把德国的进口税看成与德国的出口补助是等同的，因此税收补偿在保护英国工业时得到了广泛的应用。他也告诉布伦塔诺，休因斯在与他通信时告诫他，这个问题在张伯伦的竞选运动中是最危险的一环，因为它能够很容易以选举为目的加以利用，并且此时的张伯伦已经初现蛊惑之心。

当马歇尔再次因为这方面问题给布伦塔诺写信时，休因斯又有三篇文章问世。第八篇文章（7月27日）提出，变化的工业环境可能迫使英国的自由贸易者实行一种"国家政策"，并且提出了对贸易政策的修正，特别强调防卫的重要性，这对英国处境较差的钢铁业也是至关重要的。休因斯反对传统的观点所解释的较高的工资使行业的竞争力下降，尽管他接受这与相对的运输成本和英国在技术教育方面的退步有关，他还是认为最有效的修复方法是大量的公共投资的注入。第九篇文章（8月3日）提出，所有的文明国家都已经把寻求保护作为他们历史的重要部分，尽管最近在英国生活中自由贸易的好处已经成为了重要组成部分，但是环境的变化可能需要国家重新考虑保护主义的益处。上一篇文章中所描述的钢铁贸易的情况使英联邦特惠税制成为英国贸易最可能选择的政策。第十篇文章（8月8日）分析了自由贸易对英国农业的影响。他强调英国的农业绩效及其劣势与农村低等的教育、农村商业组织的职责及铁路运输情况有关。在食物进口贸易中实行英联邦特惠税制是解决农业问题的方法之一，这种来自地域上的自然保护可以奠定一种令人满意的农业基础，这种结果也是休因斯为了社会和政治需要而热切盼望的。

直到最后一篇文章发表时，布伦塔诺才知道马歇尔已经完成了他为里奇大臣所写的备忘录。在接下来的一周里，马歇尔收到了来自英国的已经收到第一部分备忘录的证明，以及一些较次要的内容的改动要求。8月25日，戴维斯确认了他在8月22日收到了备忘录的第二部分（来自奥地利的邮件共花了10天时间运到），并且对这份备忘录的使用情况加以说明。

当对关税问题的争论达到顶峰时，马歇尔的观点仍不鲜明。1907年12月，休因斯说鲍尔弗对马歇尔的备忘录"知之甚少"，当里奇离开财务部时，才在他的办公室的纸篓里发现了备忘录，并且他从来没有看过或者读过它，这听起来像是真的。马歇尔在1908年撰写的文件是对他1903年文件的修订，在备忘录里把它与1903年的文件进行了比较，这些文件在官方1908年的住房问题一栏里得到了再版。当讨论文件问题以及备忘录的内容时，需要提到1903年8月中旬发生在英国的事件。这牵涉到14位经济学家在赞成自由贸易方面的宣言，马歇尔也不情愿地在上面签了字。

事实上，在他们的宣言于1903年8月15日在《泰晤士报》上发表之前，英国的自由贸易经济学家都无所事事。休因斯注意到，此时距他的第一篇文章问世已经有两个月了，他的16篇文章中的前十篇已经发表，因此这种回应并没有效果。在文章发表间隔的时间里，有关此事的政治争论并没有减弱，事实上，争论在秋天内阁作出最后决定时反而升温了。1903年7月初，前任希克斯·比奇大臣已经建立了一个"自由食品联盟"，他在普通住房问题的公开会议上吸引了54位下院议员支持者。文章陆续在报纸、前沿杂志、宣传册和大量的公众区域进行宣传。鲍尔弗在《狭隘的自由贸易》上发表了自己的"蓝图"文章——《经济学记录》，承诺可能会有节制性地进行财政改革，"对无条件的放任主义是否是最好的选择提出了礼貌性的质疑"。从鲍尔弗的小册子中能看到传统自由贸易终结的迹象，正如6月10日他在的演讲中所告诫的那样，"自从皮尔建立了这个自由贸易的国度，时代就在发生着巨大的变化"。最后，这引发了一些特别固执的英国自由贸易经济学家的回应，他们准备在这个暑假起草一份宣言。

这份宣言由埃奇沃思撰写并刊登在8月15日的《泰晤士报》信函专栏。它的14名签署者中包括6位政治经济学教授（巴斯特布尔、埃奇沃思、冈纳、马歇尔、尼科尔森和斯马特）、1位由教授转型的政治家（考特尼）和7位对这方面有研究的讲师，这里的许多人在十年后成为了教授（鲍利、坎南、费尔普斯、庇古、桑格、斯科特、阿米蒂奇·史密斯）。这里遗漏了一些名字，马歇尔的许多学生也是宣言的签署者，其中的两个人——查普曼和克拉彭——也同样应在这个名单上，因为他们也是自由贸易的支持者。

宣言认为英联邦特惠税制"更有可能产生保护主义"，并且不会形成所声明的团结的国家，而会"出现国家部门之间不合理的争论"。宣言也坚决地否定了进口增长与失业之间的关系，认为食品进口税与降低真实工资以及英国消费者的生活水平有关系，包括这些税不能够增加小麦的种植以及鼓励英国的农业，并且会给英国消费者带来损失。这份宣言的最后部分对休因斯的第七篇和第十篇的内容给予了沉重的打击，第一部分的内容被马歇尔认为是"骇人听闻的"。

这份宣言出炉后，皮斯写了一封信给原组织者埃奇沃思，这封信使得宣言关于"经济学教授和关税方面问题"的影响被明显地减弱了。这也详细地解释了为什么皮斯没有在签署者当中。最引人注意的是，皮斯指责这14位经济学家在不了解一个建议的细节时就宣告它不可行的这种行为。虽然这对于政治家是一件合理的事，但是因为学术经济学家训练过怎样评鉴这种事情，所以超前批判会减弱他们的权威性。皮斯对这份宣言的批评观点与内维尔·凯恩斯在日记中所提到的观点相一致：

> 14位经济学老师（包括马歇尔与尼科尔森）一起为《泰晤士报》起草了一份宣言，其他的文章也对张伯伦的关税政策提出了质疑（虽然很多还未成形）。《泰晤士报》对此非常生气。我认为宣言这件事是不明智的，可能会伤害专业经济学家的权威。

马歇尔详细地说明了布伦塔诺所扮演的角色及其他起草者在宣言中所起的作用。8月18日他告诉他的朋友：

> 这主要是由埃奇沃思与巴斯特布尔和尼科尔森商讨的宣言，我没有参与起草，因为当我被问及此事时，我没有充分的理由反对。之后，当张伯伦和他的团队认为自己是最强的经济学派时，我改变了想法，并且建议有人应该在英国起草宣言。第一次起

草的宣言在3个星期前送到我这里,但是我没有去取。我收到这份宣言时,里面存在三四个我不同意的事项,所以我无法签字。我认为我的建议会被忽略,但是埃奇沃思非常好,他取得了其他人的同意,修改了我强烈建议的内容。最后,坎南——一位非常有文采的人——帮助修改了内容。现在,我认为整个事情都是值得我骄傲的。

一星期后,《泰晤士报》对此进行了强烈的攻击,随后马歇尔收到了来自同事如福克斯韦尔和帕尔格雷夫对宣言的批评信(并且"表示支持泰晤士报"),以及来自休因斯的"较大的"支持,马歇尔承认"[宣言中的]一两句话可能不是最好的"。尤其是在起草时存在一些他已经在先前的通信中提及的"草稿中的瑕疵",这使得其他人可以对此进行指控,他们非常专业地写道,"此事的权威性中存在重大的政治因素"。马歇尔接着说道:

总的来说,我认为一份宣言的内容应该比一份私人信件的内容更容易受到责难。这份宣言一定很短,并且包含了很多内容。因为当没有人认为它的内容正是自己所想要表达的观点时,就没有人会积极地或有资格去为它进行辩护。埃奇沃思在一定程度上有责任为它辩护。但是很少有人会像埃奇沃思那样,即使在一场争论中自己占理,依然很有可能采取忍让的态度。所以我们丝毫不作辩解,谦恭地接受别人的抨击。

马歇尔8月份的这封信向布伦塔诺讲述了未来的不确定性,也是他对自由贸易进行辩护的贡献之一,如果能够出版,马歇尔会马上寄去一份副本;如果它仅在内阁之间私下传播,马歇尔希望"递交它的主要材料,并且把它写成一本书"。一个月后,马歇尔仍然继续编写着自己的宣言。他利用在奥地利度假的最后一个星期来修订它(他在8月末返回了剑桥大学),使它从一种"令人困惑"和荒谬的状态,变成了一种较好的状态,但他没有保存好这个"原始副本",它"在邮递时丢失了",马歇尔感到这令人惋惜,"我整个夏天的工作全都浪费了。我可能需要在草稿的帮助下重新写作,并对其进行了一些扩展,在圣诞节的时候出版。我对此并没有把握,如果我有把握,我一定会给你发一份副本"。

马歇尔的一位朋友"从政治的角度"告诉他,尽管现在的政治环境十分严峻,但他的这个计划不会有结果。马歇尔预测的投票结果接近现实,可能会与爱尔兰派的选票持平,并且这次的倾销问题最终可能会造成"自由贸易的毁灭",这是内阁破裂的结果,不仅造成了张伯伦和另外五名自由贸易部长的辞职(包括里奇和德文希尔公爵),并在此事件上造成了一种政治混乱。这种情况令人惋惜,尤其是张伯伦在他"睿智的面容上夹杂着对所有事情的不屑",他承认自己不够粗俗,不能以粗糙或不遵循科学的吵架方式来保证自己的成功。马歇尔对这件事情的顾虑更多的与特殊的情况有关,而不是与他个人有关,他认为自己并没有扮演什么角色,但是却在其他的时候被提及。

马歇尔担任新的经济学优等考试的老师,没有足够的教员,这都使得马歇尔的备忘录没能出版。他虽然高度赞同自由贸易理论,同意对所有进口的食品免税,但是他也尽量避免对这个问题进行过多的公共参与。1903年11月19日,他在写给"自由食品联盟工会"秘书的信中表示,在公开的场合他自己已经承认了布伦塔诺的观点:

> 我非常后悔没能亲自参与"自由食品联盟工会"的工作,因为我曾信奉这样的教条,即学术经济学家应该避免加入任何联盟和归属于任何的政治党派,除非他们确实是属于政治方面的研究者,如福西特教授。我非常赞同一些人所提出的上半个世纪西方的经济环境发生了巨大变化的观点,并且这些变化对这个国家并不一定有利,因此,用开放的思想检验我们的关税政策基础是正确的。30年前,我相信在一个保护的体系中,如果它能够良好的运行和工作,那么它对整个国家的好处可能体现在某一阶段对工业发展起到促进作用,并且我也开始思考自由贸易政策对于英国来说是否完全正确。

1904年,马歇尔进一步宣布了他对自由贸易的支持。在一份发表的评议中,他特别关注到了德国的竞争方面,并告诫英国说,如果遵循德国保护主义路线的工业联盟政策,英国人的"实际工资一定会减到德国的水平,而不是他们现在的水平(比德国工资高一半还多)",这并无效率。马歇尔承认,与他在"60年代末和70年代早期"观察到的德国工业相比,事情有所改变,并且"英国的领导者是出色的",但是没有任何改变可以成为取消自由贸易才能进行财政改革这一观点的证据。同样,关税也不能够解决国家的问题,并且在讽刺"小英国人"概念时,他说道:"我们真正的理想不能只在小范围的盎格鲁-撒克逊领土中寻找,而是在一个广阔的盎格鲁-撒克逊领土中寻找。"

阿米蒂奇·史密斯——最后一位在经济宣言上签字的人——现在成为了财政部的秘书,他在1908年6月12日就预测到,马歇尔的备忘录从第一次提出到最终出版最少将历时5年。而财政大臣再一次对备忘录提出了官方出版的要求。此时的财政大臣是劳埃德·乔治。他把备忘录视为财政部的文件,尤其对马歇尔认为的保护性关税对德国工人阶级的影响印象深刻,曾在6月初的下议院演讲中使用过它。在他的演讲中,劳埃德·乔治对是否将备忘录全部内容出版以及是否把它提供给国会感到担忧,也怀疑会不会有人反对这种方式,例如考虑间断性地把文章以另一种形式出版。

他们再一次对在奥地利蒂罗尔度假的马歇尔提出这个要求。1908年5月末,马歇尔从剑桥大学正式退休,6月他就出现在了那时他最喜欢的度假地点。所以马歇尔既没有接触备忘录的机会，也没有对劳埃德·乔治在下议院使用它时进行争论。然而，他指出："一定会同意大臣的请求，尽管这样做背离了我为自己制定的程序，确实，我的行为有些反复无常。"马歇尔回到了他的准则上，他公开写信支持"自由食品联盟工会"的想法。这位经济学教授不得不避免所有的争辩，除非是针对前任剑桥大学教授亨利·福西特，因为教授的责任与下院议员联系在一起，因此会不可避免地发生一场"政治冲突行为"。在得到允许再版之前，马歇尔指出，备忘录的第1部分写得"过于草率"，并且它的一些内容在很大程度上会在他现在正编写的贸易卷中找到。1908年7月4日，阿米蒂奇·史密斯收到了电报，同意了马歇尔的条件，马歇尔也明确地以电报的形式对这个提议表示赞同。这里涉及了一篇关于保护税对价格影响的进一步澄清的注释。紧接着马歇尔邮寄了1903年他写给劳埃德·乔治的私人秘书威廉·克拉克的信件作为给阿米蒂奇·史密斯的回应，他表明有必要为西奥多·戴维斯进行辩护，戴维斯对《泰晤士报》的"那个家伙"（指休因斯）进行过评论，同时这一举动也是为了保护1903年所有政党的隐私。直到那时，备忘录才在下议院中获得了首肯和信任，得以出版。

出版的备忘录中既包含了1903年序言的内容，同时也有1908年新增加的内容，它的内容与曾经在通信中引用的内容相一致。备忘录的第一部分讨论了出口税的直接影响，第二部分讨论从英国废除《谷物法》到开创自由贸易这60年所发生事件的角度对英国的财政政策进行分析。

备忘录的第一部分讨论了三个问题。第一，它对进出口关税进行了一般性讨论，马歇尔总体上总结说，若无特殊情况，这种影响很大程度上会发生在强势的国家中。如果进口税与国际贸易相关，则关税对货币购买力的影响可能会被考虑，并且商品的供给与需求弹性会影响小国的税负转嫁负担。第二，马歇尔分析了两种实际情况，第一种是德国的税收对其价格和工资水平的影响，第二种是研究《谷物法》废除前后英国小麦价格的变化，这两个问题都曾在1903年的《泰晤士报》上被休因斯提及。马歇尔认为，总体来说德国的关税对德国真实的工资增长产生了不利影响；他认为，废除《谷物法》之后谷物价格的总体变化对自由贸易的价格水平有利，因为这种修正能起到两方面的作用，它改变了当时变动较大的黄金的可获取性，尤其对欧洲大面积的歉收局面有所改善。第三，在克里米亚战争期间，由于与俄罗斯的贸易被干扰，所以谷物价格较高。俄罗斯的歉收和黄金价格的下降，与发生在1867年的美国和1866年的欧洲歉收所带来的后果一样，不能被看做是《谷物法》废除失败的一种信号。

备忘录的第二部分解决更为一般的有关自由贸易历史相关性的问题，每个重要人物都会在辩论中提到这个问题，包括休因斯和鲍尔弗。每个人在开场时都承认它是贸易理论的重要真理，就像几何学和机械方面的理论一样，这种理论在传统环境中被滥用，这种情况被两位现代保护政策创始人——利斯特与凯里——在两个重要建议中提到。利斯特与凯里的建议是"技术进步落后的先锋产业需要国家的干预"，这个建议应该被英国自由贸易的支持者所接受。这能够使他们更好地拒绝贸易保护主义者的第一个政策建议,"自由贸易仅适合于英国的工业发展水平"。随后马歇尔提到,财政政策的基础建立在 60 年前,而其基石就是利斯特与凯里的这两个建议。首先,自由进口本国可生产的商品仅是劳动力的再分配,而不能把它用失业来代替。其次,应该取缔较为繁琐的进口税。这种税分为三种:原材料税、主要是向穷人征收的食品和其他生活必需品税,以及对本国人征收的远超过向外国人征收的其他税种。当英国开始废除这些繁琐的税种后,自由贸易开始变得有利;英国的经济增长显示,国内的就业增长通过自由贸易而获得了比较成本优势,使资源的净流入比进口替代更加显著。马歇尔强调说,1875 年的美国个人探索之旅使他相信,国家的保护对幼稚产业没有多大的贡献,但对已经强大的制造业会提供政治支持。

接着,马歇尔用所观察到的一系列当时经常被提起的因素给论文作了总结。他提到,现在的情况已经发生了一些改变,这些改变会使保护主义者的立场相符于英国财政政策,马歇尔并没有否定这种观点的力量。接着他否定了美国和德国的工业发展会成为英国再次引进保护主义的证据,美国的增长主要归因于他的规模和财富,英国不可能复制;德国的发展主要归因于国内的自由贸易,英国能够对其模仿,通过现实中不能实现的"一个盎格鲁 - 撒克逊的商业联盟会"来完成。

随后马歇尔讨论了使用关税对所有贸易国家的主要不利影响,以及从"自给自足"方面来说,英国早期工业的成功在当下却存在成本增加的问题。长期的价格影响有利于均衡,但是马歇尔也说道,相对于更有保护主义倾向的竞争对手说,在工资商品上的自由贸易传统能够使英国保留一个较低的劳动成本结构。仅仅最后一个原因就能说明自由贸易对英国的工业领导地位非常重要。"财政政策在 19 世纪后 2/3 时期的最大贡献是它发现,较富人而言,工人阶级支付的税收占他们收入的比例较高,而富人付税占收入的比例较少。"为了使英国的贸易不受外国过度的保护主义的侵害,马歇尔建议,如果两个贸易最惠国之间有一国没有在他的贸易伙伴国享受到最优惠的待遇,那么就要实施严厉的贸易报复行动。但是,马歇尔认为,当这种结果被过分讨论后,卡特尔和托拉斯之间可能会存在倾销行为。这是很难改变的,因为潜在的解决措施往往使结果变得更糟。最后,在引起争论的问题上,马歇尔强调英国殖民地在贸易优惠方面不会提供多大帮助,也并不具有多少优势。而且,就公平而言,如果能够提供贸易援助,也应该向贫困的印度(而不是富裕的地区)提供,尤其是印度的商业政策已经为英国的贸易提供了不少的便利。备忘录的末尾强调了殖民地贸易的公平性问题。

出版后不久,马歇尔的备忘录遭到了《泰晤士报》社论的批评。他们打击了马歇尔,说他对于"传统的自由贸易真理"的衷心辩护让人不舒服,因为它不能够与德国保护主义的经验相吻合,仅从道德上批评了美国的保护主义实践。在英国这种变化的环境里,他所确定的自由贸易能带来的就业结果并不令人满意。即使所有因进口而被取代的劳动力最终再就业,在调整过程中也会存在很大的浪费。社论总结说，马歇尔的"几何学真理使他走向一个方向，但是偶尔一些其他真理的侵入会使他停住，并促使他最终走向另一个方向"。与英国在19世纪中期开始接受自由贸易时的境况相比，现在的情况已经有所改变，但关税确实能够起作用。《泰晤士报》的观点以宣传画的方式被较流行的刊物和其他地方所支持。

11月19日，《泰晤士报》刊登了博纳·劳在加地夫的演讲，他把马歇尔的备忘录比做"不经思考的言论"，并且提到它已经完成了5年之久。11月23日，马歇尔在《泰晤士报》的信函专栏对这种指控进行了辩护，他陈述说他的备忘录偏向于训练有素的经济学家，然后指控说博纳·劳要对现在再版的备忘录负责，因为6月当劳埃德·乔治在关于预算的辩论中用它作为参考时，博纳还催促它尽快出版。马歇尔总结说，他宁愿去处理他正在撰写的《民族产业与国际贸易》一书中的贸易问题，也不愿再次勉强地卷入出版问题的争论中。

1910年，科布登俱乐部提议再版马歇尔的备忘录以获得比官方政府出版更广泛的读者。鉴于马歇尔的出版方麦克米兰在终版中所提及的利益问题，以及他越来越不想卷到更深争论的漩涡与宣传中，他没如先前那样答应这个提议。然而，他同意可以对著作进行正常的引用，愿意接受以总结的形式发行内容提要，正如科布登俱乐部以及它的提议者、国会议员约翰·罗伯逊在某个时期建议的那样。1910年，罗伯逊发表了马歇尔备忘录的概要。1911年，科布登俱乐部出版了由罗伯逊所作的颇具挑衅性的名为《关税改革的瓦解：张伯伦案例曝光》一书。他的第二部著作强烈攻击了休因斯在1903年后所支持的论点。尽管罗伯逊引用了马歇尔的部分论点来击败他以前的对手，但是此书未提及马歇尔的备忘录，甚至没有提到马歇尔的名字。

在马歇尔看来，持久的财政政策争论已经告一段落了。直至生命的结束，他还是坚持自由贸易的信念，但在一战后的经济重建阶段，自由贸易的斗争失利了。随后，正如马歇尔担心的那样，财政关税被引入。他也没能目睹这一幕：20世纪30年代大萧条期间，他的得意门生梅纳德·凯恩斯因为征收关税可以创造就业而改变了对关税的立场。因此，后来英国的国际贸易财政政策的实践证明马歇尔并不正确。但是，众所周知，直到20世纪末，自由贸易和保护主义之争仍旧存在，历史上这种争议也一直存在。

马歇尔任皇家委员会成员和政府顾问的各种丰富经历，将以他后几十年中写到的自己对这类活动的两点评价来结尾。在《工业与贸易》这本书里，马歇尔探讨了交通领域的竞争和垄断问题，其中的一段内容就是建立在从问询委员会所获得的知识上，这些反映出他在处理这类问题上的经验和智慧，尤其从19世纪90年代早期开始逐渐体现出他的这种智慧，同时也强调了在重事实的研究机构里专业知识的重要性。

另一点认识体现在他为财政政策备忘录所写的前言的草稿。落款日期是1903年9月23日，那个时候，备忘录的官方出版已经停止了，是否立刻开始私人出版还在考虑之中。这些在他生前从未披露过的所做所思，更加证实了他具有感情模糊和犹豫不决的特点，这些特点在他的生命过程中多有体现。这些年作为劳动委员会的皇家委员会成员，他应邀积极地与政府及其顾问分享他的学识，这表明他将艺术和政治经济学看得同等重要。

不参与炙手的政治讨论是我的原则，即使这种讨论包含了许多经济方面的争论。对职业经济学者来说，自己研究的课题和非本专业的课题是能够区别对待的，而这种区别容易被讨论双方忽略。所以如果让自己卷入争论漩涡，他就会失去这种辨别能力，至少会偏离正道，偏离那种学生乐于发现和传播的新问题、新观点对原有结论自我推翻和改善有所启发的研究过程。他渴望影响公众，可公众不理会微小的区分和复杂的推理。对经济基础的全面讨论会遭到公众的抵制而不会产生任何影响。他必须无畏地发起讨论，并且被联想成为经验丰富的争论者，开始受到诱惑，为了结果甚至为了研究方法而工作。如果他屈服于这些客观因素，就可能开始调整行动以得到有利于其论点和论据的事实并产生卓越影响。然后他的主张就会深入人心，耗费的只是学生的公正无私。有规则就有例外，现在主要摆在公众面前的政治问题不同于任何其他发生在这个国家的同等重要的事件，不同于发生在上两代的、双方领导人正式发表某些重要经济声明的任何事件。

补充一点，毕竟经济学家也是人，与其他人一样有喜好和激情。我热爱盎格鲁-撒克逊理想，这些理想主要源于这个国家（英国）和美国。如果非要我作出选择的话，坦白地说，我会选择前者。我认为英国人会从辩论中了解到他们现在的地位根基的部分来源。

马歇尔的人道主义精神充分体现在他作为政府顾问所参与到的官方活动中，尤其是他担任劳动委员时发表的著作以及国际贸易的财政政策备忘录都体现出了他的人道主义精神。他的为人也可从他给出论据的方式中窥得：固执己见、学究、不确定细节、行动不自信，以及从贝利奥尔学院舒适安全的学习中获得的一种武断地表达理论及一般原理的能力。他对政府的建设性意见公开了许多他生平可能不会出版的理论，特别是在财政政策和税收经济学方面。他在这些活动上花费的时间到底值不值得，这个问题难下定论。虽然参与劳动委员会占用了他在学术写作上的时间，甚至成了《经济学原理》第2卷未能面世的重要原因，但是即便他没有参与这些活动，他的状态也有些困难，第2卷还是有可能创作不出来。即使如此，皇家委员会仍然会以各种不同的有趣的方式使教授成为证人、专家，偶尔甚至让他们为自己的观点收集论据。同样，委员会能够有趣地洞察到马歇尔与商业、劳动、政府和福利组织在事务上所有的联系。

第12章

《经济学原理》的漫长征途（1881～1922年）

1890年7月中旬，马歇尔撰写的《经济学原理》第1版由麦克米兰公司出版。毫无疑问，这本书是马歇尔经济学学术生涯的巅峰之作，书的内容体现了他一生的大部分工作成果。毫不夸张地说，这是一个永恒的时刻，马歇尔经历了从一名思考经济学的工匠到用自己的方式来诉说经典的过程，并持续不断地鼓励未来几代经济学工作者。评论家们几乎一致欢呼，称之为同时期最重要的著作。一些大胆的评论甚至说，即使《经济学原理》不能与亚当·斯密的《国富论》相比，至少也能被视为穆勒《政治经济学原理》（它们有着相同的声誉）的后继。

报纸评论不仅仅将这本著作视为下一个时代经济学的宝贵财富，还认为马歇尔的《经济学原理》将政治经济学重新塑造为"社会偏好的科学"，提出了"完全不同的产业史研究"，包含了"富有艺术文学气息的工艺片段"，堪比穆勒的《论工人阶级未来》的著名章节；它的出版使"政治经济学不再是一门有关研究对象、方法和结论的沉闷科学"。《经济学原理》所包含的内容异乎寻常地广泛，《言论者》评论马歇尔可以平等地"接受异端的以及正统的经济学家的指导"，但是《曼彻斯特检查者》将《经济学原理》与赫伯特·斯宾塞的著作特别是与他的社会学理论相提并论，更准确地把马歇尔的观点（如那些关于国家的观点）置于斯宾塞和社会主义者的思想之间。然而，这些评论并不总是赞扬的声音。一个充满敌意的评论特别对马歇尔的风格提出了批评，认为他"过于冗长乏味、啰唆、重复"。评论者还说，"一个比话题分散更为严重的问题"是书中"开始了话题却没有结束"，作者试图以"推迟难题"作为解决方式。一些中肯的评论注意到了书脊上显示的"第1卷"的意味。这本书本会以连载的形式出现；当时一家大胆的单位（如《布里斯托尔西部日报》）甚至说这一卷的出版"已经被期待了许多年"，正如悉尼·韦布告诉《星报》的读者，《经济学原理》的第1卷是花费10年心血完成的。

毫无疑问，韦布对《经济学原理》孕育期的论述是准确的。马歇尔早在 1881～1882 年就曾提到过自己的作品。那年马歇尔在巴勒莫度过了冬天，接下来的春季是在意大利和阿尔卑斯度过的。因此，西西里岛可以被看做是《经济学原理》的诞生之地。然而，书中概念部分的火花却出现在许多年前。从本质上说，《经济学原理》体现了马歇尔近 1/4 个世纪的艰难研究与阅读。1880 年 4 月，即《工业经济学》出版 6 个月后，马歇尔写信告诉福克斯韦尔，尽管为众人所期待，他还是认为不应该匆忙出版，其中的部分原因正如 1887 年他告诉麦克米兰的那样，他正在写的这本书"将会是我一生的工作中心，我把它看做与我曾写过的或可能要写的任何东西都不同"。长时间的写作，连同之前更长时间的准备，与《国富论》的写作过程相似，比穆勒用于写作《政治经济学原理》的时间更长。但与斯密的经济学巨著不同的是，马歇尔在 1887 年对《经济学原理》的设想计划并没有完成，第 2 卷的编写并没有成为现实。并且，这本著作在第 6 版之前一直经历着频繁而大量的修订，作者在生命的最后几年里仍继续对书进行着细小的改动，因此称之为漫长的征途并不为过。十年痛苦而缓慢地写作最终迎来了第 1 版的诞生，后来马歇尔在给休因斯的信中以夸张的方式描述了他缓慢的写作过程："我觉得自己以每小时 17 个单词的速度进行写作，每当完成一章的内容要进入下一章的时候，对新一章开篇的讨论又经常会促使我推翻上一章的内容。"

经历了第 1 版的 10 年写作之后，接下来又是马歇尔为后面 5 个新版本 10 年的准备工作（出版第 1 个新版仅用了不到 12 个月的时间），之后的岁月就是对文本细微的改动。这一过程涉及 40 年的时光，占据了马歇尔生命中一半的岁月。这种投入对一个基础卷或按马歇尔在第 6 版扉页上所说的"引导卷"来说，真是一个异乎寻常的纪录了。

这本书打破了比长期准备和频繁订正更多的记录。为了出版，马歇尔与麦克米兰的联系对纯账面协议有一定的帮助，因此它不可避免地影响了马歇尔，作为自由竞争的大力支持者，他在英国书业贸易中引入了维护零售价格机制，而这种限制性贸易行为持续了数十年之久。自首版以来，《经济学原理》一直由最初的出版商麦克米兰印刷。1921 年后，由于人们对《经济学原理》最终版本存在着异乎寻常的需求而被频繁印刷，使得该版的印刷图版在 1949 年因过度使用而损坏了。这本书第一次为在那个年代之后出版的书籍（包括平装本）设立了新的页码标注习惯。

通向《经济学原理》之路

1879 年 6 月，即《工业经济学》还有几个月就要出版时，马歇尔告诉杰文斯他可以很快开始一项"有关曲线的书"的写作工作，该书是以"西奇威克先生赠送给你的"国内价值的论文章节为基础的。马歇尔在与他的通信中说到，这一问题如不使用诸如分析之类的方法是很难处理的,但眼下的书籍只会在书的补充位置中画上"曲线",关注的是发展理论的应用以及"你作为主要作者从事的工作(即'实现'数量经济学的抽象推理)所作出的贡献"。关于国内价值的私下出版的材料为后来出现于《经济学原理》第5篇及第3篇的某些章节提供了核心内容,并因此成为新著作与其他依次产生的作品的起点。马歇尔后来对科尔森回忆《经济学原理》的写作时说了这样一个故事:"我的《经济学原理》第5篇及第3篇中部分内容的纯分析工作是从书籍现在的形态向后和向前拓展的核心。"一年多后,即1910年,马歇尔用一种悲观的情绪对他《经济学原理》的构建过程作了类似的陈述,他说他婚后的前十年(即1877～1887年)是"荒芜的十年",在这十年间"他迷失了研究的基础,没能获得新鲜的东西",因此《经济学原理》"主要使用的是1878年以前的材料"。国内价值的章节不止一次地被列为起点,而"一些必要的限定和条件"的补充使得它们更加接近于对"实际条件进行的具体研究",成为了第5篇的核心并使该篇"逐渐地向前和向后拓展"。

马歇尔在布里斯托尔担任校长期间的最后几年,这一计划性的工作并没有取得很大进展。虽然掌握着学校的财政大权,他的行政责任却也非常繁重。1880年1月他写信给福克斯韦尔说,《工业经济学》的姊妹篇《论贸易与财政》已经被推迟,原因是他决定先写一本关于"纯经济理论"的书,更主要的原因是西奇威克"强烈地希望接下来我会去做关于曲线的研究"。该月的后几天,他向福克斯韦尔报告了他对论述享乐主义的数学文章的兴趣,作为朋友,他还征询了福克斯韦尔对《思想》上某一议题的意见,这本杂志发表了一篇"作者署名为埃奇沃思的文章。杰文斯曾经给他看过一些我论述经济学曲线的文章,他也礼貌地作出了评论,并似乎暗示着我已经认识他了。但我们的确不认识,你认识他吗?"

马歇尔应该是认识他的,因为埃奇沃思不久之前曾送给马歇尔一份他的《伦理学新旧方法》的副本,为此马歇尔于1880年2月初还对他表示感谢。或许是在福克斯韦尔的帮助下他才忆起此事,马歇尔写道:"我听说过你在《思想》上发表的那篇论文并打算阅读一下,但我忘记了你的名字。现在我已经阅读了你送给我的书的大部分,其中的许多内容使我深受启发。在研究与人类行为相关的科学中,对于使用数学的可能性问题我们似乎有着非常相近的认识。至于对功利主义教义的解释,我想你已有相当的进展了。但我仍然渴望你在以更清楚的方式展示问题的动态特征之后,能够实际地重新表述幸福是一个过程而不是静态条件的中心观念。"他们讨论的许多东西与日后《经济学原理》第3篇的内容相关,而埃奇沃思首次以马歇尔朋友的身份与他通了信,这也解释了为何后来马歇尔评论了埃奇沃思的第二本也是最后一本著作——《数学心理学》。正如马歇尔关于出版计划一事写给福克斯韦尔的信中所说,此时他似乎正与西奇威克保持着紧密的联系。这表明马歇尔有可能与西奇威克讨论了他与埃奇沃思的通信,尤其是因为这些内容涵盖了功利主义与伦理学。前文提到的西奇威克与《学院》的联系迫使马歇尔写了第一篇评论,即"论杰文斯《理论》的诞生"。西奇威克在1880年与马歇尔关于埃奇沃思作品的通信促使他建议马歇尔去评论一下埃奇沃思的最终著作——一本内容高度数学化、需要具有合适的数学头脑的哲学家来评论的著作。尽管从他们早期的通信来看，马歇尔的评论越来越具有锋芒，但他在1881年初对埃奇沃思《数学心理学》的评论在各个方面却显示了他在这一阶段对功利主义福利经济学持续不断的兴趣。与其说是他们一生友谊的开始，不如说他们的友谊因这个评论而得到了巩固。

马歇尔在1880年与埃奇沃思的通信也显示出他对正在发展的理论的其他兴趣。2月他在以"谢谢你"为题的一张善意的便条中，提到了一些对"动态的词语含义"的讨论，他在草稿中还显示出此时他对调查经济增长问题饶有兴趣。马歇尔也评论了几何方法相对于正式数学分析的优势：

> 当处理一个新问题时，我一般使用分析的方法，因为它更简便。在我即将开始写第1篇时，我会（在脚注中）在我使用曲线也无法简化问题时保留一些数学分析，但是在可以使用几何方法时就不使用分析方法了，部分原因是因为曲线并不要求特别的训练，部分明显的原因是它们要受到统计科学的牵制。

尽管此时的马歇尔向埃奇沃思坦言，几何方法确实有困难，但却与他关于分配和增长的分析工作有着深远的联系，只是这一工作在他有生之年都没有显现出成功的曙光。埃奇沃思在信中向马歇尔提出，用供需曲线分析劳动力市场的时候会出现多重均衡的问题。相应地马歇尔向他询问了一些具体问题，表现出马歇尔对其处理劳动力市场问题所使用的技巧持怀疑态度：

> 你是指一次交易的劳动还是所有交易的劳动？是指任意一点的供给还是专指人口增长条件下的供给？从现有经验来看，我对供给与需求在这一方面的准确处理已经不抱有任何希望了。因为如此错综复杂的时间因素上的困难是如此之大，让我在初次绘制曲线数月之后仍没有找到任何令我满意结果。

1880年上半年，规划中的有关纯理论与对应用工作分析的问题持续困扰着马歇尔。他在4月间写信给福克斯韦尔说，尽管福克斯韦尔、坎宁安及更早之前的西奇威克提出过关于他的纯理论重要性的建议，但他仍需要加强对应用的研究。他还说不应该仅仅为了防止被其他人捷足先登所以急于出版因而忽略应用中的困难。在那种状况下，马歇尔每时每刻都在工作，"但因自身能力有限及学院事务的繁忙，我几乎没有取得任何成果"。1880年夏，在克洛韦利度假的马歇尔致力于对价值的研究，这一主题既涵盖动态分配问题，又包括了效用、消费者行为及需求的数学复杂性。"价值"也成了《经济学原理》逐渐演变后的第5篇的核心。然而，在马歇尔辞去校长一职、从1881年10月初开始逃离布里斯托尔的12个月，以及次年在索尔科姆度过的暑假中，马歇尔都将精力用于对价值的研究上，这就意味着马歇尔在1882～1883学年初返回布里斯托尔之前，并未完成《经济学原理》的写作雏形。

占据了马歇尔1880年和1881年暑假的价值研究工作还有什么可探讨的吗？1880～1881年学年初，马歇尔与福克斯韦尔的通信表明他的写作几乎没有取得任何进展："最近12个月以来包括整个学期我都没有做任何事情，假期也几乎没有什么成果。"甚至暑假也被学院的事务侵占了。早在1881年马歇尔就评论了埃奇沃思的《数学经济学》，这意味着，与工资的讨价还价一样，对享乐主义的数学计算及双边垄断的不确定性都被重新修订了。马歇尔的评论中描述到，埃奇沃思经济计算的一般目标是调查"缔结合约的双方预先决定内容与程度的条件，及合约公开的情况下每个人对事件所产生的效用"。因此马歇尔关注了埃奇沃思的合约曲线概念，以及他对雇主与雇员、佃户与地主之间合约分析工具的应用，而在这些方面用以决策的数据经常是未知的。尽管这是一种有趣的方法，但还是存在着使数学脱离"经济学实际"的风险。但是，"如果埃奇沃思能够阻止他的理论过于抽象化，或许能用它们做更多的事情"。因此，埃奇沃思的书为马歇尔提出了一个更大的问题，即"在伦理学中使用数理原因是否恰当"。这是他早期与埃奇沃思通信的主题，也是马歇尔在寻找经济学原理最佳方式的过程中一直在思考的事情。

在后来的著作中，马歇尔以一种广义的方式阐明了"价值"一词的含义，他19世纪80年代早期的关于增长与分配的动态理论也归类于这一主题之下。正如惠特克指出的那样，对这些材料的灵感有几种解释，但马歇尔最终拒绝把它们明确地使用到《经济学原理》中——它甚至没有真正地出现在数学附录中——刚好也完整地与马歇尔试图写一本纯理论或是更多应用于实际性工作的书籍的雄心壮志相吻合。他与福克斯韦尔1879年和1880年的通信表现出了他的困窘，他对埃奇沃思的评论则更明显地表明了他当时的心态。他对经济增长的注释也是一样平等开放的，这与他评论的风格以及他在文中针对埃奇沃思在劳动经济学中使用曲线问题的警告风格一致。

马歇尔的理论本身就是关于经济增长的一种新古典理论公式化的有趣尝试。它将《工业经济学》中带有分配结果的生产理论正式化，并恰当地以边际生产率解释了工资和利息。1879年，马歇尔曾在布里斯托尔讲授经济发展，援引了穆勒的《政治经济学原理》第4篇中的观点，日后将其发展为《工业经济学》中关于分配理论的章节。因此，在70年代后期或者说1880年，马歇尔就已经到达了他经济学工程的新阶段了。为此他告诉克拉克："将穆勒的理论转变为尽可能不同形式的方程……去掉那些无法转变的。我去掉了第2篇中关于工资的理论……纳入了第4篇中的内容。"生产函数可自然而然地由一个理论得出，该理论视产出为土地、劳动和资本的联合形式；接着是根据传统李嘉图方法得到的地租从总生产中消失后有关分配的结论，而从边际生产率考虑进而予以保留的"利润与工资基金"的分配则也许是吸收了冯杜能的思想。对影响因素增长（资本积累、马尔萨斯式人口增长、劳动效率增长以及生产技艺的变化）质与量方面的动态供给的考虑则保证了分析不会被限制在静态之中，就像马歇尔警告埃奇沃思的那样。

　　增长与分配的理论手稿更多地阐述了概念与函数之间的关系，而不是为现实的增长途径寻找特定的解答方案。惠特克曾指出，这些模型都太复杂而无法给出限制条件，以至于不能用这些模型进行分析，甚至连某一时间点上变量变化的讨论也远未能达到马歇尔预想的深度。不过这些材料却组成了系统的分析框架，成为讨论的基础，用来处理《经济学原理》第4篇杂乱的生产理论以及最后一篇中由价值理论展开的分配结果，是一种主要的先驱性尝试。马歇尔在此种情况下放弃了对正式模型的尝试，表明在能确保更接近经济现实的条件下，他还是倾向于对过程的单纯的文字描述。因此，在1880年与1881年《经济学原理》的准备工作中，马歇尔加强了现实主义成分并把其作为新工作的主要目标，同样也使得消费者行为、交换、生产和分配理论中的重要概念得以区分。尽管这些章节的写作工作并没有最终完成，但它还是比马歇尔去除掉的某些不合意的内容更具价值。

　　《经济学原理》更多的建设性工作完成于马歇尔夫妇1881~1882学年在欧洲度假的12个月中，开始于巴勒莫冬季5个月的旅居生活。马歇尔后来回忆说，他就是在那时发现了弹性的概念，使之成为需求理论的一个元素，并且完成了第3篇最初的版本。马歇尔图书馆收藏的他1882年的活动记录明确显示，《经济学原理》是经过他一年的努力（其间仅有休息和偶尔的观光）才初步完成的。

　　1883年的通信更加证明了马歇尔的写作过程进展缓慢。1883年3月，马歇尔写信给福克斯韦尔说，"我正期待着对我的书进行近5个月的无干扰的写作，我将无暇去完成关于《进步和贫困》讲义的出版工作了"，而这正是福克斯韦尔与西奇威克期待他去做的事情。8月18日，他告诉福克斯韦尔他正忙于对李嘉图价值理论的一个长注释的写作，并暗示他将利用1883年的夏天来阐述与价值相关的生产成本的复杂问题。这些进度报告表明，他预期在1883年7月将一份他近一两年内正式发表的论文送往瓦尔拉，后来这一预想落空，而实际上此阶段他的著作规模远比实际成果要小得多。

　　在那几年里，马歇尔仍计划在《经济学原理》的第1卷中包含经济学的全部内容，比如1882年底他希望能在国际贸易中包含垄断内容。尽管一直在努力工作，但是1884年间的其他写作任务还是分散了他对这本书的精力。1884年2月，马歇尔发表了论文《在哪里为伦敦的穷人提供住房》。而对《经济学原理》写作进程更有帮助的是他写作白热化时期在格恩西岛的洛克奎因湾为《合作年报》写的文章，这篇文章调查了有关工资的理论和事实，预见了马歇尔日后在《经济学原理》中得以发展的非正式的分配理论，并且他在1880年或1881年给出了理论的数学形式，这也是 1885 年 1 月他参加工业报酬会议所作演讲的一部分。对马歇尔来说，这些文章都是他在冲动之下所作，降低了 1884 年马歇尔对其著作写作的严谨性，尤其当时他还兼任着牛津大学繁重的教学工作，以及同年年底福西特去世时他还要竞选剑桥大学的教授职务。

巴勒莫，玛丽·佩利画的水彩画（1881 年）

1885 年，《经济学原理》的进展加速，尽管为就职讲演进行准备、为皇家统计学会的周年庆典而准备论文《统计学的图表方法》，还在夏季度假的湖区得了"轻微疟疾"，以及在春季末夏季初的月份建筑贝利奥尔庄园等等，这些都在 1886 年 8 月他们搬入新房前一直分散着他的精力。但是当年的前 3 个月给他提供了时间，"我可以为我的书作总体考虑，也逐渐扩大了范围……我渐渐超越了自己书中那些古老而狭隘的概念，其中形成科学骨架的抽象推理得以突显，它还没有使我鼓起勇气去直接承担两卷书的任务，但那或许会是我终生工作的主要（同时也是逐步完善的）成果"。1885 年年底，马歇尔要在汤因比楼作一场名为"人口对生计维持方式的压力"的报告。同时他还有秋季学期繁重的教学任务（他共做了关于货币与国际贸易的 29 场讲座），这使得他几乎没有时间去完成著书的工作。1886 年的夏季学期同样被教学所占据，并且他还有为皇家贸易萧条委员会撰写备忘录的任务。尽管 1885～1886 学年及 1886 年的夏天回想起来"十分平淡无奇"，但还是让书的范围有了主要的发展：

> 我的主要工作是对书的计划进行回顾，这是［1886 年］夏季我在克罗默附近的谢宁汉姆停留时所想到的。接着我放置了一些与它们的最终形式（至少是目前第 1 卷的形式）类似的内容，从那时起我才第一次试图在我期待印刷的内容中安排独立的章节形式。

直到次年的夏季马歇尔再一次来到格恩西岛时，才重新开始写作工作。马歇尔告诉福克斯韦尔，他拒绝了为不列颠联合会写一篇有关"过度生产"的论文，原因是这会导致《经济学原理》写作工作的拖延。1887年2月，他向去年6月加入的政治经济学俱乐部提出了使用表格化标准的倡议，将其修改后于1887年3月在《当代评论》上发表。紧接着又着手准备在《经济学季刊》上回应对《工业经济学》中分配理论的批评。他极不情愿地为普莱斯的《工业和平》一书作序，称之为一项"我再也不想做了"的工作。然而，在多产又充满灵感的格恩西岛，"我为书籍的写作做了大量工作，还与麦克米兰公司一起安排了出版的事宜，我在［1886~1887年］这学年末开始将校样送给印刷者；除了正在打印的第6篇的半部外，所有的内容都不是为出版而写的，但可以将其置于出版内容的形式之中——我指的是，内容都在，但需要专门进行安排"。

马歇尔从格恩西岛告诉福克斯韦尔，他不愿前往在曼彻斯特的不列颠联合会，尽管他有可能在那里遇见门格尔与庞巴维克。怡人的天气让马歇尔夫人喜欢在他写作的时候画画，而打乱马歇尔的写作思路将会是十分有害的：

> 我已经打印了大约40页，当我完成100页左右时，我会把它们打印出来，然后暂时停止写作。尽管对将要论述的对象非常熟悉，我还是保留了第1卷中约100页在最初草稿基础上补充的内容。我不愿冒这样的风险，让第500页所说的内容与第50页所说的内容截然相反。

1887年假期结束前（1887年10月1日）所写的提纲草稿表明，他当年急切地要写完第1卷的终结篇——第6篇。这也表明在组织材料和内容的最终安排上还有很多地方需要修改，马歇尔在当年5月正式向麦克米兰公司报告了第2卷的提纲计划情况。

1887年10月初，约翰·内维尔·凯恩斯应马歇尔之邀去帮助修正和评论印刷者的校样。10月8日下午，凯恩斯拜访了马歇尔，表示"他期待在复活节前完成第1卷的工作"。10月3日凯恩斯记录了他对所读内容的印象以及马歇尔对其评论的反应，所指的校样似乎出自于第1篇之中：

> 我正在阅读马歇尔的书稿校样。我想我应该增加对这些校样的期待。很明显，作者在这一学科上具有丰富的知识。他非常感谢我给他的建议，如"十分谢谢你对第4章校样的注释。其中一些是十分重要的，特别是关于写作日期的问题。我本以为那是他在1835年写的，实际上并不是。至于你的那些建设性的建议，我很惭愧它们占用了你那么多的时间，但它们对我来说却是非常重要的，让我受益匪浅"。

11月中旬，凯恩斯开始收到第2篇的校稿，他负责定义部分。一张张校样在1888年最初的几个月准时送达。凯恩斯1月和2月校对的是第3篇的内容，3月初校对的是第4篇开篇的章节。而马歇尔这几个月也忙于国际金银委员会的工作事务，1888年2月起，他又从事了校对凯恩斯《政治经济学的范围与方法》的工作。当在约克郡度过的暑假结束时，很多工作已经完成了。第5篇已经交付印刷，"第4篇正在结稿之中"。8月底，他写信告诉凯恩斯，"长时间的拖延"导致他自己和印刷商都犯了错误，他能够提交4批第4篇的校样，当印刷者要求他提交第五批的时候他正在处理"工业组织"中商业管理的内容，他直接把结束的部分给了凯恩斯去校对。马歇尔接着说："只剩下第4篇最后的总结供给条件的章节，接下来就是又短又糟的第5篇，论'供给与需求均衡的一般理论'，而第6篇与《工业经济学》的第2篇十分相似。草稿到'工业组织'开始之处就有300页了，从那到本卷的结尾估计还会有300页，这真是个漫长的工作。"

对1887～1888年所做工作的注释是以宣布一项重要变化而结束的，马歇尔直到很晚才作出这项决定，即"增加一篇更加深入的关于生产成本的内容，在其中（略作精简）放一些我本想置于关于名义价值之后的内容"。这一篇以"分配与交换"作为副标题，"现在成为了第7篇。这个决定不是一下子作出的，这一年［指1888年］并没有取得什么长足的进步"。1888年12月20日，约翰·内维尔·凯恩斯得知要增加一篇的决定，并于1889年1月中接到了进一步的修订任务。

在工作混乱的月份里，凯恩斯持续不断地诘问更多的校样以及本书预计完成的时间。1888年8月曾预计在1889年出版第1卷的计划推迟到1889年3月；11月，马歇尔又预计书最早能在复活节出版。12月，文章内容再一次被调整，次年1月的修订又进一步推后了出版的进程。其中的一些变化是由凯恩斯引起的，他在1888年11月的日记中曾抱怨："我现在正为马歇尔的一部异常艰难的连载书籍校稿（注释中配有曲线）。工作安排看起来很糟，尽管书的各部分比例安排得非常好，但我对这部分内容并不满意。争论与复杂的部分应该找西奇威克定夺。"

至于1889年《经济学原理》的写作工作，马歇尔自己说："1889年的前4个月我写的是第6篇，我完成了其中前4章的草图并完成了第5篇。同时我在数学附录及如何印刷上投入了大量精力……在波尔多港度过的八周长假主要用在第6篇第5章和第6章、第7篇第1～5章上，第5章的原稿已交付印刷，其中第34页已经进行到了第二阶段（第一阶段是在纸上）。"

其他的任务也导致了出版的拖延。整个复活节假期完全被为伊普斯威奇的合作委员会准备总统演讲的事务所占据。那年的上半年，伦理学委员会频繁地讨论优等考试的新规则，在2月底才达成了一致意见。为规划的《经济学杂志》决定编辑人选（对此马歇尔已有他倾向的人选）也占据了他的时间。1889年5月底，马歇尔告诉凯恩斯："我的书进展得比较缓慢，现在我并没有全身心地投入其中。合作的事情会在某些时候占据我的头脑，我会做下去，直到项目结束。第 6 篇'生产成本'部分已经印出,但你在看到后半部分之前会觉得它其实是没有多大意义的。我希望能在圣诞节或之后不久看到第 1 卷的出版。"

为了能使书在 1890 年尽早出版,马歇尔放弃了 1889 年 10 月的许多讲座,这样可以弥补上半年伦理学委员会更新优等考试规则等一些会议所造成的时间损失。6 月底,凯恩斯重新开始了对马歇尔书的校稿工作。一个月后,他送回了更多的校稿:

> 我送给你第 6 篇论生产成本的其余部分。第 7 篇的写作正在进行但进展缓慢。你会看到这些章节在开篇就已得到了许多建议,但你可以随便在之上书写。我会送另一份草稿给出版社的。普莱斯的铅笔注释我没有看。他的一些口头修正意见对我来说都不太需要;但他犀利的目光经常可以发现我们其他人都没有注意的诸如"它们的"被误用为"它的"等错误。

最近作出的增加论生产成本的第 6 篇的决定是《经济学原理》出版最终拖延的主要原因,因为它需要对之前的第 5 篇及对新的第 7 篇"价值、分配与交换"进行新的安排并重写。其中的一个对照就是,1890 年完成的第 7 篇使用的是 1887 年 10 月准备的第 6 篇的提纲。1887 年的第 6 篇第 5 章中"与价值相关的租金"被转移到了新的第 6 篇中,因此他突然将主题改变到分配之上。在 1887 年的计划中,对租金的讨论是在资本和劳动之后的,接着是增长与分配的手稿。新的第 7 篇将租金之后的劳动、利息与管理所得都放在分配理论的一般研究之后。《工业经济学》中依靠工资与利息资金两步的分配理论被删除,取而代之的是供给与需求理论在分配中更为一般的应用。1890 年第 7 篇的范围中并没有充分考虑到将与之相当的 1887 年第 6 篇中的论批发与零售、论贸易联盟与贸易联合影响的内容放在第 2 卷的计划。然而,与 1887 年的计划相比,新增的劳动与资本所得的相关章节被插入到了 1890 年出版的版本之中。

新的第 7 篇仍是麻烦之源,正因为如此,《经济学原理》才在 1890 年 7 月出版,而非 6 个月前预计的圣诞节期间。它所制造的问题之一就是,随着书本篇幅的扩大,1888 年 8 月规划的 300 页膨胀到了 436 页,几乎增长了近 50%。1889 年 12 月 2 日,马歇尔对忠实的凯恩斯哀叹道:"我的书变厚了;哦,它真的变厚了!真烦!"流感使冬季的工作停滞了,他只做了一些适当的"松弛性工作"。

1890 年 4 月,马歇尔给了凯恩斯一张目录表格,"不是让你修改,而是向你展示一下趋势"。那时全书仅剩"论与土地有关的供给与需求一章,以及一两个正在收尾的章节",那些章节的内容估计"不得不省去很多我想要写进去的内容"。马歇尔曾经称赞过麦克米兰公司送给他的样本,出版方 6 月初的一封信也肯定了马歇尔三个月前向凯恩斯提到的付加页面的价值。书现在变得厚了许多,因此麦克米兰向马歇尔建议将价格从 12 先令 6 便士提高到 14 先令，而那时这样厚度的书一般价格是 18 先令。就像惠特克指出的那样，艰巨的任务此时已经完成，《经济学原理》第 1 卷在 1890 年 7 月的下半月正式出版。

第 1 版

"真是一卷漂亮的书！"拿到《经济学原理》剩余部分的凯恩斯在 1890 年 7 月 24 日的日记中这样写道。这话一点都不假。书配以著名的麦克米兰蓝色封面，书脊上印着简洁的金色字体："经济学原理．马歇尔．第 1 卷，麦克米兰公司。"书的扉页除了写着作者是剑桥大学政治经济学教授、剑桥大学圣约翰学院的校务委员、前牛津大学贝利奥尔学院校务委员之外什么都没有多写。扉页上的内容还包括可能是来自康德或达尔文《物种起源》中的名言：自然无突变。这句话准确地表达了全书所秉持的连续性原则，这也是作者极力宣称的"本书的突出特点"。

他在简短的前言中表示，本书"试图在新工作的帮助下为旧教义提供一个新版本，在附录中附上这个时代新出现的问题"。目标是使用传统原则来解决新的情况，使用事实与原因连同"良知与常识"一起去发展"经济学法则，就像用陈述性语气表达趋势状态那样"，这是马歇尔《经济学原理》中对"连续性原则"的第一次主要表述。其他方法所使用的原则也在序言中得到了充分的论述。本书利用生物学精神进行类比进一步体现了其主题。"尽管鸟与四足动物的外形区别显著，但它们的基本构造还是体现着一种基本理念的，而需求与供给的均衡的一般原理就是贯穿于分配与交换的中心各部分框架的基本理念。"

使用术语时也要遵循连续性原则，为避免诱惑，马歇尔在前言中警告说，要严格区分那些本质上没有作出区分的东西。实际生活中的例子就是人们不能区分某物是不是资本、是不是必需品，或是劳动是不是生产性的。它的各个方面就如科茨所讨论的那样，成为了剑桥大学"说教风格"的组成部分，它使初学者比未被训练的读者获得了更多的信息。发展的连续性是这一原则更长远的应用：无论是在赫伯特·斯宾塞的生物学意识还是黑格尔的历史意识，都被马歇尔在书中奉为对其作品有着主要影响的人。其中还包含着连续的数学化概念。

对连续性原则的这些不同观点阐释了本书对经济学的改进之处。本书的核心是需求与供给的均衡理论，因为"大多数经济问题的本质都与这一均衡相关"。然而，均衡理论远比想象的要复杂，取决于其所应用的市场本质、发生作用的时间段、竞争的实质以及与之相关的稳定程度。第 1 版第 5 篇强调了这些方面的问题，强调了将均衡理论应用于诸如满意最大化或公共商品等问题上的困难，但没有提到它在决定当下重要问题的困难，即个体行为是否可能优先于集体行为。在讨论这个问题之前，第 3 篇与第 4 篇书分别对需求与供给进行了独立研究。分配与交换理论的应用是在最终的第 7 篇中处理的，第 6 篇围绕"与价值相关的成本"的困难点进行了讨论。第 6 篇既是对第 5 篇的补充又是第 7 篇的前言。

前言强调了书的结构中两个更深远的方面。倒数第二段解释了数学在论据中的作用。它提到，马歇尔自19世纪80年代初即向埃奇沃思表示了自己对几何而非代数分析的喜爱，同时也说明了图表作为"补充说明"放在脚注中是因为"正文中的讨论从来不需要依靠它"。它也澄清了为什么书中"很少保留用应用数学语言的例子"，因为那些被证明对达到其自身目的非常有用的内容都被移到了附录之中。如果在正文中使用"大量的记号……除了对作者本人外，对任何人都会非常费劲"。这符合1887年马歇尔向麦克米兰公司透露的计划，即索要《经济学原理》的版权并预示了他对在经济学中使用数学的态度，16年向马歇尔后鲍利写道：

> 但是我知道，这几年我有着一种日益强烈的感觉，一个数学定理加上一个经济学假设不大可能得到好的经济学理论，我越来越遵循以下规则：（1）数学仅仅是一种简洁的表达，而不是探索的动力；（2）保证是经过自己推导的；（3）将其转化成文字语言；（4）通过实例来指出现实生活中哪个因素更重要；（5）将数学去掉；（6）一旦第（4）项做不到，就将第（3）项去掉。最后一项是我常做的……我想你应该在文字与数学的使用数量不相上下时，尽可能地阻止人们使用数学。

对于马歇尔在经济学中使用数学的态度有着多种多样的解释。熊彼特猜测，马歇尔这样做是为了让该书能够被工商业者阅读。它也反映了马歇尔对乔伊特部分忠告的认可，即"记号的语言被放置到注释与附录中"，马歇尔自己就曾在他对杰文斯的评论中支持这一观点。他作出决定的关键因素是他逐渐意识到了在经济学中追求数学化推理逻辑结果的危害性。他抓住了这一危险的蛛丝马迹：古诺在递增收益的结果上得出了错误结论，而该错误只能由对其相关假设的细致多样的经验调查才能纠正，因此此时古诺在马歇尔心目中的地位大为动摇。如果经济对它所接触到的现实有所保留，经济学家对事实的"贪婪"是可以从本质上抵消数学魅力所带来的冲动的。

马歇尔在前言中的最后一段习惯性地感谢了帮助他的人们。玛丽·佩利所起到的重要但有限的作用已经在本书的前面提及。马歇尔也一并感谢了另两位校对人凯恩斯与普莱斯。他也向剑桥大学的学生——阿图罗·贝里和阿尔弗雷德·弗勒克斯——对数学附录的帮助表示了感谢。致谢名单中还包括了对他父亲、霍尔先生以及对印刷者克莱在"特别地方"的帮助的感谢，但是他的父亲对本书的帮助很难查明。

像前言中所总结的那样，《经济学原理》既没有对其丰富内容的公平评价也没有揭示其广泛的目的。因为发行的只是预计两卷中的第1卷，所以它所有的焦点仅存在于由马歇尔自己构建的更普遍、更广泛的目标中，同样强调了内容的局限性。他对最佳方法与事物性质的准确判断不再有耐心。"我对《经济学的方法与范围》有一个极端的态度。在我的新书中，我简单地称'方法'为经济学必须使用的科学上已知的方法。而至于范围，我称'经济学研究是人一生中的普通商业行为，需要研究人们如何得到收入以及如何使用'。"在新书的其他地方，他找到了研究经济学的双重目的。其一是为自己寻找知识，其二则是指导实践的话题。在这一研究中，"理论必须与事实紧密相连"，因为"事实不能教给我们任何事情"。正如马歇尔告诉凯恩斯的那样，经济学研究中所探索的知识与"人一生中的普通商业行为"有关。

马歇尔的教师与改革者的双重身份贯穿于他撰写著作的生活之中，直至1890年7月结束。因此，《经济学原理》第1卷并未刻意规划却成为现今我们所称的"微观经济学"的简单内容。它以价格理论的要素对初学者进行谆谆教导，这些贡献至今仍得到广泛的认同。它的作者试图融合价值理论或供给与需求的所有方面。马歇尔的价值理论包括增长、进步以及静态竞争均衡条件下的价格决定机制。仅是受助于从均衡分析获得的理解的增长，就促进了经济学达到它的真实目标：帮助所有人——包括最底层的以及陷于"残渣"中的人们——提升了生活标准，设立了保证国家本质进步的更高目标。

对《经济学原理》的接纳

尽管缺少第2卷，书的内容被限制在第1卷之中，它广泛的经济学目标仍启发了读者们。《经济学原理》的评论者们充分意识到，这本书与经济学原理一样包含着社会意义。这一点获得了人们的广泛认可。马歇尔的剪报册中粘贴了超过36种不列颠报纸与期刊的剪报，其中包括了《泰晤士报》、《经济学家》、《曼彻斯特卫报》、《观察家》、《正义》、《教会时报》和《合作新闻》。剪报册里同样包含了近二十种海外出版物的评论。另外，更多学术期刊（比如传统的季刊）中还载有长篇评论。这些评论有的是来自老朋友，其他的则来自新人之手。

老朋友埃奇沃思在《学术》上发表了文章。他在评论的开头评论了《经济学原理》奉为格言的句子——自然无突变——因为马歇尔的书发展到了"通过跳跃和约束确定了科学地位"。可能是由于回忆起之前受到的批评，他评论到："某些段落中的图表与记号更加清晰地使用或许能帮助某一层次的读者。"他也表达了他的希望，即"作者所隐藏的所有数学专题中那些密密麻麻的小字"应该在下一版中予以修订。当然，愿望总是难以实现的。更重要的是，埃奇沃思向读者提到，马歇尔的书展示了他在1872年对杰文斯的评论中所使用过的性质："就像太阳系中每个人的情绪都受所有其他人的影响一样，政治经济学是受问题的各种元素制约的。"马歇尔以前的学生尼科尔森称赞马歇尔的书是自穆勒的《政治经济学原理》以来最重要的著作，他认为作者"是当今在公共出版物难有权威标准之时罕有的达到如此高名声的人物，仅从现有的内容以及《工业经济学》和一些文章中偶然出现的元素中就可窥见一斑"。当然，尼科尔森同样也提出了一些批评意见，如文章虽然已经提到了古诺的主要贡献，但大量的历史话题，特别是第1篇论经济自由的增长和随附的科学增长章节，"既不充分也不具有原创性"。

悉尼·韦布向他的未婚妻比阿特丽斯·波特透露了他对评论这本书的反应："当我昨天

(1890年7月16日）离开你的时候……从马辛厄姆传来一个消息，通知我必须在《星报》上评论马歇尔的著作。我直接走到俱乐部翻来覆去地阅读了这本书600页的内容。这是一本伟大的书，虽然没有展示研究道路的任何新东西，但也没有沿着旧道路继续下去。对于全部内容而言，它是一本伟大的书——它会替代穆勒的书，但不会产生新的经济学时代。经济学仍然需要被重塑。"尼科尔森的未婚妻更仔细地阅读了该书，她也赞同尼科尔森私下里的几处批评："最近5天我把时间都花在了马歇尔的著作上——我打算再花上5天。这真是个伟大的工作（而不是伟大的书）。他匆忙地处理了所有现今专业的经济学观点，将它们连接在一个前后一致的教义上——但那有什么创新吗？……他的历史水平在我看来非常差，他对商业事实的展示与演变并非来自普通位置——尽管那些都是'外来的'。从理论而言他是很强的——同样的还有他的同情心。"

尽管对《经济学原理》的评论中赞扬与批评的目标多种多样，但对它的匿名评论总体上都是肯定的。《世界大事年鉴》发现"马歇尔的书……不是……一本伟大的原创著作，但却有着坚实的基础，它对困扰当今的经济问题充满了同情、知识、洞察力和智慧……整本书是透彻、出类拔萃、极其富有同情心的"。《爱丁堡评论》有些与众不同，说这本书凭借马歇尔教授的权威而增加了其自身的光彩，它的两个缺陷也随即出现："这一长达七百多页的超长卷仅仅是他工作的拼装……论政治经济学的一篇是已经出版了的，它也面临着其他出版物的挑战。经济学论文的最初部分一般都是最困难的内容，它对普通读者的吸引力不大……即使是技术性读者……都会发觉'经济学原理'既难又枯燥……我们可以大胆想象……在确保精确的努力中，马歇尔偶尔留下了一些含混之处。"但是大多数评论关注于本书所持的对工人阶级的尊敬观点，"强调高工资的必要性"，强调机械在减轻艰苦工作与提高工资上的"双重优势"以及教育的价值。在提到城镇生活的弊端以及它对人的特性提高的信念时，该书似乎更愿意提高"大众福利"而非"大众财富"。《威斯特敏斯特评论》注意到，马歇尔需要通过研究"道德力量"来拓宽经济学的范围，他尊重前辈们，"编排书籍的事实……是令人尊敬的"，它向读者推荐："买一本书在空闲的时候翻一下。"在概括了书的内容之后，《伦敦每季评论》总结到：

> 它是一项政治经济学研究的最有价值的贡献。它非常中庸与公正，省略了那些混入经济学讨论内容的争辩。它高瞻远瞩地展示出经济科学有更多需要普通读者理解的东西。它的风格鲜明，并且从当今的贸易状态中获得了丰富的例子，应该能广泛流传。

新学术杂志的评论对整体的关注要远多于旧杂志对其内容新奇特征的关注。吉丁斯在《政治与社会科学美国学会年刊》中称它的出版是"一等的科学大事"，可以与穆勒和亚当·斯密为他们所在时代所作的贡献相媲美。马歇尔仔细但并不冒失地使用数学特别是图表,这同样也得到了认可,例如他的理论贡献中的"消费者理论"。这也体现在他对当时的经济学作者特别是美国作者的慷慨。

克拉克在《政治科学季刊》中写了一篇有鉴赏力但却带有批评色彩的评论,这是现有的对第1版最为理智的评论。评论开始于热情的友谊及可见的相互通信。在列出了《经济学原理》"配得上出现在美国尤其是英格兰的称颂"之后,克拉克注意到持续的争论为书创造了一些障碍。这些刺激读者的问题在某些时候是有异议的,它显示出马歇尔的书作为"对未来工作的激励"所具有的高品质。当克拉克探讨"分配的最高问题"时,他自己对马歇尔理论的质疑变得更加频繁,评论的语气也更为犀利。在讨论到马歇尔对人力资本理论的贡献时,克拉克评论说,它使得"所有资本家都开始花时间去学会如何做事"并因此在工人和资本分配中产生了一条界线,通过"人的个性"来正确地运作。克拉克接着评论了李嘉图的风格和马歇尔对李嘉图地租理论的许多背离,通过消费、劳动和等待的行为获得福利,以及机器生产的短期所得。克拉克表示,地租应该被深化以形成"分配的普遍法则"的基础,其中利息与工资被分别作为"投资资本的纯资金"与"劳动力的相应资金"的租金进行讨论。马歇尔似乎忽视了这一明显的事实,因此克拉克的讨论混淆了应用于资本和劳动特别形式的替代法则与应用于出于任何目而自由使用的一般资本和劳动量资金的区别。

其他的学术评论则更集中于对马歇尔以经典的政治经济学旧形式对新的经济学的呈现上。在《政治经济学讽刺剧》中,舒勒关注了对生产、分配、消费旧理论的新的与抽象的边际方法的应用,并统称为"对经济现象的更深理解"。在《经济评论》中,蒙塔古评论说,马歇尔《经济学原理》第1卷讨论的主题与穆勒的第1卷讨论的主题相对应,但马歇尔的安排又有着根本性不同,以分配和交换的更广视角"估量他的文章中心问题的价值"。与穆勒一样,马歇尔将目标定为"将科学自身带到和谐之中,也带入当前问题的最有用的关系之中"。马歇尔的书因此调和了新旧政治经济学,这就如同它成功地调和了演绎与归纳方法一样。尽管赞许了《经济学原理》所取得的成就,但蒙塔古还是预计马歇尔的书会由于风格缺乏影响力而不会盛行,"没有脱颖而出的勇敢信念,理论的一般效果会因缺少细节而被削弱"。万格在《经济学季刊》中同样关注了马歇尔在经济学的范围与方法、新旧经济学之中所起的调和作用,赞扬了他对李嘉图的捍卫(如果不是"重新装饰"的话)。在总结了书的内容、批评了作者在最后一章中对工人阶级的进步所表达出的乐观态度后,万格以希望"第2卷尽快出版"而结束了评论。

马歇尔也收到了不少来自他的朋友与熟人的赞扬或批评的信件。7月24日,乔伊特写信给马歇尔,感谢他赠送了《经济学原理》并祝贺他:

它对资本家与工人阶级都非常有价值。它就是我想要的新旧政治经济学的调和……雇主与雇员都会因它而把你看成朋友。李嘉图也不会因你对他的优先原因的补充和你对事实的修正而反对你。同样,我认为书中关于教育的观点也非常出色,它非常清晰有趣,能直指伟大的准则。它含蓄地回答了我们经常存在的疑问:"政治经济学与伦理学的关系究竟是怎样的?"我认为你的风格是可敬的——我同样感到很欣慰,因为你没有过分地在这些主题上使用数学,并且减少了技术性。我翻开每一页都能够发现其中的一些精华——如第369~371页。我经常想该如何克服困难并从困难中受益——大学和教育能够帮助我们做到一些,但是商业却更有帮助,特别是当慈善的高贵品质能够被引入其中时。

其他一些感谢的便条来自国外。施穆勒8月6日的信赞扬了马歇尔在其书中展示的对德国经济学的渊博知识。塞利格曼描述了这份礼物,说"(它)对(美洲)大陆研究的最新进展的了解,就像对旧的经典教义的最好内容以及对历史学派极端信奉者的提醒那样可圈可点"。沃克写道:"(当我)越欣赏它的时候,我就越尊敬你的工作。它的精神与语调都是可敬的。情操的高尚与尊严就如力量与严肃一样令人印象深刻。你写了一本很伟大、极其伟大的书,它能……在公众的心中慢慢地成长。"沃克评论马歇尔研究物理的方式可能会对工作有所帮助,因为只有那些"能够深入研究热的原理机制的人"才能够展示对经济力量的洞察力,才能获得"估计它们在人类社会中的影响"的"能力"与"约束"。

个人对马歇尔的书的反应可以用他与莱斯利·斯蒂芬的通信所附的参考文献来概括,但不幸的是现存的内容并不完整,还有希格斯与福克斯韦尔的通信中对《经济学原理》的评论。马歇尔曾在一封信中感谢了斯蒂芬给予"我的书的友好言词。很少有人能如此打动我,我仅希望我能做得更好"。然后他又评论了斯蒂芬感到困难的关于消费者租金的某些方面的问题。斯蒂芬几天后答复了马歇尔。他重复了赞美之词,不过在这之后他又增加了一些批评,以期马歇尔在准备第2卷的时候能够采纳:

我想如果你对一般准则和从实际环境的复杂性所要求的修正作出更宽泛的区分的话,它或许能对行文的清晰度有所帮助。程度的问题或为了一点而放弃困难的一面在我看来非常有难度。我仅想说你太频繁地表达你的倾向了,并且过快地引入了必要的限定条件。

希格斯8月写信给马歇尔,告诉他正将《经济学原理》"分成小段阅读,以延长阅读的快乐"。在指出上个月第一次看这本书所产生的灵感之后,他打算把它们记下来。希格斯在8月份阅读的细小片段只限于第 1 篇中。他批评马歇尔在第 1 篇第 2 章对风俗的讨论是"对亨利·梅因的呼吁,而在我看来他就是直接反对马歇尔的"。

很少有作者能指望他的第一本主要著作能如此受人欢迎,无疑《经济学原理》的作者对这样的结果十分地满意。他在书中想实现的大多数目标都被一种种形式的评论注意到了;他们之间的大多数评论也正确地承认了书中所包含的许多贡献的重要性与原创性。然而,众多评论中的一个特别方面似乎又令他有些恼怒,这就是他也会偶尔收到关于他的写作风格甚至是对书的安排不那么令他喜欢的评论。这些评论令人十分厌烦,因为马歇尔为设计出他认为最合适的安排所花费的精力与时间长达 10 年之久。在这 10 年中,他始终在思索工作是否能完成的问题,安排计划也在他的头脑中更改了几遍。同样,对风格的评论使他恼怒的原因是他已经处理过这些麻烦,一直在持续地按照阅读校样的人所提出的意见修改着。莱斯利·斯蒂芬是少有的在私下对书的这方面进行批评的人。约翰·内维尔·凯恩斯在私人日记中保存了他轻视马歇尔的风格与安排的意见,马歇尔以前的学生和同事尼科尔森、普莱斯和福克斯韦尔也持同样的意见。在《经济学原理》发表 10 年之后写给凯恩斯的一封信中,福克斯韦尔回忆了第 1 版出版时他与伦敦的熟人对该书缺点所进行的讨论:

> 我与你唯一重要的分歧在于,你和马歇尔一样,认为杰文斯的边际效用原理与生产费用原理是同等重要的。许多人在《经济学原理》出版时都惊讶于马歇尔的这一观点……其中一条原则是普通的、基础的,另一条却是特殊的、偶然的……马歇尔与李嘉图给出的一些特例在实践中具有十分重要的意义,但马歇尔试图通过一些典型案例来阐述具有很强普遍性的规律,却远没达到他想象中的效果。

尽管马歇尔的朋友在这一问题上沉默不语,但是那些率直的评论者和一些与他不是那么亲密的熟人还是指出书的风格与安排存在缺陷,这些评论足以促使第 2 版的早期修订工作在第 1 版出版之后的 6 个月内就开始了。

从第 1 版到第 4 版(1898 年):无足轻重的改进

对《经济学原理》的风格与安排的批评评论促使马歇尔在 1890 年年底之前就开始准备第 2 版的修订工作了。约翰·内维尔·凯恩斯在 1 月中旬的日记中说,马歇尔正在对"他的第 2 版进行大量的改动",表达了此刻他同意"马歇尔夫人认为不重写是明智的"的想法。事实上,玛丽·佩利在较早前就向本杰明·乔伊特明确表示了她对这一设想的担心,乔伊特则试图在 1890 年 12 月 30 日写信安抚她,说她的担心太过多余。"不要害怕修订,它并不麻烦,这项劳动仅仅是对原始的混合,有可能取得很大的进步,因为作者对他的主题有更多要求,且在一段时间的间隔之后他能看到自己更多的不足之处。我希望这本书每5年就能大改一次。"在该书是在5个月而不是5年之后就要修订的情况下，乔伊特的评论或许只能提供较小的安慰。不过他正确地预测了修订比混合更省时间。1891年6月底，凯恩斯就在他的日记中记录，说他收到了《经济学原理》第2版。

尽管正如吉尔博评论的那样，在第2版中，"马歇尔第一次在代表性企业中作出了正式让步"，对文本的大多数修改仅是"在细节与安排方面的"。新的安排恢复了将该卷分为6篇的格局，因此马歇尔放弃了在1888~1889年度引进的独立增加生产成本的计划。在新的版本中，相关章节被合并到第5篇中。马歇尔声明，其中的大多数章节可以被那些仅"主要从社会和实践角度"关心经济学的人们所省略。前言的内容完全合理，其中写道：新的安排更加深刻地展示了时间在经济学中的重要性，更清楚地表明了"时间是如何修正工人所得与他们所生产商品的价格的交互影响的。考虑到短期的波动，价格处于交互影响的主导地位，而工资处于从属地位。但是考虑到它们相互变化的过程中正常价值的缓慢调整，价格作用于工资的影响是少于工资作用于价格的"。马歇尔还说，这些考虑是与论分配与交换一篇的开头与结尾章节的改动紧密相关的。设计它们是为了强调政府对生产动因的供给与需求作用的相关性，例如生活标准中的需求与活动的总括。前面几篇也作出了明显的改动。第1篇的第5~7章被重新安排和修订成为了第5~6章；第2篇的第3章与第4章被合并成为新的第3章，因此第2篇包含的章节数从6变成了5，第3篇中新的两章加了进来（总章节数变成了6），这两章的设计是为了应对马歇尔所遭到的对需求的批评。第4篇的改动很少；最后一篇承载了我们曾经提到的重新安排的主要任务，其中的一些章节（如在原来论分配的一篇中）被重新安排和修订了。这些改动使得书的页数从754显著地增加到了770。

第2版前言的最后一段有了进一步的变化：埃奇沃思的名字出现在第2版准备过程中给予马歇尔帮助和建议的人员名单里。他被采纳的建议大多出现在马歇尔对易物交易的注释（附属于第5篇第2章）以及数学注释第等主要相关的增加内容中。后者曾被埃奇沃思明确地在合约曲线的发明中使用过，埃奇沃思和贝里在《经济学家报》中发表的论文被世人广为知晓。前言中新增的内容隐藏了1891年初在准备第2版时马歇尔与埃奇沃思的那些措词辛辣的通信。在信中马歇尔指责埃奇沃思做事时总是轻易地"说某物是新的东西，但它根本谈不上新"。埃奇沃思还将一项错误归于马歇尔的"一类错误（如果正是他造成的）将会动摇人们对书籍大部分内容的信任"。而这尤其伤害了马歇尔，因为它不公平地将他描述为一个"具有启发之心但缺乏相应智力"的人，进而会妨碍公众接受"书中此类必须阐述但却难于理解的段落"。马歇尔的信同样注意到埃奇沃思对新版书的第二个贡献，即他对马歇尔为一架钢琴的主人估计钢琴现值计算公式的批评。这或许可以解释为何有关处理未来折价的第3篇第2章的部分内容能够变成一整章（第3篇第5章），其中增加的部分就是对相关的数学注释的重大修订。

相似的争论和误解也可以解释 1895 年的第 3 版中的许多变化，在"马歇尔或许是处于其能力顶峰"的时候，他正在准备的第 3 版被广泛地认为是《经济学原理》最好的一个版本。其写作包含了许多新意与热情，分享了之前的两个版本中好的品质，但之后的五个版本却没有继承这些品质。马歇尔在前言中提醒大家关注第 6 篇论分配的开头章节的重大改变，还有对第 1 篇第 5~6 章、第 3 篇的终章的修订。第 2 篇中，关于资本与投入章节的合并使得这一篇的总章数变成了 4。它还把数学附录 14 的篇幅从第 2 版的两段扩大到了 6 页还多。从它带来的相应讨论而言，对第 3 篇第 6 章的改变是最有意义的。除了将吉芬商品的概念介绍到经济学文献外，用茶替代煤作为展示消费者剩余的商品，以及在对同样商品不同消费者的总消费者剩余的处理上也有重大的变化。对第 3 版改变的详尽论述使得马歇尔在回应批评时能进一步地讨论那些批评的方式。

马歇尔夫妇

用茶替代煤是为了克服在计算消费者剩余时出现的问题，因为在计算过程中要求货币收入的边际收入是常数。马歇尔在 1891 年 3 月与莱斯利·斯蒂芬的通信中表示，这个问题困扰着部分读者。至少在第 1 版中，他还没有在文中（以及在相应的数学注释中）予以充分的解释，他的分析要求货币收入的边际效用不变，需要有严格的数学准确性，其中一些可以用对日常家庭预算意义不大的商品大致说明。他还告诉斯蒂芬，他在第 2 版中通过插入一个脚注大致地强调了这个问题。在第 3 版的准备过程中，对这个概念的进一步批评似乎使马歇尔确信茶是一个比煤更好的例子，因为在典型的家庭中茶的支出在家庭支出中所占的比例远小于煤所占的比例。

在第 2 版出版之后、第 3 版出版之前的时间里，对消费者剩余观念的其他批评（部分是对它假定的内容）出现在了文献之中。其中著名的就有尼科尔森所写的和埃奇沃思在《经济学杂志》上予以回应的文章。马歇尔对第 3 篇第 6 章的改动引发了尼科尔森的广泛评论，对此马歇尔在多篇文献中作了回应。提及吉芬商品的（第 6 章）新的第 4 节被尼科尔森在批评中特别提及，以期待马歇尔能打破常规对其作出总体性的回应。因此尼科尔森压抑了对被马歇尔忽略的次要要求的批评，其中包括对"常见的科学方法合理性"的批评，而第一次采取了一种"将铁拳装在丝绒手套里"的修辞性劝告。大多数对本节的兴趣因此转向了马歇尔在《经济学原理》中暗指无法发现吉芬现象的论述，但是却有大量经济学家熟悉马歇尔描述的吉芬现象。1893 年 6 月，马歇尔与希格斯在讨论一篇论"工人预算"的论文时对家庭估计所用的观测消费品基准的准确度提出了质疑。之后他宣称要仔细研究这个问题。这一经历再次显示了马歇尔修订《经济学原理》的动机：回应批评，解释和重写那些被证明是难于被他人掌握的段落。

马歇尔也使用杂志来捍卫书的地位。第一个例子就是在《美国学会年刊》上对"消费者剩余"的解释，回应了西蒙·帕滕在一篇论文中对分析所要求的假定本质的误解。第二个例子是在《经济学杂志》中列出了阿盖尔公爵议论的马歇尔对"地租"宽泛解释时多次的概念误用。它有可能导致了马歇尔在第4版和第5版的准备过程中对这一话题的重大修改。第三个例子是对美国人批评他在《经济学原理》第1卷中笼统地处置分配和交换时的辩护。这篇文章也试图为他的内容尤其是第1篇的历史材料的安排作辩护。在1898年第4版出版以前，马歇尔写信给麦克米兰公司说，"分配与交换"的论文正是想要对《经济学原理》的整体计划与结构进行解释，马歇尔认为它非常可靠。他也抱怨到，是第2卷的空缺使大家对已有的久负名望的第1卷产生了如此的误解和批评。马歇尔详尽地阐述了将生物学方法与力学方法，有机的增长与均衡分析，稳定状态、动态与静态，建设与理论相对比的观点。

在第3版和第4版流传的过程中，马歇尔开始在出版后附加勘误表。他在第3版中采纳了这一方法纠正了《经济学原理》中对坎南的利物浦人口论据的粗心引用。附加的勘误表是由马歇尔向麦克米兰公司提供经费印刷的，麦克米兰公司将它插入还未出售的该版本书中，马歇尔也亲自赠送了一些勘误表给他所知道的有这本书的人。在第4版出版后的第5年，马歇尔通过麦克米兰公司印刷了5 000份内容全面的附录与勘误表，共两页，用小字印刷。他同样通过上述的方式把它们散发了出去。1902年年底以后出售的第4版都是带有插页勘误表的。马歇尔使用勘误表的行为也揭示出他对错误的病态恐惧，以及引言存在的原因。

1898年出版的第4版并没有作太多的修改。前言解释了所有的改动都是"在较小范围内的修改，并且期望是最后的变化，现在这一版的改动是最大的了"。许多都涉及将某节从一章转移到另一章的安排；其中较大的变化发生在第5篇和第6篇。最重要的则是将关于准租金的材料都集中于一章内（第5篇第11章）。这恐怕是马歇尔所写的8个版本《经济学原理》中有关这一理论的最好版本了。第4版事实上延续了10年，是各版本中间隔时间最长的。

《工业经济学要义》和为第2卷所做的工作

1891年6月《经济学原理》第2版出版之后，马歇尔开始考虑写一本书，一本适合"高年级学生需求"的书。这一新的工程（马歇尔称为《工业经济学要义》）的主要目的只有一个：增加一章论贸易同盟的内容以概括压缩了的第6篇的章节。尽管1891年7月马歇尔告诉麦克米兰公司说他希望尽快完成这本新书，但贸易同盟的章节在1892年年初才完成。当校样送给约翰·内维尔·凯恩斯以及两位该领域的专家约翰·邦尼特和克里评论的时候，他是这样向凯恩斯解释的：

我不知道你是否有时间看一下附在信中的关于贸易同盟一章的校样,我正在写一本有关新的工业经济学的书。它是为《经济学原理》第 1 卷的压缩版而补上去的(这次我给你其中的三分之二,剩下的我希望能尽快给你)。我还没有仔细地阅读,仅在我给你的这份文件中作了少量的几处修改。恐怕我给你的这份校样会用做印刷的样本,所以请你在改正的时候使用铅笔……我想我永远会为这一章而感到羞愧的,但现在书已经开始印刷了,我又没有什么更好的内容可以替换,我还有太多事要去做。

1892 年 2 月,书印刷出来了。424 页的篇幅其实已经超过了《经济学原理》篇幅的一半了。该简缩版要比两年前出版的《经济学原理》更受好评。大多数评论表扬马歇尔使它的"标准工作"更加符合大众的要求,也表扬了他对已经实行的压缩工作的度的掌握。仅有《教育杂志》表达了"初学者……将认为它难于理解"的不同意见。增加的关于贸易同盟的章节仍被描述为明智且有价值的,尽管康塞利·塞缪利在《经济学期刊》中认为马歇尔是在"懒惰"地对待这一重要问题。

尽管犀利的评论者们急切盼望《工业经济学要义》的出版,但是当时《经济学原理》第 2 卷在 1892 年还未完成。马歇尔在 1891 年年初同意在劳动委员会任职,并在 1891 年末开始有固定的上班时间,这妨碍了他在这几年间对第 2 卷的既定工作。只有 1893 年 5 月,劳动委员会减轻了他的负担、仅让他评论最终报告的草稿时,他才向坎南说自己终于可以"专注于"第 2 卷中货币和国际贸易问题的研究了,这一任务可以由他最近几年在剑桥大学安排的课程的讲义辅助完成,也可以利用每年关于国际贸易和货币、银行、现代市场的商品及劳动中政府职能的讲义。因此可以说,在 1887 年他就已经列出了一份关于所涉主题的大致纲要了。或许在劳动委员会里所做的许多报告影响了他作出结论的方式,正如玛丽·佩利日后回忆的那样,1894 年间的工作使马歇尔开始对如此大比例的国际贸易的历史进行了考察,马歇尔之后把其描述为"大而无用"。① 3 年后在给阿克顿勋爵的信中他评论了这段经历:

我的工作没有取得进展。我觉得在我完成这本著作之前必须要做的工作增加了,有太多工作还没有做。国际贸易的历史误导了我,我原以为它对现代经济学有着特殊的启发作用,我针对这一内容辛苦地写了几个章节,在这上面花了大量的时间,然而我却发现,它们会毁了我对书的安排,所以我不得不屈服于下面这样一个令人尴尬的权宜之计:把它们写成一个附录,在阐述我的观点时将它们作为参考文献来引用。此外,我还

---

① 原文是 white elephant,意为大而无用的东西,颇有鸡肋之意。——译者注

决定，在完成主要工作之前，我尽量少地参阅这些历史文献。我不断地从近期的资料中寻找实例来论证我的观点，然而我却发现，这一过程所耗费的时间已经超过了我所能给予的，并且这还将使总页数变得更多，以至于读者无法耐心地将它们读完。

出版两卷《经济学原理》的艰巨工作使马歇尔花费了20多年的时间。1897年，更多的事情影响了第2卷的进展。马歇尔参与到了女性学位话题的讨论、第1卷第4版的修订、皇家委员会的更多事务（即印度通货和地方财政问题），以及在新世纪里为争取把剑桥大学的经济学和政治学学士学位考试分开而不懈努力。第2卷断断续续的工作在马歇尔的一些信函中也偶有提及。1899年10月，马歇尔在给韦斯特科主教的信中提到，投机与股票交易的波动占据了他的业余时间，但事实是第2卷其他工作的"进展变得十分困难"。与对休因斯所言类似，马歇尔在1900年5月也将写作的问题告诉了塞利格曼："我在大量的贸易、货币等相关材料中迷失了方向，无法从中理清头绪。我不能完全记清我在哪章中说过哪些话，我经常重复地说一件事，这简直是在浪费时间。"两年后，马歇尔从蒂罗尔写信给埃奇沃思说，工业信用与稳定的关系将会出现在第2卷中。当年末，他又写信给麦克米兰公司说，尽管他尽可能地写作第2卷，但还是缺少闲暇的时间，这妨碍了工作的快速进行。

1903年夏季，马歇尔把时间都花在了国际贸易的财政问题上，放弃了第2卷最初的计划。日后他回忆道，那是因为他想出了一个新的计划。与1887年合理的提纲相比，它极大地扩充了内容，但是与他构造的"大而无用"的规模相关的是，作者必须作出一定的限制。

然而，正如惠特克对此事所作的总结，虽然马歇尔为完成《经济学原理》第2卷付出了大量心血，但"在这上千页材料的草稿中几乎没有留下多少成果"，其中的大多数内容在马歇尔写最后几部书时又被重新编写了。到1903年底，马歇尔总共花了10年时间来整理这些草稿，但最后以失败而告终，仅留下一些粗略的、混杂的注释。一些注释被收入了《经济学原理》接下来的版本之中。其中的一个例子就是新的第九节被加入到1907年出版的第5版论垄断一章（第5篇第14章）中。当时，《经济学原理》的单独一卷已经有了一个很好的基础，能够独立成书了。这得益于原本被用做第2卷的附注内容被用做了《经济学原理》的新附注，尽管它们总是"不太显眼和［不可避免地］被混淆"。1910年，第6版的前言承认有必要取消第2卷。在这20年间，马歇尔主要出版了《经济学原理》的第1卷，明确放弃了出版第2卷的想法，取而代之的是独立成册的《工业与贸易》、《货币、信用与就业》。在承认了这一改变之后，第6版出版时，"第1卷"的字样被从书脊上取消了，整本著作的范围被严格限定在拥有独立基础的一卷之中。

1887年宣布的对第2卷独创而又极其准确的设计，得到第1版评论者们的广泛期待，这是他们认为马歇尔的著作继承了穆勒才华的一个重要原因，但是因为马歇尔的耽搁和其他事务等原因而终究没有实现。即使在 1908 年他从剑桥大学的教授位置上退休前夕，马歇尔通过将理论原理与实际材料相结合，以一系列尾注的形式呈现出数学框架，这些似乎都不能使他按第 1 卷的水平完成 1887 年计划的第 2 卷。马歇尔在写给奥地利经济学家利本的信中说到，到 1906 年，他已经很少在讲座中使用图表，他已经忘记了自己完成的书中的很多理论，估计自己已不能够将长期讲授的有关贸易、市场、波动和公共财政的大量材料正式地、系统地组成一个简洁的框架了。马歇尔在 19 世纪 90 年代早期已经无法集中精力工作，计划中的"第 2 卷"成了一个悲剧，而当时他的分析能力还是能够胜任这项工作的。从 1898 年到他退休这 10 年间，他已经没有能力完成 80 年代末计划的《经济学原理》第 2 卷了。

《经济学原理》的最后修订：通向最终的第 8 版

1898 年印制了 5 000 份的第 4 版，发行了近 10 年，除 50 本以外，所有的书将在 1907 年 7 月售完。因此马歇尔在 1907 年初就着手于第 5 版的准备工作，这一任务在 8 月份顺利完成。第 5 版重新安排了许多内容。与前几版中可以概括整章的长注释类似，马歇尔把原书的大多数介绍材料从第 1 篇移到了附录中。根据 1898 年之后的材料，书中加入了修订后的新附录。

正文中的新材料同样也来自之前出版的著作。例如第 1 篇第 14 章第 5 节部分改写于马歇尔 1902 年在争取剑桥大学独立的经济学学士学位考试中所发表的《呼吁设立经济学课程和相关的政治科学分支》的文章。他还把计划中的"第 2 卷"的部分内容移到了论垄断的章节中去。同样重要的是，这一版的最后一章加入了贸易同盟的材料，因此它与 1892 年出版的《工业经济学要义》采用的以分配的实践和应用的话题来结束全书的策略相一致。用小字印刷的附录扩充了内容却没有增加太多页数。同时关于事实的新材料给正文增加了不少页数，"通常它们对解释马歇尔的思想体系非常重要，但并没有任何新意"。

前言记录了马歇尔在接下来的新版本中所获得的帮助。阿什利、西奇威克（从第 5 版起被标注为"已故的"）与陶西格是从第 3 版开始被连续提及，坎南和庇古是从第 4 版开始的，而费伊则是从第 6 版开始的。① 在现存的通信中，坎南与费伊暗示了他们对永无止境的修订工作所作的贡献。当马歇尔错误地引用了坎南对利物浦人口增长的研究时，坎南加入到了纠错的队伍之中。马歇尔承认了这一错误并在第 3 版中特别地作了更正。费伊后来回忆到，对第 6 版纠错，坎南习惯于有顺序地送给马歇尔他的错误报告，他们共找到了 20 处错误。费伊将它们寄往了贝利奥尔庄园。他们后来收到了一封明信片，"谢谢你们的指正，我已把它们交给了玛丽，由她负责错误的部分"。然而，费伊偶尔也会收到犯错者的抗议：

---

① 其他在各版中只被提及一次的人有威廉·贝特森（估计是论及关于遗传的话题）、麦肯齐，他俩都是在第 3 版中被提及的，威克特（多伦多）和埃杰顿则是在第 4 版被提及的。

十分感谢你。我知道它肯定会有错误,因此我很高兴知道错误具体出在哪儿。事实上我已经几乎接纳了你所有的建议,但有一处例外,即第129页。我想"已经"在"他做了这些是因为"之前就有所暗含了——但它是应该被明确地表达出来。我认为在下一行的"茶"之后、"和"之前应该只有一个逗号。

这些都是这位伟人像学生一样投身知识海洋的经历。

第5版的新前言是在将《经济学原理》逐步设为独立一卷的基础上准备的。因此明确声明放弃第2卷的前言出现在第6版。第5版的前言还从马歇尔1898年发表在《经济学杂志》上的论文"分配与交易"中截取了一些方法论的内容。

在对第5版的评论中,庇古广泛讨论了马歇尔在前言中所指出的改动要点,摘要也引自前言部分。他还强调了对文章解释的限制:既然该书已经成为一卷基础性读物,马歇尔教授的学生与书的读者一样,对内容的理解就越来越容易了。接着他强调了马歇尔在处理时间这一难题时的原创性贡献,也注明了新版本从重新安排附录到在正文中增加论贸易同盟、论分配、论垄断的新材料变化的重要意义。

1910年的第6版取消了书脊上"第1卷"的字样,但是它在内容上却没有作出什么重要改变。变化还算重要的是,马歇尔在一处脚注中试图解释他使用"准地租"概念的意思,这一脚注从那时起就使后来相当多的评论者大为困惑。第7版和第8版的结构基本上与第6版完全一致,除了少数改动以外,著作的文本在作者生命的最后10年里停留在第8版上。1920年在准备最后一版时小的修改仍然存在。1922年的再版吸收了这种性质的改动,书中还包括了对陶西格1921年发表的一篇文章的引用。如果马歇尔更长寿一些的话,印刷的版本无疑会继续改动下去。马歇尔图书馆保存的《经济学原理》副本中包含了关于进一步更正小错误的建议。这足以表明,即使对八十多岁的马歇尔来说,《经济学原理》的改正和修订任务也从来没有结束。

《经济学原理》被翻译为多种欧洲语言。马歇尔与布伦塔诺的广泛通信中记录了20世纪初德语译本的问题。1903年4月,马歇尔告知布伦塔诺,莱比锡的一位年轻人雨果·伊弗雷姆在上一年的7月写信给马歇尔,说他已经翻译了书全部内容的3/4。剩余部分的翻译被搁置了,因为他要完成博士论文。尽管如此,伊弗雷姆仍希望在1904年4月之前完成翻译工作。出于对完成如此繁重的任务的疑虑,马歇尔希望布伦塔诺能参与到这项工程中,布伦塔诺派他的一个学生科斯特纳对翻译给予了帮助。(在通信中,)马歇尔用他典型的非商业的方式,既没有讨论对翻译的报酬,也没有在一周之后提及对这一商业项目应该索要的版税。"书能被很好地翻译和出版就使我感到十分高兴了。"直到7月马歇尔才提出了与翻译有关的版权问题,包括"第2卷(事实上,如果我能活着完成工作的话,它还会再有两卷的)"的"小困难"。8月,庸俗的有关金钱的话题还是在客气的寒暄之后出现了。最初马歇尔提议在售完前 1 000 本之后，每 1 000 本收 20 英镑的版税，之后出版的各卷也按照同样的方式安排。一星期后，异议就出现了，他们认为马歇尔要得太多了。有人主张版税从第 1 版的 1 500 份售完之后的第 2 版开始征收。1905 年年中，译本出版，马歇尔形容布伦塔诺的介绍十分"谄媚"。它是马歇尔《经济学原理》众多译本中的第一个。①

《经济学原理》的重要地位

正如本章开头引用的那样，1887 年马歇尔写信给麦克米兰公司说，《经济学原理》将是他一生的"中心工作"。他的这段话预示了他的雄心壮志，他将把这 40 年的生命贡献给这一长途跋涉的工程。作为一名经济学家，《经济学原理》在其他方面当然也占据了他生命的中心地位。就像他给一名学生赠书的题词中所写的那样："望它能切实地颠覆这本论著的绝对地位。"他会偶尔反对该书的重要性，但这本书还是成为了经典并被人们反复阅读。除去它的长期价值外，这本著作还满足了梅纳德·凯恩斯所提到的那些短期目标：

> 马歇尔《经济学原理》的写作道路是十分不平常的，这也是许多读者没能注意到的。它有着刻意的平淡与低调；它的修辞是最简单而朴实无华的；它如涓涓细流，很少有哪一段会阻止或迷惑住机智的读者（哪怕他只懂很少的经济学）……这一风格使马歇尔达到了他的一些目标。书在大众之间广为传播。它使大众增加了对经济学的敬重，仅有最少的争议被提出。一般的评论者基本同意作者对他的主题、前辈及读者的态度。这些评论还启发马歇尔注意他对道德要素的正确强调，以及在人类科学中对手头仅有的不尽如人意的科学手段的需求。与此同时，他还可以在书的智慧中保留一些快乐的非理性的因素。随着时间的流逝，书的智慧品质已经渗入英国的经济思想中，毫无杂音与纷扰，达到了一种得到人们广泛重视的程度。

自从凯恩斯写这段话以来，马歇尔这本发展了经济学的伟大著作所处的重要地位在《经济学原理》第 1 版出版、作者的诞辰与逝世等周年纪念场合被反复提及。在一篇对《经济学原理》发表半个世纪的纪念信中，熊彼特写道，从 1940 年来看，"马歇尔的经济学［已经］过时"，尽管"他对经济进程的视角、方法、结论已不再符合我们的时代……但从另一方面来说，他的启迪永远不会消逝"：

---

① 1905 年的德文译本几乎是和法文、意大利文译本同时出版的。意大利文的出版是在 1905 年，而法文则出版于 1906 年。它们都是根据第 4 版翻译的。西班牙文和葡萄牙文的译本分别出现于 20 世纪 30 年代和 50 年代，后者是在巴西诞生的。日文和中文译本同样也出版于 50 年代。许多译本都是一再有规律的重印，这体现了马歇尔著作的长久生命力。

影响的持久性不仅因为这种广泛而强大的启迪力量已为后世所继承，也因为它有着一种独特的品质，能使启迪永不腐朽。马歇尔生活在充斥着"发展变化"口号的气氛中，他首先认识到经济学是一门发展的科学（然而，那些反对他的批评家们不但忽视了他思想中的这一要素，而且还不时地指责他的经济学忽视了发展方面），尤其是他认识到了对人类所具有的可塑性的研究会随着环境的变化而改变。但这对我们来说仍无关紧要，重要的是他把"发展思想"贯彻到了理论研究之中，这一思想永无止境。与穆勒不同，他永远不会说某个问题从此得以解决、再不需要他或任何其他作者进一步解释之类的话。相反，他充分认识到自己正在建造的只是一个暂时的框架。他的目标总是指向他本不该涉及的或力所不及的领域。新的问题、新的观念以及新的方法对别人而言都是敌人，他却在研究中将其引为盟友。在他所建造的庞大而坚固的阵营中，有足够的空间可以容纳这些"盟友"——事实上，他已预先为它们准备好栖身之所。

在马歇尔诞辰纪念日，一个对他经济学理论的著名评论也详述了他的书在两次世界大战之间（即1919~1939年）对英语国家的一代学生和老师的巨大影响，一个明确的标语就是"它在科学环节的成功是决定性的、难以达到的"。

在英格兰，如果说它所达到的地位无法达到穆勒的《政治经济学原理》在1850年之后取得的优势地位，也至少可以与之相提并论。不论是在作者所在的大学，还是讲授经济学的地方，这本书都成了一本具有指导意义的教材。一代学生——多于一代，事实上是在一个学术年代中——都是依靠它而成长起来的。需求与供给的均衡、定价过程中的所有普遍因素、成本与收入的小增量的平衡、"边际生产率"、"弹性"、"替代"、长期与短期的区别、"准租"、"首要的"和"补充的"成本、平面曲线优美实用的说明性设计，都成为了专业经济学家必备的知识。总之，这种思想也许已经渗透到英国政治经济学中去了。它们比较抽象，但作为普通的历史事件，它们是否流行是取决于马歇尔的。马歇尔的《经济学原理》，与亚当·斯密的《国富论》和李嘉图的《政治经济学及赋税原理》一起，被称为经济思想发展过程中三部伟大的转折性著作；使用通常的分类标准，我们能将英国的政治经济学划分为三大不同的时代——古典的、李嘉图的、马歇尔式或改革李嘉图式的。

这本书对美国理论经济学的影响十分明显。尽管"熔炉"是兼容并包的，但近年来至少还有一个主要的学派发源于此，在颇具影响的作者——诸如陶西格和卡沃尔教授（仅列出两名作为代表）——的直接和间接的著作中，都可以看出《经济学原理》起到了塑造下一代思想的重要作用。所有的迹象都表明它是美国现代经济学的基石之一。

肖夫注意到，麦克米兰公司的《经济学原理》销售数字能够深刻地说明它是怎样逐步在英语世界中取得经济学研究的统治地位的。这一变化不仅可以由马歇尔的书的利润增长来说明，还可以由它在经济研究中的流行与需要程度适当地反映出来，20世纪二三十年代销售情况的对比也能予以证实。第1版的2 000本是在出版之后的12个月内在英格兰售完的。第2版的3 000本在1891年销售第一轮的12个月内卖出了一半，剩余的1 000多本是在1891~1892年在美国售出的。接下来的10年销售额降到了平均每年500本以下（第4版销售的1889~1899年是个例外）。从1902~1903年开始的5年间，销售量上升到每年500本以上。销售量在1907~1910年间超过了每年1 000本的关口，接着又降到700~800本之间，直到1918~1919年，销量才重新回到了1 000本以上。一年2 000本的销售额是在1919~1920年达到的，20年代一直保持了这一销售情况。除1937~1938年以外，30年代每年的销售量都在2 000本以下。然而，《经济学原理》那10年的总销售量达到了前20年的总和。马歇尔去世后18年的销量就已经达到了他在世时34年的销量总和。由于书是在连续不断印刷的，因此马歇尔去世后的销量要超过他在世时的水平。难怪在《经济学原理》首版60余年之后，吉尔博会发现，"特别值得注意的事实是（或许这是所有学科有组织的知识领域中独一无二的），这本书还是一本标准的教科书，所有最终在经济学中取得成就的学生都无法忽视它的作用"。

在《经济学原理》出版百年之际，人们在认为该书是经济学知识的"前身"、其内容长久不衰的基础上，发现了其更深远的影响。我们可以举三个例子。第一个是马歇尔在《经济学原理》第4篇论工业组织的讨论中提及了工业地区与工厂内合作，这对理解意大利20世纪70年代及之后的工业发展起到了特别的作用。第二个是许多经济学家翻译出的马歇尔的格言，即经济生物学而非经济动态学才是"经济学家的目标"，是具有操作意义而不是仅有说教意义的。马歇尔去世很长时间之后的经济学、生物学的发展促成了马歇尔的这一仅在直觉上领悟而非实际使用的理想成为了现实。同样，他们对方法论予以重视的目的是希望在马歇尔的基础上重建社会经济学。马歇尔的《经济学原理》被确定为完成这一任务的唯一选择。书的这些品质使它经常获得积极的评价，但这种风格也包含着缺点。梅纳德·凯恩斯在一系列评价的第一篇中对后者（指内容蕴含的缺点）作了简明扼要的评论：

> 马歇尔的方法，从另一方面来说，拥有一系列的缺点。缺乏强调和刻意的加重与回避，对粗糙的边缘、突出部分和注解不断推敲，直到最新奇的东西变得平凡，这样

读者才能轻松地理解。就像一只鸭子离开了水一样，他能利用珍贵的湿润环境以摆脱这种思想的灌注。困难被掩盖了；在注脚中解决了最棘手的问题；一种孕育着原创的判断被装扮成老生常谈的模样。作者将他的思想摆放在没有售卖人标签和随便挂放的思想大衣柜之中。一位学生阅读《经济学原理》，被它流行的魅力所吸引，以为他已经理解了，但一周之后，他会发觉他几乎对其一无所知。即使是对伴随着《经济学原理》成长起来的人来说，这种情况要到多久之后才会消失呢？当你似乎发现出现了一个新的问题或新的解答时，回到《经济学原理》中去重新寻找答案，总是会发现问题以及寻找到更佳的答案，只不过之前我们没有注意到！在读者进行了深入的研究和独立的思考之后，才能对马歇尔在《经济学原理》整体知识中所隐藏的缝隙有一知半解的顿悟。

正如马歇尔撰写《经济学原理》的征途所展现的那样，在持续的修订进程中"对粗糙的边缘、突出部分和注解的不断推敲"，与缺乏对读者群的立即区分相比，极大地增加了成本。尽管修订很重要，但对于当代和之后的评论者来说，这却成为了一个明显的缺点。未完成的第2卷最终成为了这一成本的重要组成部分。在对几乎不可能整理出的《经济学原理》各种版本的合集的扼要批评性总结中，斯蒂格勒已经指出了这一点。而马歇尔的侄子克劳德·吉尔博却忠诚地为此付出了几十年的劳动。尽管它在本章的频繁引用证实了它对马歇尔研究的价值（它给出了马歇尔在《经济性原理》中成功引入的内容的主要变化），勤奋努力的吉尔博还是没能把握住许多东西。斯蒂格勒对此作出了总结，这种总结也同样适合于作为本章的结语：

> 回想一下，问题真正的起因就是马歇尔。他本可以在1890年之后将大部分职业生涯放在对《经济学原理》的裁剪缝补之上，而不是（例如）去写他之前承诺的对国家经济功能研究的文章，这些绝对是对资源荒唐的浪费。但是谁又能比这位天才更有资格谈论"荒唐"呢？

第13章

据理力争的辩驳者和拥护者

马歇尔为经济学理论的写作倾注了大量时间和心血,他献身于经济学教学,也为政府调查委员会提供了权威的专家证词。在必要的场合,他还是一个有理有据的雄辩家,即使没有支持者也会坚定自己信念。他的这种性格特征在从事学术教学工作、写作及提供咨询时会间或地表现出来;但当他参加慈善协会、复本位制联盟会、早期的英国经济协会(后来的皇家经济协会)、合作运动协会、皇家统计协会、促进科学进步的英国协会、政治经济协会,以及促进工业农村化和城市花园运动协会时,他的这种特点展现得淋漓尽致。

显然,马歇尔有时喜欢辩论。在他的一生中,他经常会通过报刊专栏对错误的报道进行反驳,对他强烈支持的原则提供理论证明。他甚至利用《经济学杂志》来完成这种事,比如在上面重新刊登一些他写的关于倡导自由贸易的热门文章,或对他主要著作中的一些复杂问题作进一步的解释和说明。马歇尔绝不是一位独立的评论家或是钻在象牙塔里的救世主,根据他去世后学生们的描述,他总是以同事或朋友的身份待人。凯恩斯在对马歇尔的评价中很少提及他在学术上爱好争辩这一点,只是非常中肯地评价了马歇尔作为一位老师、学者和专家是如何达到这种成就的——考虑到凯恩斯在写《马歇尔回忆录》时所受到的时间和空间的约束,他这么做是很明智的。庇古在官方回忆录中进一步对马歇尔作为一名成功的学术研究者和执行者的身份进行了说明。庇古认为马歇尔是一位严谨的学者,在马歇尔看来,真理要比社会变革更加重要,同时他也毫不在意所谓的声望和公众的称赞。总之,庇古认为马歇尔是一位反对争论、仅仅关心学术建设的人。埃奇沃思认为,马歇尔强烈反对争辩的态度与他对"敌对的批评者"的敏感有着不可分割的联系,这个性格特点凯恩斯也提起过,并且乔伊特认为这对马歇尔的身体健康和他的名声都有好处。但是从事实中我们可以看到,尽管马歇尔很赞成乔伊特的意见,但是当一个有着重大意义的矛盾摆在他面前时，争辩是不可避免的，坎南认为这是两件不同的事。

通过本章描述的马歇尔生活后期发生的三件事，我们可以了解到马歇尔对争辩的理解和尝试，此时他已经不再把年轻冲动作为放纵自己的借口。此外，马歇尔既是各种协会和俱乐部的成员，在解决社会问题和各种组织中也都站在前列。本章的主要内容就是讲述马歇尔在创办英国经济协会中所起的作用，尽管马歇尔所参加的这类协会都在随后给出了详细的介绍，但是这个协会却是凯恩斯所提到的"三个重要协会"之一。不管马歇尔是否以一种积极热情的方式参与其中，我们都能从他"善于交际的个性"生活中了解他的性格。在马歇尔所参加活动的类型当中，我们可以看到他关心健康和善于社交的一面。

大学俱乐部和其他的剑桥协会

前几章介绍了马歇尔参加的大学俱乐部和剑桥协会，这些协会包括了（圣约翰学院）玛格丽特划船俱乐部、剑桥改革协会、格罗特俱乐部和天王星协会。其他优秀的协会还包括交流协会，还有那个从未邀请他的"传道者协会"。当 1885 年马歇尔以政治经济学教授的身份重返剑桥校园时，他希望可以更积极地加入到社会活动中。可是，马歇尔并不愿意在晚间出门，这可能会影响到他参加的社会活动。很难判断他是由于心理还是身体上的原因而不愿意抛头露面。他只待在自己的家里、餐厅里以及在 1879 年后那些在他解决困扰问题时感到能完全控制的社交环境中，这也能够解释他拒绝接受去朋友家留宿哪怕只是吃饭的邀请的原因。马歇尔提到，那时他的社交习惯是长时间待在一个地方。他向布伦塔诺解释了为什么在他和妻子从奥地利回到英国的那个夏天，他不愿意在安伯格与布伦塔诺一家待上几天的原因。"我已经好多年没与好朋友在一起了。我以相同的理由拒绝了所有的宴会邀请。"没有记载表明这种倾向是如何干涉马歇尔的社交活动的。马歇尔重返圣约翰学院使他重新获得积极参与大学活动的机会，包括大学的宴会和更多固定的晚餐，正如他的信件和内维尔·凯恩斯的日记里所记载的那样，他也会偶尔参加这些场合。另外，马歇尔也喜欢参加其他一些剑桥协会的活动，这可能与他所研究的领域或一些其他原因有关。

前面也有这样的例子。1885 年，马歇尔和坦纳作为创办主席着手剑桥经济俱乐部的活动。马歇尔似乎并没有以会员身份积极地参与活动。保留在剑桥大学图书馆的会议文件中没有记录马歇尔的任何贡献，甚至还有几次会议记录提到了他的缺席，但这并不能说明什么。10 年后，马歇尔告诉陶西格他要成立一个新的经济协会，"这个协会是为学习经济学的学生而设立的。福克斯韦尔是副主席，我是主席"。马歇尔在新协会中提倡集思广益，适当授予"老一代和新一代经济学家"的称号。在这个新的协会里，马歇尔回顾了他眼中的 19 世纪经济学所表现出的种种特征，并且预测了下个世纪中经济学可能获得的发展。

马歇尔有理有据地预测了经济的未来。更高的科学技术水平和更高的认知水平，包括对复杂的经济学问题的更深刻认识，意味着"那种随便找几个人随便发表几条经济学原理就能获得赞誉的日子已经一去不复返了"。当时，物理学中的知识来源于实践，这无可争议地引领了社会科学，并解释了自然界中一些复杂的现象，对这些现象的解释都是通过"减少对所谓的权威书籍的笃信"来实现的。尽管马歇尔强调物理学在科学中起到了主导地位，但他也认为历史学在未来的经济学中有着重要的作用，并同意了黑格尔哲学中"历史和经济学是一个整体"的说法。马歇尔认为，社会科学与"人类思维的历史"是一致的。在对未来趋势的预测中，他指出，社会科学家仅仅相信这样的格言："我们学习什么样的知识，自身就会变成这个样子，必须从存在中学会变异。"马歇尔也预见到，在19世纪的经济学中将出现大量的定量分析，补充目前占主导地位的定性分析。例如，行动的得失必须是可计量的，因此可以在可靠的基础之上作出决策。以现存的劳动力市场保护"基本工资"和"选择性交易"为例，马歇尔指出了"这些所产生的问题主要会在下一代的身上体现出来"。因此他大胆地提出，商业规模的扩张将是这个问题的主要表现形式，但是总体来说这些将面临着"强大而可怕的经济束缚"，社会问题可能会在日积月累中爆发。

虽然马歇尔为它创造了一个很好的开端，但我们对新经济协会的命运知之甚少。马歇尔所关注的其他剑桥经济研究协会的命运也是如此。玛丽·佩利回忆到，曾有一个协会"是马歇尔在80年代从牛津大学重返剑桥大学时所创建的"。凯恩斯在《马歇尔回忆录》中提到，马歇尔1885~1900年拜访了工人阶级的领袖，如伯特、蒂利特和曼，"以配合社会研究协会的工作"，一种推测是马歇尔的这一任务可能是由罗德里克·克拉克交给的，他声称该协会是在1903年或1904年年初成立的。达文波特的回忆录显示这个协会在一战爆发时停止了运作。

《鹰》记录了协会早期的会议，证实了马歇尔以官方的身份参加了会议。一些对马歇尔来说非常宝贵的课题被记录在其中：

> 《鹰》中，提到这个为了研究社会问题而举行的会议可能不太合适，这个会议由学校委员会指导，经委员会批准后在一个我们自己的演讲厅中举行，会议已经持续一年多了。委员会分别代表了学校地位较低和较高的群体。这些会议不断地吸纳剑桥大学的听众力量，这些人能够对社会广泛关注的课题给出实用性的信息。这些文章随后得到了热烈讨论。我们相信，通过这种方式举行这样的会议对那些想净化思想和提出自己关于社会重要问题的新观点的人士非常有帮助。在这些演讲的人中，斯塔布思牧师、霍华德·埃文先生和霍尔先生探讨了农村劳动力的地位，欧内斯特·哈特研究卫生改善，巴恩特牧师探讨了学校安置地问题，谢菲尔德先生讨论了科技教育问题。这个学期的两次会议已经举行，第一次会议讲解了西勒先生的"高利贷"，他的观点将

会在随后的几章中进行阐述。在第二次会议上，当索利牧师和麦克白牧师进行"工业村"课题的讨论时，气氛非常和谐，这正是对城市人口过剩和减少农村人口问题的一个修正。在返回剑桥大学时，马歇尔教授拥有明显的优势，不久前他也作了与索利先生相同的提案。包括马歇尔在内的学校研究社会问题的成员还有福克斯韦尔、考尔德特、史密斯先生和坦纳先生。未提及海德尔兰德先生是个错误，因为他是这个问题的忠实研究者。

我们可以从很多渠道看到马歇尔在重建社会研究协会中所起的作用，比如《每日报》称他主持了关于失业问题的会议。更有趣的是作为协会秘书的伊拉兹马斯·达尔文先生与马歇尔之间的通信。马歇尔在这封信中建议，研究失业问题的发言人克鲁克斯先生应该得到经费支持，因为马歇尔是"克鲁克斯的一个热情追随者"，虽然他不同意克鲁克斯先生在会议上的大多数观点。由于这个原因，马歇尔用 1 英镑 10 先令的支票支付了下一个演讲人的费用。马歇尔在信中也提到来自君主学院杰出的老师乔治·托蒂，这让人很容易想到奥斯卡诗人罗伯特。随后托蒂对马歇尔为演讲者提供的资助表示了感谢。正如马歇尔在写给达尔文的信中提到的，他希望托蒂能够同意"描写在他的世界中农民们的苦难、渴望和共同经历"。1905 年的信件交流反映马歇尔积极地参与了社会研究协会的活动，他为演讲者提出建议，在经济上提供支持。其他的一些证据也证明了这点。沃尔特·莱顿回忆，他在 1908 年 5 月第一次遇见《经济学家》的主编赫斯特，当时他在马歇尔的社会研究协会上进行了关于许可证交易法案的演讲，这一法案后来通过了国会的批准，这也体现出马歇尔在社会事务中的重要作用，解释了马歇尔为何会主动对侄子克劳德·吉尔博修改的协会原则中的一部分内容提出质疑，他一直都在积极地参与协会活动，直到退休才结束了协会生活。

当时学校里有社会研究协会（它是在一战爆发后结束的），在这个小的协会里有一些以社会研究团体而闻名的积极成员。社会研究团体的成员针对大学生涯的某个领域进行写作，并且在社团的会议上阅读这些文章。我成为了社会研究团体的一名干事，发现在相似的岗位上很多人在承诺和执行上存在很大的差距。最失败的尝试是去征集论文。我在社团的会议上提出，任何将要成为干事的成员应该得到足够的监督，未能完成论文任务的成员会被要求退出社团。这个提议被所有其他的社员一致投票否决。接着我理性地改变了建议，这个要求仅适用于未来即将成为成员的人，对于现有的成员不适用；于是这个建议被统一执行了。然而，马歇尔并未对此感到满意。他得出了关于人们的道德和动机方面最差的可能性解释："人们愿意将他们自己不能承受的负担强加给后代人。"当他停止了对这件事的讽刺后，我哥哥轻率地说："但是这是人类的天性，难道不是吗？"我非常担心马歇尔对这件事的反应，他一段时间没有说话，但是很明显他在积蓄力量准备爆发——最后喊出："野蛮的天性！！"关于这个问题他也没有再说什么。实际上我的哥哥被击败了；但是对我来说，我决定以后在马歇尔的餐桌上会更谨慎地选择合适的话题。

马歇尔在他重返剑桥大学后参加了成立于1888年的剑桥民族协会，这是一个能够提供平等机会的著名协会。它的成立与当时迅速增长的民族运动有关，这个在1885年创建的运动使马歇尔结识了詹姆斯·博纳、莱斯利·斯蒂芬和伯纳德·鲍桑葵等人。

一位民族运动评论员注意到，"那些支持一个哲学研究组织与那些支持慈善活动"的人们之间关系紧张。不考虑这些人所代表的立场，这个运动完全用一种新理性的道德取代了基督信仰。它强调"社会与责任"、"整个人类和社会的道德救赎"，应该信奉正确的宗教经验，人类和社会进步的本质是一种与道德相关的强烈信仰，追求精神生活不但是最高的个人理想，还是实现改革的手段。简而言之，民族运动是为维多利亚时期的中产阶级知识分子特别设置的，这些人在19世纪六七十年代抛弃了宗教信仰，转而拥护宗教上对道德、社会和责任的需要。就像维多利亚时期的不可知论者仍然信奉宗教一样，民族运动也能填补马歇尔心灵上的空虚。

剑桥大学民族协会即将成立时，马歇尔在场，他以个人身份向组织者表示感谢，而且同意成为组织委员会的一名成员。在那个场合，马歇尔的演讲表明他将会扮演加强教育和慈善事业的角色。

> 马歇尔教授认为邀请大众参加这个协会的日常会议有一定的困难，但是说服更多的大学和城镇彼此交流很重要。他认为，在未来的某个时期，研究社会问题的协会可能会与民族协会形成联合委员会，一起在剑桥大学周边的贫困地区组织演讲活动。

剑桥民族协会活动的详细历史记录显示，马歇尔是协会委员会的一名成员，他与妻子分别在1890年和1896年加入，并且在那些年里马歇尔所发表的演讲似乎从未得到报酬。最初的会议记录显示，很明显马歇尔不再参加委员会或者协会的任何公众会议，但是即使他不在场，也还是会经常被选为创始者。可能是由于撰写和修订《经济学原理》，以及为劳工委员会提供服务和日常学术任务的压力等原因，马歇尔并没有参加他自己全心全意支持的公众教育协会的基本会议。

总体来说，马歇尔在1885年之后参加的剑桥协会的经历体现了他的积极性。他是一个志愿者、一个忠诚的捐助者、一个低调的参与者和少有的贡献者。他的协会模式很早以前就在慈善组织协会的成员文章中体现出来，他为了使自己适应，甚至从19世纪80年代加入协会后就开始学习协会模式。这种模式强调，可以通过积极地参与和领导活动来克服意志力的缺乏，这与马歇尔一生的努力相一致。

改善住房条件，普及穷人教育

19世纪80年代期间，马歇尔积极地参加了以改善穷人的住房条件和增加教育机会作为提高他们住房条件和生活标准的协会。最初马歇尔通过发表文章支持这个协会，这使他在19世纪80年代与提高工业村协会产生了联系，后来他对19世纪90年代由埃比尼泽·霍华德发起的花园城市运动提供了鼓励和支持。有的时候，尖锐而强烈的争辩夹杂在这些运动中，偶尔也会占据统治地位，而在《经济学原理》中，马歇尔经常以一种难以想象的方式将有关建议放置在注脚处。

1884年，马歇尔成为在当代评论上发表《在哪里为伦敦的穷人提供住房》的专题研讨会的三名贡献人之一。他的文章言简意赅地探讨了工业化和城镇化发展的历史，标志着以水为能源技术形式的第一次革命的结束，接着在人口集中的城镇地区开始了以蒸汽为能源形式的第二次革命。运输业和交通业（铁路、海运、电报和可靠的邮政服务）也同样影响了城市集中度的本质和需要。对于马歇尔而言，所有这些要考虑的事情都是以解决伦敦的住房问题为前提的。当伦敦整个地区不足以提供市民想要的有益于身心健康和消遣的足够的新鲜空气和宽敞空间时，对伦敦的穷人来说住房似乎更是一件遥遥无期的事情。可是，根据经济可行性，社会理想的计划是将城市的一部分人口转移到能够提供足够新鲜空气和宽敞空间的地区，提出了一种潜在的解决方法。对于曾经是"贫民窟男孩"的马歇尔来说，这是一个美好的幻想，他在德文郡与姑妈路易莎度过了一个愉快的暑假，这个经历使他认识到了亲近大自然的价值，那个假期使他从被剥削了新鲜空气和宽敞空间的有害于身体健康的环境中解脱出来，那年的其他时候他都待在学校和父母家里。

马歇尔通过对伦敦人口工业构成的分析认为，许多工业区可以廉价地转移到其他地区，这项计划在理论上为传统的人口的大量迁移提供了便利。它的实施取决于对经济的刺激、强制的政策和积极的移民政策鼓励。最初它需要对"伦敦以外的某些地方的居民区"的新住所进行高昂的投资。这就需要一个组织性的人才委员会，新城市社区未来的主人应该了解，委员会的职责就是介绍这个社区的优势。它的优势在于低廉的房租，生产有价值的绿色产品和帮助工人们"抵制返回伦敦城市的诱惑"。总结起来，这些优势有助于鼓励就业流入到新的"低工资"的农村工业地区。这样，就业可能会接连不断地产生，直到新的地区变成了能够自给自足的提供就业机会的地区。另外，廉价的公交运输为形成有规律的上下班成为可能性，能够使老的就业地区和城市空间与更廉价获得新鲜空气的新的边远地区相结合。如果这个计划能够实施，小汽车的前景可能会不乐观，除非伦敦的每个人都拥有住房并且每个房子周围有足够的空间，汽车经过的地方不再会有贫穷出现。

马歇尔开始与促进工业农村化的协会相联系。这个协会作为慈善组织成立于1884年，领袖是牧师亨利·索尔利。此人活跃于劳工运动和社会改革，与马歇尔一样，他认为需要通过灌输工人"诚实、正直、勇敢、知识和礼貌"的重要品德而把他们变成绅士。1885年，这个协会出版的小册子里引用了马歇尔对它表示支持的一封信，马歇尔在信中赞成通过在城市实施严格的卫生管理，以帮助伦敦低收入的工人移民到"房租和花园都很廉价"的农村地区，这是他提出的解决伦敦人口过剩的补救措施。除了精神上的支持，马歇尔还捐赠了5英镑，并且在1888年之前每年还增加2英镑2便士。1885年早期，马歇尔为委员协会期望的理想的新城市社区给出了宝贵意见。正如他在1884年的论文中所强调的，委员会需要依靠个人自愿的服务，因为政府的参与不可避免地会导致像"假公济私"和"冒名顶替"等腐败问题。马歇尔谨慎地建议委员会的工作应该逐步展开，他的改革计划再次表明其中不存在草率的现象。

马歇尔为协会活动慷慨地提供建议和金钱，但他并没有因为这些而加入管理委员会，并很高兴地将这个权力留给了福克斯韦尔，但福克斯韦尔在1887年5月和7月先后表示自己缺少继续这项工作的热情，因为缺少明显的成功来实现这个目标，这可能是因为缺少像慈善组织协会那样有能力的秘书。1885年6月，马歇尔提到，如果他收到来自莫利的介绍信，他就可能会向福克斯韦尔推荐特恩布尔作为工业农村协会的秘书。可是，当1889年9月一场公众会议阻止了协会的活动后，马歇尔和福克斯韦尔参与协会问题的所有机会都消失了。

马歇尔对住房问题的关注并未随着农村工业化计划的失败而减少。《经济学原理》第1版告诉我们，稳定的条件在于提供好的住房以保证工人现在和将来的健康和体力，在于来自伦敦那种高租金的地区向非体力劳动者提供住宿所引起的额外的社会和经济成本。一项针对"新鲜空气的成本"的计划由"大量用于保护空气、阳光和娱乐场所的政府支出"来支付，在很久以前土地被看做是君主唯一拥有的"重要资源"，但现在至少可以转让它的一部分"额外的国土资源使用权"。在最后几章中介绍了经济的进步，尽管在随后的时间里，沙夫茨伯里君主和奥克塔维亚·希尔女士提供的1885年以前的房屋委员会资料可以证明住房条件得到了改善，但马歇尔认为，在我们的社区中，贫穷阶级的住房之梦破灭了［即1907年］，他对这样的事情表示遗憾；而且以我们现在的知识和资源，再也没有理由或者借口允许这种事继续发生下去。

因为在今天的标准经济学课本中，住房这个问题占据了重要的地位，所以我们不会对马歇尔成为埃比尼泽·霍华德花园城市运动的英雄感到奇怪。霍华德寄给马歇尔他的书《明天：通过真正改革的和平之道》的副本，当这本仍然保存在马歇尔图书馆的书第一次出版时，并没有包括马歇尔对它的注解。在1902年的第2版中，它非常清晰地表达了标题的深层含义——"明天的花园城"。马歇尔对这本书给予了肯定，正如他在1898年对第1版的赞赏一样，他认为，霍华德作为一位重要的支持者和预见家，超前给出了城市规划理论。说马歇尔和霍华德之间从未通过信似乎不可能。霍华德回忆了与马歇尔的见面，他们一起探讨了花园城市的计划。马歇尔于1902年2月在剑桥协会大厅主持的支持城市花园运动的会议显示出他对这项运动的关注，霍华德是会议发言人之一。马歇尔的图书馆里记载了1909年的德国历史中的花园城市运动，说那是一次国际性的进步，记录包括从他的演讲时间和1923年后增的笔录到1884年他第一次宣布关注住房问题的文章，这进一步显示出他对这个问题的关注：

> 这篇文章在1884年被广泛地发行和阅读，这是事实。从那时起，越来越多的儿童在绿茵场上玩耍，学校的操场在成倍地增加，人们都遵守秩序，乘坐电车和公交车的数量有一个持续的增长，甚至非技术工人也能够在暑假带领家人出去玩。对于通风和卫生习惯的关注也在增加，这些在很大程度上减少了城市生活中的陋习。但是天生的陋习还在增加，所以克服这些陋习需要投入更多的精力和关注。

据回忆，1883年3月，因为汤因比去世，贝利奥尔学院有一个职位出现空缺，所以马歇尔能够离开布里斯托尔大学动身前往牛津大学，去给印度文职机构的学生传授经济学。据推测，马歇尔是在1877年后一次偶然的机会到贝利奥尔学院拜访乔伊特时与汤因比首次相遇的。后来马歇尔回忆到，"我偶尔会遇见他几次"，谈话主要关于社会和经济问题。汤因比是一个思维活跃而且善于思考的人，但是他新颖的思想和智慧并不是他的主要特点，"他感性的性格"才是最主要的。汤因比连续两年被称赞为在服务于经济和社会改革方面拥有"热心肠和冷静的头脑"，这个表扬并不过分。有趣的是，马歇尔在汤因比这位牛津人生前和死后的信件中都没有赞扬他。但在1883年2月15日即将发表的关于亨利·乔治的报告中，马歇尔告诉福克斯韦尔，他听到的一点就是，"汤因比是如此谦逊和温顺的绅士，但是他所涉及的某些方面触犯了工人阶级的利益"，这是汤因比在给伦敦市民作的报告"进步和贫困"中提到的。

当马歇尔在1885年回到剑桥大学后，2月份他在圣约翰学院主持了一个会议，"提倡建立大学城"。这件事在《鹰》中也有报道：

> 那时马歇尔教授受到了热烈的欢迎，同时他表达了喜悦之情。当他在牛津大学时就参加过殖民地运动。由于他对这件事非常关注，他直接继承了汤因比在贝利奥尔学院的事业。这样他拥有宝贵的机会来评估他的管辖范围，并能学习到工作的精髓。汤因比对伦敦东部劳动力的关注使他成为了一名经济学家。他通过走访这些人来了解其需要与想法。所以，即使来到汤因比礼堂的人们得不到想学的知识，他们也相信大学城能帮助他们实现这个目的，并且获得最希望看到的结果。他把这看做是最重要的目标。可能它听起来像"这没有什么东西比得上皮革"那样，但是现在他断定他所表

达的想法是没有什么比学习政治经济学的知识更重要了；而且只有通过系统的学习，我们才能更清楚地去解决现代社会所发生的重要问题。

1885年秋天，在听取了最新的汤因比讲堂会议记录后，马歇尔针对人口压力问题发表了公众演讲。在讲演中，马歇尔纠正了一些对《经济学原理》普遍存在的曲解，即人口的增长会给人们的生存方式带来压力，这只能通过增加对资本和知识的补贴才能解决。马歇尔认为，人口增长，特别是伦敦人口的增长，将会对新鲜的空气、宽敞的空间和清洁的水造成更大压力，最后归结为住房的压力。更严重的代价是人口的压力将会在下一代的身上体现，他们被剥削了"音乐、健康和玩耍的机会……板球运动可能被当成棒球玩，并且可能不再听从警察的管束"。马歇尔在文章中反复强调，人们只有从伦敦或其他大城市搬到别处才是解决的方法：那种建设廉价住房的措施都不能作为一个短期的解决办法，因为它仅仅有利于雇主的利润和房主的房租。马歇尔的结论也反复论述了这些观点，另外他认为减少新生儿的数量不仅会降低世界人口的素质，还会对英国人口的平均素质产生不利影响。虽然这个政策可能会提高平均的福利水平，但会降低总的福利水平。

当马歇尔成为圣约翰学院的会议主席时，他对学校殖民运动表示了支持，当他作为大学殖民运动最早的剑桥委员会成员时，他自愿代表协会发表演讲，其中汤因比会议就是最早的例子。1887年11月，《鹰》上的一篇报道指出那时他仍然是一名委员，并且参加制定有利于殖民计划的会议。此外，在1887年2月纽纳姆学院的会议内容中，他谈论了殖民问题，坎南·巴恩特回忆说，马歇尔及其夫人作为殖民运动的代表扮演了"重要的角色"。在1886年的一个周末，巴恩特偕夫人亲切地拜访了马歇尔夫妇。可是马歇尔再次强调了对这个事业的有限投入。1887年早期，他不情愿地接受了请求，为汤因比岗位写一本完整的关于产业均衡的书。当西奇威克想要从汤因比岗位辞职而让马歇尔接替以减少他的工作负担时，马歇尔并没有接受，而是建议福克斯韦尔去接任这个位置，并认为他是"合适的工作人选"。这与他参与慈善组织协会的做法相似，马歇尔在经济上支持这项运动，同意妻子去参加委员会议，并且从妻子的会议记录中得到他们的新发现。

马歇尔参与的其他社会改革与那个时期工人阶级所参与的合作运动有关。19世纪80年代晚期，在每年一次的代表大会上他都被选为主席。马歇尔在执政期间遵循的是剑桥的传统——合作——因为他在格罗特协会的导师莫里斯将合作精神放在首要位置。剑桥协会的前任主席福西特曾是一位积极的合作者，并且在他的政治经济学手册中也有一章内容研究了这一问题。穆勒和马歇尔也同样称赞了他关于工人阶级未来的最有名的一章，马歇尔在合作运动中主要强调了这部分内容：作为调解劳资双方冲突的工会，当工人阶级成为合作社的一名成员后，他能从中获得很大的好处。福西特也关注合作零售和大量传统的商业投资与合作产品之间的区别。后者在组织合作性商店上存在更多困难。最后，马歇尔赞同福西特在这章所作的总结：合作运动的成功"可以被看做是经济进步的最高理想"。

马歇尔出版的第一本关于工人阶级未来的文章简要地称赞了针对工人的商业风险所提倡的合作精神，这得到了穆勒和哈里特·泰勒的强烈支持，1879年出版的《工业经济学》的最后一章中阐述了这一问题。这章简要概括了它广泛的起源和历史，以及它与社会主义和美国典型的宗教社会的相关性。马歇尔在美国访问期间观察了合作原则在生产、流通和销售领域的应用。合作性商店的特点是认为货币购买力具有排他性，这篇文章将组织合作性工厂所面临的困难作为最后的主题。这本书的最后一句话是："对于［合作性工厂］的计划需要合作协会的更多实践，但是如果许多人都希望实现它，那么对整个世界来说就是一个巨大的进步，如果最后它实现了，那将是一个更大的收获。"

"新娘穿着一身白色礼服，但是没有戴面纱"

在政治经济学的主要课本特别是写给工人的文章中，马歇尔对合作运动给予了强大的支持，该运动计划邀请马歇尔来主持它1889年在伊普斯威奇举行的第21届委员代表大会。马歇尔同意在开幕式上发表演讲，演讲是根据学术经济学家的观点对合作运动作作出的一个系统总结。合作运动充分显示出老年人具有"极高的热情"但"活动困难"的情况，马歇尔认为这正是此项运动与其他运动的不同之处，它是"一个热烈、冷静和明智的交易"，是一种强烈而持久的信仰。它有四个"主要的信仰学说"。第一，对"杰出的人"而不是"富裕的人"的培养是"值得去尝试的最终目标"。第二，它认为工作并不是家庭和个人为了获得利益的方式，而是"作为一种更重要和崇高的目标来与他人交流"。第三，这种崇高的目标可以通过大多数人之间的合作从而消除工资不足和机会欠缺的烦恼来实现。第四，工人阶级的数量是可观的，所以教育和道德的发展对于合作运动的增长是必需的。正如经济学家所说的，由于价格水平的下降，通过货币成交量估算的合作性贸易增长率可能被低估。虽然马歇尔认为英国在合作方面是一个行家，但是它会面对一些棘手的问题。其中一个问题是为了避免权力的诱惑，应采用一种英国自主和地区自治的传统模式。在合作性生产方面存在严重的竞争问题，而同时存在通过利润共享和其他方式来"增加"工人们的利润，从而达到"劳动创造资本"的理想状态。并且马歇尔在四年前以同样的方式使剑桥的研究者接受了经济学，鼓励了到场的360名合作运动代表，使他们的思想和心灵获得了巨大的收获。报刊对这次演说的评论表明大多数听众被这次演讲的内容所吸引，正如苏格兰人在他们的评论中所说的，人们已经认识到马歇尔教授"在探讨人们关心的问题之前已经对这些问题作了深入研究，因而获得了人们的称赞"。

许多人认为马歇尔是一位公众发言人。霍利约克在《合作新闻报》中报道，马歇尔在开始演讲时承认自己是一个经验丰富的合作者：

> 马歇尔除了具有精力充沛的头脑和丰富的学识外，也拥有着纤瘦的身材和年轻的外表。他嗓音洪亮，能使他所讲的内容变得生动……周一下午，马歇尔被选举为协会主席。委员会条例一般很难被新主席掌握，但马歇尔却对此了如指掌。警觉灵敏，知识渊博，决策迅速，他引导经济发展就像汇编大师一样，没有冒犯任何人的感情来促进它和实现它，能够使人们在不存在争议的时候进行演讲，并且让人们感到吃惊的是，马歇尔在上午发表了两个小时无间歇的演讲后，仍能保持一种洪亮的声音而没有任何疲劳的迹象。

霍利约克对马歇尔的称赞更有说服力，因为他作为协会以前的主席更加了解职务的需要。比阿特丽斯·波特更真实地记录了马歇尔在伊普斯威奇的形象，最开始是在周日晚会的咖啡馆里，后来是在他的演讲中：

> 周日晚上，我们在长咖啡厅里集合后围着圆桌分散地坐着，一些人狼吞虎咽地吃着生牛肉，喝着茶，另一些人则坐在一起聊天。在其中的一次社交会上，剑桥大学的马歇尔教授被看做是这年委员会的英雄。他是一位高尚的人，被工人合作社选举发表就职演说。他看起来浑身都散发着教授的气质。有着浓密的胡须和长头发，个子矮小但体魄强健有力，脸色敏感而苍白，眼神超常敏锐，身体状态像年轻人一样。尽管他脸上写满机智，但是看上去缺少人类正常的生活经历……可是，到了晚上，他对知识的渴望胜过对无眠之夜的恐惧，他正带着兴趣和一点的不耐心来倾听关于通货膨胀的讨论，并且潜心研究曼彻斯特的零售业主席米切尔所提及的每个经济学术语。

她对马歇尔"认真地准备伊普斯威奇合作委员会的演讲"给予了批评性的意见，因为马歇尔拒绝承认"工人合作运动的成功与否并不取决于贸易和制造业的区分"，而是取决于政府更倾向于生产者还是消费者。更进一步来说，马歇尔认为成功的合作性贸易并不意味着在生产上的成功，而她持相反意见。比阿特丽斯的评论可能是由她的未婚夫悉尼·韦布与马歇尔早年关于这个问题的争辩引起的,她认为,如果马歇尔是对的,那么费边主义对社会的构想可能会失去吸引力;还有很大原因的是她早期的想法并没有与马歇尔的观点一致。

一年后,马歇尔在《经济学原理》的一些章节里对合作进行了阐述。在伊普斯威奇会议之前,马歇尔反复强调,合作性生产与贸易相比存在着巨大的困难,并且证明了教育所产生的巨大价值,包括"为高级公司管理层培养"的准工人。后来的几版对这个问题作了简略概述。合作的思想获得了很多赞扬,但是由于人性的弱点可能会阻止它的有效实施,只有那些很少追求"物质利益"的"宗教联合会的狂热者们"才能完美地实现它。因此马歇尔认为,保存在不完全市场中的竞争构成了有效的经济协会的基础。1889年,马歇尔在一个周末与协会进行了亲密的接触,但是不能确定这种基础是否会减少对合作的热情,或者是否会有评论家对《经济学原理》进行嘲讽——说他是"一个社会主义者",信仰"集体主义与合作"而不是信奉"个人主义与合作"。不过接下来,他在一年后为英国协会F部门发表的主要演讲上肯定了竞争的优点,同时他也获得了赞扬——一幅来自潘趣先生的漫画。

马歇尔对合作的支持态度很大程度上反映了其他支持者的普遍信仰,这可能对过于军事化的社会主义是一种有效的矫正方法。在他的《工业经济学》中,马歇尔已经将合作从马克思批评的"一种对社会的弊病过于温和的修正"中分离出来。无论如何,马歇尔对社会主义危害的直接理解不免会影响到他对这个问题的热情程度。值得一提的是,这部分合作的内容在马歇尔为劳工委员会工作时很少明确提及,仅仅在他最后报告的最后一段里提到过,这可能是为了体现他的个人特色,因为伦敦有一些特殊的问题,所以这里谈到了建立合作的困难。马歇尔对社会主义模棱两可的评价是在他积极参与合作运动后所产生的。可是,当布尔什维克革命形成时,更多对社会主义构成威胁的因素在一战中出现,马歇尔在战后重建中更加肯定了合作事业的价值。

积极参与学术交流:少有的一次共同掌权

马歇尔利用课外时间积极参加社会改革的热情程度,可以与他在学术协会上培养这方面成员的激情相匹敌。按顺序排下来,他参加了促进科学进步的英国协会、统计协会和政治经济协会。马歇尔在英国经济协会和皇家经济协会成立时所起的作用将在后面的内容中进行讨论,这些成为马歇尔支持凯恩斯的"三个伟大运动"之一。

正像他大多数研究社会科学的同事一样,马歇尔同样也积极参加促进科学进步的英国协会,这个协会的F部门在1855~1856年包含了经济科学和统计协会。除了一些特殊的场合,马歇尔并不是很积极地参加每年的委员大会,甚至在他作为剑桥大学的政治经济学教授时,他的兴趣也不高。例如,他在1886年7月写给福克斯韦尔的信中提到,他正考虑在英国经济协会上发表关于产能过剩的文章,但是由于这可能会占用他创作《经济学原理》的时间而没有实现。1887年8月，因为他正在格恩西度假，也正在创作《经济学原理》，所以不愿意去参加在"粉尘中的曼彻斯特"举行的英国协会会议，虽然在曼彻斯特可以与门格和庞巴维克见面，也可以参观那里的工厂。福克斯韦尔告诉凯恩斯，"马歇尔最终决定不去曼彻斯特"。仅仅当他被选为F部门的主席时他才参加了1890年8月的会议，并在会议上发表了关于竞争的演讲。

马歇尔认为教条将会被分析所取代，接着他用各种各样的例子阐述了这个观点。首先是关于保护的例子，他认为限制的内容应该从自由贸易的基本理论中去掉。其次描述了由托拉斯和其他联合体所引起的国内竞争。在谈到美国对托拉斯特别是石油托拉斯的成功限制时，他认为他们的失败是因为无节制的价格政策，并且未能通过一种和平的方式将主要责任与个人利益相融合，从而产生了不利影响。因为这个问题，竞争和合作的潜在冲突变得更加复杂，从而促使通过法规对垄断行为进行遏制，美国的谢尔曼法规就是最早的例子。随后这在英语国家中成为了日益流行的趋势，他们都寻找一种对不完全竞争产业（包括所谓的自然垄断）或者像马歇尔习惯上所说的不可分割企业的国家性管制，而不是德国人所谓的国家社会主义和国家管制。接着马歇尔区分了市场竞争和生产竞争，比较了大量独立的小企业合并为大企业后所拥有的经济创造力，在结论部分分析了更为普遍的情况：厂商将利润动机作为成功的标志而不仅仅是货币本身；经济进步需要自由个体的责任，也需要国家对财富不平等的调节；社会主义者低估了企业管理的困难，并且他们特殊的蓝图只有通过对生产组织形式的替代物进行详细的说明才能实现。最后，马歇尔指出，不断增长的公众意见作为一种控制商业的元素、作为竞争，或者通过鼓励国家行为或者通过间接抑制商业领导者的存在得以补充。可是，为了确保公众意见能够发挥控制作用，马歇尔认为这种意见应该得到指引，而不是被动地接受怎样去做。最后他为他的"不完全和零碎的研究"表示歉意，并把它归结为"经济问题每年都在变得更加复杂化，并且从不同的角度和用不同的结合方式来研究它们变得更加紧迫"的一种反映。因此，扩大知识经济迫在眉睫，"一方面是为了远离残酷而多余的恶性竞争和滥用财富的需要，另一方面是远离社会主义的需要"。

凯恩斯在日记中指出，马歇尔的演讲正合时宜，因为"他对待社会主义的态度是一种截然不同的反对，很少有人能够接受马歇尔的反社会主义演讲"。海因德曼作为社会民主同盟会的领袖，在《公平》上写道：

> 马歇尔教授的演讲似乎与他在书中所写的一样冗长而且啰唆，这篇演讲……恰当地谴责了浮华的装饰和表面的空话，而认为竞争、合作、自由贸易和保护是重要的，在资本和劳动两者之间不应该存在矛盾，等等。但是马歇尔也不能用一句话解决这些问题，甚至他自己都没有恰当地表达过。

比阿特丽斯·波特对马歇尔的评论相当不利:"马歇尔的演讲很乏味,与他那些伟大的著作相比令人失望。"这与他全部的经济学观点"致命的单调:除了8个小时的争辩"相匹配。今天听过马歇尔演讲的听众也赞同这样的观点:这是笼统的、全面的、冗长的而且没有明确论点的演讲。它乏味的风格,即使以马歇尔的标准,也可能被认为写得比较匆忙。他在苏格兰写信给布伦塔诺,告诉他自己为了"远离"所有人而在苏格兰度过了部分夏天,在那里休息并创作了自己作为英国协会F部门主席的演讲稿。那个演讲"我从未开始过"。直到7月10日后马歇尔才去苏格兰的乡下,所以他只用了相对较少的时间去修正和润饰演讲稿的篇幅和论据。可是这份演讲稿是存在的,并且在30年后的《工业和贸易》一书中给出了更加详尽的阐述。

马歇尔作为协会主席在随后几年的委员会议上都有很好的表现。《每日电讯》报道,虽然成员的人数众多,但马歇尔教授是一位极好的主席,他机智而且有条理地管理着这个部门。《里兹信使报》报道了当时马歇尔作为协会主席时会议上人潮涌动的快乐场面。《泰晤士报》也同样指出当时有大量的听众,马歇尔对一篇协会报告作出了贡献,他作为一名副委员对货币价值的变动进行衡量,并且提出了以规范的指标为基础的官方参考数据。在成为委员会成员时,马歇尔在报告中提出,应建立第一个监督委员会对提议进行详细的研究,在明确决定方案之前,要听取来自商业和学术方面的专家意见。

正如前任所做的那样,1890年,英国协会F部门的会议允许外国听众参与,其中一些人随后在剑桥大学进行了集会,在贝利奥尔庄园,这些人受到了贵宾般的款待。在这些人中,有美国铁路方面的经济学家哈德利,马歇尔曾引用过他的文章进行教学;有潘诺隆尼,去年他在文章《纯经济手册》中加入了马歇尔关于国际贸易的图形分析;慕尼黑大学的政治经济学教授、后来成为一名通讯记者的布伦塔诺也参加了这次集会。1890年9月5日,凯恩斯也与潘诺隆尼、摩西和威廉·坎宁安一起成为了贝利奥尔庄园的客人。

马歇尔下一次积极参加的英国协会的会议是1904年的剑桥会议。这次会议是一次值得纪念的社会会议,在马歇尔的贝利奥尔庄园举行,探讨了马歇尔与他的学生普莱斯之间关于国际贸易财政政策的冲突问题。普莱斯批判了在《泰晤士报》上发表的经济学家宣言,而且在马歇尔的思想占统治地位的情况下,发表了一篇关于"经济理论和财政政策"的论文,这是难能可贵的。凯恩斯低调地将会议上讨论的财政问题作为"马歇尔与普莱斯之间非常激烈的讨论";普莱斯在40年后对这件事情仍然记忆犹新:"因为我支持关税改革,马歇尔就对我进行了批判,像一个发疯的牧师鞭打一个学生一样批评我。"普莱斯把这看做是马歇尔心怀不满的信号,而《剑桥报》高调地报道了主要的地方经济学家的不满:

关于张伯伦的政策,马歇尔教授认为它比以前提出的任何政策都能更好地瓦解帝国统治，但是作为一名经济学家，他有权研究这件事，也可以预测下一次瓦解的出现。

当时，其他观察员对这件事有不同的看法。克拉拉·科利特记录到："马歇尔教授……带着其对均衡状态的希望，对普莱斯先生提出了严厉的批评。早晨的时候，我们都感觉像是正在接近一个随时可能爆炸的强有力的军火库。但是没有什么能超越马歇尔的演讲，即使很多人对因为没有机会发言而感到不满。"

在1904年F部门的会议上，福勒克斯和鲍利阅读了这些论文。最初马歇尔对福勒克斯有意愿来参加英国协会会议感到高兴，并告诉他皮尔逊夫妇在此期间也会出现在贝利奥尔庄园，梅纳德·凯恩斯后来也回忆说在贝利奥尔庄园遇见了皮尔逊。一张照片记录了在周末贝利奥尔庄园举行的那个令人兴奋的宴会，"忠实的莎拉"恰当地"完成了自己的任务"。马歇尔作为宴会的主人热情地尽到了自己的职责，在6月和8月上半月，马歇尔在诺佛克郡度过了他们6个星期的夏季远足，这是他为了F部门会议作出的少有的一次贡献。克拉拉·科利特的日记记录马歇尔缺席了在三一礼堂和格顿花园举行的两次正式会议，尽管马歇尔的妻子和其他著名经济学家都出席了这两次会议。

1880年，马歇尔告诉福克斯韦尔，他有意愿成为统计协会的终身会员；协会的记录显示他在那年的1月份被选举为协会成员，这表明马歇尔实现了这个愿望。遗憾的是，协会没有任何马歇尔出席了会议的详细记录，仅仅在协会周刊的会议记录上有马歇尔曾经发表的一篇论文。1895年，马歇尔在英国积极参与了关于鲍利论文中平均工资增长的讨论，这是唯一能够证明他出席会议的记录。

马歇尔通过在适当的时间发表论文的方式来参加协会的活动。在1885年协会的50年庆典上，马歇尔作为一名新任的剑桥政治经济学教授并没有忘记发表论文。这篇论文研究了统计学上的图解方法，这种方法是"通过推论和实践的检验来进行分析"的，这样就能够更加系统地研究经验规律的成因和作用。这篇论文再一次说明了马歇尔希望用一种简单易懂的方法将经济事实变得更实用，在19世纪70年代期间，他将这个原则应用于他正准备写的"红皮书"中。这本书也表达了量化的必要性，而且包括了关于这方面问题更多精确的推论。后来，马歇尔巧妙地将这个观点在1896年的新经济协会第一次会议上传授给剑桥大学的经济系学生。但是，马歇尔完全意识到，在获得一些值得期待的结论时，图解方法是比较容易犯错误的。在使用图解法和其他方法时，应该选择适当的比例来评估不同方面的平均增长，例如人数方面的增长。他在最后的例子中含蓄地提到了他对经济的一个贡献，那就是用经验主义的弹性测量方法来估计需求曲线。这包括"需求曲线的归纳和在它基础上演绎的结论性的综述，它在经济学上发挥了重要的作用"，虽然结果有时可能会背离他的观点，但是这个预言在20世纪完全实现了。

马歇尔和伦敦政治经济协会的密切联系，与他成为剑桥政治经济协会的主席有关，依据协会的第五条章程，他成为了一名荣誉社员。可是，这个职位是马歇尔主动申请的，而不是自动获得的。1886年4月27日，马歇尔饶有兴趣地阅读了协会的历史，让福克斯韦尔安排他"成为协会的一名成员"，或他自己提出申请，或告诉他怎样进行。"我认为，最好有一个提议者是资格较老的成员。我应该像考科尼和其他任何人一样，他应该是自愿的。"在那年6月的会上，马歇尔成为了合格的当选者。

1821年4月，这个著名的协会在伦敦的拉塞尔广场成立，其中图克、托伦斯、马利特、穆勒和马斯克特出席了会议，在几个月之内，马尔萨斯和李嘉图等大部分领袖级经济学家也加入进来。伦敦政治经济协会是一个在吃饭的时候进行讨论的协会。它的第一次会议是在共济会员的酒馆举行的；当马歇尔加入协会时，会议在林肯旅馆的宫廷旅店里举行。协会每年举行7次会议，每年的会费是5.5英镑。

协会曾讨论过马歇尔的一篇论文，它提出了"价格波动的解决措施"，后来在《当代评论》上发表。马歇尔在1887年2月4日的会议上提出了"什么样的货币系统能够抵制金银价值的波动"这一问题。这也是他对政治经济协会的特殊贡献，这篇文章已经被保存下来了。在此后的10年时间里，马歇尔提出了未来发展的两个问题。在1889年12月的会议上，他首先探讨了"受近年来的社会和经济变化的影响，贸易工会在工资变动率和劳动时间的问题上所起的作用"，其贡献是它很好地影响了马歇尔对后来的劳工委员会的计划，因为鲍尔弗也出席了会议。在1895年的会议上，马歇尔提出了更有贡献的问题，即"什么原因导致有管制的工资理论正在替代所谓的工资资本学说"，他是针对威克斯特德早年发表的平均分配理论的最初质疑者，马歇尔准备将这种想法写入《经济学原理》第3版中。这可能是马歇尔对协会最重要的贡献，在这期间，只有吉芬提出的问题数量超过马歇尔，与他提出同样数量问题的还有他圣约翰学院的朋友弗莱彻·莫尔顿。

创建经济协会的幕后领导

1890年创建的英国经济协会是在19世纪80年代人们对三个主要研究经济问题的公众论坛的不满程度加深的情况下成立的。政治经济协会由于具有排他性而被时代所抛弃；统计协会被要求去扩大它的经济研究领域，但是它对用这种方式来改变传统的角色缺乏热情；经济协会F部门就像社会科学协会一样，看上去过于中立，虽然它研究的领域从卫生设施到产业化链接，但言论却受到限制，因为用1885年主席亨利·西奇威克的话来说"它代表了某种讨厌的人"的专横。另外，从经济学角度考虑，需要一本更加专业的期刊，类似于1876年出版的《思想》和1886年英国出版的《时代观察》，其中包括文章、评论、特别报道、笔记和备忘录，它可以作为新经济协会的一部分。虽然在 1885 年已经将有限的财政投入到期刊的创办，但是却很难找到一个适合的编辑。凯恩斯很早就表示对这个职位感兴趣，所以他在 1887 年降职到这个位置，当然，这也有福克斯韦尔的邀请和马歇尔施加压力的原因。

情况直到 1890 年 4 月才开始发生了改变，部分是来自《经济观察》创建的刺激。一个针对新协会及其刊物的非常明确的提议在英国协会 F 部门的委员会成员中流传起来。1890 年秋天，这个提议支持在戈申和考科尼之间选举主席并且发表就职演说，协会大会在秋季举行，因为夏天的几个月时间是很宝贵的。当时，马歇尔在这项计划中处于从属地位，商谈的主动权由福克斯韦尔、帕尔格雷夫和冈纳所掌握。1890 年，由于《经济学原理》即将出版和 F 部门的任期已到，他在最后的决策上扮演了一个重要的角色。马歇尔对新期刊的成员和编辑人员采用了一种比福克斯韦尔和冈纳所希望的更为折中的方法，这在很大程度上能对希望分享政治经济协会会议的银行主管和商业领袖人士提供帮助。

作为 F 部门的主席，马歇尔在协会成立时起到了巨大的作用。1890 年 4 月 10 日，他在 F 部门的委员会成员中进行了一项问卷调查。这份问卷旨在寻找关于新协会作用和目标的建议及它成立的必要性。他希望得到来自合适的成员的提议，包括皇家统计委员会的成员、政治经济协会的成员、现在和过去的政治经济学老师、来自 F 部门的成员以及任何不包括在名单中但比较合适的人。11 月 20 日，在马歇尔的倡议下发起了就职演说大会，会议包含了对期刊性质的明确建议、对少量著作的再版和国外书籍的翻译、协会及其活动的资金来源的计划，还有更加详细的建议，例如会员是应该多组织的还是专一的、他们所能获得的好处、会议是应该频繁的还是偶尔举行及一些相似的细节问题。最后会议以作出一项决议而结束：

马歇尔任布里斯托尔大学校长

第一，是否值得成立一个能够很快出版期刊的经济协会（假定这个问题的答案是肯定的）；第二，对于现在来说，协会是否应该举行各种形式的会议而不仅仅是商业会议；如果可能的话，这些会议的间隔时间如何制定；第三，对成员的要求应该是怎样的。这次会议指定了一个委员来执行委员会的决定。

在发出这个通知之前，马歇尔积极地支持建立一个拥有更广泛成员的开放式的协会。他关于这个问题所使用的论据，都在给未能参加 11 月份会议的博纳的信中记录了，在那时，他与福克斯韦尔和埃奇沃思都在其他协会：

> 我对你不能出席会议感到遗憾。我认为它可能会成为一个开放式的协会，这件事我只与福克斯韦尔和埃奇沃思先生说过。没有人认为一个封闭的协会是安全的，与我一起协商的人认为一个封闭的协会可能会被外行人所统治，他们不会只当局外人的，除非协会的规模像私人俱乐部一样小。但是外行人可能不会考虑去加入一个对所有人都开放的协会，如果人们不加入的话，他可能也不会对协会造成多大的危害。

在 1890 年 11 月 20 日举行的就职演说会议是非常值得关注的。会议报告最早发表于《经济学杂志》上，报告提到有 200 人出席会议，而其中的 63 人十分著名。在会议开始前提出了一个接一个的方案，并且一致通过，选举新的协会主席一事对于出席会议的人来说成为了一项基本问题。乔治·肖，新协会创始成员，对戈申主持会议没有任何意见，但质疑选举主席的明智性，"任何人应该与国家的其他政党意见相一致"。作为回应，戈申和马歇尔发表了观点，但戈申让马歇尔首先发言。马歇尔从戈申的阵营中分离出来，他说他确信自己"表达了普遍的观点：可能再也找不到任何比现在的财政部长更公平和正义的人了"。戈申对肖的观点表示赞同，建议主席的选举应该被延期。马歇尔受到了鼓舞，认为这件事应该在会后由委员会进行更充分的讨论，这也得到了允许。马歇尔没有任何悬念地当选为委员会成员，埃奇沃思成为新杂志的主编和新协会的秘书。

照例，马歇尔对新协会的委员会事务并不积极，事实上他仅仅参加了 4 次会议。他表示不愿意经常参加会议，非常愿意将协会的事务留给有能力的帮手（如希格斯、埃奇沃思）和一些热心的人（如福克斯韦尔和博纳）。当埃奇沃思在编写《经济学杂志》时，他积极地征求马歇尔的意见，但结果还是相似的沉默。正如埃奇沃思自己所回忆的："因为刚刚接触这种类型的工作，我写信给马歇尔，向他请教每个细小问题的建议，直到他开始抗议。如果通信继续保持在这个比率，他可能会直接使用印有我地址的邮票。"马歇尔与埃奇沃思的通信记录没有被保存下来，所以建议的性质或者它的频率都很难考证。

1896 年，马歇尔被任命为英国经济协会（当戈申在 1906 年退休时，该协会已经成为皇家经济协会）的副主席，马歇尔拒绝了这份荣誉，部分是因为他不能抽出时间来组织每年 10 月份举行的协会会议，因为他最好的时间要从事自己满意的写作工作。无论如何，他的妻子在蒂罗尔订了房间，使得那个夏天马歇尔能够远离打扰。直到 1924 年去世前，马歇尔都一直是副主席，不过在那个职位上他并没有真正发挥自己的作用，他很少参加委员会议，除非为了实现某些明确的目标。

为了能进一步讨论马歇尔参与学术协会的问题，这里应该对他参加的两个经济协会进行说明。第一个协会是经济学会或叫汉普斯特德经济讨论协会，第二个协会是它的分支——初级经济协会。经济学会是由贝德福德礼堂的辩论协会发展来的，最初的成员包括亨利·比顿、菲利普·威克斯特德、悉尼·韦布、乔治·肖和格雷厄姆·瓦拉。1884年10月的经济学会改变了会议的地点，由比顿在汉普斯特德举行，这次会议增加了埃奇沃思和福克斯韦尔两名新成员。所以对马歇尔、威廉·坎宁安以及乔治·史密斯偶尔参加定期的每周会议也不足为奇。对于成员来说，这些会议也是一个好机会，可以用来讨论成立英国经济协会的意愿，事实上可能已经形成了一个有活力的小组，去激励其他经济学家（例如马歇尔、戈申和吉芬等更多显赫的经济学家）采取行动。我们对马歇尔参加经济学会会议的事情知之甚少，尽管他偶尔会参加会议来为自己的经济学辩护，以免受威克斯特德的不利批评。

1890年，克拉拉·科利特建立了基于伦敦模式而成立的初级经济协会，它可能是拥有强大的费边主义成员的较高学会的副产品。协会在10月份开始着手于会议活动，并由福克斯韦尔作了就职演讲。由于成员的特殊要求，特别邀请埃奇沃思和威克斯特德成为会员，这是协会的骄傲，成立时马歇尔为协会顾问，偶尔会出席协会会议。

马歇尔和庞巴维克之间关于资本原理的争论

马歇尔仔细研读了庞巴维克的作品，从马歇尔对其作品的大量脚注和相关注释中可以看出，马歇尔不仅仅在众人关注的焦点问题上，而且从其他方面都提出了自己的观点。为了更加透明，马歇尔把他的观点作为讲课的素材，公开说明了他的想法。在1909年的阿尔卑斯山会议上，一次偶然的机会，这两位经济大师在此偶遇。在面对面的交谈中，两位大师观点的冲突更加明显。庞巴维克对前辈利息理论批判史的态度使马歇尔感到强烈的不满，尽管庞巴维克也肯定了利息和资本理论和价值理论。马歇尔的这种态度让人们不禁追问，马歇尔的理论到底是什么，马歇尔受欧洲其他经济学家的影响到底在哪里？

卡斯尔声称，在马歇尔1903年出版的《利息的本质和必要性》一书中，马歇尔的一些关于庞巴维克对杜尔哥观点的一些评论非常有启发性。马歇尔回应了卡斯尔，他说近期很少阅读有关利息方面的书籍，无论作者是卡斯尔、庞巴维克还是威克斯特德。但是在大体上，他还是赞同卡斯尔对待此观点的态度，原因如下：

在大体上，我是赞同卡斯尔教授的。庞巴维克提出，进入剑桥大学的所有学生都有一个共同的观点，即对于所有经济学的创立者，他们实际的常识往往还不如一个十岁的孩子，或者说他们高估了自己的价值。我认为庞巴维克教授并没有抓住要点，个人观点的争论是一件浪费时间的事情。但是如果你是选择了这些伟大的经济学家中的一位做测试，我倒是愿意以杜尔哥的利益原理为主题作一个演讲。正巧，此阶级的很多成员对此事都比较关注，并且利益理念已经被大多数人接受，他们中的大多数都倾向于支持杜尔哥。因此，我将把杜尔哥的理论和庞巴维克对其的理解作一个对比。我分别阅读了几篇杜尔哥的原文和有关庞巴维克的观点的文章，为了此次演讲，我在这两本书上做了很多脚注，并且在之后的两周内让我的学生中互相传阅这两本书。在课堂上，我提出了一个问题：在庞巴维克对于杜尔哥的态度上，我评价的观点是否足够客观？他们一致认为我的评价是客观的。细节我忘记了，但是我发现，我在原文中并没有找到相关的庞巴维克有关杜尔哥观点的内容，很显然，他曲解了杜尔哥的观点。而且在其他章节中，原文表达的意思正好和庞巴维克理解的意思相对立。我已经把这些笔记借阅他人，也可能借过卡斯尔教授。在阅读完这些笔记后，没有一个人在他们的观点上提出质疑。

维克塞尔并没有被马歇尔的答复说服，带着疑问检查完文章后，他想在此问题上引用马歇尔笔记中的一些内容，但是马歇尔拒绝了，因为他不想把时间花费在毫无意义的争论上。他会向维克塞尔传送相关信息，但是前提是维克塞尔能够保证不让他卷入此争论。马歇尔补充到：

> 坦白说，我不会对庞巴维克对我的批评作出回应，甚至我都不会去阅读庞巴维克对我的评论。所以，任何关于庞巴维克的抨击都与我无关。如果我有时间，我会直面庞巴维克的正面攻击，但是面对他的诽谤，我选择沉默，因为我不愿意对其恶语相加。也许有一天，我忍不住要站出来说话，但是那并非我的初衷。

维克塞尔不得不接受马歇尔的条件。在接下来的一个冬天，马歇尔专门为维克塞尔准备了一些资料，并且邮寄给他。同时，马歇尔在信中也写道：

> 庞巴维克对我的看法，我是有所了解的。偶尔，我的学生会带给我一些他的文章。他不仅仅曲解了我导师的观点，而且也没有意识到我的低姿态。对此，我和学生常常一笑了之。这并没有使我感到一丝气愤，因为他一直对我比较客气，相比我的导师，他对我的帮助更大。但是唯一让我不满的是，从被他贬低过的人的口中我得知，当庞巴维克还是个学生的时候，就自诩他的每个观点都是伟大的发现。特别是在美国，一些没有系统学习过经济的人对他作了些评价，他居然把这些评价当做对他自身价值的评估。如果他非常渴望知道我确切地在说什么，他可以翻阅我的数学笔记。在

我第 9 本笔记中，他会找到使他困惑已久的问题的答案。从积分的极限来看，可以忽略他所谓的"起始点"。使他困惑的一点就是在于，他过分注重了起始点的作用，而忽略了事件本身。英国的经济在走下坡路，究其原因，可能是英国的经济学家没有重视或者没有那种能力去看透我们这个时代中存在的实际问题。我怎么能花费我的宝贵时间在此种毫无意义的事呢？一个我曾经的学生——现在已经是一个讲师了——提出他去给庞巴维克一个答复。我说"没有必要，现在你有更重要的事情去完成"。但是后来，他还是回复了庞巴维克。

维克塞尔及时回应了马歇尔。1905 年 1 月初，他对马歇尔和庞巴维克的争论作了总结。庞巴维克对马歇尔等待理论的理解上存在误差，马歇尔没有充分理解庞巴维克利用延长生产周期来提高生产效率的原理。此外，他不赞同马歇尔在杜尔哥问题上的辩护，他认为庞巴维克在此问题上大体是正确的。

马歇尔阅读了利益理论批判史，此书由庞巴维克著，斯马特翻译。在此书中，马歇尔作了大量的标注。尤其是在关于杜尔哥、李嘉图、杰文斯和塞伊的这四个章节上。在关于杜尔哥的这一章中，有两个句子被着重标记了，其中之一被认为是一大败笔。虽然我们不能指出这句话到底是哪里或者为什么不对头，但是这一句的确没有足够深入地挖掘利益的本质。庞巴维克的观点指明了杜尔哥观点的另一处错误。这两处的注释都表明马歇尔对庞巴维克的观点持怀疑态度。在阅读《经济学原理》最早的两个版本时，我们惊奇地发现，庞巴维克对杜尔哥利息和资本的理解并不一致的。除了这两处注释，马歇尔在庞巴维克的利益理论中的其他地方也做了脚注。这些脚注都表明，马歇尔发现，在此书中，庞巴维克过分强调了他自己和他的先驱者的历史地位。这也成为庞巴维克"充分与可能的"历史中的败笔。

马歇尔在庞巴维克的《积极的资本理论》一书中的注释，很多都是有关资本的定义的。可以看出，每一句注释马歇尔都经过了深思熟虑。也正是这些注释，在 19 世纪 90 年代，引起传统的资本定义发生了变化，在第 5 版的附录 E 中，全新的资本定义诞生了。虽然马歇尔的脚注也提出了批评，例如在庞巴维克对待杰文斯资本定义的态度上，并且在他对待房产、游艇和剧院等固定资产的态度上，马歇尔都持不同态度。但是庞巴维克对资本的定义，无论是作为一个中间产物的统计还是作为总体积累，在这点上，马歇尔和庞巴维克的观点是大体一致的。这些注释都表明，马歇尔经过了仔细研究，对此部分内容大体上是持肯定态度的。

在马歇尔给维克塞尔的回信中，马歇尔声明，庞巴维克对自己的资本和利息理论的批评并没有使他感到懊恼，但是对于他崇拜者的理论批评，马歇尔感到强烈不满。这也就暗示，在马歇尔的眼中，杰文斯是他的先驱。但是，他所说的态度与他在庞巴维克书中的评论所表现出的态度并不一致，他还是最关心、最关注庞巴维克对他自己理论的评价。在 1904 年前后，他并没有对庞巴维克的利息理论进行系统的阅读，对维克塞尔所表达的观点与在庞巴维克《1884～1899 近代利息文献》1903 年译本中的注释里面的观点也有潜在的差异。这种差异特别表现在节制理论上，因为此部分涉及了他自己的等待理论。在这件事情上，马歇尔的评论带有敌意，他的批评戴着有色眼镜。这是对庞巴维克曲解他观点的还击，或者仅仅是一派胡言，或者更是因为庞巴维克较长时期内没有咨询过他最近新版本的《经济学原理》（1895 年和 1898 年的版本），他感到强烈不满。值得一提的是，庞巴维克对马歇尔有一段非常具有批判性的评论，这些评论在和维克塞尔的通信中也有所体现：

> 假设，如果一个人从 1860 年开始，直到 1880 年，连续 20 年每年支付 100 英镑的保险，为的是在 1880 年开始，直到他的死亡时间（假设 1895 年），每年得到 300 英镑的养老金。那么有几种计算方式：如果从 1860 年为基点计算，那么保险金和养老金都是应该按时间成本打折到 1860 年的水平；如果以 1880 年为基点计算，那么保险金应该是累积到 1880 年的水平，但是养老金还是要打折的。在时间成本这一个概念上，马歇尔没有抓住重点。要知道，任何一流的专家是不会犯如此低级的错误的。

与庞巴维克给维克塞尔的通信相对应的是，这些评论明显地激起了马歇尔对他的敌意。在随后的《经济学原理》新版本中，这种敌意也有所体现。之前，即使庞巴维克对杜尔哥的批判也没有激起马歇尔对庞巴维克的不满。1892 年，马歇尔寄给庞巴维克一本他的《工业经济元素》。在此之前，可能是 1890 年或者 1891 年，庞巴维克阅读了他的《经济学原理》。1887 年，马歇尔曾向福克斯韦尔抱怨，缺席英国协会组织的曼彻斯特会议意味着放弃了和庞巴维克和门格会面的机会。1909 年，玛丽·佩利和其他奥地利经济学家一起对那次会议记录作了整理。前几章完全引用了这些记录，甚至把他们不愿意谈及与利息有关问题的态度都囊括在内。以下内容大多都是费伊根据回忆马歇尔夫人的原话转述的：

> "费伊先生，您知道对于阿尔弗雷德来说，保持不被打扰的状态是至关重要的。因此当我得知庞巴维克教授和他的支持者持不同态度时，我感到深深的焦虑，唯恐他们两人相遇。但是阿尔弗雷德和庞巴维克还是在一座小桥上偶遇了。"
>
> 关于阿尔弗雷德和庞巴维克有关利率的讨论结果，我作了一个简要的总结，阿尔弗雷德认为庞巴维克的观点是荒谬的。这次偶遇中，他两人争论得太过激烈了，以至于两位太太不得不分别拉开自己的丈夫，匆匆结束了此次争论。
>
> 阿尔弗雷德是一位侠义之士，之后他认为自己对庞巴维克太无礼了，为了表示歉意，他安排了一次盛大的宴会。为了此次宴会，阿尔弗雷德收拾了阁楼，理清了阁楼上

的一些杂物，重新粉刷了墙壁，准备了丰盛的食物，桌子也有鲜花装饰妥当，等待庞巴维克一家的造访。但是庞巴维克抵达时，开口就是有关利率的问题。就这样，阿尔弗雷德努力创造的良好气氛被破坏了，宴会变成了又一次激烈的争吵。事后，阿尔弗雷德带我去了阁楼，告诉我那就是宴会举行的地点，"他在战争中简直是奋不顾身"。

威泽和马歇尔之间也发生过类似尴尬的偶遇。威泽曾向海克提及过此事。海克说：威泽和马歇尔曾经数次在格罗顿谷度暑假。虽然他们早已认识，但是由于没有正式介绍，考虑到如果见面的话可能会争论经济方面的问题，所以索性不见。有一年，庞巴维克专程拜访威泽，在此之前，庞巴维克曾经和马歇尔见过面，所以就正式介绍两人认识。这次会面进行得非常愉快，但是在此之后，威泽和马歇尔为了彼此回避，都没有再次去过格罗顿谷。

那段时期，马歇尔致力于研究尚未解决的问题。对于庞巴维克的挑衅，马歇尔选择了沉默，只是偶尔在课堂上提及，并且对此一笑了之，没有把庞巴维克的批评放在心上。在写给维克塞尔的信中可以看出，他对此部分内容的细节已经开始遗忘了。书的注释也说明，马歇尔只阅读了庞巴维克作品的英文译本，并没有阅读原著。《经济学原理》第1版只有德文的版本引入了例证，但是德文版本现只存于马歇尔图书馆。马歇尔与庞巴维克在格罗顿谷相遇之前是否相遇过？是否因为马歇尔对待庞巴维克的态度，导致了庞巴维克的学生对待马歇尔作品的敌意？关于这段争论的实际情况，也许只有马歇尔本人知道，其他人只能猜测。

马歇尔对待其他奥地利经济学家的态度很快被曝光。从门格保留在书房的两封信中可以看出马歇尔很少与门格接触。第一封信表达了门格不知道自己是否有机会出席1890年英国协会组织的利兹会议而感到遗憾，虽然他非常期待在英国度暑期并且在那里与马歇尔相遇。马歇尔曾给他一份《经济学原理》的完整版，对此他写了第二封信，以表达对马歇尔的感激，并且暗示奥地利经济学家对此书的看法在不久之后将会发布。

马歇尔与对手洛桑之间的关系也是比较特殊的。马歇尔和瓦尔拉斯信函中的内容表明，只是马歇尔单方面想交换作品，正是如此，马歇尔有时候表现得比较消极，有时候表现得非常敏感。1883年7月，瓦尔拉斯给马歇尔一些他早期收集的理论性论文，虽然马歇尔只是简单得感谢了他一下，但是最为回礼，马歇尔口头答应，和妻子度假后回到家就发给瓦尔拉斯《工业经济学》的副本，这个承诺一直到10月才兑现。这促使瓦拉尔斯在第1版的时候给了马歇尔一份《纯经济学要义》的副本，这个带着马歇尔注解的副本被保存在马歇尔图书馆中。马歇尔纠正了瓦拉尔斯的"接受杰文斯最终实用理论"的含义。

马歇尔曾经给瓦拉尔斯寄过他的就职演讲稿，为此瓦拉尔斯写信给马歇尔，以表达自己的谢意，并在信中向马歇尔推荐了劳恩哈特关于数量经济学的有关作品。瓦拉尔斯有过整理和完善劳思哈特作品的想法，一年之后，马歇尔在给瓦拉尔斯的一封信中表达了他对瓦拉尔斯这种想法的支持，并祝愿他一直走下去。他提到，虽然杰文斯没有参与，但是他从未忽视过这个领域。1889年，马歇尔对瓦尔拉斯新版《纯经济学要义》一书的出版表示赞赏。

马歇尔非常简明地为瓦尔拉斯的作品添加了脚注。和往常一样，这些注释大多具有批评的意味，也隐约能看出马歇尔对瓦尔拉斯大学时候的作品理解并不深入。马歇尔最后的评注是关于需求曲线和供给曲线之间的关系的，从他的批注中可以看出，马歇尔认为这个理论毫无用处，所以他没有再继续阅读下去。众所周知，《经济学原理》几乎没有参阅瓦尔拉斯的作品；瓦尔拉斯在他的《纯经济学要义》中详细地表述了对马歇尔工作的认可。具有讽刺意味的是，瓦尔拉斯1906年通过查尔斯·里斯特间接地给了马歇尔一封信，其中赞扬了里斯特的一篇文章，还说马歇尔和帕累托是30年前受到杰文斯、门格和瓦尔拉斯的传授而连续写出经济作品来的。

马歇尔与庞巴维克理论上的辩论表明，他对经济思想的优先问题和其他经济学家作品的认可上有着奇怪的态度，后者尤其在马歇尔与瓦尔拉斯的奇特关系中得以表现。从瓦尔拉斯的角度来看，他已经没落到需要通过《经济学杂志》的编辑埃奇沃思的帮助来审视马歇尔的观点。马歇尔在与克拉克的交谈中表现了他对此事的不安，同时马歇尔认为参与同僚的争论是有价值的。这些评论在多年后被说成他对这件事情的态度冷漠，因此在这里把他所参与的这件事重新提及：

早年我希望打消自己的怀疑和焦虑，我愿意用其他方式来对待问题。我害怕我是一个糟糕的罪人，但是我逐渐变得冷漠。我的思想在还没有出版前已经作为他人文章的脚注而被提及，甚至我在多年前演讲时所讲的话也可能成为别人的参考。我仅仅是参考，没有任何的责任，直到别人支持我，我才意识到自己的责任。我完全不了解争论者或者批评者，我甚至不曾读过批评我的人写过的1/4的文章。我每年带到阿尔卑斯山的书几乎都没有这方面的内容。因此，我无法对其他人有很好的认识。我求助于任何提出超前方案的人，但是我意识到，其中的一个建议是我提出的。我整个生命中所提出的现实问题，与我的11份笔记相吻合。如果我此生能够顺利完成我的计划，人们就会意识到它是完整且特有的。如果一个人错过了他最好的10年时光——从37到47岁，可能是生病——我认为，一个人如果因为任何对自己的评论而使自己烦恼，那么他是非常愚蠢的。我自己曾经仅为了一个美国的评论而烦恼，虽然那次批评并不是恶意的。

在这封信中，马歇尔以严谨的态度对此进行了归纳，特别是提出了与他的观点有些相悖的具体例子来证明，这也显示了他是一位难能可贵的预测者，这件事的记录时间早于杰文斯和弗莱明·詹金的文章。

第14章

一位理想的女权主义者

马歇尔一生对女性所持有的矛盾态度，凯恩斯认为这是具有"遗传性的"，是马歇尔父母遗传给他的。凯恩斯的这一观点并非杜撰，他非常了解因有古板刻薄的性格反而沾沾自喜的马歇尔。实际上，马歇尔父亲专横性格的直接受害对象是他的家庭，他妻子更是最直接的受害者，而从广义的角度来看，马歇尔独断专横的针对对象是所有的女性。这位老绅士曾写过一篇题为《男人的权利和女人的职责》的文章，非常明显地表明了他的这种态度。凯恩斯认为，马歇尔不仅受到了格顿学说的影响，而且也深受其父善变性格的影响。此外，马歇尔对女性的专横态度，部分源自他对他妻子的羡慕，还有马歇尔亲身经历的女性教育和革命的经历。在早期的剑桥运动中，马歇尔在纽纳姆学院便形成了对女性大学教育持积极支持的态度，随后被任命为大学校长，而该所大学是第一个"无限制地向女性敞开大门的学校"。马歇尔积极支持女性获得剑桥大学学位，并在自己的学校聘用女教师教授男同学。他不顾劳动力的性别歧视，坚定地平等看待女性才华。

要弄清楚马歇尔成为女权主义者的原因，首先需要回顾一下马歇尔对女性持保守态度的年代，特别是要弄清楚在布里斯托尔大学发生的事情是否是其思想的转折点，比如说他在威尔士和蒙默思郡开展高等教育的事情。其次，老马歇尔对女性所持观点的问题也要弄清楚。这可以在剑桥大学19世纪八九十年代的资料中查询到。

马歇尔和女性：那些保守的年代（1842~1877年）

前几章时不时地暗示过，马歇尔的母亲、路易莎姑妈、最要好的妹妹梅贝尔等人的女性因素对他的成长产生了巨大影响。然而，这种影响被查尔斯叔叔的影响所抵消，他在关键问题上会给马歇尔建议，是一个既善良浪漫又相当无情的人。查尔斯叔叔在经济上的慷慨解囊帮助马歇尔度过了其早期生活，但马歇尔在整个大学期间几乎都生活在一种缺少人性关怀、大男子主义浓厚的环境中。在大学时代，马歇尔能见到的女人只有女生寄宿学校和大学所在小镇上的女性居民。所以可以说，马歇尔的早年生活并未对其后的行为产生太大影响。但我们必须牢记，他刻板保守的阶段包括他的大学阶段，在这里，他遇见了他人生中第四位重要的女人，那就是他的妻子——也是他的终身伴侣——玛丽·佩利。他们的婚姻标志着，从男子汉一样的剑桥转向布里斯托尔后，马歇尔对女性的态度从此发生了改变。

现有资料表明了马歇尔孩童时代生活的一个特点：那些为其提供保护的友善女性亲属在其童年中占有很重要的地位。马歇尔曾回忆，他母亲在他父亲生气发怒时经常袒护他和兄弟姐妹。而在路易莎姑妈的帮助下，马歇尔从压抑的学校气氛和学校工作中被"拯救"出来，在德文郡度过了愉快的、令马歇尔拥有美好回忆的假期。马歇尔的母亲也好，路易莎姑妈也好，她们都可能潜移默化地向他灌输了一种对故乡的情感，而这些情感是学校生活无法给予的。在度过大学时代、其后的圣约翰学院生活及其深爱的剑桥大学经历后，马歇尔对之前的这种情感有了更深的体会，这促使他之后经常在夏天去欧洲的山脉和乡村旅行。童年时代，马歇尔的妹妹们也极好地扮演了友善玩伴的角色，在板球训练中，她们的表现与男生无异。在假期，她们就是他最好的玩伴。而由于健康的原因，马歇尔的弟弟沃尔特并没有像妹妹们一样和他在一起嬉笑玩闹。

在一封马歇尔从美国寄给他母亲的信中，我们可以了解一些他在结婚之前和其他女性的关系。在信中他抱怨了在航海旅行中没有女性的生活，在马歇尔看来，女性文雅亲切的性格不是对航海的一种补充，而是一种必需的有力的品性，这与他对女性通常的看法不同，可能正是这点打动了马歇尔。他也对一神派婚姻中拒绝立下女性必须遵从男性诺言的做法表示赞赏，同时他对埃莫森的批评也体现出对一些女性把他当做"她们的最爱"表示不满，因为他的工作——他所发表的评论和女性关系不大。马歇尔描述了在诺维奇和纳恩小姐一起驾驶的一段有趣经历。在他看来，纳恩小姐是一个思想活跃、有能力、平易近人的乡村女孩，并且擅长与人交往，具有很强的进取心，当第二天回顾他们在一起的经历时，马歇尔感到十分有趣。

对加拿大女孩的一个相近评价是"她们可以彻底掌控自己的一切"，这在马歇尔看来"是既正确又有益的"，尽管这被大多数英国人认为是个危险的信号。这种观点并不适用内华达州的女性，在那里的女性"有着男性的所有缺点，甚至比男人的缺点还多，却没有男性的任何优点"，而且缺少"温雅的美德"，这就预示着她们的下一代同样有着各种缺点。从旧金山的经历中马歇尔得出了这样的结论："远西部地区的劣势在于他们的女性"，因为爱尔兰的矿工们喜欢从他们"家里"进口妻子。马歇尔也观察到，女性缺少美德使男人们对她们更"有偏见",对所谓的"女性的权利"更加反感。这种情况在内华达州比任何地方都要严重。马歇尔也对纺织工厂里的女工作出了其他总体的评论,马歇尔对修女脸上幸福的等级也作过一个特别的调查,也对瑞士旅行者、一位18岁的新娘作了简单的概括:"温文尔雅、可爱、简单、温柔","开朗、愿意与人交谈","在外面很招人喜欢",而有时她们警惕的头脑会伤害她们四五十岁的丈夫。这样的观察结果虽然有时夹带着偏见和年代的差距,然而这时的马歇尔却没有他以后那种厌恶女性的态度。

1875年,马歇尔进行了最让人喜欢的女性性格的调查,这在他随后的剑桥求爱经历中明显地显露出来。玛丽·佩利拥有许多这样的性格。19世纪70年代早期,当他在学校里给年轻的女学生作辅导时,有些害羞又不是很腼腆的玛丽进入了他在大学的生活。此外,他在贝特森夫人——他导师的妻子,同时也是个女性教育的先锋——组织的舞会上偶尔和玛丽有了接触。1875年6月,在去美国的船上,马歇尔遇到了这位不出众但是很有教养的女性,来自学校和家庭的女性成员的影响促使马歇尔和她一直保持着联系。

这可能是他在19世纪70年代早期极力推进女性教育的一个动力。另一个动力可能是他通过圣约翰学院和海外伦理学学习会员的身份与女性教育运动的领导们保持着亲密的联系。对于前者,从他对贝特森、邦尼和哈德森的敬仰和友情,以及他对学院中地位较高的人关于女性教育的支持就可以解释,甚至圣约翰学院的学生福克斯韦尔也参与到剑桥的女性教育中来。这些在剑桥大学为女性开创伦理学演讲的人包括弗雷德里克·莫里斯、福西特一家、韦恩一家、梅耶和西奇威克。马歇尔和所有这些人都保持亲密的联系,特别是格罗特俱乐部的人。一种原始的对女权主义的热情是马歇尔的第三个强大动力,特别是有一次他称赞约翰·穆勒和哈里特·泰勒在这项运动中所扮演的重要角色,他们不遗余力地为女权运动作出了贡献。在吸收了自由主义对女性权利的定义后,年轻的马歇尔旗帜鲜明地评论了美国抵制北美那种女性对自己所有事物做主的现象,他很高兴能够看到去除女性必须服从男性的这种义务。不论上述哪个原因起到了主要作用,它们每个都在自己的范围内使马歇尔对自己的职业产生了更大的兴趣,不可否认,在19世纪70年代早期,年轻的马歇尔在剑桥的女性教育运动中起到了积极的作用。

19世纪70年代早期,马歇尔对剑桥女性教育在时间和金钱上的贡献都很明显。他是19世纪70年代早期最早一批给女性讲课的教师,给她们讲授政治经济学和政治哲学,引用纽纳姆学院历史学者的一句话是说:"全心全意地开创和指导了经济学的学习。"最初教授给女性的课程是以普通民众的知识为指导进行扩展的,但是随后就要对那些作好准备且有能力的女孩教授学位考试的课程,这也是马歇尔在那个保守的年代所要进行的工作之一。他积极选拔了一些优秀的学生进行政治经济学的学习;他尝试找来简·哈里森——后来成为一个古典经济学学者——但是失败了,但是玛丽·佩利和玛丽·肯尼迪的成功弥补了这一失败。他的妻子回忆起1884年的事情时说:"我认为我们当时没有完全意识到那时的授课者的诚意,因为教授一两个女学生就像教一整班男学生一样困难。"然后她回忆了马歇尔是如何成为这样一名"先驱者"的,他把学士学位考试的试卷从男同学的复习地点(教务委员会)拿到女学生们的复习地点(巴特曼街的肯尼迪家)。他异常努力地通过隔周发行的试卷教授女同学,坚持指导她们并为她们批改试卷。马歇尔一直坚持这项志愿工作,直到1875年玛丽·佩利被任命为纽纳姆学院的常驻政治经济学教师来代替他。此外,1874年,他向纽纳姆学院的建筑基金会捐赠了50英镑,这是一笔不小的数目,其中部分原因可能是他想向那位不久之后与他订婚的人表明自己的心机和对她工作单位的热爱。

在剑桥,为女性教育服务并不是马歇尔的全部工作,他也需要有娱乐和社交。星期天晚上,马歇尔和他的同事约翰·赫德森参加学校活动室举办的舞会,前面提起过,这个舞会被当做与圣约翰学院的教授们的见面会。早期的纽纳姆学生也回忆,19世纪80年代期间,福西特和马歇尔出现在克拉夫小姐的花园茶会上,会上有一些饮料和音乐。他(还有西奇威克、西利、凯莱和杰布)很喜欢参加这样的茶会——"非常单纯,而且似乎一切都和他无关"。尽管学校的领导们极力阻止这样的事情发生,浪漫还是很快就在那些年轻的指导教师和他们的女学生之间产生了。第一对偷尝禁果的就是马歇尔和玛丽·佩利,那是在马歇尔从美国回来不到一年的时间里,而当时玛丽刚刚在纽纳姆学院当上讲师。一年以后他们结婚了,然后马歇尔离开剑桥去了布里斯托尔。

转折点:布里斯托尔的一条通向大马士革的路?

马歇尔留在布里斯托尔和他的婚姻有着直接关系,事实证明,这里并没有他们最初期望的那么好。那时马歇尔在布里斯托尔申请校长的资格,这似乎是解决他艰苦生活问题的最佳方案。这对学术和经济来说都有很大的帮助,同时这也是在一个新学校里干出一番事业的好机会。除此之外,布里斯托尔对教育积极进取的态度和向女性学生敞开大门,也是马歇尔考虑的一个因素。马歇尔也曾预想过这些期望的条件可能会无法实现。在工作方面,特别是行政管理负责人这个苦差事,让他对布里斯托尔的处境有所觉悟。其他方面有:"1879年患上的疾病"消耗了他"生命中最好的10年";他刚结婚一年的新娘成了工作女性;母亲的去世;把大量时间和精力放在一个他愈加认为是浪费而且不成熟的项目上,这使他无法投入到更有建设性的工作上去。最后,根据他自己的描述,被剑桥如此明显的驱逐,让他感觉是"为了婚姻和对抗旧的法令而使自己离开团体,我感到很委屈"。与他形成鲜明对比的是,他妻子后来回忆说布里斯托尔的生活让她感觉到很高兴,马歇尔渐渐地把这看做是婚姻给他带来的人生所必须经历的十字路口。在1891年给约翰·内维尔·凯恩斯的一封信中,马歇尔甚至把接受布里斯托尔的职位描述成他做过的"最伤心的事情",因为这"是一个无法把工作和自己的研究结合在一起的工作"。

对他们自身而言，所遇到的种种困难并没有改变他早期那些进步的观点，无论是对于女性教育还是女性在社会中的地位。在他 1873 年所作的关于女性的著名演讲中，马歇尔含蓄地批判了把女性描述成"家庭天使"的说法，暗示了女性在家庭以外也有重要的工作去做。"我们的职责不是要求我们身边的所有人为了我们去做事，从而阻止她们在这个世界工作"；在一个家庭里，"与互相照顾相比，世上有更多的事情需要去做"，正因为这个原因，女性学习社会福利变得很重要，也因为这个原因她们需要学习经济学。1880 年 12 月，作为布里斯托尔大学的校长，马歇尔给威尔士和蒙默思郡的高等教育委员会提供了一些证据，这里马歇尔的观点发生了巨大的变化。对于女性的高等教育，马歇尔指出："能够离开家去接受高等教育的女性太少"，因为"通常来说，女性最好的一部分时间被家庭占用了；她们需要完成父母、姐妹、兄弟的各种任务，这会占用她们一部分时间，所以让一个女性拿出她 6 年时间里的一半要比男性容易，而让她拿出 3 年时间里的全部却比男性难得多"。从上面的问题可以看出，马歇尔考虑到了女性上大学的年龄。在 17~23 岁这个年龄段，优秀的女性是"家庭里的明珠"，对于她们的家庭来讲这些女孩是不可缺少的，她们不仅制造了"家庭的快乐"，而且还"照顾弟弟妹妹"，任职布里斯托尔大学校长的经历给了马歇尔家庭的观念。

马歇尔谈到，布里斯托尔大学对女性教育的特点是不对年轻女性提供住宿，让她们安心地拿出 6 年的一半时间来学习，这样就能与剑桥、牛津这样有历史的学校的 3 年全日制教学对抗。丽塔·麦克威廉姆斯-图伯格认为，这是让人左右为难的局面："聪明的女孩，家人未必会'放'她们在剑桥住 3 年，除非她们的家庭在思想上和社会地位上很低。不太聪明的女孩无论如何是不应该待在剑桥的。女孩们要不就是性格不好，要不就是不够聪明。"这解释了马歇尔改变女性教育观点的意义，但却不是他这么做的原因。在布里斯托尔的一系列假设后来都变清晰了，为了找出原因，在 19 世纪 80 年代晚期，马歇尔准备变成一位传统的"家庭天使"。

他这样做的一个原因是他母亲的去世。1878 年 6 月，他母亲由于"慢性肠梗阻"导致"昏迷 20 小时"，后抢救无效死亡。萨拉·汤普森登记了她的死亡，但没有把她的名字写在登记本上，此外萨拉也不知道丽贝卡·马歇尔丈夫的名字，这使登记栏里的这一格一直空着，萨拉没写下一个清楚的签名说明她可能不是这个家庭的亲属而是个仆人之类的。这些情况表明，马歇尔的母亲是在没有亲人陪伴的情况下死亡的，她的丈夫和女儿可能度假去了。对于马歇尔母亲去世时身边的情况我们知之甚少。然而，在与福克斯韦尔的通信和他从美国的来信中可以看出，他非常关心母亲的健康，1874~1875 年冬天母亲患病期间，马歇尔亲自对她进行了护理，次年夏天马歇尔在美国的时候她可能还在恢复中。母亲在没有丈夫、女儿或其他人陪伴的情况下去世的经历，可能使马歇尔回想起了女性在家庭里的责任，导致他接受了传统的维多利亚女性形象。如果把妹妹留在母亲身边的话，那么在母亲去世之前就能及时联系到他，让他回来见母亲最后一面，这一事实以及他对母亲的深爱让我们很容易理解为什么他在母亲去世后如此怀念。

马歇尔对比了他在晚上教授男学生的课堂和他妻子在白天教授女学生的课堂,这也可以解释马歇尔对女性教育看法的改变。与那些在剑桥享有盛誉的人相比,他在19世纪70年代教授高等经济学是一段不太公平的经历,很少有人知道他在这时所教授的学生便证明了这个观点。前面的章节透露,从1878年开始,马歇尔在布里斯托尔大学的夜校授课的学生包括商人、工会会员和一些女性学生。他的妻子在白天教授课程,而且只教女学生,她从夜间班招来的女学生是她第一年招生的两倍,因此夜间课程的入学女性人数急剧下降。除了在讨论社会问题时产生了一些争论外,他的妻子招走了这么多女学生也让马歇尔在教授女性经济学这一问题上产生了动摇。布里斯托尔的经历告诉马歇尔,在教学方面对劳动力产生歧视是正常的:女老师只教有女学生的班级,男老师则教剩下的。1876年,当他的妻子参与撰写《工业经济学》的时候——大部分由马歇尔编写,只有起初简单的几章由他妻子完成——这暗示了他只用自己原始的判断来看待妻子的才能,他认为妻子只知道一些最基本的知识。马歇尔没有全面地看待妻子的才能,并没有与他非常欣赏妻子在布里斯托尔大学的教学工作相冲突。同样,他也认同女性无法在经济学方面作出建设性工作的看法,他的这种态度影响了他妻子发表对琼·罗宾逊的《非完全竞争经济学》的评论,后来证明这是他的一个巨大错误。在布里斯托尔大学的教学经历可能使马歇尔对女性教育和女性角色的看法产生了巨大的改变。

最根本的是,他对女性态度的改变引起他对经济问题的看法发生改变。尽管在他的早期工作中追随优良人种的印记很明显,但是在产业组织和劳动力分工的相关章节却缺少专门的论述,这些后来在《经济学原理》中得到了论述。这种区别的一种更可行的解释是,当时马歇尔想要发展一种最可行的经济发展理论,在这期间他可能从斯宾塞和达尔文的工作中得到了灵感。斯宾塞在他的《第一守则》中对进化与经济发展的相关问题进行了讨论。文章中更有趣的是,它可能诱使马歇尔反复读达尔文的《男人的血统》,这篇文章最早发表于1871年,那时他把大多数时间都用在了经济学的研究上。我们有幸得到了马歇尔第一次阅读这篇经典的进化论文章的相关信息。如果马歇尔把它当做为了研究现实经济学进展的文章而作的准备来读的话,这也可能影响了他对男女劳动力歧视的看法。

达尔文的书包含了一系列和论文相关的观点,特别是在关于有文化的男女问题的章节里,还有通过训练消除这种不同的可能方法:

> 对于有文化的男女,他们之间的区别是,无论干什么,男性都想得到一个出众的角色,而女人无论做什么都需要深入的考虑、理解或是想象,几乎不用她们的直觉和双手。如果把优秀的男女诗人、画家、雕刻家、音乐家(包括作曲和演唱)列成两列,你会发现这两列是没法比较的。我们还可以从格顿先生的在平均里选优原则及其

"遗传基因"的工作中知道，如果男人在许多领域都是有领导能力的优秀人才，那么在这个领域中男性的平均能力也肯定要强于女性。

……

需要牢记，人们要完成从不习惯于任何一种性别到要习惯不同年龄不同性别的转变，这是生命中的一个规则，尽管这种规则无法保持下去。如果这样的规则能保持下去，我们可以得到这样的结论：对男孩女孩早期教育的遗传作用会变得相同。所以现在这种在精神上对男女不平等的现象不会因为在早期接受相同的教育而受到影响，这也不会引起男女早期教育的不同。为了达到男女平等，女性需要做和男性一样的事情，在快要成年时，她要使自己变得充满力量而且坚定不移，使她的理智和想象力达到最高点，然后她很有可能把这些优秀的品质遗传给她的女儿。然而，不是所有的女性都能这样长大，除非在经历的数代里都是和上述提到的各种素质都非常优秀的人结婚，然后比其他女人养更多的后代。以前，人们非常注意身体的力量，尽管现在男人们不再为他们的妻子而战，而且这种选择形式已经成为过去式，然而，在成年时他们大多数都经历了艰苦的斗争来保护自己和他们的家人，而这会保持甚至增加男人们的精神力量，因此就出现了现在的男女不平等。

尽管达尔文承认他的理论需要"科学的准确度"，但是他十分确信雌雄淘汰在解释"人种"和认同格顿的基因原则以确认人类血统的进步中有着巨大的作用。进步的科学以最高的理论证明了对劳动力的性别歧视是正确的。如果现实的社会服从上面的发现，那么种族和国家的进步将会使它们成为最高级的种族和国家。在观察到女性在心里面感觉不如男人和她们负担着家庭内的责任这一现象后，马歇尔在1880年向高等教育委员会上含蓄地提出了他的计划。当女性试图逾越这些自然法则（比如说她们对普选权的要求，她们对在传统大学做一名有完全权利的学生的要求）时，马歇尔就会引用他所理解的一些科学的观点来反对这些违反常规的行为。然而，正如前面几章所提到的那样，他用一些科学的观点来面对这些问题，但是这些科学观点都是极具选择性的，忽略了一些反面的事实，常常都是用来证实一些他所深信的偏见。

因此，在布里斯托尔的经历解释了他为何转变成更传统地看待女性在社会中的地位，就像一条真实的通向大马士革的路一样。他身边的人们对他这种转变很有影响，比如他母亲的去世、学习经济学的女性的特殊情况和他在布里斯托尔大学的角色改变，这些都驱使他走向了这样的转变。由于现存的资料中缺少一些基本的细节，这意味着这种解释只是一种推测。

女性在男性大学中的角色：对学位的争论和女性加入到大学教学中

早在1880年11月，在格顿学院的一次讨论中，马歇尔就反对让那些通过了必要考试的女学生获得文学学士学位，因为这意味着必须要求女性住校，从而使她们"忽略那些对家庭至关重要的责任"。1887年再次提到学位问题时，马歇尔已经作为政治经济学教授回到了剑桥大学，考虑到妻子和他自己，他认为在这个时候采取这样的措施是不成熟的，所以他仍反对。从个人角度来讲，如果剑桥大学变成一所男女混合的学校，就无法满足所有男性的要求，因此学校会产生退步。在授予女性文学学士学位之后再授予女性文科硕士学位，这样会让她们在学校中拥有选举权及决定权，同样也会带来其他一些权利，比如说她们可以在图书馆借书。

因此，一种折中的办法得以产生，就是女性可以获得学位，但是无法立即获得那些学生的权利。这一想法是由大学委员会的西奇威克提出来的。由于担心这个更适中的办法会使一部分女性争取学位，常委会成员编写了两个反对女性获得学位的备忘录。马歇尔在两个备忘录上都签了字，第二个备忘录强烈地表达了"学校不会采取任何批准女性成为学校的一员和获得学位的举措"。马歇尔公开对改革表示反对的姿态受到了很大的遣责，因为他早期和纽纳姆学院的关系，加上他妻子是纽纳姆学院的一位讲师，这让西奇威克非常苦恼。

马歇尔接下来反对女性在剑桥地位提高的举动是针对女性担任大学公开讲师的问题。1893年2月，大学公开讲座联合会决定在各种岗位上聘请合适的有资格的女性，主要是在荣誉学士考试中的优等生。其中第一个成功收到邀请的是艾伦·麦克阿瑟，一位有经验的格顿学院讲师，她在1885年的历史荣誉学士考试中位居前列，随后在一个经济历史课题中与马歇尔的老对手威廉·坎宁安合作。作为大学公开讲座联合会的主席，马歇尔以"公开的给大量男同学讲课对于一个女性来说不合适，而且这会毁掉她的品性"为理由反对此事。这次马歇尔没有成功，但是在1894年，他还是很努力地阻止学校任命女老师去教授男女混合班。在给福克斯韦尔的一封标有"私密"字样的信中，他提到因为他的"困难处境"，他不能"轻易说出自己所想"，马歇尔对福克斯韦尔支持大学对"女老师教授男女混合的班级"进行规制表示赞赏。他的朋友对他为副校长所起草的关于这个问题的备忘录上的措辞提出了建议，一个星期后，他听从了这个朋友的建议。在接下来的两个星期，他仔细考察了大家的支持对象，最后失望地说："在仔细观察之后，我非常吃惊地发现，我身边有那么多人支持女性的解放。"他还补充到，在他妻子与纽纳姆学院有着千丝万缕的联系这个背景下，他很自然地加入到这个斗争中。然而他愿意"拿出一些时间但不能拿出太多时间来考虑"这个问题。在那天的晚些时候，他宣布了达赖姆主教、公众演说者和大学图书管理员对女性教育的支持。另外他还说道，在这几个签字者当中，来自三一学院或是克莱尔学院的领导可能还会加大支持的力度。再次的斗争对任何人都没有产生好处，几天之后大家就放弃了斗争。一年以后，马歇尔在格顿学院的一个学生以伦理学优等考试第一、数学荣誉考试成绩优先、以前是工会职员的身份申请一个附属学校讲师的职位，想让马歇尔帮个忙。马歇尔不仅拒绝了，"而且给委员会的每一名成员写了封亲笔信，劝他们不要任命她"，因为她"太年轻，而且是个女孩，很容易激发听课人的雄性激素"。他还担心听她课的人会把注意力集中在其他因素而不是讲课内容上来，这种影响让他感到不满。

马歇尔一系列反对增加女性在大学权利的不光彩事实都被记载下来了。1891年，他同意了一个由塞尔温大学的教授们提议的运动，即伦理学部的女学生没有资格获得阿诺德·格斯滕伯格奖学金，因为一般而言女性没有权利"分享学校的薪水"。这项举措在投票时受到了西奇威克、约翰逊、凯恩斯和沃德的反对。马歇尔在这件事情上继续做文章，对奖学金面向全校学生的规定进行了讨论。马歇尔争论到，在女性高等教育的条例中，没必要强调在剑桥的女学生必须和男学生数量相同。在这个问题上，他更想这样解决，比如"成立专门的女子大学"。同样，当剑桥开始积极地讨论研究生的学习计划时，马歇尔希望在规定中的"人们"用"男人"（men）这个词而不是"人"（person）这个词，这个提议被剑桥模糊地接受了，但是这种事情不应发生。

马歇尔对女性在剑桥获得学位的最激烈的干涉是在1895年末这场争斗再次开始的时候。两千多人在一张备忘录上签字，要求大学出台新的政策让女性获得大学学位。这个争论变得越来越重要，因为在女性的学位没有被合适证明的条件下，女性找工作时有很大的劣势。支持女性获得学位的人们成立了委员会，他们得到了1 234名纽纳姆学院和格顿学院的学生、164位女性校长、268位由艾米丽·戴维斯和马里昂·肯尼迪从学校以外收集到的人的签名，并把签名递交到备忘录中。1896年2月，反对方也开始了组织，他们为大学的学员们制作了一本8页的小册子，马歇尔在其中起了积极作用。他们接受了女性没有获得学位而产生劣势的抱怨。作为补偿，他们提出用E.B.A或是A.B.A来代替全资格的B.A（文学硕士）。这些替代的学位强调了女性们获得了学位，但是没有住校生的全部权利，而马歇尔认为这是非常重要的。剑桥的住校生并不是很辛苦，足以使男同学的注意力集中到学习上来，而不用去想身边的琐事。

但是同样的方法应用到女同学身上时却有非常不同的影响。女孩在离开学校后可以为父母和年轻的弟妹们做许多事情，而男孩即使待在家里也做不到。当男孩能够在外面靠工作养活自己的时候，女孩十有八九在忙于家中的各种琐事或是忙于做个妻子或是妹妹该做的事情。如果把她的全部精力都放到脑力工作上来，她会获得很大的提高；对年轻的男孩也一样。但是在现行的体制下，她必须接受工作不被承认的惩罚。如果她决定走自己的路，让她的家庭为她发生改变，那么她自然会获得荣誉；但是她真正的生活却是枯燥的，并没有因为家人而变得丰富。这些天生就是很勤奋和无论出现什么问题都会致力于解决的人正是担心，由于她们对知识的追求和她们家庭因素之间矛盾的压力才被挡在了剑桥的大门之外。

为了证明自己的观点，马歇尔引用了自己在布里斯托尔和剑桥教育者的经验，包括19世纪70年代在剑桥的早期女性教育运动中的经历。在回到剑桥以后，马歇尔为了应付当时的情况而对规章制度进行了修改，而这更增加了他心中的疑虑。毫无疑问，在他心中，斯蒂芬主教建立专门的女子大学的计划对他来说是最佳的解决方案。但更明确的是，他很看重她们对大学的兴趣。

一个很困难的话题放到了我的面前，面对这个话题，如果什么也不说的话就是个错误。通常都说女性应该学习和男性一样的课程，这样就能在考试中对这种性别进行详细的比较。我不认为这样的结果是我们想要的，我确信这是不可取的。考试是在测试规定方向的接受能力和勤奋程度，而这些正是女性的强项。在过去的20年里，我批改的女孩的试卷和男孩的一样多，这些试卷在考试中完成的话肯定都会得到很高的分数；但是在随后的几年中，女孩完成的建设性工作与男孩们所做的是无法比较的。女孩那些在家庭工作中培育出来的美德，使她们以一种不属于男性的坚忍不拔的性格准备考试。在对待一些有参照的工作时，她们经常会有惊人的表现；但是在面对一些困难的问题时，如一些需要探究她们工作学习的最终结果的问题时，无论她在考试时有多么出色的观点，相比男孩，她们在这方面永远是欠缺的。

马歇尔在上议院的争论中坚定地维护了自己的这些信念。他从朋友那里得到一些建议，哥伦比亚大学的朋友塞利格曼和哈佛大学的朋友陶西格提示说，美国的高水平大学更愿意增加女学生的种种权利，而不是全日制的男女同校。他们也给马歇尔提供了一些证据，纠正了西奇威克夫人所说的哥伦比亚大学的女学生可以直接从学校得到农学学位的说法，实际上她说的应该是巴纳德大学。另外一个朋友明确地表示了应该把女性教育放在一边的看法。在一次演讲里，马歇尔说，现在的女性教育与19世纪80年代他所支持的已经发生了形式上的改变。他发现，1885年以后从纽纳姆学院和格顿学院出来的女学生的整体能力不如他所经历的"数量更少的19世纪80年代的那批女学生"。此外，1896年有7所学校对女学生完全招生，可是1871年一所也没有。这7所对女性开放的学校与剑桥和牛津不同的是，他们没有住校生，大多数都是宗教大学的管理形式，这7所中最后的2所继承了他们过去的做法。这两所学校在社会生活方面有着独特的结构，这种结构对他们提供给学生的教育很重要，但是在招收了大量的女学生之后学校的这种结构受到了很大冲击。许多女性学生"无法与她们的家庭责任分离"，而且大多数布尔斯通的女学生因此抵制剑桥的"强迫女性在3年里快速完成学业"。马歇尔在这篇回应西奇威克的演讲中提出了两个深远的观点。他对西奇威克夫人的女性学位对她们寻找工作的重要性的数据表示怀疑；他也没忘记西奇威克对他建立专门的女子大学这一计划的诽谤，而且说他与西奇威克在这个问题上的争吵开始于1885年他返回剑桥的时候。

马歇尔的小册子和演讲迅速号召了快速发展的反对女性获得学位的力量。反对方成立了他们自己的委员会，编写请愿书并组织作家去出版社。争论在1896年早期开始然后持续了一年，现存的信件表明，马歇尔在其中扮演了非常活跃的角色。在1896年3月写给威廉姆·哈迪先生的信中，马歇尔提到，一些不住校的人给他写信说"倾向于走他们自己的路"，如果这些信在这场争论中能用得上的话，马歇尔准备把这些信寄给哈迪。这些信件也显示了他和马格德林学院和卡尔德科特学院的教师们、圣约翰学院以前的院长、伦理学的讲师们的联系，还有他与美国研究相关问题的经济学家的联系，以此来增加反对女性教育的力量。尽管他的积极参与受到他的后方贝利尔奥庄园的种种影响，但是在面对这个问题时他并不是被动的。

早期的争论集中于马歇尔在小册子中对这个问题的一些较弱的观点。西奇威克夫人质疑了马歇尔所说的90%的女性将她们的一生用于作为一个妻子或姐妹的数据，她指出，这些女性中的50%确实结婚持家了，而女大学生中的50%实际上是在工作。马歇尔只是在一封私人信件中试图弥补他的错误数据，很不情愿地承认"在他的评估中有很大程度的臆测"。西奇威克夫人也对女学生接受住校教育的价值进行了辩论，再次强调了需要给予女性学生合适的资格证明，以保证她们至少能够找到一份能养活自己的正常工作。

面对争论，马歇尔的下一次公开露面是在1896年10月。由于学校委员会针对女性学位问题进行问卷调查，让所有剑桥的老师以尊敬的态度面对女性的教育。在委员会随后公布了伦理学教师的匿名回复中，我们可以轻松地找到马歇尔的回复。他的回复之所以容易辨认，是因为他是唯一一位评论女性的智力天生就较差的人，而这正是他早先所表达过的，他可能吸收了达尔文的一些理论，也可能是在先前小册子中提到的从他班级中获得了经验。他的一些说法值得参考：

> 当谈到讲课时，我首先想到的是我要对大学里的成员负责，因此我尽力像只有男性在场那样讲。当只对女性进行讲解时，我习惯用一种不同的方法对待我的课题，因为我感觉那样她们会比较容易接受。她们出现在课堂上会使男同学们不论是提问还是回答问题时都不那么自在；这使课堂变得非常机械化，和大声地读一本书的作用是一样的，而不是课堂应该有的样子。
>
> 至于"私下的"的非正式的教学和提供建议，我不认为女学生的"私下"和我们的一样……但是有时会给她们一些特殊的任务。我把课程进行了改变，主要是因为男生和女生在有外人在场的情况下很难自由地思考，而另一部分是因为我发现女学生提出的问题大都和讲课内容、书本和其他一些实际问题（比如消除贫困）相关。同时男同学上的课更少，读的书也更少，而在考试时取得的分数也可能更少，但是他们会问一些表明他们进行了主动思考的问题，而且会在将来把重点放在创造性工作上。

在对联合会报告的最后讨论中，马歇尔变得更加与众不同，为至关重要的投票进行预热。第一点原因在前面已经给出，第二点原因在与福克斯韦尔的通信中又一次表露出来。他在1897年4月给福克斯韦尔的信中说"战士觉醒吧！"，试图激励福克斯韦尔，又一次因为来自马歇尔后方的压力，就像前面提到那样，他在这个时候很难竭尽全力地去战斗。他进一步要求福克斯韦尔去争取那些不住校的学生的选票,由于马歇尔让福克斯韦尔"在遮蔽下点亮蜡烛",然后放在所有人都能看见的山上。马歇尔没有必要担心最后的投票。当最后的投票在1897年5月21日举行时,1 713个投票支持在这个问题不作任何改变,而只有662个投票支持进行改革,支持不改变的占有两倍的优势。这个压倒性的投票有效地阻止了对这个问题的继续争论,一直持续到一战之后。

马歇尔在这场为了他认为是正确看法的争论中花费了不少精力。1894年早些时候,他向福克斯韦尔说道,几乎他的所有朋友都支持女性获得学位,伦理学的老师和同学们尤其如此。其中许多朋友因为马歇尔在这个问题上的极端看法而和他疏远了,特别是那些研究基础学科的人,比研究学术的人与他的隔阂更大。1897年5月下旬,在庆祝伦理学的优等考试晚宴上,马歇尔教授并没有出席,只有马歇尔夫人参加。马歇尔一直没有公开露面,直到在1897年5月的投票6个月以后,马歇尔才在伦理学学院再次出现。

女人和经济进步:保育室、厨房但非教堂①

1890年马歇尔的《经济学原理》出版时,一个洞察力敏锐的评论家评论说这本书的内容很全面,包括了女性在家中的事例。书的第2篇中首次出现了"一些基本的概念",在定义"需求"时,使用了一个特别的参考:"一个普通农作物或是一个没什么技能的城镇工人的使用效率"。除了"排水很好的屋子、暖和的衣服、换洗的内衣、干净的水、充足的谷类食物、适量供应的肉和牛奶,还有一些茶和咖啡、一些教育和娱乐活动",马歇尔最后列举了"在其他工作中给妻子足够的自由,让她能合适地展现她的母性和家庭职责"。如果剥夺了这其中的任何一件事,劳动效率就会像是一匹马"没有得到正确驾驭"或是一个蒸汽机"没有充足的煤"。作为劳动力供应质量的一个方面,这个问题在书的第4篇第5章中进行了进一步的讨论。书中以一种赞同的态度引用了罗雪尔的发现:在普鲁士,犹太人的人口增长比基督教快,尽管他们的出生率更低。这是因为"犹太的母亲们很少离开家庭去工作",马歇尔评论到,在一个家庭的思维里,对财政的幻想是与生俱来的,而且"在母亲出去工作后,好像家庭收入的增加都是母亲的收入带来的"。马歇尔对此的解释如下:

> 稍微考虑一下就会知道,用她所得工资买来的东西,无法与她只待在家里给家人不仅仅带来物质上的享受还有健康和快乐相比,更不用说在教育孩子时她所带来的道德方面的影响、保证家庭的和谐、使她的丈夫在下班回家后感到的快乐和温馨。这个事实被那些高级的工匠和他们的妻子所理解;而且现在英国和美国的工厂里很少有年

---

① 原文为Kinder、Kuche、Kirche,是德国妇女的三k运动,即教堂、厨房、保育室。——译者注

轻家庭的母亲在工作。

这是对马歇尔所信奉的"家庭天使"模型的清晰表达，正是这种模型引导他在剑桥对女性学位问题进行争论。

在马歇尔去世的时候，埃奇沃思简洁地评论到，在反对授予女性学位这一事件中，马歇尔之所以会对女性产生这样的看法，是因为大多数家庭采用了"马歇尔这种理想模式"：

> 重要的是妻子和母亲在家庭里所表现出的质朴的美德，马歇尔不赞成平等地对待男女……在一次与我亲密的谈话中，他表示他对现在那种把男女生活相同化的思想很反感。具体地说，他对穆勒对待性就像是"事故"的说法表示强烈的反感。马歇尔认为，一些对自己不负责的做法对家庭的保护来说很危险。他把家庭看成是个大教堂，比教堂的组成部分更为神圣。如果我用自己的话理解他所要表达的意思，那就是，尽管它站在那里时结构不是那么平衡，但是如果想把它变得更完美，反倒可能破坏了它。

马歇尔早期的经济学著作很少涉及女性的工作条件，也很少联系到一些诸如女性工资的题目，但是一个例外就是《工业经济学》。无论如何，女性在马歇尔的成熟经济理论中占有不可替代的地位：她们在家庭中的地位很重要，特别是将她们和教育孩子联系在一起是非常必要的。

然而，《经济学原理》却很少有提到女性工人的地方。他把评论都集中在讨论女性工作的本质上了。劳动力分工的章节中提到，与以前的手工纺织相比，女人们操作纺织机器被认为是更加有趣的工作。作为一个影响工业分布的重要因素，纺织工作和其他一些雇用女性和儿童的工厂通常都在铁矿区，因为在缺少劳动力的时候，只有在这种地方能够找到"强壮的男人"，而且在这些地方，家庭的平均收入都比较低。在讨论对经济进步影响的章节，女性在工厂的工作所需要的技能和孩子是一样的，排在"男人日常生活能力"之后。

虽简朴却有着舒适建筑效果的房子

在《经济学原理》谈到资格的章节中，马歇尔认为进步只和女性工资的相对提高有关系。"女性的工资由于一些相似的原因（比如由于教育的进步而得到提高的技能、她们操作机器的能力）增长得比男性相对快一些。能够使她们的能力得到提高就是很大的收获，但是如果让她们忽视维护家庭的责任、忘记开发孩子的性格和能力，这就是很大的伤害"。除了上述原因，在马歇尔看来，女性相对较高的工资不一定是一件好事，因为这些工资对家庭有着潜在影响。在第5版的脚注里，马歇尔在给男女最低工资的立法中讨论了家庭工资和个人工资（男性）之间的关系：

> 最后需要考虑的事情是，我们曾经忽视了对天生的"寄生"工作的错误分析所产生的影响和它对工资的影响。总体上，从地理迁移的角度上说，家庭是个独立的单位，因此在以铁生产为主和重工业的地区，男性的工资相对来说比较高，而女性和孩子的工资比较低。同时在其他地区，一个家庭少于一半的收入是父亲挣来的，在这些地方男性的收入比较低。这个自然的调整通常情况下是有益的，而如果忽视或者对抗那些对男性和女性的最低工资进行规定的法律，是会受到抗议的。

马歇尔在一生中都对最低工资这个概念表示怀疑。原因之一是只有澳大拉西亚①可以给予实践指导。另外一个原因是最低工资法不能发挥作用，因为无法保证最大的效益。最低工资法的效益就是消除人口中被他描述为"残渣"的那部分人的困难。

马歇尔归纳的地理位置因素对工资的影响只是用来回应他在《工业经济学》中第一次提到的这个问题。对论点清晰简洁的表达比《经济学原理》中对这个问题的任何一次讨论都要出众，文章中对这个问题的讨论值得全部引用：

> 在英国，很多女性工资很低，不是因为她们所做的工作导致工资低，而是因为不论是她们自己还是雇主，都把女性的工资低当成了一种必然。有时，当男性和女性在同样的工厂做同样的工作时，不论是计时工资还是计件工资，女性的工资都要比男性的低。这种不平等是因为风俗习惯，它会随着人们智商的提高和竞争习惯的形成而消失。但是情况不是刚开始看到的那样，因为产生这种情况的原因是长久性的。雇主们会说，如果一个男人和一个女人是同样好的工人，在长期来看女人产生的服务会更少。女性可能会更盼望得到雇主或是监工的批准；她不会像男人那样全身心地投入工作；与男人相比她的工作更可能被打断，不太可能一生中一直这样持续工作；由于这些原因，她会更多地顾虑家庭，而与男人相比，她不会那么顾虑工作的地方；基本上她们更有可能离开工作岗位；与男人相比，在面对困难的时候她缺少判断能力和思

---

① 指澳大利亚、新西兰及附近太平洋诸岛。——译者注

考。因此，尽管女人能准确地按照指导要求进行工作在一些分工中是很有用的，雇主们还是更倾向于雇用男人，因为雇主可以在男人中选出一个领班的人，领班可以监督工人们按照指导要求去工作。此外，在通常情况下，很多种类的工作并不累，但有时需要使用大量的体力，在紧急情况下需要加班，面对这样的工作，女性总是不占优势。因此，完全适合女性的工作很少，所以这些工作人满为患而且薪水很低。人们习惯的影响和传统的思维导致女性即使把一些困难的工作做好，薪水也很低。

正如前面所说的，如果支付给女性高工资影响了她们在家庭里的关键作用，马歇尔是不会支持这种做法的。首先，妇女在家庭里的角色使国家"整体能力"得到提升。"整体能力"是保证产生生产、创造力的劳动力的关键因素，"很大程度上取决于童年时期和年轻时周围的环境"而且"最重要的影响因素就是母亲"，其次才是父亲、家里的仆人和学校。马歇尔认为，高尔顿的话——"所有伟人都有一个伟大的母亲"——很夸张，因为这句话只能表明：

> 母亲的影响没有其他所有人的影响那么大，但是比起任何人的影响都重要。
> 马歇尔说，母亲的影响最容易在神学家和男科学家的家中察觉到，因为一个认真的母亲会带着他的孩子仔细体会身边伟大的事物；一个有想法的母亲不会压制而是会激发孩子的好奇心，而好奇心正是科学思考的源头。

此外，长期负责任的母亲对劳动力的供应也有影响。如果母亲忘记她们对孩子的责任，那么这会抵消高工资对降低死亡率的影响，虽然确实需要大量的消耗品来稳定地增加劳动力，这也需要父母照顾好他们的孩子。马歇尔强调，女性在养育孩子中的重要角色是人类技能的开发，在下面的评论中他进行了清晰的说明：

> 如果我们把一个文明的国家与其他的国家作比较，或是把英国的一部分与另一部分作比较，或者英国的一次贸易与另一次作比较，我们会发现，工作类别的变化与女性所做的粗活多少有着相同的变化。最容易受到影响的投入就是在人身上的投入；在这部分投入中，最重要的是母亲的关心和影响，只要她保持温柔慷慨的本性，而且没有因那些女性的非工作的压力和疲劳而变得冷酷。
> 这使我们的注意力转移到《经济学原理》中提到的另外一个方面，在估算生产有效率劳动的生产费用时，我们必须以家庭为单位，无论如何我们不能把生产有效率的男性当做一个孤立的问题，这只是问题整体的一部分，我们要把有效率的男性与使整个家庭感到幸福，使孩子在身体和精神上充满活力、诚实可信、有勇气又有绅士风

度的女性的生产费用都计算进来。

正如前面所说的那样，马歇尔认为，家庭中抚养下一代的任务不仅限于母亲。他对女性的家庭责任有一个较宽广的概念，包括母亲和女儿。因此，在马歇尔的思想中，女性作为下一代和未来劳动力的培育者而不是劳动力在社会发展中有着重要作用。高工资和进步的生产思想像催化剂一样，促使现在的女性——无论是年轻还是年老——从在工厂中做苦力和家庭的辛苦劳动中解放出来，使她们能更好地把注意力集中在她们的家庭职责上。这些观点当然不是19世纪晚期的小说中的，而是悉尼·韦布为劳动委员会收集的事实所反映出来的现象，它预示，与阻止招聘结过婚的女人相比，"正确的政策会加快母亲从她们现在繁重的工作中解脱出来而去为了她们的生活忙碌，这是一种社会进步"。

在经济发展的章节中，马歇尔对进化理论、遗传和优生学理论表现出了浓厚的兴趣。这毫无疑问加重了家庭在他心中的重要性，这些都在《经济学原理》中明显地表现出来。现在仅仅存在一些手稿片段记载着马歇尔关于什么建立了期望的女性教育的看法。其中一点是技术，另外一点就是更好的教育。

马歇尔把女人培养孩子的角色当做她们生命中的主要任务，马歇尔的崇高动机是他产生这样观点的原因，他把对经济进步的看法和他对英国在工业竞赛中落后的担心联系到一起。无论如何，他很少提及女性因为这个原因离开工作岗位对家庭收入所造成的影响。任何事情都有反面，在19世纪80年代的工厂之旅，他把注意力集中在他们所看到的女性工作的性质上，这使他发现，那类工作难以应付而且不利于健康，特别是对女性和儿童来说。他在劳动委员会的任职使他对这些发现更加确信。

马歇尔委员会委员的身份使他投入到改善运输业的劳动条件当中，使他能够调查在游船上工作的女员工所抚养的孩子的成长情况。他的一部分问题涉及在这个工作上"女性不该有的本性"，因为工作性质和工作时间是调查在运输业工作的夫妻的孩子接受教育的机会的一部分。调查的目的在于找到一种合适的检查方法以保证这些在船上的孩子接受足够的教育，也为了找到合适的方法结束女性在船上的工作。马歇尔在这个问题上获得的答案都比较消极。此外，马歇尔还收集到了更多男性员工对雇用女性的看法（比如说在室内装潢业），也调查了人们对在某些行业拒绝雇用女性的看法。

从更广义的水平上说，马歇尔在给委员会的报告《雇用女性和女性的工作条件》中得到了很多关于这方面的内容。在关于工资的问题上，支付给男性的周薪和支付给女人和孩子的有着很大差距，在丝绸业和陶瓷业上有3倍的差距，而在零售业、纺织业和制鞋业有着低于两倍的差距。《经济学原理》显示，随着时间的推移，女性的工资大体上逐渐增加，同样，委员会的数据调查也支持了上述说法，特别是在计算不动产时。然而，这些数据也显示，在1890年以前的30年中，女性工资的增长远远超过了最适合的增长幅度，马歇尔在《经济学原理》中谈到了这种与期望相反的趋势。

委员会在相关问题上收集到的信息加剧了马歇尔对工厂雇用已婚女性的反感。大量的证据显示，工作的已婚女性的孩子健康受到了巨大影响，伤害不仅来自上班族母亲的"粗心照顾"，还来自在母亲工作的时候照顾他们的人对他们的"不恰当对待"。卫生官员证实了这一事实，为了使孩子不争吵而过度使用安眠药水、烧伤烫伤事故、在恶劣天气下暴露而受到伤害等情况经常发生，而这些都是因为这些照顾孩子的人缺乏经验、太年轻、太粗心。在家里进行"低工资"的工作也有危险。这是由于孩子睡得太晚而且没有规律，当家里变成工作场所以后就变成了不健康的环境。此外，委员会还发现，在化工厂、铅白工业和钉子链子的制作车间，情况更加糟糕。在对这个问题出具的一份总结报告中，马歇尔指出，让女性工作会以伤害下一代为代价。当然，对这样的伤害我们可以很容易作出合适的挽救，马歇尔选择了这样的做法：立法或是一些强制措施，这样来阻止雇用女性。

委员会对雇用已婚女性所做的最终报告持谨慎态度。委员会签署了四项反对雇用已婚女性的政策。由于马歇尔很痛快地就在上面签了字，他肯定也同意在这个问题上进行强制推行。第一个相关问题是：已婚女性与未婚女性的不公平竞争，因为与未婚的人相比，她们丈夫的工资使她们愿意在较低的工资下工作。马歇尔认为，已婚女性的工作对她们在家庭内的责任产生了较大的影响，委员会的报告中说道，大量的事实表明"家庭变得缺少舒适感，孩子和丈夫遭到忽视"。不仅仅是工人们的口头调查证实了上述观点，"妇女救助委员会所作的个人调查"所反映的"一些情况"也证实了这一观点。最后，雇用母亲工作的工厂因为给孩子带来了伤害而遭到谴责。引用一些医学上的证据：在一些特定的工业地区里，在分娩后的3个月里，母亲不能工作以减低婴儿的死亡率。委员会认为，面对大多数的抱怨不应该立法，并且给出了两点原因。当一个家庭里有了小孩时，通常在经济上需要母亲去工作；另外，与单调孤单的家庭内的工作相比，已婚女性更喜欢在工厂里的工作。除了增加对工厂的检查之外，在女性劳动力的问题上，委员会对改善这些艰苦的环境没有提出其他建议。

在大学里，马歇尔通过对工厂观察和实践得到的个人经验让他明白，对劳动力的性别歧视的需求"不言而喻地"来自事情的本身，至少在可预知的未来是这样的。女性"天生的"角色就是在家里照顾孩子、母亲、安慰者和维持健康卫生的环境的人，这些都使女性与工厂和车间里的"非女性"的活动产生距离。一些高等的职业（比如某方面的专家、艺术家），由于女性在智力方面的不同预示着她们与男人有着不同的地位。因此，女性被大家所接受的地位是照顾家庭，包括护理、教育还有组织慈善团体或是社会工作，这些都是能够被马歇尔和社会所正视的。而让马歇尔满意的是，科学的证据也表明，只有这样女人才能保证国家和种族的最大利益。

马歇尔很直白地说道，无论如何，在此问题上的发现不会总是这样。此时，他那"热情的心"总是出现在"冷酷的心"的前面。比如说，在遗传方面，他坚定地认为优秀的父母会有更好的孩子，尽管这缺少事实，而且在这个问题上有很多反例。在他与贝特森和基德的通信以及与皮尔逊愈发升级的争论中，反映出了他对这个问题的敏感。

在19世纪90年代以前，马歇尔并没有很快从研究女性的工作中得到多少好处。在与西奇威克夫人进行关于剑桥女性学位的争论时，他忽略事实的问题被揭露出来；缺少对增加女性工资的相关细节的调查也被提到；保存在他图书馆里的相关书籍没有被充分利用。在他美国之行时得到的一本早期的美国女性工作的百科全书，其中的内容只被简单地引用了一些，无论克拉拉·科利特的《培训女性工人》、格特鲁德·塔克韦尔的《工业里的女人》以及伊迪思·莫利的《在七个职业里工作的女人》这些文章多么好，他都没有作出评论。但是有一个明显的例外，那就是卡尔·麦耶和克莱门蒂·布莱克的《衣服的生产者》，马歇尔时不时地提到，他对这本书的观点已经写到《经济学原理》里，或是需要加到《经济学原理》中去。总体上来说，在对女性工作这一问题上马歇尔接受了一种"向所有学生的社会问题负责"的倾向，走了一条"通向他理想的捷径"，却没有认可他所发现的世界。

一些敌视女性的研究例子

马歇尔在这个话题上缺少严谨的科学客观性，这一问题在他对待一些无论是在世的还是已去世的女性个体的做法中也可以看出来。早期的例子是他在剑桥教授经济学时对女学生的做法，特别是当这些女学生做得很出色的时候，至少在对待他妻子时的某些方面是这样的。马歇尔对待女性的问题，总体上说可以从他对三个特殊的女人的做法进行说明，下面进行进一步揭示。

在1897年参加的一次剑桥本科生举办的新经济学俱乐部开幕仪式上，以及在劳动委员会与悉尼·韦布进行的针锋相对的交互询问上，马歇尔都对哈丽雅特·马蒂诺的"故事"表示出强烈的不满。那些质询很大程度上影响了他对工厂立法的观点。很有意思的是，这里还记录了马歇尔拥有一本她的《对工厂的争论，对干涉立法的警告》的副本，但是这本书中并没有对个人的评论。然而，从《经济学原理》中可以看出来，马歇尔读过她的自传，其中她详细叙述了她写政治经济学故事的方式。马歇尔解释道，她对第1版的说明并不准确。她表示要简化经济学，而这对马歇尔的成果来说是个巨大的伤害，马歇尔认为她"明确地表达了自己的想法，但是根本就没有得到实现的条件"。

> 实际上，马蒂诺小姐写这些故事是为了强调一些经济学学说，当解释为什么阅读那些她给自己准备的文章时，她在自传中这样写道："是为了保证我的勇气在那些我

已经接受的想法面前不被压倒,我决心不高看我所参与的学科。"然而她并没有想要不诚实,正如她后来所表白的那样,"遗憾的是经济学学说可能都是错误的"。

马歇尔的理由忽略了她的故事是定期的连续出版的这一事实,基本上是一个月一次,这些故事是她第一次以作者的身份作出的尝试,基本上是为了养活自己,这些因素都增加了她"被压倒"的感觉。马歇尔也没有预先提到这些,她给了自己"把相关问题上的所有独立工作整合起来就会形成一门科学"的感觉。马歇尔在第8版中把这些相关的事实证据进行整合,把与韦布进行的关于立法和限制工厂的争论所得到的观点加入进来,而与马歇尔相比,她的工作显得不合情理、冗长、苍白无力。而他"寄生虫"一词的使用被他描述为德语中通常的用法:

> 理性地说,马蒂诺小姐并不是一个经济学家,她曾表示,在用故事解释经济学原理时,她会阅读经济学的相关书籍,但是每次都不会超过一章,因为她担心会给她的精神带来太大的压力。在她去世之前她提出了这样一个疑问:她所了解的经济学原理是不是并没有价值。

马歇尔销毁了对这个描述的相关证据,这表示他明白不用在意哈丽雅特·马蒂诺所讲述的东西。无论马歇尔在最后的版本中作出什么改变,她的自传都不会起到任何的作用。

比特阿丽斯·韦布——婚前姓波特——曾经多次提到过:她吸收了马歇尔对待婚姻的观点和对待特殊婚姻的相关看法。她是劳动委员会进步的一个见证人,她也听过马歇尔在国会和英国联合会上所做的政府施政报告,阅读过马歇尔的大量著作。不太确定比特阿丽斯·韦布与马歇尔在什么时候第一次相遇,但可以肯定的是,他们的相识是通过一些熟识的老朋友,比如克莱顿夫妇或是布思夫妇。现存的文献记录了当时他们之间的两次交往:1889年,他们对女性的作用和婚姻问题进行过讨论;几年之后,他们对她的《合作》和她与悉尼·韦布的争论进行了讨论。

比特阿丽斯·波特在她的日记中把他们第一次见面描述成一段涉猎广泛又充满愉快的经历。我们可以详细地引用她的描述,这显示了马歇尔是如何在谈话中让她接受劳动力的性别歧视观点的:

> 第一次和马歇尔教授的有趣对话是在克莱顿夫妇家的宴会上,后来是在他家的一次午餐上。谈话以男人和女人的话题开始。他坚持认为女性是一种附属的存在,如果哪个女人想独立,那样是不会有男人想和她结婚的。结婚会牺牲自由,意味着女性对男性的身心上的投入与牺牲,这些都是结婚后男性带给女性的。因此,女性不应该发

展那些使男性感到不愉快的才能,如力量、勇气和独立,这些都不是女性吸引人的地方;那些与男人的追求产生竞争的方面都是让男人很不愉快的。因此,男性一定会破坏和抵制那些在女性身上出现的男性的力量和男性的能力。与之形成对比的是母性的特征、女性的柔弱和男性阳刚的力量、男性的自尊自大和女性的自我牺牲。

"如果你们和我们产生竞争,我们是不会娶你们的。"伴随着笑声他这样总结道。

我依然主张相反的观点。一定存在一种理想的性格,它可以把力量、勇气、同情心、自我牺牲和坚定的信念结合在一起,而且这种性格对男女来说是一视同仁的,只不过各种品质在男性和女性的生活中会以不同的方式表现出来。你需要的不是不同的品质和缺点,而是同样的优点在不同方面发挥作用,以不同的方式为社会作贡献。

在他家吃午餐那次进行的讨论更加现实。他说他听说我要承担一项协作历史的任务。

"你认为我能胜任这份工作吗?"我问道。

"波特小姐,坦率地说,我认为你当然能够承担这份工作,但是这不是能够最大程度发挥你能力的工作。有一件事情你可以去做,而且只有你可以去做,就是探求女性劳动这个未知的领域。不同于其他女人,你有着经过锻炼的头脑,而且拥有完成创新工作的勇气和能力。你还可以以一个女性的洞察力来看待女性的生活。在英国没有任何一个男人可以承担成功探求女性劳动这一工作。有很多男人可以写出协作的历史,使这项任务成为一个纯粹的经济学问题,比你做得更好、更有学问。例如,你对不同行业中的相对利润的观点、你对棉花行业中成功协作的解释和你对毛纺织工业中协作失败的解释可能让我非常感兴趣。但是我会持有一种怀疑你是否真正调查过事实的态度去阅读你所写的。另一方面,如果你告诉我一个行业中促使女性们联合在一起的因素,以及在另外一个行业中破坏这种联合的因素,我会把你的话当成这个问题上最具权威的观点。我会对自己说,'既然波特小姐没有找出这些原因,那么别人也做不到,所以我可能把她的结论也当做自己的最终看法'。最后我要很坦白地说,如果你要致力于你的性别对产业影响的研究,你的名字会在接下来的两百年里家喻户晓,而如果你要写一本协作历史的书,你的工作在一两年之内就会被替代、被遗忘。在前面的做法中,你会发挥别人所没有的优势;而在另外一个做法中,你所应用的才能是很多男人也拥有的,而其中的很多人所拥有的才能要比你高。我会让我的妻子在晚上给我读你写的《协作运动》来消磨时间,但是我根本不会专心去听。"

当然,我对他的这个观点表示怀疑,我努力让他意识到我想让这段在产业管理方面的研究成为经济科学的教育材料。这个双眼炯炯有神的可爱教授耸了耸肩,对女性进行科学的总结概括表示了些许讽刺的意思,不是那种不友好的讽刺,而是有些嘲讽的意味。他依旧坚持他的观点，而且说了一堆赞美的话试图弥补他刚才的轻视。

后来在给比特阿丽斯·波特的一封信中，马歇尔继续提出了这个问题，信中附加了他在5月份递交给协作委员会的领导致词的副本。在这里，他反复表示了没能劝说比特阿丽斯·波特去探究女性在产业中的作用的遗憾，"在这条路上那些男子汉的沉重脚步无法前行，因此你充满活力，全心全意的工作可以创造出一种前所未有的价值"，他也只能期待她对协作运动的研究能有"令人欣喜的意外"。与此同时，马歇尔的《经济学原理》出版了。在书中赞许地提到她关于伦敦东部贫民区劳动力的文章，很显然，文章中关于服装行业中劳动力分工的内容，在他家的那次谈话中他就有所了解。然后她提到，马歇尔如此看重的这段结论"无论如何都和以女性的洞察力来看待女性的生活没有关系"。

他们的下一次通信谈到了比特阿丽斯·波特关于协作运动的书，当时马歇尔正在读这本书，而他似乎很想对这本书发表自己的评论。马歇尔发现，事实上这本书"非常有趣"，在第二部分甚至"让人着迷"。如果比特阿丽斯·波特读完了马歇尔的来信，她一定会被马歇尔的评论激怒。马歇尔批评她缺少新意，只是在不加评论地重复其他人的观点，把复杂的问题过于简化而忽略了其他可能的情况。然而，马歇尔赞赏了那些在他看来是她特有的贡献，因为都是通过她个人的观察和感受得来的。这些是"你所做过的最完美成熟的一件事情。当你站在自己的立场上，我有所收获并对你表示尊敬。当你重复米切尔和悉尼·韦布的学说和典型的工会的时候，我钦佩你声音的吸引力，但是我会对你进行批判，也不会从你的学说中有所收获"。比特阿丽斯·波特很有技巧地对马歇尔的公开批评进行了回击，她认为她对联合协作的看法远称不上是重复教条的，她对协作的看法缺少新意，是因为她的观点是"面对广大劳动人民的实用建议，而不是面对像马歇尔这样的专业人士"。她也对他进行了回击："你的来信对我来说真是一个惊喜！我都没有期待你能够读这本书，当然更没有想到你会给我写一封诚恳的批判信！我是如此重视你的批评，如此地渴望从中有所收获。真的很抱歉，你为了说这些友善的话而浪费四整张纸，尽管这些听起来不错，但是对我却没有任何帮助。"然而，这些批评似乎刺激到了比特阿丽斯·波特。1889年8月，玛丽·布思不得不安慰她，说马歇尔所批评的她草稿中关于"血汗制度"的内容为她自己对伦敦的贫困调查作出了很大的贡献；"不要因为好心的马歇尔教授而感到消沉。马歇尔教授是最好心、最友善的人，但是除了在他所在意的方面，特别是关于我们女性的才能方面。他确确实实是在称赞你，除此之外，他还把你当成一个男人那样和你对话。"

如果比特阿丽斯·波特还把这段插曲记在心中的话，她应该是忘记把《协作运动》这本书免费送一本给马歇尔。无论如何，与保存在马歇尔博物馆中的其他书不同，这份副本中只有对马歇尔批评的评论而没有丝毫记述马歇尔的贡献。马歇尔的评论可能表达了他对这本书的真实感觉，而并不是像上面作者所引用的信中的内容那样。然而，在许多年以后，比特阿丽斯·波特幸灾乐祸地谈到，即使是在这本书出版10年以后，马歇尔也没能忘记这本书。比特阿丽斯·波特听到了一段马歇尔对费伊的谈话。当时费伊正在写一篇关于协作的论文，当时马歇尔唯一担心的就是费伊的进取心会被比特阿丽斯·波特的文章过度影响。

精细的木质结构走廊，学习的好去处

6个月以后，当她需要马歇尔帮忙给芒罗教授写一封推荐信时，比特阿丽斯·波特告诉了马歇尔她和悉尼·韦布的婚约："我想你不会太赞同像我们俩这样缺少计划的人结合到一起，但在我的努力下，我已经改正了他的一些看法，而且我们互相都很认同对你和你工作的钦佩。"她希望自己的婚姻不会破坏她和马歇尔之间的友情，因为这段婚姻已经破坏了她和她的遗稿保管人赫伯特·斯宾塞之间的关系，赫伯特·斯宾塞既是她的一个家庭成员，也是她一位特别的朋友。马歇尔的回答令人吃惊地友善："我已经想到这些了。我想我不会一直为你们的婚姻感到高兴的。但是现在，我认为这对你们来说是正确的决定。"在这件事发生以后，两个人之间的隔阂只是对"变化的自由"的官僚主义看法不同，而不是一些社会观点。马歇尔在信的最后总结道："我对你表示祝贺。我不是很了解韦布先生，尽管有很多理由让我喜欢他、羡慕他，不过一个理由就够了，那就是你喜欢他。我确信你既会做一个好妻子，也会完成伟大的工作，这个世界会因为你的存在变得更加富有和华丽。但是我非常望的是，你的官僚主义作风不要继续下去了。"马歇尔在信中也透露他的妻子会单独对比特阿丽斯·波特表示祝贺。不幸的是玛丽·佩利的信被弄丢了，但很显然，在信中玛丽表达了她对已婚和未婚女性劳动力分工的看法，而在回信中，比特阿丽斯·波特大部分都在谈论这个问题。比特阿丽斯·波特在信中也解释了为什么马歇尔猜到了她的婚约。很明显，在1891年春天，马歇尔一家人和比特阿丽斯·波特还有悉尼·韦布在威斯敏斯特的茶馆进行了会面，这次会面让比特阿丽斯·波特"陷入了困惑"，因为马歇尔一家似乎早在一个熟识的面对面聚会中就认识了悉尼·韦布。

随后的通信内容都没有被保存下来。马歇尔多次提到了韦布一家为他的《经济学原理》所做的工作。很难估计劳动委员会中的经历在多大程度上改变了他们之间的关系，这可能轻易地改变韦布一家早期那种欣赏马歇尔地位的态度。尽管和马歇尔在婚姻问题上进行了讨论，也在1889年3月在克莱顿和贝利尔奥庄园进行了调研，比特阿丽斯·波特还是像个男人一样离开了。不久以后,悉尼·韦布表达了他"对可怜的老迈的马歇尔感到内疚,因为这么好的一个人应该在各个方面都被人们记在心上",当回想起1889年在伊普斯威奇召开协作会议上和马歇尔的对话时,比特阿丽斯·波特心中不免有些感慨:

"还有一个问题需要让波特小姐向我们解释一下,在这个问题上她更具有权威性。"马歇尔以一种低沉的声音说道,但是他灰白的眼中却流露着友善的目光,"为什么她要调动她的影响力去阻止投票?我认为是这样的:她对她现在的处境感到满意,因为她既富有又强硬;她没有发现通过投票可以给其他女性带来改变她们自身处境的力量。"

我认为这是个让人很不愉快的指责,特别是作为我的老朋友,马歇尔如此认真地说。但是在我提出建议、说出我的观点之前,马歇尔教授以一种兴奋的口吻把我的话打断了:

"波特小姐看到了一些女性参选人看不到的东西;如果女性试图与男性平等、自我独立地控制和安排生活,那样的话强硬的女人会被人们所忽略,而软弱的女人会饿死。如果有竞争者存在的话,男人是不太可能与女人结婚的。与之形成对比的是,如果婚姻的基础遭到破坏的话,我们认为把我们自己和一个必须顾虑、必须支持的人结合在一起是不值得的。"

我想上面这个问题具有两面性,任何与婚姻相关的聚会都可能使人类陷入到单身的处境。然而,我笑着回答道:"马歇尔先生,你实在太可怜了!你不得不来解救这些女人,从各种意义上讲她们都是解放的化身。如果她们不和选举投票发生关系,还有谁会关心她们?这种毫无希望的感觉让我甚至会去戒烟来保证我作为女人的权利。"

这段交流总结起来就是"可爱"的教授与他一个熟识的"费边主义女性"——同时也是他的一个努力的经济学学生——之间特有的关系。

海伦·鲍桑葵——婚前姓登迪——被认为是马歇尔的第三位女性对手。前面记载了她在伦理学优等考试当中名列前茅,学习了马歇尔给他的优秀学生们讲授的高等政治经济学。正如前面提到的,她后来写了一篇关于慈善组织交际的文章,同时也积极地参与其中,这可能正是他和博纳德·鲍桑葵结婚的原因,博纳德·鲍桑葵在1892年的《经济学杂志》上与马歇尔针对养老金问题进行过争论。1902年,她把《人民的力量》的一份副本送给了马歇尔,在文章中她明确地批评了以前的老师。马歇尔有过这样的看法:"那些所谓的底层人士是否天生就是为了给别人提供高雅的有文化的生活而存在,同时他们自己不想成为这种生活的一部分,也不想分享这样的生活?"海伦·鲍桑葵对此提出了疑问。在这篇文章中,海伦·鲍桑葵提出了几个观点。首先,真正生活在底层的人们无法给别人提供"所需的高雅的有文化的生活"。她的调查表明，薪水低的人们实际上一直在生产他们这个阶层所消费的物品和服务。因此，"把他们排除在这种高压生活之外的原因不是他们把这种生活提供给了别人，而是他们根本无法提供这种生活，也无法分享这种生活"。因此，马歇尔所倡导的在富人和穷人之间的再分配不是解决这个问题的方案，只有当这些底层人开始给他们自己生产较高水平的产品和服务时，那种"高雅的有文化的生活"才会逐渐来到他们身边。这种观点强调的是，"那些有文化教养的人没有从那些穷人的贫困中获得好处，而事实正是反过来的那样"，这恰恰与马歇尔对这个问题的看法相反。

海伦·鲍桑葵把随后的通信写在她书的第2版的序言中，因为这使她所谈及的经济学观点更容易阐明。在马歇尔的来信中，他对海伦·鲍桑葵的赠书表达了谢意，马歇尔也表示说，他所读过的内容让他相信，"当我有时间读完这本书后，我会发现它非常有启发性"。然而，马歇尔对她的一些批评表示"抗议"，本来他该忽视这些批评的，因为"这不是一个经济学家的批评"。尽管他承认那些富人消耗和浪费了大量物资，而如果更好地利用这些东西的话可以得到更好的生活，这些事实告诉他，那些富人们的大量消耗有些过分，而"其他人的贫困生活"也是必然存在的。"底层的人只为贫困工作"，马歇尔把这称为她的"有缺陷的理由"，因为这让他很不解，这个理由根本就不是他在引用的那段中所提出的。他解释道："生产所有的产品是和手工劳动力相关的，但是其分享的代价与卫生健康和社会自由的状况相关吗？"他继续说道：

> 我们是不是可以通过思考来完成那些伟大的工厂厂长和金融家的工作，而不能获得他们现在巨大的财富？再说一次，我承认，通常是富人而不是穷人享受那些昂贵的专门服务。但是可以肯定的是，这不是唯一的也不是人们通常所享用的服务。可以肯定的是，这是制造业发展的一个重要特征，特别是像美国这样可以通过做事得到高工资和高福利的国家，需要中下阶层的人们用机车生产东西。

他在信的最后一段表示他赞同这位以前的学生的观点，称赞她的"洞察力和同情心"对"真正的进步"来说是一种潜在的实实在在的贡献。

> 我一直认为，贫困、痛苦、疾病和死亡并不像它们所看起来的那样不幸，只要它们没有带来有痛苦的生活或是不健全的性格。真正的慈善在于提高受助者的能力，而不是直接减轻贫困。

在引言中，他强调了自由的重要性，同时也进行了一些批评。马歇尔也谈到当代政府在

"国内经济"中发挥了越来越重要的作用,这意味着,与穆勒关于社会主义运动的文章相比,我们更应该仔细揣摩一下他对自由的看法。

几天之后,海伦·鲍桑葵在回信中肯定了马歇尔作为经济学家的权威,同时也展现出了她克服自己"缺乏自信"的勇气,在几个经济学问题上对马歇尔表示了批评。虽然马歇尔强制她解释得更清楚些,可事实上她的争论并没有像看起来那么"粗鲁"。她认为,"解决贫困的根本方法"是提高那些最穷困的工人——例如"生产者、消费者和所有与他们生活相关的人们"——的工作效率,这样给他们带来的经济效益不会给社会的其他成员带来任何负担。但是,如果富人们的财富导致了穷人的贫困,只有再分配才能解决这个问题了,她不能接受一个零和博弈的结局。她的所有建议都表示她不支持消耗大量的国家财富,也不愿意轻视贫困所带来的种种问题。如果她认为这些问题可以通过"公有化和重新再分配"来解决,她不会隐藏对这些做法的支持。其实她是担心一系列这种政策的唯一后果就是"文化和高雅"的流失,而且不会降低那些"庸俗的愚蠢的铺张浪费"。她反对马歇尔对"为了某些目的"而采取行动的评论。这意味着在马歇尔看来,正是有钱人的文化和高雅才能消除贫困。她在最后一段中又简要地提出了这个问题:

> 还有一个观点:是不是有钱人的个人支出(并不是他们用于投资的那一部分)对数量巨大的工薪阶层来讲具有更多的重要意义?(对此我表示深深的怀疑)这种情况会不会发生。也就是说,对所有人的收入再分配,会不会增加他们的收入?我宁愿相信现存的那些关于大多数人们和那些富人(只要是不参加生产的人)的经济学观点都不支持上面的假设,除非在一些可以忽略的特殊情况下。

作为回应,马歇尔表示他接受海伦·鲍桑葵的假设,但认为她的结论并不正确。在解释他们之间的距离有多大时,马歇尔希望他能证明事实上差距很大。第一,马歇尔总是假设可以收到税款,而且在不用作出补偿的条件下就可以增加富人的税率。第二,他假设一些富人的支出是有意义的浪费,在英国,这样的支出至少有 1 亿英镑甚至更多。第三,一些市政府和州政府的举措虽然是有限的,而且有些时候会产生误导,但是总会带来一些生活质量上的提高。在回答大家都关注的问题时,他提到了州政府的一些举措,比如提供清洁的空气、露天场所,他认为达到这样的目标与把钱花在南非战争上是一样的。他也希望"来几个奥克塔维娅·希尔小姐,如果有人知道在哪里找到她们的话",因为她们可以解决与"数目巨大的立法"一样多的社会问题,尽管他同意无论是富人还是州政府都无法明显地解除社会的贫困,因为这很大程度上需要自己的努力,但无论是州政府的帮助还是个人的援助,在贫困快要消除的情况下都会起作用。第四,他对"那些生活和个性都很高贵"的技工们提出了最大的期望。一年以后,马歇尔重复了他对清新空气、路灯、露天场所的观点，他认为这些东西不是只能通过对有钱人过度征税才能达到。无论如何，匆忙地达到上面的目标是很危险的，因为"这可能会耗尽自由和能量的源泉"。这是马歇尔通过对税务的研究而得到的结论，在下一版的《经济学原理》的最后一章中包含了这一观点。这预示着他越来越偏好于通过预算这种方法进行间接的再分配，而不是许多社会学家提出的通过立法和政府的干预进行直接的再分配。

这些通信来往也展示了马歇尔对女性在社会交往和在学校的态度。海伦·鲍桑葵表示了对他权威的尊重，尽管这是在她完成了剑桥大学的正规经济学学习10年以后，这在某种程度上减轻了他的女性学生在他面前的担心和缺乏信心甚至是恐惧的情绪。他和海伦·鲍桑葵的通信使一部分读者对他的文章产生了误解，他在第一封信中提出了"经济学家"这个称呼，这在《经济学原理》以后的版本中都没有改动过。难道是因为批评他的人是女人吗？马歇尔对那些有钱人浪费的支出进行了估算，可他却拿不出任何可信的证据，因此在看到这些信件后他对文章作出了改动。马歇尔对此作出了辩解，在辩解中他并没有承认自己的错误，而是把责任全部归因于那些女性读者无法正确理解他的文章。在谈到这个问题时，施蒂格勒认为马歇尔在回信中有些傲慢自大，他很直接地说道："传记作者一定会希望马歇尔还有更好的形象展现出来。"

一个含蓄的厌恶女人者，一个可依赖的丈夫，一剂当时科学信仰的毒药？

有很多事实表明，随着马歇尔年龄的增长，他越来越有厌恶女性的倾向，尽管他这种逐渐增强的厌恶感夹杂着礼貌甚至还有赞扬，正如他和比特阿丽斯·波特的交往中所表现出来的那样。产生这种情况的原因很大程度上归结于他对社会秩序的变化所产生的疑虑，女性颠覆了她们传统的角色，成为新时代的女性，她们要求工作、经济独立、在公共场合吸烟、投票甚至获取学位的权利。这种愈演愈烈的趋势恰恰与他对理想家庭的期待相冲突，他的这种期待最初来自他童年和成长经历中的美好回忆，而母亲的去世更让他意识到家庭的重要性，他在布里斯托尔时产生的对女性高等教育的态度和他预见到的结婚以后家庭内部的种种缺陷都加深了他的这种期待。在家里，他越来越表现出一个值得依赖的丈夫的样子，在很多时候，他是一个不同寻常的自己独立的"妻子"形象。在财政方面，从结婚伊始他就保持经济独立，后来可能在对旅行的安排特别是夏天的假期安排上也开始独立作决定。他在剑桥的最后一段时间内的主要任务是保证家庭的安全、舒适，避开那些无聊的来客等等。是不是以上这些原因导致他对那些与他有关联的女性发泄了他压抑已久的怨恨？他对待女性的不惹人注目的态度一定和这些人际因素有关系。

这些人际因素并不能解释全部原因。一些经济学原理也导致了他对女性如此的态度。他所推崇的劳动力性别歧视似乎对人类的利益有着巨大的贡献，既满足了对有技能的更高效率的劳动力的需求，同时也提高了人类的生活质量。马歇尔认为，这些在保证他所期望的确切的社会进步方面是至关重要的。他对斯宾塞和达尔文所阐述的当代进化科学的理解更增加了他上面的信念。这几个他从19世纪80年代以前就越来越看重的问题，最终被他收录到《经济学原理》中的特别原则当中。这些信念在一定程度上归功于19世纪80年代后期及以后一些当代分支学说的发展，特别是格顿的优生学说和社会的达尔文进化学说。他这样描述道，"科学家们平等地看待他们这代人的行为和态度并对其产生影响"，他们通过最近的几次科学观点改变了他的发现。马歇尔认为，女人应该为了孩子而辞工回到家里，这一观点也在偶然间得到了支持，却又不是那么偶然，这来源于他在工厂"漫游年"的经验，劳动委员会所提供的事实也支持了上面的观点。正如凯恩斯在马歇尔去世后所提到的那样，上面所提到的客观的社会学家也是有资格限制的，在某些方面与马歇尔要有共同点——就是天生厌恶女人。由于生物遗传方面的证据和劳动委员会雇用女性调研员所收集的事实例证不够充分，马歇尔出版的关于经济学和女性在社会中的角色的书时不时地受到质疑。马歇尔也没有成功地把这些事实有逻辑地联系到一起得出结论。

在他对女性的认识过程当中，他带有一些厌恶女人的情绪，再加上一些谦让奉承，甚至还有一些骑士精神，或者说带有公开的轻视甚至是傲慢的态度，这使他特别对那些他课堂上的女学生产生厌恶的感觉。厌恶女性的情绪中混杂着对科学的信任，虽然有时候是初学者对生物和遗传秘密的错误应用。可以这样说，马歇尔认为，与亲身收集事实相比，听取别人的评论更加省事，比如说"细心的、有经验的社会学家勒普莱"。勒普莱的基本观点——"不平等原则以及审查所有关于两性相关话题的文章"——让马歇尔非常赞同，特别是在关于教育的问题上，他的观点支持"对女性最确实的教育就是在家里的炉火旁"这一结论。在勒普莱所期待的社会结构中，女性在家庭里的角色与马歇尔思考的方式相符合。在提倡人种改良者的课堂（或许现在我们把它称为"对人类错误的估量"的课堂更为合适）中，马歇尔应用这些社会科学的"真理"的迫切心情得到了满足。据马歇尔的妻子透露，在头盖测量学方面，有些人收集名人们的照片希望发现一些从未发现的结论，马歇尔把这些内容应用到对女性的高等教育当中，看看是否能够对当时的发现产生一定的帮助：

> 我们期待让她们接受同样的教育，因此我们对她们提出了一样的目标，这是一种危险的狂想……当有一天女人们误解自然赋予她们的责任时，她们就会离开家加入到我们的战斗中。当这一天到来的时候，一场社会的革命就开始了，所有维系家庭的纽带全都会破碎。

因此，如果把马歇尔对待女性的态度仅仅看成是天生地难以捉摸，那就有些过于简单了。这也反映了这样一个事实：科学和偏见都可以成为一个杰出的社会学家的工作动力。在马歇尔的事例中，他处理这个问题时总是带有独断和鼓吹的看法，这与他一贯尊重科学的态度很不相符。这一章中前面的例子说得很清楚。女性和年轻人正在逐步提高的工资的内容主要在《经济学原理》中进行讨论，其他的内容以技术和社会进步的方式进行讨论，马歇尔理想化地把这种提高仅仅归因于人类的利他主义。更重要的是，对于女性选择工作与否的权利问题，劳动委员会的最后报告中表明，很多女性把家务活看成是单调的苦差事，因此去逃避它，马歇尔从来没有把这写进《经济学原理》以后的版本中，而只是单独地进行讨论。在他看来，农业劳动力和非技术工人要保持相当的效率，而女性则不必。此外，他所认为的女性天生的思考能力也对他的经济学和女性社会地位方面的很多观点产生了影响。这和男性的很多思考能力是不一样的，因此导致大量的女性无法完成有建设性的理论工作，特别是在经济学方面。当女性们在学术方面取得切实的成功，当这种情况出现在他所深爱的剑桥大学，特别是在他所全身心投入的经济学和政治学优等考试上时，马歇尔从来没有根据新的事实改变过他对女性思考能力的看法。简而言之，在马歇尔支持劳动力性别歧视的问题和其他的相关话题上，他存在着很多不科学的偏见，甚至有一些"自私"的成分。正如凯恩斯在日记中所记载的那样，"当代女性"这个词汇似乎威胁到了现在家庭的一夫一妻制，甚至可能引起一些荒谬可笑的话题，难怪马歇尔会对这个词汇产生厌恶感。马歇尔"拒绝与克拉夫小姐见面，因为她支持女性参加选举"，尽管克拉夫小姐作为纽纳姆学院的秘书既是他妻子的得力助手又是她的朋友。这个受尊敬的《经济学原理》的作者，这个为了经济学拼搏的人，当他阻碍女性在学校和社会中提高地位时，就失去了别人对他应有的尊重和科学的正直。但又考虑到他在早期支持过女性运动，只能说他实实在在是一个理想的女权主义者。

第15章

新的优等考试的创立者

1885年回归剑桥以后，马歇尔一直有个"最想实现的理想"；1903年，这个理想终于实现了：他把经济学和政治学的优等考试改成独立的考试，这样学生们就能专心地学习一门课程。作为任课老师，他用尽心思地创立了这种考试制度。尽管最初伦理学的学习对先前的剑桥经济学教育有很大的帮助，但是却给了学习经济学的学生很大束缚，马歇尔在他的就职演讲上强调，要把学习经济学的学生从这种束缚中完全解放出来。在他就职之后的几年中，马歇尔越来越感觉到，只有这种被称为独立作用的机制能使"那些拥有迫切需要经济学的科学头脑、没有尝试过或是没有时间去学习整个伦理学的人……承担一些长期以来的压力，并给他们的整个思绪中加入另外一种经济推理的知识。这对探寻当今经济学的过失到底多大有着很大的帮助"。

马歇尔在剑桥大学长期卓著的职业生涯中，创立优等考试只是他巅峰期间的一部分工作。二战期间，剑桥大学在经济学领域和各个分支学科方面都取得了主导性的显著成就。本章主要集中讨论马歇尔为了他"最想实现的理想"而在伦理学和历史领域发起的运动。因此可以进一步看到马歇尔为了学科的进步在学术政治方面所作的斗争。在马歇尔忙于优等考试的几年中，先是创立了新的优等考试，然后是对其进行不断完善，马歇尔在考试设立的最初几年里耗费了大量精力，甚至可以与花在《经济学原理》上的精力相提并论。因此，马歇尔在担任剑桥大学政治经济学教授期间所涉及的最重要的三件事情成为他传记中一个有趣的章节，他的妻子也回忆道，这些如果不算他的主要成就，也算得上是他较大的成就了。

现在依然保留着大量关于优等考试的资料。在讨论马歇尔求学和1868~1877年他在圣约翰学院担任伦理学讲师的经历时，我们提到了一些与之相关的早期剑桥大学经济学教学的内容。在马歇尔当选之前，剑桥大学政治经济学教授的职位概述中就提到，教授要负责编辑课程提纲中新增加的内容，在伦理学和历史学优等考试的提纲中也提到了这一点。在这些优等考试都存在的前提下，马歇尔所提倡的运动增加了对经济学的学习。首先他说明了剑桥大学在1885年的经济学教学现状，接下来又采取了一系列成功的举动，修改了伦理学和历史学优等考试的规则。1901~1903年，他对经济学成为一门有完备资格的优等考试进行了调查，然后进行了长达五年的讨论，最后以1908年5月马歇尔的退休而告终。大量的现存文献对完成这个任务的说明起到了很大作用。

马歇尔教授对经济学现状的看法：1885年剑桥大学的政治经济学

当1885年早期马歇尔以政治经济学教授的身份回到剑桥大学的时候，人们学习政治经济学是为了准备伦理学和历史学的优等考试。那时，在农学硕士伦理学的考试提纲中，政治经济学只占了1/3不到的分数。学生要选择10份试卷，其中包括3份政治经济学试卷、2份逻辑学试卷、3份精神哲学试卷、1份道德规试卷范和1份道德哲学试卷。历史学优等考试设立以后，1886年它的考试中加入了政治经济学这一科目，这是为了"给予财政和产业方面的政府以特别的关注"。当我们回顾1816年普莱姆建立这个不太完整的考试的事情时，我们发现，尽管这是政治经济学教学的一次扩张，但是在它未来的道路上依然存在着巨大的障碍，像马歇尔这样一个善于观察的人，在他回到剑桥的时候立刻就发现了这个问题。

尽管在19世纪70年代早期，许多伦理学成绩优异的学生受到了奖励，而此时马歇尔在圣约翰学院教授政治经济学，但是这些聪明的学生中大多数不是新生，而是那些来到剑桥以前在其他学校学习过大学课程的人。这一类型的人中包括福克斯韦尔、坎宁安、约翰·内维尔·凯恩斯和尼科尔森，在伦理学的佼佼者中，他们四个是比较著名的。1870年，西奇威克写了一篇关于伦理学的文章，"那些优等生的水平并不是很高，因为那些最有能力、最勤奋刻苦的人并没有投身到这门学科上来"，而在1878年写给福克斯韦尔的信中，他说"他当然不会鼓励任何有前途的人在剑桥大学的这个学科里寻找自己的未来"。那一年没有人取得优等生的资格，同样的现象在1881年、1884年和1885年也发生了，在这些年份中，每年都有6个人参加优等考试。1879年有8个人参加这门考试，其中3个人取得了优等生的资格（包括约翰尼·考尔德科特）；1880年4人参加考试，只有1人通过；1882年3人参加考试，1人（索利）通过；1883年11人参加考试，6人通过（包括约翰逊和斯托特）。因此，在12月份马歇尔当选教授之后的那个暴风雨下午，马歇尔严厉地指责西奇威克没有很好地遵循格林的步调也不足为奇。牛津大学的格林在演讲中说，马歇尔这样是为了吸引更多年轻聪明的学生投入到这门课程的学习。尽管一些优秀的女同学在一定程度上弥补了这种人数较少的情况，但是因为马歇尔对这些女同学不太满意，因此并没有在意这些增加的人。1883年，改变开始产生了作用，这时的伦理学优等考试被分为两部分，这使得那些只参加第二部分考试的学生可以专心于伦理学中的两份试卷，可以避开那些困难的政治经济学工作。

　　1885年，所有的历史学学生都要学习一些经济学原理，最初他们以福西特的《政治经济学手册》为教材。正如前面提到的，给历史学学生的经济学考卷包含了一些经济学历史。在马歇尔看来，历史课程大纲的这些缺点给同学们带来了一些普遍的问题。马歇尔把这样的学生描述为"难以驾驭的牛"，因为他们"很聪明又很热心，但是他们却没有很渊博的知识"。然而，与伦理学相比，历史学给他带来了更多学习经济学的学生。此外，历史学协会的会员，特别是那些领导人员（除了坎宁安），都非常看重马歇尔的这种做法。这些人包括西利（历史学的皇家教授，金斯利的继承人，1884年被任命为美国南部神学历史学会的主席）、曼德尔·克莱顿（马歇尔在牛津大学时结交的老朋友）。事实上，马歇尔与西利的职位相得益彰。西利在1869年的就职演说上就表示，他需要历史学和政治经济学教授之间的合作，因为在他向学生提出的历史学研究目标中，这种合作占有"一个显著的地位"。当了解了这些历史学和政治经济学优等考试的特征后，马歇尔在就职演说上谈到经济学在剑桥学习中的作用时的那种态度就不难理解了。

　　1885年返回剑桥以后，马歇尔在经济学上的教学任务包括了教授和讲师的多种教学任务。正如前面提到的，19世纪80年代，马歇尔教授政治经济学原理（生产、赋税、工资、收益和价值），也讲授了两个多学期的关于货币、贸易和政府职能的概况课程。另外一些先做讲师然后讲授经济学的人还有很多：圣卡萨林学院的讲师莱文讲授了三个多学期的货币原理；圣约翰学院的讲师福克斯韦尔在10月份那个学期讲授了关于亚当·斯密、马尔萨斯和里卡多的课程，在春秋学期讲授了社会主义历史和基础政治经济学，在复活节那个学期继续讲授基础政治经济学。此外，学校里唯一的伦理学讲师凯恩斯在复活节那个学期讲授了作为政治经济学考试其中一部分的逻辑学。同时威廉·坎宁安以大学讲师的身份给那些准备历史学优等考试的人讲授经济学历史。并不是所有的讲师都给那些准备优等考试的学生上课，有些还给那些普通学生或"考试人"上课。在福西特的支持下，从19世纪60年代开始，学生们可以把政治经济学作为他们农学学位考试的一门独立科目。

　　考虑到当时的背景，我们需要注意另外一个问题。与享有极高声望、有着悠久历史的数学和经典的学科相比，政治经济学的优等考试被认为缺少学术名望，缺少相关知识，也缺少奖励。这也在一定程度上解释了为什么许多优秀的学生不选择这门学科，为什么在最初几年马歇尔只吸引了很少的学生。另外，也有很多人反对在剑桥和牛津这样的学校里教授商业和贸易。这进一步降低了财富研究的吸引力，我们可以把政治经济学这门学科称为对财富的研究。马歇尔在就职演说时就充分意识到了这些困难，这也证明，马歇尔呼吁那些有头脑的人为了他们自身的利益去学习政治经济学是正确的。

在现存的种种优等考试中扩大政治经学的比例（1889 年及 1897 年）

在最后作出建立一个经济学和政治科学优等考试的决定之前，马歇尔分别在伦理学（1888~1889 年，1896~1897 年）和历史学优等考试中扩大了政治经济学的比例。马歇尔的做法产生了很多争论，学校的校报、伦理学研讨会的备忘录、约翰·内维尔·凯恩斯的日记以及马歇尔的信件都记载了之后所发生的事情。

从凯恩斯 1888 年 2 月 29 日的日记中我们可以知道，1888 年最初提出改革伦理学考试的是西奇威克，但这个问题一直争论了整整一个月。在 1888 年 2 月马歇尔与凯恩斯的通信中我们可以了解到这点。由于气氛紧张，在讨论西奇威克的提议时甚至推迟了一个会议，因为马歇尔极力反对在考试的第二部分中去掉政治经济学的做法。下面引自马歇尔在 2 月 18 日写给凯恩斯的一封信：

> 我依然坚持我昨天向你表明的观点——我衷心赞同那些为了伦理学考试而重新改编的渐进式培养计划，其他的伦理学老师也这样认同，前提是这种改变对政治经济学的地位没太大的影响。但是我坚决反对任何减少政治经济学在第二部分考试中的比例的做法。我越来越认同这样一种观点，即短时间的学习政治经济学不会带来任何好处，反而会时不时地带来一些坏处。在一个人取得学位以前，他在经济学方面的工作是不会有任何真正价值的。

马歇尔还为他的想法制定了一个纲要，如果西奇威克和研讨会的其他成员想要的话，可以让凯恩斯给他们讲解。他提出，参加第一部分考试的学生可以在心理学、基础哲学、逻辑学、伦理学和政治经济学中进行选择，他建议学生们任选三门学习（每门都有两份试卷），但是他更倾向于另外一种解决方案，那就是让所有学生都学习四门课程。他也建议针对论文题目另外出一份试卷。对于参加第二部分考试的学生，他建议要学习五门课程：哲学、心理学、逻辑学三门是必修，其余的在伦理学和政治学，或是社会学、政治经济学和统计学中选择两门进行考试。

这宣告了接下来的一个月中不同看法激烈碰撞的开始，包括伦理学研讨会几次激烈争论的会议。马歇尔和西奇威克的争论逐渐集中到究竟应该把必修的心理学放在考试的第一部分（马歇尔主张）还是放在第二部分（西奇威克主张）。① 一直拖到 1888 年 10 月才弄清楚这个问题

---

① 对这个问题投票的结果是：3 票支持马歇尔的观点，3 票支持西奇威克的观点，还有 3 票弃权。在道德科学研讨会上，对这个问题的分歧很大，因此这个问题一直推迟到 10 月才初步解决。这场痛苦的争论让西奇威克产生了暂时辞去主席职位的想法。

的来龙去脉，西奇威克最后勉强接受了一个折中方案，即允许学生用政治哲学代替心理学从而专攻政治经济学，而不用学习心理学。马歇尔最后也接受了研讨会对心理学的这个定位（1888年11月10日）。然而在12月上旬，马歇尔又想通过增加统计学原理的内容来改变主攻政治经济学的学生所参加的逻辑学考试。直到1889年1月底，约翰·内维尔·凯恩斯向伦理学研讨会提出了这"新规则下的合理进展"，并在2月6日得到同意。2月27日得到最后的批准，不久以后伦理学研讨会让副校长去评议会审批这项新规则。

  这份针对伦理学优等考试中的经济学学习的报告包括以下内容。对于第一部分考试，包括两份政治经济学试卷，剩下的两门必修课——心理学和逻辑方法学——也都有两份试卷。对于第二部分考试，高级政治经济学变成了一门特殊的学科，可以选择政治哲学或是认知原理（哲学），这样就解决了以前的强迫性问题。参加其他考试的学生也可以进行第二部分的考试，比如庇古和克拉彭就是在参加了历史学的考试后参加的第二部分考试。学习高等政治经济学的学生可以不再学习纯粹哲学，这对马歇尔来说是一次重大胜利，可是最后并没有给他带来预想中那么多的学生。

  就在评议会谈论这些改革的时候，坎宁安反对学习高等政治经济学的学生不再学习纯粹哲学，因为这两个学科是相互依赖的，特别是在常常提到社会变革和个人问题的伦理学优等考试中。此外他还指出，在历史学优等考试刚刚修改过的新规则下，学生们能够很好地把政治哲学和政治经济学的学习结合到一起，伦理学这样的提议会让人认为是在模仿历史学优等考试的规则。马歇尔针对坎宁安的反对提出了以下几点意见。首先，经济学历史本身就展示出政治经济学与纯粹哲学根本无关，思想同样也不受哲学的约束。马歇尔认为，最重要的就是创立一个与美国一样的政治科学学校，促使政治哲学和政治经济学的学习结合到一起。并不是所有政治经济学学生都想学习历史，所以不能把坎宁安提到的对历史学考试规则的模仿当成对所提出的解决方案的批评。最后他谈到，针对伦理学的这些提议并没有让他完全满意，这些提议基本上是"过渡阶段"。在评议会讨论中，西奇威克承认了凯恩斯所记录的：一部分提议让学习高级政治经济学的学生在特殊研讨会上进行了积极的讨论，这些提议可以看成是对那些不想学习哲学的学生的妥协。西奇威克也表示赞成"马歇尔考虑在几年后设立一个政治科学优等考试"的想法。这使马歇尔更加确信"他并没有把新的优等考试放在眼里"，而且把现有的计划当成"完美的妥协"。此时，马歇尔和坎宁安的争论主要集中在政治经济学和政治历史的范围和方法上，他们的争论甚至引起了公众的注意。

  1889年的妥协持续了不到10年的时间。伦理学特别委员会在1897年提交给学校评议会一份报告，这份报告促使"哲学"和"政治经济学"进一步分离成独自的考试，因此各自能够得到更好的发展。在这之前的3年中，伦理学学部针对此问题进行了激烈的讨论。西奇威克在1889年就预见到，新规则事实上是把政治学和经济学从哲学中分离出来，而这正是马歇尔强烈支持的。正如报告中记录的那样，当"在考试的第一部分中加入伦理学内容"的意见被提出来的时候，"学部为考试第二部分的政治经济学加入第三份试卷，这个扩张正是教授这门课程的马歇尔和福克斯韦尔所期望的，他们想通过这个方法来展示这门学科不同的部分和不同的方面。这些改变会帮助那些倾向于经济学方向的伦理学学生对课程进行准备"。这个决定就是想把政治学和政治经济学正式从考试第二部分的哲学、纯粹哲学、心理学和逻辑学中分离出来，因此可以充分认识到马歇尔允许其他学生也可以参加伦理学考试第二部分的用心，从而使这个考试像是经济学和政治科学的优等考试一样。新规则在形式上把考试的第二部分变成了哲学、逻辑学和心理学的一部分以及政治哲学和政治经济学的另外一部分。提议中，对于课程用书和课程内容的部分被简单划分为政治学和高等政治经济学。

　　从凯恩斯的日记和马歇尔的信件中，我们可以了解到伦理学学部在处理这些改变时的进展，这些进展在刚开始看来没有太大的作用。我们可以假设马歇尔与西奇威克发生了争吵，也与凯恩斯、福克斯韦尔和学部的其他成员发生了争吵。在19世纪90年代中期马歇尔给凯恩斯的信中，他多次表达了对伦理学优等考试各个方面的强烈不满。他能招收到的学生实在太少，马歇尔还抱怨只能依赖那些非专业的老师维恩、麦克塔格特来进行教学，尽管此时他拒绝弗勒克斯参与教学。"桑格是唯一一个为了参加第二部分的考试而学习经济学的学生，也真正值得我们去培养。但是只要有一个桑格，哪怕只有一个鲍利，都是对我5年辛苦工作的肯定，这样我就知足了。"然而，一年以后马歇尔羡慕地谈到，布伦塔诺在慕尼黑找到了400个学生，其中一半以上来自德国北部。他还对凯恩斯提到，布伦塔诺为了给参加他研讨会的学生买书而从慕尼黑市政府借了3万马克。

　　与此同时，福克斯韦尔向凯恩斯抱怨道，剑桥有些过分地强调了理论而忽视了对现实问题的研究，他也因为自己的演讲被人们忽视而颇有怨言。几年后，他在与马歇尔讨论解决伦理学学部的优等考试问题时，肯定向马歇尔提出过这个问题。不管怎样，马歇尔在回应福克斯韦尔时表示，他不想把经济学细分为理论、历史和政策，"因为我认为，对任何理论的东西进行脱离现实的分析都是没有用的"。在接下来的几个月里，大家都在讨论解决问题的方案，最终通过马歇尔的假设——即"准备把学习（过去的和现在的）历史当成分析问题"——解决了他们对历史学问题的争论。马歇尔也提到，实用经济学在本质上与福克斯韦尔所说的对"经济政策"的应用是一样的。

　　在这个问题上马歇尔与西奇威克进行过通信，但是现在这些信已经不存在了。凯恩斯的日记中也提到，1896~1897年这次对解决方案的争论要比那次19世纪80年代末的争论轻松多了，那时两位教授在各种细节上产生了诸多分歧。马歇尔缺席了最后两次会议，原因不得而知，但这却在某种程度上加快了会议的进程。一旦在原则问题上让马歇尔感到满意，那么对于规则最后的起草很容易就完成了。根据凯恩斯日记中对这两次会议的记录我们可以看到，因为马歇尔的缺席,"在一个多小时的时间内解决了以前要两次长会才能解决的问题"(1897年5月3日)。在最后一次会议记录中凯恩斯说道,"在长达两三年的漫长讨论之后,会议终于提高了讨论的速度"(1897年5月10日)。

课程改革的第二轮讨论最后达成了对历史学优等考试的课程进行改革的协议,其中马歇尔提出在优等考试中增加政治经济学的试卷使其达到两份,这样就可以招收到更多学习经济学的学生。历史学家中有人支持这样的提议(比如坦纳,他认为引入两份政治经济学试卷是一个巨大的进步),同时历史学学部没什么人对此表示反对,即使马歇尔以前的老对手坎宁安也没表示反对。令人意想不到的是,马歇尔对坎宁安的积极参与感到非常欣赏,在给福克斯韦尔的信中马歇尔说:"他的任何提议我都会附和,反之亦然。"自然而然地,经济学因此从历史学的优等考试中得到了很大的益处。参加第二部分考试的人要完成两份政治经济学的试卷,这两份试卷都由考生自己选择。此外,参加第二部分考试的其他学科的考生可以通过完成第一部分中的经济历史学试卷来代替经济学。因此,毫无疑问的是,在历史学考试中"对待政治经济学的态度有些不恰当",除非主考者不再是相关的专家,否则这种情况还会继续下去。

在争论依然存在的时候,马歇尔在《剑桥大学报道》上发表了他一个讲话的概要,马歇尔对"为这个他所关心的学科作出的所有让步"表示感谢,同时也提出了这次优等考试改革的基本原则。这个讲话他是经过深思熟虑的,他说:"这是原来的优等考试需要完善的一个步骤……是为了满足当今学习的需要……只要每个学生尽全力去做自己想做的事,就要让他们的优势得到发挥,大学教育的作用就是培养每个人的能力,而这个能力会在他们今后的生活中得到最大程度的提高。从这个角度来说,德国的教育系统要明显优于我们,因为它们给了学生自由选择工作的机会。而且用一年时间专门学习某些科目(比如政治经济学),要比学习很多科目但是每个只学三四个月的效果好得多。"在后来的5年中,为了使经济学与伦理学完全分离,马歇尔也提出了同样的观点。

经济学早期的扩张给马歇尔在剑桥大学的私人友情带来了很大的负担。在马歇尔就任教授的时候,他和西奇威克之间的友情就产生了裂痕,随着在19世纪80年代针对优等考试改革的争论,他们之间的关系变得越来越差。有一次,马歇尔邀请西奇威克参加一个圣约翰学院的宴会。在宴会之后,马歇尔批评说,西奇威克和他对课程的提议都带有"习惯性的夸张",这些都被凯恩斯记录了下来。第二天,马歇尔立刻给凯恩斯写信解释说,他担心自己昨天晚上的做法有些太过分了。"我其实对西奇威克管理伦理学学部的思路没有任何批评的意思,除非是不得已而为之。我对他的不满仅仅是针对很小的方面。我与他意见不同是因为他是学校的政客,也因为在某种程度上他是个经济学的作家。在其他方面,我和你一样都认为他做得很不错。"

和以前一样,凯恩斯对于马歇尔对西奇威克的优势采取局部均衡分析的方式置之不理。然而从这个小细节中可以看出,凯恩斯本来是马歇尔的一位忠心的追随者,可是他对这位政治经济学教授的一些可笑行为越来越反感了。早在优等考试的准备阶段，当凯恩斯还是伦理学学部的秘书时，马歇尔与学部中一些领导产生的越来越多的冲突都被凯恩斯记录下来了。凯恩斯越来越同情西奇威克，因为马歇尔实在是太"心胸狭窄而且自以为是"了。

马歇尔越来越强调专门学习经济学的重要性，因为"短时间学习政治经济学所带来的好处十分有限，甚至还会产生坏处"，他的这种看法也导致了他和塞德利·泰勒之间的争论。塞德利·泰勒是一名杰出的社会学家、改革家，他在合作社运动和乡村工业协会工作的时候结识了马歇尔。从《回首剑桥》的文章中可以了解到这些。在这篇文章中，塞德利·泰勒通过长篇引用曼塞尔早期的批评通过德国专家制度对大学进行改革的文章，讽刺了马歇尔提出的对大学进行专业化改革的建议，不过并没有直接点出马歇尔的名字。然而，塞德利·泰勒明确批评了那些贬低纯粹哲学和其他重要学科的看法，而这正是马歇尔所表达的。马歇尔通过引用曼塞尔的量子动力学和用他独特的嘲讽方式对此进行了回击。马歇尔通过这种方式让人感到塞德利·泰勒的观点是过时的，而且偏离了重点，因为在当时没有一项改革改变了伦理学优等考试的原有规则。马歇尔参与到这场对人性的争论当中，可能会带来他想要的对优等考试的改变。他这样做可能不会有益于他在学校中声望的提高，特别是当他这样做意味着将与学校中极受尊重的西奇威克发生争论时。

玛丽·佩利和日本客人在贝利奥尔庄园

在给乔治·达尔文的一封信中，马歇尔表达了他对19世纪末期经济学现状的不满，在这封信中，马歇尔分析了20世纪要发展政治经学所需要的条件。这封信完全表露了马歇尔的壮志雄心，我们在此引用了这封信：

> 具有一定深度、广度和完全的经济学思想和其他学科一样正在快速发展。但是更进一步地说，经济学每年都取得如此大的进步，没有任何一个学科能有同样的成就。统计学科正在快速发展，无论是在理论还是在应用的层次来说都是如此。从整个世界的角度来讲，一个学科的快速发展首先要是一个有思想的学科，其次在未来要有现实应用的前景。

经济学具有及时性和普遍性的特征，具体反映为现今世界各个国家的立法和外交官员大都十分关心经济这个话题。这些话题大多数都是新的，而且一定会涉及我们这个时代的生活。随着工人阶级的思想水平越来越高以及人们的思想在各个阶层传播,人们在以一种新的想法讨论自己的生活和工作。然而,我们目前所知道的与我们所发现的相比是相当有限的,我们还应该学习一些诸如雇主和雇员之间的关系、就业率的波动、贫困的消除、政府的职责和那些公众所关心的事情。这些问题当中的经济话题都需要耐心的彻底的研究,需要我们进行理智的大胆的分析。接下来谈一下当今这个年代的另一个特征:发明创造的进程和能力的进步都得到了大企业的巨大支持,这消除了一些交易中的麻烦,特别是在运输业中,这超出了个人的能力范畴。铁路、电力和其他一些国内外有前途的行业几乎都采取了股份制公司或是市政府、国家经营的形式。在以前,一种产业可能会因为流传下来的良好经营方式而蓬勃发展,但是那些公共事业和半公共事业却很难有这种经营方式的流传,因为采用以前的经营方式不一定会对现在的经营产生有益的帮助。那些有用的学术研究的确有它自身的限制,但是经济原则的良好基础却可以成为大型公共事业的有利铺垫,特别是对那些立法人员和国家议员来说,对那些宗教首领和当代文化的作者来说也是有所帮助的,因为他们常常被要求对公共所关心的事情负起责任,当然,人们在一开始并没有意识到这种经济学困难。

在认识到以上事实之后,欧洲大陆和美国的大学已经把经济学研究放到了头等重要的位置,因此许多优秀学生可以通过这样的方法获得他们的学位。但是在古老的英国大学里,经济学研究依然处于一个较低的地位,对相关领域的本科生和研究生的奖励都很少。因此就产生了这样的后果:剑桥每学期招收的学习经济学的本科生只有四五十个,此外还有二十多个是只要与经济学相关就什么都学的女学生(在此,我并没有算上那些学习经济学历史的学生),而提供的教学设施也都相当陈旧。现在,英国只有一所学校把经济学摆在比较重要的位置。尽管现在三一学院设立了一个经济学历史讲师的职位,圣约翰学院也有一个经济学讲师的职位,但这些都不是长久之计。一些大学里的老师把工作主要放在其他方向,只是有时候讲授一些经济学和经济学历史的课程。在剑桥大学,一个年轻老师是无法通过讲授经济学来养活自己的。这是我们大多数教师所面临的迫切问题。为了使这些学科在现今得到充分的发展,我们要在保持原有师资水平的同时,增加一两名专门研究经济学的年轻老师。另外,我们还需要一个经济学教授或是准教授,并且每年至少要给一名经济学讲师200英镑。即使这样,剑桥大学的师资力量依然不如哈佛大学或是耶鲁大学,甚至不如美国的一些新建立的学校。举一个明显的例子,哥伦比亚大学的政治科学系由19名教授和讲师组成,而这仅仅是整个经济与社会科学学院的一部分,研究政治经济学的有两名教授和一名讲师,研究政治经济学和公共财政的有一名教授,研究社会学的有一名教授和一名讲师,研究人类学的有一名讲师,还有五个人共同研究法律、管理和政治哲学,剩下的七个人主要研究历史。经济和社会科学的主要课程与一般的德国和美国大学相同,此外还设置了铁路问题的研究和其他应用经济学分支。

另外还有一个更进一步但并不十分迫切的要求,那就是建立一个拥有3 000本书的经济学图书馆,使一些水平较高的学生可以在指导下进行学习,这是借鉴了德国经济研讨会成功的例子,同时也在美国得到了很好的推广。

马歇尔的优等考试(1901~1903年)

直到1900年西奇威克去世,马歇尔才实现了设立独立的经济学优等考试的想法。一个月之内,马歇尔写信给凯恩斯,讨论了由于西奇威克的去世而产生的伦理学委员会主席空缺的问题,也探讨了对经济学和政治学的看法,"我期望在不久以后就可以听到学校设立一个使两个学科都具有相当分量的新优等考试的消息"。对伦理学委员会来说,发起这样一项活动似乎不太合适,因为公开讨论设立独立的政治和经济学考试会让历史委员会产生抱怨。1901年5月8日,历史委员会责成马歇尔成立一个委员会,并要求他向福克斯韦尔做一次名为"如何发展大学中现代经济学和现代政治学的学习"的报告。这个委员会的成员包括彼得学院的教师沃德、政治科学讲师洛斯·迪克森和马歇尔自己。马歇尔在写给福克斯韦尔的信中表达了自己更喜欢的解决方案:

> 我个人的偏好是建立一个完全独立的优等考试,就像印第安语和闪族语之间的独立关系一样,但是这个考试应该和历史学优等考试一样归结到同样的课题组,就像那些属于东方文化课题组的考试一样。我要提出的唯一建议是,这个课题组要在两个重要的协会——历史学与经济和政治学——之间独立完成大多数工作。封建文化课题组应该有一个新的头衔,它和上述两个协会之间的关系应该与自然科学课题组和生理生物协会的关系相同。或许,在历史学优等考试和政治经济学优等考试当中都应该有一份经济学试卷,但这只是一个小问题。我不知道这样的改变会产生怎样的新问题。沃德现在不是剑桥大学的人,也不教授什么课程。为了把事情弄得更清楚些,我和迪克森商议,要对政治学考试进行一些小的修改(或许我应该谦虚一点说成"搞乱"),对你、西奇威克、凯恩斯和我以前多次讨论过的原有安排进行一定的修改。在倒数第二次会议上,我强调,如果我们的学习计划使那些商务人士感到丧失了空间的话,我们一定要接受他们跑到其他学校的现实,而我们很可能又一次陷入资金危机当中。我发现,有人甚至认为我是在建立一所"商务学校"。

马歇尔把新的优等考试（经济或是政治）的计划草稿交给了福克斯韦尔，并让他再交给凯恩斯阅读分析。这其中也表露了他要建立新的优等考试的原因。一个最主要的动机就是满足那些想在经济和政治学方面进行专门学习的学生的需要，为了满足那些想在国家或是地方政府机构工作的人、那些想在国内或是海外进行文职工作的人或是那些想在公共或私人机构中进行管理工作的人的需求，为了培养"作为国家主人翁的责任感"，为了鼓励那些为穷人而做的慈善工作（很显然不是为了马歇尔）。随后在1902~1903年，为了创立经济学和政治学分支的相关课程，马歇尔在一些宣传册和演讲中深化了他的想法。首先就是强调他在就职演说上所提到的推行课题组的观点。他分析了在伦理学优等考试的体制下经济学教学的困难和保证足够的训练有素的经济学家的重要性，最重要的是，剑桥大学能够向那些对经济学感兴趣的人和对物理、生理、工程感兴趣的人提供同样的学习条件。在接下来的演讲中，马歇尔还强调，由于商业越来越发达，对经济学教学的需求越来越大，经济学教学也会在处理劳动关系中培养"同情心和头脑"，同时在一些社会问题（比如住房、慈善和失业的产生）上，经济学也会发挥越来越多的作用。

然而，使剑桥经济学教学更加专业也有着其他方面的原因。首先就是需要培养一个经济学家所必需的推理和分析技能，也就是逻辑推理的能力。马歇尔认为，逻辑推理能力是一个优秀经济学家所必需的三种能力之一，另外两个是"理解和观察"的能力和科学的想象力。马歇尔认为，更高的能力能把复杂的问题解释清楚，而能力的培养与在大学接受的教育有着很大的关系。简而言之，马歇尔认为，要学习经济学这门学科，掌握对现实问题的分析是前提条件。更进一步地说，如果剑桥不加强这几个方面，那么剑桥的经济学发展必然会落后于其他学校，因为国内的其他地方都在不断发展经济学。比如伦敦在1895年创立了自己的经济学和政治科学学校，伯明翰建立了一个商学院，不久前曼彻斯特欧文大学的教学研究组批准成立一个经济与政治学部，牛津大学也在考虑相同的举措。由于担心英国的经济学教育被美国和其他大陆国家远远超越，所以各地采取了这些举措。然而马歇尔却对伦敦、伯明翰和曼彻斯特等地的这些做法能否起到应有的效果表示了怀疑，他对这个问题的看法从他的一些私人信件中就可看出来。

与德国和美国相比，英国相对缺少学术性的研究。1901年，马歇尔表示了对这种现状的痛心，他谈道："德国和美国那种能在经济学学术上颇有建树的学生在英国几乎不存在。"在此，他并没有阐述他发表这种观点的原因，也没有对伯明翰、曼彻斯特特别是伦敦经济学院采取的做法进行批评。而后，剑桥的一份官方报道称，1898年伦敦经济学院筹划组建教育部门，并任命休因斯为主管人。这则报道在一定程度上刺激了马歇尔，这在马歇尔与阿什利的私人谈话和与休因斯的通信中都表现得非常直白。让马歇尔更为恼火的是，伦敦经济学院的教学计划中强调了经济学理论，休因斯也在他的报告中评述了剑桥大学的经济学教学现状，马歇尔认为这简直是"施舍"。在随后的一封通信中,马歇尔暗示了对休因斯所发表评论的不满,同时也认识到了剑桥现行教育体制当中的一些漏洞:

> 事实就是这样的,当我读到你在《萨德勒斯教育蓝皮书》中对经济学在英国的地位所发表的评论时,我感到很痛心。你以前在一些报纸上发表的评论就让我感到一丝不安,而当我读到你的那篇评论时,我感觉我早晚要对你表达我的抗议,无论是公开的还是私下的。
>
> 我想伦敦大学肯定有一些我不了解的优势,同样你也有;而且我也认为你比我更清楚你们的劣势。我也不是责怪你只宣扬自己的优点而让别人去发现你们的劣势;你们的缺点与你们的优势是难以分开的,而且随着你们学校的成长,那些缺点也会逐渐改进。
>
> 但是当你在伦敦把工作重心全部放在一方面时,我想你很难在其他方面赶上剑桥。我越来越感觉到你不是很清楚应该做些什么,或是不知道怎么去做。就拿最不重要的发表论文这一点来说,当你统计剑桥在相关学科所发表的文章和你们所发表的文章时,你会感到吃惊的,因为你会发现我们发表的文章一点也不比你们的少。尽管我们关于基础学科的论文占很大比例,但这和我们的学生平均年龄较低有关。
>
> 最关键的一点是,剑桥有着自己独立的思想,这在面对其他非剑桥思想的冲击时我们依然可以独树一帜。因此我们没必要宣扬自己,但是像伦敦大学那样要开辟一个新的领域时,我们也会去宣扬自己(1879年在布里斯托大学的经验也是如此,我当时负责的宣传工作实在很辛苦)。所以剑桥这样的地位所带来的一系列好处实在很棒。因此在我看来,剑桥所具有的独立思想比我的一般工作还重要,而这一切都是剑桥与生俱来的。
>
> 你或许会说,为什么不好好歌颂一下剑桥这些无法比拟的美德呢?有时候我也想在《萨德勒斯教育蓝皮书》出版的时候去干这件事。但是从我个人的角度来讲,我对这种事情十分反感,极其反感……一个让我难以接受的现实是,剑桥有依恋自己过去的功绩这种问题(其他学校也一样),但这不意味着伦敦大学也有这样的问题。

在随后讨论这个问题的通信中我们可以看出,有两件事情导致马歇尔作出这样的举动:其一就是他认为休因斯对剑桥"更多的是嫉妒";其二,马歇尔也担心那些信奉费边主义的人们和与费边主义有着相同目标和理想的著名经济学家们会支持伦敦大学。这些事情使马歇尔非常强烈地想推行他的计划,即把经济学和政治科学从历史和伦理学中独立出来,从马歇尔在1900年写给奥斯卡·布朗宁的一封信中就可以看出马歇尔的这种心情。在信中,马歇尔表达了对西奇威克的支持，只要伦敦大学的经济学院建立起来，剑桥大学的经济和政治教学也会采取相似的举措。

马歇尔设立经济学和政治科学课程的请求首先递交到了教务处，随后公众大为关注这件事。《泰晤士报》的评论声援了马歇尔，1902年4月18日的一篇文章对剑桥大学的经济学和政治学教育进行了全面报道。文章的最后提到，学校许多知名学者联名签署的请愿书已经递交给了教务委员会。教务委员会很快就作出了回应，于1902年4月22日成立了一个委员会，探寻如何加强剑桥经济学和与之相关的政治科学的研究。委员会的成员包括：副校长蔡斯，三名工作组的成员（沃德、马歇尔和洛斯·迪金森），休厄尔学院的国际法律学教授韦斯特莱克，一些在伦理学领域的老师（凯恩斯、福克斯韦尔、新任奈特布里奇道德哲学教授索利和历史哲学学院的讲师麦克塔格特），历史学领域的教师（包括宪政史讲师坦纳和利斯），此外还有威廉·坎宁安、身兼律师和剑桥校园规划处的埃德蒙·帕克，他们共同研究这个问题。

这个委员会的成立并未得到广泛的赞同，《统计学家》在1902年5月31日发表评论，反对大学的经济学教育，因为"我们现行的教育系统中缺乏真正意义上的经济学教授"，那些老师"太执著于理论，无视现实生活，与他们所面对的问题没有太多接触"，还特别对马歇尔的宣传小册子提出了批评，马歇尔认为经济学是观察的科学，他也提出，用数学形式表达经济问题这一方法应该加入到教学计划当中，并认为这是培养学生正确思考和分析经济学问题的重要部分。

马歇尔设立新的优等考试的提议遭到多方质疑。对此，马歇尔进行了一系列辩护。首先就是使学校伦理学委员会的成员对经济学产生强烈的兴趣，比如福克斯韦尔和凯恩斯。马歇尔与福克斯韦尔的争论从他们之间的通信就可以了解到，主要是关于课程提纲中经济历史和其他历史性课题的相对重要性的问题。他们也讨论了一些后继问题，比如心理学在新的优等考试中的比例和政治学应占的比重等等。马歇尔和凯恩斯的争论就更加激烈，凯恩斯在日记中写道，当他第一次（1902年2月28日）听到马歇尔的这个提议时就表示反感，在委员会的第一次（1902年3月31日）会议中，马歇尔也给他留下了很不好的印象。

这个委员会的存在可谓路途艰辛。比如在成立6个月之后，为了保护成员的利益，委员会人员实行轮值制度，这种轮值制度的确定日期是11月12日，距离最初的会议大约有半年时间。委员会的成员不少于16人，包括了一些原则性问题，而不是细节问题，这些原则有：第一部分考试不应该有选择；第二部分考试最好有一些特定的经济文学内容以及关于各门课的理想化论文数的具体建议。委员会在1903年3月4日的最终报告是很重要的组成部分。但是考虑到大学在设立经济学课程时要有足够的条件并逐步提供足够的师资力量，所以威廉·坎宁安和麦克塔格特并没有在最终报告上签字。当最终报告终于获得大多数委员会成员同意的时候，凯恩斯在日记中表达了对最终设立经济学学科的欣慰，尽管他在日记中这样写，在日后的生活中他与马歇尔的争辩并没有减少。是否需要加入国际法律学的部分成为他们争论的又一个话题，同样在逻辑学的问题上两人也存在分歧。在凯恩斯看来，经济学优等考试委员会是一个让人讨厌的行政机构，而不是一个集思广益的地方，这些点点滴滴的小事使以前是亲密同僚的两个人之间的矛盾越来越大。

马歇尔对设立新的优等考试的努力也使他获得了许多新的支持者。洛斯·迪金森非常支持马歇尔对政治科学的分类，给马歇尔提供了很大帮助。在报告进行最终答辩时，洛斯·迪金森发挥了很大的作用；在与历史学家的争辩中，他始终强调新的考试有诸多的优点。当新的优等考试最终设立的时候，洛斯·迪金森成为经济学部的第一秘书，从而取代了凯恩斯的位置，凯恩斯留在了伦理学学部。

委员会最终报告的导言部分与马歇尔前些年出版的评论有很多相似之处，其中可以看到马歇尔的痕迹。从课程大纲中可以看出，马歇尔不得不接受了一些折中的建议。新考试的第一部分包括三份必答的经济学原理考卷、两份通史和经济学历史考卷，还包括宪法和问答题的考卷。第二部分包括至少七份初级与高级经济学试卷、一份现代政治原理试卷、两份国际法试卷、两份法律原理试卷和可供选择的应用自然试卷。经济学学部的成员包括奈特布里奇的道德哲学教授、雷吉斯的近代历史教授、唐宁的英国法律教授和政治经济学教授、休厄尔的国际法律教授及地理学讲师、任职五年的考试管理人员和五个从教务处选派的工作人员。

历史学家不仅在正式的辩论中表示了对新的优等考试的质疑，也通过传单、文章和写信给《剑桥评论》等多种方式对新的优等考试表示质疑。这些质疑者的领军人物就是马歇尔的老冤家威廉·坎宁安，他散发了大量传单，在《剑桥评论》中也发表了多篇文章，也在教务处的辩论会上发起了多次表示反对的辩论。坎宁安认为，新的优等考试制度下对经济学的分类有些超前，并过度细致。新的考试要求那些无用的商业知识，而现存的图书工具足以满足各类的经济学研究，同时他也很担心优等考试会发展成为只为经济学服务的考试。最后他也担忧地表示，一个专门的经济学优等考试会对学习经济学但是参加历史和伦理学优等考试的学生产生不好的影响。麦克塔格特曾经是马歇尔的学生，也担任过他的助教，他和坎宁安一样也与经济学优等考试委员有着不同的观点，在他看来，这个考试就是在浪费资源。只要让学生参加历史学考试的第一部分和修正后的伦理学考试的第二部分，就完全可以使经济学的研究水平得到提高。他对维持新的优等考试的资金来源表示怀疑，支撑独立经济学教学的大量资金来源于商业利益的现状也让他担心。麦克塔格特也对马歇尔的不妥协态度表达了不满，在他看来，那份最终报告的制作原则是："经济学什么都不会放弃。"同样，还有其他人反对新的优等考试，有的人认为经济学的存在缺乏实在的必要性，有的人认为新的优等考试目的不明确并且缺乏现实基础。洛斯·迪金森认为，如果能够对现有的历史优等考试进行改革的话，那么设立一个新的优等考试就稍显浪费，而那些反对对历史优等考试进行改革的声音认为，新的优等考试存在的唯一意义就是，使剑桥的经济学和政治科学教育有所提高。

委员会的其他成员（包括副校长在内）都对这个提议表示了支持，马歇尔就不用说了，他对那些反对者作出了强硬的回答。他再三强调，社会上对经济学家有着广泛的需求，对于大学教育来说，经济学的重要性等同于物理和数学。马歇尔还回忆道，他在1885年的就职演说时就预感到，在现行的伦理学优等考试制度下，自己进行了20年的经济学教学将由于各种原因而失败。他也提到他的提议受到了许多专业人士的支持，不仅仅有著名的商人政客，还有曾经在委员会轮值的神职人员。马歇尔演讲的最后一部分听起来更像是威胁。如果剑桥拒绝那些富商们的要求，那么他们的孩子就会转去其他学校，而"这些富商的孩子们长大之后，他们会更加倾心于其他学校而不是剑桥"，那时剑桥会对当初的举动感到后悔。

在开始决定性的投票之前，双方的主要发言人还是通过传单进行了一系列的争论。反对方把注意力集中到了历史学部上，提出改革历史学优等考试的第二部分以取代这种经济学的专业化。在投票的前一天，马歇尔发了一份传单对这种观点进行了反驳。马歇尔又一次呼吁学校同意对学生进行三年的经济学和政治学专业教学，并进行独立的优等考试。而在这之前的一天，庇古表达了对马歇尔的支持，他发表了一篇文章以反对通过改革历史学优等考试来解决剑桥的经济学教育问题，因为这样做不会给经济学研究带来必需的时间，而只是停留在表面工作上。最后的投票在1903年6月6日进行，以压倒性优势通过了设立新的优等考试的决议。在两项决议顺利通过后，大多数的决议最后都毫无疑义地通过了。马歇尔自1885年回归剑桥以后就一直致力于把经济学改革成独立研究的学科，他终于取得了成功。

尽管最后成功地设立了独立的优等考试，但马歇尔又一次失去了自己宝贵的友情。马歇尔与福克斯韦尔和凯恩斯产生了不少"善意"的冲突，但是马歇尔依然很欣赏他们，因为马歇尔的许多工作还要依靠他们。我们可以看到，他和凯恩斯之间的友情产生了裂痕。凯恩斯三年以来作为马歇尔的教学助手，一直负责帮他批改政治经济学的试卷。凯恩斯继续担当伦理学学部的秘书，这使洛斯·迪金森有机会担任经济学部的秘书。马歇尔也失去了与麦克塔格特之间的友情，又一次"为了经济学取得了半输半赢的局面"。而1903年10月19日，身为伦理学委员会的成员，麦克塔格特坚持认为应该把政治经济学从伦理学优等考试的第一部分中去除。更早的时候，在是否设立新的优等考试的最终投票之前，伦理学委员会决定把政治经济学从优等考试的第二部分中去除，尽管马歇尔参加了会议，但也表示了同意，算是为设立新的优等考试作出的让步。

只要设立新的优等考试就把伦理学优等考试第二部分中的政治经济学去掉，但是在第一部分仍将保留政治经济学部分。如果像1903年10月麦克塔格特提议的那样把第一部分中的政治经济学也去掉，那将会丧失很多潜在的学生，因为这会使那些完成第一部分考试的学生，在通过伦理学第一部分考试之后,无法完成经济学考试的第二部分。在麦克塔格特把他的这种想法递交给伦理学委员会的第二天,马歇尔就策略性地写信给凯恩斯,让他去阻止这种情况的发生。不久以后,马歇尔估算了一下投票的情况后写信给凯恩斯说,情况似乎不像他们所希望的那样。在开始讨论麦克塔格特提议的两星期后,经济学教师出席委员会会议,想通过进行改革的方法阻止新的优等考试设立,但是没有取得成功。首先是凯恩斯和福克斯韦尔的提议,但4:3的投票结果使他们失败了;随后马歇尔和福克斯韦尔的提案也以5:2被否决;麦克塔格特的提案以4:2通过,同时有两票弃权。估计凯恩斯正是投了弃权票的那个,而马歇尔和福克斯韦尔投了反对票。鉴于这样的结果,马歇尔认为剑桥的伦理学应该定义为"逻辑学、心理学、伦理学和哲学"。① 马歇尔的这个说法引起了众怒,他在1868年加入伦理学委员会,除去1877~1884年去布里斯托和牛津的时间,他已经在这个委员会待了20年,而他的言论使他与这个委员会之间的关系彻底破裂。

房子女主人玛丽·佩利和她在贝利奥尔庄园的猫和狗

可以说,为设立新的优等考试,从始至终马歇尔的付出都是巨大的。为了使自己的想法被人接受,他要参加两个特殊委员会的讨论,也写了许多小册子以宣传自己的想法,同时还要参加各种各样的会议。此外,他还以个人的名义写了数百封信给各所学校的老师和社会上感兴趣的各方,以求得他们的支持,保证最后的投票顺利通过。在他的劝说下,那些社会上的商人、神职人员和政客们表达了对马歇尔设立新优等考试的支持。19世纪90年代,他本打算出版《经济学原理》第2卷,但是创立新的优等考试打乱了他的工作计划,特别是创立考试的最后阶段给他的工作带来了很大影响。1903年,他将一半精力用在撰写具有独立体系的《经济学原理》第2卷上,在他看来,这是与成功创立优等考试具有同样重要性的工作。然而在他的理想得以实现的时候,他在伦理学委员会20年的工作却结束了,但是如此的代价是值得的,虽然新的优等考试逐渐才发挥出应有的作用,而那个时候马歇尔已经步入了晚年。

最后这一段就不用赘述了。多年之后,玛丽·佩利在与经济学院学生的对话中谈到,她认

---

① 在1903年10月17日马歇尔写给凯恩斯的信中,马歇尔以委员会成员的身份说道,把政治经济学从道德科学考试中去掉是已经过去的事情。在这个提案递交之前,马歇尔就提到了这种投票是有局限性的,并且委员会中的所有经济学教师都会投反对票。他特别强调,把政治经济学从考试的第一部分去掉是极大的错误。

为马歇尔创立新的优等考试是他一生中的"主要成就",而在考虑一番之后说这是马歇尔的"伟大成就"。经济学的地位越来越重要,这使经济学成为一门专业的独立的学科成为一种必然趋势,如果仍把经济学作为伦理学或是历史学优等考试的一部分,那么经济学是无法快速发展的。玛丽·佩利还回忆道,马歇尔在一次演讲中发表了一段引人争议的评论:"实际上,经济学中非常重要的东西都是在最近的150年之内的产生的,9/10是近80年内产生的,3/4是近25年产生的。"很自然地,她也回忆了马歇尔创立新的优等考试的艰辛之路,也认为这很符合时代的潮流,尽管存在着那么多的争论,也通过传单进行争辩,但是在这过程中,剑桥一直保留了自己轻松幽默的氛围。即使是在最终投票的前几周,马歇尔一家还是从贝利奥尔庄园搬到了剑桥。她还回忆道,当时《剑桥观察》报集合了各种反对新优等考试的原因,并发表了一篇文章,这让她和马歇尔感到很好笑。马歇尔建立一个与众不同的剑桥经济学部之所以被看成是他一生伟大的成就,是因为他实在走了一条漫长的路。

操作并享受着新的优等考试(1903~1908年)

1903~1904学年开始的时候,学校正式接受了马歇尔设立的新优等考试:

> 教育部通过了经济学和政治学联合会的请求,我们将设立一个新的优等考试,名为"经济学及其相关的政治学",同时将成立一个新的委员会对该学科进行管理。对这些新学科的设立表明,我们大学有能力完成自己的责任,学校是教育和探索求知的地方,随着人们生活的改变,我们会改革并增加新的课程以适应这些改变。

1903年10月21日,经济学专门委员会适时成立,成员有奈特布里奇道德哲学教授索利、雷吉斯的近代历史教授伯里、唐宁的英国法律教授梅特兰、政治经济学教授马歇尔、休厄尔的国际法律教授韦斯特莱克、地理学讲师奥尔德姆,还有前任和现任的考试管理人员各四名、教务人员5名。在设立新的优等考试的决议通过后的第14天(1903年6月15日),委员会召开了第一次会议。会议选举彼得学院的导师沃德为第一任主席,洛斯·迪金森为第一任秘书。

在1903年后面的会议中,委员会接受了格德勒公司提供的给讲师每3年100英镑的资助,解决了高年级学生只能参加优等考试第二部分的问题,出版相关课程的教材和论文集,由于经济和政治委员会代替了伦理学委员会,所以修改了亚当·斯密奖学金的评奖规则。新的委员会允许《剑桥报道》披露那些在优等考试进行期间悠闲地在家赚外快的老师,从这点我们就可以看到,委员会已经打上了马歇尔的印记。

第一个获得格德勒公司资助的是庇古,他取得了1900年伦理学优等考试第二部分的第一名,而在前一年他完成了历史学优等考试的第一部分。1902年,庇古的论文获得了奖学金,当马歇尔看到这篇论文时，他认为这篇论文"超乎想象地出色"。庇古被任命为经济学讲师的几个月后，马歇尔以非常强硬的态度保证了庇古的工作集中在伦理学考试的第二部分，使庇古的工作不受坎宁安的经济历史课程的影响。更早时，马歇尔任命庇古为伦理学委员会的经济学教师，这让福克斯韦尔很反感，马歇尔只好拿自己的钱支付庇古每年 100 英镑的工资。[①] 1906 年，庇古再次得到了格德勒公司的资助。当学校讨论重新制定接受格德勒公司资助人员的名单时，马歇尔借机抱怨新的优等考试缺乏足够的财政支持。当时马歇尔的工资相当于教授水平，福克斯韦尔的工资相当于圣约翰学院的讲师水平，除此之外，优等考试的教学没有受到学校的任何资助，为优等考试所做的工作都是自愿的或是在前人的积累基础上所完成的。

委员会接下来两年的工作很常规，准备演讲的名单，审核考官，要求教授们做报告以锻炼他们的教学能力，必要的时候修正规定，选举新的委员会成员（比如在 1906 年 2 月选举麦格雷戈为新的成员）。当然，有时候也会产生一些争论，比如在搜集经济学和通史的资料时，马歇尔和洛斯·迪金森同意按地区把资料分成三类，即英国、美国和欧洲大陆，可是福克斯韦尔更倾向于按年代进行划分。1906 年末，经济学委员会的第一任主席沃德宣布进行换届选举，在这次选举中马歇尔当选主席，这是马歇尔漫长学术生涯中首次担任委员会的主席。

马歇尔担任经济学委员会主席只有短短的 18 个月时间。1906~1907 学年是马歇尔的任期，在这期间委员会解决了很多问题。经济学委员会能够一直得到学校极少资源的支持，相反，伦理学委员会没有一位经济学讲师能够得到学校或是资金的支持。经济学委员会还申请到一个专用的报告厅，同时还表达了需要三个这种教室的愿望。由于 5 月份尼科尔森的演讲（"农业的税收、利润和工资以及与农村人口的关系"）要在化学实验室连续举办 4 天，这使委员会提出了要得到一个大报告厅的要求，用以向全体在校师生作演讲。委员会同时也表示，由于资源缺乏而难以建立起一个独立的图书馆，经济学的图书馆不得不和历史学的在一起。关于 1907~1908 年马歇尔担任主席时所发生的事情并没有太多记录。在这一学年开始的时候，马歇尔在换届选举中当选为主席，由于要出席这些会议，所以他错过了一些为经济学优等考试所作的演讲报告。1907 年 5 月，贝尼恩斯和费伊经过深思熟虑后开始以讲师的身份为优等考试授课。

出版书籍和安排课程是委员会的主要工作。1904~1905 学年，总共有 13 门经济政治学课程，有 5 门课程是与经济学相关的，4 门是关于经济学历史的，2 门讲授政治学，讲授关于经济地理学和通史的各 1 门。任课教师大多不是大学中的讲师，也不是其他优等考试的老师。其中一个例外就是马歇尔，他是唯一一个和经济学委员会有关的人了；然后是庇古，他作为格德

[①] 1901 年 5 月 22 日，马歇尔给凯恩斯写了封信，信中说道："庇古无法复制福克斯韦尔的成就，但是福克斯韦尔永远也无法做到我对庇古最终所期望的那样。庇古和我只喜欢男人，我很真诚地说，只喜欢男人，福克斯韦尔是无法理解我这么分类的原因的。"

勒公司资助的讲师也进行了授课。在秋季学期，马歇尔讲授了信用和投机买卖课程，而在春季讲授的是现代工业和解释经济数据时的问题；福克斯韦尔在秋季学期讲授产业经济学和19世纪经济历史简介，在春季学期讲授英国的古典经济学和货币流通与银行业；伦理学委员会的逻辑学教师约翰逊和凯恩斯在复活节开庭期间共同讲授了图表的处理和纯经济学理论；康韦尔科斯学院的讲师格林讲授了基础政治经济学；而庇古给学习过经济学的学生讲授了国际贸易理论；历史委员会的讲师阿奇博尔德讲授经济历史学，他曾经教授过两学期的英国经济历史；梅雷迪思讲授经济学和欧洲通史；贝尼恩斯讲授经济学和英国殖民地历史；麦格雷戈讲授1800年以来英美两国之间的贸易和财政；索恩利和洛斯·迪金森讲授政治学的相关学科；奥尔德曼讲授经济地理；黑德讲授1815年以来的通史。

1905~1906学年的课程并没有发生太大的变化，麦格雷戈授课的题目改为英国自1800年以来的经济发展；时任三一学院讲师的坎宁安（只讲了那一年）讲授了政治经济学和通史；索利（伦理学学院）在秋季学期讲授了一个星期的伦理学和经济学；马歇尔讲授了1年的高等经济学（每周3次），并在周六给一个经济学专业的班级讲解解析中的问题。这门课程是马歇尔教学生涯中教学任务最繁重的一门，这使他有了理由抱怨经济学教育缺乏学校的支持。①

1906~1907学年，马歇尔逐渐减轻自己身上的教学压力，他不再给那个班级讲授解析中的问题（转由庇古讲授），在秋季学期讲授国家产业和贸易，每周3节课，而在其他两个学期讲授应用经济学，也是每周3节课。而在之前的一年，福克斯韦尔不再讲授古典经济学，转而在秋季学期讲授经济学概论，而在其他两个学期由麦格雷戈讲授这门课程。此外，福克斯韦尔一直讲授货币流通和银行以及19世纪英国经济历史这两门课，麦格雷戈还在秋季学期讲授产业整合，贝尼恩斯额外讲授一门美国经济历史课程。

在马歇尔担任政治经济学教授的最后一年，他把全部精力都用在了应用经济学上。1907~1908年的优等考试课程和前一年的一样，不过麦格雷戈在秋季的课程改为竞争与协作，而且准备在下学期继续讲授。此外还有两门关于经济学历史的课程取代了黑德的课程。在春季学期，伍德（基督学院的一名讲师）每周讲授两次英国近代经济历史和理论。费伊（国王学院讲师）在春季和期末考试期间，每周上两次"19世纪英国经济历史"这门课。所以，在马歇尔把新优等考试留给其他人照料的时候，教师资源真的很难得到提高。

可以注意到，与1903年之前相比，最近几年参加优等考试的学生数量基本没有增加。这个和坎宁安的预测是一致的，他说，新优等考试对于很多进入剑桥的学生来说没有什么不同。马歇尔在写给格德勒公司秘书的信中，说该公司的捐助金用来资助经济学教学，在前五年中，

---

① 在正式宣布接受格德勒公司提供的资助之前，马歇尔对新优等考试缺乏支持的现状大吐苦水，杰克逊（有些反对新的优等考试）嘲笑马歇尔为什么把坎宁安加入到讲课者的名单中，而马歇尔向杰克逊保证这绝对是坎宁安任课的唯一一年，而这并没有经过经济学委员会的同意。

所记载的参加优等考试的学生人数如下表所示：

年　份	第一部分考试	第二部分考试	总数
1905	10	0	10
1906	4	3	7
1907	8	5	13
1908	8	9	17
1909	11	13	24

　　这些数字能说明很多细节。1905年，学生被分为男女两个班，优等考试第一部分的第一类成绩没有记录，第一部分第二类有一男一女，在第二部分第三类中有两个同性别的学生。这些平淡无奇的结果肯定在经济优等考试晚宴中被主考者凯恩斯、迪金森、克拉普曼和庇古讨论过，出席晚宴的还有坦纳、索利、麦格雷戈、麦克阿瑟小姐和埃塞尔·格莱兹布鲁克小姐。马歇尔一家的代表是玛丽·佩利，马歇尔先生因为自己长期养成的不接受外出晚宴邀请的缘故而缺席。

　　第二年新优等考试的结果更加黯淡，就像上面表格所示的那样。难怪马歇尔非常努力地招入梅纳德·凯恩斯——一个获得第12名的学生——来参加优等考试第二部分的学习。据约翰·内维尔·凯恩斯记述，当年6月份，他儿子非常用功地学习与马歇尔《经济学原理》有关的经济学。几个月之后，他又学习了库尔诺的《关于财富理论之数学原则的研究》。7月份，梅纳德向利顿·斯特雷奇报道的时候，他已经阅读了"大量的经济学内容"。他"认为杰文斯是非常好的经济学家……是时代的代表……他的《汇率和金融研究》是一本令人激动的书"。在秋季学期，凯恩斯参加了马歇尔关于高级经济学的一门课，他的热情正如他爸爸所描述的那样，"梅纳德完成了很多马歇尔的作业，马歇尔把其中的一些回答称为精彩。我怕马歇尔会试图劝他为经济学而放弃一切"。而这些担心也得到了证实，12月初马歇尔写信给凯恩斯说："你儿子在经济学方面成绩斐然。我也一直告诉他，如果他能成为一名专业的经济学家我会非常高兴。当然，我不能给他施加压力。"但是很明显，马歇尔确实施压了。

　　梅纳德·凯恩斯短暂的关于经济学荣誉学位第二部分的学习有大量记载。这些包括他参加马歇尔在1905年秋季学期开的经济学课时所作的笔记，这些笔记凯恩斯后来也提到过，他说从马歇尔的课上几乎不可能得出严谨的笔记。这还可以从凯恩斯关于经济和数学的一页笔记中得出结论，但是关于贸易和工业的笔记就比较严谨，这些笔记内容包括李斯特经济理论、克尼斯对此理论的修正以及马歇尔关于德国理论家对经济发展理论的见解。这些笔记表明，马歇尔讨论了在此背景下工业领导权的改变，提到了大不列颠相关工业的衰退，并将部分原因归咎为落后于德国的商业教育方面的师资。凯恩斯为马歇尔课程的考试所准备的大部分试卷被保留下来。他后来回忆道，这些试卷被马歇尔作过大量修改。试卷题目包括马尔萨斯和移民、国家收入会计、家庭容纳空间花费、通过财富或者收入估算国家繁荣程度、国家雇用变化、机械和低收入、指数、现代商业策略、垄断价格和资本理论。从1905年优等考试的试卷来看，凯恩斯对于这些问题的纯经济回答都是正确的。他的答案包括了平衡的稳定性、国际价值、长期对短期以及所得税。马歇尔对他的评价显示出他对这位天才学生越来越多的喜爱，所以，这也解释了马歇尔得知凯恩斯在最后一年为了优等考试放弃研究时的惋惜。

另一方面，约翰·内维尔·凯恩斯在1905年末带着些许宽慰记录到，梅纳德将要从经济学转而准备公务员考试。马歇尔直到1906年才不情愿地接受这个事实①，也就是在优等考试开始的不久前。那时候，马歇尔可能已经感到自己有另外一位强有力的选修优等考试的学生作为补偿，他就是沃尔特·莱顿，于1906年6月选修了第一门课。接下来莱顿取得了优等考试第二部分的第一名，在马歇尔教授经济学优等考试时获得第一名的学生名单里，莱顿是唯一一名由男性教师教授的学生。

马歇尔让学生完成入学表格，在最后几年中，这些表格是马歇尔列出学生名单的来源，也说明了他的学生多种多样。在1906~1907学年参加马歇尔经济学课程的15名学生中，包括一位拥有剑桥数学第二荣誉学位的学生、一个通过了历史优等考试第一部分第一荣誉学位的学生、一个通过了伦理学优等考试第一部分的学生、四个在以前或者跨院考试中取得优异成绩的学生、两个伦敦大学研究生和一些没有资格记录的外国学生。最后还包括海伦妮·弗罗伊登伯格，她诚实地对马歇尔说："我在英格兰就呆几个月，别人都说听你的课是很好的，但是我没有任何学习经济学方面的经历。"

在1907~1908学年，参加马歇尔经济学课程的学生增加到21人。这些人中，2名学生完成了自然科学的优等考试，2名学生完成了常规的优等考试第一部分，2名通过了历史优等考试，6名学生在完成经济学优等考试第一部分后，成功晋级到第二部分，也有一些学生通过了平常的入门考试，还有一些来自海外、拥有被他们国家所认可的大学学历，例如康特·蒂泽有布达佩斯法学学历。除了提到的特例之外，新优等考试的成功是在马歇尔退休之后才开始的，或者更通俗地说，在一战结束之后，学生数目才开始增长。

当不得不面对关于马歇尔创立优等考试进程中所遇到的困难的时候，他的态度是乐观的。

---

① 于1906年5月，在距离考试只有两个星期的时候，马歇尔试图哄骗梅纳德·凯恩斯准备优等考试，他说："你很可能获得第一名，如果你没有考第一名，对你现在的位置也没有影响，因为众所周知，你只有两周的准备时间，我不说更多了。"他后来还引诱凯恩斯参与科布登奖项，但是凯恩斯拒绝了，直到1909年，在结束印度的社会公务员任务之后，凯恩斯加入到了经济教学的教师队伍中，才打算竞选这个奖项。

在退休一年后,他在给格德勒公司的报告中也是这样做的。这个报告包括教师问题、学生数量问题以及两者质量是否能得到保持的问题,也讨论了这样能否"使剑桥的经济学院成为世界一流的经济学院"。马歇尔在报告中很高兴地提到,剑桥国王学院重新吸引克拉彭回到剑桥,增强了经济历史教学,并称赞他是"少数活着的能像大师一般处理最近几年经济学历史的人"。1910年,当有20名学生报名参加优等考试第一部分时,马歇尔开始对学生有了期望,那时候仅经济学教员就有50人,其中的10人是公务员考试的候选者。

一年之后,在给罗伯茨的信中,凯厄斯学院院长和副首相先后称赞优等考试的进程是"辉煌的",比以前提议的优等考试要快。马歇尔将功劳归于:虽然缺乏资源、工资低,但是"拥有显著才能和能量的年轻教员";私有和公有企业中商人和管理者对此有学习的需求;"越来越多的人希望成为慈善组织的领导者"。马歇尔说,在这种情况下,有的教授(如庇古)不得不拿出收入的1/3资助讲师,工资很低,甚至威胁到学校是否能够留住最好的经济学教员,这令人感到很可悲。除了这些,"剑桥大学的研究和几年之后责任关系的建立"表明了马歇尔的想法,即"在这种情况下,种下的种子以后会枝繁叶茂,而不是干死"。没有证据证明马歇尔后悔作过让经济学研究前进的决定。

马歇尔不仅向格德勒斯公司,还向能使用政治能力提供帮助的副首相这样的人证明了优等考试的意义。1905年,登载于《泰晤士报》上的某条评论惹恼了马歇尔,他给报社主编写了很多信,解释剑桥到底做了什么而没有做什么。第一封信(1905年11月23日)提醒《泰晤士报》剑桥在1902年为建立新优等考试所做的工作,那一年剑桥支持建立考试委员会。信中还解释道,其课程表的安排是为了提供实际和较为广泛的经济学研究。马歇尔还声称,优等考试的第三年比前两年有"更多商人的儿子"准备参加优等考试。还有一些其他来自商界的证据证明这门课程的价值,这些证据包括:由格德勒公司提供的讲师职位资助,由亨利·巴克利男爵向来自泰勒商业学校的在剑桥读经济学的学生提供的奖学金,以及由科恩先生捐助建立的经济资助基金。马歇尔在结尾时说,不断有商人雇用剑桥毕业生的报道,这些报道是马歇尔从新建立的委任董事会的秘书那里得到的。

《泰晤士报》明显对马歇尔的回应感到不满。12月11日,《泰晤士报》质问说剑桥的课程是否有能力实现其为商业教育自定的目标。它指出课程表的缺陷,课程中提到的"决算表、偿债基金、萧条、信誉以及机械设备财务"缺乏明确的参考资料。马歇尔针这些参考资料缺失的回答如下:首先,教员和资源的短缺限制了会计的任命;其次,专业的经济学教学仅限于优等生,而不是通过考试的人,这意味着很多领域的知识要学生自己阅读才能被掌握,如果只是通过考试的学生也有机会参加学习,那就需要更多的教室来提供详细的训练,"这些训练的形式适用于不同企业的会计"。马歇尔在第二封信中重复说道,对于优等生来说,这样的学习是不恰当的,因为他们现在的学习已经完全能够帮助"有能力的大不列颠商人成为世界的领导者"。

对于优等生不适合学习会计的评论,马歇尔在《泰晤士报》的信件专栏作出了回应并且有马歇尔最后的答复(1905年12月29日)。这个回应重复了马歇尔早期对于会计学的说法,就是在非常有限的经济学教育资源中,尽量把会计学最大可能地纳入课程表中。他补充说,提高学生作出合理判断的能力,这是个非常重要的会计学核心任务,必须在剑桥提供的课程中被强化;而且,对于和会计学相关的许多知识来说,经验是学生毕业进入公司后最好的老师。马歇尔仍不忘主要问题,他邀请他所回复的人及商界朋友一起为经济学董事会捐钱以雇用"一位资深的会计经济学家",这会帮助剑桥"完美地补充"商业教学所存在的相关问题。但是,剑桥优等考试与那些马歇尔声明要竞争的学校不同,会计教员在经济学和政治科学的计划研究中是不被雇用的。

1919年,在商业教育的背景下,马歇尔在写给沃尔特·莱顿的信中热烈地称赞了剑桥在此领域所赢得的特殊位置:"剑桥就像是国家的主要希望,一些重要的影响阻止了牛津人把辛苦的想法和额外的学习与充满活力的社会政治联系在一起……没有其他大学可以在这个领域和优等考试竞争,但是曼彻斯特是不断壮大的有力对手,不久之前,一个我认为是学校助理秘书的人写信给我,询问我是否能推荐合适的人来接任查普曼的职位,我说没有,原因是经济学家很少。"他接着补充道,"对于国家和世界来说",莱顿去曼彻斯特,比他担任经济委员会会长更能发挥他的才能。对国家商业教育的兴趣越来越广泛,剑桥在商业领域的地位越来越高,这都使马歇尔在人生的最后几年非常高兴。

在两次世界大战期间,剑桥经济学院的重要地位主要来自它提供的优质经济学教育。1903年优等考试诞生的时候,其潜在贡献被《经济学季刊》认可。这本期刊报道说:"我们最古老的英语学校重新出发了……这是很好的机会,会得到经济学者们的热烈欢迎。"20年后,在马歇尔80岁生日的时候,大量的世界领导级经济学者把剑桥经济学院描述成"马歇尔的孩子",赞扬其成就"是年轻人和委员会的启迪,是年长者的教化"。在20世纪,从剑桥经济学院毕业的伟大的学生中,最伟大的一位,也是一位从来没有参加过考试的学生,在马歇尔的追悼会上赞扬了马歇尔为创立经济学优等考试的正式和非正式的努力,并补充说,"对于他的学生来说,他曾是也仍然是一位真正的圣人和大师"。因此我们可以说,马歇尔为了完成自己梦想而作出的巨大付出远远超出了他从中所得到的回报。

第 16 章

马歇尔的政治观点：一个有偏见的社会主义者还是一个新自由主义者？

马歇尔对工业化的进程关注了"近半个世纪"，1919 年，当他回忆起走过的这段历程时，他解释了作这类研究的种种动机。其中一部分原因是为了验证"薪酬不平等产生的原因大都是相似的"这种说法，通常，这种不平等的情况是由一些本质性的因素造成的，而不是通常所理解的那样。同时，这些原因并非"在人们的控制范围之外"，即完全可以作一些改变以达到薪酬相对平等的状态，更好地发挥人们的潜能来改变人们的本性。马歇尔在他的自传中也谈到了这一话题：

> 我对社会主义思想有所倾向，特别是在阅读了穆勒 1879 年发表在《双周评论》上的文章后，我的这种倾向更加强烈了。因此在十多年的时间里，我一直坚信社会主义是这个世界最重要的研究课题，即使不是那样，社会主义对我来说也是一个最重要的课题。但是社会主义者的著作却让我感到十分厌恶，就好像他们在抨击我一样，因为他们似乎远离了这个现实世界。因此我决定，在深思熟虑之前，我还是不开口为好。
>
> 这些往日的经验让我明白，当我的思想和演讲快要得出结论时，我要考虑工人阶级在各个方面的发展水平，特别是穆勒所提到的那种情况，即社会主义计划需要广阔、坚实的基础，而实际中并不存在这样的基础。目前，没有哪个社会主义计划能够保证人们有足够的进取心和人格魅力，能够保证商业的持续发展和原材料的充足供应，能够保证各个劳动阶级每个人的收入一如既往地快速增长，即使是在整个国家的收入完全平均化的情况下。最近 50 年，西方国家的人民平均生活水平快速提高，尽

管在我看来这是实现社会主义这一遥远目标最现实的方法,但是谁考虑到了国家在前进路上的那些困难,谁就会竭尽全力地解决这些困难。

虽然世界大战解释了上文所提到的困难,但从这些话可以看出马歇尔一生中对社会主义反复无常的态度。在满腔热血的年轻时期,马歇尔有十余年的时间对社会主义十分感兴趣,但是他逐渐对社会主义产生了厌恶甚至是敌意的感觉。产生这种心理的一部分原因是马歇尔接触了越来越多的社会主义理论问题,另一部分是因为早期对社会主义的信仰已不再适合自己的社会和政治观念。并不是年龄的增加导致马歇尔对社会主义的反感,这种态度的改变很大程度上是因为他所处的政治和社会环境。如果要评价马歇尔是不是一个有偏见的社会主义者,那么要考虑他一生所接触过的各种社会主义者和他所支持的各种政治观点。

维多利亚时期,英国每次激烈的工人运动都可以看到"社会主义"的身影,就像20世纪50年代每个人的家中都必备安眠药一样。在马歇尔的一生中,他从许多发生在英国的激烈社会变革中感受到了"社会主义者"的拯救行动,首先是卡莱尔和莫里斯、金斯利、勒德洛、休斯发起的基督社会主义运动,然后是经济学家拉斯金、工人阶级的浪漫主义者威廉·莫里斯和提出"科学社会主义"的半马克思主义者海因德曼,这些人经常研究费边的文章并发表一些谨慎且略带书生气的结论,这对最初独立的政治性工人运动产生了很大影响。在英国维多利亚时期的社会主义中,越来越越多的外国因素涌入进来,这要归因于亨利·乔治的努力,同时他也暗示,土地政策的思想更多的是来源于马克思和恩格斯。同时,从法国社会主义者圣西门、福尼尔、普鲁东和路易斯·布朗所形成的思维传统和德国社会主义者拉萨尔和罗德贝尔图斯所持有的观点,以及贝拉米、格朗兰德、托尔斯泰和克鲁泡特金等人推崇的更为浪漫的社会主义乌托邦观点中,我们也可以了解到社会主义革命的思想。我们还可以通过研究现有的社会主义团体来研究这种现状,这些社会主义团体以理想的宗教思想——"原始的共产主义"——为基础,就像早期的基督教和欧文协作社会主义那样,在整个协作运动当中,这些思想在快速传播。

在19世纪的《劳动小说》一书中,盖斯勒向一群商业联合会者描述了社会主义的情形,他把这个复杂的过程分成了简单的两种情形,其中第二种情形(即小"S"社会主义)很好地描述了马歇尔的"社会主义思想"。

> 用合作代替竞争是社会主义的主要产业思想。但是有两种社会主义,含有小"S"的社会主义是逃避真正社会主义的社会主义。这种狭义范围的社会主义只是意味着国家调控财富的分配。那些政客之所以支持这种社会,只是想找到一种方法来减少对工人们的剥削和对这种竞争体系所带来的憎恨,唯一目的是为了避免不作任何改

变而带来社会动荡。

马歇尔所描述的小"S"的社会主义也可以被看成是米利安自由主义彻底改革后的一种非自由主义，马歇尔把这描述成一种社会主义。

马歇尔把自己归为米利安自由主义的一类。在他年轻的时候，他的人道主义和根本的改革主义思想都受到了米利安思想的深刻影响，他在剑桥克鲁格俱乐部和伦理学委员会的同事们也深受这种思想的影响。穆勒不仅给马歇尔的社会主义思想提供了最初的激情，在马歇尔晚年时期，穆勒也给他所面对的困难提出了必要的告诫。马歇尔在1902年时给了他以前的学生一些建议，他谈到，穆勒对自由主义而不是社会主义的贡献在这个新世纪的开始很重要。这并不是说穆勒是马歇尔社会主义道路上的唯一引路人。在完成《工业与贸易》之前的十几年所写自传的序言中，马歇尔回忆道："通过对马克思、拉萨尔和其他社会主义者的学习，我对经济学产生了新的看法。"然而马歇尔很快发现了这些社会主义者"存在的问题，并很快假设，如果没有个人财产的活，那么就会消除人性的种种错误和不足"。马歇尔说，"社会主义狂想曲"是一种非常完美的观点，但是它却太不现实了，也没有任何实际意义，所以不可能实现。

因此，本章所包含的内容就更加丰富了。首先回顾了早期马歇尔通过语言或行动等与社会主义的"调情"，还有各种社会主义思想对马歇尔和及其著作的影响，他对社会主义文学作品的认识部分源于他作的有关社会主义的报告。在没有讨论马歇尔具有小"S"的社会主义者的角色之前，马歇尔与亨利·乔治进行了争论。他们谈到了马歇尔对国有企业的看法和他坚决的反帝国主义观点，还有对税收再分配、社会福利政策、分红制和合作的看法以及为什么晚年把自己称为"经济学骑士"，之后讨论了马歇尔的主要政治观点。马歇尔的传记中收录了不少关于他政治观点的资料，随着马歇尔年龄的增加，他的政治观点也在不断地改变，一些旧的观点逐渐地改变，以至消失。

青年马歇尔最初的社会主义观点（1869～1879年）

马歇尔对社会主义极其钟情的时期正是他学习经济学的时候。从某种意义上说，他是先对社会主义感兴趣然后才开始学习经济学的。这并不让人吃惊。正如后来他回忆的那样，他学了越多的经济学，就越能看清经济学和社会进步的难点。不论是经济学的新观点，还是穆勒死后发表在《双周评论》上关于社会主义观点的文章给了这些政策什么样的推动作用，学习经济学和学习可行的社会主义政策都是同时进行的。正是穆勒后来发表的文章对成年马歇尔的社会主义观点产生了很大的影响。事实上不难证明，马歇尔1879年以后对社会主义的思考仅仅是对穆勒的一些观点的总结，穆勒认为，要反驳那些夸大社会主义作用的言论，其途径是揭露社会主义处理政治经济学中的错误，因为这些言论往往会忽略社会现实和经济现象的决定因素。

这个研究和马歇尔《经济学原理》中所提的经济学的广泛领域是相符合的，这其中的内容被认为是穆勒研究的一种方法，即"所有协调私人财产以使那些拥有较少社会福利的人去享受较大部分的社会福利的方法"。

回到最开始。马歇尔后来回忆道，"英国工人阶级距离富裕的生活还有多大差距，如何看待当今社会的生存条件，特别是如何看待那些不平等机会"，这些问题激发了他最初学习经济学的兴趣。当40年后马歇尔讨论他对社会主义的态度及其深层次含义时，他回忆起了这种巧合：

> 有些时候人们认为，如果一个人努力在各个方面改善社会条件，并且认为国有化会比私有化更有效，那么这样的人就是一个社会主义者。如果这样理解的话，几乎当今每个经济学家都是社会主义者。如果这样理解的话，在我没学习经济学的时候我就是一名社会主义者。事实上，40年前，正是想知道究竟是国有化还是其他方法才是最可行的社会变革这一想法引导着我去学习亚当·斯密、穆勒、马克思和拉萨尔的理论。正是从那以后，我逐渐成为这个世界上所谓的社会主义者。

马歇尔发表的第一篇有关穆勒《工人阶级的未来》的文章涉及了社会主义的各个方面，其中谈到国家的作用是"开发人力资本"和其他事项，这在他之前的电报中也提到过。马歇尔在1873年收藏了一本穆勒的《政治经济学原理》，可以看到，马歇尔各方面的观点都受到穆勒的影响，无论是积极还是消极的。穆勒认为需要培养工人们的"精神层面的修养"，马歇尔对此大加赞赏，这种做法对人口的增长有着正面的作用，也会提高社会中"女性的独立地位"。从马歇尔在《政治经济学原理》中的标记也可以看出，他对工会、发展中竞争的正面作用和影响大型企业生产力的因素很感兴趣。当然，马歇尔与穆勒也有意见不同的地方，穆勒认为"所有机械化的发明都会减轻人们工作的辛苦程度"，马歇尔在此标记了显眼的"NO"以示质疑。马歇尔在书的第2篇第1章中作了标记，这表明穆勒对欧文社会主义的讨论引起了他的兴趣。

穆勒绝不是唯一使马歇尔对社会主义感兴趣的人。19世纪60年代后期，马歇尔经常和一些基督教社会主义人士打交道，比如莫里斯和勒德洛，不过和勒德洛的联系并不多。1855年，他在天王星协会的一位同事霍特与其他人积极参与了剑桥工人大学的组建工作。英国教会的神父很多都来自英国的大学，他们积极组织农村的工人们加入农业劳动者协会，马歇尔一段时间也曾踊跃地参与到这项工作中。

马歇尔在读研究生时从这些良师益友身上学到了很多革新的重要经验。他认识到了很多新的事情，比如工会和资本家协会之间合作的重要性、在建立大学附属学校的过程中大学的特殊地位，需要给工人阶级提供必要的教育机会，应该给那些诸如农业工人的无助工人阶级提供帮助，为他们建立自助和自我提高的机构。1866~1879 年是马歇尔逐步学习经济学的时期，同时，这奋斗的 19 世纪 60 年代也是一段革新时期。在这些年中产生了第一次政治变革（第二次法律变革是在 1867 年发生的），随后工会和劳资关系进行了革新，最终以颁布《工会法》这一里程碑式的法律而结束，这部法律在 1876 年进行了修正和完善。随后，1875 年颁布了《串谋和财产保护法》以及《雇主和雇员法》，此时马歇尔正在美国旅行。政府也宣布进行一系列的区域性革新，城市地区设立了新的卫生和公共健康机构，也出台了新的法律以保证普遍的基础公共教育。

接下来介绍马歇尔学习社会主义著作的一些情节。他涉猎了许多劳工事务的具体案例，因为这对完善他最初的社会主义观念更有现实应用意义。最有影响力的例子是，在约瑟夫·阿奇国家农工联盟的影响下，马歇尔于 1872~1874 年积极参与了英国东部农村地区工人组织的建设。当地报纸报道说，马歇尔在公众场合讲话以支持农村地区工人组建工会。其中有一次，一个农民提出了一项十分友善的建议，"有些工人并没有放弃在工会投票的权利，这有利于社会的各个阶层，但是他们却因此将受到惩罚，这时候工会主席亨利·霍尔先生应该像个出纳员一样把筹集到的捐款送过来"，马歇尔甚至表示了对这种提议的支持。由于这种刚刚得到的身份，马歇尔还被邀请去工会讲述供给和需求法则。当时他是这样讲述的：

> 工会的反对者认为，根据工资的"铁律"，农场工人们的工资是处在一个正常水平上的。因此，如果一名工人的工作量被认为很低，那么会有其他人来贡献更大的工作量。如果人为地提高一名工人的工资，这个高水平的工资难免会再次下降。马歇尔承认，这样的论点是有充分依据的，但是当前整个推理过程都建立在一个错误的假设之上，按照这个假设，农民们不是为劳动而产生竞争，因为没有农民敢于通过提高工资来获得其他人的青睐。这样的论点同样也忽略了一个事实：随着工资的提高，工人们的效率也在提高。马歇尔含蓄地说，既然工会这种能带来好处的做法还会带来不少害处，那这种做法只是通向更好解决方案的一块跳板。然而农民们不仅仅是简单地批评工会主义的错误，同时也批评联合的原则。一些制造业者已经经历了这种工会主义所带来的伤害，他们认为没有其他方法可以帮助那些处于落后条件的人们更进一步。工会可以帮助人们超越世俗的束缚，甚至更好地了解这个世界，也可以知道这个世界上哪些地方更加需要他。如果正确地提高工资水平，那么毫无疑问会提高生产效率。

马歇尔也用他在经济学方面的专业知识来解释社会问题，并在《蜂房》上发表了两篇文章，韦布把《蜂房》称为"19世纪最好的劳动报纸"。马歇尔的第一篇文章在1874年4月18日发表，来自利兹的一位叫约翰·霍姆斯的布料商和合作社社员对文章进行了修改，但是他错误地理解了马歇尔所说的"这样一个准则，即政治经济在某些时刻可以起作用，但是有时候不行"。这让大家理解为只有在特定的环境下政治经济学才能对道德问题作出正确的判断。同时霍姆斯把政治经济学说成是"高度组织化的机构"，只是去研究何种条件下才能满足它所提出的结论，包括相关的事实和最合适的研究模型，从一定的事实经过推理得到最终确定的结论。霍姆斯对马歇尔所提出的经济学的本质是一门"实证科学"的看法表示不满，霍姆斯认为，许多经济学家都自然而然地把自己所看到的东西当成是正确的行为方法，并用政治经济学的原理去支持自己的看法，霍姆斯认为这是"片面结论"。马歇尔的第二篇文章"政治经济学领域"在1874年5月2日发表，马歇尔在这篇文章中对霍姆斯提出的异议进行了反驳。马歇尔承认有些经济学家确实像霍姆斯说的那样，但是诸如穆勒那样的顶级经济学家很想用政治经济学去解决更普通的社会问题，不过他们也考虑到了政治经济学的局限性，而穆勒的名言——"不想成为政治经济学家的人便一无是处"——很好地说明了这个问题，正像马歇尔在第一篇文章中说的那样，"对道德原则，政治经济学问题的直观判断要取决于他们的兄妹——伦理学"。很有意思的是，马歇尔在19世纪70年代早期看待激进工人的观点和20年后他给学生们讲授《经济学原理》时所表达的观点是一样的。

马歇尔对社会主义应用的研究不仅仅限于大不列颠群岛。他一部未出版的关于国际贸易的手稿写道："许多年前，大概是在1869～1872年间，我在法兰克福参加了一次名为'工人们的政党'的会议。当时有数百人出席这次会议，这些人都有极高的智商，有严格的规定，这使他们不会兴奋地胡言乱语。"但是他们坚持认为个人资产就是敌人，而马歇尔毫不怀疑地认为这是个错误的观点。更为重要的是，在1875年访问美国期间，马歇尔研究了社会主义在宗教社会的应用。前面的章节也提到了马歇尔去访问新黎巴嫩和居住在奥奈达的夏克尔的原因，记述了这些经历给马歇尔带来的强烈的道德感和绅士风度。马歇尔的这些经历无疑对他的一些观点产生了影响，在《经济学原理》后面版本的开篇中他提到："从这些社会主义者的经历可以看出，正常人很难长时间地以利他主义的态度对待别人；唯一例外的是，少数的宗教主义人士在疯狂的热情下只关注更高的信念而毫不在意其他事情。"1906年，当为《经济学原理》第5版写下这段开篇的时候，那个成为夏克尔的瑞典学生"天使般的性格"一直影响着马歇尔的思路，因为这个举动意味着"早期的基督精神开始在生活中产生了作用"；这说明马歇尔对现在自己的状况并不满意，他希望能有新的角色转换。

马歇尔对社会主义尚不成熟的观点还在《工业经济学》的最后一章中有所表现。有趣的是，他在这本书第2版的序言中写道，"早期的基督教中就蕴含着共产主义的思想"，而共产主义正是经济学的基础，"每个人最幸福的事情就是那些给别人帮助最大的事情"。在最后讨论工会、产业关系和协作的一章中，他以一种散文的形式提出了这个观点。但是这本书中没有哪个章节是与"社会主义"相关的，这些章节只是简单地叙述了这些劳动组织的优点和缺点，尽管叙述的方式表露了一种对这些组织存在的惋惜之情。其中一个非常恰当的例子就是对行业协会和工会进行了比较，因为后者跟前者一样，同属"牺牲自我和自私的阶级"。马歇尔同样也详细地分析了工会对工资的影响。这其中包括了从各个方面分析罢工对提高工资的影响，还特别强调，由于工资水平更取决于劳动的效率而不是工资基金，因此通过高工资来提高效率是永远可行的。当讨论到个人在工会中的身份、公会的长期前途和整体的福利三者不同的重要性时，引起这些现实冲突的指导原则是蕴含在共产主义理想之中的，马歇尔对此进行了对比：

> 共产主义假设人们不会在损失他人相同利益的情况下去为自己获益，但是很明显，这个现实世界的道德水平还不足以实现这个前提。即使这个世界准备好了，众人中的工人阶级也准备好了按照这样的原则去做，但是每个人都不应该损失其他人的较大利益而为自己获益。

根据马歇尔五年前在《蜂房》上发表的文章中所表达的观点，可以通过经济学推理分析他们之间的收益和损失来解决一个产业中不同阶级的利益和责任冲突，而最有效的方法是对教堂的讲道坛、社会科学协会、商业研究所、贸易委员会和工会进行调查，使雇主和雇员之间进行面对面的交流，以友善的方式交流相关经济问题，提出更高的道德约束，这些无疑都会起到很好的效果。

因此，马歇尔很早就对采用安抚和公断的方法来解决产业关系的问题表示支持，且如后来表现的一样，他经常对他的主教朋友们提出相关的建议，并在教堂的讲道坛和社会科学协会的社会问题辩论中得到应用。同样，那本书的最后一章中对合作的强调，使他有机会扩充经济学知识和产业道德问题，而这一点恰好与"英国最伟大的社会学家罗伯特·欧文"的观点相同，他在早期的基督教和当时的宗教协会中强调过这些观点。

1879年对采取哪种合作方法的分析说明了马歇尔当时对社会主义的看法。欧文对人性当中潜在的善良和塑造高尚的品格很有信心，热切期待每个人能相信他人并发挥出自己的作用，却对自己的利益毫不在乎，有着无与伦比的商业才能与眼光；他本可以利用这些获得大量的财富，而他却把这些才能与他人分享，从而为这个社会创造最大的财富，正是由于这些原因，马歇尔对欧文倍加推崇。同时，这里所说的合作与社会主义中的合作是完全不同的，它不干扰私人财产，坚持自我独立，反对国家资助，不对个人的自由进行任何不必要的干扰。

即使是在马歇尔的社会主义倾向逐渐成熟的时候，他在许多问题上的观点还是与慈善社会的坚强个人主义相一致。即使心怀对社会主义的向往，这并不妨碍马歇尔成为一个愿意帮助他人、成为无私的充满活力的商人的浪漫憧憬,这要归功于在布里斯托尔大学的几年中对这类人的充分认识,这样的一个角色可能既不"浪漫"又不现实,因为这在很大程度上取决于作为大学校长的他能与什么样的商人进行接触。比如弗莱伊一家对学校和后来政府的建立都作出了巨大的贡献,作为贵格会会员的商人参与了具有"绅士风度"和家庭式风格的商业管理,马歇尔本可以从中学到很多,但遗憾的是弗莱伊一家不是那样的人。

社会主义狂想曲的调整:对马克思、拉萨尔和其他一些社会主义者的乌托邦思想的短暂动摇

19世纪60年代到70年代早期,参与工人聚会使马歇尔实质性地接触了社会主义,期间他也学习了社会主义的主要课程。他对穆勒的《政治经济学》的研究使他进一步了解了英国和法国早期的社会主义学校的课程,包括罗伯特·欧文、普鲁东、圣西门、傅立叶和路易斯·布兰科的作品。为了更好地学习康德的作品,他去了德国,这也为马歇尔直接学习马克思和拉萨尔的科学社会主义创造了条件。这些19世纪社会主义的承载者加快了马歇尔于1886年在剑桥大学讲授社会主义和政府职能课程的步伐。

文献最早记载了马歇尔与德国19世纪中期的出色社会主义学家的相识过程。40年后,马歇尔回忆说,正是如何才能进行有效可行的社会主义改革使他产生了研究马克思和拉萨尔的兴趣。史料中关于拉萨尔的一件小事证实了马歇尔的回忆。在19世纪70年代一次讨论产业和社会进步的研讨会上,有一份马歇尔关于国际贸易的手稿,马歇尔认为,拉萨尔提出的采用产业联盟来解决商业不振的问题是可行的。马歇尔承认拉萨尔的这个提议不需要对"人们的慷慨大度有过分的奢望",同时也对采用提高产业组织的方法来增强工人的效率提出了几个比较现实的问题。然而马歇尔认为,这并不能使所有问题都得到很好的解决,只是把它们简单地忽略了。尽管有时候并没有成功,但是拉萨尔还是为经济学作出了贡献,他指出了经济组织当中的一些缺陷,即"在无约束竞争的条件下,每个生产者的利益都无法保证"。尽管在拉萨尔的工作中并没有针对国际贸易提出什么系统的意见,他试图保守地估计用国际贸易来平缓对产业的冲击所面对的困难。此外,他的工作是为了说明产业与个企之间的关系,产业是指那些试图为躲避竞争而寻求保护的产业,个企是指那些"争取获得国家在所有事情尤其是日常工作上的指导和保护"的个企。

马歇尔第一次阅读马克思的作品也正是在这个时候。他在读《资本论》第1卷的时候就把笔记心得写在穆勒《政治经济学原理》的副本上,事实上他只是把马克思的书当成是一般历史材料。马歇尔后来在信中回忆道,他对马克思感到愧疚是因为仅把《资本论》当成一本资料,但这是因为在19世纪60年代早期到70年代晚期,除了这本书之外很难获得他想要的资料。因此,当恩格斯编写的第2卷和第3卷分别在1885年和1894年出版的时候,马歇尔看了

这两本书,并不是因为对马克思作品产生的兴趣使他去读这两本书。然而,与对待拉萨尔的方式相比,马歇尔在《经济学原理》中还是对马克思提出的体制进行了反驳,特别是马歇尔认为马克思错误地理解了李嘉图关于价值和工资的观点。在《经济学原理》第1篇中,马歇尔对马克思进行了广泛的评价,从中反映出了他在这个问题上的成熟观点:"马克思对那些正在经受苦难的人们所表露出的同情心通常会得到我们的尊重,但他眼中那些实用建议的科学基础似乎只不过是一系列论据,其大意为不能以经济效益为获取利益的理由,而最终的结果都隐藏在他所说的前提当中,尽管这些前提都覆盖着他所钟情的黑格尔的神秘色彩。"

布里斯托尔大学

罗德贝尔图斯是马歇尔在《经济学原理》中提到的德国革命社会主义者三重唱中的第三位。一些事实表明,在19世纪90年代早期,马歇尔只是通过一些二手资料来研究罗德贝尔图斯的工作,这些资料包括安东·门格发表的评论罗德贝尔图斯的文章《全体劳动者的权利》和庞巴维克对罗德贝尔图斯的剥削理论的批评。唯一的例外是,马歇尔注意到,罗德贝尔图斯发现了"从历史的观点看待个人拥有财产的权利……与社会对待财产的观点"之间的区别,随后提到了马克思眼中的"剩余价值",而罗德贝尔图斯更愿意称其为"附加价值"。与罗德贝尔图斯相关的内容并没有在《经济学原理》的所有版本中找到,不过在第4版中应该是提到了,因为罗德贝尔图斯的《生产过剩与恐慌》(克拉克曾多次介绍这本书)于1898年出版,而马歇尔正是在这年开始编写《经济学原理》第4版的。罗德贝尔图斯的诸多作品中,唯一收藏在马歇尔图书馆中的一本就是这本《生产过剩与恐慌》的译著。有意思的是,由于认识到以第一手资料研究这些德国社会主义学者的重要性,马歇尔有些责怪福克斯韦尔,在《经济学原理》中,马歇尔对罗德贝尔图斯的介绍不像马克思和拉萨尔那么多。这让我们回想起贝卡蒂尼的猜想,他认为马歇尔可能更多地依赖他妻子对德国的了解,而他本人在德国过得并不顺利,只是更多地听取别人的意见。

马歇尔在直接接触那些优秀的法国社会主义学者时进行了更多的选择。除了路易斯·布朗的《劳工组织》拥有一个副本以外,马歇尔对其他法国社会主义者的作品的了解都是间接的。他在1886年关于社会主义的演讲中也证实了这点。除了前文提到的布朗的那本书和普鲁东的《对经济学原理的兴趣》外,圣西门没有再推荐其他任何书籍,马歇尔是通过研究谢夫利的

《社会主义精粹》对傅立叶有了一定的了解。并没有阅读太多的相关书籍一事在1886年的演讲中也得到证实。现存的资料当中仅有关于布朗的"作为组织者的国家"的详细规划,布朗对工作缺乏动机的现状进行了批评,同时也强调了竞争在价格决定中的基本作用。马歇尔在《经济学原理》当中关于法国社会主义学者的内容反映了他对这些人的著作缺少了解。在提到19世纪的法国经济学家完成的工作之后,马歇尔说道:"傅立叶、圣西门、普鲁东和路易斯·布朗做了许多很有意义的工作,但这些工作也是社会主义理论中最疯狂的建议。"这似乎暗示了他在就职演讲时的讲话,当时他说道,那些早期社会主义者的积极贡献只是阐述了如何看待人的本性和人类所隐藏的潜力。先是孔德,然后是穆勒,他们都受到早期社会主义者"敏锐的观察和建设性的建议……被埋葬在自己疯狂的理想当中"这些事实的影响,马歇尔认为,这些影响"大多数还是有益的"。然后不幸的是,马歇尔把这些正面作用看成是一种缺乏"历史和科学研究"的结果,他们过分地表达自己的观点,也对反对的观点进行过分的评判。这些解释了为什么他们关于人性颇有价值的言论却被人们所忽视。

马歇尔认为,早期社会主义学者的重要贡献是对人性的认识,这让人感到有些奇怪,他似乎对罗伯特·欧文的工作了解很少。1866年,有人建议他在课堂中讲述一些关于马克思的问题,而在那时他的藏书室中只有欧文的自传和欧文的其他一些小文章(据推测,应该是为在《工业经济学》上引用欧文的文章而对其进行赞美)①。在这里突然加入欧文的思想显得很突然,就像马歇尔提出的构建一个有个性的社会一样,他特别强调,提高教育工作和家庭环境是因为这些因素都会对人的个性产生影响,尤其是对工人来说。同时,欧文一直以来对合作运动的支持也促使马歇尔对欧文的作品有了进一步的了解。或许英国的评论家们对欧文的评论产生了这样的负面影响,即让马歇尔认为欧文一生的作品中只有他的人生经历值得学习②。

因此,马歇尔从当时的社会主义文献当中学习到的东西可以归结为两点。从德国的社会主义作品——尤其是《资本论》——当中,马歇尔了解了工厂成立时的历史现状,这些都是马克思从当时英国官方蓝皮书和其他途径了解到的。除此之外,马歇尔也接受了社会组织各部分之间是相互依赖的这一观点,这意味着可以通过改善人们生活和工作的环境以使人们的本性变得更好。正因为这样,马歇尔告诉他的学生和剑桥的广大听众,不应该只认为社会主义学者作家是荒谬的,其实从他们的作品当中可以学到很多东西。然而,社会主义学者的一些观点还是

---

① 《资本论》的第1篇是马克思众多书籍当中马歇尔唯一读过的一本,在书中马克思经常提到欧文的工作,但是只有一次直接引用了欧文的成果,那就是《影响制造产业的因素》。这让人难以明白马歇尔的学生们学习欧文的著作究竟能有多大的作用。巴里·沃勒尔说马歇尔在自己那本《资本论》上作了这样的注解。

② 例如,马歇尔并没有看到欧文的《对社会主义的新观点》;对性格形成的一系列文章就让人很吃惊,且这一系列文章在1813年开始就连续发表,并在1816年首次有了完整的版本。对欧文的这种待遇用偶然来解释可能更为恰当,而穆勒的《政治经济学原理》之所以受到了这样的待遇,可能是因为把他当成一名法国社会主义者,而萨金特受到的待遇就更加难堪,除了部分对合作运动的讨论外,他的所有作品都不被大众所知。

让马歇尔无法接受,比如他们强调在改善社会环境中国家所承担的角色,马歇尔也不赞同要进行大的改变就必须进行革命这一观点。除此之外,马歇尔自己对各种观点进行了反复思考,在阅读了1879年出版的穆勒关于社会主义的几个章节之后,他对社会主义者的消极和积极方面都有了更为深刻的认识。马歇尔的思考始于对社会主义革命都是反英国的认识,之后又了解到,社会主义者都要考虑在社会主义的条件下如何促使大家进行劳动,整个社会如何积聚运行,社会主义要求把社会上分散的力量重新集合在一起。穆勒对社会主义所面对的困难的分析对马歇尔来说同样重要,因为在这里穆勒更加强调社会主义美德的积极作用。这些积极的因素倡导通过分红制来解决这些困难,在工人群体当中的小规模实验和国家的调控以及高于一切的"高道德和智力水准的教育"都会为实现社会主义作出贡献。简而言之,马歇尔并没有受到外国社会主义思想的太多影响,他对社会主义的看法依然是英国和米兰式的。

对乔治这一假想的对手、社会民主联盟、费边的社会主义和劳动者独立的批判

穆勒关于社会主义的一些文章是在他去世后于1879年发表的,可以认为这些文章是对后来社会主义的兴起所作出的警告,更为重要的是也为之前几年中支持社会主义变革的自由主义流派提出了警告。19世纪80年代就不同了。在这几年中,英国那些最初制定社会主义变革纲领的人发生了戏剧性的变化。受到旧的激进派的影响,自由党开始逐渐衰退,而自由党作为改革进程当中重要发起者的地位也受到社会主义团体和劳动者自由运动的冲击,从1880年的议会中就可以看出在19世纪80年代所产生的冲突。这包括由自由党人起草的《土地使用法》和《劳动者责任与义务》,但是格林"以自由的名义提出了反对",因为这干涉了合约的自由。随着时间的流逝,社会主义组织在进行社会变革当中的作用越来越大。这些组织包括海因德曼的社会民主联盟、威廉·莫里斯领导的信仰费边社会主义的社会主义同盟,还有从自由当中分离出来的倡导政治劳工运动的人们。有很多因素使自由党之外的那些人得到了发起改革的机会:其一,1884年比尔把改革范围扩展到公民权利;其二,地方政府的改革促使自身的其控制权和所有权逐渐加强。19世纪80年代末期,像伯明翰这样的城市把地方的所有权扩大到公园、剧院、花园、艺廊、图书馆、浴室、洗衣房、技工学校、牲口市场、电车道、音乐大厅、码头、海港诊所、医院和工人们的住房。因为要在财政上扶持这些公共场所,地方社会主义在很大程度上要依赖公共借款,这就导致地方的赋税更加严重。

19世纪80年代的社会政治改革当中,一个至关重要的人物是亨利·乔治。尽管乔治本身并不是一个社会主义者,但是他的著作《进步和贫困》因那种乐观的态度而受到人们的广泛关注,由于当时土地所有权在爱尔兰和英国是一个非常重要的政治问题,因此他适时地提出这个观点正符合当时逐渐兴起的社会主义运动。尽管英国最初没太重视乔治的这本书,但是到1884年,这本书已经卖出了10万册,这为他当时去英国作演讲提供了很好的背景。亨利·乔

治现象使马歇尔更加反对社会主义模式，在给福克斯韦尔的信中，他表达了对这本书的影响的质疑，他怀疑，读过这本书的人中，有没有1/50读完了这本书。他在布里斯托尔的公众演讲上表达了这种质疑，一年之后在牛津也与乔治本人进行了争论。

尽管马歇尔后来在福克斯韦尔和西奇威克的催促下对亨利·乔治出版的演讲内容进行了核实①，但是在1883年年初他被邀请作关于这个问题的演讲时，他并没有表现得很勉强，甚至在演讲后回答了那些普通听众的提问。夜校发展委员会组织了这次演讲，但是这次演讲并不成功，因为没有一个工人到布里斯托尔大学来听这次演讲。这次演讲的宣传单上写了要在这次演讲上讨论人民生活的切实问题，并由大学委员会的成员分析大众所关心的话题。马歇尔的第一次演讲是在1883年2月19日。尽管演讲的内容都是一些具有争议性的话题，但是听众的规模依然没有太大的变化，从第一次的141人提高到了第三次的194人，庆幸的是还有两个工人阶级的社会主义者出席了这次演讲。当这些演讲开始的时候，我们可以看到马歇尔那种想参加到争论中的心态。当读过乔治的那些作品之后，马歇尔就想和乔治在公共场合进行一场辩论，场所不仅限于布里斯托尔的演讲厅，因为那样可能被人理解为是他的一种职责，而且在1884年3月亨利·乔治造访牛津时，马歇尔也与其进行了辩论②。

这些演讲的内容与马歇尔在前些天写给福克斯韦尔信中的内容是相符的，概括如下：侧重于讨论《进步和贫困》而忽视了发起运动的创始人。在第一次演讲中，通过描述过去30年人们生活水平（包括农民的水平水平）的提高，把进步和贫困区分开来。一定范围内的贫困与艰辛当然是存在的。马歇尔把他的第一次演讲总结为两个观点：第一，并不是人们的欲望越强就会越富有；第二，需要我们探讨的问题是当财富如此迅速增加时，人们的欲望为什么还是那么强烈。

马歇尔的第二次演讲主要讨论了分配理论，特别讨论了低工资的问题。在《工业经济学》之后，他对这个问题进行了两次探讨。马歇尔同意乔治对租金如何决定的观点，这样只剩下分配资产和劳动力的问题了，或者说是资金的收益和利率问题。马歇尔认为，如何进行分配取决于劳动力和资产的相对水平，其他的因素并没有太大的影响，而劳动力和资产的份额则取决于

---

① 1883年8月8日，马歇尔在给福克斯韦尔的信中写道："西奇威克写信催促我作关于《进步和贫困》的演讲。让亨利·乔治这样一个讨厌争论的人参与到争论当中挺困难的。但是我想明年年初我一定要做点什么了。"马歇尔之所以不想公开地评论《进步和贫困》，是因为担心这会影响《经济学原理》的写作，在他看来后者是更重要的事情。他更早些时候写信给福克斯韦尔说："我想去布里斯托尔大学为工人们作三个演讲，我不想过多地讨论乔治这个人，只是想讨论一下他的研究课题。"

② 1884年3月10日，马歇尔在写给福克斯韦尔的信中说："乔治彻底让我失望了。尽管他很投入，但是他丝毫没有学术上的诚实——并不追求事实，只是追求胜利。他从来不去回答别人的问题，别人问我问题的时候我至少也会说声同意。他的那些托词当然会被那些没接受过太多教育的人所接受，但不是他去的每个地方都能接受。我真希望自己以前见过他，我不会和他说太多。我想他是一个非常有能力的人，但是我找不出他能一直给人们留下深刻印象的理由。"

所有资产的多少。这就引出了他对贫困问题的观点："如果非技术劳动力的数量减少到一定程度，那么那些非技术工人就会得到较高的工资"，那样的话，他们的地位与两年前剑桥乡下工人的地位是完全不同的。因此，什么因素会影响工资的提高就需要进行进一步的讨论。土地生产力规律就是报酬递减，这对资本和劳动力来说也是同样适用的，但是较为复杂。乔治认为，工资和利率或者同时处于较高水平或者同时处于较低的水平。马歇尔验证了乔治这种观点是错误的："当人口的数量较大而资源又是稀缺的时候，那么利率必然较高而工资却很低。"当对比西欧和东欧的利率与工资水平，或是对比东欧和亚洲的利率与工资水平时，我们会发现乔治的观点是与事实不符的。马歇尔也认为，如果人们的生产率保持持续上升，那么就没必要采取低工资的策略来应对人口的增加。而生产率的提高可以通过较高的投资得以实现，马歇尔认为最好的方法就是增加新的机器。我们从工业革命早期得到的教训是："从长期来看，接受良好教育的人才是一个国家最好的投资，尽管统治阶级并不赞同这个观点。"念念不忘以前的错误对现在来说是于事无补的，消除一直以来的贫困才是我们需要做的事情。第二个演讲因此得出这样的观点："对我们这代人来说，消除贫困已经有些于事无补了，但是我们的孩子甚至孩子的孩子早晚将会脱离贫困的阴影。"为得到快速的发展而对竞争进行一定程度的管制，是达到"具有较高道德和头脑水平的自由国家"的必经之路，这样我们就能像过去30年那样保持快速发展。

　　马歇尔在第三次演讲中讨论了国有化经营是否对国家的贫穷人口进行了补偿。尽管马歇尔对那些由于社会原因而导致的私人财产权利受限的情况表示同情，但是他依然难以赞同乔治提出的"提高税率以最大程度上获取国土上的财富"这一观点。马歇尔认为，这样做不仅在财政上会带来一系列的影响，还会导致社会动荡和国内混乱都很严重，这对解决贫困来说不是一个好主意。与此同时，马歇尔认为解决贫困问题应该对竞争进行管制。提高结婚的年龄限制会减缓人口的增加，同时开放移民出境，国家对技术类教育进行定价，为那些最贫困的孩子提供能力培训，这样就会达到我们最终的目的。合作、贸易社会乃至经济学家都可以为工人阶级的教育作出贡献，而目标只有一个，那就是实现一个更有责任感的社会。马歇尔的结论描述了社会进步的重点——一个乌托邦的社会，在这里，家庭关系和谐，生活淳朴，自给自足，互相帮助，这些因素让我们享受到一个更好的世界：

　　　　虽然男性是完美人性的体现，但女性却是对人性的进一步提高。全面的进步和贫困的消除取决于英国女性的能力、温顺、纯洁和真诚。在人类性格形成的时候，女性所产生的作用最大。如果一个国家的母亲们不那么优秀，那么这国家必然会衰落，而如果一个国家的母亲们都有着较高的素质，那么这个国家必然会更加强势。如果英国的男性和女性们都为了下一代有着更健壮的体魄和更聪明的头脑而努力，而我们的孩子们也对他们的孩子做同样的事情，那么我们这个国家就不会再有乞丐，也不会再有那些工资极低、工作辛苦的人们。

马歇尔对质疑和争论的回应显示了他在应对听众和取悦观众方面的能力。例如，在评论"一个由传道者发起的社会主义运动能否成功"时，马歇尔的回应得到了掌声和笑声，他说："如果这些传道者真的有耶稣身上的那些美德，那么他们就不会被救济，不会有悲惨的经历，不会有贫困，也不会有任何麻烦。如果他们的懒惰不会给他们带来麻烦的话，那么像他们那样的人势必会变得懒惰。如果这些传道者们不能阻止人们变得懒惰，那么他们只能对社会主义表示举手赞成。"在回答如何对竞争进行管制的时候，马歇尔认为，对工厂立法和惩治那些欺诈掺假的现象都可以作为这种管制的重要手段。他也强调，完善那些自愿进行分红制的组织可以在一定程度上提高劳动生产率。对于那些没有生产能力的人们，马歇尔认为"不能再依靠他们的能力，只有通过整个社会的消除贫困行动来帮助他们"。同时，马歇尔也发出

1920年的阿尔弗雷德·马歇尔

了这样的警示，如果人们既没有能力也没有资产，那么人们就会回到"原始社会"，而自己的生存也会受到威胁。只有一个问题难住了他，当时许多农业劳动力每周赚不到14先令，而很多人要以每周不到1英镑的钱来供养整个家庭，而马歇尔的政治经济学似乎只是能够解决上层阶级和中产阶级的问题，对穷苦人民的生活似乎没什么帮助。马歇尔从自己的角度表示了对这种情况的无奈，但是他也认为，除了他在第三次演讲中提出的解决方法之外似乎没什么更好的补救措施。另一份报道提到，马歇尔赞同质问者所提到的这种让人不满的情况，但是他也认为要是不想推翻这个社会、不想对工人阶级造成伤害，那么只有逐渐改善这种方法是可行的。如果像那些人说的，把政治经济学分别给富人和穷人的话，那么这将是一件非常危险的事情。

马歇尔关于亨利·乔治的演讲非常有趣，因为这些演讲显示了马歇尔对小S社会主义倾向的许多关键特征，而在他之后的人生当中，他一直保持着这种倾向。这些包括了他对采取革命、进行革命性改变的厌恶，强调了私人财产和商业头脑在促进社会进步中的重要性，通过管制竞争创造经济自由来得到社会进步。最重要的是减少相对缺乏的劳动力特别是那些非技术劳动力来改变低工资的情况，通过培训、教育和增加机器来提高工人的工作效率。在最新版本的《经济学原理》最后增加的一章中，马歇尔讨论了如何消除贫困的各种观点：随着逐渐了解累

进税制和对资产征税的好处,马歇尔认识到了财政再分配这种方法的优点。马歇尔在选择表达自己观点的方式上有许多特殊之处。为什么选择演讲来表达他对进步与贫困的观点呢?亨利·乔治和他的书中又有什么地方吸引马歇尔对此进行争论?马歇尔认为亨利·乔治是一位"诗人",而不是一个有着科学思维的思想者①,还认为亨利·乔治的经济学思想已经过时了。乔治也对马歇尔所喜欢的一些经济学著作进行了不公平的评价,最重要的是,亨利·乔治无法把握当时的经济观点,这些因素都使得马歇尔选择公众演讲这种方式。马歇尔在自己那本《进步和贫困》副本②中所作的评论,以及人们对他《经济学原理》最初几个版本的批评,都促使他使用这种公开演讲的方式③。

然而,马歇尔对乔治的厌恶也反映出他在面对这样的对手时不是那么得心应手。他给福克斯韦尔写信说道④,应对乔治这种谬论就像把自己扔向一扇没关紧的门一样,他本想通过听众们的反应来弄清"到底该批评什么"的愿望也破灭了,因为在布里斯托尔的演讲中他并没有什么收获,原因是乔治的那些错误论调已经深入到听众的脑海当中了。

马歇尔一直努力应对着乔治,而在1884年牛津大学的一次会上与乔治碰面之后,马歇尔有了那种力不从心的感觉。会议上的一份报告显示,在第一次面对公众的提问时,马歇尔用了会议主席所允许的全部时间来回答,以找出一个简练的答案回答这些杂乱的问题。马歇尔为难乔治,让他找出自己与洛德·沙夫茨伯里、奥克塔维娅·希尔、穆勒和汤因比这些著名慈善家的区别,让他向那些从没学习过经济学的听众解释一条他书中的经济学原理,马歇尔认为,乔治给工人阶级的那些建议让他们无意改变自己较低的社会地位,这不仅妨碍了整个社会公众思想的提高,而且也给工人阶级的思想中注入了毒药。作为回应,亨利·乔治拒绝了这些要求。他认为马歇尔问了太多的问题,马歇尔的要求已经超越了乔治的原则,在英国人的眼中,他已经处于一个"永远不会被打败"的地位。每一个问题他都用我的"脑力有限"、"头脑已经疲

---

① 马歇尔对群众的提问作了进一步的解释。"马歇尔之所以认为乔治先生是一名诗人,并不是因为乔治先生说错了什么,而是因为他的论点像诗歌一样,他不具备科学的严谨性,因为他的许多观点都是错误的。"同时在演讲中,马歇尔还把乔治称为是一名饱受批评的画家,因为他把他的画布上涂满了糟糕的东西……如果一位画家能够画出美丽高雅的东西,那么他会很出色也会让别人很舒服。马歇尔把社会主义者描述成热心的艺术家,与之相对应的是像经济学家这样的科学家需要以清醒的头脑去了解事实。

② 例如对于《进步和贫困》第2篇第2章,马歇尔评论道:"他所说的是过时的、自相矛盾的。他没意识到个人财富和国家财富的区别。"事实上,马歇尔的评论大都集中在前三本书中,由于在剩下的几本书中,乔治并没有发表太多关于经济学的观点,马歇尔也就没有作出太多评论。

③ 正如斯蒂格勒评论的那样,在亨利·乔治批评马歇尔的《经济学原理》毫无条理而且难以理解之后,马歇尔把对亨利·乔治的很多批评从《经济学原理》中删掉了,只是大体地讲述了乔治的口才,具体描述了"乔治对人类的生活十分了解,就像给住在远方的人找到一个邻居一样",他看起来更像个诗人而不是科学家。让人较为意外的是,马歇尔同样写道,乔治对相关学科有着约翰·穆勒一样的激情。

④ 1883年7月22日,马歇尔写给福克斯韦尔的信是这样开始的:"我的总体建议是,与驳倒错误相比,讲述真正的事实更加重要,而辩论就要留给那些有着较高理解能力的人去做了。"

怠了"来推辞，马歇尔质问他在《进步和贫困》当中为什么忽视了节俭和工业对提高工人阶级生活的作用时，乔治也拒绝了。他表示自己不想回答任何关于《进步和贫困》这本书的问题。乔治也拒绝回答了一些专业性的问题，他说他对这本书内容的记忆有些"生锈了"，因为"这是一本很好的书，在读这本书的时候，他很享受其中的乐趣"。马歇尔又质问了他对所谓的垄断组织收取租金的观点。伴随着听众们的议论声越来越大，马歇尔把这个问题重复了一遍又一遍，因为乔治并没有作出回答。当马歇尔发出质问的时候，乔治就拒绝作出回答，而听众们也接受了这种情况。让人有些意外的是马歇尔一直不断地追问。正如前面福克斯韦尔说的那样，马歇尔对这次在牛津与乔治的会面和对自己过于老实而有些失望。之前乔治在剑桥的行业会所对底层阶级所作的演讲中，凯恩斯也有着与马歇尔相似的感受。凯恩斯把那次演讲描述为"无足轻重而且毫不切题，但是演讲者的口才很好而且充满了激情，煽动起了听众们的情绪"。

马歇尔在布里斯托尔的演讲激发了他与阿尔弗雷德·华莱士的一场争论，阿尔弗雷德·华莱士是一名民族主义者和进化论主义者。两人你来我往的争论主要以公开信的形式在《布里斯托尔通讯报》上进行。华莱士首先驳斥了马歇尔提高英国劳动力生活环境的主张，因为这项主张的依据是错误的，而且相对工资的数据并没有加入一些主要的影响因素，包括村舍的所有权、产出和小麦产量的变化。华莱士也认为马歇尔那个与亚洲作的比较也存在着问题，因为在亚洲，低工资是以当地低物价为基础的，由于政治和其他的原因高利率总是面对着高风险。尽管接触不久，但是运用亚瑟·扬和伊登的数据，马歇尔很轻易地就证明了华莱士在第一点上的错误。马歇尔也对华莱士关于亚洲汇率和工资的观点进行了反驳。对于第一点，马歇尔承认政府应该对其承担部分责任，他认为，亚洲一些国家的政府为了修建铁路等向欧洲的资本市场求助正好证实了他的观点——资本稀缺的地方有着较高的利率。而华莱士在回信中承认了马歇尔在度量人民生活水平方面的权威性，但是他也指出，皇家委员会表示同意马歇尔所说的农村人们生活水平下降的观点，但是这种观点和布罗德里克在《英国土地》上发表的观点，以及亚瑟·扬和伊登在《英国地主》上发表的观点都是错误的，因为在度量劳动力的价值时只是单纯地引用了面包的价格。他也不同意马歇尔关于亚洲工资的观点，因为华莱士是从自己所观察到的事实中得到的结论。

在最后一次通信中，马歇尔认为华莱士对生活质量的观点忽略了小麦需求量的改变。他依然坚持认为亚洲地区工资较低的观点，因为这个工资水平是以一系列的"食品、服装和住房以及其他生活必需品和奢侈品的价格来衡量的"。华莱士和马歇尔之间的论战反映了他们认为资本进步与生活质量之间相互产生影响，这次论战从侧面反映了资本总是能够对人民生活水平的提高作出贡献。有趣的是，这显示了当有人公开对他的观点表示反对时，马歇尔总是充满激情地去应对。尽管有时理解得不对，但是当有人对马歇尔发出质疑的时候，那些可预见的迅速回应肯定会出现。然而，尽管他一直保持着这种公众姿态，但是当土地改革委员邀请他去伦敦参与和亨利·乔治的辩论时，他断然拒绝了，并解释说："这会让我心神不安，使我在这期间无法完成我的写作任务。"然而，感觉得不到像牛津和布里斯托尔组委会主席和听众那样的支持或许是另外比较重要的原因。

值得一提的是，马歇尔在土地征税和土地的自然增值方面与亨利·乔治有着同样的观点。古典经济学家支持这种传统的征税方式并不让人感到吃惊，马歇尔在著作中还特别强调了这种征税方式，甚至政治经济学的领军人物约翰·穆勒也因为土地问题而著称。在回应布里斯托尔的演讲时，马歇尔对社会上那些不工作、靠不劳而获生活的人表示蔑视，他在《经济学原理》讨论土地税收的那部分内容里表达了这种观点，这似乎是一直更含蓄、更有针对性的方式。

然而，像亨利·乔治一样，马歇尔也反对土地国有化。在那本未出版的书籍《国家对待土地的政策》中，他对此进行了清晰的解释。如果强制实行土地国有化，那么无论对国家还是对个人，都是一种伤害；国家对土地的经营很可能不如私人所有者经营的那么好；然而在实际中，当土地的自然增值纳入国家税收时，想要在逐渐国有化中把土地分离出来是不可能的。马歇尔当然也承认，实际中有些特例是不符合他这种反对国有化的观点的：在处理公众利益时，如果常常要涉及固定的土地资产，那么国家管理土地当然是一种更合适的方法；同时国家也有兴趣管理诸如历史纪念碑和其他的景观。因此，对土地进行征税常常是一个正确的做法，特别是当有选择性地征税而且采用公众力量强行征收的时候。马歇尔支持把土地税当做一种财政工具是源于他对城市花园运动的支持，该运动倡导物业税的增加可以合法地降低部分城区的拥挤程度，以使人们获得新鲜空气和开阔空间的机会，并且工人们的园圃可以分配到新的城镇当中。

马歇尔随后参与了一系列反对社会主义的辩论中，尽管规模都比较小。其中他参加了一次在伦敦举行的工业报酬会议，这次会议从1885年1月28日持续到30日，会议的组织费用是由一名去世的苏格兰工程师提供的。这次会议的理事们包括托马斯·布拉西爵士、汤姆·伯特（与马歇尔在贸易协会相识，或许就是这次）和罗伯特·格里芬，都对统计学会表示了质疑，而福克斯韦尔提出，这次会议应该讨论现行的收入分配制度是否让人们满意，如果需要改进的话应该如何进行。查尔斯·迪尔克爵士担任这次会议的主席，约翰·芒代拉和另外一名国会议员担任副主席，会议委员会由各个理事组成，委员会的成员由统计协会、工会、合作协会和商业委员会提名，150名代表出席了这次会议，在会议召开的3天内19名代表进行了发言。出席会议的很多人都是贸易委员会的成员，这些人都是马歇尔后来在皇家劳动委员会当中认识的，其他出席会议的人都是其他协会的同事。为期三天的会议在日程安排上显然是一种乔治式的风格，会议内容除了会议的主题之外，还包括国家管理资本以及土地对社会财富与福利的影响。

马歇尔在周四的演讲题目是影响就业的因素和工资与其相关的补偿措施，同时他的演讲中也附录了其他文章，包括他之前在合作委员会发表的关于工资的本质及其理论的文章、白芝浩在《伦巴第街》上发表的关于产业相互作用的文章，还有他对伦敦住房问题探讨的主要观点，并把主要的影响因素列表表示出来。或许认识到了他新任的政治经济学教授的职责，马歇尔接下来声称他只在一定意义上是一名社会主义者，他对"社会主义的乌托邦"进行了批判，认为社会主义组织的最终结果只能是每个人只有各种衣物而没有权利，而政府在经济领域的活动只能招致人们的批评。在他看来，除了政府进行管理注定要产生一些低效率之外：

> 更糟糕的是这减弱了自己独立进行创造的能力而使进步变得缓慢，会破坏政治格局，毁灭社会道德……这种巨大的灾难曾经在美国发生过，当金钱开始影响政治的时候，政治灾难也开始了，这对工人阶级产生了巨大的伤害……因此，我想说的是我们要极力避免这种政府干涉商业的情况出现，不论是为了改善就业还是出于其他的目的，除非政府采取的行动会给人民的直接财产带来巨大的好处。

为进一步反驳一些社会主义学者向政府提出的应对就业波动和低工资的措施，马歇尔对这些日益严重的问题提出了自己的解决方案。这些措施包括：避免盲目跟从流行服饰，进一步公开商业交易信息，包括公布税收的明细；减少对破产的罚款；提高人民的道德水平以减少年轻人和商业买卖中的赌博现象和非法的投机买卖；政府公布价格的标准；增加国家的货币储备以应对财政危机；由独立的专家对贸易水平进行预测并在官方公布；改革土地的法律法规；加强对经济学科学的研究。其中的许多具有鲜明特点的提议都是马歇尔在加入皇家委员会期间提出的，其他的建议则是他在《经济学原理》中的思想总结。从马歇尔的话语中可以看出，他很期待以政治经济学教授的身份和以经济学骑士为题目作最后一次公共演讲，还希望这次演讲能够与两年前那次在布里斯托尔作的关于《进步和贫困》的演讲相媲美：

> 经济学骑士的日子还没结束，现在这个时代越来越多的人对其产生了兴趣。现在让我们看一下物质和精神上的因素是如何影响高尚的生活的。一个过着贵族一样生活的人把时间和财产分给那些没有收入的人，以让他们得到一个合理的收入，享受自己的生活，这种社会主义的信条是难以相信的。

马歇尔的论文间接接受了西奇威克的批评。西奇威克对比了机械化给生活所带来的间接影响和机械化相关产业对就业机会的影响：工资的降低、就业率的下降和人们生活水平的降低都远比马歇尔所注意到的更加严重。出租车协会的罗兰对马歇尔直接提出了批评。他认为，与其说马歇尔是在学校里做学问的人，还不如说他是个书呆子，马歇尔只是"在大学赛艇队里划尾桨的人"，"只不过为了自己更好的生活而奋斗"，他错误地评价了马歇尔批评赌博不是一种运动也不是工人阶级的娱乐活动。相反，罗兰认为马歇尔应该批评那些在交易所的赌博（事实上马歇尔这样做了)。让人并不感到惊讶的是,马歇尔认为罗兰所说的 2/3 是正确的,但是他并不认为自己是一个书呆子,且在随后的回复中透漏自己爱好足球:

> 对于数以千计的观看比赛的球迷来说,不顾严寒去观看比赛是世界上最伟大的事情之一。而对于一份讲述比赛如何进行而不是鼓励读者去下赌注的体育报纸,我认为他没必要去反对它。找出一份相关的报纸就可以看出他对这个问题产生了误解,他所谈论的是在这个世界上最进步的国家已经被赌博的思想侵入了,对以后来说这比酗酒带来的害处更大,尽管现在看起来不是那么严重,当酗酒消失的时候这种害处就会逐步显现出来了。在 15 年前他就对这种观点深信不疑,那时他正在援助德国的工人阶级。他很清楚德国人在空闲时间会做些什么,让他感到有些吃惊的是许多德国人把自己的大部分空闲时间用于赌博。他也发现,美国的工人们也早就开始了这种脱离高尚生活的生活方式,甚至比那些德国人还早,他们在矿产投机上耗费了大量心思,甚至连一些女仆都参与进来。然而,在撰写那篇文章时,他并有把这些因素考虑到他的观点当中,他认为,商业中大量的投机买卖使得一些产业出现破产,而这些投机买卖正是由于一系列的赌博所产生的,甚至孩子们在很小的时候都对赛跑进行赌博。他强调不计后果的赌博对哪个阶层来说都是坏事,而超前的教育产生的作用并不大,所以赌博的害处会越来越大,因而赌博必须被加以限制,除非工人阶级愿意看到他们的工厂破产乃至更糟糕的情形出现。

此前,马歇尔表示,从数据中可以看出工人们的生活质量正在逐步地提高,因为现有数据显示工资的差距正在逐渐缩小,每头牲畜的价格约为 36.8 英镑。但是马歇尔的这个说法遭到了批评。批评者对他的说法提出了这样的疑问,如果公开衡量人们生活水平的标准,那么为了达到完全的平均收入就要每年给每个家庭 180 英镑的收入,那样肯定会马上引发一次革命。另外一个工人批评马歇尔提出了错误的问题:"问题不是工人们的生活是不是比他们的先辈好过了……而是工人们是不是获得了国家赋予他们的权利。"对于这些质疑,马歇尔没有作出公开回应。

尽管在 19 世纪 80 年代早期马歇尔因为个人的原因还经常作一些关于社会主义的报告,但是相关的证据却已经不在了。无论是和海因德曼还是和亨利·乔治的争论都没有了相关的证据,无论是海因德曼在牛津的拉塞尔俱乐部进行的关于社会主义的演讲(1884 年 1 月 30 日),还是一个月之后他在剑桥的联合讨论会中探讨社会主义(1885 年 2 月 5 日),都没有相关的资料。尽管如此,在 19 世纪 80 年代,马歇尔在公共场合还是保持着一贯的反军国主义的社会主义者的姿态。比如说,他赞扬了早期的社会主义者并不去考虑人性的因素,随后他就在自己的就职演讲上对乔治的观点进行了批评。在这次演讲中马歇尔谈到,"让那些未接受过经济学教育的人"去解决这个社会中存在的原材料缺乏、工业中的困境、道德社会中的难题以及环境上的危机等问题是很危险的。"为什么只让那些激进的社会主义者和无知的评论家在那里大吵大嚷?每个人都有自己的价值,每个人都对维持生活的物质有需求,因此每个人都应该发表自己的见解。"马歇尔在 1887 年的演讲"我们要更平等的工资"中也警告了革命行动可能会带来的危险。两年后,他们把马歇尔为合作所作的辩护的核心内容视为工人阶级的一项计划,该计划的目的是通过工人们的自助达到"实践真知"优于"开发全世界的物质资源"这一目的。

恐慌的自由中产阶级由于担心工人阶级的暴动而开始倾向于改革这种现象越发明显,所以马歇尔在公共场合中常常以一种好战的社会主义者的姿态示人,以削弱这种影响。19 世纪 80 年代中期,伦敦的暴乱激发了这种恐慌。从长期来看,对那些有思想的社会观察家来说更重要的问题是,由原先有技术的工人组织的社会组织逐步转变为一个更为激进的联盟,这个联盟的成员包括了码头煤矿和其他社会部门中的非技术劳动力。当诸如海因德曼社会主义联盟和费边社会主义的成员这些非自由主义的信徒们来组织这个新的联盟时,这就更让那些社会观察家们担心。正如悉尼·韦布在 1889 年从历史的观点解释社会主义时所说的,"政治民主"已经转变为"无意识的完全社会主义",同时"早期的个人主义"和放任政策逐渐转化为一种集体的社会主义。

19 世纪 80 年代到 90 年代期间,社会主义思想并不为人们所广泛接受。马歇尔年轻时候的两个导师就对社会主义的思想表示了强烈的反对——赫伯特·斯宾塞在 1884 年出版的《与国家作对的人》中表达了对这种思想的反对;而在一年之后,亨利·梅因对这种政体可能带来的危险发出了警告。反社会主义联盟强调好战的放任自由政策,这些著作给了这些思想理论上的支持,同时也为反社会主义和慈善团体的个人哲学提供了思想上的支持,这使许多人都陷入这种思想中,如洛赫、鲍桑葵和经济学家托马斯·麦基,他们支持和鼓励那些反对社会主义的思想,而从 19 世纪 80 年代到 90 年代,马歇尔也逐渐对社会主义思想产生了反感。

从劳动委员会中马歇尔的表现就可以看出他对反社会主义运动的态度。马歇尔逐渐对社会主义者所提出的观点表现出反感,在委员会的会议上,他对本·蒂利特和汤姆·曼的观点提出了质疑,比比阿特丽斯·韦布对待悉尼·韦布和亨利·海因德曼的态度更为强硬,马歇尔很少对这些普通工人阶级的观点提出如此多的质疑。海因德曼提出,应通过食物自由交易的开放和工厂生产效率的提高来间接提高工人的工资水平和生活水平,马歇尔从这点开始提出了对海因德曼的质疑。马歇尔的这一做法,并没有改变海因德曼对于工资并没有提高很快以及本世纪生产效率的提高几乎没给劳动者带来什么收益的看法。接下来,马歇尔试图说服海因德曼承认资本主义的关键地位和利率在保证工业增长和发展中的重要作用。在听到马歇尔所说的对"延期获得的收益"进行补偿这一观点时,海因德曼以稍带讽刺的语言回应了这个问题。海因德曼认为，应该通过一个合作体系使工人们获得生产的更大收益。海因德曼认为城市过度拥挤对下一代产生负面影响，马歇尔对这个问题作了进一步阐述。他解释说自己已经考虑到了这个问题并有了很多的想法。首先，马歇尔认为，即使生活水平有所提高，那也只是通过改善公共卫生设施而得到的；其次，城市内拥挤只是归因于私人的欲望和工人们不顾后代而对城市生活条件的一味追求。但是这种情况完全可以通过个人和财政上的补偿来得到解决，而不需要对整个社会进行革命性的改变。海因德曼的回答显示出了他的聪明，他认同了马歇尔的这些观点，认为如果最终的目的是把竞争转化为合作的话，那么他和马歇尔的观点基本上是一致的。

马歇尔也通过委员会进一步了解了他所感兴趣的社会改革问题的细节。这些问题包括就业和其他的一些问题，如：市政社会主义适用于运输的后果；社会安抚和司法裁决中的现实问题；利益分配的常用做法，这在委员会的报告中已经有所准备；在批发和零售贸易中企业合作的相关问题。此外马歇尔认为，合适的利率对解决周期性失业、低工资和过度的体力劳动会产生很好的效果。他将提出的一些问题提交给了委员会的最终报告，而在他关于《进步和贫困》的报告中，他对利率长期存在的必要性进行了论证，也向自己出席的产业利润委员会和合作委员会提出了自己的观点。他在皇家委员会的作为反映了他为社会改革所作出的与众不同的行动，有时他也会把19世纪80年代到90年代期间那股流行的社会主义风潮结合到自己的行动当中。因此，当回首前面所谈到的话题时，可以说马歇尔对19世纪八九十年代期间的社会主义是持一种反对态度的。

当代经济学家的社会主义观点

韦布对英国社会主义思想产生过程的调查引起了很多"著名经济学家"的注意。现在所有的年轻人都是社会主义的追随者，包括一些年纪较大的教授，托马斯·麦凯在他批判当代经济学家的文章时说这是一个很吸引人的话题，但这个话题的提出却让人们感到十分遗憾。麦凯在19世纪90年代的很多著作都受到了马歇尔的影响。究竟是什么使英国这些专心学术的经济学家变成德国社会主义者那样的人呢？马歇尔在19世纪90年代后对这些社会主义者的看法可以总结为一句话，即小"S"社会主义。这种说法包括：那些国有企业和地方的社会主义；解决社会不平等和贫困的财税和福利政策；以一种让工人阶级更为满意的组织代替工会来解决分红制和合作的问题。在进入20世纪的时候，马歇尔表达了他对帝国主义的观点，从中可以看出马歇尔的自由主义和小"S"社会主义的观点。他对这些问题的部分观点在"经济学骑士眼里的社会前行方向"宣言中有所体现，正如他在1905年不屈服于济贫法委员会一样。

"让整个国家行动起来"

马歇尔认为，应该利用国家的比较优势来发展国家的商业贸易，这一观点在他之前关于社会主义的认识中也已有所提及，在他所提倡的如何处理英国与大陆国家关系的观点中也有所提及。这些观点是建立在一系列推断之上的，在马歇尔出版和未出版的著作中都有体现，马歇尔的一生中多次提到了这些观点。拥有企业的所有权和允许企业参与到商业贸易中都是对企业的巨大激励，这也是其中的一个观点。他还一次次地提到私有财产是经济发展的根本前提。另外，官僚主义的做法会使国有企业承担很大的风险，这对经济发展来说有些不利。同时，根据亚当·斯密的观点，官僚主义难免会导致贪污腐败，从美国的现状就可以看出这个结果，尽管现行的公共管理机制会降低产生贪污腐败的可能性。对马歇尔来说，从这些观点可以得出一个结论：一定要支持私营企业的发展，反对国有企业，但在一些特殊的行业可以视情况特殊而定。

股份制公司的管理取决于所有权和管理权之间的权衡，由于所有权归属个人，因此所有者有用心管理的激励。在马歇尔生命的最后几十年，他逐渐意识到股份制公司正在转变为一种大规模的私营企业，这在很多地方都与大型的国企很像，管理中遇到的困难就是其中的一个相似之处，马歇尔之所以反对国家对企业拥有所有权，在很大程度上也是因为这个原因。因此，马歇尔预测了国有企业的发展趋势，尽管这种说法可能会产生很大的后果：虽然国有企业表面上看起来会带来效率的提高和经济的发展，但是我们却要反对它们。更重要的是，对于符合公共利益的自然垄断行业，马歇尔也不认为政府应该掌握这些行业的所有权，马歇尔认为对于地方政府来说，还可以进一步削弱政府的主动权，尽管之前马歇尔支持这些地方社会主义。在《经济学原理》最初几个版本讲垄断的章节中，马歇尔就提到了这些地方社会主义的例子，如果能够从统计数据当中得到公共利益提高的明显证据，那么就可以通过公共管理来进一步消除风险。尽管如此，马歇尔还是在新出版的《经济学骑士》中强调："当那些市政当局炫耀自己在电力能源方面的成就时，我情不自禁地想到了那些炫耀自己有着'哈姆雷特天赋'的人。"一个地方的电力设施建设需要官员去规划，而真正行动起来的是那些企业。

从几年前他给海伦·鲍桑葵的信中可以看到马歇尔对市政当局的态度：

> 我承认地方社会主义对经济和道德方面都会产生一些不好的影响。我想地方政府的管理机构有必要进行精简。
>
> 如果公共管理者过分干涉居民在住宅内的自由，那一定是冒着信任被破坏的风险。在我看来，地方政府对居民住所的管理一无是处，而免费沐浴似乎还不错。
>
> 但是别人住房的环境怎么样就和他没关系了，这是国家或者地方政府的事。如果一个人生活在空气污染严重的环境中，不仅寿命会减短，他在精神上也会受到各种伤害，他的妻子和孩子也都会有同样的遭遇，那么这些到底应该谁来负责？

从马歇尔的信中可以看出，他认为整个国家应该行动起来：对于马歇尔所钟爱的小城镇中的露天场所,各个城镇应该保护。马歇尔在后来给海伦·鲍桑葵的信中提到,他愿意为此付出整个南非战争中的费用。在随后对《经济学骑士》所面对的争议进行回应时,马歇尔说这是他所能接受的政府采取的少数政策中的一个。其他的政策是"美丽的自然和艺术",这项政策只有国家才能实行,这会给大众带来灵活有效的住房政策,最后一条并不需要政府有很昂贵的预算支出政策,但要能够对国家技术水平的提高所带来的收益进行公平分配。

因此在马歇尔看来,政府的作用更像是规则的制定者,而不是公共物品和服务的提供者;在他关于《进步和贫困》的文章中,他提到政府只是竞争中的裁判。政府要保证商业贸易的公平性,保证产品既便宜又有质量保证,进一步地要传播有用的知识。马歇尔认为,如果一个政府不想阻碍国家在下个世纪的发展,也不想成为官僚主义的代名词,那么这些都是政府应该去做的事。《马歇尔回忆录》简要地总结了马歇尔对政府角色的看法:

> 政府的功能就是尽量地不去管理,但不是什么都不做。如果政府进行管理却失败了的话,就如同军队在战场上作战失败一样。但是一个军队如果想成功,那么就必须行动起来,而如果一个政府要想成功的话,就需要不断地学习、传播知识以及鼓励辖区内的企业进行合作。

为了限制中央集权的官僚主义,马歇尔认为应该对地方政府的行动加以鼓励。在谈到税收时马歇尔提到,应该从国家的税收中拿出一部分作为补助金发放给地方政府,鼓励地方政府进行建设,这个观点在《马歇尔回忆录》中也有所提及:

> 政府,特别是一个自由国度中的政府,并不是独立于这个国家之外的组织,而是这个国家的一部分;它要组织和安排自己的工作来完成国家分配给它的责任,不管怎么样,这涉及一个地方的责任。但是这种责任的委托在严格的优先权控制下就有些过于死板。随着时代的进步,地方政府这种委托的责任应该不仅仅限于完成上级交代的任务;地方政府应该在国家的指导思想下根据地方的情况实行最适合本地区的行动。

从地方政府之间竞争所获得的实际经验和潜在的利益中,马歇尔看到了地方分权的基本规则,他强烈反对地方政府只是作为中央政府管理者的委托。教育、城镇规划和卫生措施给地方的行动和经验的积累提供了很大的空间,但是马歇尔也认为,地方的企业发展会有一定的规模,他也同意伦纳德·达尔文在哈佛演讲时在这个问题上的观点。其中提到的"公共浴池等……有助于改善人们的健康和卫生水平",地方港口由于其受益方是一个整体,因此难以通过税收进行补偿;将那些私有屠宰场公有化,因为私有者不会过多地考虑肉制品的卫生情况和人道主义。当道德和社会的价值观超出经济上的观念时，市政所有权是合适的。然而，对于那些大规模的公司，比如自来水公电力公司和煤气公司这些地方只能要求私人企业能够采取有效率的行动。

马歇尔在担任剑桥大学教授的时候，曾经详细地调查了作为国家基础设施企业的邮政系统。马歇尔认为，从减少企业之间的竞争到最后成立一个垄断的企业，其中产生了很大的损失。他在出席产业革新会议时提到："在邮政体系中，各个企业组合成一个大型企业是必需的，这样的企业会比私人企业更好；但是这样的企业也同样存在着很大的缺点，它不会像私人企业那样去改进以降低成本。"在作出这个评论时，马歇尔可能是将邮政系统提供的服务与圣约翰学院的邮政服务作了比较，可惜的是，1885 年，在邮政垄断当局的要求下，圣约翰的邮政系统停止了服务。他回顾了很多往事，似乎是 1891 年不久之前的事，但事实上已有一段时间了，这段回忆是由庇古提供的：

> 1891 年前夕，圣约翰学院建设了一套"1/2 天"的邮政系统，大学里的师生们认为这个系统要比皇家邮政的"一天"系统好上 3 倍。使用这种邮政服务可谓物有所值，尽管只有圣约翰学院的成员才能买到邮票。当这个邮政系统被取消时，我多次想到这套系统给我带来的种种便利。我也想找到一种能够在本地邮寄包裹便宜点的邮政服务，可是发现从这里邮寄一本书到塞尔温花园或者基督学院与邮寄到加利福尼亚或者日本的费用是一样的。这样推理的话，如果使用免费的邮政系统，那么消费者就会得到全部的消费者剩余，邮政系统的统计数据让我得到了这样一个结论。算了，还是忘掉这些琐事吧，人生是短暂的。

马歇尔似乎对 1891 年这个年份印象很深，因为这一年马歇尔加入了关于邮政系统和私营企业的论战，他给《泰晤士报》写了两封信。第一封（1891 年 3 月 24 日）强调了邮政系统成立一个大型国有企业的巨大好处，但是也同时强调了不能对邮政服务进行垄断。同时考虑到了收益的相关问题，因为垄断税是最为糟糕的税种之一。这种来自私营企业的竞争压力会使国有企业自动地丰富其所提供的服务种类，而不是被迫勉强地进行。邮政当局的一位律师顾问匿名回复了马歇尔，他说马歇尔所说的政府垄断的邮政系统不是人们期望的，马歇尔之后的那封信（1891 年 4 月 6 日）对此进行了回应。在这封信中，马歇尔承认邮政系统作为国有企业和国家垄断企业的必要性，但这种必要性并不是从市场的角度出发。如果个别地区（比如剑桥大学，在这封信中他并没提到这个例子）的邮政工作留给私人去经营，消费者会从中获得很大的利益。马歇尔认为这些收益的总和要超过邮政当局的净收益（1895～1896 年共约 290 万英镑），这是马歇尔自己估计出来的，他认为至少有 1 500 万人、每人 6 次使用这种当地邮政系统的需求（总计是450万英镑）①。马歇尔承认他得出这样的结论有些草率，在和他的侄子吉尔博谈话时他说，相信自己以后再也不会作出这样的判断，同时他也坚信他对消费者剩余概念的解释在实际中有很重要的作用，因为消费者剩余很难具体地去量化。

尽管马歇尔强调，他之所以对国有企业持反对态度，是因为缺少竞争会带来成本的增加和激励的降低，但是他对邮政系统这件事上的观点使《泰晤士报》注意到了他思维当中那种米利安社会主义的特征。米利安社会主义的特征正是用配给的制度来代替生产。在第一封信的最后一段，马歇尔也谈到了他对社会主义所带来的危害的看法。他认为："社会主义的不利之处不是主张把收入完全平均分配，我认为那并没什么害处，在我看来，人们从荒蛮世界转变为文明世界的思想受社会主义的危害最大，市场活动、自由的企业行为和国有企业中的官僚规则都会遭到破坏。"正如穆勒在《政治经济学原理》中说的那样，市场规则对生产的影响是难以避免的，那种由人分配资源的制度迟早会被代替。这种米利安思想对马歇尔的一生都产生了影响。

对再分配税态度的大转变

尽管马歇尔在1891年像一个骑士般宣称社会主义提倡的收入平均分配完全没有坏的影响，但是他对这个问题的看法发生了转变。为了维护工人阶级的利益要保证竞争的水平，这又需要通过移民来限制人口，促进技术进步，加强教育水平以使非技术工人变得稀缺。这些策略都是他在给亨利·乔治作演讲时谈到的。在革新会议上马歇尔认为，政府强制性的补偿最多只能起到一些有限的作用。然而在长期，从一个动态的角度看待这个问题时，这样做就好比杀掉那些会下金蛋的鹅，即那些企业自由的行为本来会增加国家的收入，从而会提高工人阶级的生活水平。这让我们想起马歇尔常说的，在社会主义制度下，企业会失去努力的激励，马歇尔因此越来越难以接受社会主义的思想。

对于那些再分配的支出政策，马歇尔更倾向于"户外救济"，而不是1834年颁布的《贫困法》，在马歇尔看来，"户外救济"更多的是照顾那些失业的人群，而且更优先考虑老年人。尽管在这个问题上，马歇尔的态度比那些慈善组织的哲学家更加宽容，他还是与他们产生了许多矛盾。与查尔斯·布思相比，他对养老金的看法不那么宽容，而且也涉及了问题的根本。马歇尔认为必须对实施的公共救助进行审核，这是慈善组织应该做的事情。马歇尔坚持认为，那些接受国家税收救济的应该是因为外界因素而导致疾病或境况不佳的人们。同时也必须对那些

---

① （针对马歇尔对邮政系统潜在使用者的估计）阿尔本对此进行了分析，并考虑到了需求弹性的因素。马歇尔并不接受这个假设，因为这需要行业的规模很大。马歇尔似乎也忽略了一些其他的问题，比如在19世纪90年代，如果在这种每个邮政系统都交叉独立的情况下，要把一封信邮寄出去效率是不是会降低。通过这种1/2天的邮政系统，他在圣约翰写信给凯恩斯或西奇威克时感到很方便，但是如果要把信寄给牛津的乔伊特或者爱丁堡的尼科尔森，他会感到这么方便吗？

深受疾病和恶习影响的人们给予帮助，这些人往往已经丧失了自尊，也无力改变自己的生活，更无法帮助自己的下一代脱离这种生活。马歇尔认为，性格上的缺陷是个人贫困和不幸的重要原因，尽管他也承认一些影响贫困的原因根本无法控制，比如突然的失业、疾病和老龄化，对那些工人们来说只能尽力为这种事情的发生作好准备。马歇尔认为，如果像19世纪90年代初那样进行大规模的社会福利援助，不仅成本会太高，而且如果用税收负责这笔支出的话，那对以后的社会福利会产生很大的影响。

在谈到财政再分配时，最初马歇尔是不支持国家采用累进税制的，在这一点上他和穆勒有着一样的观点。从19世纪80年代到90年代，马歇尔逐渐形成了这样一个观点：所得税使用累进税制是不公平的。虽然他像穆勒一样，认为在征税时应该先把生活必需费用从收入中除去，然后对剩余的收入按比例征税。更重要的是，马歇尔认为采用所得税效率会导致低效率，因为所得税会对很多方面产生不好的影响，包括工作、储蓄和企业。穆勒对此进行了详尽的分析，他认为所得税意味着对储蓄存款进行两次征税，如果对资本进行征税的话甚至会产生更多不利的影响。这会减缓资本的积累并加速资本逃离出境，传统的税收理论从不对资本进行征税，马歇尔一直坚持这个观点，直到晚年他才改变了这个观点。

克里夫顿学院，这栋房子是马歇尔代表学院招待宾客的场所

1909年劳埃德·乔治的著作《人民的预算》出版之后，马歇尔的想法出现了转变。当洛德·雷伊问马歇尔在这个问题上的观点时，马歇尔承认，他在15年教学生涯中一直认为遗产税是不合理的，因为这个税种阻碍了资本的积累。英国在1895年终止了遗产税，这一做法对马歇尔想法的转变产生了影响。当这项政策最终出台时，对于那些曾经纳税的资本和企业来说，他们不知道这项财政政策的改革最终会产生什么样的结果。在一战期间和之后，马歇尔针对税收问题做了大量的工作，他因此认为累进税制越来越不利于再分配的公平性，人们完全忽略了这样的税收政策所带来的效率损失。

马歇尔在给雷伊的回信中直接把财政分配政策和社会主义联系到了一起。在说明自己根本不知道社会主义的预算政策是什么意思之后，马歇尔批评了《泰晤士报》在这个问题上的错误观点，因为他们完全用金钱这个概念取代了财富，马歇尔然后谈到了自己对社会主义再分配政策的观点：

我认为社会主义的观点是这样的，社会主义是让国家去尽可能地承担个人生活和工作的责任，让人们脱离这种责任的压力，把这种责任转嫁给国家。在我看来，德国从这种社会主义中受益匪浅，通过社会主义，国家能够管理那些不能照顾自己的人们。而我们要为了我们国家的那些"残渣"学习德国的做法。

但是与其他阶级的行动相比，我感觉社会主义运动不仅会带来危险，而且是迄今为止对人类福利的最大威胁。我之所以这么说是因为管理和财政两方面的原因，而主要的问题在管理方面。

我并不否认半社会主义或者政府思想在诸如铁路这样的领域中存在着影响，尽管美国的山姆大叔在机遇巧合之下打破了这种影响。但是社会主义思想似乎非常渴望继续扩大影响而不满足自己原有的状况。在我看来，社会主义通过限制人们的行动和削弱人们的渴望来打磨人们的个性，也通过转移人们精力的方法打磨人们的个性……

在财政方面，社会主义过于贪婪、掠夺性太强、不顾及市场稳定性的重要作用、无视那些公众中积极的信仰。但是这些问题仅仅是表面上的问题，他们激起反对者作出强硬的反应，而从个人角度讲，与这些社会主义者相比，我更担心那些用心险恶的人们。客观地讲，在这一系列行动背后，那些人获得了更大的好处。尽管财富的增加逐渐满足了社会主义对于消除贫困的要求，但是在这件事上，我们所付出的努力远大于收获，不论男女都没有完全从这件事上获得好处。在我看来，用那些有钱人的财富去帮助那些穷人走出贫困是毫无好处的，而社会主义者们却认为这是他们前行方向中的一小步。

在验证消除贫困和不平等的财政政策是否起作用的时候，马歇尔依然很看重个人因素在其中的作用。马歇尔自然而然地提到，与政府所采取的政策相比，自助和互助显得更加重要，无论政府采取的政策多么合理。马歇尔随后提到，他基本上同意慈善组织所提出的各种建议。马歇尔在20世纪早期的很多关于这个问题的言论，无论是在公共场合还是在私下，都暗示了他的这种想法。马歇尔自始至终都持有这种维多利亚式贫困的观点，即使布思和费边都对这种观点持否定态度。马歇尔逐渐意识到，由于像临时性就业、失业、疾病甚至老龄化这些因素对贫困都有着至关重要的影响，除非经济发展，否则贫困问题永远存在。

随着对财产和分配政策的理解，马歇尔逐渐意识到了人为因素对贫困和不平等的影响，尽管没有在现实中得到验证，但是这种想法伴随着马歇尔的一生：

财产只是为利益和人类而存在。我们无法用"码"或者"吨"去精确衡量到底有多少财富，即使是相同重量的金子，我们也无法衡量。真正衡量财产的标准在于它使多少人受益。当砖头、沙子、石灰和木材盖成一栋房子，它们组合之后所形成的财产要远大于之前。然而，如果发生了地震，房子毁坏了——事实上并没有什么东西被毁坏了，因为对人类来说，只是原有的事物以一种非建筑性的形态存在了，可是财产却被破坏了。同样，如果财产的分配极其不平均的话，一些人拥有很多财产，这么多财产已经不会再提高他们的生活质量了。而另外一些人却缺乏物质生活的诸多条件，从而难以享受健康、整洁、充满活力的家庭生活。这就是说，财产的分配状况使它本来应该发挥的作用没有发挥出来，如果那些财产过多的人少一些财产，同时那些财产较少的人可以拥有多一些的话，那么这些财产就能够发挥更好的作用。这样，实际财富会增加，但那些砖头、房子、衣服和其他物质材料的总数却没有改变，只要这样的改变不会影响我们生活的自由和社会秩序，也不会削弱企业、工人的积极性。这种方法当然可以很快改善我们的生活，仅仅是改变物质财富的分配就能极大地增加我们的实际财产，但是人类固有的凶残、自私、粗俗等本性使我们看不到发生这种转变的可能。

工人运动中的自助：工会、合作和分红制

马歇尔在各种形式的工人运动上都强调，要想脱离贫困，最重要的是自助，于是他进一步表明了自己对社会主义的米利安观点。马歇尔向塞缪尔·斯迈尔斯——他有很多著作收藏在他自己的图书馆里——解释，人们应该自己在个性培养和建设上作出努力，知道什么是真正绅士的标志。真正绅士的生活艺术应该既勤奋又守时、既节约又优雅、既健康又朴素，工人阶级的生活艺术既需要有合适的环境又需要自我培养。早期的工会运动从19世纪80年代开始就广为人知了，很多事情的成功需要工人们团结起来，而团结是人格重要的一部分。这意味着那些当局者拥有双重角色，不仅要作为城市的管理者，同时在工会中也要自愿地为联合劳动者们创造条件。同时马歇尔也对工会的原则进行了正式地说明：

（1）只有通过联合的方式才能使工人们获得更高的工资、更短的工作时间，消除应聘的各种限制；（2）只有通过联合才能为工人们争取到各种福利保障，诸如各种意外因素导致的疾病和死亡、失业以及领养老金退休。

马歇尔在皇家委员会的劳动部门任职期间发现了工会的诸多优点，通过将工会与以之前的行业协会相比，马歇尔认为这种新的联盟更专注于对员工的保护，因此他在《工业经济学》中对此大加赞扬，这逐渐显示出了马歇尔那种反社会主义的作风。19世纪90年代末期，事实上马歇尔越来越担心工会失去原有的"解放工人、提升影响力"的初衷。他把这归因于这个组织"绝对平均的口号"太突出了，会使工会"利他"的行为变成典型的"利己"行动。马歇尔在写给贝利奥尔学院一位导师的信中明确表达了他对"新"工会的态度，这封信主要讨论了19世纪90年代末的那次工程师的罢工，那次罢工带来了很大的影响，而且持续了很长时间。马歇尔说他以一种非常兴奋的状态关注着这次罢工。

马歇尔在随后的信中解释道，他之所以对工会有这样过激的看法，是因为担心英国的经济地位，因为在最近的20年中，英国与美国的相对经济地位已经悄然发生了转变，与欧洲大陆国家（如德国、波西米亚、匈牙利）甚至与亚洲的日本之间的经济关系都发生了转变。马歇尔说，之所以发生这样的情况，有些因素是理所当然的、难以避免的，但是有些联盟的主要动机是"创造工作"，而随着他们影响力的增加，他们确实能够这样做，马歇尔认为这种做法害处很大，并且对国家的福利也有很大的影响。马歇尔对长期的安排有着诸多考虑，这使他对英国的联盟主义越来越反感。

> 我经常说，与巨大的财富相比，工会才是英国更大的荣耀。但是我又想起了工会中的少数人只想尽可能地少去工作，而这些人又在工会中占有很重要的地位。最近这些人又完全地统治了工程师协会，这让我很担心。我希望不惜任何代价都要把这些人彻底击败：如果要把工会主义彻底消除了，那么需要付出难以想象的代价，而如果要把这些人击败，我相信并不需要太高的代价。

随着工会无私的丧失和自私的日益严重化，马歇尔越来越羡慕早期的工会运动，同时也越来越清醒地认识到了工人阶级的组织在社会进步当中的作用。在《经济学原理》的后几个版本中，马歇尔都谈到了工会的作用，强调了工会在道德和社会当中的作用，尤其强调了工会在经济发展中的作用。随着马歇尔对工会的认识逐渐加深，他越来越清楚地认识到工会在经济发展中的作用。马歇尔对英国的有效竞争能力表示担忧，因为在20世纪，英国要面对来自美国、德国和日本等国家的竞争压力，在分析了什么样的财政政策对将来的国际贸易是最合适的之后，他写了封信给凯尔德，这也影响了他对工会的看法。

即使那样，在经历了工会发展的种种曲折之后，马歇尔进一步认识到了工会在社会进步中的作用，他可能对工会有很多理想的想法，但是他希望最终能在互相合作的基础上，工会会发挥出应有的作用。在前文中我们提到马歇尔早期支持并参与合作运动，这展现了马歇尔的米利安社会主义特征。方方面面的合作运动，特别是在商业领域轰轰烈烈的活动，都反映了马歇尔想法的先见之明，因此在19世纪80年代到90年代，马歇尔的思想广为人知。专门研究合作运动的比阿特丽斯·韦布对马歇尔的思想有很深的理解。马歇尔在1889年的合作会议上担任主席，她有幸见了马歇尔一面，后来她就自己研究中的很多问题请教了马歇尔，并且在劳动委员会的会议上当面向马歇尔询问了很多关于合作的问题。她在1897年2月23日的日记中这样写道：

飞到剑桥大学后,我给纽纳姆和格顿学院的学生作了演讲,同时和马歇尔在一起待了几天。与以前相比,马歇尔教授变得越来越愚昧了……当一个人想和他谈话的时候,他总是把话题引向他所提出的各种观点,这很容易让人生气,当和他讨论时下争议的问题时,他总是给出一个让人十分吃惊的回答,因为这和所提出的问题根本没关系……他惯于把自己称为一个社会主义者,但是他所主张的社会主义却反对大工业,而且所提出的结论都是一些虚无缥缈的、毫无希望的,如让那些合作生产者和私营企业去相信那些官僚所提出的大机械工业。作为一名经济学家,马歇尔不接受我们对以前的合作运动思想的种种批评。作为一名理想的无政府主义者,他反对大机械工业的民主化,这并非因为他反对民主(如果是的话他会遭受各种批评),而是因为他对大机械工业感到恐惧和憎恨,因为他知道那样会极大地加强民主的力量。所以与民主主义作对正反映出他内心的胆怯和懊悔。

在《工业与贸易》分析社会主义合作关系的章节中,马歇尔表现了那种以"理想的无政府主义"来看待合作的态度,马歇尔的种种观点都深受务实主义的影响。他以经济学上的浪漫主义讨论合作的利害,这为那些促使合作的组织和合作运动之外的企业之间的论战提供了空间。大约20年后,比阿特丽斯·韦布回忆说,马歇尔对待合作运动的那种米利安思想来源于爱德华·皮斯,这使她更容易地了解到马歇尔那种合作的理想主义。皮斯认为合作运动是成功的,对此众人有很多评论,比阿特丽斯·韦布对此是这样说的:"从细节的角度上看,穆勒推行的合作是完全失败的……我记得马歇尔对我说过,他所有经济学思想都受到了穆勒合作生产观点的影响,而马歇尔一直坚持这种观点,并认为我们要想取得理想的成果就得按照这些观点去做。"

穆勒对劳动阶级未来的预测被众人视为经典,穆勒认为,"如果想结束这种被人支配的时代……人类想要继续进步的话",那么进行合作生产是联合的主要方式,这种生产方式要好于那种工作伙伴关系,因为后者依然意味着资本家要处于最主要的地位。主动进行合作生产的各方面力量,以及他们和个别资本家一争高下的能力,都使穆勒对这种组织很有信心,因为这种组织既有个人的自由又极其有竞争力,在穆勒看来,这样的组织是十分有用的、必不可少的,同时也不会带来任何害处。在这种情况下,如果男女在权利和组织的管理上有着平等地位的话,合作企业既主张社会平等又为整个社会谋取最大的福利。

马歇尔在《经济学原理》中把穆勒对合作的观点进行了一般化。由于考虑到现实中的问题,又顾及到自己的理想,因此马歇尔的观点中忽略了两性平等这一问题就不让人感到意外了。理想中的合作社会可能还是一个天真的梦想,对于这一点已有所认识,这可能正是人性中的缺点,因为那些受雇的劳动者们往往不善于管理和经营企业。尽管在19世纪90年代中期,马歇尔还可以用积极的态度看待联合生产和合作问题,但是在他的著作中越来越重视务实主义。马歇尔越来越看重那些能够迅速起到作用的方法，如帮助工人们开创自己的事业以提高自身的社会地位；建议人们在还不能实现理想合作之前，可以采取更为实际的利益共享、局部合作的方式。尽管如此，马歇尔还是对他以前的那些理想念念不忘。

以分红制作为实现全面合作的重要阶段得到了穆勒的认可，同时福西特和布拉西也认为这是应对罢工的好方法，马歇尔在剑桥的同事（也是他曾经的对手）塞德利·泰勒也对此表示支持，这种方式在19世纪80年代逐渐为英国的少数公司所采用，而且越来越多的公司采用了这种方式。在递交给产业改革委员会的报告中，分红制这个词汇多次出现，因此马歇尔对这种雇员和雇主之间合作的方式有着很深的印象。在1889年的合作会议上，马歇尔说："让当代员工直接参与利润分配是一件非常重要并且很有希望实现的事情，这也是合作精神的重要成果之一。"在分红制下发放给员工的红利和大型公司中的股票有着相似的作用。因此，马歇尔在《经济学原理》中对此进行大量论述就很自然了。马歇尔认为这是一种对双方都有好处的做法，一方面员工获得了比工资更高的收入，另一方面公司找到了一种减少冲突的方法，而员工们也越来越愿意按照公司的规矩做事，从而为公司谋求更大的利益，最终使自己付出更多的努力。在随后的章节中，马歇尔谈到："事实上，每个企业都有这种利益分担的机制，或许这种分红制是历来最好的利益分担机制，它需要具体的书面合同，实现一起工作的人的公共意愿，从而使这些人如同兄弟一般。"马歇尔又补充到，这种情况并不是很普遍，或许是因为要达成这种有效的分红机制还存在着很多困难。他在其他章节分析了这些可能的困难："如果能够进行合理的安排，那么对所有人来说都会有所收获……但是很难达成这种分红的安排，而且要想把这种分红机制延续下去就更难了。"在马歇尔看来，分红制只是实现真正合作的一个步骤，而要达到更高的合作水平则会遇到更多的困难。马歇尔的观点有些过于理想化，因为他总是把人性看得过于理想化，因此尽管他把自己的理想勾画得很清晰，但是距离真正实现还是有很大的差距。

是社会主义者还是经济学骑士

马歇尔作为政治经济学教授发表的最后一篇文章含蓄地说到了这个问题。在尝试加入到社会主义阵营的过程中，很多次马歇尔表现得更像一个经济学骑士而不是社会主义者。毕竟，马歇尔曾坦诚地说过，当代几乎每个经济学家都想努力地改善人们的生活水平，而这个问题国家显然做得要比个人出色，从这个意义上讲马歇尔是一个社会主义者。然而对于一个国家来说，马歇尔并不是一个很重要的角色。他关于经济学骑士的演讲和同期的一些著作都表明，他想通过改变预算的方法来对国家的财富进行再分配，国家完全可以在一定程度上对工资和资产采取逐级提高的税率，马歇尔对此一直深信不疑并且一生中都在宣传这个观点。另一方面，马歇尔并不赞同国家参与到生产当中，除了那些涉及公共利益的环节，因为这些环节中的道德意义要比经济意义更加深远（那些私营企业并不能达到人们的期望），还有一些自然垄断的产业。因此可以用米利安的两分法来看待马歇尔的这种社会观，而且马歇尔在其一生中都坚持着这种观点。

《最终权威声明》对私人和企业在生产中之为何具有主动性进行了进一步阐述。正如庇古所说的，当30年后再次讨论社会主义和资本主义的问题时我们会发现，马歇尔之所以反对社会主义是因为他理解到，"不断创新和丰富的资源"才是社会进步的根本原因，而私营企业正善于此道，因为政府在官僚主义的影响下绝对不愿意去承担风险；马歇尔在生命的晚期也承认，股份制公司肯定会阻碍资本主义企业的创新能力。后来庇古补充道，马歇尔在看到国家在航空领域的发展后，逐渐改变了国有企业的生产能力有缺陷这一看法。此外，马歇尔从不认为人们的道德精神水平已达到了能够在社会主义的条件下解决激励问题的水平，在这方面他和穆勒依然有着相同的观点。马歇尔对劳动委员的证人（比如韦布和海因德曼）的质疑恰恰反映出马歇尔开始相信人们的道德水平已经能够进行资本的积累和承担风险投资，而同时马歇尔对分红制和合作所作出的贡献仅仅停留在授课和教学上，这肯定会使某些工作中产生自私自利的行为。在他生命最后几年的一些著作中，包括《经济学原理》的最后版本，都证实了人们的精神道德水平并没有像期望的那样提高，但是也有一些例外，如有影响力的规模较小的宗教群体。马歇尔一直希望改善财产和收入的不平衡状况，他提出用非金钱的方式给予商人们鼓励和支持，例如增加商人们的信誉和商务来代替金钱。

马歇尔既对这些商人有着不切实际的期望，又一直幻想着人性最终会达到一个完美的境界，这都使他的想法太过于"乌托邦化"了，有些像傅立叶和圣西门所提出的社会主义狂想曲，而傅立叶和圣西门所提出的思想正是少年时期的马歇尔所仰慕的，其中所提到的人类进步让马歇尔十分着迷。20世纪20年代早期的一段文字记录了马歇尔思想中现实主义和美好幻想的冲突："马尔萨斯的缺点是太过于小气而且不追求人性的完善，我们一定要避免他的错误，但是也要注意不要走向他的反面。"

从这个意义上说，马歇尔更倾向于社会主义，他在很多方面都接受了穆勒的思想，并且一生中都坚持着这些观点。他一直期望一种更理想的社会组织形式，因此他愿意有条件地接受社会主义的形式，只要不会带来经济上的损失。然而，他所有关于经济学的研究都在证明，只有竞争、个人的激励和私营企业才会使这个社会进步，而在社会主义社会，国有企业若参与到大规模的生产中，上述这些条件都难以实现。事实表明，对收入和资本采取累进税制带来的不利影响被夸大了，就像"户外救济"所带来的不利影响被夸大一样，马歇尔很赞成这种逐渐累进的税收政策，他将这看成是社会主义再分配的一种手段。总体上说，这种政治观点并不为劳动者们所接受，这让好战的社会主义者们多次向马歇尔发出质疑，可以说这也是马歇尔经济学研究的一部分。

马歇尔的政治观

不知道能否更准确地阐明马歇尔的政治观。在半个多世纪中，他已经在大选中参加过多次投票，当然，作为一名成年人他有权利进行投票。自从19世纪60年代晚期获得文学硕士学位并成为一名教师之后，马歇尔有了在剑桥大学进行投票的权利。大多时候马歇尔都是在剑桥大学行使自己的选举权，但在1880年马歇尔是在布里斯托尔参加的大选。很显然，马歇尔做事的原则使他不可能加入哪个政治党派。然而，在19世纪70年代早期，他积极参与了自由改革俱乐部的各种活动，著名的理论经济学家福西特正是这个俱乐部的组织者。同时马歇尔也经常在剑桥的周边组织一些关于政治的协会，通过这些事情可以猜测到，当有机会参与到选举中时，马歇尔肯定会支持激进的自由改革。

许多评论家们把变幻莫测的自由政治主义视为英国政治的跌宕起伏，马歇尔一生中作为投票者的表现正是其中一个缩影。在这些年中，自由党共有五次处于当权的位置：1868~1874年；1880~1885年；因为地方自治的原因，还在1886年的几个月主张了政局（党派当中的反对者组成了自由主义联盟）；1892~1895年；1906~1915年期间，在阿斯奎斯的领导下，全国各个党派共同组建了一个政府以应对当时的战争局面。自由党的政治观念在这些年中出现了很大的变化，这也使马歇尔的政治观点产生了变化，特别是在19世纪80年代到90年代期间。然而并没有什么直接证据能够说明他观点的改变，包括现存的一些书信也没能表明他的政治观点的改变。在布尔战争期间，他与荷兰自由主义者经济学家皮尔逊进行了通信，从信中可以看出马歇尔对工会主义者的支持，索尔兹伯里和鲍尔弗政府也都表达了对这种观点的支持。但是也有例外，张伯伦就是其中之一，张伯伦做事从不讲究原则而且不守信用，后来还取消了自由贸易的政策，马歇尔对这个人很反感，因为张伯伦信奉的是人民党主义。从前文可知，正是在保守党的工会主义者执政期间马歇尔加入了皇家委员会。正是由于马歇尔在多方面的贡献他才获得了这个机会：受邀加入劳动委员会，1903年在内阁的请求下为国际贸易准备合适的财政政策。之所以邀请马歇尔，很大程度上是因为鲍尔弗在剑桥伦理学学科求学的经历。而在这之前马歇尔给福克斯韦尔写了一封信，当时爱尔兰正在主张地方自治，这导致了自由党的分裂，从这封信可以清楚地了解到马歇尔对政治党派的观点："我想我受到了上帝的诅咒。从我个人的角度讲我是一个复本位制论者，并且很支持地方自治，但是在很多时候我不得不违反自己的意愿投票去支持单本位制论者和自由党。"

从上面信的内容及本章中对马歇尔政治倾向的分析，可以总结出马歇尔的政治观，即马歇尔一直坚持的是古典自由主义，在他成长的过程中一直受到这种思想的影响。马歇尔从未放弃对一些东西的追求。首先就是自由（liberty），马歇尔更喜欢称其为freedom，他曾向韦斯科特解释过，这两个词汇对他来说有着相同的意义。马歇尔的一生中有三个人很早就对他产生了影响，这使马歇尔对自由的追求更加执著：阿历克西·托克维尔，马歇尔在19世纪80年代就对他的著作进行了研究，他在作关于美国的演讲时也引入了托克维尔的思想；黑格尔，他关于自由和市民权利的思想在马歇尔的经济学著作当中有着很深的印记；最后也最重要的是穆勒，马歇尔曾向福克斯韦尔说过，穆勒是他最喜爱的经济学家，因为即使马歇尔和穆勒有不同的观点，也会让马歇尔觉得自己的想法更进了一步，这是其他经济学家做不到的。其次是爱国主义，他热爱自己的国家。马歇尔很支持地方自治，因为他很同情布尔人和一战中的德国，意大利让自己从一个殖民地成为一个新的国家而经受了阿比西尼亚的苦难，这都让马歇尔感到痛心，可以说马歇尔越来越英国化的性格正是他追求古典自由主义的反映，尽管这种主义信奉白人至上的种族理念。最后就是自由贸易，对英国来说这是帝国联邦梦想最主要的部分，而对马歇尔来说这是英国避免经济衰退必不可少的措施。马歇尔对自由主义的追求反映他十分重视竞争，同时也支持自由，对竞争加以管理也是马歇尔这种思想的反映。

在了解到马歇尔的以上想法之后，我们可以明白为什么马歇尔信奉社会主义却从未加入社会主义政党。他对自由主义的信奉使他只能把社会主义所描述的理想社会当成人类前进的潜在方向，只是有可能会提高人们的性格、道德水平。除此之外，社会主义的一些思想与马歇尔所主张的经济政治思想都有冲突的地方，社会主义更多考虑生产的问题而不是再分配方面的问题。穆勒一直想知道究竟现实离真正的社会主义还有多远的距离，还有多少的困难需要去克服，马歇尔一生中对经济学的研究很大一部分是建立在这个问题之上，这让马歇尔意识到社会主义的时代还没有到来。事实上，除了资本没有什么能够推动物质社会的进步，进一步而言，人们越来越自私，而不是像骑士一样去奉献，除了金钱以外没什么能够刺激到人们。只有商人们才能够成功地在现在的道德框架下获得人们的尊重和敬仰。从这个意义上说，社会主义主张国家援助而不是个人的成长，互相帮助使整个民族丧失了活力①，马歇尔认为这是社会主义无法改善人们生活的根本原因，但是正是这些所谓的因素和激励的问题促使马歇尔进行经济学的研究，在马歇尔探索社会进步的过程中，他发现经济学永远无法和人的因素完全脱离关系，因此社会主义成为经济学研究的一个重要部分。

因此，可以说马歇尔终究还是个自由主义者，他的很多行为有着明显的自由主义者的特征，他之所以要接近社会主义正是担心自由主义会受其影响。之后，就梅纳德·凯恩斯来说，不论社会主义的劳动者们是怎样的激进者或者改革者，阶级和自身的倾向都使马歇尔坚持完全的自由主义。

---

① 1894年6月6日，马歇尔在给本杰明·基德的信中说："你认为社会主义的真正危害在于消磨了变化和选择的动力，对此我十分赞同，这事关整个民族的利益，无论如何我们不能让这种情况发生，特别是不能丧失前进的精神。"

第 17 章

德高望重的退休者

1908年5月20日，经济学委员会收到了马歇尔辞去政治经济学教授的辞呈，此时马歇尔不到66岁。那个学年结束之后，马歇尔退休了，他已达到当时法定大学教授的退休年龄。马歇尔之所以退休完全是自己的选择，他只是想把更多的时间用在写作上，因为在学校担任教授的话他不得不承担很多责任，而且他1906年还担任了经济学委员会的主席。马歇尔的《经济学原理》第2卷进展缓慢，他本来计划在20年前就出版这本书的，而此时，他只想在自己的年龄和身体状况还没出现问题之前尽快完成它。身体条件虽然也会影响马歇尔的写作进度，但这并不是他决定退休的原因，只能说是一个顾虑而已。13年前马歇尔曾经给哈佛大学的校长埃利奥特写信说，消化系统方面的问题已影响到《经济学原理》第2卷的进度，由于身体需要休息，故而难以集中精力写书：

> 我的健康因素并不会直接影响到我的工作，我也没去看过太多的医生，我只要在饭后好好休息一会，不去讨论，不去看报纸，我的身体状况还是不错的。但是那样的话会对我的工作时间产生很大影响，我得把精力耗费在一些不太重要的工作上。如果我的消化系统不出现问题的话，《经济学原理》第2卷应该很快就可以出版了……

无论退休能否让他尽快地完成这本书的写作，他退休的这个想法确实已经考虑了很久。1901年1月8日，他给凯恩斯写了一封信，信上标着"机密"字样，他说道："如果退休之后我能有足够收入的话我肯定会退休的，但是我不能。如果退休的话，除去我房子的租金和麦克米兰公司给我的支票,我每年只有150英镑的收入。"① 这意味着马歇尔的收入与1883年在牛津大学时的收入相差无几,此外他还可以在投资中每年获得150英镑的收入。这种说法似乎不太可信,因为近几年资本的收益率有所下降,而玛丽·佩利已经和合租人提前支付了房屋租金的费用。由于《经济学原理》的售价逐步进行了打折,因此从麦克米兰公司收到的支票金额也不会很大。马歇尔在1883年曾说过,一个本科研究员要保障最低的生活水平,最少也需要300英镑的收入,而如果马歇尔退休的话,他连这个收入水平都达不到。很显然,勤俭节约不是马歇尔的优点。虽然前几年马歇尔要为他的妹妹梅贝尔治疗忧郁症付出一笔医疗费,同时也为学校的一名政治经济学教师支付薪水,但是到1908年,这些经济方面的问题似乎不会再给马歇尔带来什么问题了。更重要的是,加快写作的速度已经迫在眉睫了,因为从第1卷1895年出版后到1908年初,第2卷的写作几乎没有什么进展。

4月21日,《剑桥大学报道》公布了马歇尔辞去政治经济学教授的消息,因此就有一个教授的职位空缺出来;经济学委员会主席的选举本来拟定在5月1日,最后在5月30日周六那天才进行选举。剑桥大学的副校长在1907年10月4日就知道了马歇尔准备退休的打算,之所以在较晚的时候才向公众宣布这个消息,大概是为了让马歇尔度过一个完整的学年。马歇尔一再强调,自己退休主要是想把耽搁了许久的著作尽快完结。让人觉得意味深长的是,马歇尔说他的年龄已经太大了,是时候给那些年轻人创造一个发挥自己空间了,马歇尔这样的表态表明了他想让庇古接替自己担任经济学委员会主席。

尽管约翰·内维尔·凯恩斯回忆说,在官方宣布马歇尔的继任者之前,马歇尔对自己继任者的选举非常关心,但他更需要考虑的是退休后的事情。在副校长宣布马歇尔退休后的经济学委员会第一次会议上,委员会对所有成员为委员会作出的贡献表示了感谢,也对委员会的领导马歇尔表示了由衷的谢意:

> 当我们得知马歇尔教授准备辞去经济学委员会主席的职位时我们深感遗憾,马歇尔教授已经让经济学委员会充满了荣耀,也为剑桥大学作出了很大的贡献,我们为他担任主席期间为经济学委员会所作出的努力表示感谢,多年来他也对以他名字命名的经济类学校作出了慷慨的支持,我们也要对此表示感谢。

---

① 马歇尔在解释自己想退休时谈到这个问题,说并不是因为他想把时间更多的投入到写作当中。这要考虑到当时福克斯韦尔的收入状况,由于在图书馆和科研上的支出,他想找到一个比剑桥大学讲师收入更丰厚的职位,或许去伯明翰大学担任教授是个不错的选择。而马歇尔不想在这个时候失去福克斯韦尔这个得力的助手,他知道只有自己这个教授的职位能使福克斯韦尔留在剑桥,所以他辞去了教授的职位。马歇尔对福克斯韦尔的收入问题很关心,而当1908年选举新的经济学委员会主席时,马歇尔对福克斯韦尔就不那么支持了。

对于经济学委员会的决定，马歇尔在5月30日作出了回应，也正是在那天选举出了他的继任者，而在几天之后马歇尔发表了自己的致谢词，同时也捐赠了一笔更加丰厚的财产。马歇尔的致谢词收录在了经济学委员的记录簿中，我相信这份致谢词值得我们引用，这样才能了解到马歇尔在这样一个重要的时刻所流露出的感情：

我刚收到政治经济学委员会发给我的通知，对于委员会这个友善慷慨的决定，我致以由衷的感谢。对于剑桥大学经济学的进步有很多事情我都没做到，我相信，在大家无私的团结合作下，委员会一定会完成我没做到的事情。在学校期间学校给了我不少薪水，而有些人只是为了追求真理或是为了学校的发展而工作，不要求什么物质奖励，在我看来这是骑士精神的最高境界。

请允许我再一次向你们表示感谢。在你们共同的请求下，议会批准了经济学课程的改革。也正是你们给了我和经济学委员会无法衡量的帮助和建议，这使经济学优等生考试诞生了而且逐渐地成长，我希望也相信经济学优等生考试会有一个更好的未来。

在我的有生之年我永远都不会忘记经济学委员会和你们每一个人带给我的幸福和美妙的回忆。

马歇尔作出了退休的决定之后，准备以政治经济学教授的身份作最后一次演讲。在经济学委员会发表了感激马歇尔多年贡献的致辞后的当天，马歇尔准备作最后一次演讲。根据麦克格里高的记录，那天出席会议的人并不多："大约只有20人，包括他称为的'他的马厩里的所有马驹'，有一些高年级的学生以及一些本科生。"林达·格里尔，一位即将获得经济学学位的学生为他的这次演讲做了笔录，并一直保存着马歇尔最后一次演讲的内容。尽管这次演讲的目的只是为了总结马歇尔本学期所讲授的应用经济学，但是在这别有深意的一刻，马歇尔利用这个机会回顾了他一生中对经济学的研究。因此，马歇尔在演讲中讨论了度量问题、加总问题、经济发展的概念，并用可变弹性的需求曲线来解释消费者剩余的问题，最后马歇尔信心十足地断言，这种方法会被后代人所接受并永远地流传下去。接下来是关于社会主义和韦布夫妇所推崇的关于政府干预的讨论，以及由此引发的一系列问题的讨论，包括《工厂法》等；还有玛迪内小姐在经济学方面的短处、竞争的重要意义、垄断问题（通过英格兰和德国的铁路合并的事例来进行说明）、德国民主主义的缺乏、国际竞争的优越性和局限性，又谈到集体主义者、社会主义者和无政府主义者运动，其中集体主义者被称为是"世界上曾出现的唯一的无政府主义者"，因为他们一致主张工资和竞争力的脱离。或许马歇尔当时的感受都反映在了他的结束语上，林达·格里尔对此记录如下：

摆在我们面前的是工作和自我牺牲以及随之而来的乐趣。当我们并不刻意地追求乐趣时，真正的乐趣才会到来。每个男人和女人都应该作出某种形式的自我牺牲，男人和女人有各自的责任。掀起新的运动时会带来很多危险，当人们聚在一起而又满腔热情的时候，就要仔细思考一下自己做得对不对。

牛津大学在不断地发起改革运动，而剑桥大学则在不断地培养人才，24年前，我做了一次就职演说，现在我满怀成就感地离开我的工作岗位。社会上正逐渐形成一种风气，热爱国家胜过热爱政党，有时热爱政党会胜过热爱自己，但真理比国家更加值得热爱。

从林达·格里尔的记录中还可以看到，约翰·内维尔·凯恩斯作为会上马歇尔学生中资历最老的一员，在马歇尔发表致谢之后也以经济学委员会秘书的身份做了一个简短的发言。凯恩斯在自己的日记中也写道："在马歇尔的最后一次演讲中，我在结尾的时候做了一个简短的发言，可能说得很不好。"庇古这位马歇尔马厩中的"马驹"毫无疑问地出席了这次最后的演讲，马歇尔去世后，庇古在回忆马歇尔时提到了这次最后的演讲，同时也讲到了马歇尔在就职演讲时的内容，特别强调了马歇尔在一生中对真理的追求超过了政党和其他的一切。根据记载，没有其他的"马驹"出席他们导师的这次最后的演讲，那些管理优等生考试的其他老师也没有出席，洛斯·迪金森、约翰逊、克拉彭、费伊、梅雷迪恩这些本可以出席的人都没有出现。梅纳德·凯恩斯结束了在印度办事处的短暂工作之后，也回到了剑桥的教学团队，但他也没有出席这次演讲。

在选举出自己的继任者之后的那一周，马歇尔通知经济学委员会的秘书，自己要以个人的名义进行捐赠。经济学委员会一直保留着他为学生们捐赠的书籍。他也为摆放这些书籍购买了书架，这也是他礼物的一部分。保证这些书籍能够按时归还成了一个小小的难题，直到后来委员会任命了一个管理员问题才得到解决。1909年1月27日，委员会任命梅纳德·凯恩斯为管理员，随后马歇尔与凯恩斯进行了几次通信。在凯恩斯被任命去管理马歇尔图书馆的一个月之后，他收到了图书馆的捐赠人马歇尔的一封信："如果要在这些我捐赠的书上贴上专门的标签的话，肯定有些不值得，我从来没想过，更不会去支持这种做法。但是现在看来不得不在这些书上贴上标签，那似乎是唯一的解决办法。"

一年之后，准确来说是马歇尔的继任者选出来一年之后，梅纳德·凯恩斯为马歇尔捐赠的书籍制作了一份目录，马歇尔对他表示感谢，并称赞这份目录十分完美，为大家作了很大的贡献。马歇尔还在信中说道："我有很多书，主要是关于历史的，而且都是历史类书籍中比较好的，但是我却很少去读。如果你那里有地方的话，我可以把这些书转赠给你。不用担心会给我添麻烦。"

7月份，他已经开始了在欧洲大陆的假期，他去了他一直非常向往的位于南蒂罗尔的阿布泰塔尔。这次假期使他彻底摆脱了退休之后的种种担忧。而继任者的选举毫无疑问是最让他担心的事。为了让自己倾心的继任者上任，马歇尔甚至不惜伤害了他和福克斯韦尔之间的友谊。我们知道，福克斯韦尔曾是他的学生，也曾长时间和他在同一所学校中共事。马歇尔自己可能都没想到他左右了继任者的选举，最后却产生了这样的后果。

拒绝朋友的要求：马歇尔对庇古出任经济学教授起到的作用

在官方宣布马歇尔退休的消息不久之后，剑桥大学就开始了继任者的选举，组成了选举委员会，委员会的成员如下：时任副校长和圣约翰学院院长的罗伯茨先生担任委员会的主席；八位选举委员会的成员分别是鲍尔弗（剑桥的杰出毕业生，前任部长）、约翰·内维尔·凯恩斯、斯坦顿、索利、英格利斯·帕尔格雷夫、尼科尔森、雷纳德·考特尼和埃奇沃思。这些选举人中，除了埃奇沃思以外，其他人都曾经参加过选举。斯坦顿、帕尔格雷夫和考特尼在1884年福西特去世时也曾经是选举人。埃奇沃思是唯一的新选举人，在马歇尔还担任经济学委员会的主席时，于1908年1月22日才任命埃奇沃思为新的选举人。对即将到来的教授选举来说，这是一次相当关键的任命。从这一任命就可以看出，马歇尔在之前就想通过这一安排得到自己想要的继任者，因为这一任命正是发生在马歇尔向副校长提出辞职之后、还没有向公众宣布之前。

选举最后在5月30日进行，当时有四位候选人：阿什利、坎南、福克斯韦尔和庇古。这一声望极高的教授职位却只有四位候选人，这有些让人感到惊讶。似乎是因为马歇尔的劝阻有些人才没有参加这次竞选。在这次选举10年之后，马歇尔给他的学生沃尔特·莱顿（也曾经是剑桥大学教师）写信说道：

> 查普曼也想参与这次竞选。我并没有向他解释为什么我不支持他而支持庇古，只是告诉他不要来参选，他也听从了我的劝告。但是不久之后他写信给我说，曼彻斯特大学已经决定把他的工资提高到700英镑，而他会一直留在曼彻斯特，所以他想来剑桥的话就不那么容易了。

这段回忆所反映出的关键问题是，马歇尔为了众所周知的自己最理想的继任者而阻止了查普曼。因此，可能在查普曼看来，马歇尔的劝阻代表的是官方意愿，而查普曼以在曼彻斯特为由不参加竞选是一种正常的反应，虽然他以参加竞选为策略从雇主那里获得了更高的待遇。

马歇尔也对其他投票者进行了劝说。马歇尔曾经两次联系了凯恩斯以使他为庇古投票。第一次是在4月30日，在这之前的一天副校长宣布了马歇尔退休的消息。"马歇尔和我会面，谈到了政治经济学教授选举的事情。他对庇古大加赞赏，言下之意就是庇古应该当选。他直接表示了并不希望福克斯韦尔当选。我真希望自己不是投票者。"马歇尔在选举前的三天（即5月27日）又联系了凯恩斯。5月29日，马歇尔又让埃奇沃思去凯恩斯家"讨论第二天的选举"，说服他的三位选举伙伴帕尔格雷夫、尼科尔森和凯恩斯。凯恩斯说："我们知道埃奇沃思是在马歇尔的指使下来的。尼科尔森对此很不满，他认为马歇尔的做法对福克斯韦尔来说很不公平。"

马歇尔有没有去劝说其他的投票人就不得而知了。在选举期间，埃奇沃思正在贝利奥尔学院任职，他当然会遵循马歇尔的意见，马歇尔劝说他支持庇古并不费事。考特尼是马歇尔的老朋友，同时也是圣约翰协会的成员，也在劳动委员会任职。考特尼1918年去世后公开了马歇尔的一封信，从信中可以看出马歇尔事实上曾经多次让考特尼①支持庇古。索利和斯坦顿虽然是选举委员会的成员，但并不是剑桥大学经济学会的成员，如果福克斯韦尔了解这两个人的过去的话，那么他就会知道马歇尔没必要去劝说这两个人为庇古投票。索利曾经是马歇尔的学生，他在竞选道德哲学委员会主席准备接任西奇威克时，马歇尔给了他很大的支持，他在经济学委员会获得学位的时候肯定见过庇古和福克斯韦尔。斯坦顿和马歇尔一起考试，当时是第20名，是三一学院的忠实支持者，马歇尔在1877年竞选布里斯托尔大学校长时也得到了他的大力支持。剩下的选举委员成员就只有罗伯茨先生和鲍尔弗了。

福克斯韦尔也很清楚，在这次选举中副校长会支持自己，特别是在他担任圣约翰学院的导师期间与马歇尔发生了不愉快之后。在选举之后，福克斯韦尔写信给克拉拉·科利特说道：

> 我曾经认为自己会毫无疑问地当选。麦格雷戈预测票数会是15：1。直到选举结束之后一位选举人告诉我我才知道，马歇尔用尽了各种方法来阻止我当选……副校长为我做了力所能及的事。
>
> 好吧，考特尼、埃奇沃思、索利和斯坦顿投了我的反对票：尼科尔森、帕尔格雷夫和凯恩斯投了我支持票。鲍尔弗由于一些政治问题并没有来投票。不管马歇尔会投给谁，加上副校长投出的六票，如果鲍尔弗来并为我投上一票的话，我肯定会当选。

鲍尔弗作为选举委员会的一员最终并没有出席，这件事也很有趣。作为剑桥大学的一位元老，也长期和伦理学打交道，但鲍尔弗的处境确实有些尴尬。当马歇尔在1903年再次向政府提出国际财政政策问题时，鲍尔弗就更加难受了。根据马歇尔的备忘录，当时在总理阿斯奎斯、财政部长劳埃德·乔治的支持下，鲍尔弗成功当选，下议院在5月26日就财政法案和相

---

① 马歇尔在给考特尼夫人的信中，在谈到其他事情的同时也说到他眼中的考特尼是怎么样的一个人："当我迷失自我需要指引的时候，他对我很友善而且给了我很大的帮助，对我来说他是一位杰出的导师。"这封信中提到了考特尼对马歇尔的多次帮助，比如对马歇尔设立经济学优等生考试的支持。

关的问题开始讨论，并在 1908 年 6 月 1~2 日继续，事实上正是等待剑桥大学的选举结束。无论如何，鲍尔弗写信给休因斯说自己已经向副校长请求不参加这次选举。而副校长向鲍尔弗询问他对这三个候选者的意见，事实上副校长是想知道休因斯在这件事情上的看法。休因斯并没有对坎南作出评价，或许是因为坎南来自牛津和伦敦经济学院的出身，所以休因斯和坎南的关系比较亲近，这样休因斯就比较难以作出评价。但是休因斯对其他的候选者却看得很清楚："庇古很有可能成为一个伟大的经济学家……阿什利是最有能力的一位，也是这三个人中最适合这个职位的人……任命福克斯韦尔的话不会带来任何风险，而且可能会得到公众的广泛认可。"假设鲍尔弗是一个谨慎的政治家，那么休因斯的意见使副校长更加倾向福克斯韦尔，这是后来福克斯韦尔想到的或是副校长告诉他的。

周六那天庇古成功成为马歇尔的继任者。毫无疑问，马歇尔对这个自己期待的结果非常高兴。当天晚上他在贝利奥尔庄园举办了一个庆祝晚宴，那些当天无法及时回家的选举人都受邀参加了。根据凯恩斯对这件事的记载，他和尼科尔森都出席了晚宴，而帕尔格雷夫甚至直到第二天才离开剑桥，这也就意味着帕尔格雷夫也参加了晚宴。埃奇沃思一直在贝利奥尔庄园等待选举的开始，因此也出席了这次晚宴。凯恩斯并没有记录晚宴上大伙谈论的话题，只是尼科尔森说整个晚上马歇尔都没和他说话，凯恩斯还写道，第二天尼科尔森对马歇尔的不礼貌举动非常生气，凯恩斯也认为马歇尔的做法有些不妥。而福克斯韦尔在给克拉拉·科利特的信中更为直白地讲述了尼科尔森身上发生的一切，信中说道："尼科尔森在我的花园里走来走去，骂了马歇尔两个小时。"因此，这更加确认了尼科尔森在投票时确实是支持了福克斯韦尔而不是庇古[1]。从凯恩斯的话语中可以看出他也投票支持了福克斯韦尔。帕尔格雷夫作为福克斯韦尔的朋友，他没有什么理由去支持马歇尔，即使他不讨厌马歇尔，但对马歇尔也毫不在乎，从他的《政治经济学词典》就可以看出他的这种态度。[2]

马歇尔心满意足地看到庇古最终成为他的接任者，并且很快就在副校长门前的公告上公布了这一消息。在马歇尔去世后，这些有趣的事情也被人无意中透漏了出来。在《马歇尔回忆录》中，梅纳德·凯恩斯记录了一位叫罗德里克·克拉克的剑桥学生的回忆："我最后一次看到马歇尔是在庇古当选为他接班人的那天下午，那个周末我都在剑桥。周六下午我受邀去和马

---

[1] 福克斯韦尔在 1908 年 6 月 6 日给克拉拉·科利特的信中谈到了学校各方对庇古当选的反应："一位学校理事会的成员告诉我的妻子，昨天不论他去学校哪个地方，到处都充满着憎恨的气氛。坎宁安的管理者告诉我的佣人说，他从没见过剑桥如此混乱、如此愤怒。另一位学校理事会的成员写信给我说，'这样的选举结果会使经济学在剑桥大学的地位一落千丈，就像埃奇沃思去了牛津之后牛津的经济学一样'。"正是因为庇古被任命这个结果使福克斯威韦尔对剑桥产生了强烈的厌恶感，下文会继续讨论。

[2] 琼斯分析说，凯恩斯很有可能投票给了庇古，因为庇古上任后会给他的儿子创造一个更好的条件，对此我不是很认同。想要知道帕尔格雷夫到底投票给了谁就更困难了，尽管福克斯韦尔知道每个投票人在投票时都要考虑周围的气氛所带来的压力，这也是尼科尔森告诉他的。虽然在选举投票当中并没有采取匿名制，但是每个人的投票结果还是保密的。

歇尔碰面。他和我在大厅里进行了谈话，他首先对刚才没和我见面表示了歉意，因为在选举结束后他和选举委员会的成员一起喝了下午茶。我永远也无法忘记他告诉我庇古最终成功当选时他脸上兴奋的表情！"

对于庇古当选这件事，唯一还不清楚的是马歇尔是何时开始放弃福克斯韦尔而支持庇古的。尽管大多数人们都认为，在1903年那次财政政策的争论中，福克斯韦尔的做法使马歇尔开始转向支持庇古，但这似乎不是很让人信服，特别是考虑到马歇尔和福克斯韦尔这么多年亲密的友情。前几章中曾经谈到，当马歇尔不顾福克斯韦尔的反对仍任命庇古为经济学讲师时，马歇尔依然把福克斯韦尔当做自己的接班人，马歇尔说等到合适的时机自己就会辞职而让福克斯韦尔留在剑桥。根据韦布的回忆，直到1906年，马歇尔才有意让庇古接任自己，不用怀疑韦布这些话的真实性，因为这是他在写给阿什利的信中谈到的（那是在阿什利和庇古竞争马歇尔接班人失败之后），韦布说："我无意间得知，在几年前马歇尔就想让庇古接任自己，因此马歇尔竭尽全力阻止你们（阿什利和福克斯韦尔），这并不让我感到奇怪。"

只能大概猜测韦布所说的"几年前"可能是关键的1905年或1906年，当时的优等生考试正处于刚刚起步的阶段。而马歇尔正好能利用这个机会去好好考察一下福克斯韦尔和庇古谁会对优等生考试的发展作出更大的贡献，从事情后来的发展中可以看出，更为年轻的庇古更符合马歇尔的心意。1906年初，马歇尔就福克斯韦尔给学生的授课内容是否有利于学生们参加优等生考试的问题和他产生了争吵，据说第一次争吵十分激烈。在制定1906～1907学年的教学计划时，马歇尔知道被安排讲授1906～1907学年的经济学专题是一个非常困难的任务，因此马歇尔故意减少了庇古之前一年的教学任务。担心自己的优等生考试未来如何发展是马歇尔选择庇古作为接班人的重要原因，因此和福克斯韦尔在学术上（包括自由贸易）有不同的观点是马歇尔和福克斯韦尔之间关系的一个重要特征。

还有很多原因使马歇尔更加不会支持福克斯韦尔。马歇尔在给副校长的辞职信中说他想要一个年轻一些的接班人，这就让福克斯韦尔不那么适合这个职位。在1908年4月给梅纳德·凯恩斯的一封信中，马歇尔暗示自己的接任者必须能够从自己的收入中拿出100英镑给一位经济学讲师，这是福克斯韦尔不能做到的，因为他要供养自己的家庭和维持自己图书馆的存书。作为一个单身汉，这点支出对庇古来说不算困难，这就让庇古向成功当选更前进了一步。在经济学委员决定批准马歇尔退休后，马歇尔写信对此表示感谢，他还在信中说，由于担任优等生考试的教师完全是一种自愿的行动，因此如果福克斯韦尔当选的话会对新的优等生考试的发展产生很不好的影响。① 在选举之后的5月31日，马歇尔写信给福克斯韦尔时还谈到自己对候选

---

① 从马歇尔的角度来看，如果庇古当选会有更大的好处，本来庇古替代其他人担任了格德勒学院的讲师，如果他当选的话就不必再担任这个职务；另外，福克斯韦尔在担任着圣约翰的讲师，而圣约翰学院似乎不太可能让人去教授经济学优等生考试的课程。

人的第三个要求,即"托管人"。这意味着马歇尔的继任者只是学校经济学教学的一个托管人,而庇古当选会更好地提高学校的经济学教学水平。在和福克斯韦尔解释为什么更想让庇古当选时,马歇尔甚至说庇古被人们认为是极具天赋,这也是他更希望庇古接任自己的原因。

马歇尔写这封信的原因是希望他和福克斯韦尔之间的友情能够继续,马歇尔说尽管和福克斯韦尔在很多观点上有些不同,但是两个人已经是老朋友了。他对福克斯韦尔的支持表示了感谢,特别是即使自己有困难时福克斯韦尔也给了马歇尔支持。然后,我们却无法忽略马歇尔话语中的欺骗成分,特别是马歇尔这样毫无诚意地写道:

没有一个人不为你长期而辛苦的工作没获得应有的奖励而感到痛心,即使是庇古最衷心的支持者。

不必尽快地回复我,我知道你一定很难受。①

一天之后福克斯韦尔才给马歇尔回复。在回信中福克斯韦尔表现出了自己的尊严,这与马歇尔的伪善形成了对比。福克斯韦尔表示,自己多年来对工作和剑桥的忠诚因为一个年轻人而被忽视,他感到很难过,他能做到的这个年轻人可能将来也会做到。福克斯韦尔说自己并不怨恨庇古②,尽管自己更希望是败在更有经验的阿什利和坎南手下。福克斯韦尔对此是这样解释的,"这次小挫折"当然会影响自己在伦敦的教学,甚至使自己不可能继续在剑桥工作下去,因为自己已经被一群专家盖上了无能的印记。但是给他伤害最深的就是这些剑桥的朋友——"人们现在都太礼貌了,以至于只有这种关键的时刻,才能看清楚人们内心真正的想法"。特别是马歇尔给他带来的伤害最大,对此他回信说道:"我收到了你的来信,从各方面了解到的信息让我知道你很满意这个选举结果,我知道你为此付出了努力,对此我必须对你表示祝贺。"

不久之后,福克斯韦尔告知经济学委员会自己不愿再留在剑桥,在这个想法产生了四年之后,他终于作出了最终的决定。又一次,马歇尔按照自己的原则作出了抉择,为了保证优等生考试的发展,他牺牲了自己最亲密的朋友。这件事也反映了马歇尔阴暗的一面,即为了达到自己的目的而不惜牺牲一切,包括与同事和朋友的友谊。

一个爱慕虚荣的人:罗森斯坦的画像和其他荣誉

在为剑桥的经济学作出了多年贡献之后,马歇尔准备退休了,接着,对这位英国经济学领

---

① 马歇尔的谎言不只是隐瞒了自己对选举内情的了解(埃奇沃思肯定告诉了他选举结果的所有详情),而且马歇尔说对福克斯韦尔长期的工作没得到应得的奖励感到难过,这也不是真实的,因为在希格斯提出要为福克斯韦尔提高待遇时,马歇尔表示了强烈反对。

② 福克斯韦尔祝愿庇古一切顺利,而且解释说,一个投票人说他没有当选是因为考虑到他"年龄太大",因而无法在这个竞争的条件下规划好优等生考试。

袖的各种赞誉纷至沓来。1907 年初，埃奇沃思利用自己《经济学杂志》主编的身份，代表皇家经济学会建议为马歇尔制作一幅肖像画。这个想法是他和普莱斯提出来的，并得到了皇家经济学会委员会的批准，很多英国经济学教授也对此表示支持，这些人几乎都是马歇尔的学生。埃奇沃思在信中列出了支持这种做法的人的名字，但是也有人根本就不知道这件事。马歇尔对埃奇沃思的夸奖进行了回复，其中充满了虚伪的谦虚和自豪的感觉：

> 你写信给我说，你和普莱斯还有其他人希望制作一幅我的肖像，这让我受宠若惊。我有什么地方值得你去那么做呢？我实在是十分感谢，我的脸实在不值得去做一幅画像，但是鉴于你们的请求，我就不去反对了。我接受你们善意的请求，并对你们表示衷心的感谢。

他们制作了一个小册子来寻求募捐以获得制作画像的资金，十几尼（1 几尼等于 20 先令）以内的捐赠金额送给农渔委员会的埃利奥特先生或皇家经济学会的秘书费雪，超过 100 几尼的可以给执行委员会的秘书福克斯韦尔先生，或者给普莱斯先生，也可以送到在剑桥和牛津的分部"马歇尔肖像基金"。到 1908 年初终于攒够了钱去邀请威廉·罗森斯坦——一位有名的爱德华七世时代的肖像画画家。画像是 5 月份在贝利奥尔学院开工的，那时马歇尔已经彻底退休不再有琐事了。画家记录下了其他人对这部作品的反应，包括马歇尔最亲密的同事、妻子、忠实的女仆萨拉和其他人。被画人的意愿体现在了这部作品中：

> 有些吃惊画像中我的左手那么呆板，我看过很多神态轻松的肖像画，但是没有哪幅作品中像我这样把左手摆出来或是放起来的。所以我希望你能够把我左手的部分去掉或是放起来，我的意思是我的左手拿着帽子放在膝盖上，我的手杖放在左边，就像格茨的《分离目录》那样，希望你明天能够好好考虑一下。

最终在圣约翰学院展出的那幅画中既没有手也没有帽子、手杖或是膝盖，可以说这是画家为马歇尔考虑而作出的折中办法，这也不是他为马歇尔作画时遇到的唯一困难。罗森斯坦多年之后回想起这次创作时遇到的众多难题：

> 当时我受邀去为马歇尔教授画一幅肖像画，他在退休前是剑桥大学政治经济学委员会主席。我得知马歇尔对经济学的很多方面都有研究，但是对其他东西了解得却不是很多，只是关心与经济学相关的问题。和马歇尔进行对话要非常地小心谨慎，因为每个人都说他喜欢咬文嚼字而且喜欢卖弄自己的学问。因此在说话时我尽量慎重点，

尽量平和点，尽量地多担责任，但还是没用；他的话语中不带一丝幽默的成分。幸运的是，他也把制作画像看成是一件很严肃的事情，他很严肃地坐在那里，或许因为他是一个爱慕虚荣的人，而爱慕虚荣的人正是我们画家最好的对象。因此我认为爱慕虚荣是人性弱点中最有益而无害的。

马歇尔曾送给罗森斯坦一本第5版的《经济学原理》，罗森斯坦对马歇尔的礼物表示了感谢，他称赞马歇尔的语言很高雅，认为这正反映出了一个人的性格。下面是令罗森斯坦印象最深的事情：

这本书对人类行为的动机有着独到的见解。最让我高兴的是，你让别人学到你那种做事的方式和高贵气质，而你却并不认为别人比你低一等。当那些有很高天赋的人常常用鄙视猜测的目光去看待别人时，让我感到很悲哀，而在你看来，不论男女，都要坚持走自己的路。在我看来，如果一个人不能给别人带来希望，那么他所追求的科学和艺术就是无价值的；人们都需要前进的动力，如果不能鼓励我们身边的人前进，那我们还是处于人类中较低的层次。我所知道的是，在读过你的著作后，我心中产生了那种奋斗的感觉，我真的很高兴能够了解到你在这么多事情上的思想和观点。

阅读《经济学原理》并不是罗森斯坦了解马歇尔的唯一手段。他还想看看马歇尔在进行专业演讲时的神态，于是他参加了5月21日马歇尔最后的演讲。在那次演讲的一年后，他写信给玛丽·佩利说："我现在还能清楚地想起马歇尔站在讲台前作他完美的最后一次演讲时的情形，能够给他这样在讲台上奉献了这么多年的人做些事情，我真的感到很自豪。"

从这次回忆可以看出，马歇尔在贝利奥尔学院的演讲展现出了他友爱和温情的一面，这是在玛丽·佩利的提议下，罗森斯坦才去贝利奥尔学院帮马歇尔收集素材以制作肖像画。这种肖像画的制作需要绘画者更多地了解马歇尔平时出现的场所以及学校里的各个地方，包括教室。罗森斯坦在去了教室之后对玛丽·佩利说道："你的丈夫给了这个世界如此多的灵感。"在这封信中，罗森斯坦对马歇尔的印象与前文中有些不同。这意味着"虚荣的马歇尔"还是很友善的，从他的演讲和著作都可以看出来。马歇尔的创作还要继续，可是玛丽·佩利提醒他说"他曾答应要去见医生"，可是马歇尔却说自己的著作是对这些医生最诚挚的敬意，所以在没完成写作之前，自己还是不去见医生了。

将来把这幅画放在哪以及这幅画的费用问题也都很有趣。组织者之一的普莱斯告诉约翰·内维尔·凯恩斯，募捐得到的钱足够支付罗森斯坦的劳务费（315英镑），肖像画摹本的制作费用也不成问题。这些组织者们把120个捐款人的名单做成一个小册子，尽管实际上已经有将近 200 人进行了捐款，福克斯韦尔认为这种做法相当不妥，许多捐款的人都不想做这种毫无意义的事，即让人以为自己对画像的制作很支持，他就是其中之一。普莱斯写信给凯恩斯说，福克斯韦尔对给马歇尔制作画像的钱没有任何打算，只让他一个人去处理。后来普莱斯又把这件事详细叙述了一遍，福克斯韦尔辞去肖像制作基金会的秘书是这件事的导火索，普莱斯说道：

> 对此有很多人表示疑问，我只能用官方的语言进行回答，可能庇古的当选让有些人在剑桥的感觉不是那么舒服，所以让所有人出席罗森斯坦作品的发布会不太可能。当这幅肖像画送到剑桥之后，我就不用再操心了，我给了马歇尔夫人一份捐款人的名单。她回复说无论是马歇尔还是她自己都想让这份名单公布于众，这件事就这样结束了。

尽管对普莱斯来说这件事结束了，但是肖像画这件事却还没结束。1908 年末，玛丽·佩利写信告诉罗森斯坦已经收到了画卷，并把这幅画挂在了贝利奥尔庄园的小餐厅中，也讲述了三个家庭成员对这幅画的感受。萨拉对这幅画的评论是"这幅画很好"，玛丽·佩利解释道，这是她口中说出的对东西的最好评价，玛丽·佩利有些难堪地说："不论是从艺术品的角度还是同类作品来说，这幅画都是非常棒的。"她还说道："这幅画我看得越久，对它越有感觉。"她告诉罗森斯坦，到目前为止，只有一位朋友和在剑桥读书的侄子哈罗德·吉尔博看过。然而，她也想邀请更多人到家中共同欣赏这幅完美的作品，也想找一个更为合适的摆放地方。她说道："在我看来那个画框很漂亮，很适合这幅画。这真是一副高雅的作品，也是我最珍惜的物品。它也会让我回想起大伙主张给马歇尔制作画像的日子。"

在这幅能够永远流传下去的画像完成后，马歇尔也给出了自己的评价，他也谈到了埃奇沃思从提出这个建议到完成这件事中所付出的努力："我要说的是，考虑到你在工作中遇到的那么多的麻烦，我想不管从哪方面说你的成果都很让人吃惊。我真的很庆幸，我从没做过那么困难的工作，而你完成了它。"

这幅肖像画最终只是暂时摆放在了贝利奥尔庄园的餐厅，罗森斯坦后来写信请求能够让这幅作品参加第二年初的一场画展，他的请求得到了玛丽·佩利的同意，尽管她对罗森斯坦所提出的画展计划有些搞不明白。《经济学杂志》对外公布了这一消息，同时也公布了为制作肖像所筹集的资金是如何花费的：

> 本刊曾在 6 月份公布了威廉·罗森斯坦为马歇尔教授制作画像的消息。明年 1 月，在瑞金特街的新画廊举行的国际雕刻绘画展中将展出这幅作品。总共有 193 人为

制作这幅肖像画进行了捐款。所筹集的资金除了支付给画家的费用和一些必需的开支之外，还用于制作这幅画的复制品，从而使原画像的捐款人可以以一个很低的价格买到这幅作品。制作复制品的建议是罗森斯坦先生提出来的，这项工作将由埃默里·沃克先生完成，他在这方面有着出色的技术。

这次的画展非常成功，也有人对马歇尔的画像表示了欣赏。1909年1月9日的《早报》评论说："罗森斯坦为马歇尔教授创作的肖像画是这次画展中最有趣的一幅作品之一，也是最能彰显出力量的作品之一。"罗森斯坦后来在谈到马歇尔的肖像画时也表达了相同的观点，这幅作品体现出了"绘画新方向"，并和当代查理·布思的作品一起被其他人视为重要的范例。

贝利奥尔学院

由于马歇尔并不是很喜欢这幅画，所以就不得不找个新地方去摆放原作品。当1909年这幅画回到马歇尔家时，马歇尔已辞去了政治经济学委员会主席一职，而这幅画最终被摆放在了圣约翰学院。当圣约翰学院收到这幅画后，学院的老师斯科特代表学院对马歇尔这种"无私的做法"表示了感谢，这为学院本已丰富的肖像作品集再添一笔。至少有一位学院的成员——即马歇尔的老相识福克斯韦尔——并不欢迎这种做法。在写给内维尔·凯恩斯的私人信件中，他解释了为什么在1922年马歇尔80岁生日的时候没有在贺卡上签字，这表现出了自己有教养的一方面，这封信保存在《马歇尔文集》中：

我没有在那张贺卡上签字是因为我感觉这种做法太夸张、太过分了，但更主要的是因为在选举教授时他对我采用了如此卑鄙下流的手段，当我从阿什利那里知道真相后，我断绝了和他的一切来往。在马歇尔80岁生日的很久之前，由于马歇尔在庇古当选教授时的做法，圣约翰学院院长和副校长多次拒绝为马歇尔制作肖像而捐款，后来为了学校考虑我们还是捐款了。在学校里、在公共休息室里我们可以勉强接受，但是这次我没有任何理由去签字。

多年之后，玛丽·佩利将一幅复制画像捐赠给了马歇尔图书馆。在与罗杰·弗莱伊给她制作的画像相比较后，马歇尔的画像就显得更不起眼了。

尽管学校收藏了马歇尔的画像，可是庇古最终的当选还是给这件事蒙上了一层阴影，不过这不能阻止学校和其他人对马歇尔诸多付出给出的高度评价。1908年6月17日，剑桥大学和其他13人决定授予马歇尔剑桥大学荣誉博士学位。按照惯例，学校的发言人用拉丁语赞扬了马歇尔一生的重要贡献，包括他在数学方面的成就、在布里斯托尔和贝利奥尔学院的工作、政治经济学教授的责任、他的著作以及其他方面的贡献。最后引用了洛厄尔《赞美诗》中的诗句称赞马歇尔：

你是一位既善良又热心的人，
你既有着无畏的勇气又有着独到的远见，
精明，耐心，无畏，
无论用什么优美的词汇称赞你都不为过！

这几句话既有点幽默又有点讽刺的感觉。

在马歇尔得到了剑桥大学的高度赞誉前后，其他学校和一些海外的研究机构也授予了马歇尔荣誉博士学位和其他的荣誉，1893年4月13日，爱丁堡大学授予马歇尔荣誉法律学博士学位，这是对马歇尔"丰富的学识和各方面能力的认可……他的新版《经济学原理》很快就要出版了，这将会是英语经济书籍中最好的一部"。1904年，牛津大学授予马歇尔荣誉理学博士学位。1911年，布里斯托尔大学授予马歇尔和布里斯托尔校长威廉·拉姆齐爵士荣誉博士学位，威廉·拉姆齐也是马歇尔的接任者，这同时也是布里斯托尔大学首次授予荣誉博士学位，但是在10月份举行的典礼上，马歇尔却没能参加。两所欧洲的大学——克拉科夫大学和克里斯蒂安（现为奥斯陆大学）大学——授予马歇尔荣誉法学博士学位。但是刚刚准备退休的马歇尔撰写自传时只是提到了少数几个荣誉学位。

除了学校之外，一些科研和学术机构也给马歇尔颁发了一系列荣誉，都是在马歇尔退休前后。曼彻斯特文学哲学委员会在1892年4月吸纳马歇尔为荣誉会员。1896年8月26日，意大利教育部科学艺术学院一个专门研究道德、历史和哲学科学的机构授予了马歇尔院士称号，这个荣誉让马歇尔产生了用意大利语进行写作的想法。1902年，大英学术委员会吸纳马歇尔为会员；1908年6月13日，法国道德和政治科学委员会也招募马歇尔为会员；1920年，比利时科学学术委员会授予马歇尔极具声望的埃米尔德·拉弗莱奖，以奖励他在社会科学方面与对教育和皇家委员会作出的贡献,这是由该奖项的评审委员会成员共同作出的决定,其中的成员包括前任部长鲍尔弗、经济学家查尔斯·纪德和社会观察家西博姆·朗特里。这些对马歇尔一生的赞誉最初都由玛丽·佩利保存在马歇尔图书馆那个棕色的大箱子里,只是最近才搬走。这些赞誉和怀念都是对马歇尔一生在学术的贡献和非常才智的肯定。

退休后的快乐时光:学习、写作和继续教学

在凯恩斯看来,马歇尔退休生活的大多数时间是"用自己余生的时间和精力去收获自己年轻时的付出"。即使这样,他还是难以改变一些自己的长期习惯。梅纳德·凯恩斯说道:"直到一战之前,他还是坚持每个下午都去和自己的学生见面,尽管都是一些以前的学生,而没有新的学生。"凯恩斯就是其中的一位,他在经历了驻印度办事处和财政部的工作后,在马歇尔退休的最初日子里,凯恩斯经常和马歇尔在一起交流,这种亲密的关系直到马歇尔去世才结束。费伊在那时也经常和马歇尔碰面,在这段时间里,他对马歇尔的了解也越来越深刻,逐渐成为"最了解马歇尔的人"。还有一位就是沃尔特·莱顿,他和梅纳德·凯恩斯同一年加入到剑桥经济学的教学团队中。

对马歇尔来说,退休最开始就是继续学习,他阅读了大量的书籍,包括"蓝皮书"和这期间学生们以礼物的形式送给马歇尔的经济学相关杂志。前文中曾提到过马歇尔在退休之后的一些事情。比如他和贝特森讨论遗传的问题,在马歇尔加入剑桥大学优生学会之后,他还经常和皮尔逊讨论高尔顿的优生学说,他们也经常提到马歇尔在家庭生活和培养孩子上的观点。

马歇尔退休后的大多数时间都把精力放在了《经济学原理》"姊妹篇"的《工业与贸易》的写作上,这些稍后将进行详细的讨论。在退休后,他首先开始的工作是校订,并出版了他《关于财政政策的备忘录》,这是他为政府部门提议的最后一本出版物。

对于1909年的预算法案,马歇尔在《泰晤士报》上发表文章说自己坚持较高土地税的观点,他认为只要将土地税用于提高城市的建设水平,那么较高的土地税就是可行的:

> 我确实给那些城市中的土地所有者增加了一些负担。我认为国家应将最重要的资产用于投资人们的素质,包括身体精神和道德方面。如果让上千万的人们远离绿地,让孩子们不能在上面玩耍,让老人们不能在上面休息,这种做法所带来的害处实在不可估量。在我看来,防止这种情况的发生比提供退休金更加重要。

在写信给《泰晤士报》讨论这个话题的同时,马歇尔也写信给洛德·雷伊讨论这个话题。马歇尔在信中说,这两个问题是财政部长在1903年提出来的,在这之后他花费了大量时间来寻找这些问题最好的解决方案。这就是为什么他没太注意关于预算法案的讨论,即使当有人错

误地引用和理解他的观点时，他也没有站出来澄清。这反映出了在应对这些复杂问题时马歇尔的一贯做法，可以总结为："只相信经济学的理论……对一个覆盖面很大的问题作出一个简短的评价毫无疑问是错误的。"对于前面所提到的问题，马歇尔分析了关税改革、就业、教育、卫生与提供公共绿地方面的公共投资之间的关系。尽管马歇尔说给雷伊的回信"显得懒散而且推理不够严谨"（这其实是马歇尔连续一上午的工作后身体虚弱的结果），但是当雷伊收到信时却很吃惊，因为他感觉没什么能够再问马歇尔的了，从马歇尔的简短答复中可以明白很多问题。对于第一个问题（关于国外关税变化的影响），马歇尔说对这个极其复杂和重要的问题，将在他正在写的《工业与贸易》中进行重点讨论。对于军备开支这一非生产性问题，马歇尔并没进行过多的讨论，自从在布尔战争中看到了国际关系的重要性之后，他认为无法从军备的减少和节制当中得到什么明确的判断。

关于财政政策在国际贸易中的重要作用，马歇尔在退休后的第一个夏天所校订的备忘录中已经进行了论述，而且在马歇尔即将完成的第2卷中也有所提及，在这年的早些时候，马歇尔也就这个问题和埃奇沃思进行了讨论。对于进口关税对需求的影响，马歇尔在备忘录中说到了随着小麦关税的提高而导致面包价格提高的例子。谈到这里，马歇尔回想起了之前他给吉芬提出的建议，由于面包是最便宜的食物，面包价格的增加不会减少对面包的需求，反而会增加对面包的需求，因为面包的涨价会使那些贫困的家庭减少对那些更贵食物的需求。埃奇沃思在一本书的评论中对这个"吉芬效应"表示了不赞同的看法，但是马歇尔并没有对此进行评论。然而，他希望能够澄清自己的观点，因为他感觉自己的观点没得到大家的认可。马歇尔认为应该对这个"吉芬品"面包的消费状况进行进一步的调查了解：

> 每次我想起吉芬在这个问题上的观点时，就不自觉地想对比上层阶级和中产阶级分别在家里、上等宾馆和乡村旅馆中消费的面包数量。我曾经仔细观察过那些乡村旅店中面包的供应。我想说的是，那些有钱人吃的面包连穷人吃的一半都不到，而中产阶级则处于中间水平。这样的事实最终不能说明什么，但是这是对一个假说的有力证明。

供给方的影响可以不去考虑，因为他们会对价格和关税进行调整。由于收成减少而导致的小麦价格的持续上涨在最开始不会很明显，因为小麦的浪费会减少，而像美国和澳大利亚这样的小麦生产国会在面包生产中掺入玉米面或是马铃薯粉，这是埃奇沃思在小时候的亲身经历。这件事很明显让马歇尔感到很恼火。

第二天埃奇沃思又写了一封信，但是内容更加详细。信中说道，10年前马歇尔为了《经济学原理》第5版进行了详尽的调查，这也是为第2卷作准备。这也说明了第2卷书为什么一直没能出版。这本书"首先是一个引言的章节,接下来是讨论其他相关话题。在努力了一段时间后,我发现这个任务太重以至于难以完成,所以我决定选择两三个典型的实例,对其进行专门的研究。从多方面来看,小麦的例子都是我首先要研究的。关于小麦问题的草稿有将近40页"。马歇尔对小麦的产量问题进行了大量调查,为了弄清美国多种小麦品种的产量还特意查阅了大量的科技文献。1904年,英国产业联合会在剑桥举行会议,马歇尔甚至在家中的聚餐后就一直讨论加拿大西北部的小麦资源,尽管他只是特别想与其中的几个人谈谈这个话题。尽管为弄清事实真相花费了大量精力,马歇尔还是不想忽略其中的任何细节。马歇尔一直想让埃奇沃思明白,小麦的供给价格弹性并不是固定的,这与人们通常的看法是不同的,这个弹性取决于国家生产小麦的组织形式。让人感到奇怪的是,马歇尔并不是从北美的小麦生产中得出此结论,而是从自行车和水泥等行业的研究中得到的。他也对埃奇沃思对需求弹性的处理方法感到不满,这个问题让埃奇沃思更加困惑,因为他只是根据现实进行胡乱猜想就得出的结论,马歇尔说:"你不能因为我说需求弹性很高时会下降,就说当需求弹性很低时会上升,你要多多进行思考。"

埃奇沃思对自己的观点进行辩解的书信现在已经没有了,但是这封信的内容可以从马歇尔充满歉意的回信中揣测到。埃奇沃思不想再继续讨论这个问题,在分歧继续扩大前他结束了这个话题,不过要找到一个让马歇尔认可的借口。那些年老的人虽然会变得迟钝,但是会用自己逐年积累的经验弥补这方面的不足。马歇尔在变得老眼昏花之前一直将笔记做得很好,这意味着他不再回应那些没触犯自己根本原则的评论和观点。这封信中也说道,马歇尔越来越意识到自己写作中的困难以及这部著作的价值和重要性:

> 我努力写出自己的想法,包括这些小麦的供给问题,而不会引起其他的争议。我找不出什么方法来解决这些困难,尽管可能不会产生什么争议。我的进度非常缓慢。但是现在我大概知道自己想写什么,这都是些初级的想法,我的思维已经大不如前了,庆幸的是在变得老眼昏花之前,我做了很多不错的笔记。但是我实在不清楚到底是哪个了,这诸多细节和核心问题之间到底有着什么样的关系,我想随着年龄的增加,只有经验才可以应对由这种年老带来的迟钝……

这两位经济学家在这个星期内频繁通信,埃奇沃思要比马歇尔小三岁,他对帮助马歇尔走出这种写作困境很感兴趣。早在19世纪90年代,马歇尔就有些过于追求细节、逐步地得出结论的习惯,这使他的写作进度不像想象中的那么快,比如在完成"市场"这一章节时就是一个例子。在他不到70岁的时候,尽管自己的身体状况还允许,但是他有些悲观地感觉到自己不再像以前那么精力充沛了,而他却顽强地坚决不放弃,这就最终导致《工业与贸易》十年之后也没有出版。这些信件的来往也反映了马歇尔在退休的前几年生活十分轻松，他放弃了自己的主要任务，转而去忙于一些自己认为涉及社会根本价值观的东西。① 马歇尔说，埃奇沃思的回信中既有"温柔的批评"又有"粗鲁抨击"，这样这次争议结束了，这也激发了马歇尔的灵感，他把一句警句送给了埃奇沃思："弗朗西斯是个迷人的伙伴，但是你必须要小心雅西卓。"

其他此类内容的信件并没有太多，意味着这样的事情并不是很多。他还在蒂罗尔给路易斯·杜姆尔写了封长信，讨论当代西欧人口下降的问题，这封信可能花去了他一上午的时间。给这位法国朋友写信似乎不会产生什么正面效果，因为马歇尔不是很在意他的意见，在马歇尔看来："他的建议好像是说我在犯错一样。"从这封信中可以看出，马歇尔头脑中存在一些一直没有改变的想法：为了后代，要根据性别进行劳动分工，注重环境对人类健康的影响。

一年之后，马歇尔给霍拉斯·普伦凯特爵士也回了一封很长的信，他拒绝在"建立乡村生活研究所"的请求上签字，好像说一个简单的"不"也是在浪费自己的时间一样。在这里，马歇尔又以一个经验丰富的老者身份谈到了自己对下一代生活的看法：

> 我知道乡村人有许多生活习惯，就像那些老人喜欢绕着剑桥这个600平方英里的地方骑自行车。我不知道欧洲大路上那个国家的人们能否享受这种单纯的本地生活，当然，斯堪的纳维亚半岛除外。我想这主要是我们国家信奉英国国教，而其他国家不这样，他们极其相信命运对自己的安排，所以他们每周的工作都很辛苦。毋庸置疑的是，农民们的受教育水平不是很高，但是我们要加强沟通，在我们的努力下，《剑桥大学独立报》每周都能出版一次，我经常看这份报纸，就像动物学家会看袋鼠一样。这上面的很多东西都让我吃惊，在我看来，我们每周在这份报纸上刊登的文章，那些农学家们都应该知道。

一些意大利学生写信请求他的帮助也占用了他很多时间。他就意大利的发展问题给曼诺哈尔·拉尔提出了很多建议，主要针对贸易政策以及意大利的知识分子们对商业贸易的态度问题。后来马歇尔坚决地表示："我不再谈论任何关于意大利的问题，直到能找出一个保护意大利当地产业的可行办法。"在给慕克吉的回信中马歇尔说道："如果我回答对我提出的每一个问题，我的书就不可能出版了。正如我不能为一顿晚宴去做全部的菜肴，我只能选择做部分。"尽管马歇尔很担心这样纵容自己的坏习惯会影响到自己写作的进度，芬德利·希拉斯还是写信给他说："我这有几个问题你很可能会感兴趣。"他向马歇尔请教了关于印度物价上涨的原因，

---

① 马歇尔给埃奇沃思的回信的最后一段只是呼吁对经济学中的种种谬论给予抨击，这个任务只能由那些有能力的人去完成，这种做法是必需的，因为即使是最好的期刊，也会偶尔刊登一些无用的言论，就如同自掘坟墓一般。

而马歇尔对这个问题研究了很长时间。

作为一个国际性的知名人物,也有很多人询问马歇尔对这个世界发展的看法。欧文·费雪曾写信给马歇尔,对他把各种物品的国际价值用表格的形式表示出来极为赞赏。马歇尔对费雪的著作《货币的购买力》编写了注释并把这本书收录到自己的图书馆中,这些都表现马歇尔很喜欢欧文·费雪的赞赏①。本来在19世纪90年代马歇尔经常和美国的朋友通信交流,在这个时候开始变为不时的交换作品和圣诞卡片,特别是1908年后和克拉克的交流,但是也有些例外,如陶西格和塞利格曼。

许多穿越大西洋的交流都是不得已而为之的。比如和年轻的摩尔(1869—1958)就是这样。这起因于马歇尔对摩尔的《工资法》没有及时回复,摩尔可能在前几年寄给了马歇尔这本书。马歇尔解释说自己没及时回复是因为自己实在太忙了,而且牙齿的问题使他不得不在家进行治疗。他只是大略地看了一下这本书就进行了回复,这可以看出马歇尔对这种只是单纯的询问越来越没有耐心了。马歇尔说"即使只是象征性的回复也让我很烦躁",这似乎也说明了马歇尔对依靠数据去解释关键的影响因素这一做法越来越表示怀疑。因此,马歇尔很怀疑摩尔的工作能否带来突破性的进展,尽管他自己也鼓励这种尝试。为了表示对摩尔工作的尊重,马歇尔只是象征性地进行了回复:

> 我现在工作的精力越来越小,很多事情我无法做得尽善尽美,因为我要腾身去写作。谈话使我变得很疲惫。所以说,如果邀请你来剑桥和我聊天对我来说可不是什么好事。但是如果你想来剑桥拜访其他人,或者想与我和夫人一起吃顿午饭或下午茶的话还是可以的,我们可以一起聊聊天,我想我会很高兴认识你。
>
> 下周五可能不太合适,但是其他时间都可以,如果你准备来的话,我肯定会奉陪。

事后,马歇尔给埃奇沃思写了一封批评摩尔著作的信,信里把摩尔描述成一个"噩梦",以及把他的著作看做"这是1875年以来我见过的最长的废话",随后,这一看法又在争论美国贸易自由和贸易保护的"统计表"下激化。马歇尔在写给埃奇沃思的信里简化分析该本质时也有错误:幅度不是0.5%或者0.7%,而是50%或者70%。摩尔减少了被邀请的人数,目的是为了不向赠与者征太多税。然而,摩尔虽然不认为马歇尔是正确的,但他依旧把那封信视为坦率的批评。后来摩尔回忆说,大概十年之后,马歇尔给他写了一封信感谢他的《经济生产周期》这篇文章,这表明马歇尔对摩尔的方法论极为认可。

---

① 马歇尔对费雪《货币的购买力》一书的注释表明了他对自己所支持的货币理论的浓厚兴趣。在给博纳的信中,马歇尔评论说他对货币混合本位的构想太过陈旧,这个想法早在19世纪80年代后半期就被首次提出来了。

马歇尔写给摩尔的信表明，在自己 70 岁生日的时候，那些贝利奥尔庄园拜访者的拜访时间是需要被配给的。费伊回忆，这样一种（给拜访者的）时间配给体制是从 1918 年开始的，那时候马歇尔和马歇尔的夫人会预先通知说"你不会停留太久"，当回忆 1923 年最后一次拜访马歇尔的时候，费伊"被配给的拜访时间为 10 分钟"。一战前，费伊每年一般会去拜访马歇尔一两次，大致是为了回应马歇尔在 1910 年向他发出的邀请：星期六很适合我们相聚，我们应该在 7：45 吃晚饭，我们会为你准备一盘主菜，除非你不同意。

在马歇尔退休早期，梅纳德·凯恩斯也是贝利奥尔庄园的常客，同时，马歇尔也借给凯恩斯一些自己用同时也是给学生用的书。在 1910 年和 1911 年，他们对皮尔逊在父母酗酒和遗传上产生的看法有很大分歧，但玛丽·佩利同时也提醒说，过度兴奋对马歇尔的健康不利。马歇尔也热烈祝贺自己非正式但有前途的学生梅瑞狄斯在 1910 年取得了讲师资格，他说"你能取得讲师资格我感到非常高兴"。马歇尔也就缓慢的工作进度向凯恩斯抱怨：哎，我的工作好像永远完成不了似的，那些本来可以做的事情我却都没做。

同样，马歇尔轻易就可以排出时间来祝贺沃尔特·莱顿与多萝西的订婚，"玛丽跟她很熟"；赞扬他在《经济学家》上的工作并且恳请他继续任教；在所得税统计计划及其使用与解释的威胁性给出了技术性建议。在这一系列建议中，马歇尔偶尔会表现出与自己年纪相仿的举动，在这时候，莱顿的一封信里通过亲切问候表达了这些建议的鼓舞性："当一个人慢慢变老时，在他的亲属和朋友之外，对于他来说最珍贵的事情就是教育年轻人，特别是当他满怀期待地认为年轻人能做到某事而没有做到时。"

在一战前的这段退休时间里，马歇尔偶尔也会涉足大学改革，特别是在 1912 年，这类事情又被提上剑桥大学议事日程。一封寄给亨利·杰克逊（西奇威克的同事及一个活跃的大学改革者）但没有注明日期的书信抄写本建议了一个分等级的大学生奖学金资助计划，其参考的是学生父母收入以及自己学业成绩，而且为了保护个人隐私，提供奖学金时应采取匿名的规则。这封信也表明了马歇尔当学生时候的贫穷以及所承担的困难。

在同一年里，马歇尔就大学事务问题给曾经的学生克拉彭写过很多封信，他当时供职于大学改革委员会。第一封信有关教授职务，或者更一般地说是关于教育工作者职务及其任免程序的。马歇尔认为，"教授"这个职务适合于那些"进行高品位的研究并且与教学相结合"的人。6 个月后，马歇尔写信阐述了在牛津和剑桥里工人阶级学生的问题，他不打算纵容这些问题的发生。这表明了他渴望参加大学改革会议，表达了与杰克逊不同的看法。鉴于牛津和剑桥大学的传统住宿体制会给工人阶级学生一个痛苦经历，除非他们能过度消费，否则他们不可能与其他学生有平等地位，这类学生应当被鼓励上一些非住宿制学校，在那里他们才可以更加公平地竞争。剑桥和牛津应当把公共基金集中在研究国家福利的影响上，以此来弥补这个缺陷，并且符合国际责任，过去的研究应当让个别富裕者提供资金。由于一些传统主义校长的反对，次要学科教育在这一点上难以改善,因为有用的大学教育需要好的科学根据。马歇尔没有在中学课程里引入经济学,其原因可能是他一直坚信也一直向其他人讲的,经济学是一门复杂的学科。总之,马歇尔认为人和人沟通的方式要视情况而定,所以不能和克拉彭在公众面前见面,虽然这不是"私人"通信,但他也不想克拉彭以公职身份来收信。1912年年底,马歇尔才真正从曾经积极参与的大学事务中隐退下来。

战争期间富有道义的工作(1914～1919年)

1914年8月4号,英国和比利时向德国宣战,以回应前一天德国对比利时的入侵。一个星期以后,也就是8月12号这一天,英国和法国向澳大利亚宣战。一战正式打响之后,德军粉碎了在现代理性主义里作为和平和文明动力的信仰。正如马歇尔担忧的一样:战争双方大量武器的更新已经把战局引向了一个悲剧,而这种悲剧被越来越多的极端爱国主义者加剧,他们鼓吹说,只有英国的军队才有可能阻止德国成为世界贸易中的霸权者和领导者。"海上力量将是衡量德国和(德国成为)国际统治地位之间的最后一个标准",这是本杰明·基德在1910年4月的《双周评论》上抛出的立场;《泰晤士报》关于这个问题更为直接的表达是:"这不是一场自由贸易,但是我们军队的勇猛……我们在海上的支配地位……创造了大英帝国及其贸易。"战前,这些受人尊敬的权威者的评论足以让马歇尔一家在冲突来临之前就产生强烈的心理波动。1915年8月,南蒂罗尔在意大利向联盟军宣战之后成为主战场之一,爆发后的战争不仅终结了马歇尔一家几乎每年一次到他们所深爱的南蒂罗尔的夏季旅行,也产生了由于被德国式的生活同化后所带来的深思。

在战争爆发的第一个月里,马歇尔写给《泰晤士报》的两封信中流露出了对这个冲突的深入思考。第一封信写于8月22号,马歇尔在信中指出,英国发动的战争不仅是一场自卫战,同时也是援助比利时和法国的战争,他又呼吁人们应该摒弃那些"过分的"、"耸人听闻的故事"以及其他一些形式的煽情文体,以使对"德国人的控诉"变得更有说服力。

> 那些了解和热爱德国的人,即使是在恃强凌弱的军国主义越来越盛行的年代,也应该坚持:虽然我们有充分的理由与他们作战,却没有理由蔑视他们。例如,在一些出现敌对行为、战争法因而遭到破坏的部分非战斗区,在没有得到允许的情况下,也不会出现他们残酷地射击平民的报道。德法战争爆发后的一个冬天,我在柏林听到朋友愤恨地抱怨说,英国人一相情愿地认为那些没有抵抗能力的平民正在遭受他们的虐待。但是我相信,作为一个民族,他们在道德、亲人、友谊的感召和影响下,是异常诚心、正直、敏感并值得信任的。所以,他们的强大让人害怕,但却不能被诋毁。因此,尊重他们是我们所关心的,也是我们的责任。我们也要意识到,我们渴望他们的

友谊，而不是与他们战斗。

第二封信发出的一个星期后，马歇尔所表现出来的包容心并没有使德国人觉得他是一个和平主义者。在冲突开始之前，马歇尔还曾拒绝在一份反对英国参战的请愿书上签字，其理由是"和平与战争问题是一个民族问题，但是我们对待它要像对待我们自己的利益一样。我坚持认为，如果德国人侵略比利时，那么我们应当立即行动起来，并且马上对德国宣战，我也知道我们每一个人都会这么做的"。马歇尔在他的信中继续说，他的职业感让他早在1900年的时候就感觉到了德国的虎视眈眈，当他浏览德意志地图时，清楚地看到了一个总的德国联盟，地图上很多国家的疆域都被划入德国，并且（德国）以此来取悦它的国民，马歇尔也曾就这个问题跟德国以及澳大利亚的军人探讨过。然而，对德国人的暴行报以"愤怒式的情绪"，对于取得保障性的胜利没有任何帮助……有时候甚至会直接加剧双方的屠杀，疏远那些"厌恶战争的剥削同时又对侮辱自己祖国感到愤怒的德国工人"。当记者问马歇尔是在谁的鼓励下发了第二封信时，马歇尔回答说真正的懦夫是那些只会不顾一切地使用侮辱性语言来展示他们勇气的人。

马歇尔对与日俱增的沙文主义（大民族主义）的威胁将会带来战争感到担忧，但这并不仅仅是他作为一个普通人对战争的反应。10月份，一封寄给皇家学院的谢帕德的信表明，马歇尔渴望为那些比利时难民尽些绵薄之力：

> 我没有经历过"高血压"，所以没法谈论它。因此我和我妻子谢绝了来自比利时医院所提供的权利。但是我的妻子刚去克拉彭（英国伦敦西南部一地区）打听你是不是为他们工作，并且想问能否通过你让我们帮助他们。她已经带回来了推荐信："他们提供我们去比利时的一半费用。"如果可以的话我们很愿意那样做。你能告诉我，我应该邮寄什么东西和邮寄到什么地方吗？

战争时代平民的困境在另外一些方面影响了马歇尔。1914年10月，一封寄往《泰晤士报》的信谈到了平民百姓的责任以及义务问题，马歇尔把矛头指向了入侵的军队。在信中马歇尔表示，支持《泰晤士报》呼吁在这一问题上实事求是，以此来帮助比利时政府应对当前所面临的困难——无法有效地安置难民。同时，这封信也揭示马歇尔公平处理了在战争中各方须承担的责任：

> 每个国家和军队里都有恶棍。众所周知，那些罪恶群体经常制造混乱和灾难，以此来进行隐藏性的掠夺；同一个等级的士兵更倾向于激怒平民，然后以某个理由对其进行惩罚，以达到去除障碍、进行洗劫的目的。但是，很多的问题看起来似乎并非由

恶棍制造的，只是这些人毫无节制地把自身置于酒糟中。他们有的时候随意放火，有的时候随意发怒……犯下了没有理由的大屠杀，但他们似乎不打算承担责任。虽然他们记忆混乱，但他们也明白，编造出那些让长官更容易接受的故事，要比一群乱民以一种奇怪的并非完全一致的口吻来形容同一件事情好。

战争中的其他通信联系都与技术问题有关，而这些都落在经济学家马歇尔的责任范围内。一封给刘易斯·费伊的信中提到，由国内收支重新分配而导致的与战争相关的失业风险，可能是由于政府政策或战争所引发的短缺所造成的。被马歇尔当做支持国家持续发展的物质条件和战争政策的奢侈品，其重新分配政策应逐步实施。这样会使由奢侈品消费所带来的就业逐渐枯竭，且带来大的波动，也不会给任何人带来大的伤害。马歇尔把奢侈品定义为：所有为保持个人或家庭成员身体或精神能量最大化的非必需支出，这一观点被马歇尔的忠实支持者阿贝（德国才思公司的经理）所支持。当然，也可能存在更直接的替代可能性。无关紧要的国内工作人员，除非年纪太大不能改变"职业"，否则都可以在西部战线就业；私人司机可以接送全国各地休养的士兵。在必需品和教育决定配给政策是否适宜的国家里，可替代的原则同样适用于缓解基本消费商品（糖、粮食、牛奶）的短缺。例如，牛奶的短缺尽量不要影响到儿童和残疾人的使用，粮食短缺可以通过改变受教育人的饮食习惯来解决，也可以通过减少在生产啤酒和酒精的过程中不必要的浪费来解决。

阿尔弗雷德·马歇尔（1885年），当选为政治经济学教授

一般来讲，如果航海路线畅通的话，马歇尔就不会担心战争期间的失业。由于战争期间对劳动者特殊技能的要求，战后的替代可能会受到约束但不会被消除，这导致战争后的劳动力市场调节将会更加艰难。在战争中，建筑工人的失业预期会增加，因为战前的合同已全部完工。这个问题需要对战后计划进行一个合理的想象。因为马歇尔预期，战后建设的房屋应缩小尺寸，降低人们的居住标准，这是战后调整的必要部分。

虽然我认为德国应该被迫对比利时和法国进行赔偿，但对于战争结束后的预测，我从没有考虑从德国获得赔款。德国指控说英国会由于肮脏的商业影响而被盟友孤立，我认为这样的指控得不到任何人的认可和支持。我希望我们所有的需求都将是朝向持久安全、集中打击其军事野心的目标发展。

马歇尔在信中附言表示,应该为那些"不修边幅"的信件道歉,那些信件他本来应该重新写的。然而,"短时间内不间断工作"的习惯已成为他没有这样去做的一个隐含理由。这更使他避免写信和交谈,为的是防止他的著书工作因为虚弱的身体而更加缓慢。

到了1919年,马歇尔改变了其一贯反对的德国对英国的战争赔款——相反认为英国应该获得适度的赔款。马歇尔在写给博纳的信中解释说,这种适度的赔偿最好是通过转让领土和(德国的海外)投资,而不是转让商品。他的理由更多的是基于"道德"因素而非经济因素。根据吉芬对于普法战争后法国对德国的赔款分析,马歇尔说那个时候他就认为吉芬夸大了战争对德国经济造成的影响。马歇尔在看到德国沙文主义的代价增加时,就已经看到了胜利的曙光。这极大地增加了德国商人的信心——那些在过度赔款所导致的经济萧条中就被消磨殆尽的信心。马歇尔补充说,他强烈想要发表有关当前经济和社会问题,以及"德国面貌中善良和邪恶以一种奇怪方式结合在一起"的看法。鉴于复仇精神以及刚刚结束的旷日持久的凡尔赛和平谈判,马歇尔以"大多数写这个话题的人看起来从来都不会作为战友与德国人产生关系,也只会数落德国的罪恶"为事实,作为要求德国索赔的合理性。不幸的是,马歇尔的计划没有实现:"我的力量消失得很快,许多准备了一半的材料只专属于我自己,它们将随着我的葬礼火化,所以那些不是由我直接负责的问题,我不敢写相反的意见。"

战争年代,无论是在私人的还是公开的信件里都提出了相似的问题。1915年,在马歇尔给陶西格的信中,他说虽然他"从头至尾热爱着德国人",但由于殖民地对德国的军事意义而非经济意义,所以控制这些殖民地是必要的,并且他为英国军事封锁中立国到德国的航运进行辩护。马歇尔对未来表现出严重的忧虑,因为"前景是不光明的。在这种状态下,比当前战争让我思考的更多是下一场战争"。在与凯恩斯的早期信件中,马歇尔表露了他的担忧。为使德国人挨饿而进行海上封锁是通过牺牲英国下一代的巨大代价而实现的:"我将活不到(英国与)德国的下一场战争,但我想你们可以。"而且,现在的海上封锁意味着,在下一次战争中,德国将大力展开潜艇作战以破坏英国已经成功实施的封锁。

在1915年早期的时候,马歇尔写信给凯恩斯说,由于不了解战争防卫事宜的一些细节,他没办法出版一些有关战争问题的书,"免得说我在捣鬼",他说。然而,那年年底,马歇尔被彻底激怒了,他向《泰晤士报》的读者发表有关德国牛奶供应充分性的演说,而这些对德国孩子以及其他无助百姓极为重要。那封信是在当天《泰晤士报》从《科隆宪报》转载的一篇文章的刺激下写成的。有人宣称英国的封锁使得无辜的德国民众福利受损,而马歇尔质疑这种说法,还引用了长期被德国经济学家浮夸的说法:由于优良的农业方法以及天然奶制品的进口(大部分的进口途径非海运),德国本土牛奶供应充足。马歇尔指出,把脂肪奶制品通过

"甘油制造商来制造炸药"看起来更是一个牛奶供应短缺的真实理由，特别是从美国成为德国最大的"猪油和人造黄油"供应商以来。马歇尔回忆说，德国在法普之战最后关头对巴黎过分的食物封锁，使他对现在德国的遭遇并不感到惋惜。然而，这封信的权威性在某种程度上被减弱了，因为马歇尔在第二天承认说他之前用的德国大量进口油脂的数据已经不慎被大量更改了，尽管这种更改会由于德国发布的高度自产的油脂数据而倾向于支持他的论点。

战时金融和相关的征兵问题的各个方面在战争早期时候也困扰着马歇尔。1915~1916年，马歇尔给梅纳德·凯恩斯写了大量的信件论述增税的必要性，他表示，如果增税有用的话，他将会写信给《泰晤士报》以支持增税。马歇尔警示凯恩斯说，"过分依赖美国资本市场来筹集战争贷款以及过多的黄金出口到美国将导致英国潜在性的通货膨胀"都是很危险的。同时，他还建议强制收购那些属于英国的美国投资以用于战时公债，同时应启动国家强制储蓄机制。在马歇尔看来，12小时的轮班和青年工人所支配的"巨额资金"将会是"最大的国家灾难"，除非能将这种过分增长的收入用于增加国家储蓄和减轻战争的影响。马歇尔补充说，这种思想最早开始于"一封由拉文顿写给庇古的信"。

一个月以后，马歇尔建议对那些试图逃避兵役义务的人实行严厉的财政处罚，考虑到他这一观点对剑桥经济学家们所起的微妙作用，马歇尔很有礼貌地把这件事情告诉了梅纳德·凯恩斯，凯恩斯由于战争期间在国库工作，所以从某种意义上说他算是逃避了服兵役义务。

> 一些人无论是由于志向还是其他原因都讨厌服兵役，他们宁愿立刻死去也不愿意服兵役，这些人通常都很勇敢，只是他们在军队中会产生负面影响，但是他们当中很多人——也许是大部分人——都是很爱国的、无私的，只是会偶尔开小差、逃避责任。
>
> 常用的比较好的方法是找一个替代自己服兵役的人，给他们支付一定的报酬，以这种方式保护自己。但是这种做法只受富人喜欢，对穷人而言则是一种侮辱。
>
> 到服兵役年龄的未婚男士，如果本国不需要他们服兵役，并且本人不愿意去前线，那么他拿出总收入（不包含税收）的1/3贡献给战争即可被免除这一项义务。那些持反对观点的人也不反对这一提议。针对一些特殊情况，如一周收入少于一英镑，并且要供养病残亲人的，要求会降低一些。
>
> 对我来说，这样的安排能够实现阿斯奎思的承诺，也能给军队带来所有应该服兵役的人。如果你认为合理，那我将写信给《泰晤士报》。

马歇尔并没有就这个问题给《泰晤士报》写信，似乎梅纳德·凯恩斯反对这样做，他可能意识到这将给布卢姆斯伯里的朋友们带来麻烦。马歇尔在下一封信中表示赞同这个观点，逐步增加征税，他认为这是让阿斯奎斯同意这个问题的唯一方法。马歇尔的确写信给《经济学家》，强烈支持增加战争税收。为了答复道森先生那一年的邀请，马歇尔为战后问题写了一篇关于"战后国家税收"的文章。在这篇文章中，类似于增加税收的请求被当做战后重建的一个必需方面。这封给《经济学家》的信中提到，马歇尔建议对酒增加税收。对普通消费品有选择地征税，如肉可通过管理屠宰场来实现。然而，主要还是得通过提高对个人收入和资本的征税。战争期间征收的资本税负面影响有限，因为战争使资本流动困难，并且在任何情况下，临时税收不会造成很深的影响。在当前的经济系统下，个人所得税的增加会引起社会公平问题。

在困难重重的情况下，马歇尔依然能够作出卓越的贡献，即将税收公平提到一个更宽泛的范围。虽然马歇尔承认邀请他参与战后政策的制定具有"诱惑力"，但是这一请求还是被拒绝了。马歇尔为此也感到十分遗憾。由于身体原因，工作速度提不上，而且再拖延下去会造成《国家工业与贸易》无法出版。此书本应该在7年前出版，而现在仍未完成。也许马歇尔的这一回复带给道森莫大的鼓舞。剑桥大学议会要求大学成员尽可能地向国家有关机构提出申请，支持马歇尔的最终决定通过。到1916年6月，马歇尔向道森汇报说自己工作有较大进展，同时也提到这些进展花费了他大量时间，也增加了章节的长度。道森的回复是，建议马歇尔"自由发挥"，不必担心版面的问题。这一态度向马歇尔暗示，道森接受了分派给他的其他领域的复杂项目。

该章于1917年分两部分出版。第一部分是关于战后合理征税的范围以及税收的合理分配；第二部分是有关战后新的国际环境进口税收的问题。马歇尔为使战后增加税收负担的危害最小化，按先后顺序将现有的和潜在的文件列示出来，通过这一方式解决该问题。马歇尔偏好的做法是，根据增加的毕业比率征收所得税。但是，他提出了这项措施的两项困难。第一个是与公平有关，这在他写给《经济学家》的那封信时就注意到了。第二个是，在战后对收入进行双倍征税可能会带来的害处。如果存款能从所得税中去除，并且债务能够按照人们的税后收入来调整，理想状态才能够实现。马歇尔还提出了一些新的税收。虽然还不完善，但是免除后的所得税可以用累积的房屋消费税来代替。另外，该章建议在饭店、宾馆、国内航线、汽车以及广告行业逐渐推进累进税，并且注意日用品税收的风险，因为它们能够转变分级或者逐级减少理论收入。

该章的第二部分讲述了以进口税拉动财政收入的风险。马歇尔首先提出了这种税收对产业结构特别是对出口商的不利影响。不合理的进口税将会影响国外对英国出口的需求，同时这种税收也会带来英国进出口比率转变的困难。马歇尔不赞成用进口税收来保护英国产业，他使用了一些熟悉的论据，以说明这项措施并不能挽回英国工业已经失去的竞争优势，同时这也不能对农业起到保护作用。伦理政治结合经济方面的考虑强化了一个结论：大范围的关税保护体质会使英国失去经济竞争力,这与战争的代价相差无几。政策的好处会限制工业部门的独立。这些好处的获得将以更大地伤害人们为代价,经济增长将会因战争抚恤金和战争债务而迟滞。正因为如此,马歇尔始终坚持他的自由贸易观点,尽管早期的辩解是以增加大英帝国的凝聚力和联盟的强化为目的的。

在他最后一篇给《泰晤士报》的文章中,马歇尔发表了他对过去战争经费的看法。彩票体系中被批判的部分是,溢价债券为了获得极微量的财政收入而背叛了国民与生俱来的权利。文章中重申了他对赌博的强烈反感,他认为这是一种极其荒诞的娱乐,并且这种病态娱乐方式经常会破坏家庭。马歇尔的证据有二,其一是"周到的德国人和澳大利亚人"居然把赌博业视为其国家强盛的来源之一;其二是马歇尔在视察了赌博度假村后,那里不健康的紧张表情给他留下了深刻的印象。

重要的是,马歇尔在经济、道德以及军事方面的兴趣使他失去了写作时间。退一步说,更大的困难阻断了战后到南蒂罗尔远足,不是外伤、旅行、年龄和迅速地失去健康,而是夏天的消逝加剧了马歇尔的虚弱。值得庆幸的是,马歇尔没有活着看到战后的全部影响,20 世纪 20 年代末,全世界很快陷入到第二次世界大战的阴影中,这就像他在 1915 年年初写给陶西格和梅纳德·凯恩斯的信中预期的一样,凯恩斯的《和平的经济后果》一书充满着悲观主义,复仇主义内容使马歇尔特别高兴。这种感情与他的剑桥生涯相符,他这样做是想引导那些没经验的年轻人,并且平息那些反德情绪,马歇尔通常都是通过在《泰晤士报》发表文章去这样做。

尝试与以前的学生保持联系:对退休后的时间格外珍惜

马歇尔去世后不久,玛丽·佩利向沃尔特·斯科特回忆说,除了直系亲属之外,马歇尔只"真正在乎过他以前的一些学生。他经常提到希望见到他以前学校里的老朋友,但是他没有足够的能力保持这些友谊和工作"。马歇尔在乎的直系亲属很快都相继离开了人世。1907 年,马歇尔最喜欢的 89 岁高龄的路易莎姑姑去世,最喜欢的妹妹梅贝尔在 1912 年去世。两个年轻的侄子在战争中去世:亚瑟死于战争伤患;梅贝尔最年轻、年仅 22 岁的儿子西里尔在 1915 年去世。所以,一部分马歇尔以前的学生和经济学教师可以给予晚年的马歇尔友谊上的安慰。

这样的友谊是通过信件和偶尔的拜访来维持的,这首先表明马歇尔十分关心他最喜爱的经济学学生,也赞赏他们在公共生活所取得的荣誉。所以在 1917 年,当梅纳德·凯恩斯和沃尔特·莱顿分别被授予大不列颠司令勋章和英帝国司令勋章时,马歇尔在贝利奥尔庄园写了封热情的祝贺信。他们在经济和相关课题的著作也被他们前任老师以类似的语言所表扬。1915 年,费伊因其在 1800~1850 年对生活和劳动力的"令人着迷的研究"而被夸奖,并在边空中写道:"几十年之后,我希望 1920~1970 年能成为历史学家的时代。"一年后,庇古因其"杰出的才华和著作的成功"被赞赏,然而,马歇尔在赞赏之余也略表担心:庇古并不是经常用必要的清晰的言语来强调相互独立的复杂性及其引起的困难。战前，马歇尔称赞过梅纳德·凯恩斯的期刊文章和其对印度货币的贡献；战后，当马歇尔细细品味《和平的经济后果》和《货币改革的目的》两本书时，仍继续称赞着。鉴于马歇尔即将离开这个世界，对于最后的表扬有额外的评价，"我会询问天国的新来者，询问你是否会成功地找到汇率顽疾的解决方法"。

赞扬还有其他的方式。在1922年7月26日马歇尔80岁生日时，皇家经济学委员会的知名会员们通过署名致函来向他庆生。这表明新生代的经济学家从奠基者那里学到了很多，尤其是和马歇尔建立的剑桥经济学部有关的人，或者更广泛的说是受到马歇尔的声望、教育和其他国家服务启发的大不列颠的经济学者们，更是受益颇多。致函中包括简洁的祝贺，除了再次认可马歇尔是许多他的学生和其他对马歇尔工作敬仰者的"特别尊重的人"，也祝愿他"继续过着充满活力和幸福的生活，继续充满成就感"。信函内容如下：

> 你在很长的时间里，坚定不移地追求一个目标，一个高尚的科学理想；不论是细微的迹象还是显而易见的事情，你都是摒除肤浅和似是而非，总是尽善尽美，从来不对中庸满意。你给予年青一代激励，给予年老一代忠告和启发。剑桥的经济学部是你的孩子，在劳动委员会和其他的委员会，你被认为对国家作出了重要而又直接的服务，你使经济科学进步。但是，我们这些署名的人，热切地希望称呼你为方法大师和困难路上的开路者。通过你，大不列颠的经济学者可以在他们的外国同僚面前自豪地说说他们的领导者是和亚当·斯密、李嘉图、穆勒这样泰斗级别同起同坐的人。

这些署名人从皇家经济学委员会的主席洛德·霍尔丹、副主席亚瑟·鲍尔弗开始，包括34位教授和前教授，他们中许多人是马歇尔的通信人或以前的学生，共有53位老师和公共服务或商业经济学从业人员。这些人与马歇尔各个不同的重要人生阶段有着密切关系，或是与马歇尔的学生有直接或间接关系的人。最后的署名人是拉文顿、罗伯特森和肖夫，这些经济学委员会的成员都是通过马歇尔的著作而不是和他有私人交往才了解到他的。以前的学生包括约翰·内维尔·凯恩斯和梅纳德·凯恩斯、女学生玛丽安·皮斯和琳达·格里尔；德国的经济学以布伦塔诺和熊彼得为代表；瑞典的经济学以卡塞尔为代表；美国的经济学以卡弗、费雪、哈德利、塞利格曼和陶西格为代表；法国的经济学以盖德为代表；伦理学家以索利为代表。

这一难忘的签名者目录既令人吃惊，上面的某些省略又让人觉得正常。在前面杰出的国外通信者中，克拉克和维克塞尔是著名的，但没有列出，不过鉴于他们不是皇家经济社会学的成员，这是可以理解的。马歇尔很高兴地接受了这一温和的祝贺信。然而，在他已经更新和再定义的课题范围上，他抵制不住这一简短的诱惑：

你在我18岁生日时发给我的地址使我很高兴。它太亲切了，但我是如此的贪婪，以至于一直小心翼翼地保存着它。

尽管事实上科学的范围没有改变，但是随着你对科学真理学习的不断深入，你会感觉它的范围在增大。经济学的课题正在快速增长，以至于下一代会比他们的前辈们有更大的研究领域；像它需要被研究的方式一样，它需要更加准确的概念。

如果我已经帮助一些年轻的学生走上终身与经济学问题相搏斗的道路，这比我能做的所有事都重要，希望在这个方向上我已经做了一些，我可以安详地逝去。

在一定意义上，这是马歇尔教授所希望的正式告别方式，他已经是贝利奥尔庄园的一位八旬老人。与他以前的学生的最后联系表达了相似的情感，这两名学生是他在晚年许多方面最亲近的，他们记录了马歇尔的写作事宜。这些重新收集的告别他们导师的资料流传了一年多。他们捕获到这一经济学思想者在他生命最后时光的生活方式。收集马歇尔作品的费伊为那些只通过书籍了解马歇尔的人展示了马歇尔的形象："一个仁慈且内心丰富的人。"他回想起自己的最后一次拜访是在1923年的某个时间：

去年，在我来到加拿大之前，我与妻子最后一次和他喝茶。他告诉我们，50年后他要把自己的一小部分遗产用在美国的旅行上。我对单调的现代工业制度作了简短的评述，因此，他跳过去开始描绘当代钢铁的传奇。但是我违背了对马歇尔先生的承诺，和他讨论超过了10分钟，而不是预期的2分钟。当他知道我准备起身离开时，他把我们带到花园。

1924年5月，梅纳德·凯恩斯在马歇尔先生逝世前两个月寄给他未婚妻莉迪亚·卢波科娃的信记录了他对马歇尔的最后一次拜访，它的主旨至少丰富了《马歇尔回忆录》的一小部分，这一回忆录是凯恩斯为纪念使他以及很多人成为经济学家的人：

今天下午我一直很伤心，我得到我的恩师（马歇尔）已到了弥留之际的消息，他使我成了一名经济学家，两年前他已80高龄，所以我要去看望他最后一次。躺在病床上的他看起来像个老圣人。他的声音很虚弱，但是他依然告诉我他是如何第一次研究经济学，并且这样的研究是如何为人类的宗教服务的。他仍然谈笑风生，但是他对刚才发生的事情已经没有印象了，或许已经忘记我来了。我紧紧地握住他的手，然后跟他妻子聊了一会儿。她倾注了自己的一生去帮助他完成事业。她非常睿智冷静。他现在就像一个小孩一样经常找麻烦。他会遵守医生的嘱咐，却从来不听妻子和护士的话。他还会大喊"我不要被女人管制",尽管他很虚弱。

玛丽·佩利讲述了最近的一些事情。她主要讲述了他的工作模式和他退休后几十年的情况,直到他离开人世。在提到斯科特的小说是他最后病榻之上认真读过的唯一一本书之后,她继续写了他每晚赢得比赛的喜悦和他失去比赛的烦恼:

给他人生最后十几年带来快乐的是电子钢琴,那是在我的极力说服下他才买的,因为他从来都不为自己买所谓的奢侈品。钢琴渐渐成为他的最爱。他会在沙发上自己编写音符和旋律,然后一遍一遍地演奏他的奏鸣曲,犹如贝多芬一样。在生命的最后阶段,他研究了大量周转住房。因为这个问题比较复杂,不能将它从外部转为普通的方式,所以他计划通过手动的和机器来实现内部的转化,这样就算小孩都可以理解整个过程。他非常高兴使用这种机械的思路,而且说,如果他一个人在沙漠的话,只要有这些工具和工人,他就可以构建出很多种的机器。

两年后,她回忆起马歇尔非常高兴地写了封长信回复了沃尔特·莱顿,说他认为这个问题可以解决。这不仅回忆起了马歇尔在外工作的热情,作为研究"小型周转住房"问题的专家,马歇尔认为小型住房结构更加轻巧并且可以反复使用。信中也提到了问题起源和具体的运作方式。
1910年,我们从诺维奇的博尔顿和保罗那里得到了这个"方舟",从那天起到他去世的前几天,他不是走路就是坐在里面。里面有一个书架、一个旋转的书柜和一个摇椅,还有几个他保存自己收藏的箱子。在冬天,他穿着毛衣、戴着厚厚的手套、穿着皮鞋。他自己设计了旋转的装置。
他的"方舟"和他的"黑鸟"(他总是很喜欢给自己的东西命名)——一个非常棒的电子琴——是他生命中的两大乐趣,他总是躺在沙发里,在滑轮和绳子的帮助下,他不用起来就能弹奏电子琴。在他生命中的最后几年,他不能一次做超过一小时的体力活动,然后他躺下来,弹奏一会"黑鸟",半个小时候再起来,精力充沛地投入到工作中。他经常弹奏贝多芬的曲目,他拥有200多首贝多芬的曲子。

疾病和不断的寂寞感

马歇尔退休后慢慢地不再参加社会活动了,这是因为不断的访问和谈话对他虚弱的身体产生了很多不良影响。1882年,内维尔·凯恩斯曾说过,马歇尔1879年被确诊为患有肾结石,当他从这次病情中恢复过来时,他意识到自己的身体将会一直很虚弱。事实上,他的身体还是很不错的,即使在年龄较大的时候,他也是一个很投入的作家,但是这种身体状况很容易受到劳累和感情波动的影响。他经常不能如愿地投入到紧张的工作当中，他不得不过着有规律的生活，这样才能完成自己想做的事情。在凯恩斯看来，马歇尔的身体还是不错的，这种看法似乎与事实有些偏差。马歇尔小时候的身体状况就不好，下棋的时候会经常头痛，缺席各种比赛，苍白的脸孔和消瘦的面容使他在学校得到了"牛脂蜡烛"的外号。马歇尔在回想起19世纪60年代读研究生的生活时说，过度的工作对自己的健康产生了很大的伤害，但是这样的症状没能阻止他夏天去阿尔卑斯山旅行，这让马歇尔为每一个新的学期都准备了健康的身体和充足的能量。

凯恩斯说："消化系统问题在一生中一直困扰着他，随着年龄的增加，这种情况越来越严重。"这可能是1879年得肾结石的后果。在他康复的最初阶段，他在给福克斯韦尔的信中谈到了自己饭后的习惯，他必须在饭后休息至少一个小时，以使自己不那么劳累，这是马歇尔病痛的症状之一，这种情况也是他经常繁忙的工作导致的，这使他不得不减少参加社会活动次数，尽量不去接受参加私人饭局的邀请，也尽量不和朋友们一起去吃饭。医生们的观点不足以说明马歇尔当时的症状。然而，人们都认为，这种由肾结石导致的消化系统疾病难以通过手术进行治疗，也没有一些现代的医疗方法能使马歇尔减少病痛。与此同时，这样的疾病对马歇尔的心理也产生了很大的影响，他只能用下棋这种方法来减轻头痛，而这种消化系统疾病很大程度归因于马歇尔紧张的工作。安德鲁·克拉克爵士很擅长治疗消化系统疾病，也是众多脑力劳动者喜爱的内科医生，马歇尔经常向他咨询。消化系统的问题却也使马歇尔能够更多地享受私人空间，避免了一些不喜欢的邀请，也不会在别人家临时住宿。同时，马歇尔一直经受的消化系统的问题也导致了他胆囊和膀胱出现问题，这也是他去世的最主要原因。

除了消化系统的问题之外，从19世纪80年代开始，马歇尔的健康状况还是不错的，他可以进行一定量的骑脚踏车和散步锻炼，马歇尔在1910年对霍拉斯·普伦凯特爵士说过，自己不仅仅是在剑桥的周围进行锻炼，在19世纪90年代的暑假期间还去德文郡和康沃尔郡周围锻炼。他们的老朋友本杰明·乔伊特记录了马歇尔这些骑脚踏车和散步的经历，从中可以看出第一次和马歇尔在布里斯托尔结识后，马歇尔的身体在逐渐地好转。在他们看来，马歇尔的身体很不错，肯定会很长寿。坎南后来回忆说，马歇尔在19世纪90年代早期身体状况很差，就像一位一只脚已经踏进坟墓里的老人一样，当坎南还是个小男孩的时候，他还看到马歇尔在阿普斯里路上蹒跚而行。然而在1901年，当勒德洛听到马歇尔因为健康原因而无法出行时却表现得很吃惊。

难以长时间的集中注意力，特别是思考一些脑力问题，再加上难以保持长时间的记忆力，这些问题在很早的时候就开始困扰着马歇尔。19世纪90年代中期，马歇尔的信中经常提到这些痛苦。马歇尔退休后，这些身体上的痛苦让马歇尔经常感到虚弱无力，这让他难以持续进行有效率的创作。马歇尔在写信给维克塞尔时曾说："很久以前你对我说过你对流通的观点，但是我却忘记了，对此我感到十分羞愧。如果我都忘了我一个星期之前写下的东西的话，那么我肯定会因为忘记别人说过的话而原谅很多人。"

玛丽·佩利对凯恩斯说，自从 1919 年开始，马歇尔的健康状况更加恶化了。"他经常出现胃酸过多、恶心的情况，我想这是导致他最后去世的病因之一。他的记忆力也越来越差了，不过他自己却不知道。因此，我尽全力催促他尽快完成《货币、信用与商业》一书，特别是在 1921 年布朗医生告诉我，他的工作生命已经结束、不能再进行有效率的工作了之后。在马歇尔生命的最后一年，他开始意识到自己的记忆在衰退，他经常说："很庆幸《货币、信用与商业》最终出版了。"自从《货币、信用与商业》出版后，他整理了自己以前的一些文章准备出版。

马歇尔最终的死亡原因是胆囊炎以及心力衰竭。这些疾病毫无疑问都是渐进性的。1914 年，马歇尔患上了高血压，由此引起的动脉硬化是导致他逐渐失忆的主要原因，而并非是老年痴呆症。在 20 世纪 20 年代，衰老和失忆变得尤其严重。了解马歇尔的疾病进展对研究马歇尔在出版最后两本书中的作用很重要，他对这两本书是很骄傲的。在他 79 岁生日的时候，他自己就已经意识到了这些：

> 胃酸和虚弱的感觉有些减轻了。
> 我感到了尽快完成写作的压力，我甚至产生了厌倦感，这让我很困惑。
> 我必须在身体允许的这两年里尽可能地工作，如果允许的话，在我完成这些著作后我会说：永别了。
> 我对生命的长短不是很在意，这只能听天由命。我只想完成工作，因为在我看来这些都是如此重要的东西。

可以看到，在马歇尔退休之后，他进行脑力工作的压力越来越大，可以很容易体会他在写作中遇到的那些困难。在退休的那些年，他在维持不朽的友情时也遇到了困难。他人生的最后几年中几乎没有友情可言，唯一陪伴他的是他的妻子、外甥以及那些经常来看望他的学生。在经受寂寞和病痛折磨的这几年中："他那深邃的眼神、花白的头发和头上黑色的小帽都在阐述着他是一位伟大的先知。"

第18章

朋 友

在马歇尔漫长的一生中，他一直没有获得亲密的个人友谊。凯恩斯讲述过，马歇尔在中学时不轻易交友，原因可能是他父亲担心通过这些方式交友会受到不良影响。在随后的本科期间，他似乎也同样缺乏持久的友谊，这可能是由于他家境窘迫，很难维系友谊，这在他晚年谈及牛津、剑桥工薪阶层孩子们的地位时曾这样暗示过。但有个特例是罗顿·莱韦特，他和马歇尔同是圣约翰学院划船俱乐部的成员。成为一名圣约翰学院的研究员后，尽管当时的收入足够承担国外旅行及与剑桥的朋友搞一些社会聚会，也没有什么来自家庭方面干涉自由的严重负担了，但在大学这几年过得比较逍遥的生活中，要想得到很多的友情也并不容易。虽然马歇尔的朋友较少，但这些年他确实与学校的研究员们建立了一些很牢靠的社会关系。与邦尼和赫德森的关系在他们一起积极参与妇女教育运动中得到了巩固。早期马歇尔在克利夫顿学院的短期工作中结识了珀西瓦尔、莫兹利、戴金斯，也许还包括西奇威克，这些关系在他晚年时变得更加亲密。大学期间，他也与克利福德、莫尔顿和莫里斯建立了友谊，并且与他以前的学生赫伯特·福克斯韦尔和约翰·内维尔·凯恩斯保持着长期的交往关系。由玛丽·佩利提供的一份友人名单中提到了上述名字，并增加了在布里斯托尔大学时期结识的威尔、艾伯特和刘易斯·弗莱伊，以及在牛津大学结识的乔伊特和亨利·史密斯。后来由于工作关系，这些早期的个人关系和社会交往相得益彰，其中一些人还成了他一生的朋友。

至此提到的友谊中，马歇尔与西奇威克、福克斯韦尔、凯恩斯、乔伊特四个人保持的友情将在本章中详述。他在维系与前三个人的终身关系时依然有着困难之处，而与乔伊特——布里斯托尔大学校长——的友情却是一个例外，他们保持了终身友谊。这份友情从马歇尔移居布里斯托尔开始，经历了他们在贝利奥尔学院的大约 4 个学期，直到 1893 年乔伊特去世。马歇尔在唯一写过的一篇讣告中纪念了这份友情。

在马歇尔为数不多的学生时代的友人中，权威人物是他的监视员同事德尔默。德尔默以泰勒商业学校监视员的视角回忆了马歇尔与一些怪人的友情，如后来的历史学家兼新闻工作者特雷尔以及以描绘普法战争而闻名的艺术家霍尔。学校生活结束后，马歇尔既没有继续与德尔默的友情，也没有明显的渴望要与他重新继续原来的关系，直至德尔默在伯恩茅斯与玛丽·佩利不期而遇，才使这份友情得以重温。

马歇尔在作为圣约翰学院年轻研究员时的权威大学交友录很大一部分是他妻子后来重新收集的。她告诉凯恩斯，克利福德和莫尔顿是马歇尔当时"两位最伟大的朋友"，克利福德是他"最重要"的朋友，这些稍后将有论述。可以确定的是，马歇尔有一段时间曾与这些剑桥大学聪明的年轻人交往甚密，而与比他年少的人接触较少。莫尔顿和克利福德是格罗特俱乐部的常规会员，也是七人"约翰派"的组成成员，他们聚在一起品读莎士比亚，也做些其他事情。这种情谊似乎并没有对鼓励他们长期维持关系产生旷日持久的影响，因为这个"集团"由于当时莫尔顿和克利福德离开剑桥而解散了。另外，无论是克利福德的还是莫尔顿的传记都没有记录马歇尔的这层身份，而当他们撰写传记之时，马歇尔已经足够成名，值得在类似记录中被提及了。下文将提到，克利福德英年早逝。有记载马歇尔极其称赞他的数学才能，1875 年他在美国与爱默生的谈话中指出，克利福德是英国一个很有才能的年轻人。莫尔顿晚年作为一名政治经济俱乐部的成员，又与马歇尔重新建立了联系。但是除了马歇尔书信中一次不经意的提及外，再没有深入的证据表明以前的大学近友在晚年与马歇尔达到过如此亲密的地步。

与戴金斯、珀西瓦尔和莫兹利的友谊始于克利夫顿学院，或许也可以包括詹姆斯·威尔逊。与威尔逊的交情是马歇尔住在布里斯托尔时在克利夫顿学院培养起来的，这段时期也加固了他与珀西瓦尔、戴金斯的友情。同样，与这些朋友交往程度的记载也少之又少。戴金斯夫妇、威尔逊夫妇和珀西瓦尔是马歇尔夫妇在布里斯托尔时社会和工作交际团体的同僚，这个团体也包括艾伯特和刘易斯·弗莱伊。1881 年，在马歇尔夫妇即将离开布里斯托尔大学准备久居欧洲的时候，威尔逊写信给玛丽·佩利说，他们的离开将给布里斯托尔社会带来一片空白。接下来令玛丽·佩利震惊的是，丈夫 1924 年离世后，他似乎就没再写过什么东西。他们离开布里斯托尔以后，戴金斯夫妇好像就与他们断绝了联系，甚至 1865 年马歇尔与戴金斯在克利夫顿学院发展的友谊也不明了，虽然这次相识对他来说可能至关重要。和珀西瓦尔的联系则维持得久一些，他们的初识是马歇尔在克利夫顿学院任校长的时候，两个人的关系在布里斯托尔有了新的进展，珀西瓦尔是当时大学理事会的成员。后来，马歇尔夫妇在 1884 年底移居牛津大学。在布里斯托尔的交往本可以比仅在大学里的友情更加深厚，因为当时珀西瓦尔夫妇在克利夫顿女子学院都很活跃，而玛丽·佩利也是该学院委员会的一员。

在这些早期友谊关系中，与莫兹利的交往最为有趣。从 1865 年在克利夫顿学院开始，莫兹利就在哲学上对青年马歇尔有着极大的影响，并一直延续到接下来两年在剑桥的生活中。很有可能是莫兹利把马歇尔介绍进入格罗特俱乐部的。也正是莫兹利在 1867 年夏天让马歇尔感受到了攀登阿尔卑斯山的喜悦，使他第一次体会到多罗迈特山的风情。现存的莫兹利的回信可以证实，马歇尔曾在 1916 年给莫兹利写过信，极有可能是感谢他的礼物——莫兹利当年出版的《历史的神圣方面》。信的主题与莫兹利回信的口吻是一致的，即关于让马歇尔阅读处理中国和日本问题的那一章节。回信也表明马歇尔谈论了年轻时的某些回忆，以及关于他们共同的朋友西奇威克去世的一些事情，还有对"未知"的高论，一个当时开始激发马歇尔好奇心的话题。莫兹利从马歇尔信中引用的关于这一主题的两句话有助于使我们感受它的一些韵味：

> 我所得出的结论是，未知世界所起的作用与一只小昆虫在这个微小世界中起的作用一样渺小……每年我对未知的敬畏都变得更深，我意识到了自己在世界上所有知识理解上的狭隘性和有限性，对此感到更加烦闷，而我想针对这种状态努力做点什么，哪怕只是微小整体里的微小部分，这种渴望变得日益强烈。

莫兹利的信也提到了马歇尔的政治经济观，"科学的一面……动情的一面以及胸襟开阔的一面，这些都有助于解决人类事务"，这是表现对马歇尔作品感兴趣的礼貌响应。直到信的末尾，莫兹利才提了一些比较私人的话题，问马歇尔夫人是否认识他的嫂子纳特女士，她住在剑桥的米林顿路（一条离纽纳姆学院不远的街道）。并且他许诺将通过自己当传教士的儿子肯尼斯打听马歇尔夫妇侄子的下落。虽然他们的通信中断了，但在凯恩斯的《马歇尔回忆录》出版的时候，莫兹利仍饶有兴趣地向他提出须作一些细微修正的建议，事实上凯恩斯在以后的版本中采纳了这些建议。

我们将有序地对这些友谊作深入介绍。许多人从玛丽·佩利那里得到的鼓励似乎比在她丈夫那里得到的更多，对于她来说，她从一开始就拥有着这些友谊。她一直把这些人当做朋友看待，晚年时候更是倾向于描写这些老相识，尤其是布里斯托尔的朋友们。从玛丽 1924 年以后的生活明显看出，与她的外向性格相反，阿尔弗雷德过着思想家和学者的归隐生活，有意躲避这些亲密的友情。他喜欢远观世人，并将结果直接引入他的作品情境和职业兴趣中，甚至他与西奇威克、福克斯韦尔、凯恩斯和乔伊特比较亲密的关系也归于此类，而这些友谊是他用很长时间才建立起来的。

亨利·西奇威克：被背叛的"精神父母"

1900年11月26日，亨利·西奇威克逝世几个月后，马歇尔在由大学组织的正式会议上提出为他——学校的杰出之子——举办一个适当的纪念活动。为了证明自己的主张合理性，他当时说道：

> 实际上，我是亨利·西奇威克在伦理学学科上的学生，而且是住校学生中最年长的一个。我被他深深吸引，所以说他是我的精神父母，当我困惑时会向他寻求建议，当我遇到困难时会向他寻求安慰，并且每次都受益匪浅。和他在一起很有收获，我从中学会了如何生活。我必须克服这些困难和疑虑，而他已经运用更为广博的知识和伟大的力量为我开辟了道路；或许在所有人中，我对他的感激之情最为深厚。

接着，马歇尔在演讲中提到他很崇拜西奇威克在责任义务方面坚定的道德原则，并强调说，西奇威克作为一个托管者，对自己的财务及其他大家共享的慈善资源持有着端正态度。西奇威克政治经济方面的杰作——《论政府的职能》第3篇——也得到马歇尔的称赞："是公认的此类书籍中的极品。"最后，马歇尔回忆了自己作为来自其他院系的青年学生团体中的一员，和作为"学校队长"以及大学青年改革党领袖时，是如何坚持不懈地仰慕西奇威克的改革精神的。"对每一个新问题，（我）首先想知道的是西奇威克如何投票以及为何如此选择。竞选成功者在他领导下满怀自信、兴高采烈，而另一方的人则充满了怀疑和焦虑。即使不能跟随他的人也知道，他的观点即是一个伟大思想的化身。"

除了像这样期望的一些浮夸的仪式外，马歇尔的悼唁中还包含了一些他与西奇威克关系变幻无常的实质。西奇威克是马歇尔稍微年长的同事及伦理学方面的顾问。这些变幻莫测与马歇尔把西奇威克看成是撰写政治经济方面文章的对手有关，当时马歇尔正在构建自己的思想，而西奇威克也是大学的改革家，但1885年以后，马歇尔渐渐地不再赞同他的观点。马歇尔之前与西奇威克相遇的事已有记叙，虽然马歇尔早在1865年在克利夫顿的时候就可能已经见到了西奇威克，但据猜测，他们的第一次见面极有可能是在格罗特俱乐部，他自己也是通过莫兹利被介绍进来的。也有争议说是西奇威克培养了马歇尔对伦理学的兴趣，并引导他学习政治经济学以增进对物质限制的理解，进而驱动他改善人类的处境，所有这些都本能地激发了马歇尔对科学的兴趣。同样，西奇威克使马歇尔初步涉及大学改革的各种事务，包括大纲改革、宗教测试和妇女教育问题。在马歇尔意识到西奇威克最后一场病的严重性到西奇威克去世的这几个月里，马歇尔头脑中一直不断萦绕着1867~1877年间他们早期相互之间的联系和影响。

然而一开始，两人之间就不时地有批评的格调出现。早在1868年，马歇尔写信给《剑桥公报》时就背离了他朋友的建议。西奇威克提出就文学学士学位的初试进行大纲改革，马歇尔却在细节上持不同意见，即应该放弃必修的希腊文而专攻拉丁文。但他全面赞同了西奇威克在该水平上改善数学和科学研究的辩护。这些细小的异议也许可以用马歇尔这位年轻的学者对独立的追求来解释。关于两个人的不同点，更重要的是关于进化论的分歧以及进化结果对功利主义施加限制的能力问题，对于马歇尔来说，这些分歧来自实用主义需要历史社会学的补充，强有力的观念需要法律哲学的支持。信的内容揭示了马歇尔当时从进化的和历史的观点出发，已经开始怀疑经济学者作为抽象工具对社会和道德分析的作用。这其中，部分是受到了马克思和黑格尔的影响，19世纪70年代早期，马歇尔研读了他们的历史著作。到了1871年，西奇威克不再执迷于这些影响，开始在教学中护卫实用主义中比较传统一些的观点，更为概括地说是支持政治观点中的实际规则。

由于缺乏保留下来的书信证明，马歇尔和西奇威克这一时期的关系更多需要通过其他资料来再现。前面章节已经讲述了二人常规性的见面，他们同是伦理学特殊委员会的会员，有着工作和社交上的联系。19世纪70年代期间，共同组织的在剑桥大学的女性受教育运动同样表明他们经常见面，包括"管理"给女性申请人学士学位考试的试卷。更为意气相投的是，他们经常参加纽纳姆的户外饮食和其他聚会等社会活动，活动以前经常在摄政街和默顿大厅举办。其他见面的活动就是在不同协会的会员讨论中，如19世纪60年代末的格罗特俱乐部、70年代期间的天王星协会。西奇威克结婚以后，不时也在他家举行晚餐宴会。根据约翰·内维尔·凯恩斯1877年3月23日的日记记录，马歇尔至少参加过其中的一次活动。马歇尔在1900年回忆说，西奇威克那时仍是他的顾问、建议者和资助者，指导着他的年轻学友，甚至，正如我们先前已经提到的，在1872年帮助马歇尔争取到了为《学术》写第一份书籍文献综述的机会。

1877年，西奇威克不断地写表扬信称赞马歇尔是造诣颇深的政治经济学家，在他的帮助下，马歇尔接受了作为布里斯托尔大学校及教授的任命，至此他们在联系上也存在了地理距离的问题。然而，从福克斯韦尔当时的通信可以看出，在马歇尔被剑桥放逐的这段时间，他们夫妇与西奇威克的联系也丝毫没有减少，只是这些通信没有幸存，他们两人的信件现存的也少之又少。1878年年中，西奇威克投入到《工业经济学》的校样阅读工作中，提出了某些资料要重新整理的宝贵建议，但在该书中，他们在经济学方面的一些分歧亦开始浮出水面。工资基金论被剔除以后，西奇威克引用了杰文斯在分配中解决不确定问题的独特方法，几个月后马歇尔感觉很受冷落，从而这些细小的分歧升级为不满。马歇尔恼火地对福克斯韦尔指出，这样做忽视了他至少五年前就独立发现了这种解决方法的事实。马歇尔解释说他"早已习惯性地认为工资就是生产的折现价值"。

接下来的几个月，关于西奇威克经济学观点的争吵愈演愈烈。那时，马歇尔可能从福克斯韦尔或者其他渠道获悉，西奇威克打算写一本《政治经济学原理》，这样如果剑桥大学福西特的教授职位空缺，西奇威克将成为马歇尔接任的一个有力的潜在竞争对手。1878 年年初，马歇尔就与福克斯韦尔开始考虑这个职位空缺，并把它看成自己离开布里斯托尔大学的一个机会。马歇尔本应该完全意识到，伯克斯被任命为奈特布里奇教授一职不仅会使西奇威克丧失当选伦理学会教授一职的资格，而且还会使他丢掉有效的提升机会。① 接着马歇尔指出西奇威克 1879 年 2 月被诊断患病，由于这个原因，他同意了西奇威克的请求，发表自己关于国内价值和国外价值的资料，因此西奇威克得到了马歇尔众多没有发表的国际贸易方面的手稿。想不到的是这些却使马歇尔相当苦恼，尤其是马歇尔通过与杰文斯和埃奇沃斯后来的通信才发现，自己的资料已大为广泛的流传，超出了可以公开的范围（即剑桥内部流通的"秘密刊物"）。西奇威克在 1879 年版的《双周评论》发表的三篇关于政治经济的文章因此没有得到这位在布里斯托尔流放的人的友善接受。马歇尔写信给福克斯韦尔，至少这次是发泄了自己对此事的恼怒。他说："当然，我这十年来的大部分时间都在考虑西奇威克文章中关于方法论所引出的问题，而且对大部分持基本满意的态度。（我对他持的肯定态度胜过我对该学科其他大多数作者。但在我看来，他还没有到达此学科的顶峰。）"

当时另一件与西奇威克有关的烦心事是马歇尔在一些负面新闻中所扮演的角色，从他的角度看来，西奇威克必须承担至少部分的指责。马歇尔在 1879 年 10 月写给福克斯韦尔的信中提到：

> 西奇威克说，事实上伦理学学者是不存在的。所以我认为我没有必要回来担任伦理学讲师。但在我剑桥大学的最后一年里，我曾教过一个 22 人的大班，其中半数以上是由最优秀的历史学人员组成的。你觉得圣约翰学院在了解到我会对学生一视同仁，并教授包括经济史、经济学或许还包括边沁的功利主义等在内的政治经济学后，会不会聘我为历史科学讲师呢？

这会使人想起这个建议没有任何意义，而且马歇尔夫妇从 1881 年 10 月开始游历欧洲近一年的时间，因而从布里斯托尔大学中获得解脱。那年的早些时候，马歇尔就听说过西奇威克写作《政治经济学原理》的事情，这给他和福克斯韦尔以及约翰·纳威尔·凯恩斯之间造成了尴尬。凯恩斯在他 1881 年 2 月 9 日的日记中记录了以下来自马歇尔的书信：

---

① 1872 年莫里斯去世后职位空缺，西奇威克在竞争中不敌伯克斯，直至 1883 年才得以接任伯克斯的教授一职。马歇尔本应该回忆起西奇威克对于这件事的失望之感，他本可能像与其他人一样与马歇尔共度这段难过时期的，他一度称伯克斯的当选是"一场灾难"。

福克斯韦尔说你在帮助西奇威克写经济学的书。西奇威克和我在文学道德上有些问题意见相左；在讨论到他（而不是你）想要擅自采用你在我课堂上所做的笔记时我没有答应；并且在听说他已经请求你去帮助他写书时，我即刻让福克斯韦尔转告你我对此学科的观点。我不知道他是否已经和你交谈过了。①

1920 年的阿尔弗雷德·马歇尔，"几缕白发，头上一顶黑帽……一个智者或预言家的形象"

西奇威克的《政治经济学原理》一书事实上直到 1883 年 4 月才得以问世。马歇尔对这本书最初的反应我们知之甚少，但他应该感到欣慰的是，序言部分对他的作品给予了极大好评。这些参考不仅包括西奇威克 1879 年私下里发表的关于价值方面的资料，而且包括他们的原始资料（未出版的关于国际贸易的手稿），以及与玛丽·佩利合著出版的《工业经济学》。到这本书出版的时候，他俩之间更加友好的通信又重新开始了。正如凯恩斯 5 月份日记中所记录的，西奇威克很早就知道马歇尔将调入牛津，而且回忆道，1887 年西奇威克极力劝说马歇尔出版其在布里斯托尔大学讲授的关于《进步和贫困》的讲义。马歇尔夫妇入住牛津后，更加增进了他和西奇威克的私人联系。西奇威克有参加定期举办的促进牛津和剑桥联系的同等级人士晚宴的习惯，马歇尔在牛津大学期间也时常出入那里。最后，西奇威克在 1883 年 11 月当选奈特布里奇伦理哲学教授，从而不再对马歇尔接任空缺的剑桥政治经济学教授一职有严重威胁。既然牛津已经帮助马歇尔离开了可恨的布里斯托尔大学，他对自己会返回母校的焦虑就极大地减轻了。

1884 年，马歇尔以选福西特的继任者身份重返剑桥大学，标志着这两位伦理学教授长达 15 年亲密关系的开始，虽然大部分时间里都是平静的间歇。尽管西奇威克可能在教授选举委员会投了马歇尔一票，当马歇尔返回剑桥的时候，针对很多事情的一场争论还是发生了。这场争论是他当选教授不久，与作为伦理学委员会主席的西奇威克在讨论马歇尔下学期的教学工作

---

① 凯恩斯在誊写信件之后补充到："我对此表示十分抱歉。然而就我个人来讲，我记得我从来没有给西奇威克看过任何马歇尔的原稿。"大约一个月后，西奇威克力保凯恩斯在大学委员会当选部长职位，凯恩斯在日记（1881 年 3 月 30 日）中写道："除了弗洛伦斯（他妻子），如果让我再崇拜一个人的话，那就是西奇威克了。"

时发生的。前面提到，这场争论与适当的教学方式以及教授的责任有关。其间马歇尔声称自己是剑桥经济学家的权威，反对西奇威克对此事所持有的任何要求。可是，经过一些频繁的通信和一次非常热情的私人会面后，马歇尔不到一周就告知福克斯韦尔："我和西奇威克又言和了。虽然对我'管制'，但他非常好。"然而不到两个月，他们又陷于矛盾之中。这次是关于马歇尔在就职演说中所概述的课程改革问题。

对课程改革、女性学历问题和女性普遍接受大学教育的权利问题的争论，其主要内容我们已经讨论过。马歇尔返回剑桥的早些年间，他与西奇威克之间的这些争执完全反映在凯恩斯的日记中了，为这两位友人的矛盾进展程度提供了生动的实况报道。1885 年 3 月 4 日："于伦理学委员会，我相信马歇尔和西奇威克目前的争执将会消失。"1885 年 4 月 19 日："拜访马歇尔并共度了三个小时的时光……他与西奇威克事态的进展正变得十分令人苦恼。"1886 年 5 月 11 日："于伦理学委员会，西奇威克与马歇尔的摩擦似乎正在恶化。我同情前者，因为马歇尔是如此的狭隘和自傲。"①

凯恩斯的日记里没有记录马歇尔和西奇威克的其他纷争。直到两年后，旨在提高政治经济学地位的伦理学大纲改革再度提上日程的时候，两人又出现了矛盾。1888 年 5 月 8 日，马歇尔承认，他对西奇威克的敌意局限在相对狭小的领域：西奇威克是"锐意改革的'大学政治家'，某些程度上也是经济学作家……我期望我能达到你称赞西奇威克的那样程度"。② 想想 1900 年西奇威克对马歇尔的评价意味着什么，就可以知道上述坦白包含着一段经典的马歇尔式谎言。西奇威克被免去大学改革家和经济学作家身份后，马歇尔对他仅剩的敬意源自对他过去所提供的帮助的回忆。不过，1888 年 5 月他们在伦理学委员会的争吵非常激烈。5 月 15 日会议后一周，凯恩斯在日记中记录到："西奇威克和马歇尔观点的冲突令委员会其他成员十分痛苦。"凯恩斯的日记还写道，十天以后争论即被搁置，直到 1888~1889 学年又再度出现。接着争吵全面升级，令凯恩斯惊奇的是，马歇尔接受了西奇威克寻求解决方案的妥协邀请，所以接下来的这一年，包含有各方观点的解决办法开始实施。

伦理学委员会平静的两年在凯恩斯的日记里反映为马歇尔与西奇威克争吵的缄默。1886~1887 年及 1887~1888 年，这两位朋友之间的战斗又在另一个战场打起。1887 年，马歇尔在一封信里告诉西奇威克，他本人不希望剑桥成为一所混合大学。他还告诉西奇威克，他和夫人都

---

① 1886 年 5 月 29 日，马歇尔在给福克斯韦尔的信中说："西奇威克在最后一次委员会会议后到我这儿如是说，'如果你和福克斯韦尔认为，去除早期经济理论和事实的历史而引入早期政治和哲学，高级体育试卷就能得以改进的话，那么尽管对这一改变担忧，但我还是同意'。"

② 凯恩斯在这一时期很少谈及马歇尔对西奇威克经济学观点的反对之处。凯恩斯 1885 年 2 月 6 日的日记中记录到，他与马歇尔讨论了西奇威克的国际贸易理论，"他说这个理论没有任何意义，而我试着澄清自己的想法"。1891 年 3 月 18 日，马歇尔质疑普通学生是否能够适应西奇威克的《政治经济学原理》第 3 篇。然而，1902 年，马歇尔称西奇威克的经济学有一部分是"有毛病的"。

认为剑桥重新授予妇女学位的时机还未到。马歇尔补充说，这样做还会引起其他麻烦，这些麻烦并不仅限于妇女只是作为申请人参加学位资格考试，因为剑桥之前授予妇女学位时还曾引起女性在大学中的权利问题。1887年时马歇尔的观点与他在布里斯托尔关于此事的内心状态的变化是一致的，但是与西奇威克所期待的不同。他们在19世纪70年代早期对剑桥的女性教育问题有过一些经验。在产生对女性问题的比较严重的分歧之前，即在1892~1894年关于混合班级的女性公开讲座的讲师任免及1896~1897年女性学位问题被重新提起之前，他们之间还存在着其他裂痕。例如，在1890年4月，凯恩斯难以置信地发现，沃德在一篇报道中提到，马歇尔和西奇威克的争辩已经公开化了。这件事可能是指对学校新规定的入学考试的辩论。

应当指出的是，当时双方的批评是相互的，而不仅仅是源自马歇尔一人。马歇尔以教授身份回到剑桥的前几年，西奇威克试图"管制"他。一封写给福克斯韦尔的信件表明，西奇威克在翻阅了他的政治经济学论文后，质疑学生们"实际上是否学习了"论文中所用到的"统计检验"及经济学中的"单调性"，并对这些课题被指定了阅读材料表示怀疑。数年以后马歇尔向福克斯韦尔抱怨道，西奇威克为了得到"汤因比岗位"的职位，正在向他施加压力。马歇尔本可以很好地赢得这次机会，但是如果没有当选也无大碍，因为此时他还有其他职务，所以就把职位转为让给了福克斯韦尔。尽管凯恩斯很崇拜西奇威克，他还是记录了西奇威克和马歇尔1894年在伦理学委员会的另一场令人心痛的争吵，而他认为这件事中西奇威克的责任更大。

这段时间，两位教授也有相处愉快的时候。凯恩斯在日记里写道，19世纪90年代前半期，西奇威克出席了贝利奥尔学院的许多晚宴，经常是去会见来访的美国经济学家，比如邓巴或者陶西格，或许也为了一些更为琐碎的事情。同时，两人的私人关系也很要好，好到委员会四位经济学（马歇尔、西奇威克、凯恩斯和福克斯韦尔）可以一起进行讨论，商讨如何解决正式委员会会议举行之前可能发生的潜在问题。从以前的争吵看来，他们关系冷淡的时候，马歇尔对西奇威克的感觉也很敏感。有一次在女性教育这个问题上，西奇威克已经被激怒，马歇尔很努力地"使矛盾不被激化和持久"，以被他称做相当惨重的个人牺牲为代价，即不施行他个人优先支持的解决方法。他还特别乐意让西奇威克首先选择授课时间，这也许更好地表明，对于当时奈特布里奇教授职位的现任者，他还是比较尊重这位前辈的。

19世纪90年代后半期，即西奇威克生命的最后6年，他们的关系情况急速恶化。如前文所述，促使最后这段时间分裂难以避免的主要原因是妇女的学位授予问题。1897年，对学士学位考试大纲改革的进一步讨论使这一问题复杂化。正因为如此，两个人都很快并尽可能地从彼此的视线中消失，到西奇威克生病临终前，马歇尔与自己从前的"精神父母"已经完全断绝关系。马歇尔写给西奇威克的最后一封信切实地总结了这些早年的友谊，信的结尾部分暗示了他想与这位临终之人和解的愿望：

你数天前来这里的时候，我认为你很疲惫，需要休息，但是我并没有意识到你生病了。玛丽昨天告诉我，你需要手术治疗；梅特兰刚才带来了一条令人伤心的信息。最近对大学政策的相反观点造成了咱们之间的隔阂。但是现在我很想让你知道，我对你的崇敬和喜爱之情从未消失过。对于我来说，你永远是一位独特而伟大的人，是大学中重要的一部分……

西奇威克数天后回复说马歇尔是"最善良的和最慷慨的"，当时马歇尔夫妇照例即将去蒂罗尔避暑。他们回来的时候，西奇威克已经去世了（8月18日）。1900年10月7日，马歇尔寄了一张西奇威克的小幅照片给他夫人并写道："我把这个高贵的人送回他应该在的地方。"可是西奇威克的灵魂并没有轻易地从马歇尔的生活中消失，学校和广大社会科学团体也不准备原谅马歇尔，因为在西奇威克生命的最后十年中，马歇尔没有好好对待他。埃奇沃斯极具机智地给约翰·内维尔·凯恩斯安排了为《经济日报》撰写西奇威克讣告的任务，他以优雅和极具个性的文笔完成了讣告。马歇尔渴望在剑桥大学建立起标榜自己形象的经济学，而且一直顽固地坚持所谓的其他"原则"，这即是破坏两位朋友感情的主要原因。并且，在1885年马歇尔和他的这位顾问几乎同时回到剑桥的时候，马歇尔可以比较容易地投身于他刚刚赢得的权威位置——政治经济学教授职务——这或许也给西奇威克带来了潜在的猜忌和抵触。那时，马歇尔已经不再像刚从剑桥毕业的前十年那样倚赖西奇威克了，这也使他带着对经济学的崇敬，在追求自己抱负的道路上，无形中伤害了西奇威克的感情。

赫伯特·福克斯韦尔：一位忠实却被不公平对待的同事兼朋友

比马歇尔小7岁的福克斯韦尔，从伦敦大学毕业获得文学学位后，于1868年开始在剑桥大学的圣约翰学院攻读伦理学学士学位。这一年，雄心勃勃的马歇尔也开始在圣约翰学院伦理学系担任讲师，这样福克斯韦尔就在马歇尔的第一批学生之列，因此，对马歇尔早期课堂的回忆大部分来自福克斯韦尔。1870年12月，福克斯韦尔在学士学位考试中荣获高级伦理学学士称号；1874年，他成为圣约翰学院研究员，一年以后被任命为伦理学系讲师。他们第一次通信大约是在1873年，信的开头马歇尔传达了邦尼"父亲般的建议"。信里质疑了福克斯韦尔研究员身份还没定下来之前，他离开学校一学期去北方进行公开讲座的可行性。接着是两人间流水般地通信来往，最后保存下来的信件数量也很多，是马歇尔所有通信保留下来最多的。通信于1908年5月突然停止，因为马歇尔支持庇古而非福克斯韦尔继任政治经济系教授一职。

这些象征着花蕾般友谊的信件揭示了两位年轻学术家相处简单纯洁、亲密无间的关系。1874～1875年的信件涉及学术和一些更加私人性的事情。除极少数的例外，唯独在给福克斯韦尔的信件里，马歇尔提及了一点自己的家事。1874年8月的一封信谈论了在瑞士的度假，提到马歇尔想去日内瓦游览的心愿，这封信还标志着福克斯韦尔那年作为公开讲座讲师经历的开始。1875 年 1 月，马歇尔向他的这位同事推荐了学士学位考试的参考书，特别提到了关于合作、共产主义和欧文的书。他们还记述了马歇尔母亲由患病到康复的过程，信中提到马歇尔在护理和增进睡眠方面实施一定技巧帮助母亲恢复健康，这使得他感觉很疲惫。第二封信也暗示了这对朋友喜欢交流笑料。由于马歇尔在母亲得病的情况下难以想出什么笑话来，他在信中引用了一些他称做"英国最伟大的幽默大师"的笑料。1875 年的另两封信对学士学位考试的参考书目录进行了评价，讨论的主题是股票代理和股份制银行业，马歇尔指出，他的知识仅仅局限在他从白芝浩的《朗伯德街》里学到的东西。在他们的第二封信里还存在一条对马歇尔宗教信念的评价，而这种私人性的评价是极其少的，这也是一个他与福克斯韦尔关系亲密的写照：

> 在我看来，莱特富特在许多小事情上大获成功，但是这并不能使我兴奋起来。前段时间，也就是 S. R. 刚出版的时候，我为此而感到高兴，我是绝对信服了，耶稣既不相信也不会讲授基督教的任何教义，现在我只是仅仅以一个旁观者的身份丝毫不感兴趣地看待这场争吵。①

接下来的两年他们两人断绝了书信往来。他们在学院里住得很近，所以没有通信的必要。而 1877 年 8 月 17 日马歇尔结婚后移居布里斯托尔大学，通信又重新开始了。福克斯韦尔在马歇尔夫妇婚礼举行的前些天告知约翰·内维尔·凯恩斯，这意味着他将接替马歇尔在学士学位考试组织里讲授政治经济学的工作。②

马歇尔离开布里斯托尔时，给他的朋友福克斯韦尔留下了一件十分特殊的礼物："我把读书时坐的玫瑰木的凳子送给你。我非常喜爱它，不舍得卖掉，但在布里斯托尔也用不到了。记得你曾经赞扬过它一次，所以也许你会喜欢它。"（新娘子对这封感性的信件作了批注，写道"已读，同意"。）

接下来几年，与福克斯韦尔的大量通信谈论的是《工业经济学》的写作进展情况。为帮助福克斯韦尔提高教学能力，马歇尔向他推荐了一些参考书和阅读文献。后来他们又为马歇尔夫妇离开布里斯托尔大学商讨过一系列的选择性战略。他们之间还讲了许多剑桥大学的小道消息。另外，信中包含了很多私人色彩比较浓厚的材料，代表着他俩之间友谊的亲密程度。例

---

① 马歇尔在 1875 年 2 月 7 日给福克斯韦尔写的信中提到的莱特富特是指剑桥大学 1861~1879 年的神学教授莱特富特主教。参考资料是他的《超自然宗教散文》，刊登于 1874 年末至 1875 年初的《当代评论》，以回应一位孟买商人卡斯尔斯的《超自然宗教》。

② 参见 1877 年 8 月 11 日福克斯韦尔写给约翰·内维尔·凯恩斯的信。福克斯韦尔是剑桥大学为数不多的、值得马歇尔信任并告知他婚礼准确时间和地点的一个人，而与他相对疏远的约翰·内维尔·凯恩斯则是不知道这些的。

如，一封信的附言里提到了一架马歇尔夫妇中意的钢琴。此事显示了马歇尔对颜色的偏爱，他钟爱深色，尤其是玫瑰木材质的东西。3个月后，玛丽·佩利在一封信的附言里表达了她对福克斯韦尔的感谢，感谢他在他们离开圣约翰学院时的赠别礼物——沃尔特的两张图画，称其令人赏心悦目又能够勾起对他们友谊的回忆。这两位通信人在信中同样也会分担彼此的忧伤：1878年，马歇尔把他母亲去世的噩耗告知了福克斯韦尔，同年和第二年年初，马歇尔也对福克斯韦尔家人的去世表示了慰问。接着在1879年，除了福克斯韦尔非常清楚地了解马歇尔的病情外，几乎再没有其他剑桥的朋友知道。马歇尔夫妇在布里斯托尔的时候，他还不时地去看望他们。

马歇尔夫妇最终选择了离开布里斯托尔，这是他们与福克斯韦尔亲密友情继续发展的一个标志，而这种感情也得到了他的慷慨回报。福克斯韦尔与当时的圣约翰学院院长泰勒通信，表示自己愿意以朋友的身份帮助马歇尔顺利离开布里斯托尔作出一些牺牲。他们的第一封信中提到了一个学院的计划，即学院将福克斯韦尔授课薪水的一半支付给马歇尔，他与福克斯韦尔一起讲授有限的伦理学课程。第二封信说明，福克斯韦尔1881年非常关心马歇尔的财务状况，以及他从布里斯托尔大学马歇尔从前的学生那里筹集了100余英镑，作为支持他俩的资金，这些都是他谨慎地、秘密地交到玛丽·佩利手里的，这段时期他们仍计划着去欧洲过一段期限不定的隐退生活。特别的是，保存下来的马歇尔的信中，有一封描写他们在巴勒莫生活的信件，写得非常详细，这封信也是写给福克斯韦尔的。

1882年秋马歇尔回到英国后，第一件事就是重新在布里斯托尔大学担任了一年的教学工作，接着在牛津工作了四个学期，所以和福克斯韦尔的通信又勤了。他们又一次交换了各自的学术意见，还互通了各自周围的一些绯闻和小道消息。1883年初期的通信表明福克斯韦尔开始爱好收集书籍，一开始就很认真而且热忱。有一段非常有趣的小插曲显示了马歇尔对待罕见书籍表现出来的天真：他代表妻子向福克斯韦尔索要被杰文斯视为珍宝的坎蒂隆的《杂文》一书。以下是这件事发生的背景情况，以及面对福克斯韦尔对自己的初次开口而惊慌失措的反映：

> 请不要因坎蒂隆的事而感到烦恼。如果我有这本书，眼下也不会去读的，它完全超出了我现在的阅读范围。只是玛丽正在研究《经济学原理的历史》，并且对杰文斯所介绍的坎蒂隆感兴趣。如果我们复活节能赶去剑桥的话，毫无疑问她会借来阅读其中的一部分。让您通过铁路邮寄过来是绝无可能的。当我写信的时候，我不知道这本书如此珍贵，现在我知道了，我本应该早意识到这一点的。

早期关于这个话题的信件还提到了以下马歇尔感兴趣的珍贵书籍：包括伊登的《穷人的现状》，他曾从一个珍贵书籍经销商麦杰士那里预定过这本书，但是没多久他又取消了预定；还有马尔萨斯的《政治经济学释义》和汉密尔顿的论政府负债的书籍。

阿尔弗雷德·马歇尔，在做研究的教授，摆出一个随意的姿势

这一时期他们通信提到的大部分内容是关于马歇尔的讲义《进步和贫困》、汤因比的去世、在牛津超越托因比的憧憬以及自己在那儿的教学和相关活动。特别有意思的是通信涉及了较多的个人关系。有一条信息证明了福克斯韦尔 1 月份的造访："你在这儿的时候，我们忘了把西西里岛的盘子给你。"这表明马歇尔夫妇去年冬天在巴勒莫为朋友买纪念品时没有忘记福克斯韦尔。更有意思的是马歇尔针对福克斯韦尔身为杰文斯的"通货和财务调查"编辑所提的建议，这项任务占据了他相当长的时间。马歇尔的建议特别提到了更新杰文斯数据的问题以及改动他的一些成果所承担的风险，因为这些结果从经济学家来看背离了实际上的价格数据（虽然是对于其他商品来说）。马歇尔写给福克斯韦尔的最后一封信又重新回到这一主题，当时是 1920 年 3 月，他正准备编写《货币、信用与商业》中关于指数这一章。

  我指的是杰文斯《调查》一书的第 1 版——一本还未被众人所知的非常出色的书。在这本书的第 130 页（第 2 版的 122 页），我发现了一条用铅笔写的评论："脚注似乎写错了位置，它好像应该在前一页。"在第 129 页上还提到了 1833～1843 年间价格涨势极猛，这是不太可能的。我认为或许是把 1840 年错印成了 1843 年。我在这些地方麻烦你，是因为我认为我是紧随你之后的自称是尚存的杰文斯最忠诚的崇拜者……并且，凯恩斯的名望比杰文斯要大。

  尽管马歇尔的信里充满谄媚、明显安抚和近乎卑躬屈膝的语调，福克斯韦尔在 1908 年后的第一封信里跟这个前友人说不用麻烦他给出答案了。如上文所述，甚至两年以后，福克斯韦尔一想到当年马歇尔对于自己竞选政治经济学教授一事的恶劣态度就感到十分伤心，所以在马歇尔 80 大寿的时候，他拒绝在英国皇家经济学会出示的贺卡上签字。

  在长久维系友情的过程中，他们的初次隔阂直到马歇尔回到剑桥担任政治经济课程教授才发生。可以回忆的是，福西特去世以后，马歇尔这边就十分注重原则，他让福克斯韦尔和尼科尔森竞争这个空缺，可能是因为他们在知识方面比较有把握，他俩分别刚刚被伦敦大学和爱丁堡大学"聘为教授"。福克斯韦尔当时是选举委员会的一员，确信无疑是支持马歇尔的。他从来没有公开表示过同意或反对这个决定，但是这时他在牛津发给马歇尔的电报意味着他可能会这么做。需要指出的是，无论双方出现何种纷争，最后都能友好地解决，或者能形成一定的社会关系。他们之间还允许公开透明的友善批评。①

有些争论是关于选择经济学学士学位考试参考书的。1881 年，福克斯韦尔向凯恩斯抱怨说《工业经济学》难度太大，因此在成绩一般的学生中很不受欢迎；1890 年，他表示自己倾向于选用马歇尔当时还未出版的《经济学原理》，该书的受众是初级学者。这暗示着他已经有所妥协，倾向于"马歇尔教授"，因为沃克的《政治经济学第一课堂》已经于 1889 年出版。他们之间就选用合适的学士学位考试参考书一事还有许多其他争论，两人都认为这是很重要的任务。然而，此问题真正的困难到后来才出现，如果忽略马歇尔早期对福克斯韦尔轻视李嘉图和穆勒的重要性倾向的批评不算的话，他俩之间第一个主要的学说争论是关于复本位制的。福克斯韦尔试图让马歇尔签署支持复本位制的请愿书，但是没有成功，这一事早有报道。他们在这方面的其他争论还涉及吉芬，马歇尔多年后在与福克斯韦尔以及其他人的通信里都不时地提到了这个老顽固。据福克斯韦尔叙述，他俩在一些政治问题上也意见相左，但是这些不同意见的本质尚不清楚。

总之，尽管如此，福克斯韦尔依旧是马歇尔尽职尽责的同盟者。他们合作组建了英国皇家经济协会就是一个例子，他们在 19 世纪 90 年代因为女性的大学教育问题也一直保持联系。福克斯韦尔对马歇尔的大部分帮助源于他对这位教授强烈的信赖感和尊敬，一小部分是因为经济学教授权威性的指导和该学科所需要的责任感。1890 年，当他们关于学士学位考试参考书的目录发生严重分歧后，福克斯韦尔向凯恩斯解释到："应需求，我给出我的意见。但是我当然不希望迫使他们反对马歇尔教授的意见，毕竟他是这所大学里的学科负责人。"

随着 19 世纪 90 年代过去，这种信赖感和责任感也开始逐渐消减。例如，马歇尔想确定一次有关伦理学委员会事务的会议的具体日期时，福克斯韦尔写信给凯恩斯说："我早应该想到，我与马歇尔所负责义务的比例是 5∶1。但是如果他不能改时间的话，那么或许最好是我改，因为我不可能改变日期，只有改动时间。"1897 年，伦理学委员会讨论课程改革的时候，凯恩斯在其日记中写道："马歇尔大体上认为福克斯韦尔是赞同自己的，但当他俩在一起的时候，却很少持相同意见。"福克斯韦尔与马歇尔此时的大量信件都暗示了这些不同意见的性质和程度。有些信件揭示了马歇尔对管理规章的误解，其他人也为马歇尔观点的细节作了大量的解释。这些问题也引起了凯恩斯的反对，他痛苦地抱怨马歇尔在委员会会议上如何占用大家的时间，等他走了之后会议进程加速，凯恩斯才感到欣喜。福克斯韦尔也很反感，他当时写信给凯恩斯明确表达了对自己这个"首领"含糊不清的感情：

---

① "如果真理女神告诉我，需要列举出赫伯特·福克斯韦尔教学的优缺点，我会把不足之处放在首位：太过于偏重提问而失去了实际意义；有时忽略了实际问题，尤其是在统计学方面的问题。"

除了马歇尔的政治观外,我本人基本上同意他思想和观点的核心内容。但是我几乎一直不认可他的重要性。我认为他不太懂情理,还觉得他被一条不可避免的悖论引入迷途,代表着克利福德、莫尔顿这类思维敏捷的知识分子的特征,他年轻的时候就与他们为伍了……但他仍然是出色的研究员,最有能力、最令人尊敬而且友善。这里有他做我的首领,我为之感到自豪。他平易近人,甚至显得有点软弱。

在世纪之交,马歇尔的和蔼可亲和福克斯韦尔因之而生的信赖感再一次涌现出来。前者体现在福克斯韦尔的图书馆重现危机的时候,马歇尔给予了他真切的建议和强烈的支持。1901年年中,在英国皇家经济协会的干涉下,这一问题第一次得以解决。后者体现在,尽管福克斯韦尔在某些细节上不赞同马歇尔,但是他还是忠实地帮助马歇尔保住了他长久渴望的经济学学士学位考试。

前面提到过福克斯韦尔有爱好收集书籍的癖性。19世纪80年代末,他们正准备大量增加图书的比例。1887年12月,凯恩斯的日记里充满敬畏地记录到,福克斯韦尔已经为他的图书馆花了2 000英镑了。因此,福克斯韦尔绝对对得起他数十年后告知梅纳德·凯恩斯的话,他的话已被奉为格言:"我经常懊悔没去买书,但绝不会为买了哪本书而后悔。"这种情操不能与他的收入相提并论,梅纳德·凯恩斯估计,他在同样事情的花费上,每年都不曾超过1 000英镑,而他已经透支了,1897年,其财政赤字空前严重,图书馆面临着被清理的危机。为了帮助福克斯韦尔拯救这个图书馆,马歇尔给他提供了自认为很真诚、很坦率的建议,即需要把图书馆转让给福克斯韦尔夫人一部分,降低他的购买比例,并通过给报社写稿来偿还银行债务。这可是违背马歇尔原则的一步棋,因为这样他需要迎合一帮极其厌恶的新闻记者。

1901年初,马歇尔写信告诉凯恩斯说,自己的建议最后还是未被采纳,因为就在那一年,福克斯韦尔的金融危机已经全面好转。前面提到过,如果经济状况允许的话,马歇尔表示当时可以把自己的教授职位让给福克斯韦尔。他真诚地请求凯恩斯去调研一下在大学里为福克斯韦尔组建私人性质读者群的可能性。当时马歇尔虽然不希望福克斯韦尔离开他前往伯明翰,但还是为支持他的好朋友写了一封热情洋溢的推荐信,还强调自己不及福克斯韦尔重要,因此有必要作出让他担任教授这样的牺牲。最后此事告以结束:1901年5月,英国金匠行会代表伦敦大学收购了福克斯韦尔的图书馆,将其视为一件重要的收藏品并保持了其完整性,公司还为图书馆注资,增添了新的收藏品。

马歇尔退休以前,也就是20世纪初前几年,尽管他和福克斯韦尔有些意见不同,但福克斯韦尔还是很支持马歇尔在1902~1903年要建立新经济学学士学位考试组的行动,此事前面已经提到过。最后的一些争论包括：福克斯韦尔不同意马歇尔任命庇古为经济学讲师①，当时伦理学新学年的授课时间表已经决定，但福克斯韦尔"疑神疑鬼"地认为马歇尔会在一些冲突上攻击他；1903年，福克斯韦尔在写给《泰晤士报》的信里批评了由马歇尔和11位其他经济学讲师签署的自由贸易宣言，信里还提到一些前几年他们在新学士学位考试组中与讲课方式、讲义类型有关的事情。后来的事情表明，马歇尔开始担心福克斯韦尔过时的经济学对他的新学士学位考试组学生的适用性，以及他退休后选举福克斯韦尔担任教授所涉及的教师资源的经费问题。1906年，马歇尔果断地决定支持年轻的庇古，而放弃了当时几近花甲的老福克斯韦尔，认为还是庇古担任他的新剑桥学院经济学的领导者更为合适。

对福克斯韦尔没有竞选成功的抨击声一直都很大。因为随着年龄的增长，他对自己支持马

---

① 在一次坦率地交换意见中，马歇尔对福克斯韦尔表示了强烈不满：

你又恢复了对于我致力于高级课程和学习方法一事的敌意，我对此感到很痛心。我觉得你在很大程度上已经被以前我在书信和谈话中的那些冗长的解释所说服了，但我仍然想再多说几句。

1885年回到剑桥时，我打算就如何探求问题本质给学生们做公开讲座，这些学生或是听过你的（或者是其他人的）讲座，或是研究过数学。但很快我遇到了两个困难：你的讲课中并没有涵盖"一般课程"；他们没有经过考试，无从知道自己的不足之处。而我通常是从基础着手的，所以我去征求你的意见，看是否可以在学科中加入初级课程，并设立相关的考试。你提出了两点反对意见：你在伦敦很忙并在从事书本的写作工作，没有时间判卷；而你自己已不再年轻，不需要在意为我（和你自己）而做的高级讲座。我承认你所说的第二点，并建议你应该每隔一年讲授一次系统性的高级课程；我也应该如此，当然，在你讲高级课程时我讲初级，反之亦然。你说学校会反对——我不记得你所给出的具体原因了，我只记得我觉得学校会热烈欢迎的。

所以我以自己的微薄之力，多年来做着全部经济学教学的辛苦工作。我相信，再没有任何人像我这把年纪了还要在如此庞大的学科中做着所有工作。女性的考卷非常差，其中大部分都是先考到玛丽的授课内容，然后再是我的，但试题太多。有时候在连续两天两夜以继日地审阅试卷后，我感到身心憔悴。

我又去找了你两次，请求你帮我分担一部分这项工作，但是你两次都拒绝了，而第二次的话伤我很深，我下定决心再也不提类似的事情。至于你的高级讲座——你跟我说过，你选择的讲座学科很适合自己。你在我回来前就已打定主意，并坚守着这些学科。你也不问我有没有其他意见，但这些我都没有抱怨。我只是尽量避开这些你详细讲解的学科的细节部分。这些对我来说没有太大的不便，但我只能告诉我那些没有资格听你讲座的女学生们，需要课后阅读些内容，尤其是银行的历史部分。我尽我所能地去做一切，好让课程顺利进展……[在引用麦克塔格特和克拉彭的思想解释他的学术文章后，由于克拉彭的观点过于陈旧，马歇尔决定使用庇古的观点]。

当时我知道你的书在伦敦，而你也要随行，我这边没有帮手，所以我试探性地提出庇古这个人。我发现他本人并不反对，就把事情提到伦理学委员会的议事桌上。所有人都认为这是一个妙计，非常赞同。（我不知道会议纪要中是否有记录。）事后我与庇古签订了合同，支付他1900~1901年的讲课费用100英镑，条件是他在这一年间不承担会影响备课的工作。他是遵照合同执行的。

10月学期时，我听说你终于开始设置考试了，这使我很吃惊。如果我早知道你会这样做，并打算留在牛津，也许我可以向委员会申请离职以中止我的一般课程讲座，而不需要再推荐一位接班人。也许我本应该让庇古准备一下去讲国际贸易与政府的课程，这两个主题都是你根本没讲的。

你说"庇古的任命是对我的讲座的直接攻击，这是我赖以为生的行当，我一定会迎战他的。所以还好这个问题必须从最开始就介入。"我对你的想法感到很痛心，因为我一年前就告诉过你，是我把庇古推到这个位置上的，而之前我曾给过你三次机会。

马歇尔也提到了1901年5月22日凯恩斯信中的问题，并试图在1901年5月25日与福克斯韦尔解决争吵的问题。

歇尔所需要作出的牺牲也变得愈加敏感。两封他写给凯恩斯的信，一封写于选举马歇尔继任者前，一封写于其后，都清楚地表明了这种意识的渐增：

> 非常抱歉给你添麻烦了。我并不期望能够比马歇尔成功。在他的安排下，结果总是像经过计算般精确无误……所以我一贯认为还是应由这位教授作为学院的头领掌控局面，我才不相信委员会能管理好学院事务。因此我没有任何反对意见。

> 我归还了马歇尔的笔记。它被一种令人不愉快的错误气息所笼罩……我相信他现在很欣慰，他向来这样，即使是他不放在眼里和忽略的人在工作上也要帮助他。我的意思是他们为投票、为测验作准备，还要和外界保持联系。但我认为即使是乐意帮助他的人，在他的内心深处他都会对人家有一种确确实实的鄙视：无论怎样我确信，我以我的力量所给予他的服务，他都认为没有价值。尽管如此，他的意见丝毫影响不了我。我不想评判他的强势。

两封信前后不同的语气反映出两人由于庇古当选教授之事所产生的挖苦意味。竞选刚过的几个月里，他们开始彼此厌恶，这一点在1908年马歇尔写给凯恩斯和希格斯的信中可以明显看出。信里讨论了英国皇家经济协会组织募捐活动，为福克斯韦尔在剑桥创建个人教席的可能性。留存的通信不仅显示出马歇尔早就涉入这项计划，还表明6个月后，他要选举庇古而不是福克斯韦尔。至今在相关经济圈里，这仍然是人们的一大痛处。12月5日马歇尔写信给凯恩斯：

> 我刚刚离开你后就得知，"如果某人竞选失败，那必然是团队工作的结果"这一说法还不为我妻子所知；但是一个极其负责却对这个话题不十分感兴趣的女人一遇到我妻子就带有嘲讽意味地把这话告诉了她。我夫人证实了这件事。

一周以后，马歇尔再次写信给凯恩斯，批评了福克斯韦尔在资金问题上的错误判断。还指责他不该在剑桥教务中离职。再来看福克斯韦尔对马歇尔判断所持的观点，真是"五十步笑百步"。然而，接下来是更为严重的指责。首先是歪曲事实使马歇尔不再支持希格斯在为福克斯韦尔竞选主任募集资金的提议。

> 6月福克斯韦尔写信给我，谴责了那些置友谊于不顾的选举者。我很震惊，没有作出回答，但这封信成了麻烦的开端。即使福克斯韦尔仍然处于他人生的黄金时期，如果要把他放在与克拉彭同等重要的学术水平（若第二个经济学教授之职存在），我

还是很犹豫的。现在，我把这件事情交由你来处理。看在情谊的份上，我怎么也会尽量坚持我的学术意识吧？但是还确实有些阻碍。你或许早已经知道，我对希格斯的提议所持的友善中立态度到了何种程度，这一点很好。我清楚地知道，我不可能积极地支持目前的这份提议。

马歇尔早就热切地与希格斯讨论过提议。12月14日，希格斯在给凯恩斯的信中写道："马歇尔已经把提议的主题告诉你了，即要为福克斯韦尔在剑桥设主任一职募集资金。你是否介意告诉我，这所大学是只要担保就可以呢，还是需要用现金支付呢？我的意思是，如果可能的话，可以获得每年700英镑的保证金，一共7年。"一封马歇尔写给凯恩斯的日期不详的信可以说明马歇尔的"学术意识"变得极为强硬。这无疑使凯恩斯意识到，为福克斯韦尔设立第二主任职位将是一个"令人不快的先例"。

毫无疑问，两人之间原本热情的友谊之火再也没有复燃。1920年，马歇尔写信索要福克斯韦尔手中杰文斯的《通货和财务调查》一书被拒，这次徒劳的努力上文已经提到过。然而，1923年马歇尔送给福克斯韦尔《货币、信用与商业》一书的赠送本，最终也得到了福克斯韦尔的正式答谢。这发生在马歇尔几近临终之时，但这并不表明他去世前从福克斯韦尔那里得到了和解的信息。到1908年，福克斯韦尔很明显已经领教了他的这位朋友太多的原则及其所带来的压力。福克斯韦尔的女儿作了最后的总结，她在自己写的关于父亲的回忆里，简单地概括了1884年以来马歇尔和福克斯韦尔友谊的成长过程。

1884年，马歇尔回到剑桥接任亨利·福西特的政治经济学教授一职。他的当选得到了福克斯韦尔殷切的支持。马歇尔的著作也令他极其羡慕，著作中有不容忽视的数学做基础，因为马歇尔在数学学士学位考试组里成绩仅次于雷利勋爵。但是很难让人相信的是，像马歇尔和福克斯韦尔这样两位思想敏锐的人能够工作在同一个机构里，而且对这个充满争议的领域的大部分事情持一致意见。然而他们的爱好不相协调；金钱、社会主义、经济学历史——福克斯韦尔的三个主要喜好——也必须让位于更为抽象的基础理论。在基础理论方面，马歇尔是主要的领导者。再者，在自由贸易和贸易保护两方面的争议也导致了两人极大的不同。例如在一次公共辩论中，福克斯韦尔便是马歇尔的主要对立者。前者觉得，马歇尔教授也许是暂时判断失误才签署了经济学家宣言，也许永远不会原谅自己写信给《泰晤士报》一事。1908年，福克斯韦尔在马歇尔离开教授职位的时候，最终没能成为其继任者。尽管福克斯韦尔也不年轻了，但这对他来说终究是个遗憾。

约翰·内维尔·凯恩斯：一位信念坚定但幻想逐渐破灭的助手

约翰·内维尔·凯恩斯生于1852年，比马歇尔年轻10岁。和福克斯韦尔一样，他也是首先就读于伦敦大学，然后听从了世交福西特的建议，到剑桥攻读数学荣誉学士学位。在专业的选择上，他似乎很明智，为自己的学习赢得了必要的资金（奖学金）的支持。尽管他的一等成绩在伦敦大学被授予两个文学学士学位，凯恩斯还是发现剑桥的数学很尖酸，令人备受折磨，比在伦敦的学习本身辛苦得多。因此，1873年1月他开始渴望转入伦理学系。虽然福西特强烈建议他不要这样做，但他还是从1873年10月开始学习伦理学课程。与詹姆斯·沃德一段早期而恒久的友情可能是使凯恩斯做这种转变的至关重要的因素。1873年1月，詹姆斯·沃德获得了伦理学系的三项奖学金。另一个因素则是凯恩斯8月份读了穆勒的《政治经济学原理》后觉得非常有意思。第一学期他修了西奇威克的伦理学课程和维恩的归纳逻辑学课。直到1874年4月他才决定开始政治经济学的学习。以前说过，马歇尔当时是教授高级进修生的主要老师之一。凯恩斯的日记生动地再现了他们第一次见面的情形：“我拜访了圣约翰学院的马歇尔——政治经济学的讲师，当时他正躺在浴缸里。”历史不曾记载，有多少学生与马歇尔第一次的会面都是这样的情形？然而，就是这次见面促使凯恩斯从那个学期开始上马歇尔的课，1875年也选修了他的课。那时，马歇尔的这位新学生已经变得非常精通和熟练，凯恩斯在日记里自豪地写道：“马歇尔确确实实高度评价了我为他写的一些论文，甚至讲义。”为了通过学位测试，凯恩斯在伦敦阅读了福西特1875年6月的政治经济学论文。他还利用十周的时间苦读，完成了逻辑学、哲学和经济学的论文。当年12月，他被嘉奖为一等伦理学学家。当荣誉名单宣布之后，凯恩斯应沃德之邀，第一次拜访了福克斯韦尔。接着又拜访了马歇尔，当时杰文斯、西奇威克和维恩也在场：

> 马歇尔说过："你思维极为清晰。"[沃德告诉他：]"杰文斯说你完成了逻辑学的论文，你的答案读起来令人赏心悦目。很明显，他不大相信马歇尔，却被你的曲线图给逗乐了。福克斯韦尔表扬了你的精确，但是说你在自然哲学上故意规避困难，缺乏独创性。他是考试监督员。"我站在维恩和马歇尔这一边，他们都很感兴趣。我们都赞同彭布罗克给你奖学金。马歇尔认为你应该投身于经济史的研究。经济史是伦理学和历史学人士共同希望深入研究的学科，但是现在还没有人去做。马歇尔还认为，如果西利、哈蒙德和福西特这些伦理学人物一起来支持你研究这个，你一定可以找到自己值得做的事情，无论是从金钱的意义上，还是从其他的各个方面……

这篇日记在两点上特别有意思。一是福克斯韦尔具有预见性地判断凯恩斯有回避困难的倾向，这个性格特征在他的一生都有体现。因为畏惧困难，他所达到的成就远远低于他的能力所及。另一件则是马歇尔非常渴望能够按照自己的意愿安排凯恩斯的未来。凯恩斯最为经济学研究所需，也为马歇尔所需。在凯恩斯的一生中，这件事有好多次都被提起过。

尽管凯恩斯的逻辑学成绩突击，但是他一开始即被马歇尔派去教授经济学。1876年年初，凯恩斯回忆道，由于忙于教授政治经济系学生，他准备8月在布洛克学院申请研究员职位的事被拖到了当年年末，因为这项工作在资金方面看来已不再必要。1876年12月，凯恩斯参加了庆祝伦理学考试结果公布的联欢会，在马歇尔家里他得知玛丽·佩利正在为大学推广运动（主要指全日制大学以校内或校外讲座的形式将教育推广到非全日制学生）撰写政治经济学初级读本。先前他已经告知"圣约翰学院的"马歇尔，玛丽·佩利邀请过他，所以他为自己赢得了写这样一本初级读本的机会。与福克斯韦尔的判断几乎一致，才刚过两个月，这项工作就让人觉得生厌，1877年初他就摆脱了这份职责。

1876年，凯恩斯和马歇尔的交往还很淡，这从凯恩斯当年的日记里很少提到马歇尔也可以看出来。1877年，他们的友谊才开始加深。2月份，马歇尔让凯恩斯阅读自己前几年所写的关于国际贸易的手稿；他还敦促凯恩斯，就像凯恩斯30年后敦促儿子梅纳德一样，让凯恩斯为获得科布登论文奖撰写了主题为"机械化对工资的影响"的论文。

1877年的记录显示，凯恩斯开始首次以批判的眼光审视他们正在成长的友谊：

> 1877年4月25日：马歇尔……强烈建议我不要把写的有关克利夫·莱斯利的东西送交科布登论文集。但是我根本一点都不确定是否该遵从他的建议……1877年4月26日：我和阿尔弗雷德·韦斯特、迈尔斯、马歇尔、福克斯韦尔、普罗瑟罗、尼科尔森和西摩·汤普森有个小小的晚宴聚会。饭后，我们到奥彭斯休息，这时马歇尔陷入了最为矛盾的情绪中。他说，他情愿自己从未涉入过古典文学学习。他浪费在古典文学上的时间，如若用来研究音乐、绘画、雕塑、几种现代语言、生物和通俗文化的话，则可能会成果颇为丰硕。

凯恩斯1877年的一些日记流露着些许怨恨。比如，福克斯韦尔曾批评凯恩斯的学位论文里缺乏哲学技巧。詹姆斯·沃德透露给福克斯韦尔说，凯恩斯把他的讲义定位为"彻底的失败"。7月的记录说，马歇尔称赞凯恩斯是"他最近必须教导的最杰出的政治经济学家"，因为凯恩斯的风格是"下等的"。读了马歇尔的贸易手稿几周之后，凯恩斯回应称马歇尔"根本没有任何风格"。① 8月，马歇尔启程去布里斯托尔大学，凯恩斯的日记三年多都没有对两人关系作任何记录，两人好像也没有通过信。而与之成鲜明对比的是，这段时间马歇尔与福克斯韦尔

---

① 马歇尔恭维凯恩斯是左撇子学生，除凯恩斯外，马歇尔当时所教过的学生中尼科尔森是唯一知名的经济学家，而詹姆斯·沃德、亨利·坎宁安、弗雷德里克·梅特兰是前三年仅有的几位经济学上真正的优秀人才。

有稳定的书信来往，与西奇威克似乎也写了相当数量的书信。

1881年2月，凯恩斯让马歇尔支持他申请竞选伦敦大学学院政治经济学教授，虽然申请没有继续，但是两人就这样简单地恢复了联系。马歇尔接受了这个请求，同时也质问凯恩斯是否把自己讲义的笔记给了西奇威克，并帮助他写关于政治经济学的文章，这段插曲前面已经讨论过。马歇尔为凯恩斯写了一封神采飞扬的推荐信。信中赞扬凯恩斯"对经济学有伟大的自然天赋"，"在自己的领域中知识广博"，具备"思路清晰有力"的特质，完全具备"知识分子的性格"，有致力于完成工作的"丰富的独创性"。总而言之，他是"一位前景极其光明的经济学家"。另外，马歇尔称凯恩斯的教学"明白易懂、充满活力"，还有他的"人格魅力……使他无论在哪里就职都能成为栋梁之才"。① 三年后，凯恩斯送给马歇尔一本《形式逻辑学的教学与练习》，这是凯恩斯的第一本书。马歇尔称赞这本书是"纯粹剑桥著作的完美典范，很可能会作出巨大的贡献"。同时，福克斯韦尔总是告诉凯恩斯，接着马歇尔自己也告诉他，他们想回剑桥去。1882年2月13日，凯恩斯在日记里写道："如果马歇尔夫人回来住在纽纳姆，我将不再在纽纳姆教书了。"

马歇尔回到剑桥大学以后，他俩的友谊才更为亲近，凯恩斯为此感到非常高兴。其中一部分原因是作为一名经济学家，凯恩斯得到了马歇尔的由衷赞赏。当时马歇尔想让凯恩斯接替自己在牛津大学的职位，现在看来，这其实是旧事重提。凯恩斯妻子弗洛伦斯观摩了马歇尔的第一次讲课后，随即又第一次与马歇尔会面，她对马歇尔的热情款待亦促成了两人良好关系的发展。凯恩斯日记中记录的在马歇尔家参加聚会的一次次快乐场景，很好地印证了两人关系的增进。但是由于凯恩斯过于担心马歇尔与自己最好的朋友西奇威克发生争吵，所以这种欢乐被削弱了不少。

就像十年前马歇尔让凯恩斯阅读自己的贸易手稿一样，他又邀请凯恩斯阅读《经济学原理》的校样。从这时起，他们的友谊进入了更加亲密的时期。这项工作始于1887年10月初，在接下来的两年半时间里，凯恩斯为此做了大量工作，其中大部分精华内容都可以在他们的信件中查到。前面已经讲过，凯恩斯的任务是为理论观点提出建议，并修改表达和阐释使其更加清晰，这是一个重要的校对员的工作。这与分配给普莱斯和玛丽·佩利所负责的一般校对工作相比是截然不同的。他们两个仅仅负责抓取印刷或者其他拼写错误，以及语法、句法、标点等常规错误。《经济学原理》（第1版）出版了7篇而不是原计划的6篇，这是征询凯恩斯意见的结果。马歇尔还详细询问了凯恩斯效用测定和消费者剩余等相关问题的内容。1888年，校样和彼此的读本在贝利奥尔庄园和凯恩斯的住处哈维街5号之间互相传送，这成了两人的交往方式，一路传递的是《经济学原理》修改过的大批样本，另一路则是凯恩斯的《视野和方法》

---

① 1883年5月1日，凯恩斯记录了"一封意想不到的来自马歇尔的信"，信中马歇尔恭喜他当选伦敦大学主考者，并告诉他自己最近将去牛津大学，并表示很感激"你真诚地希望我们回到剑桥"。

一书的校样，马歇尔和玛丽·马歇尔都仔细审阅了这本书。

第二次书信的频繁往来是马歇尔想让凯恩斯在牛津大学任职。那时博纳米·普莱斯（德拉蒙德学院当时的教授）刚刚过世。得知这一消息后，马歇尔立即写信给凯恩斯，表示很希望凯恩斯能够成为一名候选人。但是这种兴奋很快平和下来，因为毕竟普莱斯刚刚逝去，而且也意味着剑桥将失去凯恩斯。当天，凯恩斯在日记中带有嘲弄意味地写道，这是自己第一次听到马歇尔对这件事作出了决定。自己还不曾发表过任何与经济学相关的文章，哪有资格当选此职位啊！尤其是马歇尔丝毫不站在他角度上考虑，使自己显得如此逊色。①

由于马歇尔的第一封信在这件事情上带有不切实际的鼓励，所以他紧接着又写了第二封信。虽然信的主旨还是鼓励，但还是说了惯常的一些劝阻的话。他在第二天的一封信中告诫凯恩斯说"罗杰斯才是第一人选"。西奇威克给了凯恩斯同样的建议和警告。但是福克斯韦尔更关心他的第二母校，规劝凯恩斯要考虑到伦理学和儿子的因素，不要去申请那个职位。福克斯韦尔写道：梅纳德"可能极易轻率地选择精辟的风格，最后成为亲民报纸的主人或一个流行党派的英雄，而不会仿效其父亲，成为一个严谨的、头脑敏锐的剑桥人"。凯恩斯的日记和写给马歇尔的信件逐渐打开了这段尘封的往事：他们不断变换该职位的最佳候选人（从罗杰斯到费尔普斯再到罗杰斯），并在其中权衡着凯恩斯成功的机会；马歇尔访问牛津和伦敦后展开了率先行动并闲谈了一些事情；1884年剑桥竞选时，两位对立者——帕尔格雷夫和坎宁安——也拥有候选人资格；拉维尔埃尔可能从海峡彼岸赶来；1888年2月，凯恩斯核对了最终申请此职位的举荐信。

为了帮助凯恩斯成功申请此职位，马歇尔带着他的《视野和方法》一书的样本去访问贝利奥尔学院院长本杰明·乔伊特，同时他也敦促凯恩斯把样本寄给其他评审人员。马歇尔认为样本总体上是"非常出色的"。但是他建议有必要删掉部分脚注，如"有争议的个人观点的引用"，尤其是那些看似属于博纳米·普莱斯的成果。② 马歇尔的牛津之行并不像他期待的那样成功，那些他曾想游说的评审人都不在场。2月21日，凯恩斯寄出了他的申请，并注明何时能够拿到马歇尔的推荐信，之后他发现马歇尔在信里"过于抬举"自己。又过了几天，马歇尔寄来便条阐释推荐信"内容虽少，但有魄力"。一个月后，凯恩斯在斯图加特听说最佳人选罗杰斯已经当选，此时马歇尔还写了一封安抚信给他。至此，这个由马歇尔诱导的选拔赛彻底结束了。

---

① 在对一份草稿的评论中，丽塔·图尔博格还质疑为什么马歇尔没有推荐福克斯韦尔申请这一职位。一个原因可能是由于福克斯韦尔在伦敦大学的教授职位，而下一段中也将提到，福克斯韦尔酷爱自己在剑桥的工作，所以不愿离开母校。在马歇尔心中，是按当选可能性的大小将凯恩斯和福克斯韦尔排序的，而非功绩。

② 凯恩斯还为牛津大学的评审员出示了一些推荐书，来自他参加地方考试和讲座的导师布朗、尼科尔森以及福西特早期的一封信。西奇威克拒绝在推荐书上签字，因为他的哥哥威廉姆也在这个职位的候选人之列，而他哥哥在一年前接任了马歇尔夫妇在布里斯托尔的政治经济学讲师之位。

其他跟马歇尔有关的事情还在继续着。马歇尔和西奇威克在伦理学委员会课程改革上有很多矛盾，凯恩斯对此事的种种态度自不必说。而贝利奥尔庄园对凯恩斯的《视野和方法》校样日渐疯狂的批判也更加重了凯恩斯的痛苦。1888年2月，经过更加仔细的研读后，马歇尔承诺将对校样提出一些额外的建议，尤其是凯恩斯看待德国人的态度问题。两个月后，马歇尔对凯恩斯前两章作出的评价是："令我非常失望。他实际上是想让我花一年时间研究德国人，然后全部重写一遍。如果要让我说些什么，他在一点或者两点上是正确的，但文章必须更加深入。他还认为我为讨论所提及的一些观点过于老套。"紧随这封让凯恩斯非常难过的信之后，从贝利奥尔庄园又寄来了两封长长的附件。作为对信件的补充，附件中详细描述了对文章的批评。批评关注的地方从阐释转到脚注，以及删除和简化。马歇尔夫妇还制作了一张符号表来帮助凯恩斯识别他们的标志。

这几个月中，两人之间接触中的不愉快的确很少发生。1888年3月，牛津大学宣布罗杰斯成功当选教授。当时马歇尔和福克斯韦尔正在考虑创办新经济学期刊，遂开始劝说凯恩斯接受新经济学期刊的编辑一职，每年酬金100英镑，期刊定期更新，直至1890年。尽管马歇尔和福克斯韦尔列举了此职位的一系列好处来诱导凯恩斯，但是凯恩斯并不为他俩的请求所动，因此两人的努力以失败告终。除此之外，还有让凯恩斯担任伦理学委员会秘书的邀请——让其来修改马歇尔的授课计划，帮助他完成写作大业；马歇尔和凯恩斯共同参加了圣约翰学院举行的盛宴和其他宴请。可是一旦考虑到伦理学委员会因为选拔人才而再三浮出新的解决措施，凯恩斯便对这种关系下开展的长期对话感到莫名其妙地反感，因为马歇尔"是如此吹毛求疵，还因为他过分关注一些琐碎的小事"。不过凯恩斯非常敬佩马歇尔作为经济学家的智慧和才能，他还从这位上级那里得到了根深蒂固的裨益。19世纪80年代晚期，两人从彼此校样的阅读中互相学习进步，这些事情无疑都加固了两人的友情。

1889年间，马歇尔在凯恩斯的书中发现了较多问题，尤其在方法论问题上错误很多。8月和9月，他写了很多长篇信件，批评凯恩斯在鉴定经济学家的地位时作出了不恰当的定位，如对克利夫·莱斯利和李嘉图的评价；肯定了亚瑟·扬和伊登给波特、图克、麦考罗克以及麦克弗森等人的英文数据研究的质量；信中还暗示了凯恩斯的方法论与马歇尔的有很大不同，这些不同之处让马歇尔很难去评价凯恩斯那"更为有序的"论据。《视野和方法》一书暗含了一系列非刚性的观点，9月份的信件大部分内容是关于马歇尔对这些观点的新体会。这些新意识到的体会在他的《经济学原理》系列丛书的前言中皆有体现。"除了说明自然规则可以变通之外，我从未讨论过分配或者分工的问题，而人类所划分的界限仅仅是为了当时之便；即使他们很严格，也不应该当真。"在1889年11月的一封信里，他着重强调了对穆勒所用方法的不同意见，批评"理性人"这一抽象概念的作用，但"理性人"的概念却被马歇尔援引用于解释消费者剩余和效用测量的观点。当时凯恩斯在《经济学原理》一书的创作中所起的作用已经变小，而在接下来此书的很多修订本中的作用相对更小，以至于最后几乎荡然无存。① 大概一年后，马歇尔在评阅凯恩斯的《视觉和方法》校样中的作用也终于消失。

19 世纪 90 年代早期，马歇尔和凯恩斯结束了对彼此主要作品的互相批评，日记中也就多了许多愉快的记录。两人一起参加了大量的晚宴聚会，其中大多数是在贝利奥尔庄园的小餐厅里举办的。马歇尔统辖英国科学协会 F 部各项事宜，同时还要履行协助英国皇家经济学会正式启动的职责。正是由于他的这些责任，这样聚会的数量才毫无疑问地成倍增长。这段时期学士学位考试的问题还没有被提上日程，因此会议的召开时间都不算很长。在这种会议上，马歇尔经常故作姿态地作一些令人厌烦、显得杂乱无章的演讲，希望能达到他所预期的原则性的改动。政治经济学是印度文职机构公开竞争的考试科目之一，马歇尔和凯恩斯在这一测试的性质问题上意见不同，这是凯恩斯在这几年记录中笼罩在他们之间的唯一阴云；凯恩斯充满歉意地对马歇尔说，他曾凭借不久之前自己出版的一本书去申请过理学博士的新学位。

还有一次旨在将这两位同事拉拢在一起的合作事情值得一提。他们之间的通信表明，凯恩斯和马歇尔交换阅读各自所订刊物《统计学家》和《经济学家》素来已久。凯恩斯于 1900 年告知马歇尔自己不再需要订阅《统计学家》，于是马歇尔这一方的联系就此结束。但是，马歇尔暗示自己仍然愿意"不管怎样，把《经济学家》寄给你"，然而凯恩斯似乎依旧还在订阅《统计学家》。两位友人还在许多同僚和其他方面交流过很多建议。马歇尔这方集中在经济学有关问题上，凯恩斯一方则大量局限于行政事务。当然也有例外情况。例如，1888 年凯恩斯与妻子共同造访马歇尔住所，商讨夏天的意大利威尼斯之行一事。1892 年，为帮助马歇尔的妹妹梅贝尔家的小孩子找到一位合适的家庭教师，凯恩斯举荐了自己家以前的家庭教师拉克斯顿，而且马歇尔接受了这个举荐，说"从你家找来的家庭教师最让我放心"。

然而在这些年中，尤其是 19 世纪 90 年代中期以后，凯恩斯日记所记录的马歇尔的负面信息大量增加。西奇威克和马歇尔在伦理学委员会浮出的新问题中煽动着凯恩斯，还有马歇尔逐渐频繁地、怀有恶意地和保守干预剑桥大学的女性问题，凯恩斯越来越多地用"糟透了"或"极不相干"之类的形容词来描述马歇尔。情形渐渐恶化，最后凯恩斯在学校行政工作上卓有成就，而非学术和研究，他们的冲突也因此迸发。但这在一定意义上也让他很痛苦，学校会议没有效率、没有成果，大大降低了重要学术问题的相应价值。他曾深信不疑地尊崇马歇尔的科学成就，而现在这种忍耐大大缩减了。这些年相互宴请的次数同样削减。此外，凯恩斯日记里记录的这类宴请不断地给人以这种印象：自己和夫人在贝利奥尔庄园的宴席桌上总是扮演着名存实亡的同事角色，特别是有外国朋友来访、马歇尔需要他们的时候。

因为要举办新经济学学士学位考试，凯恩斯在委员会忍受了长期的折磨。凯恩斯将这种折

---

① 例如，他在第 2 版中参与的工作很少，只进行了一两个月的校对工作，而第 4 版后，马歇尔向他与许多其他人征求意见，想看第 1 篇的一些旧的篇章是否可以放到附录中，而第 5 版中他就这么做了。

磨恰当地概括为"一件消耗时间的麻烦事"和"他的行政职责中唯一真正令自己讨厌的一部分"。① 如此说来,凯恩斯不断减少学校学术问题的涉入,可以作为解释他为何越来越反感马歇尔的主要原因之一。将他引向这条道路的其他潜在因素还有马歇尔对剑桥女性问题的态度和立场完全与凯恩斯相反。此外,费伊后来对梅纳德·凯恩斯说,"马歇尔对待西奇威克的行径是可耻的"。在伦理学委员会,西奇威克无疑是凯恩斯最亲近的人,而马歇尔把他当成敌人并指责他的理学大纲。最后两个因素尤其不可以轻视。

马歇尔想引导凯恩斯的儿子学习经济学,而且对他的影响渐增。后来,凯恩斯特别害怕马歇尔对他儿子的这种作用。随着凯恩斯卷入的"宜人的"学校行政工作的数量逐渐增多和社会生活的丰富多彩,他落空了的学术期望和抱负刺激着他越来越怀念与伦理学打交道的那段美好岁月。当时,他结束了自己的学生时代,收获了一时的荣誉——1875年成为伦理学学士第一名。这种情愫在凯恩斯1927年在他的母校彭布洛克分校的一次演讲里表达得淋漓尽致:

> 我在大学生涯中受到很多长者的影响,从本科时代开始,我就从他们那里获取了激励和鼓舞。他们对我从来都很和蔼,我很感激他们。首先是我的导师瑟尔博士——后来他成为学院院长。我还要提一下亨利·福西特,他是把我的思想引向剑桥的首批人之一;马歇尔,我最早的一位讲师;亨利·西奇威克,正是他使我对伦理学产生兴趣并在剑桥定居。西奇威克博士对我的友爱、有帮助的批评和鼓舞持续到他生命结束,这在我的记忆里弥足珍贵。

对福西特和马歇尔作为讲师的回忆,以及对西奇威克热情的称颂说明了一切。凯恩斯和马歇尔的关系始于马歇尔的教师角色,后来又成了他所尊崇的上司,使这位诚挚的甚至似乎有点傻的年轻人约翰·内维尔·凯恩斯获得了利益。但随着这位青年的成长,这种感情逐渐减弱。当凯恩斯不断见证到之前这位良师益友那不太吸引人的本色后,这种感情已消失殆尽。凯恩斯对马歇尔的狂热学术精神也不再感兴趣。最后,公共事务成了他们维系关系的唯一纽带。而在马歇尔从学校退休后,他也不再有权要求凯恩斯履行行政职员的责任和义务。1908年之后,马歇尔不再出现在凯恩斯的日记里,也迅速从他的生活中消失了。

本杰明·乔伊特:一位对年轻人影响深远的经济学家

贝利奥尔学院院长本杰明·乔伊特无疑对马歇尔产生了巨大影响,尽管直到1877年夏天,

---

① 然而,这些有洞察力的评论所出自的章节却有很多部分被夸大了,尤其是结尾段,至少凯恩斯日记的内容的记录是不准确的。整个过程忽略了他们两人1887~1891年在《经济学原理》及《视野和方法》两本书上的合作。

他们才在牛津大学里第一次相见，当时马歇尔已经35岁，不再称得上年轻，但是本杰明60岁，比马歇尔要大25岁。乔伊特对马歇尔的影响遍及其逐步走向成熟的经济学思想的各个方面，而且他还影响着马歇尔晚年的价值观。马歇尔和乔伊特的愉快友谊开始于牛津大学和布里斯托尔大学，之后他同这位令人尊敬的贝利奥尔学院院长的关系逐渐亲密，这是马歇尔一生中最为温馨持久的一份友情。马歇尔发现，这位令人敬佩的"贝利奥尔学院院长"宛如自己的再生父母一样关心自己，其他许多人也发现了这一点。马歇尔夫妇在布里斯托尔面临着很多困难，毫无疑问乔伊特的慷慨相助营造了彼此之间的友好关系，乔伊特最终为他们开辟了一条前往牛津大学的逃离路线而离开了布里斯托尔。他们在牛津大学度过了四个学期，1885年才回到深爱的剑桥，并且从此没有离开过。这份友情一直持续到1893年乔伊特去世。乔伊特非常偏爱这对夫妇，他不仅逐渐与玛丽·佩利缔造了尤为亲善的和睦关系，还对马歇尔本人发自肺腑地赞赏和喜爱。我们没有必要详细叙述他们很多正式的交往。这位长者对这对年轻的、缺乏社交经验的夫妻不断地关照，呵护他们成长。本节将探寻这些友好的行为和对他们的影响。

毫无疑问，这份非同寻常的友情的基石是两人有着惊人的相似之处。费伯关于乔伊特背景的精辟描述有助于我们进行这样的比较。以下对乔伊特的描述当然也适用于马歇尔：

> 他从来都不贪玩、制造暧昧或是主动打破自己和他人思想保守的屏障。他绝不会干一些荒唐或者毫无意义的事。他果敢地把注意力集中于宗教信仰、形而上学的体系、教育问题和国家大事上，当面对规范的伦理假说时，却很容易变得缺乏勇气……"没有父亲，也没有母亲，没有门第"，这是贝利奥尔学院年轻的同代人对乔伊特的印象。麦基冼德①这个绰号跟随了他很多年……当这位贝利奥尔学院院长去世了半个世纪后，撰写他的传记所面临的棘手问题是对他家庭历史的追溯……他对自己家庭的态度显得莫名其妙。虽然他憎恨工作的存在，但他做了很多工作。他很少提及也几乎不写关于他家庭或孩子的事情。乔伊特很少提起他的学生生涯，就算提的话也是贬低他所受的教育。这种说法是不公平的，因为他的整个职业生涯都奠基于……他（在学校）的教育为他赢得的学术地位。所有对他的学生生活的记述都证明了同一个问题：他是一个长相英俊、大方、精明的孩子，脸蛋光润圆滑，眼睛晶莹透亮。他不善于与外人来往，只跟自己和书本打交道。他不断进行自我改进的观念也许是虚幻的——至少这明显是一种假象。

乔伊特或者马歇尔自身是从何种程度上抓住他们性格的这些相似点的，这些都无从所知。

---

① 《圣经》中所载国王和祭司。希伯来书第七章第三节说："他无父、无母、无族谱、无生之始、无命之终，乃是与神的儿子相似。"——译者注

乔伊特接触陌生人的时候都抱着试探性的态度，包括第一次和马歇尔见面也是如此。这和马歇尔的情形差不多，这一点在乔伊特的原版传记里有描述，或许是这个描述说明他们很相似。当时时值马歇尔申请布里斯托尔大学校长兼教授职位之后，马歇尔接受了乔伊特的邀请，前往贝利奥尔学院。

尽管他们几乎整个周日都在一起边走边谈，但是从未提及校长这个话题。他们谈到了建筑艺术、赫伯特·斯宾塞、剑桥的神学以及许多其他事情。当马歇尔正要离开的那一刻，乔伊特才说："我不知道这个推举结果会是怎样，但是无论如何我很高兴认识你。"这是乔伊特同马歇尔亲密友谊的开始，也为他最后几年的晚年生活增添了很多快乐。

两人之间另外一条牢靠的联系纽带是他们的交谈。玛丽·佩利回忆乔伊特和丈夫的关系时说："乔伊特认为马歇尔是'我见过的最为公正无私的人'。"乔伊特很喜欢和阿尔弗雷德谈话，当他在贝利奥尔庄园时，经常会拿出笔记本记下与马歇尔的谈话内容。他说马歇尔的谈话是如此吸引人，比西蒙兹美妙的、涓涓细流的话更为有趣。

这份温存的友情在他们随后的通信和玛丽·佩利的回忆录里都有记载。回忆录记录了玛丽·佩利与这位"院长"初次见面的情形。她和马歇尔不久就试着打电话联系他，回忆录里还活灵活现地记述了乔伊特之后在他们布里斯托尔家中的日子，以及他们交情的许多其他方面：

> 我第一次见到这位院长是在克利夫顿学院的珀西瓦尔家举办的一次晚宴聚会上。他在长桌的一端与珀西瓦尔夫人并坐，而作为新娘子的我与珀西瓦尔博士坐在长桌的另一端。我当时并不知道这位面容泛红、头发斑白、显得很瘦的男士是谁，但是饭后沃拉斯顿——一位以其尖锐的言语而大名远扬的女士——告诉我，他就是贝利奥尔学院的院长，并说他"嗓音柔弱，没有热情"。他和亨利·史密斯都是学院委员会的成员，每年定期参加3次会议，一般住在我们家。这些造访令人们感到十分高兴。他们志同道合，待在一起非常快乐。尽管乔伊特十分害羞、沉默寡言，但是当他遇到了合适的搭档比如亨利·史密斯时，就会泰然自若。亨利·史密斯是我见过的最卓越、最幽默的谈论者。过去我常常与他们还有阿尔弗雷德一起聊到后半夜。他们的谈论可能从学校事务开始，但是很快进入其他比较宽泛的话题。无论谈论什么，总是由亨利·史密斯的一些幽默话语引出。他们每次都坚持乘坐第二天早上的火车离开，以赶上在学院的讲座。阿尔弗雷德身体不是很好，所以不能起早。我需要在7：00早餐时泡好茶。我是很腼腆缄默的一个人，但他们在时也非常友善并且很高兴，这也使我很高兴。乔伊特的腼腆是我们相处的一个难题，我在5年之后才感觉和他在一起不会局促不安，从那以后我们就能相处得很好并谈论我们想谈论的话题。我有时和他一起去散步，他时不时地发表一些言论，其余的时间就哼唱一些小调来填补沉默。他总是喜欢

谈论建筑学。晚年，他和我在伊莱大教堂共度了一个下午。在教堂里，他似乎高兴极了。"这才是雄壮。"我们进入教堂南面的十字形耳堂的时候，他惊呼道。他经常待在那里，对教堂的每个细节都了如指掌。他让我们给他描绘我们参观过的教堂，而夏特尔主教堂是他的最爱。

乔伊特去世几年之后，因为要为他写传记，玛丽回忆了他对教堂的钟爱之情，其中她记录了伊莱大教堂之行。那次参观之后的一封信中提到："参观教堂是最有意义的事情，它使人受益匪浅，相比之下欣赏自然风景或绘画都要逊色得多。"她对建筑的回忆说明了马歇尔和乔伊特的关系，以及他们对经济学以外的事物的品位：

> 晚年时候，他每年都要去剑桥访问一次，并且总会花大量的时间徜徉于剑桥的建筑之间。每次都要看看帝皇教堂。他对室外建筑的感情绝不亚于室内装潢。他其次喜欢的就是教堂四周深邃的光线和投影。他曾说过，建筑物最重要的方面"一是比例结构，第二就是投影效果"。他不断地鼓励我们去看精美的建筑。当我们告知他我们在圣大卫大教堂30英里内度过了整个夏天却一次也没有参观过那个教堂的时候，他惊讶万分。他认为科隆教堂是所有教堂中最好的。对他来说，此教堂在设计上的完美与统一在某种程度上可与帝皇大教堂相媲美。但是他也很喜欢风格迥异的建筑，如夏特尔主教堂：玻璃装潢特别多，结构错落有致、非常有吸引力。1891年7月，他和我制定了有朝一日去参观伊莱大教堂的宏伟计划……他作过以下评论：如果不发生宗教改革运动的话，我们的教堂里也许会遗留下些许诺曼时期的英语，或称之为古英语；而宗教改革的出现使早期风格迅速被扫荡干净，让路于后继者。回家的路上，我们把英国的教堂按照价值大小进行了重新排序，以此作为消遣。他把威斯敏斯特教堂排在首位。他的一个得意计划是想在某个房间贴满自己能得到的教堂最精美的图画。

乔伊特和马歇尔的第一次通信还很正式。信中主要是关于马歇尔由于健康问题决定向布里斯托尔大学提出辞职，乔伊特提醒他不要匆忙作决定。乔伊特在信中还给马歇尔提供了更多的选择机会：询问他如果辞去校长一职，工作不再纷杂繁复，他和夫人是否可以考虑继续留在布里斯托尔大学任教。一张善解人意的私人便条为这件事画上了句号，也表明他们的友情正在发展："听说你身体不适，姑且抛开对学院的影响不谈，对个人来讲我对此表示遗憾。这种病虽不会危及生命，但会令人极度压抑。如果一个人情不自禁地不时地想象自己得了病，那要比真的得了病更加糟糕。我希望你和夫人能尽快来我这里放松一下。"

一个月后，乔伊特又写了一封信。因为马歇尔答应了乔伊特索要在版《工业经济学》的请求，乔伊特在信里对此表示过谢意之后，又提出了解决他们问题的一个新方案，即任命一位副院长，这位副职由马歇尔来挑选，自己为其支付工资，以此来减少马歇尔的行政负担。此外，马歇尔当时想归隐乡村，全身心投入写作工作中，乔伊特还对他这种不切实际的幻想大泼冷水。他指出，尤其因为资金问题和灵感方面的原因，将毕生心血用于写作是很困难的。尽管乔伊特声称并不知道他们的经济状况到底如何，他还是强调了仅"以微薄的收入来维持生计"是令人"焦虑"和"无聊"的，并且暗示，在剑桥大学谋求合适的职位空缺以期情况得到缓解这一期望并非不切实际。1881 年 7 月，马歇尔最终辞职，10 月就去了西西里，乔伊特为此感到很遗憾。更重要的是，他又向马歇尔夫妇提供了一个相对安全的渠道，即试图采取一定的措施，让他们回来继续做政治经济学老师。他和学院委员会的两位成员讨论过这个提议，并且已经征得了他们的同意。马歇尔欣然接受了这个建议，只是在工资问题上有些争议，因为他给出的工资过于慷慨。乔伊特还进一步暗示了未来的一种可能性：鉴于博纳米·普莱斯年事已高，他提出马歇尔接替德鲁蒙德教授一职希望很大。这一推论是合理的，这样就把"他们的目标导向了牛津大学"。马歇尔夫妇是怎样来到牛津的、乔伊特在里面扮演的角色和接下来他们夫妇在牛津居住期间的愉快经历，上文已经详细地记述过；马歇尔夫妇与乔伊特之间的通信，作为他们友谊的象征，在他俩回到剑桥后又重新开始了。

马歇尔成功当选剑桥教授当天，乔伊特表示自己欢喜之中夹杂着失落，毕竟马歇尔夫妇俩启程日期将近。他还感谢了玛丽·佩利对自己的"喜爱和友善"，并让玛丽·佩利告诫马歇尔《经济学原理》一书中过多地使用数学符号的风险性。大概一个星期以后，他又写了一封信，把对夫人的感谢和对马歇尔的警戒亲自转达给了马歇尔本人。信里继续征求马歇尔对在牛津继任者的意见："谁是最有理智的人，谁又是最好的老师呢——凯恩斯还是坎宁安？"。虽然马歇尔的回复没有被保存下来，但是结果不难猜测，因为在这一章的前一部分已经给出了一些对这个问题的分析。

从那时开始，他们通信的内容转向一些轻松的老朋友之间的杂谈。乔伊特比较喜欢玛丽·佩利这位信件接收人，很可能是因为她也经常写些生动有趣的东西。1885 年，阿尔弗雷德寄给乔伊特一本《劳动报酬会议论文集》，告知他论文集里也有他们的论文，还提到了他目前正在阅读传记。他一般每年都会邀请马歇尔夫妻俩去牛津，但这一次却很特别，邀请他俩下一年 1 月 23 日就去牛津待一星期，好去会面汉弗莱·沃德夫妇和韦尔登（哈罗公学的新院长）。乔

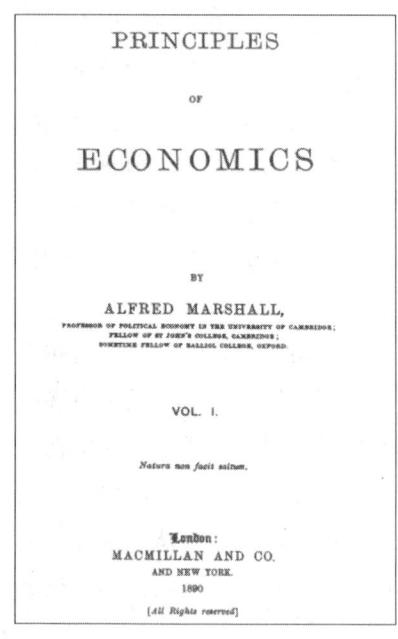

《经济学原理》的扉页

伊特在1886年年底的一封信中又进一步评论了政治经济学中符号的运用、牛津大学女性教育、三一学院新任院长等问题，还赠送了几本托尔斯泰的小说给他们作为新年礼物。他很盼望马歇尔春天的来访，可以听听马歇尔对复本位制的看法。之后的信分别提到了在剑桥访问、和坦尼森的一次会面和一些假日、为朋友的女儿提供帮助、纽纳姆学院的得意门生等。当《经济学原理》问世时，乔伊特详细表扬了它的作者，还三番五次地催促马歇尔夫妇到牛津大学回访。

保存下来的信件中，马歇尔在1891年10~11月写了很多解释他们友情的文字。当时乔伊特第一次心脏病发作，正在康复过程中。他曾经轻描淡写地描述过自己的病情："一次轻微地发作——我认为没有危险，只是需要注意、稍加休息。对我来说，这是一次很好的警告。你是否听说过这样一则趣闻？一个人问医生：'我的病不会危及生命吧？''是的先生，但是您的年龄足以危及生命'。"那年初夏，他向玛丽·佩利提议不要接触超心理学的桌子旋转实验，西奇威克和他们认识的很多其他人都痴迷于此。这些非科学的东西"造成家庭的破碎……也有碍于剑桥的影响力和人们对剑桥的看法"。乔伊特心脏病发作约一个月后，由于"身体不适"，一封由秘书手书的信寄到了贝利奥尔庄园，恭贺马歇尔《经济学原理》的成功。那个夏天，马歇尔夫妇游览了欧洲中部的大部分地区。这封信寄到的时候，他们刚回来不久。"听说作为教授的你精力如此充沛，我很高兴。如果是16年或者18年前你登上了玫瑰山，我并不惊奇；但对于10年前几乎不能迈步的你，这个进步实在是太棒了。"在提醒他俩不要过度劳累后，乔伊特还建议他们读一些自己读过的书：《埃瑞璜：埃里汪奇游记》、罗伯特·皮尔和奥尔索普勋爵的传记。他强烈推荐玛丽·佩利阅读第一本。

10月，6封长长的信件从贝利奥尔庄园飞向贝利奥尔学院。这些信写于马歇尔夫妇10月10日周五探望了正在康复中的乔伊特之后。随后马歇尔返回他们在剑桥的家中，玛丽·佩利则继续奔赴伦敦去看望母亲。马歇尔10月11日的一封信打开了一个新局面，这封信有意地进行"闲谈"，信里传达了他是如何把关于乔伊特的信息和所有新闻传送给霍勒斯·达尔文夫人的、麦克塔格特又是怎么赢得研究员职位及他妻子芳心的，还有在知道乔利夫获得了文集研究员职位和杰布荣为剑桥下院议员后，他们是多么的高兴。信的末尾总结了乔伊特对他们家家具摆放的影响：

> 无论什么时候，我们在家具上有任何变化，总会考虑你会不会喜欢，这是我们坚持的一条准则。就在我们刚刚知道你生病之前，我们已经在书房里中间的那个书橱摆上了一排希腊和罗马人半身画像。摆在中间位置的加图和波西娅握着手，右边是四个希腊人头像，左边也摆了四个罗马人的头像。此时我主要想的是或许你会喜欢。不论何时看到他们，我都认为，当我把他们展现给你的时候我很欣慰。

玛丽·佩利接着又寄来两封信。第一封是她从伦敦回来的那天写的。信中记述了他们夏天之旅的某些事情，比如她对德累斯顿希斯汀圣母的印象，这些是她以前的信中不曾涉及过的。她在信的末尾说了自己的看法：在观赏了像德累斯顿和布拉格这些美丽的城镇之后，她觉得自己还是最喜欢牛津。那次看望了乔伊特之后，玛丽·佩利断定他的病还是挺严重的。所以她对乔伊特说："你能让我们做你的朋友，这可是我们生命中最美好不过的事情……你在我们脑海里不停地闪现。"一周后她又写信提到，她和马歇尔多么急切地渴望从牛津传来关于他的消息。接着就开始说了一些闲话，聊到了他们共同的相识埃塞尔·鲍恩，与他"谈了很多关于你的事"；菲利帕·福西特在那年数学学士学位考试夺了冠，然后就同达尔文一起开始了他的研究工作；杰布成为他们的新议会议员，他在伊莱的公务执行激起了那年夏天他们要共同游览伊莱大教堂的热情。回忆录里也提到过此事。第二天马歇尔的信也回忆了他们看望乔伊特时的情形，当然距写信时已有一周之久了，当时乔伊特虽然身陷病痛之中，但是看起来依然勇敢和喜悦："我实在是忍不住，在我的内心深处涌出了一个心愿，这个愿望似乎有点邪恶、不大礼貌，让我感觉自惭形秽，那就是我想用我的柯达相机为你拍张照，照得和你本人一模一样的。现在我的壁炉架上已经有了一张你的照片，玛丽在她的房间里放了一张装裱了的你的照片。两张照片看起来都特别好，但是没有一张看起来像你周五时那样好看，下面我聊一些比较闲杂的东西。"

玛丽·佩利又给乔伊特写了三封信，这给本月的通信进程画上了圆满的句号。这些信中提到：她在乔治·达尔文夫人家中的晚宴俱乐部聚会。聚会举办期间，她从杰布夫人口中得知了一条与从利特尔顿夫人那里听到的一样消息（利特尔顿夫人是位小说家，乔伊特多年前是她哥哥的助手）。当时一批乡村神职人员"洪流般地"涌入剑桥大学，赢得投票胜利，通过议会提议把希腊语纳入学士学位小考必修课范围，丈夫阿尔弗雷德对这件事深恶痛绝；西利教授的身体状况正在恢复；提到了"这学期剑桥一共有15位新娘，其中有几位来自纽纳姆和格顿学院"；玛丽·佩利还希望能让他们的私人医生唐纳德·麦卡利斯特照管乔伊特，因为无论他接手什么样的病人，都可以妙手回春。10月的最后一封信中提到了劳动委员会，玛丽·佩利认为，劳动委员会的工作可能会严重影响阿尔弗雷德《经济学原理》第2卷的出版。最后一个话题是阿尔弗雷德11月初在伦敦写信时发起的关于处理委员会公务的事情。玛丽·佩利在她的另外两封信里表示，自己听到从牛津传来的消息说乔伊特的病情有了"明显好转"，她高兴至极，甚至去了镇上兜风。至此，所保留下来的马歇尔夫妇同他们敬爱的"院长"、"先师圣人"那风趣又有意义的通信到此结束。

1893年9月23日，乔伊特因心脏病发作去世，此病两年前也发作过。乔伊特生病年间写给马歇尔的最后一封信抱怨他俩来看望自己的次数太少了；他也不相信听到的一个传言，即1892年春玛丽·佩利到牛津大学访问的时候没来拜访他。当马歇尔与威廉·坎宁安在《经济学杂志》以及其他问题上矛盾重重的时候,他给予马歇尔很多帮助和建议。就是在这封信里,乔伊特讨论了马歇尔的著作与复本位制的相关性,积极地把复本位制与他喜欢的李嘉图和奥弗斯通已经过时了的货币思想作了比较。玛丽·佩利1893年在多洛米蒂山过的暑假,乔伊特通过她的陈述了解了此事后,很怀念自己"能走路的最后日子",活动量从当时一天二十多英里减少到现在不足一英里。然而,他声称自己仍然还可以做"好多事情",并说无论如何,学院在他的领导下依然"非常繁荣"。最后这封信写于他临终前一个月左右,里面还提到马歇尔夫妇带给了他很多欢乐。"你们的信总是能让我耳目一新,你们仁爱亲切,从来不曾忘记过我。"

马歇尔应埃奇沃斯之邀为《经济学杂志》撰写乔伊特的讣告。讣告最后一段对乔伊特之于马歇尔的意义进行了大量的阐述,这种感情在他们的通信中很少体现过:

> 但是他的确很有才能,自己也亲自去做很多工作,让人们主动去学习合理的东西,并且付诸实践。他给英格兰的经济生活带来了很大的影响。他诚挚且极富感染力,知道如何发现人们的闪光点并利用这些闪光点帮助他们成为好人。他不在意一个人的出身贵贱,只重视他的身上有没有追求美好东西的向往,这才是一个人应该给予这个世界的。当今,众多参与公众舆论的人以及国家重大公务的履行者都通过与他的私人接触而深切领悟到:钱财虽然极有用处,但确实是个恶魔;人即使再贫穷,但只要发挥自己的个人优势,为国家忠诚地工作,就可以改变现状。学院大胆地响应了他的号召,虽然贝利奥尔的物质资源不如根基牢固的剑桥:但是他继续着他辛勤的工作、无私的奉献与能量于学校,使学院独占鳌头。

虽然乔伊特向来没有宣称自己是经济学家,马歇尔写的讣告的开场白里也没有一个字含有这种特殊的意味,但是讣告里引用的其他段落和篇章都暗示了两人相当多的联系都涉及经济学。"这位贝利奥尔学院的老院长",马歇尔称呼道,下意识地强调他们年龄的差距,"在学习穆勒的《政治经济学原理》之前,是直接从李嘉图"那里学习的经济学,"……他是最后一位这样做的老师"。乔伊特讲授经济学的方式相当特别:

> 他的教学方式千变万化。有时他会碰到充满活力和前景、头脑还没有经正规训练或者是还没有遇到恰当的激励使他勤奋好学的年轻人,这位大师就会给他一本政治经济学的书,让他阅读并不断地让他谈自己阅读的体会。有时他只辅导一个学生,有时两三个一起辅导;他诲人不倦,直至生命的最后一年。在贝利奥尔学院做导师的时候,他经常就政治经济学开设一些简短的讲座,尽管当院长之后没有继续下去;他还不止一次地向人们宣讲要正确地使用财富。这一话题的讲授大受欢迎,人们接受其观

点并应用其指导实践。他的讲授充满了精明的常识，细节上也不乏点睛的暗示；同时，把他的听众带回到谨慎负责地使用金钱的态度上，引领他们向着高远的理想消费。

这便是贝利奥尔学院院长对他往昔的同仁们产生的一些影响。马歇尔尊称他为"先师圣人"，这位贝利奥尔庄园的"主人"展示了为何他对得起这个称号。马歇尔在贝利奥尔学院的那个学期里，对牛津教学的很多方面感到极为震撼。一次合适的机会，他回到剑桥并带回了这些方法。① 大概马歇尔也是从这位先师圣人或是从其他人那里学到了他"倡导正确使用财富"的吧。回想这位劳动者的生活情境，年轻的他仅靠一点微薄的津贴生活，他大学期间房屋的壁炉就是一个真实写照。乔伊特后来确实对他这样描述过，这让马歇尔想起了他在经济学道路上永无止境的职责。两位都很欣赏柏拉图、李嘉图这样的"大师"，因为他们拥有"智慧和远见"，能从信念里看到现实，"在悖论面前也绝不屈服"。他们还有相同的"癖好"，喜欢就货币问题进行辩论，评判关于社会主义和改革的各种现行观点，看不惯那些"工作中思想和情感都很有绅士风格的人们"。马歇尔写的自传相当一部分谈到，乔伊特的工作缓解了"经济困难，旨在给人们提供一流的教育"：

> 为了给人们提供一流的教育，他在牛津大学和布里斯托尔学院都付出很多，这是众所周知的；他很大一笔收入也被悄无声息地用于这一目的。但是他对学术教学看得比较轻，把更多的精力用于介绍商业中的高贵精神，借此来启发这些出生时就不被运气眷顾的人们，使他们发现自己的最佳能力。社会主义思想占据着柏拉图的头脑；他把柏拉图的《理想国》介绍给了人们，在他准备写最后一版的时候，他还仔细研究了当代的社会主义思想。他把《对话录》介绍给人们的时候，还讲了大量对经济学家们有益的思想。

前面介绍马歇尔为写《经济学原理》所做准备工作的一章中已经提到过，乔伊特对马歇尔的政治经济学思想的形成以及此书的撰写影响巨大而深刻。包括乔伊特对此书过度运用数学推理的担忧，建议并高兴地看到马歇尔已经投入到这部巨著的撰写。乔伊特与马歇尔交流的时候，称赞《经济学原理》写得好，赞扬马歇尔对资本和劳动的见解不偏不倚。既然他俩都以政治经济学为友，这样的处理是必需的；马歇尔将理论与现实紧密结合，对此"李嘉图也不会

---

① 马歇尔在1897年9月3日写给约翰·内维尔·凯恩斯的信中说："牛津体系的论文要求作者在现场亲自朗读文章，关于这一体制的使用我有些想法。我觉得这是我能想到的履行我责任的唯一方法，对在写政治经济学论文的人负责，对学我高级课程的学生中的极少数人负责。"

反对"。著作中还运用了黑格尔主义等高深的哲学原理，清晰地阐明了经济学与伦理学复杂而基本的联系，强调了教育和商业在提升人的价值方面的适当作用。

牛津大学保存的乔伊特1841年的笔记说明，其他大量的方法论也潜在地影响着马歇尔《经济学原理》的撰写。笔记内容强调了政治经济学作为一门科学的局限和易变性，一定程度上是因为它与时空密切相关。笔记中的总体观点是，政治经济学重点是强调它与宗教和伦理的不同与从属关系，强调它通过干预的可能性改变贫穷的潜在价值。它坚称是为了改善"下层社会人民的现状"，因此有必要强调"人类要怀有仁爱之情……这种感情显然正在减少"。它具有进行统计数据分析、据之建立判断标准的强大功能，但标准的建立需要与"（它范围内的）一种更广阔、更深入的观点"相结合，覆盖商业领域的危机、争战和其他一些比较通俗的话题。最后乔伊特认为，政治经济学"牵制了扰乱现实状况的激进主义者，展示了什么事物才有可能改善现实"，它的这个角色尤为重要。玛丽·佩利回忆过在布里斯托尔的日子，他们长时间地讨论，"直到子夜过后"才会结束，这些是否属于其中的一部分呢？或者这些是之后马歇尔在牛津的简短任期里，他们通过一些平静的交谈场合提出来的？毫无疑问，其中的一些感想加强了马歇尔的早期信念。19世纪80年代的时候，他就在酝酿并逐步构建这本伟大的著作了。

与乔伊特的联系最终铸就了真正的友谊，但友谊更为牢固的根基在于两人最初所处的环境极其类似：让人尴尬的家庭背景以及孤独的求学生涯，与志同道合的年轻人共同奋斗的基本动力，改变背景的渴望，从背后担当领导角色的憧憬而不是积极活跃在势力走廊（幕后企图左右政权、散播非官方消息的场所），认真奉行责任和参与慈善事业的生活为的是不断迎合并提升自己的品位和爱好。在他们友谊交往的过程中，正式的一面涉及他们对政治经济学、教育和人类进步事业的关注。但也不乏他们共同的艺术爱好，如对建筑物伊莱和夏特尔等大教堂、古典时期的雕塑、文艺复兴时期的绘画以及诗歌和文学作品的喜爱。更重要的是，马歇尔与乔伊特的友情不是每天都被涉及公事的一些繁文缛节充斥着，这些公事渐渐地腐蚀并最终毁坏了他在剑桥与西奇威克、福克斯韦尔和凯恩斯缔结的友情。这也是马歇尔夫妇都投入进去并维系起来、一起享受的一份友谊。因此，这份友情成为两个人的互补，使他俩都能从乔伊特的多种才华中汲取灵感。他们的贝利奥尔学院"院长"，在他们结婚伊始就走入了他们的婚姻和生活，在15年相处陪伴的时间里，乔伊特给予他们很多关键性的指导，玛丽·佩利将之巧妙地描述为生命中所遇到的"一件最美好的事情"。对马歇尔来说，乔伊特很可能是他一直期待拥有的父亲，同时也是他渴望获得的朋友、导师、领路人和"先师圣人"。

友谊失败的原因：一位孤独的、以自我为中心的性格内向者？

马歇尔那变幻莫测的友情，令人不由得出这样一种结论：他和西奇威克、福克斯韦尔和凯恩斯这三个人的友情都失败了，但是他的友情也有成功的范例，他和乔伊特的关系特别好，这可以看成是一种例外。其实，虽然马歇尔的确是一个以自我为中心、性格非常内向的人，但我们还是不能急于下这样一个结论。他能够建立起很强的人际关系，但是毫无例外，这些关系都不能持续较长时间。以他和克利福德、莫尔顿、莫兹利三人的友情为例，更不用提他与戴金斯、莱维特和莫斯的关系了，因为与三后者的联系几乎没有信息记载。我们更缺少关于他和许多其他人关系的细节。马歇尔与韦布家含糊不清、近乎爱恨交织的关系，特别是他和韦布妻子比阿特丽斯的关系就属于这一类，对他而言并不罕见。更有趣的是，马歇尔与布思夫妇的长期朋友关系前面已经稍微描述过几个片段，这些事情发生在各式各样的活动中，但不完全属于他们在剑桥的生活范围。他在剑桥的朋友圈子是既很大又很小，开始的时候大，结局的时候朋友就所剩无几了。

马歇尔与布思夫妻的朋友关系始于他给查尔斯·布思提供关于穷人调查的意见。关于这件事，他们在1886年10月写了几封信，但从所存信件的内容很难以判断是谁主动首先开始通信的。随后两个人交换了一些书和文章，还就两个人都感兴趣的一些题材交流了想法，比如工业村或者是马歇尔对如何给伦敦的穷人们提供住宅的分析思考，布思称这些分析"具有建设性的"一面。信件中所提到的源于公务的个人约会常常演变成一种比较社会性的人际关系。1887年9月份马歇尔去布思家拜访，打破了一贯去约克郡工厂访问的习惯；有一次马歇尔夫妻来参加统计协会的会议，听完查尔斯·布思阐述他的老年福利计划后就住在了他们在伦敦的家中；一些布思偶尔到贝利奥尔庄园回访马歇尔夫妇的情况也同样被记录了下来。比较放松的时候，两个人交换各种想法，并且通过信件保持联系，提供关于劳动委员会的建议。每逢委员会召开会议时，马歇尔询问他的朋友以了解委员会各个方面的工作，但他询问时对其朋友都十分友善。1893年6月，布思在皇家委员会里同样就老年贫民问题对马歇尔进行过仔细的询问。马歇尔在《经济学杂志》上发表过一篇文章，这次询问的主题就是马歇尔为救济老年贫民的一些提议，这些都有证可考。两人之前就这一问题通过信。

进入新世纪后，马歇尔和布思之间的联系比较少了。前面已述，马歇尔邀请布思在剑桥慈善组织社团年会上发表演说。还有玛丽·佩利给乔伊特写的一封信中也提到，之前他同样也给纽纳姆学院的学生们发表过演说。随着年龄的增长，两位友人互相赠送的出版作品越来越多。布思发表关于伦敦贫困区调查的《社会影响实录与总结》第17卷时，马歇尔向他表示了祝贺，并感谢他把"这本天使般的、形式与内容既神奇又美妙的创作"送给自己。马歇尔的这封信仍旧赞扬了布思著作一贯的"建设意义"，并且热情地鼓励布思再发表一卷，这本书要更为直接地"指向行动……为了全人类、为了知识、为了进步、为了我们的理想，同时也为了布思（虽然这在一定程度上是无关紧要的），我也愿意投身其中"。

布思在1903年5月爆发的关税争论上立场错误，他站在了张伯伦这一边，反对真正的自由贸易。在马歇尔看来，这才是接下来4年两人长久保持沉默的真正原因。直到1908年布思写信给马歇尔试图与他恢复联系，这种缄默才被打破。信里说他读了马歇尔在《经济学杂志》

上发表的关于经济制度的文章后很是高兴，比报纸里发表的关于这个话题的"零星的"报告要好得多。他这封信结束了两人之间不存在任何个人联系的状态，"这段时间令人很难受，距离上次见面交谈后已经很久了，久到很难知道到底多久了"。信中还带着更新友谊的热切期望："我们必须得见面了。"这明显不是最后一次通信，但是他们毕竟恢复了书信交流的方式。比如说，布思在1913年的一封信中说自己很盼望看到马歇尔的书，并且感谢马歇尔给他一本叫做《工业动荡和贸易联盟政策》的小册子提供意见，称赞马歇尔的回复"特别亲切，特别令人满意，也特别大方慷慨"，因为他自己也认为册子的内容没有经过充分的精雕细琢，缺乏实际价值。3年后布思去世，马歇尔夫妻俩分别立刻给布思的遗孀写了感情诚挚的吊唁信，同时表达了对已故好友的赏识：

> 我写了一封短信来表达我对你的慰问，以及对世界所遭受的损失感到悲伤。布斯先生的名字是不朽的，他将不单单活在历史上，而且活在现代的各个国度里，当我们谈到阿基里斯、苏格拉底或者帕尔斯瓦的时候也会想起他。他强健且绅士、博学且质朴、热情且温和、果断且宽容。他的观念很开阔，在细节处理方面无比谨慎。了解他是对我的最好教育，同时他也是我生命中重要的荣耀和财富。

玛丽·佩利回忆了这样一些时刻；"当时，在这里（贝利奥尔庄园）和在格雷斯郡以及在坎伯兰郡，你和他，还有我俩，我们在一起谈天说地，还发生了很多愉快的事情。"类似的一些回忆，在她独访查尔斯·布思遗孀的时候又一次提起，不过那时玛丽·佩利也已经失去了丈夫的陪伴。

> 马歇尔夫人，这位教授的妻子同时也是亲爱的老朋友来到了这里，她身穿黑色的长袍、脚上着一双黑色的凉鞋以及编织的羊毛袜子。很难说清楚爸爸是否真的讨厌经济学和一些历史数据，也很难明白母亲是否正在强调生活的另一个方面。不论是哪一点，她给马歇尔夫人谈的大部分都是郡上的传言。最后，谈话转向了两位遗孀都比较熟悉的话题，她们脸上泛着红光，言辞激烈地反驳对方的话，这些言语都以"查理总是这样说"或者"阿尔弗雷德非常不喜欢"这样的短语开头。这次拜访很失败。对于马歇尔夫人和她似有所失的言语，我感到非常遗憾。当在剑桥拿回了她的三轮车后，她的状况确实好了很多。

然而，玛丽·佩利在玛丽·布思去世的时候，给布思的一个女儿写道，年龄的增长"在这最后几年里阻碍了我们见面……"，这是很不幸的一件事。在守寡的日子和之前的时光中，玛丽·佩利在维系友情方面，展现出了比她丈夫更强的能力。

马歇尔对友情的需要总是有限的。但即使有时友情真的如此，依然还是很珍贵。与乔伊特关系的结束是无法回避的。与福克斯韦尔的伟大友谊，一旦破坏便无法修补，尽管马歇尔试图和解，但这种努力的力量非常微弱。最后，亲戚、工作和一些新学生取代了他原来在学校和学院里结交的朋友的重要位置。虽然很遗憾，但人年老的时候不断地失去什么也是在所难免的。那时，除了侄子之外，他的其他亲戚也都去世了，他的工作能力也大大削弱。他身边只剩下了一批忠诚的新学生。乔伊特晚年的时候建议马歇尔，年龄大了也要尽可能多地接触年轻人。马歇尔就是这样做的，偶尔还和这些年轻人的妻子们聊聊。他继续和费伊、雷顿、梅纳德·凯恩斯保持联系，前面一章已经讲过。但是当这些事情过于频繁并且接受拜访的时间被严厉限制的时候，这位年老的归隐者就以听贝多芬的钢琴奏鸣曲和年轻时喜欢的浪漫故事为伴，这些故事都是他最忠实的侣伴、他的妻子读给他听的。

马歇尔不善交友，这一点可以让我们更加了解他的个性：心里充满着被爱的渴望但担心被他人拒绝、与人交往时却牢固地奉行自己的一套原则，到最后仅能与一位具有相似背景的父亲般的人物维系友情，这位老人没有家庭的羁绊，是一位老成的单身汉。但他的价值观和原则却能被马歇尔坦率且忠实地接受。事实上，乔伊特更不是马歇尔的对手，就算把"对手"这个词的含义说得再宽泛一些也一样。在他俩友谊的最后几年里，乔伊特远离着马歇尔的权力范围。这一点可以深层次地解释为什么这才是马歇尔竭力维系的唯一一份真正的友谊。

第19章

晚年的著作（1919～1924年）

马歇尔希望致力于写作的渴望加快了他退休的步伐。本书也多次提到马歇尔在这方面进展缓慢。《经济学原理》第2卷的编写工作进度迟缓，且思路凌乱，伴有多处修改和推延。1911年，第2卷的编写工作被马歇尔喻为不可能完成的任务。1910年马歇尔退休后，官方宣布放弃第2卷的编写工作，此时第6版的《经济学原理》已经从书脊上去掉了第1卷的字样。同时，这一改变也宣布了取而代之的战略是为《经济学原理》这一"基础性"的书籍撰写若干姊妹篇。

但是直到1916年《经济学原理》第7版发行时，姊妹卷仍未问世。战争期间，尽管马歇尔很不情愿，但他仍将撰写战后税收政策视为己任，并将其视为自己对于战争的部分个人贡献，这也分散了他的精力，使他手头写作任务的期限无限延后。期间，时不时的书信往来也扰乱了他的写作。后来他意志力减退，体质下降，最终病情加重，写作就变得愈加困难。因此他在序言里这样写道：

> 从第1卷第1版出版开始距今已经26年了，我曾承诺要完成第2卷的著作并在适当的时间将其出版，但是我给自己制定了太多计划。另外，当代产业革命所带来的变化无论是在速度上还是在波及范围上，都远远超过了之前一个世纪的变化。随着它的每一次波动，书的涉及内容也拓展了许多，尤其是有关现实问题方面。所以，不久我将不得不放弃完成第2卷工作的希望。我以后的计划不止变动了一两次，有时随着形势的变化而变化，有时是因为我的其他事情太多，还有我的体力渐渐削弱：现在，我正忙于写一部独立著作——《工业与贸易》，数量肯定不止一卷。这本书将会涵盖

我所希望涉猎的大部分内容，包括：对目前商业秩序和组织影响因素的研究；产业和贸易对生活质量产生的影响；由它们引起的无限广阔的问题。

这项计划其实也没有完成。1919年，《工业与贸易》出版的时候是单卷本，"计划接下来出版它的姊妹卷，内容有关可雇用资源、货币与信用、国际贸易和社会力量对现实情况的影响"。马歇尔承诺的这本书最终于1923年出版。然而，这本被称为丛书"系列第三本"的书，仅仅差强人意地完成了1919年的目标。这本书把货币与信用、国际贸易与贸易波动、产业与信用的资料汇编到一起，内容看起来庞杂但还是有一定内在联系的，资料则多来源于他早期的著作。怀着作品在人类史上可以永久流传的希望，1922年8月，当《货币、信用与商业》一书序言写完的时候，渐已老去的马歇尔虽然在这项工作上只取得了一点进步，但仍然表达了"我希望我的一些能够促进社会进步的观点可以再出版"的愿望。第四本姊妹卷一直没有问世。而它的萌芽形式则以相互关联的字条笔记的形式长久保存在马歇尔图书馆的其他众多手稿中。

本章我们考查这三本姊妹卷的准备工作和内容。与早已出版的令人自豪的伟大的第1卷相比，这三本书从很多方面来说都有些有名无实。封面整洁，采用的是麦克米兰的蓝色背景，书脊处的字体全是金色的，连大小都一样的，从这些方面来看，它们的确是真正的姊妹卷。考虑到第三本书只有不到400页，仅是通常数量的一半，所以第三本书就用《货币、信用与商业》用的那种加厚的纸张来印，以达到和其他书差不多的规模。在内容上，这部丛书还是有很大不同的。梅纳德·凯恩斯巧妙准确地解释了这一点，他非常诚恳地称赞说，这是"一位久经岁月蹉跎的老人意志和决心的伟大成果，而在这个年龄，大部分老人都已经放弃工作，开始休养"。他继续说道：

> 《工业与贸易》与《经济学原理》总体上来说是不同类型的书。大部分都是描述性内容。体系完整的第三本书的完成是历史性的突破，是对他在此领域长期以来劳动成果的总结。将各个部分统一协调为一卷，需要付出相当大的努力。这种协调的困难多年来一直困扰着他，而且并未真正被他克服。与其说这本书是一个结构性的整体，不如说写这本书是一个很好的机会，这个机会可以将大量有联系的事物以及马歇尔想要向世界说明的一些重要事情整合在一起。特别是16章的附录全都是这种情况。他把这些东西整合，利用这种方式写出了大量个人专著和文章。其中的几章早在这本书出版的许多年前就写成了，这些内容特别适合单独出版。但我们必须指出，马歇尔的一个错误就是他把一些东西藏了起来……《货币、信用与商业》于……1923年出版……这本书主要是原来零散资料的拼合，其中一些内容是五十多年前就写好了的……它在一定程度上体现出马歇尔已经衰老的痕迹，但这种迹象在《工业与贸易》

中却看不出来。《货币、信用与商业》这本书包含了大量的资料和思想,把很多段落收集到一起,否则这些段落会永远丢失……或者很难找到……到他最后患病的时候,他身体极其虚弱,但还是坚持又整合成了一卷书。这卷书曾经被命名为《发展:经济学的条件》,但是这个任务太重了……

最后一卷的编写工作开始了,但是 1903 年,马歇尔又计划继续扩充《经济学原理》的内容,使其成为一部规模巨大的著作,而不是写一本正式的第 2 卷。而且,他打算写一卷《国内工业与国际贸易》,内容大部分来自为编写《经济学原理》第 2 卷时准备的现成手稿,正如他在写给麦克米兰的信里所提到的。1904 年,马歇尔写信给曾要求校对此书的弗勒克斯,告诉他这本新书第 1 部分的前半部分是关于"从历史角度分析性地研究工业领导的路线和性质",第 2 部分研究国际贸易,里面有很多附录,还用了比较多的"现实问题:走向终结"的应用。两个月之后的 1904 年 5 月,他告诉弗勒克斯,自己的写作进展得愈加困难。去年马歇尔卷入关税论战事件,暗示着这本书的规模将有所改变,并通过减少有关此题材的"短篇书籍的需求"体现出来。因此,他必须得扩大自己的计划。他还报告说,写完关于德国产业问题的内容后,还可以写美国这方面的问题,使这本书的第 1 部分大约可以长达 200 页。但只有完成了第 1 部分的写作后,他才能开始第 2 部分有关国际贸易的写作。

这时候,马歇尔写信告诉坎宁安,他已经许诺麦克米兰"尽可能保持本书正文(不是附录)对于注重实际的人有足够的吸引力",同时他也写信给麦克米兰说,他的计划重在强调"构成当今财政问题基础的工业环境"。因此,他还必须谈到"大型工业联合"问题,比如托拉斯和卡特尔组织。所以,《经济学原理》第二本姊妹卷从开始编写就与有关国际贸易的财政争论紧密纠缠在一起,直到后来发生了一些事情迫使马歇尔不得不修改 1903 年的备忘录,已备 1908 年出版,问题才最终得以解决。从 1904 年到退休,马歇尔一直在编写书籍,书的规模逐渐扩大但是速度依然缓慢,可能部分原因是"有关现实"方面的素材在不断增长而且愈加复杂,也可能是由于其他方面的工作压力造成的。1907 年 1 月,马歇尔第一次正式通知他的发行人,最初两卷本《经济学原理》的计划不再有可操作性,他将放弃这项计划。同年,《经济学原理》第 5 版在介绍附录所用的新材料的性质时已经揭示了这一事实,但是直到 1910 年第 6 版中把"第 1 卷"这几个字眼从书脊和扉页中删除,这一事实才得到正式承认。因此,1908 年退休后,马歇尔需要为自己未来的工作安排两条十分清晰而且重要的道路。在那期间,《国际贸易的财政政策备忘录》的出版"令我感觉到比较自由了",马歇尔告诉麦克米兰,"它减少了《国内工业与国际贸易》里的纠纷元素"。另外,马歇尔个人放弃了《经济学原理》第 2 卷的编写计划,因此对当前正在编写的书所暗含的所有正式限制都消失了,使他有时间并且毫无累赘地准备《工业与贸易》一书的编写资料。

从多卷本《国内工业与国际贸易》到《工业与贸易》(1909~1919年)

尽管这部著作里已经有效地删除了大量存在争议的资料,但是直到1910年,马歇尔还是告知耐心的出版商说,由于自己精神活动的能力渐渐衰减,对本书分析内容的编写变得困难,而且每隔十年就需要重新编写有关书的"现实部分"也存在困难,这都预示着这项任务的完成不容乐观,甚至几乎没有可能。另外,此书规模的渐增也是部分原因。

> 我觉得这本书有可能写到1 000页左右。以后我会给你一个更加准确的估计,并且还想问你是以一卷还是两卷的形式面世。我不喜欢预言未来会做到什么,但是我希望——尽管我这个又老又疲惫的大脑又懒散又迟钝——在今年年终之前这本书可以再次印刷,明年年终之前出版。我已经过分挑战了你的耐心。

虽然马歇尔不喜欢预言证明是有正当理由的,但是他确实在计划好的工作的某些方面迟迟没有进展。附录将解决"复杂的分析或是艰难的推理"这个问题,以使得"当注重实际的人以严格的科学态度阅读此书时无可挑剔"。

那年夏天,一位美国的来访者肯定了对本书进展情况的这些乐观期待,还说这本书并不会成为《经济学原理》的第2卷,但是内容将是有关"国际价值、贸易保护措施这些主题,还有些我不知道的话题"。甚至连麦克米兰也被这种轻率的乐观感染了,于1913年5月写道,他们期待在秋天就能"出版"《国内工业与国际贸易》的前两卷,随后尽可能快地出版第3卷,或许第3卷就是《货币、信用和就业》的前身。然而,这本书成了战争的牺牲品。1916年对马歇尔来说是非常忙碌的一年,这一年他还有好多其他项目要做,所以4月他必须再一次向麦克米兰汇报自己缓慢的进展,第一次概述了一些重大事件,实际上这些事都慢慢地呈现于马歇尔以后的人生中。直到那一年的11月份,他才宣布把题目改为《工业与贸易》:

> 新书的进展十分缓慢。现在,我几乎放下了第1卷的所有工作,但是一旦此书完成,它就会分为3卷,每一卷都大约达到《经济学原理》3/4的规模。
>
> 现在我放弃使用"国内"一词,称此书为《工业与贸易》。第1卷包括第1篇"工业与贸易现存问题的起源(历史介绍)"、第2篇"商业组织和管理(非常注重实际)"以及第3篇"垄断联合的趋势"。
>
> 第2卷将探讨关于国际和一些货币方面的问题,大部分内容都是通过打字完成。第3卷才仅仅形成了一些片段,准备了一些旧的资料。此卷将探讨前两卷及其他内容

中关于社会和政府方面问题的实际应用。

3年前，我发现自己不能再做很多工作了。患有牙周炎的牙龈诱发了高血压。虽然我有能干的双手，健康状况也相对不错，但是我确实不能做太多工作了。以前写的东西并不令人满意，这在我得知自己生病前就是这样认为的。因此，不作改动我是不会出版第2卷的。

因此，我的提议暗示第1卷一经准备妥当就会马上出版。但是在战争面前，现在我明确地倾向于等待第1卷和第2卷同时出版。

如果不能完成第3卷的话（现在我已经74岁了），我打算重新作安排，这一卷就应该转变为大量已经出版的文章的集合体，这些文章要根据此卷的主要目的来选择。如若我有能力写完此卷，以上就是我的计划。

麦克米兰欣然同意马歇尔提出的两卷同时出版的计划，并且补充说，把出版延期到战后是最好不过了。然而，由于这项计划的估计过于乐观，最终也不得不放弃。很快马歇尔便告知麦克米兰，第1卷最后一章的编写工作很困难，并且由于思考能力的不断减弱和资料极为复杂，他有必要到1916年底才能提出新的方案。第1卷的内容主要关于"当前产业结构的起源和存在的问题，特别提到了它们的垄断发展趋势"，准备在1917年复活节的时候出版；第2卷因为需要大量改写，不幸地也不可避免地要延迟出版。由于延期，所以第1卷有关国际贸易政策历史的资料作了大幅度的改动，所有这些内容都被转移到附录里。

1918年6月，马歇尔通知麦克米兰第1卷极有可能在入秋时准备妥当，再一次解释推迟的原因是希望此书能够尽可能接近时事。这就意味着其包括了白厅以"前所未有的速度"传出的政策的改变。其中重要的一方面就是《惠特利报告》，报告以官方报告和蓝皮书的形式发布，数量庞大难以处理，这使马歇尔十分苦恼。这个报告连同其他许多的事件，使得马歇尔不得不将最后一章重写四次。

在不断改变此书进展计划和陆续大幅度修改校样这样的长期过程中，发生了一段有意思的插曲。麦克米兰公司拒绝"把'第1卷'三个字写在扉页上"，这惹恼了马歇尔。然而，经过一番思考，他还是接受了这个决定。毫无疑问，在这个决定上，麦克米兰立场坚定。即便如此，马歇尔还是为了让他们承认这本书只是两卷中的第一本再次作了尝试：

我认为你们省略掉"第1卷"是正确的。在印刷第2卷后半部分的过程中，我有很多事情要处理，甚至我都不能再为此事做些什么了。我打算在第2卷的序言里说一下它是一本姊妹卷，这或许多少能够相对准确地暗示它的题目还可能是"《工业与贸易》，研究的是就业组织、国际贸易以及影响各个阶层和国家境况的其他因素"。我想不到任何其他比"工业与贸易"更适合同时用于这两本书封面的题目了。姊妹卷背面或许要用"★★"来表示，也可能只用一个星号。

尽管麦克米兰公司同意了星号的使用，当时他们在陶西格的《经济学原理》一书上也使用了该符号，但是星号的运用还是没有出现在已经出版的第一个版本上。一战过后①，出版业环境不稳定，麦克米兰公司已经准备不再承担这种性质的风险了。1919年6月，最后一次修订稿从马歇尔在贝利奥尔学院的住处寄出。因为他们的侄子克劳德·吉尔博为英国政府履行抗战义务去了，没办法再继续校稿，所以之后这些稿子都是玛丽·佩利处理的。除了之前提到过弗勒克斯在这个长期的创作过程中为这本书的前几版提供过帮助，序言部分还坦言得到了克拉彭博士的协助。他确保了马歇尔书的第1部分和早期附录里历史事件的准确性。1919年8月，第一次印刷的两千本书上架，卖得十分红火，以至于需要在当年12月就印刷第2版。②

同时代背景下的《工业与贸易》研究

马歇尔的《工业与贸易》一书是一部巨作，要比《经济学原理》的最后版本稍长，近900页，其中850多页的原文包含附录。3篇分别谈论的是"工业与贸易现存问题的起源"、"商业组织的主要发展趋势"和"垄断的发展趋向与社会福利的关系"。接近1/4的文本是附录，共16章。书有一半的内容是历史性的，原因已经解释过；其余是关于方法论的（附录A）。更为普遍的附录是提供解释原文所引用资料的来源。其中有些情况是，再次印刷的资料已出版在别的刊物上面。比如附录K的基本内容就是他1905年写给《泰晤士报》的关于商业教育的信的内容。这本书的副标题是"对工业技术和商业组织的研究，以及它们对各个阶层和国家境况的影响"，这与本书的主题一致，也与作者在书的前言中所明确强调的内容一致：

当前，这卷书作为一个整体，我们可以认为它的第1部分是研究现代工业技术和商业组织的起源；第2部分关注个别国家在这些方面的发展中所起的作用；第3部分分析这种发展所引起的问题。第2篇里也考虑到了这些问题，或者说根本没提垄断的

---

① 在麦克米兰1918年10月24日给马歇尔的信中，约翰·惠特克注意到："在马歇尔图书馆里保存着第1版《工业与贸易》的修正版，在它的书脊上标记着一个星号，这说明马歇尔并没有轻易放弃。"

② 麦克米兰在1924年9月8日给凯恩斯的信中表示，1919年12月，第2版印刷了3 000本；1920年第3版追加了2 000本，1921年又印了2 000本，1923年再追加3 000本，在马歇尔去世前，一共印了12 000本。这几乎是《经济学原理》第1卷前三版印刷数量的两倍，意味着作者在自我修炼及地位方面得到了改善。

发展趋向（这在第3篇里得以关注）。第2篇和第3篇始终存在着一个明显的倾向，即对国家几个地区之间以及各个地区与国家这个整体之间利益的协调和冲突的考虑逐渐增多。

因此，书的第1篇基本上是史实性的，这些历史使马歇尔越来越赞赏阿什利和"已故施莫勒"的作品。序言里特别提到了这一点。有观点认为马歇尔不喜欢史学派成员的著作，无论是来自英国的还是德国的，尤其是长时间在高斯塔·施莫勒带领下的年轻德国史学派成员的作品，但恰恰与此相反，当这类作品可以应用到手头的任务中时，《工业与贸易》十分明显地展现了他对这类作品的喜爱。各个国家以不同的方式成为产业领导者，这作为第1篇里的一个研究案例，不仅显示了其对理解德国经济发展的重要性，也对理解法国、美国甚至英国经济发展非常重要。例如，附录D详细考究了马歇尔对重商主义的看法，大部分和他所认为的亚当·斯密夸张的因而错误的观点有关，这些看法也展现出马歇尔对阿什利和施莫勒最近的学术成就中所持的权衡描述有明显的偏爱。他自己还仔细地研读了重商主义者们的很多小册子，因为麦考罗克为政治经济学俱乐部重新印过这些册子，所以他特别容易就能找到它们。

书里还阐释了"个体孕育于总体之中，总体由个体来体现"这句格言的价值。它作为这些种类繁多的资料的一个组织原则，表明历史发展的每一特定方面都会对工业和贸易现存问题的形成产生影响。正如他与埃奇沃思的早期通信中可能提到过的，马歇尔有针对性地使这个相互依存、相互影响的原则成为此书的主要论点，并在序言和前言里都对此相当重视。特别是当战争期间甚或战后的直接影响导致对当前事情的理解需要不断随形势而变化时，这种复杂的情况，再加上持有"对过去的充分理解可以很好地指导未来"的观点，使得这部著作对于马歇尔来说很难构思。他保持研究事情"现实意义"的勇敢尝试，至少是此书完成时间被严重推迟的原因之一。

第1篇比较详细地阐述了各个国家发展的某些特定方面是如何影响现代工业和贸易的格局的。论述包括：影响产业集中的地理因素；通过科研和教育以及致力于发展的一些机构协助来实现技术创新和进步；交通和通信措施的实现与发展；国家的众多特色和政府政策的实质，包括典型的战时政策；[①] 相关的国家特色，例如法国倾向时尚及工程学；德国人在工业方面居于领导地位，在德国，实验室的研究工作和学术上的锻炼非常重要；美国人有积极进取和敢于承担风险的品质，大量移民和广阔开放的空间激发了他们的这种品质。政府政策在工业发展上所扮演的角色可能引起贸易保护和工业增长的难题，也有可能鼓励区域自由贸易，典型的例子就是德意志关税同盟政策以及在可能形成的英联盟国家中落实这个政策的潜力，这个联盟将由多

---

① 在这段内容中，马歇尔不只论述了过去战争对于工业发展的影响，而且更明确地强调了近代世界大战给予人们的经验。当战争经验为马歇尔提供类比事例和其他例证时，战争经验的重要性也由这段内容体现出来。

个国家组成,当然包括其权力广泛延伸的帝国成员。在这一篇的章节里,马歇尔对政府政策的评价还涉及与劳动关系、资本积累、信贷供给、教育以及科学合作有关的各个方面的详细政策,同时还评价了与日俱增的对工业各部门的管制活动。

书中关于国际比较的见解意味着马歇尔对阻止英国工业生产下降的可能性给予了高度关注。很显然,马歇尔从19世纪末就开始关注这个问题。他还稍稍预测了工业领导地位的未来发展结果,最后强调了作这种预测所具有的困难性,主要是因为变化的速度在日渐增加。马歇尔再次肯定了自己对美国未来的信心,他发现,"日本正大肆宣扬的要占据东方领导地位的呼声主要来自西方",并指出日本同过去的英国一样具有地理优势。马歇尔还比较有前瞻性地预见了中国和俄国的"伟大未来",甚至看到了未来印度的经济和工业会繁荣发展的征兆。他的总结不易反驳:"正如近代发生的变革,人们没有确切的理由认为工业的领导权会一直握在一个种族的人民手里或者掌握在一个国家手里,更没有充分的理由认为工业的基础地位会一直保持不变。"

1924年7月17日阿尔弗雷德·马歇尔的讣告

第2篇探讨商业组织的现存问题,特别提到了"批量生产的增加,以及工业和贸易几乎每一分支的代理机构规模都在不断扩张"。20年前,马歇尔曾写信告诉弗勒克斯,他的"主要业余爱好"之一,激励着他在暑假里频繁地去各个工厂调研,并由此形成了自己的观点:"代理公司"可能是解决竞争与规模收益递增之间矛盾的一种办法。这还促使马歇尔深入研究额外成本与长期供给价格的关系,包括它们与信贷和价格波动的关系。马歇尔认为这个话题的发展对第2篇非常重要,并认为它仍将是自己议事日程中的重要部分。所以不必奇怪为何实际上整个第2篇的内容都是关于收益递增这个话题,并且特别提到了垄断政策,这是《工业与贸易》第3篇的部分内容。这些材料的大部分内容都可以看成是对《经济学原理》第4篇生产理论性讨论的补充,也可以被视为是第5篇所讨论的竞争、供给价格和价格决定以及附录的一些内容的补充。

《工业与贸易》一书特别注意增加对问题现实性状况的分析,马歇尔为此投入了大量精力,不同于对待以后其他一些问题的态度,他并不回避而是希望直面此问题。第1章把产业结构和规模问题与市场延伸问题联系到一起,对此理论进行了回顾,并且强调这个理论本身存在着一些概念方面的难点。第2章探讨更加专业的问题,将详细讨论机器和机械化的相关发展及其标准化对于公司规模的技术影响。接着介绍市场化,这个主题体现了马歇尔对实际的认知,他认为公司既是一个销售机构也是一个生产部门,生产制造企业同时也以物质资料和其他资源的购买者的身份进入市场。内容涉及了市场问题的各个方面。其中包括"有建设性预测"这方面的问题,它是"有序的生产市场"的主要特征。马歇尔运用自己在小麦产业方面的知识来阐释这个话题,早些时候,他曾经在不同的文章里告诉过埃奇沃思这个推断。接着又从成本和消费方面讨论了很多关于市场营销概况的问题,显示出在工业发展过程中增加对此类问题研究的必要性,强调了地区性决策在限制这种必要营销成本方面的重要性。接下来还讨论了零售贸易的发展,说明马歇尔很关心生产部分对产业结构和工业成本的意义,他强调了树立产品品牌、商标和广告宣传这些竞争活动的重要性。所以营销学对这项分析来说意义特殊,因为它对于收益递增来说有巨大的可能性。

  第 2 篇的最后几章讨论了对于特定商品来说经营管理的各个方面并不直接与其生产和销售过程有关。这几章中首先探讨的是股份公司的优缺点,缺点包括公司经营权与所有权分离时产生官僚作风的危险。下一章探讨了投资涉及的财务方面的问题,从通过发行股票筹集长期资本和通过银行信贷筹集短期资本两方面来分析。接着在调查商业教育作用的背景下讨论现代管理所需要的组织才能;然后以一种随后在美国得到应用的特殊方式评估科学管理的效果和科学组织在改进商业实践方面的其他贡献。讨论的这些问题都是很现实的,并且在当前的许多著作中也都有谈及,但其参考文献的来源大部分都局限于战争爆发前十年的资料,这是德国资料明显的缺点。显然,我们看得出这本书——连同以前的很多著作——都旨在为大家理解开放、竞争的经济环境下商业组织的各个方面而提供一个有价值的分析模型,并可以看出书和著作中均以一种它们在战前使用的方式来表述观点。19 世纪 70 年代早期,当时的一个主要倡导者给出了经济学的工业组织的定义,从这个定义中我们可以体会到这个分析框架的永久性价值。此定义抓住了马歇尔这本书的主要内容:

  工业组织一词描述了经济体系下各公司所承担活动的实施方式。我们知道,一些公司涉及许多不同的活动内容,但是另外一些公司所负责的活动范围被严格限制;有些公司是大公司,其他的公司却很小;有些公司是纵向一体化的整体,有些却不是。这就是工业的组织或者就像曾经所称的那样是工业的结构。人们希望从工业组织的研究中了解到工业是如何组织的,这和早期的组织又有何区别;什么是引起工业组织化的主要力量,这些力量又是如何随着时间的推移而变化的;通过各种各样提案的法律行动会对改变工业组织形式有哪些效果。

  引文的最后几行提到了马歇尔提出的规范化问题的类型,这些问题大量出现在第 2 篇的最后一章和第 3 篇介绍垄断的内容里面。剩下的篇幅是对前两篇的总结，书里的信息被马歇尔在剑桥和其他地方的追随者们消化吸收，他们发展了马歇尔认为的要在工业模式不断变化的情况下来理解工业的结构和组织这一主题。从这个意义上来说，马歇尔的《工业与贸易》并非简单的就是凯恩斯所称的描述性作品。对于关注问题"现实"层面的经济学家来说，这是一部具有持续价值的研究项目。承认这项研究的必要性是作出合理的政府决策的基础。这就是马歇尔从他一开始研究到最后都如此刻意强调"对当前问题的应用"的原因。工业结构的现实以及对它的分析，需要从基本的历史角度来了解和进行，对它的研究要优于对垄断条件下与市场重组有关的问题的研究，而垄断条件下的问题则是第 3 篇的主题。

第 3 篇以全面讨论垄断对价格造成的各种影响开始。本篇马歇尔特别强调了人为区分竞争和垄断的危险。他说道，"最激烈和最残酷的竞争"可以在非自由市场上找到，在这样的市场中，一个大型公司会努力为占据垄断地位而奋斗。竞争性和垄断性政策与机构之间存在大片灰色地带，卡特尔和其他类似的管制性机构则是该灰色地带的一些其他例子。马歇尔同时也看到了垄断的公共优点和缺点，特别指出在工业领域的垄断存在着使收益递增达到规模经济的长期机会。

介绍完以上内容，马歇尔很具逻辑性地转到下一章，谈的是通过征收垄断税可为公众带来的好处。文章接着对交通运输行业的竞争和垄断进行了长达 4 章的分析。为了解释政府对这种产业管制或拥有的范围和需要，文章还对此进行了技术性较强的分析，这在当时是一个十分令人头疼的问题，它还直接导致了另外一个比较普遍的问题，此问题涉及控制托拉斯和卡特尔市场力的原则，文章里包含了大量此类问题。由于美国的数据充分，马歇尔在讨论跟托拉斯保持竞争的政策时，首先把注意力集中到美国的经验上。因此，为了与不受人欢迎的垄断条例抗衡，在开始实施一个立法项目以前，收集到足够的信息是很重要的。马歇尔以炼钢、石油、烟草和铁路行业为例，介绍了美国建立托拉斯组织和试图对其进行立法控制与管理的努力。接着他又把这些经验与德国战前组织和控制卡特尔的行动进行了比较，以德国相应的工业为例，强调了德国银行机构在此过程中的重要作用。

第 3 篇最后一章之前的那 3 章，马歇尔对英国工业组织合并与贸易联盟的历程进行了同样的分析。他把这些与发展更好的美国和德国的经验比较，着重指出管制的重要性，还强调如果有适当保护措施的话，为了英国的工业、公共利益和国家利益，发展也是相当重要的。马歇尔对英国提出的政策建议有利于国有企业的管理，特别是他们与别的组织合作时，可以帮助他们从社会各种部门中脱颖而出，成为代表性企业。英国最近的实际发展情况和首创精神引起了他的注意，而最后一章则更具体的讨论了这些问题的阶级层面。

不难理解马歇尔为何觉得这一章如此难写。他试图把各种工业政策的标准集合在这一章里，而其中的一些政策他只在书的前面章节里稍微提了一下。马歇尔高瞻远瞩，思想超前，从本章的讨论可以看出此时他关于社会进步的理想的重要性。对他来说，社会进步是大势所趋，这从他乐观向上、满怀理想的最后一次权威性演讲中可以看出，这次演讲题为"经济骑士道精神的社会可能性"。同时，演讲的很多内容都放在《经济学原理》第5版着重指出的"新编的"最后一章里。

《工业与贸易》最后一章接着讨论马歇尔的社会"旋转木马"理论和偏见。开篇讨论的是教育和技术进步对体力劳动与生活质量的影响，这也是他早期关注的社会问题之一。接着开始谴责工会提倡的反对社会工作、阻碍生产力提高的行动，如果英国要保持竞争优势的话，非常需要生产力的发展。接下来考查了资本与劳动的结合，其中利益共享和保持合作关系的旧计划受到表扬，计划指出，在已交给商业组织处理的情况下也应该保持与风险承担者的关系。然后马歇尔关注于讨论国家的经济作用上，它是"人类拥有的最宝贵的"东西，是"一位勇敢的借用人"，而不是什么资本积聚者，这意味着工业经济活动的削减，因为在战后重建期间，资本短缺必然会成为主要问题。因此，马歇尔在这个话题上依然重申了早期的结论："对工业的集体控制不利于人类作出最佳选择，而这个最佳选择又是为了最大可能地实现企业的责任性工作。"这个原理暗示着竞争政策是控制合并和垄断"主宰力量"的最好方式；前提是机会均等允许依靠自身功绩进行竞争，这个竞争过程是逐渐形成的，并且鼓励为了更高的公共利益进行旨在使生活变得富裕的联盟合作。因此，马歇尔反对国家行业协会的《惠特利报告》，尤其是被科尔精心制作过后，他将此报告视为潜在的工业控制者、协调人和组织者。相反，他更赞同通过市场这只"看不见的手"来管理"目前的经济体系"，尽管有时市场的"规则"非常"残酷"。然而，它却被政府创造的控制和管理手段代替，这会让社会"陷入混乱局面，而只有军事专制政治才能解救这种混乱"。

有关即将到来的战后重建的内容就这么多。至于遥远的未来，马歇尔承认存在"为远大期望作准备的空间"。这些空间来自教育、技术进步、提倡自由经营和重新分配的财政政策以及他在序言里宣告的支撑"向着社会主义发展"这一观点的各个因素。从历史的角度来看，社会已经发生了极大变化。更重要的是，这种进步一直继续着。马歇尔最后对本书的总结，把关于产业和贸易、额外成本和营销、收益递增和竞争、托拉斯和卡特尔比较通俗而实际的论述上升到了一个比较高的高度，从未来的角度进行描述。这也是会使他那位更加愤世嫉俗但同样很有远见的学生梅纳德·凯恩斯泼冷水的观点类型，他会说"从长远来看，我们那时都已经死了"。马歇尔本人的观点接近于此种状况，他没有丝毫疑虑，相信呼唤光明未来的号角终会响起：

> 这个小小的行星也只有几千年适于居住的历史，星球上的有机生命，在短短的一小段时间，的确或许声称过他们已经有了相当的进步，无论是道德上还是身体上，在此期间，这个星状的宇宙就已经十分接近它现在的形状。其他适于有机生命体长时间

维持的行星，在试图解决社会－经济问题方面或许也已经走了很长时间的路，我们却只能胆怯地碰触一下他们的边缘。特别是他们也许已经详细探查了许多个人对国家和国家对个人负有的责任，我们已经从前几代人那里学习了很多这种责任，我们似乎还找到了测量我们无知的程度的某种有效方法。但是事情好像是这样，我们思考的时间越长，我们所作预测之间的区别则必然越大，并且我们对于统治宇宙的某种神圣力量就会抱有越深的敬畏。

考虑到最后一章所蕴含的态度，再加上本章在处理垄断问题时对政府所有和控制的较为普遍的抨击，尤其是批评了交通运输行业，这本书几乎不被政治上站在社会主义一边的人承认，这也不足为奇。在《每日新闻》里，托尼热衷于批评马歇尔没有任何实证、只是凭经验或者用其他方式来指责国有和国有化，提出就目前的结构来看，工业正"以适当的效率发挥着功能"。《新政治家》杂志或许有点不公正地批评这本书忽略了工薪阶层，补充说书里关于合作主题的内容实在太少。教会比较支持本书，甚至在它发表的与社会主义关系的主教宣言中也表示支持此书。宣言赞扬马歇尔与错误的社会批评作斗争，捍卫了经济学。这是一个重要的贡献，因为当"任何社会改革项目成功与否的衡量标准最后都由改革对经济原则的忠诚度来决定"时，那么消除"反对经济科学的普遍偏见"是势在必行的。50年前，就是这个论调诱使马歇尔加入了经济学家的队伍。

其余的广大媒体评论这本书赢得了较多的赞美声。《利物浦每日邮报》（1919年11月16日）提到，"马歇尔博士的论述具有深度和人文主义精神，使得那些坚定地认为经济学是一门暗淡学科的人们不知所措"；《每日邮报》（1919年9月3日）因为这本书而宣布马歇尔是"一位真理探索者，而不是一个卖万灵药的小商小贩"；这一点获得了《益格鲁—西班牙贸易杂志》（1920年1月30日）的支持，它在评论中指出马歇尔"绝不是为了表现自己而写，而是怀着一心一意精确地再现真理的愿望而写……（这包括）他表达自己已经决定的观点时的极度小心，以及作为知识分子考虑周全、诚实坦率的态度"。《高速公路》杂志（1919年12月）从更高的层面给予了评价，并大胆地发表了见解，说马歇尔的新书足以与比较早的《经济学原理》一书相媲美。这个论断被《威斯敏斯特公报》（1919年11月1日）共享，它认为"这么多年的等待是非常有理由的"。《达勒姆大学新闻》（1920年7月）也支持这个判断，说"经济学已经欠马歇尔博士的著作一大笔债务，现在的这一卷使得这项债务近于无法计算"。《牛津杂志》（1920年2月20日）非正式地表扬这本书"对得起他已经高高树立起来的名声"，祝贺这本书里没有惯常使用的一些"曲线"；《经济学家》（1919年12月13日）更认真地指出，由于蓝皮书和其他官方与贸易方面的刊物的帮助，作者"彻底地涉及了现实情况"，而与之形成对比的则是当代社会主义现实的资料的贫乏，马歇尔在序言的自传部分也提出了这个问题。或许这位评论者在这里认为作者已经十分充分地利用了《经济学家》,因为马歇尔是长期订阅本杂志的卓越人物之一。只有《泰晤士报文学副刊》(1920年1月8日)的反应不太理想,很大程度上是因为书里包含了亲德的感情,尤其是对德国大学教育的赞扬。然而作者并未因此而苦恼,而是有点高兴地说:"我还害怕自己会因为描写德国的贫乏而受指责,所以这样的结果还是能给人一些安慰的。"

在贝利尔奥庄园,学术评论被更加仔细地推敲,特别是出自马歇尔在剑桥慢慢扩大的马厩里"年轻的马驹们"之口的评论。庇古在《经济学杂志》上对本书进行了评论:本书所覆盖的话题之广泛,"不亚于作者可与之匹敌的对本课题的熟练程度",因此只读一次不可能抓住"知识的宝藏和核心的力量"。庇古说所有他能做的就是给本书的内容做一张"粗略的详表",本书的内容有"很多国家历史的比较、许多产业精密技术的讨论、细致现实的分析……所有这些都融合为一个有序的整体"。赫伯特·杰文斯在《印度经济日报》中称赞《工业与贸易》的出版是一件"令人瞩目的事情",尽管它不是人们所"期待的第2卷"。杰文斯还特别在书的风格方面赞扬了作者,他提到作者"蕴含在全文每一句话中的思维都很细致和精确",在内容上则巧妙安排整体布局,并且为印度读者选取了具有特殊感染力的例子作为例证。在来自欧洲国家的评论中,查尔斯·纪德为《政治经济杂志》发布的通告最有趣。他称马歇尔新书的发行是一件"最难得的事情",自1890年以来他就不曾发行过什么,书中的整体内容还是比较新颖的,因为部分内容从1904年起才开始出现。他还注意到书中没有会使读者感到畏惧的代数或者图解,这反映了同时代法国人在经济方面的趣味与一些牛津大学圈内人士的趣味相同。相反,读者的胃口因书中展现的丰富内容——"各个国家的产业特征、产业集中度、托拉斯、机械设备、科学管理的泰勒体系、垄断对价格的影响、铁路、合作和国有化"——而大增。此外,纪德还对作者在所有这些主题上所作的惊人的均衡处理表示敬佩,这点从其选出的引文就可看出。皇家统计学会把这部书看做"人类智慧的催化剂或者孕育体,并从停滞中爆发出了全新的结论",还称此书"是作者丰厚知识和大量经验的结晶,但内容又三倍于这些结晶,它们是他半个世纪以来通过与其他人和事的各种各样的亲密交往而收集到的"。最后,剑桥大学新一代经济学家杰拉尔德·肖夫把目光转向了作者"广博的学识"和"他那或许在世的其他经济学家都无法与之相比的较为广泛和敏锐的产业方面的知识和理解"。然而,这本书"从不过分强调细枝末节",避免了"因一条信息的特别而不恰当地突出该条信息的诱惑",呈现出"一幅战争前夕在商业组织过程中发挥作用的主要力量和趋势全面协调的图景"。这本书虽是战后经济学论著趣味转变的一个标志,但肖夫还是表示,书里含有的"道德基调"不尽如人意,不管再怎么赞扬这本书,这至少是本书不尽如人意的一个特征。在他看来,在报告"非道德性科学"时,这一点是必须要避免的。

尽管有人以讥讽的语调评论过马歇尔对商人和经商之道的认识,但作者写这本书所展现出来的在战前工业组织研究方面的博学远不能通过书中丰富的内容及相关实际信息来衡量。庇古更贴切地形容这本书为"动力的引擎",而它的这个特质则被显著地保留了下来,正如先前引用的20世纪70年代科斯著作中的话所表述的那样。1990年另一位评论员说:"马歇尔的书中所涉及的内容极其广泛,这通过把他的《工业与贸易》与1970年的一部经典作品——如谢勒的《产业市场结构和经济绩效》——相比较就可以知道,后者涉及的所有话题实际上马歇尔都或多或少提到过。"新一代流行的方法论模式很容易使人们忽视了马歇尔的努力,他们以"不耐烦而又带点搞笑因素的表扬"的态度对待这种努力,例如肖夫对"非道德性科学"的呼吁和后来罗宾斯的批评。罗宾斯谴责马歇尔把生产理论和现实因素相混合,这是在浪费时间。在他看来,不如把这些时间花在先验推理上,因为正如肖夫所说的,马歇尔这本"真实的"书籍正在迅速地被淘汰掉。工业经济学缺乏理论支持令人遗憾,学习者们只满足于使用成本与收益曲线。马歇尔创造了这个曲线的使用方法,但是他曾经特别犹豫,因为他并没有把这个曲线应用于某个工厂,或者用来指导阅读某一本贸易杂志。20世纪70年代,马歇尔的理论宝库被重新开启,在这本有关应用经济学的杰作里,人们再次发现并得到了很多方法上和实际上的收益。另外,《工业与贸易》也体现了作者在运用"演绎和归纳"这两种方法时的严肃性,施莫勒和许多新老制度学派专家都建议和推荐使用这两种方法。虽然这两种方法的使用存在着各种各样的困难,但它们是科学进步必不可少的、真正唯一有效的方法。

马歇尔的妻子玛丽·佩利见证了《工业与贸易》出版的全过程,最有权利评论第2卷,包括它的诞生和整个孕育过程:

> 在斯图本……他构思了一部专题著作,这部专著使人们想起了……亚当·斯密曾经设计过的宏伟计划。因为他也给世人留下了一部伟大著作的很多片段……随着时间的流逝,他(指马歇尔)认为自己的工作范围实在是太大了。人们只要一瞥就可以看出他在《工业与贸易》里积聚了大量的资料。他写了很多货币、银行业务和铁路的历史,也写了很多关于科学管理和卡特尔与托拉斯组织的详情,但是他渐渐地浓缩了这些材料的规模,或者说把一些资料扔进了废纸篓,变得比较易于处理,最终这些资料以《工业与贸易》一书的形式呈现出来。然而,这还是浪费了部分时间,因为他对于人类和事物的详尽知识引起了商人的注意。在大学出版社供职的皮尔斯先生告诉我,说他从未想到过这样一本厚重严肃的著作会有如此大的需求。他说这部书原本该写成一部"耸人听闻的廉价小说"。

这部书于1919年问世,是马歇尔的最后一本建设性著作。

构思第三本姊妹卷（1919~1922年）

《经济学原理》第二本姊妹卷还在准备的过程中，马歇尔就已经在积极地构思着第3卷了。事实上，这本书差不多是作为《经济学原理》的"直系后代"来构想的，为了"把我原本就希望涵盖的内容的相当大一部分包括进来"。1913年，在马歇尔生命的最后一个完整的十年里，这本书又被另称为《货币、信用与就业》，它的内容还涉及国际贸易和一些货币问题，1916年《工业与贸易》一书在处理货币问题上已不再令人满意了；1918年，《货币、信用与就业》被认为是一本"研究就业组织、国际贸易和各个阶层和国家状况所受影响"的书。这些替代性的、相继的战略明确表明了本书的最终本质。就像梅纳德·凯恩斯说的那样，这本书总体上是一部混合作品，由早期创作的一些片段拼凑而来，包括各个时期的素材，大部分是19世纪70年代到80年代的，一些来自最后十年教学期间的讲义记录，一些采用马歇尔手中拥有的刚刚发行的出版物中的素材。这本书的拼凑元素在4篇中的最后2篇和技术性较强的附录里体现得尤为明显。这些都证明了马歇尔的体力有所下降，他自己也渐渐意识到了，起初是思考放缓、精神倦怠，后来记忆周期也缩短了，记忆力衰减。这些也意味着他的妻子为本书的准备工作提供了巨大的帮助。为"最终卷"写的一篇序言的草稿十分有力地证实了以下内容："她不允许自己的名字出现在书的扉页上，但那里却是她名字出现的最佳位置。"当谈论到马歇尔学术合作关系的性质时，这句具有讽刺意味的话才被注意到。事实上，在这本书的序言里，玛丽的帮助并没有得到认同。但是，特别是在最近的这些年里，她的协助对马歇尔完成手头的工作变得至关重要。

或许是被《工业与贸易》一书的出版和所受到的欢迎所激励，1919年10月，马歇尔通知麦克米兰，"在姊妹卷的后半部分内容上，我已经有了些许进展"。后来，玛丽·佩利回忆说，当时马歇尔的记忆力正开始急剧下降，同时出现了他最后一次患病的前兆。1921年，医生告知她，马歇尔有效的"工作生涯已经结束，他已不能再写出建设性的著作"。玛丽·佩利的这段回忆虽说毕竟只是她最近的经历，但恰恰与《货币、信用与商业》鲜为人知的著述事实十分吻合。这也暗示着她在这本著作撰写中所起的主要作用，她谦虚地向梅纳德·凯恩斯说："我只是做我所能做的一切，使本书尽快出版。"

1919年9月，玛丽·佩利写信给莱顿说，他们已经有好多个月没有过过真正的假期了。他们在简短休息和恢复体力之后，马歇尔又开始投入到写作中，而这时，他们才完成《工业与贸易》的校样没多久。"现在他正忙于研究货币和外贸问题，在这两方面，他有大量相当新颖的素材"。1920年3月马歇尔写给福克斯韦尔的最后一封信显示，他正在涉及有关指数的问题，在本书发行的版本里，第1篇的第2章和第3章谈论到了这个话题。玛丽·佩利与凯恩斯的通信说的是，他们利用当年以及随后两年中在多塞特度暑假的时间，将本书的大部分内容整合在了一起。按照惯例，休闲的时间和适宜户外工作的好天气当然也是写作的最佳时段："现在他正在撰写《货币、信用与商业》，大部分内容 50 年前就已经写过。"当这本书的撰写工作几近结束的时候，他们都松了一口气。"《货币、信用与商业》写完了，我是多么高兴啊"，马歇尔在他生命的最后 12 个月里经常说到这句话。

像平常一样，在马歇尔与出版商交流的时候，外界早已宣布了本书要发行的信息。1920 年 10 月，《经济学原理》最后一本官方版本出版，它在序言中陈述到第 3 卷，"（关于贸易、财政和工业的未来）早就在紧锣密鼓地进行之中，这三卷都是要处理经济学领域、在作者的能力所及范围之内的所有重要问题"。这个宣告表明，即使是在他生命的最后那段时期，本卷的内容还是没有最终确定下来，在马歇尔图书馆保留着的大约写于这个时间的扉页的一份草稿可以证明这种不确定性：

（1）《工业与贸易》第 2 卷，研究现代商业和财政组织，以及它们对各个阶层和国家状况的影响，还特别指出了未来经济可能出现的情况；

（2）《商业与财政》，经济的未来情况，《工业与贸易》的姊妹卷；

（3）《货币、商业与财政》，经济的未来情况，对国内外各组织的研究。

当时大约是 1920 年，马歇尔健康的现实状况与最初制定的繁重任务已无法协调，他已经没有办法在著作中呈现以上题目所列出的内容。从已出版的书的内容来看，马歇尔似乎精力充沛地完成了本书的前 190 页内容和与之相联系的附录部分。在此之后，玛丽·佩利逐渐接管了本书的编辑工作，并从事着剪切加复制这种没有创造性的工作，毫无疑问，她的工作是在马歇尔从他未发表的论文里选出大量资料的草稿指导下进行的，关于这件事，马歇尔于 1921 年底写信给麦克米兰：

现在我已经 80 岁了。我有各个时期为印刷而保存的大量初稿。它们主要分为两个方面：

（1）通货、货币市场和国际贸易；

（2）政府的作用和社会发展的前景。

尤其是（1）部分的内容正在准备出版，而这部分内容主要是由未曾出版过的材料组成的。

（2）部分的内容大部分都是再次印刷。（1）部分正在出版的时候，我会为（2）部分的出版作些安排——以备我离开了之后的需要。

毫无疑问，由于有他妻子的协助，"在经过了很长一段时间的延误之后，现在（1）部分的资料正准备出版，速度十分惊人"。这也只能用玛丽·佩利在这段时期的重要付出来解释。12个月还不到，也就是1922年12月，马歇尔就报告说，"现在《货币、信用与商业》的全部内容已经从我手中完成"。这本书出版于1923年2月，首次发行5 000本。从书的序言中可以明显地看出，这个历史性的奇特变化与《工业与贸易》的再版几乎发生在同一时间，1923年3月："同时，一本研究货币、商业信用、国际贸易、工业波动、贸易和信贷的书已经出版，题目为《货币、贸易与商业》。"

延迟卷的内容与反响

虽然《货币、信用与商业》一书未能确定下来一个适当的题目，但是《工业与贸易》1923年版的序言中明确地指出了此书将分为四个部分来写。像其他卷一样，马歇尔同样用总计9章的附录完成了本书的撰写工作。本书包括索引在内，一共369页，相对来说篇幅较短，这个先前已经提到过，从本书第3篇的第9章开始到最后的8章，内容相对重要，其组成部分频繁地重印了原来出版过的材料，这也是特点之一。比较而言，本书前面部分的一些内容不是很直接和很明显地依赖旧的素材，并且对于近期的资料的参考（即1914年后的著述）也是非常少的。这些参考内容仅限于一个官方报告、梅纳德·凯恩斯关于凡尔赛和平条约的两本书、柯卡尔迪的重现了许多官方资料的《战时和战后的英国财政》一书，还有深度阅读有关结构性失业和波动的材料时所作的笔记，以及庇古的《福利经济学》和赫伯特·杰文斯的《兑换和印度货币的未来》。

对本书简介作的第一次注释暗示"此卷和《工业与贸易》互相补充"。这也不足为奇，贯穿本书内容六成左右的参考资料，或者提醒读者是两卷中的重叠部分，或者给出必要的交叉引用的部分，这就使得这种互补性质更加明显。如莱德勒精确描述的那样，《货币、信用与商业》从很多方面来看，都不太像是前一卷的姊妹卷，最好是把它看成是"一位老人对过去投稿的记录，而不是对新成就的记述"。此外，过去这些著述中新颖、独创的东西，大部分写于马歇尔身为经济学家后的前几个十年里。人们直接或者间接地"在其他人的论著里发现了这些表述"，特别是在他的剑桥学生那里。莱德勒的评论集中在这部著作有关货币的内容上面。这些评论同样也适用于关于国际贸易的素材。也有例外，在书第3篇第8章的附录J中的图表解释已经首先在潘诺隆尼的《纯经济学原理》和西奇威克1879年组织、私下印刷的《国际价值纯理论》两本书里出现了。

事实上，马歇尔这本新书中的著述很多内容通常源自他的官方出版物和他发表在期刊、会议记录和早期著作中的材料。前者的材料基本来自他在皇家专门调查委员会的经验和1908年有关国际贸易中的财政政策备忘录。因为没有系统考查过这些借用的资料，所以需要给出一些细节问题。马歇尔经常涉及他1888年末到1889年初在金银委员会以及1889年初在印度货币委员会期间的经历，有时还广泛地引用在此期间的资料。马歇尔长期以来都有将这些材料作为参考资料讲授给学生的习惯，这些"惯常口述的内容"最终被印刷出来也就不奇怪了，因为它们迟早是要被刊印的。如果考虑到后几卷的进展和关税争议的紧密联系，那么《货币、信用与商业》国际贸易部分的内容绝大部分以备忘录的内容为蓝本就不足为奇了。第3篇有2章的大部分内容都是备忘录内容再现的很多片段。这里也需要解释一下为何马歇尔不用劳动委员会的资料。第4篇谈及商业以及相关的就业波动的方面原本就可以大量地轻松地用到第6篇的内容。玛丽·佩利后来声明过，第6篇大多数内容是她丈夫写的。然而，马歇尔在重现这些资料上仍存在疑虑，主要因为它是一个公认报告的一部分，因此包含了集体共同的努力。就是这个原因阻止了他对这些素材的直接引用。

福克斯韦尔

《货币、信用与商业》有效地选用了马歇尔早期未出版的一些著述中的内容。书的第4篇第1章和相关的附录C重复了他第一份关于货币论文中的基本内容，这篇论文大致写于1871年。正如梅纳德·凯恩斯所说，1923年的版本非常缺乏"说明和解释的魄力"，尽管他回忆说曾经听过马歇尔在1906年的课堂上运用"非常精致的图表"来阐述货币平衡理论，并且附录C中的那些简图就包含在这些图表中。附录J的内容极具实质性和分析性，采用了关于国际贸易纯理论的大量图表，而这些理论图表"已经公布于世，尤其是通过潘诺隆尼、埃奇沃思、坎宁安和弗勒克斯的作品显现出来了"，且在20年前，他曾把这些东西称为"开始明确的旋律，穆勒是这样说的"。1904年，考虑到曾向麦克米兰承诺自己会尽力使这本姊妹卷保持"对重视实际的人有吸引力的形式"，他曾经一度认为出版它们是不可能的。然而，大概是1921年或者是1922年，他在第3篇第8章撰写完成后，还是不可避免地为这能够省略的一章附上更长的专业附录，其中十几页内容是穆勒和里卡多推演出来的关于国际贸易的抽象理论，而这些内容明显缺乏"承受实际问题压力"的能力。这种方式可以帮助扩充本套丛书第三本的内容，否则它将是一本内容不够丰富的书。①

---

① 正如前文所示，这章标志着马歇尔前期出版的材料开始被大量的二次创作，暗示着在此阶段玛丽·佩利的重组工作变得更为重要。即使玛丽·佩利可以得到一些清晰的草稿，这些草稿包括马歇尔以前的贸易资料以及他一些早期创作的有关贸易的章节，这也都不能阻挡此时她通过增加30页的分析附录来增加书的规模诱惑，这些附录大约占了书80%页数。

现在可以简单地谈论一下《货币、信用与商业》的内容。简介部分极具代表性，主要集中在本书内容的"商业"部分，对货币和信贷的关注较少一些，本书的3篇都涉及后两个问题，但加起来还不到一半的篇幅。简介大部分探讨国籍和生产要素的流动性问题，并以此作为国际价值的一个单独理论的逻辑依据，但是简介的总结段落又将外贸和货币供给及货币金属的价值联系到了一起。

第1篇涉及货币理论因素，以探讨货币的性质和功能作为开篇（第1章），接着讲了货币的一般购买力的定义和测量，包括相关的指数问题（第2章和第3章），之后一章介绍了国家的通货需求（第4章）。第4章用文字方式表现了剑桥货币平衡方程，指出货币的数量和物价水平的关系，也指出了货币数量论的局限性以及缺乏整体性。该章把物价与商业不稳定性联系到一起，使得本章不止与该书第4篇关于商业和就业波动的内容相关，而且也点明了币值计算标准表的重要性，因为这项标准可以预防长期合约免受物价水平的稳定性变化的干扰。尽管第4章在它的第6部分简要地提到了可兑换的纸币和不可兑换的纸币，但是通篇重点还是金属货币。这些在第1篇后几章中被详细探讨过，这些章节里还考查了通货中以金银为一般等价物的历史发展过程，探讨了传统的复本位制以及曲解马歇尔的混合本位制提议的问题。附录A~C扩充了这些章节的历史性和分析性的内容。根据马歇尔写给福克斯韦尔的最后一封信和一些内部证据看来，这些素材好像在1920年的时候就已经准备好要刊印了。

第2篇考查了商业信贷问题，与《工业与贸易》中探讨联合股份制公司和融资这一主题的素材相互补充，其中附录D对后一个问题即融资问题作了总结。第1章大部分内容历史性地研究了现代资本市场的发展、利率（贴现率）和利润率（大部分借用《经济学原理》中对此的讨论，附录D也对此进行了抽象概括）的关系以及利率和物价水平的关系。第2章用4页简短地描述了联合股份制企业的财源问题，指出它们通过借贷或者通过股份来融资。第3章讨论了英国银行体系的发展，与附录E的内容相补充，尤其关注了19世纪英格兰银行的发展历程。最后一章关于股票交易，强调了股票交易在国内和国际资本市场迅速增长的作用，以此结束了本篇的内容。这些课题的记录保存在马歇尔图书馆里，日期大致始于19世纪90年代直到20世纪头十年，这些记录表现出马歇尔独到的眼光和他对于这些话题的大量研究，但是在大约1920年或者1921年间，准备正式出版这些内容时却丢失了很多。

第3篇前面的章节重现了《工业和贸易》原始草稿中大量多余的素材。开篇章节（第1章和第2章）讨论了交通运输工具的发展对贸易产生的影响，与之前一卷前言部分的材料紧密相连，同时还谈到了国际贸易的主要特征以及它的好处。第3章与附录F相关涉及英国国际贸易的发展情况。本章的最终修订稿直到1922年初还未完成，这从它最后的一个脚注可以看出来。这个脚注提到，最后一个在《经济学家》系列中出现的提到指数问题文章的日期是1922年1月。第4章谈到了进出口的平衡问题，大部分采用的是非常旧的材料，但后来更新了局部内容。第5章涉及外汇兑换问题，附录G对其作了一定的补充。这些素材似乎最早写于20世纪前几年，但是由于简短地提到了1922年凯恩斯《条约的修订》的一些内容以及引用了柯卡尔迪采集的最新官方数据，所以从表面看，给人以较强的现代化的感觉。接下来的3章以及相关的附录H和附录J讨论了国际贸易中的纯理论问题，此问题由19世纪70年代早期穆勒和里卡多的观点发展而来，修改于19世纪90年代各阶段，之后在编者按中还进行了修改。与之前暗示过的一样，第3篇最后几章介绍进口关税、贸易保护和国际金融问题，大部分是重新组织了1908年和1917年发表的有关国际贸易中财政政策的素材，以及来自19世纪80年代末和90年代末在货币委员会的证据。他对这些材料仅仅作了非常有限的一点更新。

　　第4篇的内容很简要，一共还不到30页，主要是关于工业波动、贸易和信贷问题，这样就与前两篇的讨论衔接起来了。前两章考查早期就业的无规律性（第1章）和最近技术变化对于就业的影响（第2章），其中所采用的大部分材料可以追溯到19世纪80年代。第3章和第4章将信贷波动与商业波动联系到一起，强调国际因素对这种波动现象的影响渐增，只有国际货币增加"一致性"才可以减弱波动所带来的影响。假如英格兰银行可以及时调控贴现率，正如我们所讨论，这将会是唯一能够治愈波动的真正良药；贴现率能起到这种作用，一定程度上是因为它与物价水平密切关联，也包括与证券价格息息相关。最后部分又重新提到了物价不稳定与商业波动的联系，再次让人们有机会将注意力放在官方一般购买力单位下稳定的长期合约机制上。总结部分用惯常的充满崇高精神的结尾结束了本书，这是马歇尔喜欢的总结其著作的方式，并且在这里，他借用了自己为准备工业薪酬大会而写的材料作为结尾段落。

　　《货币、信用与商业》中有一个有趣的脚注，它取自于保留在马歇尔论文集中的一个条目。玛丽·佩利回忆说，这个注释未被接纳的原因仅仅是因为经过多次犹豫思考后认为这样的内容包含在此书里是不合适的。它的内容与本书最后章节提出的稳定政策问题相关，特别是它的国际因素方面与之相关性更大。在提到了"大国之间发生战争是非常愚蠢的"，以及人们很难认识到专门定义购买力具有好处的这些观点后，该书为购买力适当地统一标准提出了以下建议：

　　　　统一购买力的标准应当考虑需要付出的努力的数量，而不是考虑所获得的享受的数量。因此，货币的供给需要这样控制，即给定一单位标准劳动力所获得的平均薪酬应该被视为一单位一般购买力的量。

　　这段话肯定能与费雪提议的计划中的评论联系在一起，先前就有一个写于1916年3月30日的评注认为这项计划是没有作用的，因为"它不能国际化"。这个评注是维克塞尔拜访了马歇尔后完成的。在那次拜访中，他们谈到了战后保持物价稳定的国际认可的可能性。维克塞尔认为，这次拜访是"与马歇尔一次长时间的会谈。值得注意的是，谈话过程中马歇尔一直在不停地说话"。这次访谈之后,马歇尔重申了对维克塞尔保持国际物价稳定的可行性的怀疑,他写信给维克塞尔:"当我走进乌托邦的时候,我想我应该在公众面前拿出类似的一些方案,但不是在现在的这个世界上。"当他拒绝在《货币、信用与商业》一书中使用这项条目时,他或许会回想起这句话,想起自己曾经将这种情况认定为只有在"乌托邦"的世界里才可行。①

即使删除了有关乌托邦的华丽描写后,这本书仍未被广泛接受。马歇尔的剪贴簿里记载了发表在报纸和周刊上的接近三沓的评论,大多数评论都很短或很不正式,十分令人尴尬。以下几个例子就足以说明这种情况。《爱丁堡评论》将对《货币、信用与商业》的评论包括在一篇对7部著作一起评论的文章里,题目为《金本位》,但是这篇文章只引用了马歇尔的一句话:"购买力理想且完美的单位不仅是难以达到的,也是无法想象的。"《年度纪事》同样比较礼貌地(但几乎没有提及书中的内容)评论道,这部"出自马歇尔博士之手的新书的出版是一大事件……它是系列经济学专著中的第三本书,这一系列丛书在经济学的所有方面都已经达到了标准著作的地位"。在注意到了该书内容——货币、信用和国际贸易——的典型性之后,该评论确信"渴望遵循事物的经济形势的大众读者……在马歇尔处理经济生活的各个方面的新鲜手法中都会发现乐趣,对每位市民来说,书的任何方面都具有特殊的吸引力"。《雅典娜神庙》杂志较为诚实地评论这本书仍是"马歇尔在经济科学的另一伟大建树",然而对本书内容缺乏时效性这点表示遗憾。该书的贸易理论比里卡多和穆勒不切实际的定理更贴近现实,但是剩下的内容就太过于依赖金本位的假设,而金本文标准现在已经不存在了。只有某些关于贸易保护和自由贸易的评论才使本书与战后重建的问题关联起来,最后的章节对"周期性萧条的严重弊病几乎没有用处"。另外,这本书过于相信"市场竞争作为经济力量可以自发调节市场"这点,尤其是在提到"一面是无知、懒散和贫穷,另一面是垄断和竞争"这种阻碍自由竞争的情况时,作者更加强调自由竞争,这样一来,本书开出的药方看起来甚是多余。

作为《经济学杂志》的编辑,埃奇沃思亲自评论了出自协会的这位值得尊敬的副主席和共同创始人之手的书。正如预期的那样,埃奇沃思的评论谨慎、幽默,具有批判且又礼貌地充满虔敬之心:

---

① 维克赛尔根据1913年一篇论文发起了对于费雪建议的批评。马歇尔对于这个计划的反应记录在他给维克赛尔的一封信中:

某种程度上,我认同你的建议,我认为,关于贴现率的国际理解对在不久的将来进行的世界交易具有很重要的作用。但是不论是在国际还是国内,银行的这些措施是否会带来永久的影响及利益还是值得怀疑的。

我不反对政府用银储备作为纸币发行的标准,但却不希望他们使用金子,这点我已经有所说明了。我认为,如果国际上已经对价格管制达成了一致,那么在价格过高的时候,他们也许应该成立一个委员会来管理金矿的税收,税收收入应该分给没有生产金子的地区,这样我们就可以保持金子现在的地位,继续当做国际通货的单位。另一方面,假如金短缺,如果有必要的话,我们就可以吸收一些银来辅助。

马歇尔博士在本卷里把他最早作品的主旨和最新的思考成果结合在了一起。并不是所有拥有同等荣誉的经济学家都可以勇敢地面对他们现在以及过去的观点。对不成熟推理的信心可以与源于经验的谨慎形成鲜明的对比。但是在马歇尔博士这里，事实和理论从来都保持了高度的协调，就像身体和灵魂一样结合在一起。与大多数抽象理论学家相比，他就像一位值得尊敬的圣人，在这个充满虚幻的世界里，他是值得这个称谓的，他在转瞬即逝的虚幻事物中保持了理智。

接下来的6页内容证明了开头提到过的称赞。埃奇沃思指出，数量经济学分析抽象细致并具有现实性。1888年，马歇尔早在金银委员会研究出了数量经济学分析的剑桥变体，并且在之后20年的授课过程中把这些详细讲解给了他在剑桥的学生。然后，埃奇沃思详细讨论了马歇尔对指数和货币价值测算问题的处理。埃奇沃思还注意到，与马歇尔早期的著作相比较，该书省略了与计算和表示方法有关的内容。为了锻炼统计学家们，埃奇沃思建议将马歇尔的样本作为指引，引导他们较充分地思考不同时段的价格变化的性质以及变化程度。他还提到，书中对贸易的分析紧随其后，同时还表扬了书中包括处理贸易问题时采纳几何工具分析的做法，指出这一工具同样也可以用来解释劳动力市场上的一些问题。令人遗憾的是，这篇评论聚焦于"该书中比较难的部分"。

然而，作者并没有要使本书写作进程一帆风顺的想法，他努力地对题目中包含的各种问题进行极其具体的描述。为了完整，大家建议作者应该详述那些基本想法。因此，是马歇尔开辟了一条通往昔日不可能到达的宝库的捷径。为了使这个比喻完整，这条路上还有两三个路标需要更正。我们指的是某种笔误或者是打印的错误，这些错误明显不是有意的，但或许会让一个初学者感到困难。作了稍微的修改后，这条捷径才会像先知称颂的道路那样，走在其上的徒步旅行者，纵然是个愚人，也应该不会误入歧途。

该书用简单的方法，将道路导向经济学最难的部分，这就注定了本书会成为科学教育强有力的助手。如果没有比较详细地对当前炙手可热的问题的讨论——或相反只是阐释相关的一般原理——该书就不会有进步。如果本书的大部分内容写于19世纪80年代，那么大家就会在这个世纪的80年代来品读它。①

詹姆斯·博纳是马歇尔在牛津的另一位老朋友，他为皇家统计协会评论了该书："如果

---

① 20世纪90年代，经济学专业中充斥着一个不可挡的趋势，那就是如果你要读书的话，不要读那些写于十年前的书，这种说法既冒险又不现实。

1890年出版的著名的《经济学原理》是具有突破意义的一本书的话，那么眼前的这本就是它的复兴和回忆。"接着博纳对马歇尔在书中思考时用到的多样化材料来源进行了评论，并且提醒读者这本正在被评论的书是三部曲中的第二本，这套"在社会热潮的影响下"产生的丛书的最后一本也即将问世。尽管对货币的讨论已经过时，但"无偏见的"读者"还是会对以如此坚定的立场探讨货币理论感到惊奇"。关于贸易部分的内容是主要的同时也是本书最重要的部分，特别是那些著名的图表在"如汹涌澎湃的十四行诗一样在他朋友中传来传去"后，现在被完全地展示了出来。考虑到马歇尔的读者群体，博纳在评论的结尾段之前暗示，对统计学家们来说，该书包含了很多有意思的介绍指数和贸易数据的内容。结尾段主要详述了该书在风格上的"旧式的清晰脉络与说服方式"，还说本书除了"讲究的脚注"（现在可称之为早期的"科幻小说"）之外缺乏形象的描述，并且缺乏"愉快的乐观主义"，虽说总结篇章算不上令人沮丧，但这些博纳没能用该书1885年的材料来证明。值得注意的是，评论者中无人来自剑桥，或许是因为本书很清晰地体现出了马歇尔"年老的痕迹"，而这种迹象在《工业与贸易》一书里就看不出来。

马歇尔的大批同僚和朋友都收到了他赠送的该书的赠刊，从他们写给马歇尔的感谢信中可以看出来，他们对该书的态度被评论搅得有点尴尬。无一例外，这些感谢都是象征性的。一共有22封这样的信保存在马歇尔图书馆中，大部分差不多都是迫不得已才对这份礼物表示谢意的。他以前的一些朋友和长期保持联系的同事对这本书增加了一些私人评论。埃奇沃思把著作以及内容看做是他们终身友谊的标志之一。赫伯特·杰文斯高兴地注意到，从该书最后著名的谈论贸易的段落可以看到马歇尔的名字闪着熠熠光辉。纪德很遗憾他与马歇尔从未见过面。陶西格将此书视为马歇尔在解决问题方面独具智慧的进一步证据。一位名为大岛的日本学生在出版后不久就拜读了此书，信中他对这本书在自己私人教育过程中所起的作用表示感谢。查普曼和庇古提到，他们急切地盼望看到马歇尔的下一本书，希望马歇尔还有足够的能力完成新的著作。最令这位住在贝利尔奥庄园的老人感到愉快的或许是他与福克斯韦尔的简短交流，福克斯韦尔在交流中感谢马歇尔送给他这本书做礼物，马歇尔的这种喜悦可能也是他对福克斯韦尔在这本书的准备期间给予帮助的一种赞扬，即马歇尔认为应对福克斯维尔在该书出版过程中为编辑出版杰文斯的《对货币和财政的调查》所贡献的力量表示感谢。

与《工业与贸易》不同，第三本姊妹卷的印刷寿命并不长，出版前它的内容就已过时，因此只被原出版商重印过一次。几乎没有大学把它用作教科书。一个例外是，麦格雷戈1935年曾经在牛津大学的高级经济学研讨班里用过这本书。正如评论者们礼貌性地暗示的那样，如果这本书早就出版的话，它还是一个堆满了过时资料的古玩店。对当时那些研究货币理论的保持口述传统的剑桥大学学生们来说，它甚至算不上一个将他们引向马歇尔辉煌时期关于货币理论等传统口述话题的好向导。凯恩斯很郑重地说，与1906年他参加的关于货币的课堂内容相比,该书的论述缺乏活力和说服力,他还明确地提到,正是那些课堂内容慢慢地进一步地增加了他对货币话题的兴趣。同样,该书的很多内容都是由一些已有的原始材料构成的,这些资料不仅包括19世纪70年代分析国际贸易和关税争议问题时用到的十分透彻有力的证据和素材,还包括关于货币的早期论文和一再被重印的《工业经济学》一书中对经济大萧条的分析,这些都能证明这种活力与说服力的缺失。从对银行业、信贷、股票交易、股份和投机活动的许多片段的论述中也可以看出这种缺失,要知道这些片段本能在20年前编写"第2卷"时就能够完成。1897年,45岁生气勃勃的马歇尔向福克斯韦尔抱怨该书缺乏中心,当时他就感到了这种缺憾,并且意识到这种损失实质上无法避免:

> 我知道我的工作中心不够集中。戴西像你一样给予了我同样的建议……我想如果可以给我时间做这些事的话,我会使中心较为集中一些。但是想在我去世之前解决这个困难,我知道我已经做不到了,每天都有东西阻止我完成这件事,而解决这个困难实际上是我唯一真正在乎的事情。

最后一卷:关于发展

以《经济学原理》一书为基础,最后一本姊妹卷是关于经济发展的一部著作。它是站在国内和国际组织或者"政府的作用和社会进步的可能性"的角度,谈论"经济前景或经济未来"的一卷书。20世纪20年代的一个早期提纲包含了所有主题:

第1篇 经济发展的本质
  第1章 经济发展的初级条件
  第2章 经济发展的各种趋势
  第3章 经济发展趋势间的相互作用,对简单图表的注解
  第4章 经济发展中的部门利益
第2篇 政府在经济发展方面的作用和政府资源
  引言
  通货
  信用的稳定性
  税收
  国际贸易竞争
  商业政策
第3篇 经济的前景
  经济发展对生活质量的影响

回顾和展望

理想的和可实现性：关于贫穷

以上提纲的逻辑很快就能从马歇尔1887年和1903年两次为第2卷内容所列提纲的过程中清晰地看出来。1919年和1923年分别出版的两本书是姊妹卷，涵盖的主题包括在旧计划下为第2卷前3篇所选定的内容，即有关于外贸、货币和银行业以及贸易波动的内容，也许更加贴切地说，它们实际上包括了1903年纲要中的前7个话题。这些内容也包含了1887年纲要的三个话题，但是在它们之间又安插了关于"生产市场、商业联合、垄断、交通运输问题、劳工合作与联合"这几方面的材料，在《工业与贸易》一书中着重地强调了这些地方。1903年的纲要仅仅给第4卷也是最后一卷书留下了一个分配问题，这也与《经济学原理》最后一篇关于该问题处理方式的讨论形成了互补，除此之外，还留下了一个公共财政问题。根据1887年的提纲，最后一卷需要囊括已经计划好了的6篇内容中剩余的那半部分，也就是那些关于税收、集体主义和未来目标的内容。然而，当最后一卷开始编写时，作者发现，推导这些性质至少需要有20年的计划，这对于一位不再能把注意力清晰地集中在自己的写作上的人已经没有意义了。从大纲中我们可以看出，对于一个"已经写了无数关于目录草稿而消耗了大量纸张"的人来说，这种推理也不再重要。此时，马歇尔设想的经济学包括以下四个宽泛的部分：

第1部分：消费；

第2部分：生产；

第3部分：价值（以及供给和需求两者之间的关系）；

第4部分：你（福克斯韦尔）称为政策和我称之为应用经济学的内容。

像这样一个简单的纲要就能阐释清楚"基础卷"的意义，这也是马歇尔给予《经济学原理》的副标题，出现在第5版以后的各个版本上。《经济学原理》从以供给和需求为基本观点出发，涵盖了经济学基础主题中3/4的内容。然而，如果要按照马歇尔的意愿来广义地理解"价值"这个词的话，在写这封信时，他也建议伦理科学的课程大纲应作适当调整，"为把国际贸易包括在内，我也愿意包含货币和商业波动。我不喜欢市场被后几部分分离。我坚持认为整体市场是属于价值的广义提纲的，但是市场——尤其是充满现实细节的市场——更应该刚好出现在商业波动讨论之前和货币市场的一般描述之后"。即使遵循了这些原则，后几卷的组织也还是有错误，因为虽然《货币、信用与商业》中对货币市场的一般概括出现在资本市场和商业波动的总体讨论之前，但在《工业与贸易》中却出现在对特定市场的详细真实论述之后。对这位热情的工作者来说，即使想要在提纲中正确贯彻"个体孕育于总体之中，总体由个体来体现"的原则也是十分困难的,因为他的工作范围实在是过于庞杂。

无论最后一卷的设计采取何种特定形式,好像都包括了马歇尔给福克斯韦尔列出的大纲主题的第四个和最后一个分支内容。它也是最后一本按照马歇尔组织前面几本书的方式出现的书,第一本《工业经济学》就是以这种方式组织而成的。回想马歇尔先前曾经讨论过的合作问题:如果人们非常希望贯彻"合作信念",并且期望"从中得到利益"的话,就要"全球化",书的最后也强调了这点,接下来的几卷同样以高尚的口吻结束,即使1923年马歇尔在这方面作过努力,但是他还需要重复使用1885年演讲中的材料。最后一本书按照马歇尔在《经济学原理》中曾经呼吁的那样,谈论的是"发展这个更高的主题",旨在将他的经济学宏伟巨著的整个结构导向一个被适当升华的结尾。因此,最后一部著作的剩余部分不是由它的设计师设计完成的,而是适当地由他的大量文章组成,在总体上被重新命名为"发展与理想"。这标志着这位年轻的剑桥大学数学家从1867年转向经济学的研究历程圆满结束,他对于经济学的研究成为打开发展之谜的钥匙,从某种意义上说,马歇尔对经济学的研究使普通人可以追求到更好的生活模式。

亨利·西奇威克

这些文章和片段大部分写于20世纪20年代期间,但是有一些最早写于1903年,它们讨论了可实现的理想、乌托邦、经济学与伦理学的关系、经济发展需要的条件和马歇尔领悟到的人类进步的真正含义。这些素材有些组织结构非常严密,有些像讽刺短诗一样,或者说充其量是一些要点的松散结合。一些是对最新文献评论的记录,另一些则没有从任何来源的资料中受益,这些工作完成于马歇尔夫妇最后一次在蒂罗尔度假期间一次非常糟糕的度假,因为马歇尔在这期间弄丢了他放书籍和文章的行李。材料之间仍维持连贯性的原因要归功于作者已为这最后一本书的大纲起草了框架。此时,马歇尔也时不时地思考他为何做那些工作,通过这种思考也让人们像看万花筒一般,看到了他过去的目标与抱负,当前发生的事件又给这个万花筒增添了色彩。例如,有些段落显示他一生都对社会主义是否具有优越性而感到模棱两可,有些篇章显示出他不断为提高人们的生活水平而贡献力量。这些章节说明马歇尔在不断艰难地思考着文化、教育、伦理、心理和经济等各方面力量对于进步的影响,对马歇尔来说,这种进步的特性才是人类发展的实质。最近发生的事件标志着这种进步,如布尔什维克革命、战争的恐怖以及为基尔特社会主义和工人管制设计的方案,同时还有电影艺术和留声机的问世。这些文章还重新详述了提供优质住房和新鲜空气的已有政策和理想。

马歇尔在1922年完成的零散文章《一条渐入乌托邦的道路》，体现了最后这次调查所具有的广度。这篇文章强调要提供"一种为所有人所期盼的文明生活"，为所有群体——年轻人、男人、女人——提供教育并由国家承担经费。这本关于发展的书的引言部分将精神和道德能力的发展作为该书主题的拓展部分列出；通过增加人类对物质需求的控制能力来获得道德和精神上的愉悦是狭义的部分。"真正的人类进步主要是提高情感和思想的容纳空间，但是如果没有充足的进取心和干劲，这种进步就不会一直维持下去。财富的某种最小量是实现整个人类基本福利的必要，而财富大于这个最小值则是改善人类生活的必要。"

满足基本生活所必需的量与高质量生活所需的舒适标准这二者之间的区别就意味着经济的发展。马歇尔为这种发展定义的基本条件如下：

> 经济发展在很大程度上依赖于能够承担商业风险的勇气以及成熟的判断力。最近一些商业的发展，尤其是联合股份制企业形式的出现，正在减弱一些风险……处理有难度的实际问题的能力，运用远见和想象，运用胆量、决心和智慧，从来不曾是属于哪一阶层的人们的独有资产。亚洲和欧洲最有能力的统治者中，有许多就是来自地位低劣的人们当中。在我们的时代，美国的工人阶级或许已经从其他国家全体居民当中贡献出了大量世界上最杰出的商业天才。

经济发展这个因素的重要性实在是太经常地被这些"热情的社会改革家们"所忽略："他们意识到了资本的必要性……而且他们带着所谓的一点公正的态度臆断，工人们本身有能力进行日常管理。但是他们好像意识不到产业的进步要依靠正确的风险选择。"以上这些证实了《经济学原理》中关于生产理论的信息是正确的。想要最大程度发挥土地和劳动生产力，资本积累和商业组织是必需的，各种因素结合起来相互作用才会产生改良的希望。1920年的一段文章从各个国家先进产业的分配方面讨论了这种相互作用，还讨论了发达和落后国家通过交通与运输的改善以及技术的国际化可以获得的好处。这个片段还谈论了以下主张：当先进的机械化工具已不再能刺激技工智力的时候，制造业惯有的优势就不会很好地对个性和创造力产生影响，而工业的领导地位则要靠个性和创造力来获得。

其他段落写了工业与贸易未来发展趋势的可能性，这些内容忠于本卷最后一部分的主题，而且回到了马歇尔关于经济骑士道精神演讲时提倡的主旨，强调理想主义需要对人慷慨大度、勇于为他人作出自我牺牲，不仅仅是为亲人，还包括为工会国家、地区以及子孙后代这样的群体作出牺牲；理想还意味着对舒适性和必需品的需要，而不是大量的财富的需要。最后一点，马歇尔说，财富需求的大小只能通过由追求财富造成的欲望动力来衡量，这种欲望动力是成功追求物质财富的本质，但是对于物质财富的欲望追求又可以通过减轻由于收入减少和财产征税所造成的不利刺激影响来控制。经济诱因虽然可以由货币这个标准来衡量，但仅仅建立在货币和物质财富的基础上是不够的。

写于1922年初的一篇文章同样也阐述了较高理想和经济发展之间的相互影响。总体上看，所有人都可以达到这篇文章所提及的终极目标，除了最后一条：

（a）身心与道德健康，这意味着能够获得充足的食物和保暖措施，善于建立和维持良好的人际关系以及朋友关系，锻炼运用各种情感的能力；

（b）有效锻炼各种能力的机会（他应该能够以略带自豪的口吻说，我已经很好地完成了一天的工作）；

（c）发挥主动性的余地；

（d）一项适合自身素质的娱乐活动——从九柱游戏（秘密进行）开始发展而成的板球和足球运动，以及一项最简易但却使人几乎感觉全身心愉悦的活动，即在日光或者人造光下散步；

（e）锻炼罕见的高级能力的创造性工作。

另有一段内容稍微深入地探究了一下（d）和（e）列出的目标，体现出马歇尔花在思考发展问题上的时间已经大大超过了花在严谨的经济学上的时间，正如以下的精确定义：

出于对艺术的喜爱而创作艺术是最值得人类狂热追求的目标，而文学作品是艺术的最高形式。所有种类的艺术都需要无限地延伸。但是，从另一个不同的层面来讲，自然知识正在成为世界的主导力量。出于自身的原因，对人类本性的了解是人类最重要的追求……

因此我们的理想是：为所有智慧的人工作，但是不要工作到体力和能量枯竭的程度（当然，除非是在异常的紧急情况下）。但这点不是学生或者艺术家的准则，因为有一股神圣的紧迫感压在他身上，他必须让自己赶紧把事情理出头绪……滑稽的甚至是画面粗糙的宫廷娱乐节目（甚至是相关技术的进步使得以低廉的价格得到高技术含量的演讲和歌曲的工业复制品成为可能）很有可能比单纯的智力娱乐更能带来乐趣。但是如果在进行吃吃喝喝这样较为粗俗（并且在社会上是最贵的）的娱乐的同时也能锻炼智力和思维能力，那么人类仍然可以得到真正的发展。

这位先生在他生命的最后一年又开始重新阅读柏拉图的《共和国》一书，品读其中所拥有的智慧——"他说他要拜读柏拉图的《共和国》，他愿意试着描写一下那个共和国，那种柏拉图希望自己生活在其中的共和国"——同样，他也给自己的最后一本书留下了关于人们期待的政府组织形式的一些零散篇章。在未来工业采用民主管理的可能性问题上，他重申了这样一个观点：发展依赖于对风险的承担，所以"总的说来，考虑到人口因素，工业迅速地民主化不一定有利"。它也不像很多目前的提议（比如《惠特利报告》）所假定的那样紧急，因为"现在对工业的控制权大部分掌握在高层的手里"。1923年，他还在文中拟建了一个有关公共福利的部门。这是一个由医学界人士以及从商界选出来的代表组成的委员会，每人任期是6年，每年有1/6的成员退职休息。只为需要薪水的人发薪水，但是其他人的"报酬都被鼓励性地送给他或他选择的任何机构"。这是一个按柏拉图的规定遗留下来的知识界精英们的遗产，并且没有给经济学家们讨论物质可行性的重要性留有空间。①

这段时期很多其他零散的记录显示，马歇尔将经济学与其他社会道德科学联系起来，重新评价了经济学的重要性。1924年2月，他曾用铅笔写下："动机引发行为，这是经济学的心理学基础，这其中就包括道德动机。"这种关系之前在他列举道德干扰经济问题的要点时就已经比较全面地阐述过。

这本关于发展的书如果要探讨大量的细节问题，并且如果马歇尔要以他构思主要著作的通常的悠闲进度来写该书的话，那么这本书就需要他再花一辈子的时间才能完成。遗憾的是，就像他最后出版的书目所显示的那样，马歇尔已没有可能在生命最后的岁月里写出真正具有建设性的作品。这些支离破碎的关于发展和理想的记录，对于可能实施的研究计划仍有着相当大的内在吸引力，而且它们明确地提醒人们事情本应该是什么样子的。

1922年12月，马歇尔已经充分意识到了这个情况，他写信告诉麦克米兰："我没有任何想要创作新东西的意图，但是我慢慢地整理了很多随笔和其他资料，如果生前它们不能出版的话，希望我去世后它们能够问世。"

这封信的有趣之处不仅在于它提供了这样一条信息：在第3卷实际问世以前，马歇尔已经放弃了最后姊妹卷的编写。它还暗示着，1922~1923年，马歇尔正在系统地复查他的文章，验证哪些是有价值的，只要是有价值的文章就注明日期，或许还毁掉了一些要么使人尴尬要么由于某种原因他不希望后代看到的文章。那些曾经了解马歇尔论文原始状态性质的人们已经强烈地感受到了这些论文将会做一次清理手术，开始只是马歇尔本人从事这项工作，后来他的文字记载人庇古和玛丽·佩利也加入了这个行列。一般来说，从保存的文章外观就知道它们明显是要被留下来的。这次提及的这些零散的段落却是玛丽·佩利从废纸篓里捡回来的，它们也证实了马歇尔在剩下的最后几年中的部分活动内容就是有选择地毁掉那些不必要的资料。更具建设性的是，他为这些收集的资料和前言的草稿预留了题目，留下来的有："《经济发展：方法与

---

① 玛丽·佩利记录了1923年圣诞节时的情景，在晚宴陷入了长时间的沉寂之后，马歇尔说："如果我可以再活一遍，我会把我的一生贡献给心理学。经济学在实现理想方面可以做的实在太少。如果我从事心理学，那么我的著作就不用写给商人看了。"

可能的未来》，马歇尔著；《经济发展：以及其他事情》，马歇尔著。"同以往一样，这些题目与为这卷新书写的前言的草稿共同出现：

> 目前这些文章的实质内容几乎都已经出现在公众眼前好多年了，但是大部分仅仅能在皇家调查委员会的官方报告中发现；或者在如《经济学杂志》这种过期刊物或一些其他期刊上找得到。把这些资料整理成现在的这种形式，要比从它们的原始来源中找到容易得多。整理时的用心暗示了现在的再版内容与原始内容几乎没有实质性变化。

此外，马歇尔在各类文章的单行本中插入了自己亲自修改的文本内容，并且还添加了一点说明性的注释来帮忙他人完成编辑工作，马歇尔自己没能亲自完成这些编辑任务。然而，他的文字遗嘱执行人庇古却准备了一篇用以收集他的出版作品的文章，里面还掺杂着从信件里和其他未出版的素材里精选出来的内容，前言内容是马歇尔原来的学生和朋友们对他的一系列回忆。《马歇尔纪念集》出版于1925年，超额完成了马歇尔法定遗书上的心愿。1926年，马歇尔最著名的学生梅纳德·凯恩斯代表马歇尔曾经帮助创建的皇家经济学会为皇家委员会和其他政治目标出版了马歇尔的《官方报告》。最后几篇确实问世了，只不过是在马歇尔仙逝许久之后才出版的。①

"受阻的志向与失败的抱负"

最后几章的传奇故事极具教育意义，也留下了一些遗憾。发人深省的是，一个像马歇尔这样具有高度职责和责任感的人都不能做到严于律己，专心致志地编写一部早在1887年就有清晰提纲的作品，即使这部作品在呈现形式上一直变化着。写作初期的失败是由很多因素造成的。19世纪90年代以及马歇尔退休后，他都有意放松自己，使自己从创作中抽出精力。过早地修订第1卷、为劳动委员会和其他委员会做一些有价值的工作、通信与交谈的诱惑以及战争的发生都消耗了他的体力，阻挠了他施展抱负的脚步。而且，开始时第2卷要表述的内容实在是太宽泛了，1887年第2卷的净内容与此阶段的第1卷所含的内容相当。内容的确定和排序是非常困难的，特别是还要符合应用经济学注重实际的本质，这些话题就必须处理得相当透彻。马歇尔编写繁杂的第2卷时的境况几乎重现了他在退休期间编写《民族工业与贸易》时的情形，可以看出马歇尔在处理这些问题时遇到了困难。战争所引发的让人分心的因素并未对马歇

---

① 直到1975年，约翰·惠特克才收集并编辑完马歇尔大部分的早期经济学著作，用以出版一部含有重要介绍内容的两卷版书籍，但是他们能正常出版吗？他正在（1994年）完成三卷版的马歇尔书信的编辑工作。这些计划还需要用1924~1925年庇古的努力来补充。他正准备出版马歇尔官方论文的增补版，其中包括凯恩斯有意或无意省略过的内容。

尔的工作造成困难，但是战争改变了马歇尔正在描写的世界。尽管在《工业与贸易》出版之前的那段时间，他已经勇敢地尝试去考虑战争因素以及战后重建问题，但这项任务就像评论者们注意到的那样，并没有很好地得到实现。《货币、信用与商业》出现后，评论不客气地指出这本书实际内容陈旧过时，只有一些老朋友充满感激和惊讶地提到该书的内容很有价值和趣味。

最后这点有些令人遗憾，人们需要好好了解一下马歇尔生活的另一面。从1923年人们对于第3卷的沉寂的反应中，从该书的接收者们敷衍的感谢中，从保存在马歇尔图书馆里大量这类型的书信样本中，我们看到了这位巨星的陨落。同样使人伤心的是，相比马歇尔早期作出有关货币方面论文时的年轻和精力充沛，在任何场合都几乎没有一丝迟疑地陈述自己的观点或者清晰地将这些观点写出来，① 如今的马歇尔却倦怠地简单总结和拼凑《货币、信用与商业》的简明副本。审视那些有关"发展与理想"的文章会加剧人们的这种忧伤。更加令人遗憾的是，由于担心商人们读不懂，马歇尔在原本可以使用严谨数学脚注或者附录的地方却没有运用数学，并且将这些想法永久地埋藏在图书馆里两个大红箱子中，这样一来更不易为人所知。如果这些材料可以用心地穿插到马歇尔出版的著作中的话，那么马歇尔展现给世人的财产就应该不同于现在了。因为没有如期使用这些材料，所以马歇尔最后几卷的编写可以用失败二字来形容。

但即使在当时，马歇尔留下来的实体遗产也是具有伟大意义的。当时只要提及与《工业与贸易》某些方面相关的问题，都得征求产业组织领域那些令人信服和有权威的专家同意。这种说法却不能用来形容《货币、信用与商业》，在经济学专著中，它扮演着奇妙的角色，也标志着迟来的由夫妻重新构思以前智慧结晶的合作。虽然那些记录关于发展与理想的资料收藏像"虚幻小说"一样被正当地删除了，但是如果能够把它们诠释成一部为已经规划好的最后一本著作而写的意义重大的草稿的话，那么这些通过不经意地观察和偶尔系统地记录得来的笔记就可以成为经济学"财富"的"宝藏"，在某些方面，它们的重要程度和那些已经完成了的姊妹卷是一样的。正如马歇尔曾经的学生费伊在他的"院长"去世之后所回忆的那样：当你从一个厉害的技术人员那里听说他自己锻造的工具实际上是多么具有局限性、多么不完美，并且他意识到这样的工具落入不知道这些缺点的人手中使用时是非常危险的，你会感到非常欣慰。《经济学原理》作为一个坚实的基础，为现实的上层建筑提供了显而易见的支持，在绝大程度上，解释和阐述了马歇尔想到的有关经济发展的问题。只要想到《经济学原理》以上的那些作用，就会发现马歇尔为世人留下了多么丰富的遗产。

---

① 玛丽·佩利向凯恩斯回忆道，马歇尔在工业薪酬大会上的演讲写得很出色，"让人有种冲动"，从她的角度说"是他写过的最好的一篇"。这也是为何马歇尔能言善辩的说辞被重新编辑用来总结他最后一卷书的原因。

第20章

晚年和遗产

马歇尔于1924年7月13日在家中逝世，同时也是他82岁生日的前两个星期。死亡证明书列举了三个死亡原因：胆囊炎、衰老以及心力衰竭。这一资料的提供人是他的外甥克劳德·吉尔博，这只是吉尔博在他著名的舅舅逝世后为他所做的后事安排中的第一项。这些安排包括在亨廷登路圣吉尔斯坟场的土葬，紧接着在圣约翰学院礼拜堂作一个简短的祷告。1924年10月18日，遗嘱按照马歇尔在1908年的意愿批准生效，除了由遗嘱确定的后来的修正案。它指定他的妻子为唯一的遗嘱执行人。因此，她在马歇尔死后负责他的材料事务，就像她在马歇尔活着的大半生中所做的那样。

马歇尔死亡的原因提供了他80岁以后身体状况的一些线索。自1920年初，衰老的迹象就已经日益显现。尽管记忆力衰退的情况在他退休以后的几年里不断严重，但主要是与其1921年以来快速恶化的短期记忆丧失相关。1914年，他被诊断患有高血压，随后病情也在逐步恶化，而且导致了过度刺激和兴奋后会头晕目眩和疲劳。19世纪70年代末，胆囊疾病伴随着恶心、反酸及不断增长的消化问题也许是对马歇尔最后一次持续的折磨，最后一次的病魔只有很少人知道，却持续了好几个月。玛丽·佩利从1924年5月10日开始记录这一情况。在这段期间，马歇尔基本卧床不起，正如他在最初对梅纳德·凯恩斯所描述的，这些情况使他任妻子和护士摆布。1924年5月16日，凯恩斯最后一次拜访马歇尔，后来这样描述马歇尔：他躺在床上，带着睡帽，"声音很微弱，但是仍极力微笑"，短期记忆力的丧失让他不知该说些什么，"现在他看起来就像个孩子……常常让人很担心"。

从玛丽·佩利对马歇尔言行的记录中我们可以了解到他晚年生活的一些琐事，这些内容都频繁地以一种或许不足为奇的睿智腔调谈论着对其往事的回顾和对未来的看法，包括一些已经发生的事以及原本可能发生的事情。最后的这些记录也明显能看出马歇尔对音乐的偏好，同时也揭示了他对图片的品位，还有对未来的言论。所有的片段按照年代顺序排列如下。

1920 年 7 月 26 日：这一天是马歇尔的 78 岁生日。他说自己对未来的生活并没有过多的期盼，当他谈及一些自己关于天堂的理解时，他认为那是一个人用来歌颂上帝的地方，到处回荡着赞美的歌声……如果你相信会有来生，你将不会感到失望，因为是否真的有这样一个地方，你也不会知道。而且对他来说，除了工作之外他并不在乎自己的生活会怎样。

他说他很高兴自己能够尽最大的努力去为这个世界作些贡献。当我问他是否愿意每隔一百年回到这个地球上来看看已经发生了什么时，他回答说，即使他愿意，也纯粹是出于好奇。他说："如果一百年后我遇到一个刚刚来到天堂的人，那么第一个问题我会问他，煤炭消耗得怎么样了？"

"我的上帝不是整个地球的上帝，而是整个宇宙的上帝，所以我从不和那些将地球和宇宙混为一谈的人接触。"

"我的思想在不断地传播，影响着世界上数以万计的人。我思想传播到的那些地方，在我们将其改善得适宜居住之前，本可能已经达到了一个很高的道德状态，而其他我思想未传播到的那些地方，在我们现在居住的地方变得冷清和不宜居住之后，可能会经历一个相同的发展过程。"

关于来生，他最大的困惑就是不知道来生会从人类发展的哪个阶段开始。人们可能很难相信，猿类或者早期的丛林人类经过轮回后来到现在这样的世界开始生活。那么来生我们的生活又会在经历巨大变化后怎样在世界中开始呢？

1920 年 9 月 24 日：环顾餐厅之后，他的目光停在了一幅很大的关于宗教人物的油画上。其中第一个原因是，他对宗教的感情十分强烈，可能在当今社会，许多人的梦想是成为科学家或从事其他职业，但是当时人文科学对这个国家的人们来说是很受重视的。第二个原因是，在当时，多数的思想都是以艺术作品为载体向公众传播的，这一特点从很多方面都可以看出，但是当印刷品成为主流后，人们大多通过书籍来获得或者传播信息。

1921 年 12 月 26 日：吃早餐时，我们在考虑是否能利用电子钢琴创作一些新的曲子（这架电子钢琴对马歇尔生命中的最后十多年来说是最大的慰藉）。他说自己变得越来越喜欢宗教方面的音乐，他已经放弃了神学，但仍信奉宗教并愈来愈强烈，其中基督教是最后才发展起来的。后来他说："宗教对我来说只是一种态度。"

1922 年 12 月 3 日：他最喜欢的诗人是歌德、雪莱和莎士比亚。

1923年2月23日:"一旦人变老,他们就变成了死火山"(类似格莱斯顿的最后一届政府)。但是在火山的深处有着一颗"封闭但却炽热的心"。

1924年1月7日:阿尔弗雷德说,一千年后的经济学将会和今天的经济学截然不同,它可能会建立在生物学的基础之上。

马歇尔晚年的论文中有日期标记的内容逐渐减少,而且这种减少就像是残烛熄灭前的时隐时现,或者说像是这个老人那颗处于死火山状态的纯粹不受污染的心灵的最终幻灭。他的访问和一般的社交也快速减少。一个人散步,简朴的乡村生活,和画眉一起集会讨论贝多芬和宗教音乐,回忆年轻时的生活,回忆大学的老朋友以及年轻时对于心理学的喜爱,在"方舟"上为了重现柏拉图共和国作为未来向导而作的研究,但是后来连这些活动也慢慢停止了。1924年7月13日,一个星期天,当对马歇尔这个情况严重的病人实施最后的护理和艰难的尝试治疗时,马歇尔安息了,对于医生、护士、他的妻子而言,悲伤席卷而来。这个有着多重身份的人——伟大的经济学家、大学学者、传道者、大师——永远离我们而去了。

向伟大的经济学家致哀

新闻各界都刊载了符合这个伟大经济学家名望的合适长度的讣闻,其中记录了这个"英国经济学老前辈"和"为他们的国家及时代带来殊荣的杰出人物之一"的伟大人物的离世。《泰晤士报》回忆,它曾经在一战期间用一个专栏来歌颂马歇尔极大地"扩展了经济学领域的研究,超越了以前福西特和他的前辈们定义的经济学……部分原因是将科学带入德国人的思维主流中去,而这之前人们对经济学的认识是很狭隘而无知的"。《泰晤士报》强调了马歇尔对经济学教学的贡献,他集中了"一批围绕在他身边的有能力且富有热情的学生",虽然他"脆弱的身体状况"不允许他参加过多的一般大学性的活动以及更多地步入社会进行社交活动,但是作为弥补性活动的是他和他的妻子在家中"对学生进行长期令人愉悦的款待"。在赞扬了他的主要经济学著作《经济学原理》、他与工党和商业领袖的交往以及他对于美国的帮助之后,《泰晤士报》这样描绘他:

> 马歇尔是一个数学家、统计学家、语言学家、历史学家……最著名的是他对和他处于同时代的经济学家的所有观点都很了解。他通过一些微妙的思考来区别每个人,这使他获得了某种有悖常理的喜悦,这种思考有时候会使得他陷入独处状态,但也并不总是这样,必须承认的是,这种思考方式具有相当大的或者说实际的重要性。但是他这种专注学术的品质却给他的私人生活造成了许多有趣的小事故。他为了节约磨光的劳动力而将自己的餐刀进行电镀处理,但之后却发现餐刀不能进行切割了。他发明

了一种脚背上方是弹性网状物的靴子来节约系鞋带的劳动力,却发现下雨时雨水会渗透到鞋里。他为他在马丁利路的房子制定了一些可以使每个房间都充满阳光的计划,但是却忽略了设计楼梯!

《卫报》作出的判断马歇尔本人在世的话将不会赞同,它评论道,看到了"他在调和成本与效用要求的冲突方面以及从数学的角度丰富了均衡分析方面所作出的卓越贡献"。它还提到,人们认为马歇尔对一般价格制定的贡献大于分配理论,并且他的证明丰富了金银委员会在1888年的工作,同时也为1903年关于由"国际贸易的章程"而引起的关税改革的广泛争议提供了证据。然而,"他作为教育家的贡献是无法超越的。剑桥大学是英国主要培养经济学老师的学校,几十年来马歇尔对剑桥经济学有着绝对的影响"。

《经济学家》关于马歇尔的讣闻鉴定了长期和短期以来他著作的影响。与其前三四十年的"生活特色"形成鲜明对比的是,马歇尔晚年过着长达16年与世隔绝的退休生活,在注意到这种情况之后,《经济学家》强调,"每个进入经济学领域研究的人都将意识到,马歇尔的离去使我们失去了一位经济学巨匠"。他的供求理论、剩余理论、货币和价格理论,让他与"其他三四个使得英国经济学享誉世界的著名英国经济学家"并肩齐坐。而且因他作为一名老师,所以他传播英国经济学的这一优势更加强了。他对学生的影响主要来自他的"个人品质"以及和学生一起尽最大努力挑选他们尽可能完美的作品。他是一个"使经济学人性化"的"伟大理论家"。

但是马歇尔并不是没有缺点,而且这些缺点在他与学校行政部门的同事相处时会比他与自己的学生相处时表露地更加明显。他对悖论的热爱、在发现不同于常规观点的研究领域时的喜悦以及他对于辩论的热情,都使得他与一起工作的同事很难相处,同时也让他与那些坚持不同学派经济学观点的学者之间的关系造成了某种不快。由于异于常人的聪慧,马歇尔对剑桥学派的影响远远超过想象。马歇尔也一直遭受着疾病的困扰,若不是他的妻子无微不至的照顾,他也无法取得如此大的成就,另外他的妻子也是他的第一批学生之一,他早期著作之一的联合作者,同时也是他在具体教学过程中出版的大量著作的合作者和助手。

马歇尔另外两个早期学生也写了简短的讣闻。桑格描述说,19世纪90年代时,他作为马歇尔的学生拜访了他,"在一个带有朝南阳台的房间里,他和教授之间有一个摆放着茶水的凳子"。他说"没有足够运气成为马歇尔学生的话就不会意识到他所拥有的重要品质"。"异常的公正而不是他的学习及批判才能"创造了马歇尔这一强烈的对于经济学的喜爱,而且这种与经济学有关的品质足够弥补那些让他一直苦恼的令人不愉快的缺点。除了他反对在剑桥大学授予女性学位这点之外,他拥有其他更加"迷人的缺点……在他开玩笑时会露出开心的微笑。他对生活的一切细节充满了兴趣,他对着装非常重视,总向女士解释如何打扫房间以及去污的最好物品。他总是富有同情心、充满信心与渴望"。马歇尔的外甥吉尔博（剑桥学派的学生及成员）回忆起其贡献及缺点时说："他喜欢将其主要的精力用来发现事物的因果关系。"在继《经济学原理》之后，其他著作的延期完成使人们总是忘记公平评判他的"先驱之作"，但是这些不会比剑桥失去他这样一位品质优秀的老师所遭受的损失更大。他总是"处于他的最佳状态，因为他富有影响力的个人品质总是在他的谈话中完全地体现出来"。不止是他的著作，他的教学方式更是体现了其独特的剑桥学派观点，其影响力波及大洋两岸，渗透到公共事务的处理中，影响着工人阶级领导人的观点。更重要的是，"他的基本经济学原理全集为经济学思想留下了永恒的影响，而且永远不会被世人忘记"。

本杰明·乔伊特

一些学术性期刊也陆续刊载了马歇尔离世的讣闻。《经济学杂志》刊载了梅纳德·凯恩斯一篇对他导师马歇尔极为精彩的描述，而且一直以来频繁地被引用。梅纳德的父亲通晓了这件事情，略带羡慕地评论道，梅纳德写这篇讣闻的速度及对马歇尔最终成果评价的准确度令他吃惊。作为凯恩斯的合著者，埃奇沃思称赞这篇回忆文章"非常成功。它不仅仅是对马歇尔的赞美，更是对他的精确描述"，此外，它还将"马歇尔的聪慧及搞笑的个人性格"活灵活现地展现在世人面前。这些同时也是报纸讣闻尝试着做的，其他类似的来自大西洋两岸的其生前朋友和学院同事的讣闻也接踵而至。

梅纳德对马歇尔回忆传记的续写毫无疑问得到了其遗孀的极大帮助，包括为他提供马歇尔的言论、笔记及允许他查看马歇尔的论文集。除此之外，在其他撰写讣闻的人中，也只有沃尔特·斯科特得到了这样的帮助，也许是因为他正在为英国学术界写官方公告，他也因此对马歇尔的历史性纪录作了重要的贡献。随后的传记专家对这些体现马歇尔生活各个方面的记录十分感激，因为要不是这些记录，对于马歇尔生活的了解根本无从得知。

斯科特对马歇尔的讣闻在很多方面弥补了凯恩斯的遗漏。它很大程度上是在描述马歇尔的家庭和他成长过程中所受到的文化影响，包括文化流派、大学及早期所受培训及后期著作的哲学背景的影响，所有这些都记录了他接下来作为一个经济学作家及教师的生涯，这篇讣闻充满着有趣的洞察力：

他总是慢吞吞地评论，实际上对于这点，以及其他关于"马歇尔的沉默"的原因,也许会让人们比传记本身更充满兴趣。他的性格是复杂的,除了他对真理的贡献,他是十分敏感的。如果他被误解了,他会很不高兴,这使他总是尽可能改正他的措辞从而排除被读者误解的可能性……在他晚年时,他执迷于英国学术界的经济学部分。不久前他写道:"在我卧床不起的最后这个阶段,我崇拜那比以前更加闪耀的太阳。"同时他写到了自己的殷切希望,即他希望学术界可以设计出一种既鼓励预言同时又嘉奖履行预言行为的方法……1919年他写道:"我的身体很好,但是由于记忆力不断丧失,我的工作能力也在慢慢降低。当我写到一半时,我总是忘记原本想要表达什么。"

坎南将自己与马歇尔的一些私人往来也补充到他的讣闻中去。"当我是一个五六岁的学生时,我第一次遇见他,他是布里斯托尔市一所大学的校长,当时他大约37岁,但是看起来很苍老、虚弱……沿着阿普斯利路慢慢行走……他穿着很大的外套,戴着黑色软帽……接下里的一次见面(在1890年),他看起来只有三四十岁,要比12年前我记忆中的样子年轻。"在1896年7月的万灵节,他们曾当着埃奇沃思的面争论周期的问题。然后,他们还就坎南刻苦找出的《经济学原理》中的错误进行争论。马歇尔评论自己是一个"爱发牢骚而且悲观的"人,这些话被坎南引用,用以中肯地评价马歇尔"决定写一部一般经济学的完整说明"但又将其描述为不可能完成的任务这种行为。"悲痛的气氛深深环绕在他的遗像周围,这也是我从来没有感受过的氛围,而这仿佛也暗示了他在思考'如果他们只是让我独处,那么我可以继续完成我的作品了'。"如果马歇尔将自己的时间全部用来推进、辩护和发展新的理论学说的话,那么他将为自己和经济学术界取得更多的成就。

陶西格——马歇尔的哈佛老友,同时也是美国主要的马歇尔主义者——在《经济学季刊》中描述说,马歇尔的逝世造成了"经济学界很长时间的空白"。在列举了马歇尔的出版作品后(其中最后两部作品被描述为"虎头蛇尾"),他评论道,尽管马歇尔只有有限的体力和精力来领悟和认知这个世界,但他仍"尽他所能使他的著作成为一种他曾许诺过的有持久价值的完美作品"。马歇尔执迷于真实世界的复杂性,这也是他写作很慢的一个重要因素。

陶西格随后使他的读者想起了那些曾经因偶尔发表简短言论来表明自己态度的人所获得的益处,这也表明长而复杂的言论,甚至在《经济学原理》中,也并不总是真理的典范。尽管存在这种风格上的缺陷,马歇尔的成就仍然是巨大的。他"开创了新的领域,建立了一种研究传统,创建了一个学派"。陶西格特别强调了马歇尔是经济科学的创始人。他"从经济和科学中各取所需,联合起来促进了经济科学的发展,包括由假设到严谨的推理,还有对演绎推理学局限性的了解、对现实世界复杂性的认知以及对真理的渴望"。

在肯定这位具有某种特定品质的伟人和他的著作之前,博纳的讣闻先使读者想起了梅纳德·凯恩斯最近发表在《皇家统计社会学杂志》上的"优秀传记"。一位牛津人写道,"他将宗教和哲学引入到经济学中,所以我们并不好奇他对乔伊特的喜爱",他在早些时候回忆马歇尔的作用时曾提到,马歇尔带动了"贝利奥尔学院研究经济学的热潮",他是汤因比家族的成功者。这篇讣闻强调了马歇尔著作中的效用论,它评论道,著作内容是"非常精彩且具权衡性的判断",而且富含"耐心的分析、严谨的推理及学问":

> 如果问马歇尔的著作能流传多久,暂时只能回答说时间太短而无法判断。另外,马歇尔在世的时间已经足够他将自己的教学理念传授给这一代人……我们几乎不能想象马歇尔是一个学派的创始人,他影响着所有学派的英国经济学家……他的地位永远无法撼动。虽然一些非主流学派不断陨落,但是他的贡献却将足够保持他的名望。自从穆勒以来,还没有任何一个经济学家拥有更高的威望或者说声望是可以维持一生的。

因此在1924年,所有的媒体和经济学家都说马歇尔的逝世使他们丧失了长期以来的领头人。

学院和学生对马歇尔的哀悼

在7月17日,周四下午2:00,圣约翰学院为这位特殊的校友举行了葬礼,学校为此邀请了许多学院的成员、朋友和亲人向马歇尔致以最后的敬意,然后是在墓地旁边的英国圣伊莱斯教堂进行了哀悼。所有的人都表达了对死者的祝福,而且没有人送花给死者。

葬礼由圣约翰学院院长克里德牧师主持,吉尔博牧师(一个婚礼司仪)协助执行。1921年,葬礼开场白由学院唱诗班提供,可能是威廉·克罗夫特和亨利·珀赛尔为葬礼设定配乐时从圣经中重新找出的。接下来由罗伯特·斯科特在葬礼上致辞,然后唱赞美诗:

> 噢,主啊,我们的岁月已流逝,
> 我们的希望即将来临,
> 我们躲避着暴风雨的袭击,
> 我们有着永恒的家!

这些话并不是很适合这位不可知论的逝者。接下来是演讲。葬礼一结束,组织者西里尔·罗特姆教授按照特殊要求演奏了贝多芬葬礼进行曲,这对马歇尔这位贝多芬钢琴奏鸣曲的忠诚热爱者来说是一种再好不过的告别方式了。

《剑桥日报》报道了主要的默哀人群，包括马歇尔的遗孀、他一些亲近的朋友和亲戚，以及代表剑桥大学的副校长、圣约翰学院院长以及代表布里斯托尔大学的副校长博若德博士。然而牛津大学和贝利奥尔学院并没有委派代表来纪念这个对他们有着重要贡献的名誉学者和讲师。同时到场的其他哀悼者为缺席者也致了辞，仿佛缺席者也出席了一样，表达了他们对未能出席葬礼的遗憾。大部分哀悼人群来自剑桥大学及其下级学院的显贵要人以及马歇尔生前的学生和同事，还有其他各界的这种人士，他们包括：麦克格里高、索雷、詹姆斯·沃德、克拉彭、麦高特、麦克阿瑟·艾伦博士、亚瑟·贝里、福克斯韦尔、约翰·梅纳德·凯恩斯、雷顿和罗伊德。在这之中，福克斯韦尔和麦克阿瑟·艾伦特别悲伤，而令人相当意外的是约翰·内维尔·凯恩斯没有出席葬礼。

埋葬仪式是在亨廷登路的圣吉尔斯坟场举行的，马歇尔的这个最后安息地离其居住了大半生的马丁格林路 6 号的住所并不是很远，在这片圣地一个稍远的角落里，一块简单的花岗岩墓碑表明了马歇尔墓地的所在地，而墓碑上也同样只简单地刻着如下字样："马歇尔，1842—1924"。这也只能被猜测为，也许这种埋葬方式和葬礼的顺序反映了马歇尔对已故后通向未来生活途径的猜疑要小于后代对其的描述。也许这些也暗示了马歇尔思想中宗教意识的复苏，可以说从 1921 年末开始，马歇尔的宗教信仰就不断加强，如他对宗教音乐和一些其他宗教事宜的热爱愈演愈烈。①

庇古在新学期的开学典礼上作了一次正式的缅怀演讲，他是马歇尔职位的继任者，而这篇由他所作的"悼念"也使得他"变得著名了"。这次讲演在开场就显露出了说教的意味："任务完成了，声音也消失了、沉寂了，在无限的崇敬与感激之中，他离开了我们。"② 在演讲中，庇古强调最多的是作为理论和实践的马歇尔的经济学观点。它还探究了马歇尔的早期研究与哲学的关系、社会发展过程中永无止境的目标、经济学与现实情况的紧密联系、看似"陈腐的观点"之下的严密分析以及经济学作为发展中的"工具"和"调查推理论"的特性。在赞扬了马歇尔对争论的厌恶、对有建设性工作的智力合作的喜爱、对真理的热爱、对普遍认可的观点的大胆怀疑之后，庇古以一段符合维多利亚时代赞颂精神的真挚话语结束了这次演讲：

> 这位广受我们所有人崇敬的大师离开了：满载荣誉，寿终正寝，完成了他一生的成就。或许出席本次演讲的听众中很多人的年龄都不及他的 1/4，如果可能的话，希

---

① 马歇尔的葬礼与他妻子 20 年后的完全不同，马歇尔夫人的遗体是被火化的，她的骨灰被撒落在他们居住房屋的花园的四周。——译者注。

② 1924 年 10 月 24 日，梅纳德·凯恩斯写给莉迪娅·卢波科娃的一封信中这样说："我刚从庇古关于马歇尔先生的追思演讲会上回来……这个演讲受到很多观众的热烈欢迎（其中包括马歇尔夫人和两个在 54 年前参加过马歇尔演讲的老夫人），但是我并不是很喜欢，主要是因为它的说教色彩太浓，它先展示了年老的马歇尔先生所有衰弱的一面，然后再要求我们应该尊敬这些。"

望我能作为一名传教士在你们这些年轻人当中传播他的精神，使得他思想中的精髓部分能够无止境地延续下去。毕竟我们一起活在这个世界上的时间很短暂……在短暂的生命中，希望我们能够通过更多的方式达到这一目的，其中最主要的就是不断地思考和钻研，积累更多的知识，这也是马歇尔所选择的道路。但这只是众多方法中的一种，并不代表全部，我们需要不断地进行探索，寻找更为有效的方法。无论选择哪条路，你必须用心去选，然后让它带领着你，无论多么辛苦、多么艰苦，也要一往直前地走下去。不要将你的生命囤积起来，要去使用它，制定一个目标，感受它的价值，也许那条路会拯救你的生命，也许会丢失你的生命，但是不管怎样，你必须用心对待。

1924年，庇古对马歇尔的追思演讲从一开始就暗示了"马歇尔为经济科学的提高所作的精确性、充分性的判断尝试"时机还不够成熟。1899年，庇古曾因一篇"伟人马歇尔的颂歌"而成为名誉校长的金牌获得者，而大约30年后，他自己也成为剑桥大学政治经济学的名誉教授，并且有幸成为那年马歇尔追思会的演讲者。庇古认为，他作为"马歇尔真正教授过的少数幸存者之一"，应该履行他作为两代人之间"联络官"的职责。还有许多演讲稿赞扬了马歇尔其他未被赞扬过的伟大方面，庇古表示，马歇尔的这些方面是他以前所不了解的。对马歇尔的赞美分6个部分进行，分别纪念了他引入的数学方法、统计学分析、弹性分析、利率分析、效用分析以及他对社会学的态度。庇古所作"悼念"的第二部分介绍了马歇尔的遗产，并且这部分值得关注的是，庇古自主性地和马歇尔文化遗产的遗嘱执行人联系在了一起。

庇古对马歇尔追思的第一部分试图判断马歇尔对20世纪50年代初在文学方面大量使用数学推理的巨大发展的可能反应。文中暗示了马歇尔拒绝这种趋势的两个原因：一个是同外行人交流的难度，一个是并非完美地强调和简化现实情况的危险。最后，庇古认为人们对于第二个原因的争论被过于重视了。然而，"任何一个具有现实意义的数学推理，若间接地有助于解释现实问题，那么我们就应成为数学的忠实朋友"。在统计学上，庇古告诉读者，马歇尔的警告是很有用的，"统计学必须很好地组织起来并且有效地加以利用"。当使用者需要长期警觉统计学方法的局限性、带着尊敬的态度对待这些不足时，那么将会得出很好的论证。接下来庇古将注意力转到马歇尔对理论方面的一些贡献上。在将马歇尔贡献中的弹性概念应用到经济分析中时，会出现一些问题，这些问题往往是由供求作用的不均衡和时间独立性两方面导致的。关于利率问题，庇古利用马歇尔的贡献批评了梅纳德·凯恩斯对前辈们的攻击语气及他的攻击对马歇尔的贡献有失公正的尊敬。主要原因是凯恩斯忽略了马歇尔的货币理论分析，但后来在凯恩斯意识到这个疏漏后，他便在1924年写的《马歇尔回忆录》中对这一理论大加赞扬。另外，庇古对马歇尔福利经济学的评论特别令人关注，他的这些评论就像是出自这个领域的专家之口。这些评论主要限定在测量效用所存在的问题和测量方法上。马歇尔对这个问题未给出严格的思路,但是他给出了特定情况下对效用集的评论。最后,庇古回顾了马歇尔对社会学的思考,这个问题庇古在20世纪30年代末也触及过。马歇尔提倡二战后英国通过财政力量来推动收入分配实现更广泛的平等。除了反对对存款征收高额收入税以外,马歇尔并不担心财政政策对经济的抑制效果,这与马歇尔担心"来自官僚作风的致命影响"导致生产力及企业的不利发展形成鲜明对比。因此,除了自然垄断的情况之外,马歇尔原则上反对国有化,而且只赞同有效的政府活动,如"为城市的发展提前作好规划,将法律简单化,对英国农民最大化普及教育,引入国外成熟的卫生制度;综上,对企业的反社会化的业务加以防范,至少是限制,使竞争成为有效管制"。庇古不止一次地评论说,这些记录及马歇尔精神对自己是多么的珍贵,为了粉碎马歇尔作为一个"枯竭的智能机器"这一说法,他反复强调马歇尔是一个认真工作的最高典范,且将他设计为"慈善家和科学家的综合"形象。这是一个现代版本的"戴荆冕的耶稣画像":"给,这个人交给你们了。"

一份慷慨的遗嘱

马歇尔于1908年退休的时候就立下了遗嘱。[①] 在这份遗嘱中,他把所有的财产都无条件地留给了妻子,因为他相信妻子一定能够按照他的意愿将所有遗产安排妥当。尽管如此,即使后来有些变更未写入遗嘱之中,她还是依照后来他们达成的一致协议对这项安排做了少数变动。这份遗嘱使玛丽·佩利在处理这些事宜时十分谨慎,她也希望在马歇尔去世后其遗产分配不被质疑。总之,马歇尔将其遗产设成一份,不管是他和妻子一起离世还是如实际情况那样他先于他的妻子离世。

在那个阶段,马歇尔遗产的较大部分有四种类型的资产:包括其在贝利奥尔庄园长达99年房契的剩余年数,而制定遗嘱时仅仅度过了房契寿命中的8年而已;各种股票证券投资;[②]

[①] 马歇尔的遗嘱最初写于1908年7月13日,后来于1919年7月又增添了一条较小的附录,这些情况是1924年10月18日进行遗嘱查验时发现的。如文,玛丽·佩利是马歇尔遗嘱的唯一执行人,但为避免引起争端,或者说假如玛丽·佩利先于他离世的话,那么律师乔治·佩利先生(即玛丽·佩利的兄弟)以及马歇尔的律师亚瑟·彼得斯先生将联合执行该遗嘱。遗嘱的见证人是1908年为马歇尔画过肖像的威廉·罗森斯坦,而1919年增添的附录则由他们的女仆萨拉·佩恩见证。

[②] 马歇尔作为一个天才投资人的事迹并没有很好地被记录下来。他在1914年写给威廉·拉姆齐的一封信中曾详细说明了股票是自己的一项投资,他声称股票收益是"我微薄收入中的一部分"。这些股票主要是邓迪斯兰德铁矿石公司的,之所以买它们,是因为马歇尔"被戴维·戴尔先生的人格魅力吸引了",而这位先生则是与该公司有关的劳工委员会的成员。信中还透露了马歇尔对两件事情的"厌恶":第一件事是该公司"向爱迪生咨询处理矿石的方法",该公司让人感到"恐惧";第二件事即为协助公司运营,管理者不得不请求化学家克虏伯(德国军火制造商)实施必要的实验。1898年,马歇尔在给福克斯韦尔的信中提到,他将"自己仅有的全部财产投资在了股票上,但没有投资公司债券"。

保存在家的数量庞大的马歇尔图书馆的书籍、杂志及政府报告;① 最后是他已出版书籍和未出版书籍的版权。还有一些私人家具及照片，不过在其资产中显得不是很重要了，并且这些物品按立遗嘱之人额外的手写指示进行处置。1924 年，马歇尔资产估价高达 13 001 英镑，其中对马歇尔著作版权的估价还是相当保守的，而在接下来的 20 年里，他的《经济学原理》一直十分畅销，这也使他的遗产价值又提高了。

这份遗嘱规定了马歇尔财产分配的具体方式。首先，要将遗产中不能免税的部分上缴遗产税。其次，一次性捐给纽纳姆图书馆 100 英镑;由邮局每年送出 26 英镑的养老金给他忠实的女佣人萨拉·佩恩②，另外还每年给他的园丁埃利斯先生 5 英镑作为养老金，除此之外，他还给予这份遗嘱的两个执行人每人 100 英镑作为报酬。遗产的剩余部分——但是不包括书籍、论文和著作权——1/4 直接分配给他的 12 位直系亲属，剩下的 3/4 加上他的著作版权一并归属剑桥大学，这是本着"只有大学才能促进高等经济学研究"的宗旨进行的分配。

为了使学校得到的绝大部分财产用来推进经济学研究，马歇尔还特别提出了这些遗产用来做什么的具体建议。当他在 1908 年确立这份遗嘱时，扩大经济学教师规模是最迫在眉睫的事情，但是他也在遗嘱中提到，如果到遗嘱开始执行的时候，这已经不是最紧迫的了，那么一项更合适的选择是将这笔资金用于设立经济学奖学金，这也是他的遗嘱为经济学领域所作的第二项贡献。由于 1908 年时优等生考试对他来说仍是思想上的新潮事物，所以由此产生的一个悲惨结果是，这笔奖学金的 1/4 专门预留给了来自纽纳姆学院的女学生，而 3/4 预留给了男学生，所以可以清楚地看到，这一奖金的分配没有体现"男生和女生可以同时竞争"的原则。马歇尔的私人图书馆遗赠了剑桥大学，更具体地说是赠给了经济研究协会，同时还授权该协会将不再有利用价值的书籍卖掉或另行处置的权力。另外，马歇尔从重回剑桥担任教授开始，就已经开始将一些图书赠送给他的学生使用，这些图书加上上面提到的马歇尔私人图书馆的藏书，成为 1925 年由官方成立的马歇尔图书馆的基础。

如果玛丽·佩利先于马歇尔去世的话，那么他在自己去世后，其家庭遗产部分将会被分为 16 等分，以 1908 年的情况来看的话，给他们双方当时仍在世的兄弟姐妹每人各自 1/8，包括马歇尔的哥哥查尔斯·威廉、妹妹梅贝尔·路易莎，以及玛丽的姐姐安娜·伊莉莎和哥哥乔治。给双方的 8 位子女每人各 1/16，包括查尔斯的两个儿子威廉·亨利和亚瑟·马歇尔，梅贝尔·路易莎的四个儿子哈若德、沃尔特、克劳德和艾瑞克·吉尔博，以及乔治·佩利的两个女儿伊迪丝·柯普和艾尔弗瑞达·瓦尔特。其中有四个遗产继承人在马歇尔之前去世，分别是马

---

① 估计到 1927 年，马歇尔图书馆的图书数目将近 4 000 册。根据这项估计，1908 年，马歇尔的私人藏书可能已经超过了 2 000 卷。

② 萨拉·佩恩先于马歇尔去世了。她于 1920 年为马歇尔夫妇服务的时候去世了，当时她刚从小病中恢复过来，享年 58 岁。

歇尔的哥哥、妹妹以及他们最小的两个孩子亚瑟·马歇尔和艾瑞克·吉尔博。他们的继承份额按照遗嘱要求被平分给了其他八位仍在世的家庭成员。

在后人看来，马歇尔遗嘱的主要特色在于处理其文学遗著的方式，遗嘱中指定庇古作为他遗著的管理人，还提到"他有权对他认为有价值的材料进行善意的编辑，但要本着简练、解决有争议的观点和禁止发行任何他认为有疑问的材料的原则"。这些遗赠给庇古的原稿不仅包括马歇尔未出版的文章，"还包括在他去世之际可能还未发行的任何著作"，以及"他保留下来的大量署有往来作者姓名的书信"。尽管马歇尔在制定遗嘱时认为"现在这些书信中应该没有多少内容会引起公众的兴趣"，但他仍准许庇古将"其中的一小部分精选内容出版"。如果庇古无法完成这些工作，则这些材料及筛选和出版责任将转移给阿尔弗雷德·弗勒克斯。马歇尔于1919年的遗嘱附录中赋予他的外甥克劳德·吉尔博同庇古一样的权利，同时指明这样的安排适用于"我可能已经完成并准备出版的任何其他作品"，除此之外，还授予克劳德为《工业与贸易》核对的权利，因为他担心一战后庇古的精力会受到极大的影响。

正如庇古在《马歇尔纪念集》的序中所说的那样，他尽可能地完成了遗嘱所交给他的任务，"以不辜负马歇尔博士对自己的信赖"，只是从两个方面放弃了书信的指示。一个是在书中的第一部分加入了一系列对马歇尔的回忆片段，包括埃奇沃思、费伊、贝尼恩斯的回忆内容，稍作修改的凯恩斯为《经济学杂志》所作讣闻的序言回忆部分，以及他自己1924年10月追思演讲的内容。第二是他将出版有价值的精华书信内容的职责转变为了出版大量的书信，尽管这些出版书信的数量远不及书信总数。虽然如此，庇古被称为马歇尔遗嘱的"冷酷"执行人的真正原因，是因为他以不可估量的损失为代价销毁了马歇尔去世后没来得及出版的材料，即便这些作品对未来历史学家和传记学家具有潜在价值。[1] 部分材料他归还给了玛丽或吉尔博，这些后来都可以在保存于马歇尔图书馆的纪念录中找到复印版本。其他的基本被庇古在20世纪50年代自己去世前系统销毁自己的作品时一起毁掉了。[2]

20世纪20年代，庇古不是公布马歇尔个人作品的唯一一个人。"有证据表明，马歇尔晚年曾多次检查笔记以评论其价值及可用之处，而且这些评论都被标明了日期，但是并未系统标注。"如果马歇尔毫不留情地禁止发行关于他的家庭和早期生活的信息，以及毁掉与所有家人之间的交往信件[3]，那么留着他认为不想要或不重要的材料似乎也不太可能。马歇尔的作品

---

[1] 埃奇沃思和玛丽·佩利都曾要求凯恩斯删除《马歇尔回忆录》中有关马歇尔父亲的材料，特别是那些有关"严厉惩戒"的参考。在这点上，凯恩斯的让步可以在他与埃奇沃思的通信中看出，他们1924年8月30日的信中提到，这部分材料会在校稿期间去除。另外，克劳德·吉尔博于1924年11月27日写给梅纳德·凯恩斯的信中也提到，对于凯恩斯屈服于他舅妈的压力，他感到很失望。

[2] 1984年，奥斯丁·罗宾逊先生更是不客气地批评道："庇古毁了全部！"

[3] 马歇尔于1875年从美国写给自己母亲的信很幸运地保留了下来。另一个催促检审的内容是回忆录的前20页内容，这部分内容主要涉及的是布里斯托尔时代的事情，大约都是他的婚前生活，来源于玛丽·佩利准备的剪贴簿。

虽很难懂但是极富有代表性，但愿被销毁的其私人材料只与家庭有关。① 弗雷德里克·波洛克在 1925 年写给玛丽的信中也建议能公布更多马歇尔的资料，还暗示玛丽可以将马歇尔生前与其通信者之间的原始信件归还他们本人，同时，波洛克还对玛丽能归还他与马歇尔的通信表示感谢，但他又寄回了一封他于 1891 年写给马歇尔的信，是关于他对于《经济学原理》的评论和观点的，这么做大概是因为他认为这封信对她来说有价值吧。如果玛丽归还了更多马歇尔与其他人的通信，这就能解释为什么马歇尔的通信会被分散了。

陆陆续续有很多资料被储存在马歇尔图书馆中，但并未留下这些资料来源的清晰历史记录。直到 20 世纪 60 年代末，丽塔·麦克威廉斯接手这个任务时才开始进行记录，并为它们编列了目录，以规范它们在图书馆中的保存形式。有证据证明部分图书馆的材料以长期租赁的形式借给某些个人使用；例如马歇尔早期研究生涯的笔记于 1938 年借给了克劳德·吉尔博，"且由他决定什么时候归还"。所以就有了疑问：有多少书以这种形式被借，又有多少书未归还？

为了调查资料是怎么丢失的和为什么会丢失，我们在马歇尔自己遗弃的国际贸易理论的手稿第 1 篇第 7 章发现了这样一个有趣的描述：

> 部分资料已被列入还存在的手稿目录中，但是一些书页或被移动，或被切成两半，或被重新排序，或被重新换了标题。幸运的是，识别这些丢失的页码不是一件困难的事，但不管怎样已存的手稿还是不够完整。还有一些其他的情况，即有些手稿是由许多零散的片段拼凑起来的，也有些片段找不着了，导致有些结局结束得很仓促。这些也许说明了马歇尔只是很随意地保存其早期的手稿，也许是因为他感觉他可能仍会用到它们。在这种没有预想到的事情发生时，他看上去已经有些后悔最初随意处置的做法。

直到 1989 年早期，马歇尔的作品才交由一个熟练的档案管理员弗朗西斯·威尔莫斯教授进行系统管理，她引入了一套书籍管理规则。但是令她有些气馁的是，对于最初的制定者来说，只有很少的规则是关于如何保管书籍的，除了之前马歇尔本人提及的两个红盒子中的一些规定。1989 年以来，马歇尔作品的管理慢慢系统起来，如"区分了哪些著作是马歇尔的以及哪些不是；由作者给出文章的明显排序，给出合理的顺序以使文章显得更有意义"。

收藏在马歇尔图书馆中的作品都被详细划分，概括如下：

---

① 正如第 2 章中所述，马歇尔的许多家庭背景甚至他的出生地都被玛丽·佩利隐瞒了或者浪漫化了。这从玛丽·佩利于 1924 年 11 月 17 日与安斯利的通信中可以看出（由乔治·施蒂格勒收集）。另外，她于 1925 年 1 月 14 日与梅纳德·凯恩斯的通信中，错误地描述了部分马歇尔母亲的信息，而她可能是从威廉·马歇尔那里获知这些内容的。玛丽·佩利也销毁了她于 1924 年曾让凯恩斯看过的马歇尔写的诗。

(1) 来往书信（是收藏资料中最大的一项，占有350项条目）；
(2) 关于教学的记录；
(3) 演讲稿；
(4) 硬皮类笔记（主要是1890年之前的）；
(5) 捆扎和松散类笔记（主要是1890年之后的）；
(6) 作品：图表和批注的证明以及带有注释的小册子；
(7) 图表；
(8) 关于创立优等考试的著作；
(9) 照片；
(10) 对马歇尔传记的补充。

这个目录漏掉了重要的两项。第一项是储存在图书馆中的马歇尔的大量私人藏书，其中很多都有马歇尔的批注或作者在赠送本上的题字。直到1992年，马歇尔自己的书籍才被集中在一起，包括他进行批注的和未批注的。第二项是玛丽的水彩画收藏，展现了马歇尔夫妇在欧洲和英国的假期生活，也记录了马歇尔极力创作时曾到过的地方。从采取了这么多措施以保护马歇尔遗产最私人的部分来说，这也是令后代感到满意的。

遗产 I：马歇尔图书馆

马歇尔强烈要求他的学生多读有用的经济学作品，而且常常检查他们读了什么，这也是他总致力于提高图书馆设备的原因。唐纳德·罗斯在附录中回忆说，学生们总是带着书本和茶水去拜访马歇尔，费伊说拜访更多的是贝利奥尔学院的学生。对于布里斯托尔大学来说，图书馆首先关心的是实现更令人满意的设备。他们坚持要求马歇尔作为教授回到剑桥学校，同时他们在他个人书籍的阅读室外增加了租借设备以方便学生们借阅，这也是伦理科学图书馆卓有成效的开始。虽然马歇尔自己将精力集中在研究事实问题上，但对于他来说读书仍然是很重要的。

马歇尔图书馆在1925年开始建立时被称做马歇尔经济学图书馆，这也是为了纪念它的主要捐赠者。因此它违背了马歇尔和西奇威克的初衷，即建立一个非正式的图书馆来保障伦理学专业学生们的利益。当一个新的经济学派创立时，一个专属于它的图书馆也随之而建立。在马歇尔早期生活中，他将大部分哲学书籍都捐赠给了伦理学图书馆，然而这些经济学书籍却构成了现在经济与政治图书馆的核心部分。1908年，马歇尔将这些书捐给了剑桥大学委员会使用，他的行为起到了示范作用，随后亚瑟·贝里和查尔斯·桑格也将自己的书籍捐给了该大学。1909年，出于这些处于非正式借书条例下书籍安全性的考虑，该经济研究协会指派一个管理员来负责书籍的妥善保管，第一个管理员便是梅纳德·凯恩斯。在这次任命中，凯恩斯也建议应将马歇尔的藏书进行分类标记，但是这个建议未被采纳。1909~1911年期间，该图书馆维持运营是由于庇古教授的"私人慷慨"捐助，1911年之后，学校评议会决定每年为该图书馆拨发20英镑赞助资金。同时，由于该图书馆的书籍主要是经济学及其相关的著作，所以经济委员会于1910年5月25日指派其成员制定一系列规则来管理这些书籍，这一工作同样也由梅纳德·凯恩斯负责。马歇尔逝世时，经济学图书馆曾是正式的官方图书馆之一，虽然它只是34所大学图书馆中最小的一所。与1923~1924年期间大学图书馆年均消费超过80英镑对比，它的年消费只有21英镑，这充分反映了学校经济学教员及学生的数量之少。相比投入在经济学教学上的资金来源（共计4 034英镑14先令10便士），图书馆分配到的资金也很有限。直到1924年，图书馆的收藏慢慢充实起来，这才保证了较好的设备及面积，而且超过了在马歇尔退休前书籍贮藏使用的五号演讲大厅。

除了遗赠给纽纳姆图书馆100英镑之外，马歇尔在遗嘱中还要求经济研究协会将他的书籍捐赠给纽纳姆图书馆以供学生们阅读。正当执行这一遗嘱时，玛丽告诉大学副校长除了捐书之外，她还额外捐给该图书馆一定资金，她是这样说的：

> 我建议从经济研究委员会图书馆中选出我丈夫的书籍以供经济学专业学生使用，同时还捐给贵校1 000英镑，贵校有自由使用该资金的权利，可以用来改善经济学研究设施等等……

这些遗赠成功地推动了图书馆于1925年4月28日进行搬迁，之后并为图书馆进行了新的命名，房屋则是向纽纳姆学院租借的；同时指派了一名有经验的图书馆管理员进行管理，第一位管理员是罗伯逊，并由一名助理管理员协助。此时，玛丽在这个"新"图书馆的角色也不仅仅是充当她丈夫和她自己资金遗赠的执行者。1925年2月，凯恩斯作报告时说："今天下午我与马歇尔夫人喝茶时，她说有些担心自己的生活会慢慢枯燥（即使她已75岁了），所以她希望我能指派她做新的马歇尔图书馆管理员之一。"虽然未得到官方任命，但是我们由1927年初图书馆当时使用的编排目录也可以看出她为编辑工作所付出的"繁重劳动"，同时她和她之后的丈夫为回报图书馆也捐了很多钱。而且直到她去世前不久一直在努力地工作，加上图书馆之后的发展，这些至少部分得益于马歇尔的遗赠。玛丽的做法可以说是一种"不求回报的善行……也符合马歇尔博士一生的愿望和行动。马歇尔图书馆则是马歇尔著作及影响与他致力于发展剑桥学派的不懈努力再相称不过的纪念物"。除了马歇尔的名字、著作及收藏，其遗产一直促进着图书馆的发展以及剑桥经济学和政治学教授人员的壮大，直到现在，维持图书馆正常运营的资金中来自马歇尔著作权版税的资金支持才相对减少。

其他回忆：文学遗产、马歇尔协会及马歇尔演讲会

1925年，作为马歇尔的继承人及文字材料遗嘱执行人，庇古出版了《马歇尔纪念集》一书，该书内容主要是回忆及讣闻的形式，包括已出版的作品、未出版的笔记及经过筛选的通信原件，它虽然在很多方面进行了缩写和简略，但仍主要由马歇尔文化遗产中的重要篇幅构成。1926年，由梅纳德·凯恩斯编辑，麦克米兰为皇家经济协会出版了马歇尔的官方著作，该作品主要是对马歇尔为皇家委员会和其他政府机构工作以及他作为经济学教授不计报酬地为劳动委员会服务的回忆。50年后，皇家经济协会支持约翰·惠特克对马歇尔早期经济学作品进行编纂的工作，但是至今为止该书仍未出版。1961年，通过三十多年的陆续努力，马歇尔的外甥克劳德·吉尔博出版了《经济学原理》集注本。马歇尔的通信是由约翰·惠特克编写的，主要分为三个部分，可以说是近代皇家经济协会为保留它的创建人之一的文学遗产所作的最主要贡献。其他反映马歇尔早期生活及演讲会的作品也被出版，这些内容已不止与他的经济学分析有关，主要包括一些哲学著作、一篇未完成的有关经济学历史和研究方法的早期论文，还有对玛丽在他1873年为女性进行演讲时所作记录的亲笔修正。这些还不是马歇尔文化遗产的全部收集，但由于人们对其留下的文字材料的多变性及广泛性的赞美使得完成这项收集任务非常必要，特别是在已经做了许多这方面的工作之后，某些内容仍不是特别的完整。

至于其他两种对马歇尔表示怀念的方式，可以看做是学院和学生为表示感谢授予他的荣誉，也可以看做马歇尔文化遗产的延续方式。其中第一个是马歇尔协会，对于马歇尔来说，这个肯定是值得高兴的，它主要是面向研究生建立的一个经济和社会问题讨论组织，且这个协会至今仍然会在特定的一天开展讨论。它的第一任会长萨金特·弗洛伦斯对玛丽·佩利说起这件事：

> 我非常高兴地告诉您，大学生自发组织了一个新的协会，主要是为了研究社会问题，由于马歇尔教授一直对此有些浓厚的兴趣，因此我们决定称该协会为"马歇尔协会"。作为第一届会长，该协会让我感到特别愉快，而且执行委员会允许我在协会命名正式公布之前私下写信与您沟通这件事。
>
> 该协会的宗旨是将所有纽纳姆学院和格顿学院的爱好社会问题研究以及能公正的不带任何政治和宗教偏见的人集中起来，我相信我们绝不会辱没马歇尔教授的声名。

另外一种方式是，为了给讨论相似问题的成员提供场所，经济政治学院于1932年创立了马歇尔讲堂，并且定期举办活动。该举措使得剑桥早期邀请校外杰出的经济学家来校演讲的实践成为传统，且要求每学期都要举行至少三次这种类型的演讲。受邀者需要从经济学、经济史

或其他社会科学领域中选择演讲主题。这种形式的演讲至今仍在进行，从 1967~1968 学年一位演讲者的开场白中，我们也能总结出它在受邀者心中的地位：

> 在任何情况下，被经济政治学院研究协会邀请在马歇尔讲堂作演讲将是至高的荣誉。因此，在我已经由于校务管理而荒废研究 15 年后，这个邀请对我来说是莫大的荣幸。我也相信马歇尔教授能明白我的困境。他担任了 4 年布里斯托尔大学的校长，而在这段任职的后期（此时马歇尔已被肾结石的痛苦所困扰），他有一年的时间是坐在意大利的阳光下康复身体。
>
> 为准备这次演讲，我写信给早期曾作过演讲的一个朋友，询问他是否有过去演讲者演讲内容的出版文本可供我参考。他很遗憾地表示没有，不是因为已经绝版，而是因为根本没有记录。不过他说这也是公平的，他在演讲前曾就技术性质这个很专业的题目作了很详细的笔记，但是他发现他面对的听众拥有"各异的背景"。他建议我让更多的人明白讲座的内容，因为这些演讲是为"更广泛的读者"设立的。相对于专业的经济学知识本身，他们更关注于改变经济活动的制度背景。

遗产 II：剑桥学派

"相对于马歇尔教授的著作《工业经济学》，他的个人影响更大。在英国，有一半的经济学职位是由他的学生担任的，而且他们在英国一般经济学方法研究领域的贡献也占到了绝大部分。"1887 年 9 月，在马歇尔开始其剑桥大学教授生涯的伊始，同时也是《经济学原理》出版之前，福克斯韦尔写下了包含上面这句话的"英国经济学运动"评论。30 多年后，当马歇尔作为一名经济学教师去世时，身为马歇尔的第二代学生（其父也是马歇尔的学生），梅纳德·凯恩斯反复重申福克斯韦尔传递的信息："马歇尔通过他的学生——而不是他的著作——使自己成为现代英国经济科学之父……他的先驱地位通过他的学生及学生的学生也越来越稳固……无论官方还是非官方，都认可马歇尔是剑桥经济学派的创始人。"虽然长期以来他的这部分遗产始终无法准确衡量，但是无疑，这是他为经济学留下的最重要的礼物。

在马歇尔的论文中，有一篇文章未标明详细的日期（写于 1910 年），从中可以看出，他自己也倾向于表现剑桥学派和他的学生在英国及其他英语国家的部分地区从事经济学教学工作所作的贡献：

> 在剑桥开设独立的经济学课程以及相关的政治科学分支课程之前，数学课程的间接作用使得伦理科学得到了彻底的推广，并且产生了广泛的影响。而在经济学专业独立之后，相当一部分经济学的顶级教师都来自剑桥大学。因此，爱丁堡大学和伦敦

大学学院的经济学课程都是由中年的尼科尔森和福克斯韦尔讲授的。曼彻斯特大学的查普曼、利兹大学的克拉彭、谢菲尔德大学的劳埃德、卡迪夫大学的汉密尔顿、阿伯里斯特维斯的詹金·琼斯都是剑桥大学较为年轻的一代,他们都是经济学派形成的主要推动力。另外,剑桥大学的其他成员,如在蒙特利尔的弗勒克斯,伦敦经济学院的鲍利,伦敦大学学院的桑格、麦格雷戈和后来的克里斯马斯,在曼彻斯特的梅雷迪思……他们在当时都是比较活跃的经济学家……

令人感兴趣的是,该文件在阐述了马歇尔所关注的问题时,也使人们注意到,马歇尔在描述马歇尔学派范围之大和持续时间之久时,提到他的第一批学生——"中年"教授福克斯韦尔和尼科尔森。尽管如此,他们独立的学术研究以及他们对马歇尔作品重要部分中不可知论的批判,使得他们已经不符合马歇尔思想的追随者和传道者的身份。虽然福克斯韦尔作为一个忠实的剑桥人对他的老师表示了无比的拥戴,但无论是马歇尔出于和他之间友谊的考虑还是从他作为非教学人员在剑桥的地位来说,都不应将他纳入由马歇尔创立的风靡一时的剑桥学派,同样的态度也应该用来对待尼科尔森。与他们同时代的约翰·内维尔·凯恩斯的情况在一些方面和他们俩不同,马歇尔并未将其成功推荐进牛津大学,区别于上面提到的两位,凯恩斯从未离开过剑桥大学的工作,原因之前已经探究过了。然而,抛开教育方法上的一些差别不说,马歇尔确实将凯恩斯转变为了政治经济学的一名重要追随者,且在他本人于布里斯托尔大学和牛津大学任教期间,凯恩斯仍积极从事着剑桥大学该学科的教学,但同时,他又是一个没有永久影响力的追随者。此时,玛丽·佩利也是马歇尔的一个学生,她在发扬马歇尔主义精神时所起的作用不可忽视,在此就不再重复了。

19世纪八九十年代,来自数学领域的亚瑟·贝里、阿尔弗雷德·弗勒克斯、亚瑟·鲍利和查尔斯·桑格构成了剑桥学派的第二代学生。他们是马歇尔挑选的不同程度的经济学储备人才,并且马歇尔作为他们的老师,在自己的报告里也提到过他们。他们其中的三个在转向其他学校或领域时都在剑桥大学经历了短暂的教学生涯。其中的两个——弗勒克斯和鲍利——出版了教科书,弗勒克斯出版了《经济学原理基础》一书,该书还带有数学推理附录;鲍利则出版了《统计学标准》和《数理经济学的综合观点:从库尔诺到庇古》。两人更大程度上是统计学教师;贝里和桑格都教授数理经济学,而且贝里1891~1900年一直在剑桥教授该学科,直到1900年后才转由逻辑学家约翰逊执教多年,而桑格则辗转从教于剑桥大学、伦敦大学学院及伦敦经济学院。两人同样发表了跟马歇尔主义理论相关的数理经济学文章,其中一些是与约翰逊一起写的。弗勒克斯的《经济学原理基础》表明他是这代学生中马歇尔主义的忠实拥护者以及剑桥学派的领潮人:"并不是所有的剑桥学派的学生都能得到马歇尔教授的指导,并且作者意识到,自己通过拥护和继承其思想的方式来回报老师在经济学研究上所给予的悉心指导。"这本书继承了《经济学原理》的特色，几乎涵盖了马歇尔所有的思想，以至于被称为马歇尔化的作品。同样，桑格在《经济学杂志》上发表了一篇题为《贸易中的众多学徒》的论文，在这篇论文中，桑格用缜密的逻辑分析和严格的内部结构讨论了一些"马歇尔化"的理论，这一文章最后成为证明马歇尔理论具有综合性的典型范例。抽象与具体、演绎与归纳，以及经济分析、经济统计、经济体制化，这些都是马歇尔学派在实践操作中具有的特征。

在伦理科学优等考试胜出的一代学生中，产生了一股争做经济学老师的浪潮。第一个当属悉尼·查普曼，他像马歇尔一样喜欢在文章中将理论与真实的示例依据相结合。查普曼还为剑桥大学图书馆写了一部关于马歇尔研究方法的教科书，以及一篇马歇尔本人十分赞赏并用在自己著作中的有关工业的论文。尽管他没有在剑桥大学从事过教学工作，但他在成为政府官员之前一直在加德夫和曼彻斯特担任大学教授。第二个是庇古，他的许多著作同样也将理论和实际结合在了一起，但往往涵盖的不是同一个领域，不过他的《工业和平的原理和方法》以及后来的《工业波动》还能很好地体现这种结合。他在剑桥学派中的贡献也无须过多强调，但值得提起的是，尽管马歇尔对他很提拔，可他仍然可能有两点做法让马歇尔感到很失望。其中一点便是庇古完全缺乏管理能力，另一点即他对于理论的过分简化和教条化的危险趋势。麦格雷戈是马歇尔这代学生中的第三个突出人物，他主修的是伦理学，出版了专著《工业合并》。他毕业后担任经济学原理和应用经济学讲师，之后又作为克拉彭的继承者成为利兹学院的一名教授，然后在曼彻斯特大学教学一直到1922年，随后又去了牛津大学。像剑桥学派这个年代的其他成员一样，麦格雷戈以真正马歇尔主义的风格将理论与实际结合起来，为工业经济学的发展作出了很大的贡献，而他所采用的进化和现实主义方式也吸引了马歇尔。还有很多成就较小的学生，大部分成了经济史学家。其中包括克拉彭，他在马歇尔退休那年从利兹大学转到剑桥大学；还有多伦多大学的劳埃德、加德夫大学的汉密尔顿、1911年去贝尔法斯特的梅雷迪思以及在阿伯里斯特维斯学院担任了几年政治科学讲师随后又担任政治哲学讲师的詹金·琼斯。①

除了那时马歇尔的非正式学生梅纳德·凯恩斯外，他还有两个出自优等生考试且担任大学老师的学生：沃尔特·莱顿和林达·格里尔。林达·格里尔1908年取得了第一名的成绩，之后又去了利兹大学继续攻读学位，最后去了牛津大学。1905年，格里尔在剑桥大学从事短短

---

① 克拉彭的名字已经出现过许多次了，他于1928年成为剑桥的经济史学教授。1922年，他写下了名为《论经济空盒》的著名文章，发表在《经济学杂志》上，批评一些剑桥学派的理论言论缺乏实用性，而马歇尔也表示赞同这个观点。其他的便没有这么突出了。梅雷迪思于1911~1946年在贝尔法斯特担任经济学教授，曾写过一篇关于经济史的文章；劳埃德于1909~1915年在多伦多担任经济学教授，也曾出版过一本经济史专著，然后回到英国在政府部门谋得了一个职位；汉密尔顿于1902~1908年在卡迪夫大学担任经济学讲师，随后从事了一段短期公共服务工作，在1912年被任命为剑桥大学讲师，后来因寻求经济学学术事业上的发展去了加尔各答（1913~1918年）和巴那那。威廉·琼斯于1904~1912年在阿伯里斯特维斯教授政治学，并于1908年升职为教授，1912~1932年，他作为教授讲授哲学课程。

的一年教师职业,算是填补梅纳德·凯恩斯因为财政部工作无暇顾及教育的空白。沃尔特·莱顿是马歇尔任教时优等生考试成绩最好的男生,此后从1908年至一战开始他一直在剑桥大学执教。莱顿是一个带有马歇尔标签的实用经济学家,热衷于将理论与实践结合起来。当他是大学在读生时,就于1905年在《经济学杂志》上发表了一篇关于阿根廷是英国的食物供给来源的文章。另外,他在剑桥大学期间曾出版了两本专著,即1912年出版的《价格理论入门》和1913年出版的《劳动与资本的关系》,随后他参加了与战争有关的工作,如曾担任短期的钢铁协会的头领、为战后国际联盟工作了一段时间、担任过《经济学家》的编辑和《新闻纪事报》的主席,后期他致力于在新闻界发展。莱顿的学术荣誉是依靠他的《价格理论入门》一书获得的,在书的前言部分他表示要"感谢马歇尔教授对我的指导和鼓励,这也是任何熟悉英国社会近期的经济思想的人所能明白的"。

费伊是马歇尔这一代中另外一个很著名的学生,是一位通过了历史学优等考试的经济学家,由于缺乏经济学理论知识,而且即使在剑桥大学为优等生担任了短期一般经济学教学任务后,他在后来于加拿大的教学和写作过程中谈论起的还是只有1700年后的经济学史。由于受到马歇尔的直接影响,他对重要的马歇尔主义论题的发展贡献很大,而且参与了《19世纪的生活与劳动》一书的出版。贝尼恩斯和费伊一样,也是马歇尔的学生,他对马歇尔的回忆也被收集在庇古的《马歇尔纪念集》中,贝尼恩斯也教了很短时间的经济学,且后来一直居住在剑桥,这也算是他作为圣约翰学院马歇尔学院负责人的一种酬劳。

约翰·内维尔·凯恩斯

马歇尔非常重视自己学生的专著论文,尤其是对那些"既是经济学论述又是对人类生活现实和抽象研究"的文章,其中克拉彭的作品就具有这样的性质。事实上,这样的著作都是马歇尔的学生在剑桥学派创立之初所作的。除了克拉彭以及已经提过的庇古和费伊的著作,还包括佩西克·劳伦丝1899年的《工资的地区差异》和鲍利的《19世纪英国的工资》,这些都是"很好的经济著作,正如马歇尔所说,在美国和德国容易产生从事事实研究的竞争",而且常常从科布登征文比赛和马歇尔本人的亚当·斯密奖的激励中得到灵感。

马歇尔在担任剑桥大学教授的最后十年里教过的最重要的经济学家就属梅纳德·凯恩斯了。1908~1914年,凯恩斯担任经济学讲师期间,他和庇古就引导了更年轻的一批剑桥学派的学生用马歇尔主义的思考方式去研究经济学,但这种方式并非马歇尔创立,而是他们这群有领导力的学生所创。众所周知，凯恩斯并没有正式的学历文凭。他所接受的正规经济学训练来自马歇尔和庇古的演讲内容以及他们对他大约一个学期的指导，另外还包括大量阅读了包括马歇尔的主要著作在内的经济学著作。凯恩斯于1908年在剑桥大学执教时继续与马歇尔接触，当然，他父亲对他的观点形成也有一定的影响。马歇尔的经济学对他最大的吸引力是它能够解释经济学在实际当中究竟是怎样运行的，这些都使得小凯恩斯成为马歇尔坚定不移的追随者。他的追随远非对马歇尔主义进行教条式的拥护。例如，他总是以马歇尔对待学生的态度对待他的学生，即以平等和相互尊重的身份，用讨论和辩论的方式对学生进行教育，并且通过这种方式使年轻人得到了很好的栽培和鼓励。其中一些内容可以从凯恩斯对马歇尔主义的介绍（即《剑桥经济手册》）中看出：

> 经济学理论不会提供一个固定的马上就能适用于政策的定理。经济学是一种方法，是一个能够帮助你得出正确结论的工具，而不是一个固定的学说……它的表达方式不像数学和自然科学那么明确……当代经济学家的主要任务是拓展知识面、获得在经济理论应用过程中的相关事实真相和运用技能，以及为这个方法中各个元素的解释寻找一条清晰而明确的道路……但是每一位教授对经济学原理的理解不完全一致。总体来说，这些书的作者都认为自己是剑桥经济学派的正统成员。无论如何，他们中的大部分思想甚至是偏见都起源于他们接触的、在过去50年中对剑桥学派产生了深远影响的两位经济学家的著作和演讲，这两个经济学家就是马歇尔教授和庇古教授。

虽然在梅纳德·凯恩斯成长起来的年代，庇古无疑是一位很重要的经济学家，但是仍然无法超越马歇尔的主导影响。凯恩斯在其《剑桥经济手册》中强调经济学相对不严密的特性，这与庇古在阐述理论时倾向于使用正统的数学推导形成了鲜明对比。正如维泽所指出的那样，庇古总尝试着研究"马歇尔遗留下来的凌乱和不明确"的领域，并试图使它们变得"清楚、明确和清晰，但结果往往是腐朽的学术内容"。这两位剑桥学派之父在风格上的不同早于1905年就已体现在他们的演讲中，莱顿是当时的见证者。庇古总是试图用精简的方式整理马歇尔的理论，这点着实让马歇尔感到烦恼。这也是马歇尔与马歇尔主义者之间最重要的区别，特别是马歇尔与那些发扬庇古工整理论的马歇尔主义者之间的区别，而这些理论的真实基础只是部分取自《经济学原理》并且是马歇尔真正留给学生的应用经济学的方法。维泽在书中通过分析马歇尔与庇古的区别进而来评价凯恩斯与剑桥学派。

> 凯恩斯非常崇拜马歇尔，继承了马歇尔的所有思想，但却拒绝同意由庇古发展的两个理论。一个是对价格系统的过度自信，他认为价格体系是一个纯粹的实际问题而不在

乎价格是否是最佳分配机制；另一个更加重要，即他同意马歇尔关于利率和货币非系统性的观点，反对只要工资水平足够有弹性资本就倾向于维持均衡就业率的这种分析观点。

虽然在某种程度上有些夸大，但是维泽的评价抓住了马歇尔和庇古对凯恩斯影响的主要不同之处。这些暗示了马歇尔作为一个有名的预言家，其思想在自己国家的传播并未得到很好的发展，而庇古虽发展了剑桥经济学，但他并未完全理解马歇尔经济思想中的有些方法、概念、抽象的本质、风格和洞察力以及本章最后会提到的马歇尔经济遗产的问题。凯恩斯的《一般经济学理论》比庇古的作品更能体现马歇尔的观点。并且事实上，庇古所受到的批判要远大于马歇尔。凯恩斯本人也在其作品《一般经济学理论》日文版本的序中含蓄地比较了两人：

> 阿尔弗里德·马歇尔极力强调自己的思想是对李嘉图思想的延续，并且同时期的所有经济学家几乎都是受他《经济学原理》的熏陶成长起来的。他的巨大贡献在于他在李嘉图学派的基础上将边际的概念和替代的概念结合起来了；另外他从不单独讨论产出消费理论，他将其作为一个整体来分析，并与他的在既定产量下的生产分配理论区分开来。我们无法确定他本人是否觉察到该理论的必要性，但是他的直接继承者和跟随者却未抓住他思想的精髓，很显然也没有意识到这个问题……

凯恩斯的评论集中在马歇尔经济学中得出结论的不确定性上，而这对于他后来更多的继承者来说是没有从他著作中理解到的。显然，这并不是说马歇尔有意识地完全摒弃了萨伊定律——即拒绝承认利率在平衡资本市场运行中所起的作用——或者说储蓄与其说是资本积累和增长的动力，不如说是它们带来的结果。正如根岸所述，在区分正统经济学中的非瓦尔拉斯传统的背景下，凯恩斯主义宏观经济学具有重要的马歇尔主义基础。有两个很显著的地方，一个是相对于同年代的洛桑学派来说，马歇尔很少强调市场出清的优点，第二个是相对于同时期的大部分学者，马歇尔更关注经济活动的货币性质。

虽然区分马歇尔和以庇古为代表的这类马歇尔主义者之间的区别是必要的，但在他退休后，他的著作对于第一批经济学优等考试的学生来说影响依然是很大的。在一战前产生的剑桥学派经济学家培育下一代经济学家的过程中，凯恩斯和莱顿在经济学教学上比庇古所作的贡献要大，例如，他们栽培出了1911年的拉文顿和肖夫、1912年的休伯特·亨德森和丹尼斯·罗伯逊、1913年的克劳德·吉尔博、1914年的桑格·弗洛伦斯，可以说这几年是经济学家集中出现的顶峰时期。马歇尔的第三代由他的第三代学生栽培，成长为比马歇尔更忠实的马歇尔主义者，这是一种既具有轻蔑感觉又具有描述性的说法。说轻蔑是比较适合的，因为至少他们中一些人在有些时候将马歇尔主义当做某种宗教信条来接受；说具有描述性，是因为他们接管且发展了马歇尔遗留的未完成著作中马歇尔主义的研究程序。

"轻蔑"的感觉用在剑桥学派早期的成员身上比较合适，它在拉文顿的讣闻中被这样极端地描述过：

> 拉文顿是公认的剑桥学派经济学家，在某些人看来，整个剑桥学派主要是由马歇尔引导的，的确，他的经济学思想能够被广泛接受。但是拉文顿做到的更多，他看起来不只是完全追随着马歇尔的经济学原理，就连他关于对资本市场的研究也只是被认为填补了马歇尔理论的一小块，但是他坚称整个经济学的理论分析工作已由马歇尔一次性完成了，并且其他人能做的只是完善这些分析在处理实际问题中的应用。"所有的都在马歇尔的理论中"是他最喜欢的一句口头禅。

其他还有很多倾向于夸大马歇尔这个"先驱"所作贡献的文章。一个很明显的例子可以从罗伯逊所作的关于经济学原理的演讲中看出，他在其中自豪且坦然地宣布了他们的马歇尔主义血统：

> 马歇尔教授的著作问世已有60多年了，而且其中的许多内容也经受过了事实的考验。但是没有人的著作能够取代它们的地位，而且我一次次惊奇地发现，它们的内容是多么充满活力和睿智。但是这是一本容易迷惑人的书。正如庇古在马歇尔逝世后的一次演讲中所说的，当你第一次读《经济学原理》，你很容易觉得这是一本相当易懂的书，但是第二次读的时候你会隐隐约约觉得自己不是很明白了，若你读了其他书后又来第三次或第四次读此书时，你会发现每个平凡的句子背后都暗藏玄机。你会发现，一个抛光钢的发动机正藏在这些流畅的句子背后，正引导着你走向未知领域之门……当你发现不明白马歇尔说的一切时，那么你已经迈出了成为一名经济学家的第一步！但是马歇尔的书即使解决了它所论述的一切，在某些领域也是需要对其进行补充的，并且在阅读时，我们也应注意，马歇尔本人也只是打算将这本书作为一个系列中的第1卷。

吉尔博也是这种思想。他在1952年说，马歇尔的《经济学原理》不能被最后的荣誉学生所忽视，因为它为理解实际问题提供了工具，将动力学和变化的动力之间紧密联系起来，并且当分析会导致脱离实际时，他拒绝为理论得到符合逻辑的结论。更有趣的是，吉尔博可以像一个普通学生那样充满敬意地表达针对马歇尔经济学的观点，即"没有任何东西是可以去掉的"。事实上，吉尔博的部分无批判力的贡献正是源自马歇尔的书籍中有关经济学方法和范围的分析。

和凯恩斯、庇古一起，一战前剑桥经济学的学生都是马歇尔主义者，他们积极按马歇尔主义的研究范围从事着工作。这个议程中的工作内容在多年前就已设定，即是对马歇尔经济学原理教学大纲中一系列特定问题的加强。其中，很多方面都包括应用和理论问题，如货币经济学、国际贸易理论和政策、商业波动、劳动经济学、公共金融和经济发展、社会主义经济以及经济生活中国家的作用、产业结构和组织，还有福利经济学。只有很少一部分问题在马歇尔已出版的著作中得到了解决；他在教学中指出很多问题仍待解决。更重要的是，这暗示了对经济学的研究就像"佩内洛普的网"一样没有完成之日。现代世界的快速改变已经使得他自己进取性的《工业与贸易》一书在探索现实问题上陷入了困境，同时，如果总是要保持理论分析与现实的一致性的话，那么经济学家们的研究将是一项永远处于进行中的任务。与现实世界保持紧密接触不仅对经济学的解释力来说是必要的，而且对经济学理论在社会及其他问题中的应用来说也是至关重要的。马歇尔给费伊写的信中说道："经济的一个迷人方面就是它能不断变化，它让我疯狂地思考，我相信它的不断变化最终会使我可怜的《经济学原理》一书，以及许多其他人的著作，变得毫无价值。因此，我思考得越多，就越不敢肯定50年后社会会发展成什么样子。"

马歇尔的经济学著作不仅对剑桥学派影响很大，对经济学史、社会学甚至于地理学影响也很深远。马歇尔通过他在剑桥的教学曾启发过的经济史学家前面已提到过了。值得一提的是，甚至庇古偶尔也会尝试为当时的英国经济史作出自己的贡献，然而大多数的历史学家仍然充满敬意地坚持着马歇尔的观点。马歇尔著作中的社会学因素于20世纪30年代初期被塔尔科特·帕森斯进行了详细的说明。最后一点是，剑桥地理学与早期经济学优等生考试教学大纲之间存在的联系毫无疑问给其后来的发展奠定了基础，例如"对人类地理学的关注……对演化经济学的开拓……以及对其领域工作的高度热情"。地理学与剑桥经济学的联系从经济商业地理学19世纪80年代最初的教学大纲中也可以看出，作为回报马歇尔意识到气候及地理对经济学解释的重要性。

最后，我们聚焦在对马歇尔著作的持久性问题的关注上。尽管其中的一些有关当时经济现实的内容在现在看来是"废纸"，但他研究经济学的内在风格却会通过他的著作永久流传下来。马歇尔作品的这种持久性使得它成为经典，至今还从多方面影响着思考经济问题的方式。此外，马歇尔著作中的方法论至今还在使用，其中一些可以作为他著作中不朽遗产的更显著特点，并得到了更加具体的探讨。

首先，由于经济内容本身随着事实的变化而发展，所以研究经济学就必须与事实紧密结合起来。这是经济学作为伦理学和社会学区别于自然科学的一个显著特征，同时也使得经济生态学成为优秀经济学家向外的研究领域。即使物质很难做到，但它还是让马歇尔经济学充满活力。这种重要特征的保持可以为经济学带来持久的益处。

其次,马歇尔强调要进行有用的抽象,这也是他强调局部均衡效用分析的原因,使得他的经济学不那么精确,但也扩展了它的范围,因为这样能解决当时的很多相关问题,并且采用了之前让人费解的弹性这一专业术语。从另外一个角度考虑,若要达到马歇尔概念里的经济学的精确,就只能通过过于简化实际情况来实现。数理经济学中抽象的概念特别倾向于产生这种过于简化的结论,从事这种抽象研究的人应注意这种方式的局限性。同样,这种空洞的形式主义也被应用于一般均衡分析中:这个简洁的理论只是优雅地提醒着我们"个体孕育于总体之中,总体由个体来体现",且对解决真正的经济问题几乎没有实用价值。

再次,马歇尔关于经济学目标的观点从未被规范/实证经济学的实证主义范围所限定。他在某些方面已经作出许多实际行动,如他(和杰文斯及麦克劳德)将政治经济学这个主题改称经济学;在他的《经济学原理》中可以看出他的研究范围很明显,既给出了解释,又提出了针对相关问题的建议。对马歇尔来说,经济学家不仅要解释社会的经济情况,还要无私地致力于让其更好地发展。马歇尔在对消费者剩余这节内容所寄予的厚望中描述了解释说明与策划改变之间的辩证关系,尽管这些希望不断地被他对实践问题及其存在困难的认识所打击。

最后一点需要详细说明,因为它经常被误解。马歇尔放弃"政治经济学"这一术语,转而使用"经济学"作为自己著作的标题,很大程度上是因为他担心强调"政治"一词会潜在地使人认为经济学为政党的政治动机服务,而不是为民众服务。他也从没有打算将这种方式作为一种缩小经济学范围或人为地将其区分为"艺术部分"和"科学部分"的工具。马歇尔关于经济学的社会目标远大于此,他完全赞同穆勒对康德的批评,即"一个人不可能成为一个好的经济学家,因为经济学家毫无用武之地"。这也肯定了马歇尔对于经济学和其他很多学科的目标都充满了矛盾,并且有时,尤其是当这些目标符合他的论点时,那么这就很好地支持了他作为一个经济学家的地位,例如1874年他关于蜂房主题的辩论,以及1903年他在教堂前为自己参与关税之争所作辩护而发的声明。因此,马歇尔将经济学描述为道德学的袖珍女仆。因此,这也是他为什么不在意他的研究课题被称为社会经济学的原因。

最后,马歇尔认为经济学是"一箱工具",是一种思维方式。它并不是由一套现成命题组成的系统,并且经济学家并不能依靠它来将世界转化成书中的理想画面。这个工具箱能够将相关因素进行系统分类,也能选择合适的分析方法。根据《经济学原理》中的原则,可以将这些因素归纳为供给和需求的动力、生产和消费的动力、行为和欲望的动力。这些分类体现了相互依存的问题:消费影响生产正如生产决定消费一样;供给决定需求,同时需求也决定了供给;行为创造了欲望,欲望也激发了行为。马歇尔在巨大的假设条件下,将供给和需求简化成简单的函数关系来进行价格确定,但是这个用起来比较困难并且也很难通过一个有意义的方式来应用。价值理论也不是简化的确定相对价格的方式;对马歇尔来说,它是描述经济原因和结果的复杂内容及动态相互依存的一种简化。

虽然马歇尔在 1924 年 7 月就逝世了,但是他的著作和方法却逐渐灌输给了他的优秀学生。捐献给剑桥大学的马歇尔遗产仍然有其重要的价值,只要它不像有时候那样退化成刻板的教条主义内容就好。这些关于研究广度和方法的教条主义,在任何情况下对贝利奥尔庄园的长期居民来说都很陌生,它们对同时代的学者和那些只能通过他的著作来了解他的后代的约束就像他总能在必要的时候怒气冲冲站在他们面前一样。尽管马歇尔的著作存在这些不足,但是他的部分遗产至今仍非常宝贵,并且就像"一个活着的酵母在宇宙之间永不停歇的发挥着作用"。

第21章

全才或一无是处：马歇尔的性格之谜

琼·罗宾逊有一句常被提到的话："学习经济学越深入，就越钦佩马歇尔天资聪颖，也越不喜欢他的个性。"研究马歇尔生平的传记学家也有类似的问题。琼·罗宾逊抱怨的是不喜欢马歇尔的性格，而并非他构思经济学的方式。这种例子很容易就能找到：例如他对于女人的态度；当他认为需要时，可以无情地置友情和真相于不顾；他有一种能力，当需要时在辩论中可以对事实证据采取漫不经心的态度；他对待前辈的看法既区别于过分宽容，又区别于完全小气；在尊重事实的情况下，相对于他个人随意的回应，他发表在刊物上的文章内容丰富，理智又有魅力；当他和同事相处尤其是他当领导时有专制的倾向；他自大，不谦虚，且任性自私。这段描写很容易使人联想到一幅没有魅力的煞风景的男人画像。这种让步于构思的行为，在马歇尔生平的很多方面都被广泛阐明。

令传记学家庆幸的是，对这个人的了解还有很多。之前的章节没有展现马歇尔复杂性格和特征的全景图：忽视的重点有马歇尔经常性的大方；他的个性及优点使他成为一个好教师；他好客，并且在有许多好的理由时他总乐于给予他人帮助；在很多问题上，他没有教条主义倾向。同样，他思维开阔，对于那些他关心和负责任的人都有很强的依赖感和忠诚度，这些表现在他认为有广泛的社会利益的事情上。从他过去的肖像图可以发现马歇尔是个教师、伦理学家、空想的社会改良家、忧郁症患者、改革运动的传教士、妥协者、综合论者、浪漫的人、理想主义者、父权主义者、被误导的数学家、哲学家、迷惑者、家庭主夫、全心投入的丈夫、旅行者，尤其是最伟大的经济学家。难怪马歇尔的个性曾被描述成是一个极大的谜：部分可见，部分隐藏，偶然一瞥，通常是矛盾的，通常无法概括，展现出来一个独立的冲突个性使他复杂的性格很难被理解。究竟他是一个多重性格的人，还是一个无个性的人？

到目前为止，在马歇尔各种活动的框架中隐含了这个问题的答案。实际上，从必要的角度考虑，这些都聚焦在成熟的马歇尔身上。一名读哲学、心理学、历史和经济学的大学毕业生和研究生；一位编写了很多作品的经济学家；一位经济学教师和大学行政人员；一位政府顾问……他的一生几乎尝试了所有人的生活方式。另外，有可能的话，长时间看看这个丈夫、旅行者、有社会公德心的人、记者、朋友、叔叔、外甥和儿子，这些马歇尔日常生活的很多图片都是不完整的。在某种情况下，他生活中扮演的各个角色并非都很重要，很少人知道马歇尔作为儿子的这个身份，更少人知道他作为兄弟的这个身份；马歇尔作为学生时是个很不起眼的小角色，只能从他学生时代所处的社会背景和从历史上存在的片段中来得出假象。因此，很难从他青年时代得出什么结论，事实上，从反面来看马歇尔会比较合适。

关于马歇尔这个人的全面了解，部分可以从已考察的资料中得到，部分可以从他生活中的细节中得到。这更加掩盖了马歇尔想要隐藏的人为消除了不符合其优秀经济学家特征的生活细节，着重强调了由历史和他个人赋予这个角色的特点。马歇尔有时善于伪装。他对于自己贡献最大的部分就是选择性地将遗产留给后代，他最得力的学生们在一定程度上很好地帮他实现了这一过程。马歇尔强调，他所从事的活动塑造了自己的本性和个性；他所处的社会环境和他当时的年龄在很大程度上成就了他，这些良好的形象使得一些未被掩盖的小事所反映的内容变得更加重要。

真实的存在——一个有着锐利眼神的矮小男人

尽管没有机会与马歇尔见到马歇尔本人，只能从他的照片和保存下来的极少的客观描述中简单勾画出他的仪态。最后一个倾向就是关注他有着"锐利"眼神的矮小形象，这也是他最具代表性的特点。"一个长有浓密胡子和长头发的瘦小男人，有着紧张的小动作、敏感和不健康的苍白面色，而且会不可思议地大哭，有忧虑的眼神……体型消瘦。"这是比阿特丽斯·韦布在1889年的国会上看见他时说的。同样，霍利约克回忆起马歇尔时也记得他当时消瘦的体形和年轻的面貌，另外还有他在讲台上的样子和动人的眼神。8年前，也就是马歇尔的肾结石被诊断出来的一年后，威廉·拉姆齐将马歇尔描述成"一个苦行的消瘦男子，其思想超越肉体"。这个表述可以明显地联想到当时马歇尔的身体仍处于恢复中。贝尼恩斯回忆起马歇尔进入演讲厅时的样子："他的头像是在思索什么似的低垂着，身体靠着桌子，双手交叉在胸前，蓝眼睛闪闪发亮……"当时是1900年1月，马歇尔57岁。

布里斯托尔大学的一位熟人曾在马歇尔最后一次发病时看见过他，比较了各种不同场合下马歇尔的不同表情："在我看来，他跟我第一次看见他时没什么变化，在他的脸上有着相似的脆弱和勇气，还是相同的期盼表情和相同的令人难以忘记的嗓音。"先前他也回忆过："马歇尔教授看上去跟我想象的一样，是个精瘦的男子。我早些时候常常在布里斯托尔大学看见他，顶着很大的太阳在格拉德大街上走来走去……后来我好像又看到他一次，他瘦弱得好像能被一阵强风吹走似的。"

在许多方面，图片记录都是单薄的。① 很少有还没长胡须的男孩可以给80年代末期的比阿特丽斯·韦布留下印象，那是非常有趣的。马歇尔十二三岁时的学生照中显示了熟悉的双眼皮、乱糟糟的浓发，还有他在学校的绰号"牛脂蜡烛"。尽管如此，人们还是会把婴儿肥和他联系起来，这张照片有趣的地方是他双手所放的位置显得很别扭，让人感觉他很紧张。他的手这样影响着他的后半生。1908年罗森斯坦透露说，当他第一次准备给马歇尔画官方肖像画时，感到马歇尔的姿势有些别扭。马歇尔的双手要么僵硬地放着，要么像1877年结婚时牵手的样子，这能体现出马歇尔很紧张、缺乏安全感、在像剑桥这种有势力的环境下他那承受压力的能力。

马歇尔20多岁时的两张照片也被展示了，一张是他23岁时，也就是1865年在克利夫顿学院时照的全身照，当时他的姿势很随意，跟其他硕士相比，他身材中等，穿浅颜色的裤子和黑丝的马甲、夹克，显得很优雅。他流露出冷淡的表情，着装很像戴金斯，甚至马歇尔戴的学士帽都很潇洒地歪着，这是马歇尔获得剑桥大学甲等数学学位时所照的，这个学位也是对他天资的肯定。另外，马歇尔和同学相处得也很融洽，那年末他满怀信心参加了学生会竞选。在1869年一个未知场合留下的更加正式的肖像画中显示马歇尔是个前卫的科学演讲家。当时他留着短发，头发整齐地梳向后面，高额头，下巴不突出。他显得很年轻，尽管当时已有27岁了。这是最后一张马歇尔理过短发的照片，也可以解释他为什么随后会开始蓄胡子，因为他想给学生留下一个成熟的权威的印象。但马歇尔到底从什么时候开始蓄须的，历史上没有记载。19世纪70年代以前马歇尔夫人都没有提到过他的胡子，例如她记得他们第一次见面时，会关注他精致的脸和闪亮的眼睛，而到结婚时，马歇尔已经留胡子了，很配他的长头发。

之后的照片显示了其他一些内容。到1885年，他的胡子和头发都变白、变稀疏了，而且马歇尔不喜欢经常修理头发，从这张照片和19世纪90年代的其他照片可以看出其消瘦的身形和依旧年轻的脸庞。在他其中一张照片上，他随意地靠在壁炉台上，显示他正值中年，在治疗肾结石之后经过很长时间的休养恢复了健康，这都归功于在19世纪90年代期间马歇尔经常骑脚踏车和散步。20世纪的照片显示了他逐步变老但依然精力旺盛，但是当他从70多岁进入80岁时就会变得憔悴和疲惫。尤其是1917年国家美术画廊的官方画像暗示了岁月流逝使他的病情不断加重，这也是他在写作最后一卷书的过程中回答麦克米兰的提问时所提及的抱怨。这些照片都没能捕捉到他脸上最闪亮的蓝眼睛。但是，这些照片中的形象也暗示了洞察力和持久的

---

① 马歇尔在1901年写给埃利的信中提到，他觉得"照相是一件很讨厌的事情"，并且说他没有很多相片，也没有多少别人为他画的版画。这封信是他对埃利索要大相片的回应。马歇尔解释说，这相当于为了某种目的将小相片放大，并且是一件"乏味的事情"。8年以前，他曾经回复给陶西格一封类似内容的信，他说："我相貌很差，相片也都很难看，但如果你想要并且同意我的交换条件的话——也把你的相片寄给我——那么我也算是做了一笔很好的交易。"

观察是这个伟人的显著特征。

马歇尔所具有的其他特点只能从与他有过接触的人的描述中得知。有人说,当解释关于美国初级共产主义社会表现的各个方面或者在狭窄的贝利奥尔庄园的餐厅向客人和其他人解释发展趋势时,他的谈话经常伴随着丰富的肢体语言。这就清楚有力地解释了他的魅力以及他身上所散发出的个性。不论这样的活动能不能有所帮助,马歇尔的谈话魅力都被乔伊特大加赞誉,而乔伊特本人也是一个健谈的人,还是一个艺术鉴赏专家。在贝利奥尔庄园,马歇尔的餐厅演讲是个非同寻常的尝试。

其他人对此印象不太深刻,而更多的是对马歇尔谈话方式的敬畏,他的外甥克劳德·吉尔博和他以前的学生查尔斯·费伊记录了应马歇尔的邀请去贝利奥尔庄园吃午餐时所表现出来的畏惧和惊慌。对于马歇尔"非精确性的表达"或"怀疑事实真相的观点",年轻的吉尔博从来都不知道在这样的场合里应该怎么做。费伊生动地回忆了他第一次去贝利奥尔庄园吃午餐时的情形,并强调说,他在这次谈话中发表的少许观点被主人马歇尔认为是很模棱两可的。在对马歇尔晚年的回忆中,罗森斯坦说与马歇尔的谈话需要保持高度的谨慎:"因为他说的任何事情听起来都是很表面的,但……很多偶然的讲解又都显示了他丰富的学问。"

在这次对话中,罗森斯坦也回忆说,以上特点还不足以表现马歇尔谈话中的幽默闪光点。他这个独特的个性是他的学生以及后来的同事贝尼恩斯在与吉尔博的私人谈话中提到的。对于马歇尔这样一个"缺乏幽默感"的人,贝尼恩斯"从没有见过有谁在自己讲课时会笑得如此频繁",这是他在马歇尔逝世后的官方回忆录中一段比较含蓄的表达。他通过讲故事的方式使得"幽默在他的演讲中发挥了很重要的作用",这些故事紧贴生活,并且每次马歇尔在把故事讲给学生听时总是自己第一个大声地笑起来。玛丽·佩利回忆说,在布里斯托尔时,他倾向于在夜校的课堂上开玩笑,格伦迪先生总是在一阵大笑后才开始笑,因为他好像对幽默反应慢点。林达·格里尔在她之前的回忆录中说马歇尔在总结警句方面有着过人之处。

在与人对话中,马歇尔很喜欢使用"严厉的评论",也许是在19世纪60年代后半期间与克利福德和莫尔顿的联系让他喜欢上了悖论。马歇尔擅长介绍一系列假说来支持自己的论点。约翰·内维尔·凯恩斯和比阿特丽斯·韦布都记录说,马歇尔在很年轻的时候就有这个习惯,玛丽·佩利在他逝世后也说:"有时候,问他从哪里得来的这类古怪的故事,他总是指指自己的头。"

当马歇尔开始高谈阔论时,一旦他思想的野马开始驰骋,那么整个谈话将会被他主导,且随着年龄的增长这一个性不断加强。约翰·内维尔·凯恩斯说起布尔战争时期一次令人不愉快的聚餐,当时马歇尔滔滔不绝地阐述自己的观点,惹得在场宾客十分不快。贝尼恩斯提到一个趣闻,说马歇尔在圣约翰学院关于复本位制的高级研究会上发表演讲时,曾有45分钟时间离题了,还赞同说可以将银送给院长当做婚礼礼物。维克塞尔回忆说,他1916年在贝利奥尔庄园拜访马歇尔时，和他一起讨论了战后国际货币改革的问题，不过后来实在讨论不下去了，因为马歇尔对这个主题自顾自地发表言论，导致维克赛尔在用边际的方法这个问题上插不上一句话。

马歇尔演讲时的音调有时候会使观众们很吃惊。他在高潮时会拉长发音，"他的声音能够到达一个很高的程度，几乎尖叫起来，而且拉长发音之后都是一阵大笑"。在演讲时，马歇尔经常"边说边笑，而且以假嗓子发音来结束演讲"。

马歇尔教授在家的休闲生活

对马歇尔在家的休闲活动的记述只有很少的闪光点，例如利奥纳德描述了1924年拜访马歇尔时他们所住的房子，可以说为他的生活搭建了一个舞台。马歇尔起居室的墙壁是用莫里斯风格的壁纸装饰的，里面有很多书籍和旧画。其他拜访者也提到了马歇尔的自动钢琴、墙上的画、书籍以及茶点、丰盛的膳食，这些都是拜访经历的一部分。

马歇尔的生活方式可以说很简单，要不是节俭的话，乔伊特也不会说可以作为早期基督教共产主义平时学习的榜样。这同时也反映出他们在贝利奥尔庄园的生活水平是比较低的，但是很舒适。马歇尔与客人一起进食时有着非常节俭的饮食习惯，这是费伊第一次和马歇尔一起吃午餐时提到的。马歇尔和费伊（同时还有两个印第安人，一个体形较大的女士……一个带着探索眼神的研究生和女主人）一起吃着"鸡肉、熏肉、好看的布丁和生姜"。费伊还记录了很多类似这些简单随意的就餐经历，马歇尔也总遵循医生的嘱咐准备了额外一副刀叉，一起分享简单的晚餐。一战后不久，马歇尔家的下午茶主要是给客人一条黄油面包，马歇尔夫人一杯茶，而马歇尔本人则是什么都不吃。毫无疑问，这样的节制生活引起了他日益加剧的消化问题。

马歇尔绝不是一个非常能吃的人。在19世纪80年代，当时他们利用假期在夜间观察工人阶级娱乐生活时，黑泽咖啡馆里一个三层的马铃薯派就能达到他的所有营养需要，而马歇尔也很少分散精力去注意自己的身体需要。更一般的是，除了将法国妇女的烹饪技术与英国家庭主妇的烹饪技术进行对比时有一些非经常性的标注之外，在《经济学原理》中很少有篇幅提到饮食及其做法。不过马歇尔为了提高工作效率对合理饮食的需求也很高。在最初接受医生的肾结石治疗时，他应医生的要求戒掉了一直以来的抽烟习惯。然而，在一些不可避免的场合，例如学院聚会、学校晚会，马歇尔都会喝上一杯白酒。

马歇尔的读书习惯同样也很节制、很受约束，虽然有时候会读一些带浪漫气息的书。这也可以从他的文学偏好以及文学性的表达方式中看出。读大量关于推理的书可以充分赋予一个人生动的想象能力，且"不需要读小说"。当马歇尔还是个孩子的时候就读过很多斯科特的小说，也许是受到他父亲的影响，直到他生命的最后几年他仍然保持着这一爱好。在某一阶段，大仲马的小说给了马歇尔很多愉快，但是后来他就没看了。玛丽·佩利回忆说"他很喜欢乔治·埃利奥特的小说"，尤其是在演讲中时常提及到《弗洛斯河上的磨》。他也喜欢夏洛蒂·勃朗特，但是"从来不关注简·奥斯汀"，大概是因为觉得她构造的人物比较轻浮。吉尔博说他的舅舅也喜欢哈代的小说，不过基本是玛丽·佩利读给他听的。马歇尔也喜欢狄更斯的小说。1891年乔伊特将托尔斯泰的小说作为圣诞礼物送给了马歇尔，尽管没有记录，但是托尔斯泰、埃利奥特以及狄更斯的诚挚可能确实感染了马歇尔。

马歇尔对诗歌的品位也同样被记录下来了。歌德、雪莱、莎士比亚一直都是他的最爱，尤其是莎士比亚，曾是他在准备数学学位考试疲惫时的放松方式，也是19世纪60年代和圣约翰学院的同事们社会阅读的快乐来源之一。当他登山时歌德一直陪伴着他，当他学习德语时，又是雪莱一直伴随着他，给他提供了很多浪漫的想法。马歇尔自己尝试写作的诗歌没有保存下来。马歇尔还喜欢一些比较前卫的诗歌，而这些诗歌大部分来自他的妻子玛丽·佩利以及她纽纳姆学院的朋友。

音乐好像比文学给马歇尔带来更多的快乐。对音乐的兴趣并不是他处于成长期时在家培养的，那时，除了颂歌外并不鼓励欣赏其他方式的音乐，尽管他的妹妹梅贝尔非常喜欢音乐。马歇尔对音乐感兴趣是1865年在克利夫顿参加一个音乐之夜时开始产生的。他们于1868年在德累斯顿学习德语时总去听音乐会，玛丽·佩利慢慢形成了这一爱好，其中包括在布里斯托尔大学和牛津大学的快乐音乐。音乐的生产和消费就像《经济学原理》中的生产和消费那样出现得相当频繁。马歇尔将音乐当做休闲活动和放松方式，且沉迷于此，主要表现为购买自动钢琴。贝多芬的三重奏鸣曲以及精神奏鸣曲（巴赫？汉德尔？）成为他晚年生活的慰藉。很明显，音乐在马歇尔一生中扮演了重要的角色。

马歇尔对绘画也表现了一定的兴趣，主要是受戴金斯或西奇威克的鼓励。在1875年的美国之行，他参观凯里和爱默生房间里的图画时就其质量所进行的评论可以看出他早期对绘画的兴趣迹象。在德累斯顿，马歇尔参观了所有著名的艺术画廊，而且大胆比较了拉斐尔和霍尔拜因·玛多娜画的西斯廷圣母，并评论说后者要胜于前者，因为它更深刻，要比前者更传统。德累斯顿的艺术画廊之旅并不是突然追求时尚的表现，也不是对缺乏文化熏陶的研究生时期的弥补。玛丽·佩利说那次旅行是暑假路线的一部分。马歇尔给布伦塔诺写信说，他们在等火车去蒂罗尔的时候在慕尼黑停留了长时间，因为那里时常有著名大师的老绘画陈列馆。虽然玛丽·佩利对艺术的爱好和天分毫无疑问加深了马歇尔对绘画的兴趣，但是对艺术的喜爱也逐渐变成了马歇尔生命中的重要一部分。

马歇尔的作品偶尔也使用艺术插图。"拉斐尔的图像"便被选中代表那些不可再生的商品，这时需求会以一种特殊的方式由那些愿意购买的人给出的价格决定。《经济学原理》的不同章节也提到了米开朗基罗和达·芬奇的图像。更有趣的是，当阐明富人的社会责任和有价值的花费时，他时常建议他们投资绘画和艺术作品，然后在他们逝世时将这些捐献给国家，或者是为了更加详尽地教诲大众。在他晚年时,他评论了绘画发展之前的中世纪艺术在传播地区文化信息中的重要作用,而在他未出版的作品里有两章是关于艺术重要性和局限性的。

从19世纪60年代,首批艺术作品主要显示了造型艺术的静态特征。马歇尔评论说这是"真实存在"而不是"不存在";更一般地说,这是所有早期艺术表达的特征,包括莎士比亚的文学艺术。伴随着沟通方式的进步,"世界一体化的意识也逐渐增强,这时很多艺术家开始逐渐发展了带有更复杂神韵的作品"。马歇尔猜测,这种对情感表达的需求会导致艺术界发生变革。尽管他观察到了这种变化,但是他不反对艺术家的能力会将这个世界发展得更加复杂。"伦布兰特的力量联合拉斐尔的天赋也许可以在各个领域取得成绩,而拉斐尔一个人的话只能在一个领域取得成功。以组合的方式会取得更大的成绩。每天我们都能得到很多合作作品,而不是很多独立的个人作品。"这些评论显示,他对艺术发展的理解只是兴趣而非精通。

多年后,马歇尔写了很多篇文章来表达艺术的作用及其与社会发展之间的关系。卡莱尔、拉斯金、莫里斯发言说,马歇尔的这些文章将艺术和经济学联系起来了,且随着时代的变迁公正地判断美丑的困难也许会变成通过使用插图来评论政治经济学的艺术。①

很难看出马歇尔对美术的喜爱程度。然而,在贝利奥尔庄园和马歇尔住所的墙上有一些特定的图画,这些表明了马歇尔一生对艺术的热爱,但这并不是说其对装饰的良好品位足以弥补他个性的不足。1891年,他为乔伊特制作的毫无创意的家具设计,还有拉姆齐对他在克利夫顿住所家具设计的刻薄评论,都使得传记学家在这点上很难看出马歇尔的品位。

关于1906年马歇尔对经济学与竞争方面的艺术追求也同样在其自然和乡村生活中占据了很重要的位置,对于这一点还需要进一步讨论。接触大自然对马歇尔美感及创意的熏陶有着重要的作用,尤其是去探索在当时不受欢迎的南蒂罗尔地区和未被破坏的阿尔卑斯大峡谷,或者去不怎么拥挤的德文郡、康沃尔和威尔士的海边隐居。在合适时间进行远足和短途旅行也充分见证了这点。

在马歇尔休闲时,他总喜欢运动、游戏以及创造,长途步行和后来的脚踏车旅行都是他娱乐方式的一部分。在健康允许时马歇尔沉迷于运动,大学期间热爱板球和划船,研究生期间则热衷于网球,直到患肾结石后才停止。意大利游戏形式的保龄球也许是在他们西西里逗留时学到的,成为他们在贝利奥尔庄园退休时期的主要休闲活动,不过后来在冬天的漫漫长夜他们主要玩西洋双陆棋,作为一个定期且长时间的公共游戏。

在花园后面他也有一个工作室,在那里他沉迷于雕刻技术、木匠活以及在年轻时学到的一般手工活。从他为年幼的弟弟和母亲制作的九柱滚球及墨水标记的柱桩开始,马歇尔逐渐为远

---

① 马歇尔是在牛津的时候认识拉斯金的。梅纳德·凯恩斯叙述道:"1884年12月,乔伊特带拉斯金参加了一次很令人愉快的晚宴,当时马歇尔夫妇也在场。马歇尔夫人和我当时在深入讨论女性束腰圆形和椭圆形之间的区别。"不幸的是,马歇尔和拉斯金当时的谈话并没有被记录下来。

距离操作他的自动钢琴和从贝利奥尔庄园的一楼拿茶到研究室制作了许多机械装置，还有其他一般家用设施。马歇尔很明显喜欢对干家务活提建议，如他向女士解释如何打扫房间以及染色最好的材料是什么。在布里斯托尔大学时，他很早就开始使用天然气取热，节约了很多清洁时间，减少了传统的煤炭燃烧污染问题；在他研究生期间，他使用了电笔，这样书写材料更加有效；在布里斯托尔，他也是第一个使用家庭电话的，这样便于他在家和学院办公室联系。节省空间和劳动力是马歇尔贝利奥尔庄园计划的主要特征，例如安装电灯。在他生命的最近十年里，他评论了摩托车、电影、留声机对社会生活极其提高的影响。同时他也告诉乔伊特自己是个摄影师。虽然在思想上他很老旧，但是他总是尝试新鲜事物，即使在技术上他并不是很熟练。

马歇尔——一个搞笑的、古怪的、特殊的人

凯恩斯是这样描述马歇尔的：他是一个"搞笑"的人，但是很大方，充满着魅力；其他人则说他是一个古怪的、特殊的人。他的个性特征可以从他与前辈们、学院同事、朋友以及妻子之间的关系中看出来，从这方面再次评论他生命中主要的人际关系也能对此进行重温和总结。

前辈们

关于这个话题，坎南提到马歇尔有个易犯的恶习，即虽然和蔼可亲但过分谦虚，尤其是对大师斯密和李嘉图。20年后，肖夫说："马歇尔从不吝啬自己的致谢，如果他在这方面有犯错，那也是他致谢的对象过多。"马歇尔本人在与克拉克的通信中提到了"所有那些在我作品出版以前对我书中讨论的某些观点提出过见解的人"，他也声称有时候会有很多误解，但是他建立了一个规则，即总会在自我反省之后才公布这些事。

大部分早期这些写给克拉克的信都被引用了，其中也提到了马歇尔与其同辈经济学家们之间的严重冲突。关于杰文斯、瓦尔拉以及奥地利人，马歇尔都将他们视为"对手"，对于自己比他们具有的优势，马歇尔都有着很强烈的骄傲感，有时候还会对那些他认为尝试夺走自己名利的人很吝啬。

马歇尔对待杰文斯的标准可由他回复给杰文斯的那些苛刻的信中的"致谢"看出。然而，这与后来别人写的关于他的品质是矛盾的。马歇尔对杰文斯的赞扬是"小气的"，批评是严厉的，事后他解释说自己对杰文斯生气是因为他对"大师"的态度，尤其是对李嘉图。对于杰文斯后来的边际效用，马歇尔也表现出了过分的吝啬，认为它的方法和定义都是无用的。马歇尔故意掩盖这些，并且声称自己是独立得到这些结论的，有意思的是，马歇尔是在杰文斯逝世后的第二年才开始应用这些内容，而提供这些的是古诺和冯杜能。事实上，这些虽然都是很重要的，但是很难接受，尤其是冯杜能。

杰文斯与马歇尔几乎没有私人来往，无论在哪方面他们的性格冲突都很大。凯恩斯也部分地总结过，如杰文斯凿石头而马歇尔则编制羊毛。除此之外，甚至在杰文斯过早逝世后马歇尔仍然感到来自他的威胁，这让马歇尔很难忍受。马歇尔的这种担忧体现在他对杰文斯的挑剔和批判的口气上，体现在杰文斯的作品导致了马歇尔出版著作策略的改变上，也体现在对杰文斯进行选择性的赞扬上，即在对杰文斯的回忆颂词中否定其在理论上的惊人发现。在《经济学原理》第1卷中，马歇尔参考了许多杰文斯的理论但只承认了他的一个原创性贡献。"无差异这一概念看上去是杰文斯第一次使用的"，这也是马歇尔唯一的一次承认这个前辈理论的原创性并是首次提到杰文斯，随后他在《经济学原理》中又淘气地将杰文斯分类为"穆勒的追随者"之一。很明显可以看出，马歇尔在对待杰文斯的态度上一点也不大方；而且之前定的规则——在别人出版之后才发表看法——也并没有适用于对待杰文斯。①

马歇尔不是很喜欢年轻的奥地利人，因为他们对早期的前辈们不尊重，尤其是博姆–巴威克。马歇尔与门格的关系可以说是正式的、正确的、极少的。一个很好的例子可以看出，马歇尔不喜欢博姆–巴威克和冯威泽，更多的是因为他们对自己的批判，正如他对维克塞尔的钦佩也是勉强的一样。"一次与博姆–巴威克私人见面时，他解释了对博姆–巴威克（在给克拉克的通信中说明了对待博姆–巴威克的原因）和冯威泽随后的态度不好的原因。"他们只是1870~1874年马歇尔完成其经济学体系时"在校的小子"，事实上他们只比马歇尔小9岁。马歇尔的傲慢态度从他给维克塞尔所说的评论中可以看出，他说博姆–巴威克只是一个12岁的孩子，有时候还会做错数学题而受到惩罚。对冯威泽态度不好可能是因为马歇尔设计独特但是错误的首次编辑，主要是冯杜能采用了德语词汇"边际"，而且在冯威泽的帮助下第二次编辑时又出现了这个词汇。难怪马歇尔与奥地利人的会面在各自家庭里引起了如此的震动，尽管安排了"和解的宴会"，马歇尔作为"灵魂骑士"表达了自己早期对博姆–巴威克无礼的歉意。马歇尔对其奥地利同事提及过，剑桥学派和奥地利经济学派领导人之间的关系将终止，而且非口头约定为防止再次出现类似的情况，说话应减少讽刺口气。

只要马歇尔的专制和无礼被注意到了，那么与瓦尔拉斯的联系也会被注意到。尽管马歇尔几次声称与瓦尔拉斯的联系早在1873年就开始了，但是他们之间的相互联系直到1883年才开始，且在19世纪80年代结束之前也从没有什么私人会面，或者是有一些见面的计划但并没有付诸实施。也许1882年福克斯韦尔写给瓦尔拉斯的信中有表扬马歇尔，这些诱使瓦尔拉斯赠送给马歇尔自己的早期理论作品收藏集。马歇尔作为回礼也赠送给瓦尔拉斯自己的《工业经济学》一书，从而促进了瓦尔拉斯不久后的纯粹经济学理论的发展。马歇尔对这个最后礼物的反应是比较无礼的，再次证明了他对待高学历的敏感性。马歇尔没有对瓦尔拉斯的理论贡献作出

---

① 卡蒂尼在通信中暗示马歇尔对杰文斯的态度可能是因为"吃醋"，因为杰文斯在玛丽·佩利学位考试的时候对她很关注，而玛丽·佩利也是杰文斯一位很热心的崇拜者。这些私人原因不能被忽视了。

表示，这个可以说明他没有仔细阅读这些经济学原理。然而，当马歇尔听说瓦尔拉斯同意瑞斯特 1906 年的评论时大发雷霆，因为评论的内容认为帕累托和马歇尔继续研究的是杰文斯、门格和瓦尔拉斯创始的理论。马歇尔总是在合适的场所声称自己的独立发现，后来在 19 世纪 70 年代被称为"边际改革"。其实他在边际内容上的热情远大于在效用"改革"上。其后马歇尔在多次公共发言中忽视瓦尔拉斯，偶尔甚至对瓦尔拉斯进行积极的恶意评论。①

与同时代人的关系表现了马歇尔有趣的性格特征，而且不能简单描述成慷慨或过分谦虚。对优先权的迫切关注及对批评责备的敏感性更能描述这些关系。这些暗示了马歇尔强烈的敌对精神，以及在同年代人竞争中呈压倒性胜利，而且他本人也希望在其他方面都是第一。虚荣、骄傲以及野心都符合他一直以来的行为特征。当他授予已逝世对手赞美之辞后自己也得到了大方和谦虚的美誉，也标志了马歇尔确实很关心自己在周围环境中的第一位置。因此，斯密和李嘉图受到了来自马歇尔最多的赞誉，其次是冯杜能，尤其是在马歇尔晚年，更多的认可了古诺和约翰·穆勒的贡献。

学院同事们

在阅读完《马歇尔回忆录》后，斯科特在写给梅纳德·凯恩斯的信中提到，在圣约翰学院，"马歇尔对我们来说有些神秘"，因为他固有的教学习惯和学院生活。马歇尔好像从未在学院中很受欢迎。他从首次当选为研究员后的 12 年间一直没有自己的学院办公室。1885 年，他被授予政治经济学教授的职位，并成为学院委员会成员之一。缺少住房条件加上缺乏兴趣使得马歇尔很少利用这一资深优势。总之，马歇尔与学院之间的联系只有很少的有形纪念物来证明。而对于马歇尔从数学学位考试第二名到当选大学教授期间为学院所带来的荣誉，委员会也表示了感激。然而，他无法像是最被喜爱的儿子那样受到大家的欢迎。

与此同时，马歇尔也并不认为学院的研究生生活是其人生的辉煌时刻。玛丽·佩利在他逝世后也记录到，马歇尔倾向于认为自己人生的辉煌时刻是 1864~1867 年，那时他还是一个在校生，大概包括与学院在校生一起读莎士比亚的作品，以及与比他稍小点的同伴克利福德和莫尔顿组成了三人组，自己担任组长。即使马歇尔受到尊重，但是在研究生生涯时自己并不受欢迎。一个很好的例子就是不让他参加哈啦英语俱乐部，福克斯韦尔也评论说，他受到三人组内

---

① 以上内容主要是写马歇尔缺少和其他经济学家之间的互动，在约翰·惠特克和克恩所著的《瓦尔拉斯与马歇尔在 1873 年真的联系了吗？》一书中有提到这些。这里也有提到马歇尔向福克斯韦尔评论其他一些法国经济学家的内容，即是对经济学专业学生列出的书单所作的评论。"你知道我在德国没有找到好书，我本认为帕累托是最好的，但是他不切实际，很古怪的，而我认为纪德也空想……"（马歇尔 1903 年 8 月 2 日给福克斯韦尔的《弗里曼收集》的第 13 页这样说道。)

帕斯卡尔·布赖曾告诉我说，瓦尔拉斯对马歇尔作品的收集也很有趣。包括对马歇尔就职演讲的简短题字"来自作者"，且被画重画线了。瓦尔拉斯之后的《工业经济学要义》副本有一些批评性的注释，即用货币来测量效用，而此时瓦尔拉斯本人只拥有这些《经济学原理》（1906~1908 年）的法语翻译本。

克利福德和莫尔顿的排斥。虽然是在校生划船俱乐部的一员，但是研究生朋友就一个，只和莱韦特有一段不是很长久的联系。研究生期间，可能是因为没有时间，当然也没有钱，马歇尔无法分散精力去参加学院的社交活动。另外他的背景、行为以及社会等级观念也使社交活动更加困难，他自己也对此有着独特的看法。他总想着考试得第一，这也许是让他不受同学们欢迎的原因。如此赤裸裸的野心和忧虑使他拼命学习，但是他这种埋头苦读的笨拙行为让学院的社交老师很头疼。加上经济上的压力，这些性格特征使他在读研期间像个隐士一样，缺少温暖，更缺少长久的友谊。

1917 年的阿尔弗雷德·马歇尔

当马歇尔得到学位考试奖项时，虽然没达到预期的高度，但是也放松了很多。然而，他很少让自己像一般人那样轻松下来，仍然过着隐士的生活，白天一个人独立思考和读书，晚上在"回廊"里散步，很明显能看出他是一个内向的人。选择和年轻一些的人在一起可使马歇尔感到有优越感，但是他和从事伦理学研究的人之间的友谊则是另外一回事。到 19 世纪 60 年代末期，这一选择却帮助他实现了野心。如果更早些时候的假说是正确的，那么马歇尔选择经济学而不是心理学，部分反映了从声望和名誉来考虑的话经济学是更好的选择，从这里可以看到马歇尔作为一个不受欢迎的男孩和年轻人内心的渴望，即很想成功。虽然在对女性是否可以获得学位上有争执，也曾发表权威讲话，说只有男生才有资格获得大学生活，但是除了努力通过学位考试和后来获得研究生资格，他自己却很少从这个特权中得到益处。

朋友们

马歇尔的友谊使人感觉到他是一个骄傲的、有天赋的、充满野心的、不善于社交的人。除此之外，马歇尔还有点害怕被拒绝，有时候有些无情，有时候过于以自我为中心，有时候又会很不安，社交活动又因为有糟糕的消化问题及离奇的想法而受阻和扭曲。1867 年，马歇尔都是一个人去登山，后来和莫兹利兄弟成为登山伙伴，但是他俩又离开了，从而导致了此后马歇尔一直一个人去登山。同样，作为一个有野心的教授，他总是关注着后代以及自己的作品是否对国家的未来起更大的作用，所以他认为为这些高尚的事情牺牲是应该的，同时也不允许友谊阻碍这些事，即使这些友谊已将近半个世纪之久。马歇尔的高贵之处更多的是在原则和规矩上，而不是朋友身上。

马歇尔的这种功利主义个性主要体现在他主要的 4 个朋友身上。第一个是西奇威克，马歇尔早期的良师益友，也是他学习及羡慕的榜样，但是当他不再被需要或者是阻碍了马歇尔在大学改革的重任时，就被毫不犹豫地抛弃了。由于担心西奇威克在政治经济学方面会成为他的对手，所以两人在1867~1877年间曾经享有的美好友谊现在变得很不愉快。费伊也记录说马歇尔对西奇威克很自私、很蛮横，即使对马歇尔而言是公平的，西奇威克也并没有责备他，一直以来马歇尔都被兄弟和遗孀扮成"圣人"的形象。

福克斯韦尔与马歇尔的友谊维持了很长时间，作为一个聪明及高尚的朋友，他总是付出的比回报的多，可能是因为觉得这是作为朋友的责任，更多的也许是因为福克斯韦尔认为马歇尔教授在这方面是有所欠缺的。马歇尔在许多场合都会过度享用他的好意：譬如在决定教课的责任时，在重新排列教学大纲和书单时，在与教职工见面时，在与前大教堂的同事们一起反对改变剑桥大学女性的权利时。他们的这种深厚友谊使得他们关于复本位制、历史的价值、自由贸易和实用经济学的争论也为此作出了让步。但是这段友谊也随着马歇尔不遗余力地选择庇古为教授继承人而结束了，包括原则性因素和非原则性因素。马歇尔不能冒终止学位考试的危险，因此他坚决不愿意任命年长的不太坚定的福克斯韦尔。这次闹翻被证明是无法挽回的，尽管马歇尔在接下来的16年里一直尝试着和解，但是仍然没用，他无法再得到福克斯韦尔的强烈关心。

约翰·内维尔·凯恩斯是马歇尔第三个伦理学专业的朋友，也许也是三个之中最不亲密的一个。同样也是凯恩斯单方面的付出，最后也是出于朋友责任而继续维持着这段友谊，而不是因为共同的爱好和朋友之间所需要的尊重。与凯恩斯和福西特之间的融洽形成强烈对比的是，凯恩斯只对马歇尔开始的陪伴表现出了些许热情，后来总是以挑剔或尊重的态度待他。另一方面，马歇尔从一开始就一直利用凯恩斯。凯恩斯被马歇尔训练得很好，他就像一个容器一样通过自己的声音和很好的教学将经济学原因集合起来。当马歇尔离开布里斯托尔时，凯恩斯就被要求在剑桥执教，因为要保证教学水平；当马歇尔辞去牛津大学的职位时，凯恩斯又很勉强地暂时代替他的职位。之后，凯恩斯管理着伦理学政治改革的事宜，且扮演着主要建议者的角色。他们之间最亲密的联系就是从1887年末之后的三年时间里互相交换校样；同时发生的还有在伦理学委员会的和平日子，这些发生在关于课程改革问题和女性问题而造成彼此决裂的征兆之前。从新世纪开始，凯恩斯对马歇尔的行径打心底里很厌恶，总是尽可能地避免他的陪同。自从1905年，或者更早点（有回忆说从梅纳德·凯恩斯出席1904年英国经济委员会的剑桥大学会议开始），马歇尔就开始让梅纳德代替他的父亲来满足自己的希望和野心，如让梅纳德做一位老师和经济学传播者，最终将对约翰·内维尔·凯恩斯的希望完全转移到梅纳德身上，至1908年时，他们之间的友谊彻底消失了。马歇尔退休后，约翰·内维尔·凯恩斯才从对马歇尔更多的道德义务中解脱出来。在后来的岁月里只有零星的几次联系，且都是由马歇尔主动的，甚至最后，约翰·内维尔·凯恩斯都没有参加马歇尔的葬礼，只是象征性地让自己的儿子梅纳德代替自己出席了。

最终，马歇尔不可避免地失去了所有的友谊，因为他将朋友们推得太远，对于自己的优势又太过于自私，这些是主要的共同原因。然而事实上，马歇尔的这三个朋友都拥有共同的出身，他们同为伦理学专业，对马歇尔而言他们都有利用价值。

马歇尔与乔伊特的友谊是非常与众不同的，首先始于两人彼此的尊重和共同爱好。乔伊特作为长者和上司继续发展了这段友谊，此时马歇尔是一名老师，而且率先成为布里斯托尔大学委员会的一员，之后又成为贝利奥尔学院的院长。马歇尔当选为剑桥政治经济学教授也消除了来自乔伊特友谊的所有功利性质的帮助，除了马歇尔很明显地但是又很少地利用乔伊特在牛津大学毫无疑问的影响力来尝试着帮助凯恩斯的研究事业之外。也许这可以解释为什么这段友谊一直存在着，但是不可忽视玛丽·佩利在其中起的重要作用，她充当了两人忠诚的通信者。

毫无疑问，两人在分享伦理价值和哲学兴趣上是很强的合作者，这一合作扩展了政治经济学的发展。玛丽·佩利通过陪同乔伊特去参观牛津、剑桥和伊利的建筑也增进了这一友谊。乔伊特的年长让他很成功地扮演了父亲的角色，这个角色也许会通过一个谨慎的意见而巩固，也许会通过给马歇尔在布里斯托尔的事业发展提出意见和帮助而巩固，还会通过将马歇尔介绍给政治家巴富尔和阿斯奎斯来巩固。因此，他们之间的友情不同于其他人。马歇尔没必要觉得乔伊特的背景和社会地位是否不好，因为乔伊特至少曾经在剑桥呆过。最终，他和乔伊特处于同等地位。

马歇尔只有很少的朋友，这可以说明他是一个不自信、以自我为中心、内向、无情以及偶尔大方的人。他各段友情的过程也同样暗示了为什么马歇尔晚年只能关心他的一些亲戚和最近及以前的学生。

妻子

在与妻子47年的婚姻生活中，马歇尔对妻子一直有着非常矛盾的感情。他很依赖自己的妻子，但是在工作范围之外对她又非常挑剔。因此，他和妻子之间从没有进行过真正的智力合作。然而，他在任何领域中都依赖她的判断。她经常评论和改进他的工作内容，且对《经济学原理》一书给了最多的实质性调研帮助，也包括为新出版的作品作校对和准备勘误表。马歇尔从不认为自己任何主要的论点是出自玛丽之手的，即使玛丽曾经是他一本书的合著者以及为他最后的一卷提供了大量资料。玛丽管理且确实支配着大部分家庭的财政资源；确保了马歇尔在家和在外的舒适生活，组织了不同程度的旅行，但是梅纳德·凯恩斯却证明了玛丽不被允许参加他们在饭桌上和起居室的经济学对话。给"阿尔弗雷德当奴隶"是玛丽47年婚姻生活的一个写照。玛丽婚前的27年很快乐，虽然有着被严厉管教的童年，并且自愿作为女性学生和驻地讲师待在剑桥大学；后20年她"能够重新认识这个世界"，见了很多老朋友，也结交了一些新朋友，管理着由马歇尔书籍构成的"属于她"的图书馆。很多熟人和朋友都说玛丽对马歇尔绝对忠诚，在她私人的起居室里，玛丽绝对有能力将阿尔弗雷德描述成一个善妒和自私的人。克莱登（在马歇尔逝世后与玛丽·佩利一起工作的一个图书管理员）告诉卡蒂尼，玛丽总将自己的婚姻生活描述成是"一段极其快乐"的时期，其实她在其他场合完全可以否认这一夸张的说法。

由于她和马歇尔的这种特殊关系，尽管马歇尔作为丈夫、爱人和被爱的人有着很多奇怪的特征，但这些疑问大都不能解决。不能否认这个婚姻彼此都存在着期冀，即使在他们恋爱时期最初的推动力来自玛丽。同样可以肯定的是，最开始他们的婚姻关系就有着不同的地方：他们彼此选择对方、秘密的婚礼以及同意从婚姻规则里删除顺从条款。这些不寻常的方面随着他们在克利夫顿和康沃尔被打断的蜜月继续着；他们没有子女的结合实质上是两个人在他同时兼任三所大学的老师的那年再次达成的一致意见。他们在很多问题上也会出现分歧。他们看起来没有分享彼此的爱。但是他们一起度过很多暑假和大部分其他的假期：他写作，她绘画；一起观景；一起采访工厂车间。她是他慈善组织协会和剑桥伦理协会会议上的眼睛和耳朵，这些经历让他们再次体验了分享讨论后所带来的乐趣，包括晚饭和早餐后的讨论。当他们罕有分开的很短时间里，他们也一成不变地相互通信，像他在伦敦参加政治经济俱乐部或者劳动委员会听证会会议时，或她在伯恩茅斯看望父母时。

特征、方法以及事实

马歇尔的最终目的是写经济学著作和教授经济学原理。因为他希望通过这种方法使读者和听众学到经济学知识，而这些经济学知识能有助于提升社会生活水平并最终提高他们的社会地位。穆勒的动物行为科学观点吸引马歇尔成了一名研究生，因为这个观点增加了社会地位形成的科学途径的可能性。为了改善普通大众的生活质量而产生对经济基础的需求可能是致使马歇尔学习政治经济学的一个重要因素。新自由主义兴起于19世纪60年代，其思想观点是为所有人创造好的生活：让所有男人都成为完整意义上的"绅士"，让所有女人能履行其在家庭和社会生活中指定的作用。那么为了让这一设想的未来成为现实，就需要对一个合适的经济结构进行阐释。

这一目标注定马歇尔的经济写作具有双重性。一方面，它产生的技术要求一个健全的理论架构，这个理论架构能够提出一种工具去解决产业、市场、竞争、规章条例、产品、资本积累以及人类社会进步等方面的问题。另一方面，他的经济学不仅需要向当前和未来的学术专家传递其经济思想，还要能被积极地参与社会进步和进展进程中的各方组织所阅读。因此，马歇尔的《经济学原理》不自觉地被设计成供改良派的神职人员以及工人阶级和慈善组织的领导人阅读的著作。然而对于那些不能理解《经济学原理》一书的人来说，则急切地需要为他们准备《工业经济学要义》。事实上，马歇尔向大量的力学研究所和工会的领导人免费发送了《经济学原理》的副本，以确认其著作被更广泛地应用以及需要在其专著的基础版中新增一章专门涉及与工会相关的内容。

从原文中删除数学是一个众所周知的增加读者群的策略。一个更关注著作的社会作用胜于关注其李嘉图理论修正的朋友乔伊特，也敦促马歇尔用这样的方法赢得更多的读者群。另一个达到目的的策略是隐瞒复杂的论点这种具有欺骗性的简易样式，甚至也源于这个原因去组织著作的内容。长期以来，在马歇尔的《经济学原理》第5版很难懂的核心理论之前都有相对容易的介绍材料。

对已经完成的著作（《经济学原理》第1卷）永无休止的修订也是对人们期望已久的《经济学原理》第2卷无限延期的一个借口。在经过十年对"大而无用"的大量材料的研究后，有关《经济学原理》第2卷的所有准备素材在20世纪早期重新分成几个"姊妹卷"。然而，据马歇尔的妻子回忆，他的个性几乎不允许他在高度紧张状态下进行写作，所有的写作需要被事先计划、估量和平衡，并在逐渐展开的段落和章节中主张按照与它们相关的优点进行同等仔细的分析，并用一种所有的决定都必须在马歇尔家中经过详细的检查和评估的方式来得出。

通过撰写出版物的方式而免于对其个别听众进行书面信件回复的方式反映了马歇尔着眼未来发展的个人特点。写信是一种一时冲动的表达，能使个人情感得以体现，然而之后可能会为某种不谨慎言论而懊悔。一本巨著，即使在半个世纪甚或是一代人的时期内是废纸，也不可能容忍这种论述方式，它需要经过长期的深思熟虑、缓慢而仔细地按批次地完成创作。他是否是因为缺乏实力或恐惧而形成了这个习惯，这点可以从他讲师生涯的末期通过观察摄政街的签约作家就可以得到答案。马歇尔在认真追求作品的精确性和高雅时夹杂着小心谨慎与傲慢。马歇尔告诉休因斯，他之所以花了很长时间才完成《经济学原理》创作，是受他长期形成的根深蒂固的个人特点严重影响的结果。

马歇尔对事实的态度和他由事实引起的联想鲜明地体现了他处事的方法及性格的方方面面。他喜欢用事实说话，并且孜孜不倦地寻找事实。在他后半生的大部分时间里，他只为了寻求事实而读书；他的暑假全是纠结于突发性的事实观察和临时的经验主义之上，长期如此。他的著作里需要只有事实才能证明的现实主义，而这种伟大的目标同时也会阻碍著作快速的成型或是拓展现实设计的范围。像朋友一样，事实本身也有一种可以在马歇尔的思想中产生自我争论的能力。

马歇尔在《经济学原理》中引用的事实阐明了这种荒谬关系的各个方面。几乎没有用来证明一个观点的有力事实；事实由于其具有证明的作用，常被大量引用，并且事实很朴实，给人留下轶闻而不是谨小慎微研究的印象。马歇尔"关于商业事实的描述和归纳从常规删除的不是很多，而不是一个门外汉"，这些是比阿特丽斯·韦布在她第一次阅读《经济学原理》时的反应；几年后她在剑桥拜访了马歇尔，得出了关于他对待事实的方法更为率直的描述。"马歇尔教授比以往任何时候都要缺乏判断力。因为当别人与他交流时，他很少能针对他自己潦草的概括总结提出精辟的解释，这些使别人很恼火，就像为了反驳一些'盛行'观点，他提出了一个与事实毫不相关的令人震惊的断言时一样令人恼火。从另一个层面上讲，马歇尔19世纪80年代耗时耗力的研究从《经济学原理》或是《工业与贸易》中很少有明确的标记可以看出。在这两本书里有大量的事实材料被引用。众所周知，马歇尔对于事实近乎病态的疯狂追求以满足他无穷尽的求知欲望，才使他得以成为真正的专家。"

对所获知识的直接运用似乎很少隐含于事实收集的过程中。尽管马歇尔曾经向弗勒克斯解释他进行工厂研究是为了解决库尔诺曾经提出的关于协调企业收益递增与企业间持续竞争之间关系的问题，但是马歇尔还是写信告诉福克斯韦尔，在自己充分满意地完成写作目标之前，他需要明白自己本身的"困难"，实际上这是一个不可能的追求。这也可以在他的"经济学见习期"的宗旨中看到。这些包括获得"从思想上重构在每一个……领先工业中用到的主要机械装置关键部分"的能力，用少于两先令一周的错误允许幅度付给他观察其工作的工人工资。或许这就是为什么一些人把马歇尔比做卡索邦——在乔治·埃利奥特选文中女英雄的丈夫——这与他对工作的痴狂和强烈的学习愿望有关。卡索邦对知识的追求近似于困惑，但还是会"容易忽视任何促使他进行这些劳动的目的"。他没有完成工作和写作的完美愿望，被病痛所困扰着，被他人看做是一个枯燥的书呆子、奇怪渴望和小事件的详细说明者。

查普曼恰当地把这"暗讽"看成是"不公平"的，它给予马歇尔一个信念，即"来自事实的引导能得到有益的结果，如果这些事实足够有代表性"的话，这与马歇尔对以前的事实的不满联合起来。查普曼进一步解释了这种现实是很重要的。然而，它是错综复杂的贸易生活和生活交易危险的一面，对外来者来说是最难获得的，尤其他还被监禁在大学的回廊里，脱离了现实世界。悉尼·韦布认为这是《经济学原理》主要缺点中的一个。马歇尔的这种弱点通过其理论力量得到了弥补，福克斯韦尔在给沃克的信中就混合本位制的问题直言不讳地评论了马歇尔工作中的一个质的补偿机制：

> 马歇尔作为理论家的名誉是相当高的，但是作为一个实践者却越来越低。在最后三天里，他的两个得意门生——即凯恩斯博士和亨利·坎宁安博士——分别单独和我说过，他们认为讨论马歇尔的问题是没有价值的，也是不可能的。就个人而言，他是世界上最善良、最有骑士精神的人，但是他需要实践的能力……马歇尔和埃奇沃思变得越来越爱卖弄学问而且迂腐了，既不能把他们与有实际工作能力的人混为一谈，也不是同情他们。我可能抛开了产业问题，马歇尔认为产业中有更多人为的要素，但在我看来，尽管戴着明亮的学术眼镜也不能看见这一点。

在虚拟困扰和现实知识的强烈对比中，马歇尔有时对事实展现出更多漫不经心的态度。玛丽·佩利回忆说，马歇尔很慷慨地将他那些很好的不同寻常的故事归因为自己有着生动丰富的想象能力。西奇威克女士对马歇尔的感受很多，正如对迪斯雷利而言，统计调查和谎言之间的边界线在政治争论面前显得很细微。埃奇沃思和许多其他人在与马歇尔的交往过程中，若他觉得会受到轻视时，他们就会受到他卖弄学问的压力。这个弱点是经济学家们的一个通病，而且一直在争执，同样一直不能被原谅。

马歇尔对事实的态度的另一个特点是，他有时会倾向忘记或压制令人为难的事实。这点在他对妇女问题的观点，以及从较轻的程度上来说在他与皮尔逊的冲突这种小插曲的背景中列举出来了。一种对真理的漫不经心的态度，似乎是实际要求它这样，而不是要求他更"科学的"的工作。福克斯韦尔了解很多马歇尔不受人喜欢的品质，在他没有成功地被选为马歇尔的继承人的情况下，他不仅听说了马歇尔要手段让他的竞争对手庇古成功当选，而且他在竞选事件之后还从他"从前"的朋友马歇尔那里收到了充满谎言的告知信。马歇尔对事实的矛盾心态与他复杂的性格是非常吻合的。

历史人物马歇尔——一个教育家、社会学家、经济学家、道德家、传道士、科学家

马歇尔以各种身份被广泛地记载于传记中。马歇尔作为经济学方面的专家得到了很多相关评论。在他逝世的时候，还有后来的诞辰纪念日以及《经济学原理》出版周年纪念日时，经济学都为他赢得了极大的赞誉。马歇尔经济学著作颇多，无论是主体还是细小的经济学理论都被他的继承者从微观角度进行了检验和评估。少数被写成长篇著作，大多数被写成文章和笔记的形式。像这样的过程会产生神话、曲解以及新的观点和理解。这些神话中的一部分已经在前面的章节里被去掉光环了。

一个关于马歇尔这个经济学家的神话是有关新古典经济主义的，这些被不同形式地曲解了。前面对他经济学思想的多方来源已作了相当详细的讨论。在这个过程中，他改变了古典主义系统同时保留了它的很多特点，并不仅仅出于对前人的敬仰，因为其中一些内容存在着争议，但是对于解释经济学的生命和活动很有用而且很重要。这项工作绝不是像杰文斯反对古典主义那样，从一个较轻的程度来说，是像门格和瓦尔拉斯反对穆勒、李嘉图和斯密的旧经济学那样。作为供求理论家的马歇尔也经常被描述成是一个新古典经济学的作家。这是一个危险的预测，认为马歇尔的大部分思想是通过调整供应和需求计划，专门应对价格的功能，从而达到平衡状态。像先前强调的，供应和需求对马歇尔来说不仅仅是函数的关系。他把它们看做两个函数类别，通过它们来辩证地分析生产和消费、欲望和行动的联系及对立。作为一个自认的边际主义者，马歇尔也经常会被坚定地置于现代的新古典主义营队里。又一次，这成了有疑问的

分类。马歇尔不是一个狭隘的资源配置的实践主义者，也不是一个静止的稀缺资源再安排者，可替代的资源最终是由一只看不见的手从外部供给的。马歇尔更现实、更复杂的系统思想极大地超过了被称之为"经济学问题"的过于简单化的版本，并且是对之前罗宾斯编码的警告，即如果价值的问题用这种方式来简化的话，罗宾斯算不上一个好的经济学家。更重要的是，对于一个强调自己经济学的发展使得其对过程和时间的动态及改变的意识一成不变的人来说，任何罗宾斯主义者对于经济学的关注点都太狭隘了。但是或好或坏，基本抓住了马歇尔主义发展的精髓，正是这指导着《经济学原理》和他其他巨著得以完成。

马歇尔也不能只被描述成一个简单的微观经济学家，他奠定了价值理论的基础，这一点已被二战后的经济学家所理解。他原本坚决反对将微观和宏观之间的区别中与生俱来的困惑看得狭隘和过于简单化。首先，马歇尔会将这样的不同描述为简单化，因为它将太多的本质因素看做是原理的外因而不是实际分析必要的原因。马歇尔的座右铭是："个体孕育于总体之中，总体由个体来体现。"这也颂扬了这种方法的逻辑性。其次，马歇尔责怪它的狭隘是因为它的焦点涉及的有趣问题范围太小了，而且丢弃了太多对于其他学科来说很重要的东西。尽管马歇尔在第2卷里对政府、货币、国际贸易、合作和信誉的问题有保留，但是在第1卷里他又不可避免地提醒了读者：那个问题讨论的欠缺使得当前的解决方法都是暂时的。他对利率的处理就是一个鲜明的例子，但是它也

1908年的阿尔弗雷德·马歇尔

同等地渗透到他对劳动力、土地利用、价格决定的分析中。马歇尔似乎非常反对越来越多的将实证主义作为当前微观经济学的基础，尽管这不是对科学的分离的探求。他继续致力于维持中立的观察者和热心现实的改革者之间的平衡。马歇尔也把他的经济学与社会科学紧紧联系起来，尤其是曾经意识到政治和历史之间的重要联系。

马歇尔的社会科学家身份，使我们打破了他是教育家的神话。马歇尔不顾一切进行教育改革的雄心是为了增加他深爱的剑桥大学专攻经济学的机会。然而，马歇尔为拓展剑桥经济学之路的个人抱负必然会困难重重，因为这个科目之前只享有有限的地位。早期在剑桥时，经济学的地位并不突出，所以最初他打算成为一名教授。在这里提一下他最初的身份是有必要的，马歇尔本认为在经济学方面过度专注是完全荒唐的和非常危险的。马歇尔完全被穆勒的格言——

"如果一个人没有什么其他的知识，那么他也不可能成为一个好的经济学家"——所束缚。马歇尔在写教学提纲时完全赞同穆勒的原则，包括经济学和政治学优等生考试。它所涉及的不仅仅是经济学。在这方面，也参照了他作为经济学初学者的实践。马歇尔自己大量阅读这个学科内外的书籍。他后来也鼓励学生这样去做。他所读的书涉及历史、哲学、政治、城市规划以及经济学，同时通过定期阅读《经济学家》和《统计学者》、《泰晤士报》、《卫报》等报纸和杂志来让自己熟悉时事。对他来说，这是一个原则问题，是让他的学生来接受其讲课内容并拥护他的方式。这在他对"经济人"一文的激烈批判中有列举，他指出，人为地将经济与其他动机相隔离的是一种错误观点。马歇尔将这样的归纳途径视为不合逻辑的。尽管他强调，经济学的知识广泛适用于解决各种问题，但他绝不赞同这样的描述："人活着就只会受经济学的引导。"

在马歇尔看来，教育家所采用的教学方法也是显而易见的。对他来说，演讲是个很糟糕的教学手段，除了帮助学生学习思考的艺术。正如一个灌输课本信息的设备，马歇尔认为演讲是极其有害的。自学和对论文进行定期的极其细致的修改，是让学生掌握该课程的更好方法。他的很多学生回想起了他们用这种方法从马歇尔教学中所得的益处。同样，马歇尔认为对图书馆的利用也是非常重要的。这就需要不仅为学生提供书本和期刊，满足不同程度的学生，帮助他们理解实际的经济学系统。马歇尔把他自己的许多资源拿出来填补剑桥在这个领域的欠缺。他最先在普莱姆所遗留下来的资源上打下基础，因为福西特之前可以说是课本内容的宣读者而且倾向于忽略学生的需求。更宽泛地说，思考的能力和强调实地调查的需要是教育的必需品，而这些只有马歇尔极少数的学生所能做到。对于新产生的经济学家，这些特性能保持他们的价值。

马歇尔所选课题需要的大量人才都得到了他自己的赏识，他认为经济学既是社会学也是伦理学，它是人类科学的一部分，能更独特地引导正常商业生活中的行为。这种社会科学观点是马歇尔赋予经济学的，来自他早期的剑桥背景和后来对这个复杂学科不断积累的经验，它融合了道德主义和科学主义、干涉主义和自由竞争主义，能从蓝皮书上学习的人和社会空想家、深入工厂的实干家和不切实际的理论家。它使得经济学本身没有能力解决任何问题，避免了走极端的做法，而这通常被称为经济学理论主义。马歇尔将经济学观点视为过程论、危险论和误导论的一部分，正如它的某些结果通常所显示的那样，总是能使这个科目的极限保持在最前沿。同时，他始终如一地在读者眼前保持着这一点。因此，他很少有兴趣去获取实际和理论问题的精确解决方法。

道德家、改革者、科学家甚至是政治家总是联合起来的，有时是一分为多，有时是合而为一。马歇尔能够讲出妇女这一角色对于竞争和自由贸易的好处。他能够教化酗酒的问题、赌博的罪恶、富人明显的错误消费。他可以建议给予失业者和老年人政治信仰自由的权利，还建议邀请劳动群体领导者加入皇家委员会和其他国家机构。他能就特殊的消费曲线和供应曲线的不同、收益递增的不可逆、边际价值与成本的复杂冷静地作演讲。在一战期间,作为经济学家,他会以邮局或德国禁止的身份给报社写信。他希望通过这种方式来为他所在的世界、他的民族、他的学生以及他生活的时代服务。这种以服务为目的的愿望主要体现在对公众和他所有的特殊学生演讲,不管是理论家、商人或者是在教区和主教宫殿内的牧师中博爱的慈善家。这使得《经济学原理》的不同之处在世界的期刊报纸上被广泛地评论着,而且还使得他的出版商惊讶地将他的《工业与贸易》跟廉价惊险小说的销售量作对比。

鉴于马歇尔《经济学原理》的这种特质,修曼特注意到马歇尔工作的另一个特征。他对社会问题的观点、他在公众和私人空间的一般观点,都恰好与他的国家和时代相关的思想、观点是一致的。他接受周围的机构——私人公司,尤其是家庭公司——他没有怀疑它们的生命力或者说是他周围成长起来的文明的生命力。据此,让马歇尔成为他的时代代表人是不可抗拒的。在某种程度上,它强调了马歇尔幕后领导的品质,此处套用科茨的巧妙表达十分恰当,就像其他人对他的评价一样,包括韦布夫妇曾经评论道的。然而,如果就这样推测马歇尔不加批判地接受他所在的环境、一成不变地反对改变,那是错误的。这是真的,他对于所有变化的提议是小心谨慎的,对于起因很少会冒险。这使得他,正如修曼特中肯评价地那样,同情"理想主义和迁就贬低社会主义者",使得在他最后的主要工作中捍卫竞争,把市场作为反抗混乱的"军需储

马歇尔的墓碑

备",同时对未来抱有浪漫色彩的希望:能从其他星球上学到国家和个人之间的关系。他还有力地公开地批评了英国在布尔战争和其他地方的帝国主义行径;他反对一战中讨厌的德国战役;他又自愿为了新鲜的空气、开放的空间花园和供大家游玩的领域而拿出自己的私人土地;他支持通过资本和他所认为的为着公众利益进步的收入税收而进行实质性分配。他对改革的渐进主义不能仅仅被看成是固有的保守倾向。

马歇尔就是这些不同形象的综合体。它创造了一个伟大的经济学家和一个谨慎的改革者。它创造了一个追求真理的勤奋的科学家形象,但却隐瞒了父母以及尴尬的出生地。它创造了一个坦然鼓吹价值的道德家形象,以及一个对塑造性格和形成好的消费习惯有帮助但又害怕"摩登女郎"被给予投票权或剑桥学位而带来不良社会后果的道德家,正是这帮助他建立起自己的性格。这些表明,这个教育家为了他心爱的经济学能拥有一片更好的光明而作英勇的持久的战斗,但是当两个女性通过最近的经济和政治学位考试时他会表现出烦恼。这些形成了这位教授

的领导地位，他为前人的贸易制度制定了一般规则，但是为了保护他的名声和原则，他愿意把自己丢进这种冲突之中。通常他是沉闷的、卖弄学问的、虚荣的、自私的、吝啬的甚至是傲慢的，但与此同时他能敏锐地感觉到别人的需要，对于不受欢迎的课也很勇敢，对改进教学和他所带的学生，他总是慷慨地给予时间和金钱，而且为他的写作持久地贡献着。通过判断他和他妻子的特质中什么应该吸取、什么应该摒弃，我们能够学到很多。从这种意义上讲，马歇尔就如同一只翱翔的鹰。

译后记

随着最后一段译稿校对工作的结束，本书的翻译终近尾声，望着窗外霓虹的灯光，译者陷入了沉思，思考着经济学巨匠马歇尔传奇的一生。作为一个社会自然人，马歇尔古怪的性情使他失去了很多真挚的朋友，特别是在晚年，几近孤独。但作为一个经济学家，他是令人敬仰的。首先，他用毕生心血所写的《经济学原理》，被看做是与亚当·斯密的《国富论》、李嘉图的《政治经济学及赋税原理》具有同等地位的一部书籍；其次，他培养了迄今为止最伟大的经济学家之一——约翰·梅纳德·凯恩斯，这位突破了传统的就业均衡理论且开辟了宏观经济学的经济学家极大地促进了经济学的发展；最后，作为一个划时代的经济学家，马歇尔还同时具有悲天悯人的情怀，他时刻关注劳工的境遇和平民生活水平问题，对现实社会的批判鞭辟入里。我们常说经济学是一门经世济民之学，应该说这在马歇尔身上得到了完美体现。

本书原著是澳大利亚悉尼大学的彼得·格罗尼维根教授所作，他是一名经济史方面的专家，特别是对马歇尔生平的研究长达数十年之久，在世界范围内都享有很高的声望。本书原著堪称鸿篇巨制，花费了作者大量心血，也正是这部作品奠定了格罗尼维根教授作为马歇尔研究的权威地位。纵观全书，格罗尼维根教授以时间作为主线，通过马歇尔半个世纪的著作和论文，以及其同事和朋友的论著、回忆录、书信以及当时的媒体报道，用简练的风格回顾了马歇尔作为经济学家一生的生活和工作，通过审视所他接受的教育，他的旅行经历，他在剑桥、牛津和布里斯托尔大学的教学生涯，他为政府咨询所提出的政策主张，以及他的政治和社会观点，全面展示了他的性格形成的原因以及在经济学上的主要成就。另外，本书还详细描述了其所发展的经济学方法和思想是如何通过他本人及其学生的教学而传承下去的。加之作者笔墨流畅，虽然是一部严谨的传记，但阅读起来总能引人入胜、趣味十足，是一部了解马歇尔及其所处时代的经济学进展的巨作。

　　翻译一本经济思想史方面的巨作是一个困难的过程，也是一个学习的过程。作为一名从事经济学研究和教学的青年学者，译者在翻译本书的过程中始终带着虔诚的态度来对待这项工作。书中一些专业性较强的术语曾一度成为译者的拦路虎，但怀着尊重前人和原著的原则，我们还是做了许多工作，比如书中讲到的剑桥大学的考试制度的演变过程等，为了贴切翻译，译者查阅了许多资料。本书是团队工作的成果，翻译和修改工作共进行了三轮，参与第一轮翻译的有丁永健、逯建、袁晓娜、熊隆华、祝鹤、刘佳、鄢雯、刘培阳、李聪、姜沫、郝琦、敬兰馨；参与第二轮修改的有郝琦（第 1~6 章）、鄢雯（第 7~9 章）、姜沫（第 10~15 章）、刘培阳（第 16~18 章）、李聪（19~21 章）；第三轮修改统稿由丁永健完成，王纪敖、赵玉鹏负责文字校对。武汉大学的逯建博士（现执教于西南财经大学）出于"对马歇尔的敬意"为本书的翻译工作提供了很多好的建议，并且亲自提供了第 12 章的译稿，我对他的热心帮助感到由衷的敬佩和感谢。在本书翻译过程中，格罗尼维根教授出版了新著《马歇尔》，我们按华夏出版社的要求先翻译了这本书。不过这打乱了原先的翻译计划，加之其他科研和教学任务，严重拖延了翻译工作，给出版社最后的编辑和修订带来很多麻烦，在此表示最衷心的歉意。

　　《马歇尔》出版后，我收到了多位读者的来信，多为学界同行，且对我们的工作表示了肯定。这使我认识到从事这两本书的翻译是很有价值的。翻译结束后，在对马歇尔的思想和成就更加敬仰的同时我也深深感到，能为马歇尔经济思想在中国的传播略尽绵薄之力，真是与有荣焉。当然，我们的工作还有很多不足之处，期待读者不吝赐教。

丁永健
2010 年冬于大连理工大学